DAS EISENBAHNTARIFWESEN

IM ALLGEMEINEN

UND NACH SEINER BESONDEREN ENTWICKELUNG

IN

DEUTSCHLAND, ÖSTERREICH-UNGARN, DER SCHWEIZ, ITALIEN, FRANKREICH, BELGIEN, DEN NIEDERLANDEN UND ENGLAND

DARGESTELLT

VON

FRANZ ULRICH,

REGIERUNGSRAT, MITGLIED DER KGL. EISENBAHNDIREKTION ELBERFELD.

BERLIN UND LEIPZIG,

VERLAG VON J. GUTTENTAG

(D. COLLIN).

1886.

VORREDE.

Die Anregung zu der vorliegenden Arbeit hat der ehrenvolle Auftrag gegeben, welcher mir im Jahre 1882 von dem Herrn Minister der öffentlichen Arbeiten wurde, Vorlesungen über Nationalökonomie in ihrer Anwendung auf Eisenbahnen insbesondere auch über Eisenbahntarifwesen an der Universität Bonn zu halten Diese Vorlesungen zwangen mich, das Eisenbahntarifwesen, welches ich seit dem Jahre 1873 als Tarifdezernent zunächst bei der königl. Eisenbahndirektion zu Münster, dann bei der kaiserl. Generaldirektion der Reichseisenbahnen zu Strafsburg und gegenwärtig bei der königl. Eisenbahndirektion zu Elberfeld praktisch bearbeitet habe, auch wissenschaftlich durchzuarbeiten und systematisch zusammenzustellen, da es nur durch eine systematische Ordnung und Darstellung möglich erschien, diesen schwierigen und verwickelten Gegenstand solchen verständlich zu machen, welche nicht praktisch darin Erfahrungen gesammelt hatten. Diese Arbeit war indes keine leichte, da kein Handbuch oder Lehrbuch über Eisenbahntarifwesen vorhanden war, an das ich mich hätte anlehnen können. Je mehr ich mich in die Aufgabe vertiefte, desto mehr überzeugte ich mich, dafs, um zu einer wissenschaftlichen und systematischen Darstellung des Eisenbahntarifwesens eine Grundlage zu gewinnen, ich zunächst zurückgehen mufste auf die Grundlagen der Volkswirtschaftslehre, und aus diesen die mafsgebenden Grundsätze für das Eisenbahnwesen im allgemeinen und das Eisenbahntarifwesen im besondern ableiten. Ferner zeigte sich, dafs ich mich nicht beschränken konnte auf die Behandlung und Darstellung des deutschen Eisenbahntarifwesens, sondern dafs ich auch das Tarifwesen der andern wichtigern Eisenbahnländer in den Kreis meiner Erörterungen ziehen mufste, um durch Vergleichung die verschiedenen Erscheinungen und Gestaltungen der Eisenbahntarife klarzustellen und sie unter bestimmte Gesichtspunkte zu bringen. Und insofern habe ich selbst den umgekehrten Weg gemacht, wie er dem Leser in diesem Buche geboten wird: Die im zweiten Teil enthaltene Darstellung des Eisenbahntarifwesens verschiedener Länder ist für mich der Stoff und die Unterlage für den ersten Teil gewesen. Aber dieser Stoff ist zu spröde für den Nichtfachmann, als dafs mit demselben begonnen werden könnte; erst die Kenntnis der allgemeinen Grundlagen des Eisenbahntarifwesens kann ihn genießbar und verständlich machen.

Inwieweit dies Vorgehen richtig und es mir gelungen ist, die gesteckte Aufgabe zu lösen, mufs ich der wohlwollenden Beurteilung überlassen. Ich glaube auf dies Wohlwollen einigen Anspruch zu haben, nicht nur aus dem Grunde, weil von einem Praktiker, der neben seinen dienstlichen Obliegenheiten eine derartige wissenschaftliche Arbeit unternimmt, nicht dasselbe gefordert werden kann, wie von einem Manne der Wissenschaft, der sich einer solchen Arbeit ungestört mit ganzer Kraft hingeben kann, sondern auch deshalb, weil es sich hier um einen ersten Versuch einer systematischen Darstellung des Eisenbahntarifwesens im allgemeinen und seiner Entwickelung in verschiedenen Ländern im besondern handelt.

Dafs das Buch Mängel in verschiedener Beziehung hat, ist mir selbst am besten bewufst und gern hätte ich Besseres geboten. Allein der zuständige Beurteiler, welcher in dem behandelten Gegenstande zu Hause ist, wird gewifs die grofsen Schwierigkeiten nicht verkennen, welche in der Beschaffung des Stoffes sowohl als in seiner Verarbeitung liegen. Insbesondere bezüglich der so wichtigen geschichtlichen Entwickelung des Eisenbahntarifwesens in den verschiedenen Ländern sind die Quellen im allgemeinen aufserordentlich spärlich. Ich habe mich hierüber schon in meinem

Aufsatz: »Zur Geschichte des deutschen Eisenbahntarifwesens« im Archiv für Eisenbahnwesen Jahrgang 1885 S. 162 ff. ausgesprochen. Wenn sich deshalb in meinem Buche Lücken und Ungenauigkeiten finden sollten, so bitte ich das nicht zu hart zu beurteilen.

Auch in anderer Hinsicht ist zu meinem Bedauern die vorliegende Arbeit nicht so vollständig, als ich gewünscht hätte, so fehlt z. B. eine Darstellung des wichtigen russischen Eisenbahntarifwesens. Aber meine Kenntnis der russischen Eisenbahntarifverhältnisse war nicht ausreichend, die Versuche, zuverlässiges Material zu erhalten, leider nicht von Erfolg, so daſs ich vorzog, von einer Darstellung des russischen Eisenbahntarifwesens abzusehen. Vielleicht bietet sich später die Möglichkeit, diesen Mangel zu ergänzen.

Ein Verzeichnis der einschlägigen bezw. benutzten Schriften ist am Schlusse des Buches gegeben, die Anführungen aus denselben und die sonstigen Anmerkungen sind durch kleineren Druck bezeichnet. Im allgemeinen habe ich nur da die benutzten Schriften angeführt, wo es mir zum Beweis einer zweifelhaften Behauptung oder Darstellung nötig erschien oder ich mich in meinen Ausführungen nach der Anlage des Buches beschränken muſste und doch dem Leser die Möglichkeit bieten wollte, sich eingehender über die betreffende Frage zu unterrichten.

Im einzelnen möchte ich ferner noch bemerken, daſs diejenige Rechtschreibung zur Anwendung gebracht ist, welche das Kultusministerium zum Gebrauch für die preuſsischen Schulen festgesetzt hat. Es gewährt dies wenigstens eine feste Grundlage für die Rechtschreibung, welche sonst leicht einer gewissen Willkür verfällt. Sodann habe ich mich bestrebt, die entbehrlichen Fremdwörter zu vermeiden. Wenn mir dies nicht überall gelungen ist, so mag der Umstand zur Entschuldigung dienen, daſs gerade das Eisenbahntarifwesen mit Fremdwörtern stark durchsetzt ist, welche zum Teil auch deshalb sich nicht ganz vermeiden lassen, weil sie zu technischen Ausdrücken mit bestimmter Bedeutung geworden sind.

Zum Schlusse noch eine Bemerkung: ich werde für jede Kritik, für jede Richtigstellung meiner Angaben und Ausführungen dankbar sein, doppelt aber, wenn mir dieselbe mitgeteilt oder mir wenigstens Kenntnis gegeben wird, wo ich sie finden kann. Denn meine Dienstgeschäfte gestatten mir beim besten Willen nicht, die Litteratur in der Weise zu verfolgen, wie ich es gerne möchte, zumal mir auch nicht alle wissenschaftlichen Werke, Zeitschriften u. s. w. zu Gebote stehen.

Elberfeld, im Februar 1886.

Der Verfasser.

INHALTS-ÜBERSICHT.

EINLEITUNG.

ALLGEMEINER TEIL.

Erster Abschnitt.

Technische Vorbegriffe.

Zweiter Abschnitt.

Die privatwirtschaftliche Tarifgestaltung.

Dritter Abschnitt.

Ergebnisse und Kritik der privatwirtschaftlichen Tarifgestaltung.

Vierter Abschnitt.

Die gemeinwirtschaftliche Tarifgestaltung.

BESONDERER TEIL.

Die Entwickelung des Eisenbahntarifwesens in den verschiedenen Kulturstaaten.

A. Deutschland.

Erster Abschnitt.

Gesetzliche, konzessionsmäfsige, sowie durch die Aufsichtsbehörden getroffene Bestimmungen über das Tarifwesen.

I. Preufsen.

II. Die übrigen deutschen Staaten.

III. Das Deutsche Reich.

Zweiter Abschnitt.

Die geschichtliche Entwickelung des Gütertarifwesens und die verschiedenen Gütertarifsysteme.

Dritter Abschnitt.

Die gegenwärtigen Gütertarife.

Vierter Abschnitt.

Tarife für Personen, Gepäck, Leichen, Fahrzeuge und Vieh.

Fünfter Abschnitt.

B. Österreich-Ungarn.

Zehnter Abschnitt.

G. Niederlande.

Elfter Abschnitt.

H. England.

EINLEITUNG.

§ 1. *Die Grundlagen der Volkswirtschaft und die verschiedenen Wirtschaftssysteme.*

Vgl. im Näheren Wagner, Allgemeine oder theoretische Volkswirtschaftslehre I. Teil, 3. Kapitel. Leipzig und Heidelberg 1876.

Der Organismus der Volkswirtschaft beruht auf drei verschiedenen Grundlagen, dem Eigen-Interesse, dem Gemein-Interesse und dem Interesse für Dritte oder der Nächstenliebe. Diese Grundlagen der volkswirtschaftlichen Organisation verkörpern sich in drei verschiedenen Wirtschafts-Systemen, dem privatwirtschaftlichen, dem gemeinwirtschaftlichen und dem karitativen System. Im privatwirtschaftlichen Systeme erfolgt die Befriedigung der wirtschaftlichen Bedürfnisse durch das Eigen-Interesse der einzelnen Rechts- und Wirtschafts-Subjekte, indem dieselben die wirtschaftlichen Güter beschaffen und verteilen nach dem Grundsatze der frei vereinbarten Entgeltlichkeit, d. h. von Leistung und Gegenleistung. Im gemeinwirtschaftlichen System beruht die Bedürfnisbefriedigung auf dem Gemein-Interesse einer Anzahl von Personen, welche sich entweder freiwillig zu einer besonderen Art von Einzelwirtschaften, einer Gemeinwirtschaft, verbinden oder zwangsweise dazu vereinigt sind. Diese Gemeinwirtschaft übernimmt die Befriedigung ihrer Bedürfnisse bezw. der gemeinsamen Bedürfnisse ihrer Mitglieder durch gemeinsame Beschaffung und Verteilung der betreffenden wirtschaftlichen Güter, und zwar nicht nach dem Grundsatz der frei vereinbarten Entgeltlichkeit für jede Leistung, sondern indem sie entweder die entstandenen Kosten unter alle Mitglieder verteilt, oder für jede Leistung eine von ihr einseitig festgesetzte Gegenleistung einzieht. Zu den durch freie Vereinigung entstandenen freien Gemeinwirtschaften gehören Religionsgesellschaften, gesellige und gewerbliche Vereinigungen und Genossenschaften, zu den Zwangs-Gemeinwirtschaften vor allen der Staat und dessen untergeordnete Glieder, Provinzen, Kreise, Gemeinden. Endlich im karitativen System erfolgt die Beschaffung und Verteilung der Güter ohne oder ohne volle Entgeltlichkeit aus Interesse für bedürftige Dritte, sei es seitens einzelner physischer Personen oder seitens hierzu bestimmter Vereine und vermögensrechtlicher Stiftungen.

Eine gedeihliche Entwickelung der Volkswirtschaft ist bedingt durch das Zusammenwirken aller drei Systeme. In welchem Umfange jedes dieser Systeme dabei beteiligt wird, ist verschieden nach der Entwickelungsstufe der Volkswirtschaft und ändert sich mit jeder weiteren Entwickelung derselben. Im allgemeinen kann man sagen, dafs mit dem Fortschreiten zu höheren Entwickelungsstufen das gemeinwirtschaftliche System dem privatwirtschaftlichem gegenüber an Boden gewinnt. Gerade unsere Zeit liefert hierfür den vollgültigsten Beweis, indem der Staat neue Aufgaben, welche er früher nicht oder nicht in diesem Umfang erfafste, zu übernehmen beginnt, z. B. die Verstaatlichung des Eisenbahnwesens, die Sorge für kranke und arbeitsunfähige Arbeiter etc.

Falsch ist die Ansicht derer, welche eins dieser Systeme ganz oder nahezu ausschliefslich zur Grundlage der Volkswirtschaft machen wollen, wie dies die Sozialisten auf der einen Seite, die sogen. Manchestermänner auf der andern Seite thun. Die ersteren wollen alle wirtschaftliche Thätigkeit dem Staate überweisen, die Privatwirtschaft ganz oder beinahe ganz ausschliefsen; die letzteren verlangen umgekehrt, dafs die Gemeinwirtschaft alle wirtschaftlichen Thätigkeiten der Privatwirtschaft überlasse und sich nach einem bekannten Ausspruche auf die Rolle eines Nachtwächters beschränke, d. h. lediglich für die Sicherheit von Vermögen, Leib und Leben sorge.

Die Wahrheit liegt wie gewöhnlich in der Mitte, und die zu lösende Aufgabe besteht darin, das Zusammenwirken der drei Wirtschaftssysteme, wie es der Entwickelungsstufe der Volkswirtschaft am besten entspricht, praktisch zu verwirklichen. Am einfachsten ergibt sich das Gebiet des karitativen Systems, welches von minderer Bedeutung überall da ergänzend einzutreten hat, wo weder Gemeinwirtschaft noch Privatwirtschaft genügend die vorhandenen Bedürfnisse befriedigen. Die Gemeinwirtschaft dagegen hat die Befriedigung derjenigen wirtschaftlichen Bedürfnisse zu übernehmen, welche von der Privatwirtschaft entweder überhaupt nicht, oder nicht in genügender und zulässiger Weise befriedigt werden, bezw. befriedigt werden können. Das ganze übrige Gebiet der Volkswirtschaft aber verbleibt der Privatwirtschaft, welche auch in der Zukunft wohl noch mehr eingeengt werden kann, aber doch immer einen ausgedehnten Wirkungskreis behalten wird. Dafs die praktische Anwendung dieser theoretischen Grundsätze, die thatsächliche Festsetzung der Grenzen der drei Wirtschaftssysteme bezw. die Entscheidung darüber, ob eine volkswirtschaftliche Thätigkeit dem einen oder anderen Systeme angehört, durchaus nicht so einfach ist, wie es nach dieser kurzen Darstellung erscheinen könnte, dafs die Meinungsverschiedenheiten über die Grenzen der drei Systeme vielmehr zum gröfsten Teil den letzten Grund der wirtschaftlichen und politischen Kämpfe aller Zeiten gebildet haben und noch bilden, dafs endlich die richtige Lösung dieser Fragen die höchsten Anforderungen an den Staatsmann und Nationalökonomen stellt, bedarf wohl kaum der Erwähnung.

Auch das Eisenbahnwesen ist ein derartiges streitiges Grenzgebiet zwischen Privatwirtschaft und Gemeinwirtschaft, und die richtige Gestaltung des Eisenbahntarifwesens hängt im letzten Grunde ab von der Lösung der Frage, welche Stellung in der Volkswirtschaft das Eisenbahnwesen einnimmt, bzw. welche Stellung es richtigerweise einzunehmen hat, ob es dem privatwirtschaftlichen oder dem gemeinwirtschaftlichen System angehört.

§ 2. *Das Eisenbahnwesen ist Sache der Gemeinwirtschaft.*

Vgl. hierüber Sax in Schönbergs Handbuch der politischen Ökonomie 2. Aufl. Teil I S. 522—530.

Das Eisenbahnwesen gehört dem Verkehrswesen an. Hieraus kann indes eine sichere Entscheidung darüber, ob das Eisenbahnwesen Sache der Privatwirtschaft oder Gemeinwirtschaft ist, nicht hergeleitet werden. Denn sowohl die Verkehrswege als die Transportleistungen auf denselben sind thatsächlich teils in den Händen der Gemeinwirtschaft, teils der Privatwirtschaft, und es läfst sich auch theoretisch die Zugehörigkeit des gesamten Verkehrswesens zur Gemeinwirtschaft nicht begründen.

Die Frage, ob das Eisenbahnwesen Sache der Gemeinwirtschaft oder der Privatwirtschaft ist, mufs deshalb für das Eisenbahnwesen besonders untersucht und festgestellt werden. Aus den thatsächlichen Verhältnissen läfst sich diese Frage auch beim Eisenbahnwesen nicht entscheiden. Denn thatsächlich befindet sich dasselbe teils in den Händen der Gemeinwirtschaft teils in den Händen der Privatwirtschaft, und es ist bekannt, dafs gerade die Privatunternehmung im Eisenbahnwesen als Pionier vorangegangen ist und die gröfsten Leistungen hervorgebracht hat. Der Fall liegt also nicht vor, dafs die Privatwirtschaft überhaupt nicht imstande sei, das wirtschaftliche Bedürfnis nach Eisenbahnen zu befriedigen. Wohl aber liegt der andere Fall vor, dafs die Privatwirtschaft dies Bedürfnis nicht in genügender und zulässiger Weise befriedigt, und deshalb ist die Gemeinwirtschaft genötigt, das Eisenbahnwesen in ihre Hände zu nehmen. Die Gründe und Beweise hierfür ergeben sich aus der Natur der Eisenbahnen und den bisher gemachten thatsächlichen Erfahrungen und sind im wesentlichen folgende:

§ 3. I. *Die Privatwirtschaft baut nur die rentablen Hauptlinien, nicht die unrentablen Nebenlinien, befriedigt also das Bedürfnis an Eisenbahnen nicht genügend.*

Die Privatwirtschaft wird und kann verständigerweise nur diejenigen Linien bauen, welche eine unmittelbare Rente, d. h. aufser den Betriebskosten mindestens die landesübliche Verzinsung und Tilgung des Anlagekapitals, in Aussicht stellen. Das für die Privatwirtschaft mafsgebende Erwerbs-Interesse weist gebieterisch hierauf hin, und wenn thatsächlich trotzdem von der Privatwirtschaft bisweilen Linien gebaut werden, welche keine unmittelbare Rente abwerfen, so geschieht dies nur infolge einer Täuschung über die Rentabilität dieser Linien oder auf Grund einer dem Staat gegenüber übernommenen Verpflichtung. Niemals aber wird die Privatwirtschaft den Bau einer Linie freiwillig übernehmen, von der es feststeht, dafs sie keine Verzinsung des Anlagekapitals aufbringen wird. Auch zeigt die Eisenbahngeschichte aller Länder, dafs die Privatwirtschaft sich stets zunächst der verkehrsreichen rentabeln Hauptlinien bemächtigt, zu dem Bau der verkehrsarmen nicht rentabeln Nebenlinien aber nicht oder nur dann bereit ist, wenn der Staat durch Unterstützungen oder Zinsgewährleistung sie vor Verlusten sichert, bzw. künstlich eine Rentabilität dieser Nebenlinien für die Privatwirtschaft herstellt.

Im Interesse der Gesamtheit liegt aber eine gleichmäfsige und vollständige Entwickelung der Verkehrsmittel, auch der Eisenbahnen, und deshalb ist der Ausbau auch der Nebenbahnen eine wirtschaftliche Notwendigkeit.

Es liegt also hier der Fall vor, dafs die Privatwirtschaft das wirtschaftliche Bedürfnis an Eisenbahnen nicht genügend befriedigt und die Gemeinwirtschaft dafür eintreten mufs. Dieselbe ist hierzu auch wohl befähigt und imstande. Für sie sind auch die Nebenlinien rentabel, weil, selbst wenn die unmittelbare Rente gleich Null ist, doch durch den mittelbaren Nutzen, die Hebung des Volkswohlstandes, die militärischen und sonstigen Leistungen der Eisenbahnen für den Staat, das aufgewendete Anlagekapital sich verzinst. Wenn aber die Gemeinwirtschaft auf alle Fälle für den Bau dieser Nebenlinien sorgen mufs, sei es durch Unterstützungen und Zinsgewährleistungen, sei es durch eigenen Bau, dann erscheint das letztere an sich im allgemeinen vorteilhafter, weil sie dadurch Eigentümerin der Bahnen wird und über dieselben frei verfügen kann. Andererseits können die Nebenbahnen nur in Gemeinschaft mit den anschliefsenden Hauptbahnen vorteilhaft verwaltet und betrieben werden, und es erscheint folgeweise richtig, dafs die Gemeinwirtschaft auch die hochrentabeln Hauptlinien baut und nicht deren Ausbeutung der Privatwirtschaft überläfst. Mit dem aus den Hauptlinien gezogenen Gewinn wird die Gemeinwirtschaft um so besser und um so früher in der Lage sein, die Bedürfnisse der abseits der Hauptlinien gelegenen Gegenden und Orte auf Einbeziehung in das Eisenbahnnetz durch Bau von Nebenbahnen zu befriedigen.

§ 4. II. *Eine einheitliche Leitung und planmafsige Organisation der Anlage und des Betriebes der Eisenbahnen ist eine Notwendigkeit, kann aber nur von der Gemeinwirtschaft, nicht von der Privatwirtschaft herbeigeführt werden.*

Sowohl für die Anlage als den Betrieb erscheint die einheitliche Leitung und planmäfsige Organisation des Eisenbahnwesens von gröfster Erheblichkeit. Diese ist aber nur möglich, wenn die Eisenbahnen in den Händen der Gemeinwirtschaft sind, nicht aber in dem zersplitterten Besitz der Privatwirtschaft.

a. Es ist von hoher Wichtigkeit für die Anlage eines Eisenbahnnetzes, dafs dieselbe nach einem einheitlichen, wohlerwogenen Plane erfolgt. Geschieht dies nicht, wird die Anlage zeitlich und örtlich dem Zufall überlassen bezw. den privatwirtschaftlichen Einzelinteressen, so wird erfahrungsmäfsig nicht nur die Anlage viel theurer, sondern auch den Interessen der Gesamtheit weniger entsprechend. Es werden die einzelnen Linien nicht so und nicht in der Reihenfolge angelegt werden, wie es richtig ist und das Interesse der Gesamtheit es verlangt, sondern lediglich so, wie die Interessen der einzelnen privaten Eisenbahnverwaltungen es mit sich bringen.

Diese sind aber mit den Interessen der Volks- und Gemeinwirtschaft sehr oft nicht übereinstimmend.

Während die letzteren einen allmählich gleichmäfsig fortschreitenden Ausbau des Eisenbahnnetzes und zwar zunächst der Hauptlinien, dann der Nebenlinien je nach dem Verkehrsbedürfnisse erheischen, sind die einzelnen privaten Eisenbahnverwaltungen wegen ihres Eigeninteresses oft gezwungen Linien zu bauen, die kein oder noch kein Bedürfnis sind, sondern nur dem Wettbewerbe mit anderen Bahnen oder Verkehrsmitteln dienen, und andere Linien, wofür ein Bedürfnis vorliegt, unausgebaut zu lassen. Auch ist es für sie nicht möglich, in gleichmäfsig fortschreitender Weise den Ausbau des Netzes herbeizuführen, sondern abhängig von dem Geldmarkte und dessen Bewegungen überstürzen sie in Zeiten geschäftlichen Aufschwungs die Bauthätigkeit, während sie andererseits in Zeiten geschäftlichen Niedergangs aus Mangel an Mitteln von der dann gerade billigen und für die Volkswirtschaft vorteilhaften Bauthätigkeit absehen müssen.

Ferner wird die Einheitlichkeit in den baulichen Anlagen und Betriebsmitteln, welche nicht nur den Betrieb erleichtert und sicherer macht, sondern auch erhebliche Kostenersparnisse mit sich bringt, nur durch die einheitliche Organisation der Gemeinwirtschaft gesichert, während die zersplitterte Privatwirtschaft oft gerade dieser Einheitlichkeit entgegenstehende Interessen hat, jedenfalls wenig geeignet ist, sie herbeizuführen.

b. Nicht minder wesentlich ist die einheitliche Leitung und Organisation beim Betriebe der Eisenbahnen. Je mehr der Transportdienst einer Verkehrsanstalt aus der regelmäfsigen Wiederholung einer grofsen Anzahl gleicher einzelner Thätigkeiten besteht und sich auf ziemlich feste mechanische Regeln zurückführen läfst, also nach gewissen Schablonen geführt werden kann und mufs, destomehr ist eine Einheit in der Leitung, eine einheitliche Organisation möglich und vorteilhaft.

Wagner, Finanzwissenschaft 3. Aufl. Bd. I S. 655.

Sie bewirkt, dafs mit erheblich geringeren Mitteln und Kosten besseres geleistet wird, als bei einer grofsen Zahl von selbständigen privaten Verwaltungskörpern mit höheren Kosten. Denn im letzteren Falle wird durch die bei den verschiedenen Interessen unausbleiblichen Reibungen viel Kraft und Material wirkungslos vergeudet. Und nie wird es möglich selbst beim besten Willen der verschiedenen Verwaltungen, der aber oft genug fehlt, den Betrieb so ineinandergreifend, so sparsam zu gestalten, wie bei einer einheitlichen Organisation. Die so wesentliche einheitliche Gestaltung des Tarifwesens und der Fahrpläne, der Wagen-Verteilung und -Ausnutzung wird stets zu wünschen übrig lassen, der Geschäftsverkehr stets ein langsamer und weitläufiger sein. Eine einheitliche Leitung und Organisation wird ferner um so notwendiger und wichtiger, je dichter der Verkehr wird. Der Drang zur Einheit erstreckt sich sogar über die Landesgrenzen hinaus, und durch internationale Vereinbarungen wird den Bedürfnissen des Verkehrs auf Einheitlichkeit der Anlagen und des Materials, der Fahrpläne und Tarife soweit möglich entsprochen. Auch zum Abschlufs solcher internationaler Vereinbarungen ist eine einheitliche Leitung, insbesondere der Staat, wie das Beispiel der Staatspostverwaltung lehrt, ungleich befähigter und geeigneter, als eine Mehrzahl von Verwaltungen mit ihren verschiedenartigen privaten Interessen und Anschauungen.

Endlich lassen sich manche Verkehrsanstalten zweckmäfsig miteinander verbinden, weil die in einem einzelnen Dienste nicht vollständig ausgenutzten Arbeitskräfte und Kapitalien zum Teil Dienstthätigkeiten für mehrere solcher Anstalten übernehmen können. Daraus ergibt sich wieder eine gröfsere Sparsamkeit des Betriebes. Insbesondere bietet erfahrungsmäfsig die Vereinigung des Eisenbahnwesens mit dem Post- und Telegraphenwesen Gelegenheit zu umfassenden Ersparnissen, ja es erscheint, nachdem die Eisenbahnen den Verkehr mit dem Ausland fast ausschliefslich in den Händen haben, durchaus nicht undenkbar, dafs demnächst der Staat auch das Zollwesen mit dem Eisenbahnwesen verbindet und der Eisenbahnbeamte, welcher an der Grenze ohnedies die Güter von der fremden Eisenbahn übernehmen und für den Weitertransport abfertigen mufs, auch die zollamtliche Abfertigung besorgt. Hierdurch könnten nicht nur erhebliche Kosten gespart sondern auch die Raschheit des Verkehrs würde erheblich gefördert werden.

§ 5. III. *Die Eisenbahn ist ein Monopol und kann deshalb nicht Sache der Privatwirtschaft sein.*

Die Grundlage des privatwirtschaftlichen Systems ist das Eigeninteresse, das Streben nach Erwerb und Gewinn. Aus diesem Streben der verschiedenen Einzel-Interessen ergibt sich gewissermafsen ein Wettlauf unter denselben, die freie Konkurrenz, die wichtigste und eigentümlichste Erscheinung des privatwirtschaftlichen Systems. Die Konkurrenz kann sein eine Konkurrenz des Angebots oder der Nachfrage, in der Regel aber treffen beide zusammen und bestimmen im Tauschkampf den Preis der Güter. Der Gegensatz bzw. der Ausschlufs der Konkurrenz ist das Monopol. Das Monopol verträgt sich nicht mit dem privatwirtschaftlichen System, weil es das wesentlichste Merkmal desselben, die freie Konkurrenz, ausschliefst und durch privatwirtschaftliche Organe ausgeübt die Beherrschung und Ausbeutung der Schwachen durch die Starken zur Folge hat. Das Monopol ist deshalb nur zulässig in der Gemeinwirtschaft, weil es hier ausgeübt wird zu Gunsten der Gesamtheit durch die Gesamtheit und hiedurch das Gehässige und Ungerechte verliert, welches es in den Händen der Privatwirtschaft hat.

Die Eisenbahn ist aber ein Monopol, und deshalb mufs sie der Gemeinwirtschaft angehören, deshalb führt sie in den Händen der Privatwirtschaft zu allen den Nachteilen, welche Monopole in den Händen der Privatwirtschaft stets mit sich bringen. Die Monopol-Eigenschaft der Eisenbahn ist in ihrem innersten Wesen begründet, einmal weil sie, wie in § 4 ausgeführt, eine einheitliche planmäfsige Organisation in Bezug auf Anlage, Betrieb und Verwaltung fordert, und es deshalb im wirtschaftlichen Interesse geboten erscheint, die Eisenbahn als Monopol zu gestalten, wie dies auch vielfach durch die Eisenbahngesetzgebung geschehen ist.

z. B. durch § 44 des preufsischen Eisenbahngesetzes vom 3. November 1838, welcher allerdings durch die deutsche Reichsverfassung aufgehoben ist.

Sodann weil sie als das vollkommenste Landtransportmittel, welches wir besitzen, alle anderen minder vollkommenen Transportmittel vom Verkehr ausschliefst und infolge dessen einem Wettbewerb anderer Land-Verkehrsmittel thatsächlich nicht unterworfen ist. Endlich drittens, weil eine Konkurrenz innerhalb der Eisenbahnen, ein Wettbewerb der Eisenbahnen unter sich nicht besteht und bestehen kann. Freilich wurde dies früher vielfach bestritten. Wie man überhaupt die Wirksamkeit der Konkurrenz im wirtschaftlichen Leben überschätzte und sie als den überall vorhandenen Regulator desselben, als das natürliche Heilmittel für alle wirtschaftlichen Ausschreitungen und Schäden ansah, so glaubte man auch, dafs die Eisenbahnen und namentlich die Eisenbahntarife durch Angebot und Nachfrage, durch Konkurrenz geregelt würden, und stützte dies wesentlich auf eine Erscheinung im Eisenbahnwesen, welche allerdings mit der privatwirtschaftlichen freien Konkurrenz eine gewisse Ähnlichkeit hat und auch wohl als Linien-Konkurrenz, richtiger als Konkurrenz in den Knotenpunkten bezeichnet wird. Da diese Linien-Konkurrenz auch auf die Entwickelung des Tarifwesens von grofsem Einflufs gewesen ist und vielfach später Erwähnung finden wird, müssen wir dieselbe näher betrachten.

§ 6. *Die Konkurrenz in den Knotenpunkten.*

Mit der Verdichtung des Eisenbahnnetzes kamen die anfangs vereinzelten Eisenbahnlinien in nähere Verbindung, die zu gegenseitigem Vorteil und grofser Vermehrung des Verkehrs führte. Allmählich aber griffen die verschiedenen Eisenbahnverwaltungen in ihre Verkehrsgebiete gegenseitig über, es entstanden neue Linien, welche wesentlich nur angelegt waren, um dasselbe Verkehrsgebiet, bzw. dieselben Verkehrs-Knotenpunkte zu bedienen, welche schon von einer anderen Linie beherrscht wurden. Insbesondere die industriereichen Gegenden, grofsen Städte und Hafenplätze wurden von den Eisenbahnunternehmungen mit Vorliebe aufgesucht, indem die grofsen Gewinne, welche die hier angelegten Eisenbahnen erzielten, zur Nachfolge reizten. So kam es, dafs von verschiedenen Verwaltungen vielfach Parallellinien gebaut wurden und mit der Zeit fast alle grofsen Städte miteinander durch zwei oder mehrere Eisenbahnlinien verbunden wurden, welche zwar meist von verschiedener Länge, aber doch sämtlich den Verkehr wohl zu bedienen in der Lage waren. Daraus entstanden dann die Konkurrenzen in den Knotenpunkten d. h. zwischen denjenigen Stationen, deren Verkehr miteinander von mehr als einer Eisenbahnverwaltung bedient werden konnte.

Nicht Eisenbahn-Linie, denn wenn die verschiedenen Linien einer Verwaltung gehörten, so entstand natürlich keine Konkurrenz irgend welcher Art.

Dieser Verkehr der Knotenpunkte mufste natürlich derjenigen Eisenbahnverwaltung zufallen, welche denselben am billigsten und besten bediente, bei gleich günstigen Bedingungen aber unter die verschiedenen Konkurrenten sich teilen. Um aber den Verkehr sich allein oder in überwiegendem Mafse zu sichern, brauchten die konkurrierenden Eisenbahnen die verschiedensten Mittel, sie verbesserten die Transportleistungen durch möglichst vollkommene Anlagen und durch Einlegung zahlreicherer und schnellerer Züge, insbesondere aber als wirksamstes Mittel wurde die Herabsetzung der Transportpreise für die dem Wettbewerb unterliegenden Verkehre bzw. Stationen angewendet. In dieser Herabsetzung der Transportpreise, welche oft dadurch verschärft wurde, dafs sie nicht öffentlich, sondern heimlich und nur zu gunsten einzelner besonders grofser Verfrachter erfolgte, entstand oft ein förmlicher Wettkampf, der dann zu einer sehr weitgehenden Ermäfsigung der Transportpreise bisweilen bis unter die Selbstkosten führte und bei oberflächlicher Betrachtung ein der privatwirtschaftlichen Konkurrenz ähnliches Bild zeigte. In der That liefsen sich viele hiervon täuschen und schlossen aus diesen Erscheinungen, dafs auch das Eisenbahnwesen durch Konkurrenz geregelt werde bzw. geregelt werden könne. Aber bald zeigte sich das Irrtümliche dieser Ansicht. Hatten die Verwaltungen lange genug sich in dieser Weise Konkurrenz gemacht und eingesehen, dafs sie sich dadurch nur gegenseitig schädigten, so kam es zu Vereinbarungen unter ihnen, wodurch sie dem Wettbewerb ein Ende bereiteten. Dies geschah entweder so, dafs sich die konkurrierenden Eisenbahnen zu einer Verwaltung verschmolzen, sei es durch Kauf-, sei es durch Pacht- und Betriebs-Überlassungsverträge, oder dafs sie in sogenannten Kartellverträgen Vereinbarungen über Teilung des Verkehrs oder der Verkehrseinnahmen trafen bezw. wenigstens die Tarife zwischen den dem Wettbewerb unterworfenen Knotenpunkten in gleicher Höhe für alle Linien festsetzten und in dieser Weise eine Teilung des Verkehrs herbeiführten. Um sich aber für die vorangegangenen Verluste an Einnahmen zu entschädigen und eine gute Verzinsung ihrer Anlage-Kapitalien zu sichern, vereinbarten die konkurrierenden Eisenbahnen dann oft Transportpreise, welche höher waren, als die vor Beginn des Konkurrenzkampfes.

Dies ist der gewöhnliche Verlauf und das Ende der sogenannten Linien-Konkurrenz. Vergeblich haben die Gesetzgebung bezw. die Verkehrs-Interessenten versucht diese Entwickelung zu verhindern, sie ist unaufhaltsam, wie die Geschichte der verschiedensten Länder gelehrt hat. Es fragt sich aber, ob hienach diese Linien-Konkurrenz als eine wahre freie Konkurrenz anzusehen ist, und diese Frage müssen wir aus folgenden Gründen verneinen:

a. Die Konkurrenz findet nur örtlich beschränkt statt, nur in den Knotenpunkten. Sie hat keine Wirkung für diejenigen Stationen, die nicht von zwei verschiedenen Eisenbahnverwaltungen bedient werden; im Gegenteil werden in der Regel deren Tarife möglichst hoch gehalten, um für die Ausfälle in den Transporteinnahmen der Wettbewerbs-Stationen Deckung zu erhalten. Die andern Stationen und Verkehre, insbesondere der örtliche Verkehr, werden also durch die Linien-Konkurrenz geradezu geschädigt, indem im Verhältnis zu den Tarifen der Knotenpunkte ihre Tarife zu hoch sind, und sie so wirtschaftlich denselben gegenüber in eine ungünstige Lage gebracht werden. Diese Linien-Konkurrenz hat also nicht eine ausgleichende Wirkung auf die Preise, wie die wahre Konkurrenz haben soll, sondern im Gegenteil veranlafst sie erhebliche Ungleichheiten in den Transportpreisen. Allerdings behaupten die Anhänger der Konkurrenztheorie im Eisenbahnwesen, dafs eine Verdichtung des Eisenbahnnetzes das Entstehen konkurrierender Linien für immer kürzere geographische Entfernungen in sich begreife und dadurch allmählich auch alle Zwischenstationen Knotenpunkte und so der Wohlthat der Konkurrenz teilhaftig würden.

Vgl. insbesondere Michaelis, Volkswirtschaftliche Schriften Bd. I S. 29 und 85.

Allein diese Annahme trifft nicht zu, auch würde dies nicht einmal genügen, um eine wirksame, wahre Konkurrenz für das gesamte Bahnnetz herbeizuführen, vielmehr aufserdem noch nötig sein, dafs jede Linie in verschiedener Verwaltung wäre, ein Erfordernis, das um so unmöglicher wird, je kleiner durch die Verdichtung des Netzes die Linien zwischen zwei Knotenpunkten werden.

b. Neben dieser örtlichen Beschränkung der Konkurrenz in den Knotenpunkten ist dieselbe aber auch zeitlich und im Umfange beschränkt. In der Regel findet die Konkurrenz in den Knotenpunkten nur zwischen zwei oder doch wenigen Eisenbahnen statt, während in der Privatwirtschaft die Verteilung der Bedürfnis-Befriedigung unter die Wettbewerber eine weitergehende, und der Hinzutritt stets neuer Konkurrenten mit noch günstigerem Angebot offen ist und thatsächlich erfolgt. Diese Beschränkung des Umfangs der Konkurrenz hat aber die weitere Folge, dafs dieselbe, wenn sie überhaupt eintritt und nicht von vornherein durch

Verständigung unter den Konkurrenten beseitigt wird, eine zeitlich beschränkte bleibt und eine Verkehrsteilung nach verhältnismäfsig kurzer Zeit eintritt. Die wenigen Konkurrenten, um die es sich stets handelt, sehen bald genug ein, dafs doch keiner den andern ganz verdrängen kann, weil die in einer Eisenbahnlinie festgelegten Kapitalien nicht wieder herausgezogen werden können, wie aus einem industriellen oder Handelsunternehmen, und die Eisenbahn bestehen bleibt, auch wenn sie schlechte Geschäfte macht. Sie finden es deshalb verständiger, sich zu vertragen und gemeinschaftlich einen Preis festzusetzen, bei dem sie alle bestehen können, als um die Wette den Transportpreis herabzudrücken. Dann aber liegt lediglich ein Monopol mit mehreren Inhabern vor, Konkurrenz existiert nicht.

Andererseits läfst sich zwar die Thatsache nicht leugnen, dafs diese beschränkte Konkurrenz in den Knotenpunkten zur Zeit noch fast in allen Eisenbahnländern in gröfserem oder geringerem Umfange besteht und weitgehende Wirkungen auf das gesamte Eisenbahnwesen, insbesondere einen grossen Einflufs auf die Gestaltung der Tarife ausgeübt hat und noch ausübt. Aber ganz abgesehen davon, dafs das Aufhören dieser Linien-Konkurrenz in einem nicht zu fernen Zeitpunkt mit Sicherheit erwartet werden kann, so würden, selbst wenn dieselbe eine unbeschränkte und auf die Dauer wirksame Konkurrenz wäre bezw. wenn es möglich wäre, durch gesetzgeberische Mafsregeln oder auf sonstige Weise dies herbeizuführen, doch erhebliche Gründe gegen ihre Anwendung sprechen und dieselbe im wirtschaftlichen Interesse verbieten. Die grofsen wirtschaftlichen Schäden, welche schon die vorübergehende, in ihrem Umfang zeitlich und örtlich beschränkte Konkurrenz thatsächlich verursacht hat, begründen dies genügend. Die Nachtheile, welche eine vollständig durchgeführte wirksame Konkurrenz im Eisenbahnwesen mit sich bringen müfste, sind folgende:

A. In der Anlage der Eisenbahnen. Um eine wirksame Konkurrenz im Eisenbahnwesen herbeizuführen, müfsten für jede Verkehrsbeziehung mindestens zwei von einander unabhängige, unter verschiedener Verwaltung stehende Linien vorhanden sein, welche beide zur Bewältigung des gesamten Verkehrs imstande wären. Es würde also mindestens das doppelte Anlagekapital aufgewendet werden müssen, um eine Leistung zu erzielen, welche mit dem einfachen Kapitalaufwand genügend hergestellt werden könnte. Bei dem grofsen Anlagekapital, welches die

Eisenbahnen erfordern, mufs daher, wenn lediglich, um die Konkurrenz zu ermöglichen, statt einer Linie zwei oder mehrere gebaut werden, eine Vergeudung ungeheurer Summen eintreten, wie dies thatsächlich auch schon bei der Konkurrenz in den Knotenpunkten geschehen ist. Viele Hunderte von Millionen sind in denjenigen Staaten, wo man der Konkurrenztheorie auch nur zeitweise praktisch Folge gegeben hat, in diesen Konkurrenzbauten verschwendet worden. Diese Kapitalien können aber nicht oder nur zum kleinsten Teil wieder zurückgezogen werden, sie sind vielmehr zum gröfsten Teil festgelegt und verloren.

Vgl. hierüber und insbesondere über die Konkurrenz-Eisenbahnbauten in Deutschland meine Schrift: »Tariferhöhung oder Reichseisenbahnen.« Berlin, Verlag von J. Guttentag (D. Collin) 1876 S. 26 ff.

Da aber naturgemäfs ein jedes aufgewendete Kapital nach Verzinsung strebt, so würde die Folge einer durchgeführten Eisenbahn-Konkurrenz in dieser Beziehung sein, dafs statt des Kapitals der einen Linie, welche zur Bewältigung des Verkehrs genügt hätte, das doppelte oder dreifache Kapital verzinst werden müfste. Dies müfste aber, da die Verzinsung des Anlagekapitals etwa 50 Prozent der Selbstkosten bei dem Eisenbahntransporte ausmacht, notwendig zu höheren Selbstkosten und infolge dessen zu höheren Transportpreisen führen, als beim Bestehen einer Linie. Die Konkurrenz bewirkt also hier gerade das Entgegengesetzte dessen, was sie im wirtschaftlichen Leben bewirken soll, unwirtschaftliche Vergeudung anstatt Kostenersparung, Erhöhung der Transportpreise anstatt Herabsetzung.

B. Für den Betrieb und die Verwaltung würde sich dasselbe Resultat ergeben. Zwei oder drei Verwaltungen benötigen natürlich auch einer weit gröfseren Zahl sowohl leitender als ausführender Beamten, als eine. Die Betriebskosten werden naturgemäfs erheblich erhöht dadurch, dafs der Betrieb auf mehreren Linien geführt wird, anstatt auf einer. Es gehen mehr Züge mit schlechterer Belastung ohne Vorteil für Verkehr und Publikum. Da die Konkurrenzwege oft in ihren Längen sehr verschieden sind, werden grofse Mengen Güter und Personen statt über den kürzesten Weg auf grofsen Umwegen befördert. Der selbständige und getrennte Dienst auf den Konkurrenz- und Übergangsstationen verschlingt grofse Summen, es mufs ein gröfserer Wagenpark gehalten werden, welcher schlecht ausgenutzt wird.

Vgl. »Tariferhöhung oder Reichseisenbahnen« S. 16 ff.

Als Resultat unserer Untersuchung können wir deshalb hinstellen:

1. Eine wahre freie Konkurrenz, wie sie im privatwirtschaftlichen System besteht bezw. bestehen soll, existiert im Eisenbahnwesen nicht und kann nicht existieren.

Es ist dem Verfasser nicht unbekannt, dafs aufser der Konkurrenz in den Knotenpunkten noch eine ganze Reihe anderer angeblicher Konkurrenzfälle im Eisenbahnwesen aufgestellt worden sind. Allein dieselben grunden sich teils auf eine mifsverständliche Auffassung des Eisenbahnbetriebes und gewisser thatsächlicher Erscheinungen im Eisenbahnwesen, teils sind die anderen Konkurrenzfälle Phantasiegebilde von Theoretikern, welche durchaus eine Eisenbahn-Konkurrenz konstruieren wollten. Von einer Erörterung derselben habe ich umsomehr absehen zu können geglaubt, als dieselben längst widerlegt sind; vgl. besonders Sax, Verkehrsmittel Bd. II S. 84—133.

2. Das, was man hier als Konkurrenz bezeichnet, ist nur ein Trugbild der Konkurrenz, welches lediglich die Folge hat, dafs der Verkehr zu höheren Preisen schlechter besorgt wird, also gerade das Gegenteil dessen bewirkt, was die wahre freie Konkurrenz bewirkt bezw. bewirken soll.

Wo aber keine Konkurrenz vorhanden und möglich ist, liegt ein Monopol vor. Es wird hierdurch also der bereits im vorigen Paragraph ausgesprochene Satz bestätigt, dafs die Eisenbahn ein Monopol ist. Daraus folgt aber wieder unabweislich, dafs es notwendig und richtig ist, das Eisenbahnwesen der Gemeinwirtschaft zuzuweisen, weil die Befriedigung dieses Bedürfnisses durch die Privatwirtschaft wegen der Monopol-Eigenschaft der Eisenbahn nicht zulässig erscheint.

§ 7. *Die wirtschaftliche Natur der Privatbahnen.*

Vgl. G. Cohn, Volkswirtschaftliche Aufsätze: Der Staat und die Eisenbahnen.

Die Eisenbahnen befinden sich thatsächlich teils in den Händen des Staates, sowie seiner untergeordneten Teile, Provinzen, Kreise und Gemeinden, teils in den Händen von Aktiengesellschaften und einzelnen Privaten. Es unterliegt keinem Zweifel, dafs die Eisenbahnen, welche in den Händen des Staates und seiner Glieder sind, der Gemeinwirtschaft angehören, wie es ebenso unbestritten ist, dafs diejenigen Eisenbahnen, welche im Eigentum einzelner Privaten sich befinden, privatwirtschaftlicher Natur sind.

Zweifelhaft und bestritten ist dagegen die Frage, ob die im Eigentum von Aktiengesellschaften befindlichen Eisenbahnen, die sogenannten Privatbahnen, dem Gebiete der Privatwirtschaft oder dem der Gemeinwirtschaft zuzurechnen sind. Der Name Privatbahnen spricht für ihre Zugehörigkeit zur Privatwirtschaft, aber der Name ist etwas Aufserliches, nicht Entscheidendes. Dagegen behaupten namhafte Volkswirtschaftslehrer, insbesondere L. von Stein und nach ihm Sax, dafs diese Aktienbahnen der Gemeinwirtschaft angehören. Es ist von grofser Wichtigkeit, die Richtigkeit oder Unrichtigkeit dieser Behauptung zu prüfen und festzustellen. Nur wenn die Anschauungen von Stein und Sax sich als richtig erweisen, vermögen die Anhänger des Privatbahnwesens unter Anerkennung des wissenschaftlich kaum noch bestrittenen Satzes, dafs ihrer Natur nach die Eisenbahnen Sache der Gemeinwirtschaft sein müssen, die Berechtigung der Existenz der Privatbahnen zu retten. Im andern Fall erscheinen wenigstens vom wissenschaftlichen Standpunkt aus die Privatbahnen als ein unberechtigter Eingriff des privatwirtschaftlichen Systems in das Gebiet des gemeinwirtschaftlichen Systems, und ihre Beseitigung geboten, sofern sie nach Lage der Verhältnisse möglich ist. Sehen wir nun, was v. Stein und Sax für ihre Ansicht anführen.

v. Stein nennt die Eisenbahn-Akiengesellschaften Verwaltungsgesellschaften und will den Aktionären eine Art Selbstverwaltung des Verkehrswesens zuschreiben, mufs aber selbst gestehen, dafs diese Theorie mit der Wirklichkeit im offenen Widerspruch steht.

Sax, die Verkehrsmittel Bd. I S. 77 sagt folgendes: »Weniger erkannt ist dagegen der Umstand, dafs die Wirksamkeit der Gemeinwirtschaft auch durch privatwirtschaftliche Organe sich vollziehen kann, deren sich jene in gewissen Fällen zu ihren Zwecken dann bedient, wenn diese dadurch in wirtschaftlicherer Weise erreicht werden können. Privatwirtschaftliche Organe dieser Art hören dann auf, reine Privatunternehmungen zu sein, erhalten ein Gepräge, das ihnen die Merkmale gemeinwirtschaftlicher Organe verleiht, und sind daher in ihrer Wirkungsweise nur zu verstehen, wenn sie begrifflich den letzteren beigezahlt werden. Sie stellen eine delegierte Gemeinwirtschafts-Funktion gegenüber der unmittelbaren durch eigene Organe ausgeübten dar, da sie eben, wenngleich unter den Formen der Privatwirtschaft, doch den Willen der Gemeinwirtschaft erfüllen und nur soweit sich von den Gesichtspunkten der Privatwirtschaft leiten lassen dürfen, als dieselben mit dem Gesamtwillen und seinen Zwecken nicht in Kollision geraten. Die Erscheinungen, welchen wir diesfalls im Wirtschaftsleben begegnen, bezeichnen wir mit dem Namen staatlich regulierte Unternehmungen oder öffentliche Unternehmungen. Dieselben treten heutzutage meistens als Gesellschaften (Aktiengesellschaften) in die Existenz.

Derlei Unternehmungen werden dadurch zu dem qualifiziert, als was sie uns erscheinen, dafs der Staat ihrem privatwirtschaftlichen Handeln diejenigen Beschränkungen auferlegt und sie andrerseits zu denjenigen Mafsnahmen anhält, welche die Zwecke der Gemeinwirtschaft erheischen, indem er sie gleichzeitig, sofern sich dies als notwendig herausstellt, für den dadurch etwa entstehenden privatwirtschaftlichen Entgang vertragsmäfsig schadlos hält. Die Hauptmomente, in denen diese gemeinwirtschaftliche Qualifikation sich äufsert, sind:

1) die öffentlich-rechtliche Konstituierung;
2) Vorzeichnung der Anlage und des Betriebes nach Bedürfnissen der Gesamtheit;
3) Auflage öffentlicher Transport-Leistungspflicht an jedermann zu gleichen Bedingungen und, wo notwendig, Fixierung der Transportpreise nach dem Gesichtspunkte sub 2;
4) eventuelle Subvention aus öffentlichen Mitteln.

Die Ausführungsmafsregeln dieser öffentlichen Regulierung und das Mafs ihrer Zweckdienlichkeit können natürlich verschieden sein; das sind dann Detailfragen. Das Wesen der Sache ist mit Vorstehendem prinzipiell bestimmt und zeigt uns die betreffenden »öffentlichen« Unternehmungen als Organe der Gemeinwirtschaft, mit welcher Auffassung ihre Wirksamkeit erst im rechten Lichte erscheint. Der Grund der Berufung solcher Organe zur Übernahme gemeinwirtschaftlicher Funktionen ist, wie gesagt, dann gegeben, wenn dieselben nach Lage der Dinge im konkreten Falle geeignet erscheinen, unbeschadet der zu erreichenden öffentlichen Zwecke das Prinzip der Wirtschaftlichkeit in höherem Grade zu realisieren als die unmittelbare Verwaltung, und ihre Verwendbarkeit greift erklärlicherweise überhaupt nicht Platz, wo die Erzielung einer Kapitalsrente ausgeschlossen wird. Ersteres ist zum grofsen Teile eine quaestio facti, letzteres hängt von dem Verwaltungsprinzipe bei den einzelnen Verkehrsmitteln ab.«

So Sax. Allein. diese Anschauung kann bei näherer Prüfung nicht bestehen und als eine berechtigte nicht angesehen werden. Es ist durchaus unrichtig, dafs diese sogenannten öffentlichen Unternehmungen, wenngleich unter den Formen der Privatwirtschaft, doch den Willen der Gemeinwirtschaft erfüllen und nur soweit sich von den Gesichtspunkten der Privatwirtschaft leiten lassen, als dieselben mit dem Gesamtwillen und seinen Zwecken nicht in Kollision geraten. Gerade das Gegenteil ist der Fall. Die übereinstimmenden Erfahrungen bei allen Kulturvölkern haben auf das klarste erwiesen, dafs diese sogenannten öffentlichen Unternehmungen lediglich ihrem privatwirtschaftlichen Erwerbssinn folgen und die Zwecke der Gesamtheit nur soweit und solange fördern, als diese auch ihren privatwirtschaftlichen Zwecken dienen oder nicht entgegen stehen. Wo letzteres aber der Fall ist, da gehen sie lediglich ihren privatwirtschaftlichen Interessen nach, und selbst dann, wenn ihnen zu gunsten der Gesamtheit die oben von Sax erwähnten Auflagen gemacht sind, haben sie, wenn dieselben mit ihren Erwerbszwecken kollidierten, diese Auflagen unbefolgt gelassen oder doch sich ihnen soweit möglich entzogen.

Es wäre auch in der That wunderbar, wenn es anders wäre. Denn an sich sind auch diese sogenannten öffentlichen Unternehmungen privatwirtschaftliche Erwerbs-Gesellschaften, und sie verlieren diese Natur dadurch, dafs ihnen staatlicherseits gewisse Auflagen gemacht werden, eben so wenig wie andere Erwerbs-Gesellschaften, welchen ja auch durch Gesetz und Verwaltung gewisse Auflagen gemacht werden, z. B. eine Bergbau-Gesellschaft oder sonstige Industrie-Aktiengesellschaft. Diese ihre Natur als Erwerbs-Gesellschaft müfsten die sogenannten öffentlichen Unternehmungen geradezu verleugnen, wenn sie so handelten, wie Sax behauptet. Der Eigennutz, das Eigeninteresse ist bekanntlich der einzige Beweggrund, der Erwerb der erste Zweck einer Erwerbs-Gesellschaft, und deshalb wird sie nur gezwungen etwas thun, was ihrem Erwerbs-Interesse widerspricht, und stets das Bestreben haben und Mittel und Wege finden, sich von solchen ihr zwangsweise aufgelegten Verpflichtungen zu befreien. Deshalb ist auch erfahrungsgemäfs die Befriedigung der allgemeinen Interessen durch die Privateisenbahnen in der Regel eine unvollkommene gewesen, und je gröfser diese allgemeinen Interessen an den Eisenbahnen mit der Entwickelung des Eisenbahnwesens geworden sind, desto mehr zeigt sich die Notwendigkeit, dafs die Verwaltung der Eisenbahnen den Aktiengesellschaften entzogen und von wirklich gemeinwirtschaftlichen Organen übernommen wird. Wo aber dies nicht oder nicht rechtzeitig geschieht, da entwickeln sich fortdauernde Kämpfe zwischen den Interessen der Allgemeinheit und Gemeinwirtschaft einerseits und den die betreffenden Transportmittel besitzenden Aktien-Gesellschaften andererseits, welche unter Schädigung der gesamten Volkswirtschaft regelmäfsig mit dem Siege der Privatbahnen enden, weil dieselben ausgerüstet mit der Macht des Monopols Mittel und Wege zu finden wissen, sich den ihren Interessen widersprechenden Forderungen der Allgemeinheit zu entziehen. Die Beweise dafür finden sich in der Geschichte des Privatbahnwesens aller Kulturstaaten.

Meisterhaft dargestellt ist dieser vergebliche Kampf der allgemeinen Interessen und der Gemeinwirtschaft gegen das Monopol der privaten Aktienbahnen in Cohns englischer Eisenbahnpolitik, er zieht sich wie ein roter Faden durch das ganze Werk. Die neueste österreichische Tarifenquête 1882/83, herausgegeben vom Handelsministerium in zwei Bänden, gewährt ein ähnliches Bild für Österreich, und wer die französische Eisenbahngeschichte insbesondere der letzten zehn Jahre mit aufmerksamem und verständnisvollem Blick verfolgt hat, der wird auch hieraus die Richtigkeit vorstehender Anschauung und die ganze Unhaltbarkeit der Theorie erkennen, welche die Eisenbahn-Aktiengesellschaft zu einem gemeinwirtschaftlichen Organ machen will. In Deutschland hat man deshalb mit Recht die Verwaltung der Eisenbahnen fast durchweg den Händen der Aktiengesellschaften entwunden und dem Staate übertragen.

§ 8. *Die verschiedenen Verwaltungsgrundsatze.*

Die Befriedigung der wirtschaftlichen Bedürfnisse kann nach drei verschiedenen Verwaltungsgrundsätzen erfolgen:

1. Nach dem Grundsatz des allgemeinen Genufsgutes oder der Unentgeltlichkeit. Hier bestreitet die Gemeinwirtschaft die Kosten einer Einrichtung oder Thätigkeit vollständig aus allgemeinen Einnahmen, ohne denjenigen, welcher von der Einrichtung Nutzen zieht, zur Deckung der entstehenden Kosten heranzuziehen. Die Gemeinwirtschaft stellt diese Einrichtungen her und unterhält sie, weil sie dies als eine im allgemeinen Interesse übernommene Aufgabe ansieht. Beispiele hiervon sind die Gewährung des Schutzes von Person und Vermögen des einzelnen durch die Staatsgewalt, die unentgeltliche Benutzung von Strafsen, öffentlichen Bibliotheken und Sammlungen u. s. w.

2. Nach dem Gebührenprinzip. Hier erhebt die Gemeinwirtschaft für die Ausführung einer Thätigkeit oder die Benutzung einer gemeinwirtschaftlichen Einrichtung eine besondere Abgabe von denjenigen, welche dieselbe benutzen, bezw. auf deren Veranlassung diese Thätigkeit erfolgt. Diese Abgabe heifst Gebühr. Dieselbe

wird einseitig von der Gemeinwirtschaft, aber weder nach dem Werte der einzelnen Leistung für den einzelnen Empfänger, noch nach den Kosten der einzelnen Leistung, sondern nach einem Durchschnittssatz für alle Leistungen gleicher Art derart festgesetzt, dafs die Gesamtsumme der aufkommenden Abgaben einen gewissen Betrag ergiebt, der zur Deckung der Kosten der betreffenden Leistungen bestimmt ist.

Vgl. Sax, Verkehrsmittel Bd. I S. 80.

Es ist nicht nötig, dafs dieser Betrag die Gesamtkosten genau deckt, er kann auch dieselben übersteigen, oder darunter bleiben. Im letzteren Fall liegt ein Ubergang zu dem Prinzip des reinen Genufsguts vor, im ersteren eine Art Besteuerung. Beispiele solcher Gebühren sind die Justiz- und Verwaltungsgebühren, die Post- und Telegraphen-Taxen, die Schulgelder etc.

3. Nach dem privatwirtschaftlichen oder gewerblichen Grundsatz. Hier wird ebenfalls von den Leistungsempfangern eine Abgabe gefordert. Dieselbe wird aber nicht, wie bei der Gebühr, nach einem allgemeinen Durchschnitt für Leistungen gleicher Art bemessen, sondern nach dem wirtschaftlichen Werte der einzelnen Leistung für den einzelnen Empfänger. Auch wird stets nicht blofse Deckung der entstehenden Kosten, sondern ein möglichst hoher Überschufs hierüber (Reineinnahme) nach den Grundsätzen der privatwirtschaftlichen Konkurrenz erstrebt.

Die beiden ersten Verwaltungsgrundsätze können natürlich nur von einer gemeinwirtschaftlichen Verwaltung angewendet werden, der letztere ist der Verwaltungsgrundsatz der privatwirtschaftlichen Unternehmungen, der aber auch von der gemeinwirtschaftlichen Verwaltung unter Umständen angewendet wird. Beispiele letzterer Art bieten die staatliche Verwaltung von Domänen, Bergwerken.

Die Anhänger jener volkswirtschaftlichen Ansicht, welche den staatlich regulierten Aktiengesellschaften (Privatbahnen) eine delegierte Gemeinwirtschafts-Funktion zusprechen und dieselben unter dem Titel öffentliche Unternehmung unter die gemeinwirtschaftlichen Organe rechnen, insbesondere auch Sax, haben folgerichtiger Weise noch einen vierten Verwaltungsgrundsatz aufgestellt, den der öffentlichen Unternehmung.

Vgl. Sax, Verkehrsmittel Bd. I S. 81.

Sie behaupten, dafs sich derselbe von dem privatwirtschaftlichen Verwaltungsgrundsatz dadurch unterscheide, dafs die öffentliche Unternehmung imstande sei, wenn der Wert ihrer Leistungen für den einzelnen Empfänger unter den Eigenkosten derselben zurückbleibe, durch eine lange Zeitperiode mit Schaden zu arbeiten, während die Privatunternehmung unter solcher Voraussetzung vom Schauplatz verschwinde. Die Anstrebung eines Überschusses über die Eigenkosten seitens der öffentlichen Unternehmung sei sohin auf das Endresultat einer längeren Zeitdauer gerichtet und es hindere das Auftreten derselben nicht, wenn sie vorübergehend die Preistaxen niedriger als die Selbstkosten ihrer Leistungen stellen, die Ausgleichung erst von späterer Kostenverminderung bei umfangreicherer Benutzung gewärtigen müsse.

Hierin kann indes eine wirkliche Verschiedenheit gegen andere private Unternehmungen nicht gefunden werden. Ein derartiges Verfahren findet sich bei jeder Privatunternehmung, welche kapitalkräftig genug ist, eine Zeitlang mit Schaden zu arbeiten, wenn sie die Hoffnung auf einen später um so gröfseren Gewinn hat, bezw. selbst ohne diese Hoffnung, wenn wegen der Festlegung des Kapitals es vorteilhafter erscheint, vorerst mit Schaden zu arbeiten und später mit mäfsigem Gewinn, als das Kapital, was nicht mehr herauszuziehen ist, zu verlieren. Diese Eigentümlichkeit findet sich bei den verschiedensten Unternehmungen, z. B. beim Bergbau ebenso wie bei den Eisenbahnen, und kann also nicht als Beweis für die öffentliche Unternehmung verwertet werden.

Vgl. auch Neumann, Die Gestaltung des Preises in Schönbergs Handbuch der politischen Ökonomie Bd. I S. 230.

Den Aktiengesellschaften kommt in solchen Fällen aufser ihrer in der Regel höheren Kapitalkraft auch noch der Umstand zu statten, dafs der Zinsverlust auf eine grofse Zahl von Teilnehmern sich verteilt und deshalb weniger drückend ist, als wenn ein einzelner vielleicht sein ganzes Vermögen in einer solchen zeitweise unrentabeln Unternehmung angelegt hat.

Die Anhänger der öffentlichen Unternehmung behaupten aber ferner, dafs seitens derselben bei Bemessung des Preises nach dem wirtschaftlichen Werte der Leistungen für den einzelnen Empfänger die Rückwirkung der Preishöhe auf die Gesamtheit der Staatsangehörigen nicht aufser acht gelassen werde, während diese Rücksicht der Privatunternehmung fremd sei. Die öffentliche Unternehmung erstrebe daher nicht den jeweils erreichbaren höchsten Überschufs und gehe mit der Preisermäfsigung zum Behufe allgemeiner Verbreitung und Vermehrung ihrer Leistungen im öffentlichen Interesse weiter als die Privatunternehmung. Auch dies ist unrichtig und widerspricht den thatsächlichen Erfahrungen. Die sogenannte öffentliche Unternehmung erstrebt genau wie jede Privat-Unternehmung den jeweils erreichbaren höchsten Überschufs und geht mit Preisermäfsigungen freiwillig immer nur soweit, als ihre eigenen, nicht aber soweit, als die öffentlichen Interessen gebieten. Richtig ist nur, dafs sie durch gesetzliche oder Konzessions-Vorschriften bisweilen gezwungen wird, etwas zu thun, was ihrem Erwerbs-Interesse nicht ganz entspricht. Sie thut dies aber nur gezwungen mit Widerstreben, und ihre wahre Natur zeigt sich darin, dafs sie stets bestrebt ist, sich solchem Zwange zu entziehen.

Die Wahrheit ist vielmehr, dafs die öffentliche Unternehmung, welche nichts anderes ist, als eine privatwirtschaftliche Unternehmung, auch stets nach dem privatwirtschaftlichen Verwaltungsgrundsatz verwaltet wird.

Vgl. auch Wagner, Finanzwissenschaft Bd. I S. 650 (dritte Auflage).

Dafs derselbe in manchen Beziehungen durch Gesetz und Konzessionen beschränkt wird, ändert hieran nichts, da jede privatwirtschaftliche Unternehmung durch Gesetze verhindert ist, die äufsersten Konsequenzen ihres Erwerbstriebs zu ziehen, und es nicht darauf ankommen kann, ob diese Beschränkungen etwas gröfser sind. Dafs die staatlichen Beschränkungen im Eisenbahnwesen weitergehend sind, als gewohnlich, erklärt sich übrigens auch dadurch, dafs in der Regel der Staat den Privat-Eisenbahngesellschaften besondere Rechte, z. B. das Enteignungsrecht, und oft sogar Unterstützungen verschiedener Art gewährt. Es ändert dies aber an dem privatwirtschaftlichen Charakter dieser Gesellschaften ebensowenig, wie dadurch, dafs der Staat einer Fabrik, um die betr. Industrie in seinem Gebiete anzusiedeln, Geld- oder andere Unterstützungen gewährt, diese Fabrik einen gemeinwirtschaftlichen Charakter erhält.

§ 9. *Die Anwendung der drei Verwaltungsgrundsätze für die Eisenbahnverwaltung.*

Die Entscheidung der Frage, welcher dieser drei Verwaltungsgrundsätze für die Verwaltung der Eisenbahnen anzuwenden ist, hängt nach Vorstehendem in erster Linie davon ab, ob die Eisenbahnen in den Händen der Privatwirtschaft oder der Gemeinwirtschaft sind. Im ersteren Falle kann nur nach dem privatwirtschaftlichen oder

Erwerbsgrundsatz verwaltet werden, während im letzteren Falle alle drei Grundsätze zur Anwendung gelangen können. Während also bei den Privatbahnen der Verwaltungsgrundsatz immer gegeben ist und keine Wahl zuläfst, mufs dagegen näher erörtert werden, welchen der drei Grundsätze die gemeinwirtschaftliche Eisenbahnverwaltung anwenden soll.

Wesentlich beeinflufst wird die Wahl des Verwaltungsgrundsatzes bei der gemeinwirthschaftlichen Eisenbahnverwaltung von dem Grade der Entwickelung des Eisenbahnwesens, insbesondere von dem Ausbau des Eisenbahnnetzes. Ist dasselbe noch im Entstehen, ist noch nicht das ganze Land von Eisenbahnen durchzogen, so ist der privatwirtschaftliche Verwaltungsgrundsatz auch für die gemeinwirtschaftliche Eisenbahnverwaltung am Platze, es müssen die die Eisenbahn Benutzenden den vollen Wert der ihnen gebotenen Leistungen zahlen. Im anderen Falle würde eine doppelte Schädigung derjenigen Gegenden eintreten, welche noch keine Eisenbahnen besitzen, einmal weil sie keine Eisenbahnen haben und der durch die Eisenbahnen hervorgebrachten unmittelbaren und mittelbaren Vorteile entbehren, und zweitens weil sie bei dem Grundsatz des allgemeinen Genufsgutes sicher, bei dem Gebührengrundsatz möglicherweise in die Lage geraten würden, auch noch die Kosten derjenigen Vorteile tragen zu müssen, welche die mit Eisenbahnen versehenen in der wirtschaftlichen Produktion mit ihnen konkurrierenden Gegenden geniefsen. Man kann deshalb die erste Periode des Eisenbahnwesens, welche mindestens bis zum vollendeten Ausbau aller Hauptlinien eines Landes reicht, als die privatwirtschaftliche Periode bezeichnen, weil nicht nur die in den Händen der Privatwirtschaft, sondern auch die in Händen der Gemeinwirtschaft befindlichen Bahnen im wesentlichen nach dem privatwirtschaftlichen Verwaltungsgrundsatz verwaltet werden und verwaltet werden müssen. Je mehr dagegen der Ausbau des Eisenbahnnetzes voranschreitet, insbesondere sobald der Bau der Hauptbahnen vollendet ist, um so mehr erscheint ein allmählicher Ubergang vom privatwirtschaftlichen zum Gebührenprinzip seitens der in den Händen der Gemeinwirtschaft befindlichen Eisenbahnen möglich, allerdings zunächst so, dafs nicht nur die volle Verzinsung und Amortisation des Anlagekapitals durch die erhobenen Gebühren gedeckt, sondern womöglich noch ein Überschufs erzielt wird, der zum Ausbau der Nebenbahnen verwendet werden kann. Dieser Übergang zum Gebührenprinzip zeigt sich insbesondere dadurch, dafs die schädlichen Verschiedenheiten und Ungleichheiten in der Tarifgestaltung, welche der privatwirtschaftliche Verwaltungsgrundsatz mit sich zu bringen pflegt, beseitigt werden und eine mehr gleichmäfsige, gerechte und einheitliche Tarifgestaltung zur Einführung gelangt.

Sobald aber das Eisenbahnnetz völlig ausgebaut ist, auch die Nebenbahnen hergestellt und alle Gegenden mit Eisenbahnen versehen sind, erscheint es möglich, den privatwirtschaftlichen Verwaltungsgrundsatz gänzlich aufzugeben. Ist dieser Zeitpunkt erreicht, kommt der Nutzen der Eisenbahnen infolge dessen allen Landesteilen gleichmäfsig zu gute, so kann es nur zweifelhaft sein, ob der Grundsatz des allgemeinen Genufsgutes oder das Gebührenprinzip anzuwenden ist. Der erste Verwaltungsgrundsatz kommt beim Wegewesen, bei Benutzung der Strafsen und seit einiger Zeit auch der Chausseeen vielfach zur Anwendung; es erscheint jedoch aus mehrfachen Gründen sehr bedenklich, denselben bei den Eisenbahnen einzufuhren. Gerecht würde dies nur dann sein, wenn der Nutzen der Eisenbahn jedem einzelnen ungefähr in demselben Masse zu teil wurde, als die zur Deckung der Kosten erforderliche Steuerlast, wirtschaftlich dann, wenn die unentgeltliche Benutzung keine unproduktive Vergeudung befürchten liefse, zumal wenn zugleich die Erhebung der Transportpreise unverhältnismafsige Kosten erfordern würde.

Vergl. Roscher, System der Volkswirtschaft Band III S. 414.

Beide Voraussetzungen werden, soweit sich dies jetzt voraussehen läfst, bei den Eisenbahnen nie zutreffen. Es ist dabei auch zu bedenken, dafs auf der Eisenbahn nicht nur der W e g dargeboten wird, wie bei der Chaussee, sondern noch das B e w e g u n g s m i t t e l und die B e w e g u n g selbst, und deshalb nicht nur auf die Verzinsung der eventuell zu amortisierenden Anlagekosten, sondern auch auf die Vergütung der Betriebskosten zu verzichten wäre.

Auch würde diese Bequemlichkeit in der Benutzung gegenüber den Strafsen, wo man zu Fufs gehen oder sich ein Fahrzeug beschaffen mufs, die Gefahr einer mifsbräuchlichen Benutzung sehr steigern. Es bleibt deshalb nur die Anwendung des Gebührenprinzips möglich, wenn man den Zeitpunkt für gekommen erachtet, den privatwirtschaftlichen Verwaltungsgrundsatz gänzlich zu verlassen. Als Voraussetzung hierfür wird aufser dem Ausbau des Netzes vielfach die Tilgung des Anlagekapitals hingestellt. Wohl mit Unrecht, da auch beim Gebührenprinzip eine vollständige Verzinsung und der erforderliche Tilgungsanteil aufgebracht werden kann. Jedoch wird allerdings in den meisten Fällen mit dem Zeitpunkte des v o l l s t ä n d i g e n Überganges zum Gebührenprinzip die Tilgung des Anlagekapitals ganz oder wenigstens zum grofsen Teil eingetreten sein. Dieser

Zeitpunkt tritt besonders da scharf hervor, wo wie in Frankreich und Österreich-Ungarn die Eisenbahnkonzessionen nur auf eine gewisse Zeit (90 oder 99 Jahre) mit der Mafsgabe erteilt sind, dafs die Eisenbahnen ausschliefslich der beweglichen Gegenstände insbesondere des Fahrmaterials nach Ablauf dieser Zeit unentgeltlich an den Staat fallen. Mit Ablauf dieser Zeit mufs also das Anlagekapital der Immobilien getilgt sein, und der Staat wird dann in die Lage versetzt werden, mit diesem Zeitpunkt das Gebührenprinzip ohne Verzinsung und Amortisation der Immobilien einzuführen. Bei den Staats-Eisenbahnen kann und mufs dieselbe Wirkung durch eine regelmäfsige Amortisation des Anlagekapitals erreicht werden. Die Staatsbahnen gewähren aber den grofsen Vorteil, den Übergang von dem privatwirtschaftlichen zum Gebührenprinzip schon früher und allmählich, wie oben erwähnt, eintreten lassen zu können, was für die stetige Entwickelung der Volkswirtschaft günstiger ist und die Möglichkeit grofser Erschütterungen und Umwälzungen ausschliefst, welche bei einem plötzlichen Ubergang von dem privatwirtschaftlichen zu einem Gebührenprinzip ohne Verzinsung und Amortisation des Anlagekapitals fast unvermeidlich sind.

§ 10. *Die verschiedenen Grundlagen der Tarifgestaltung.*

Für die Gestaltung des Tarifwesens sind die Ergebnisse der in den vorstehenden Paragraphen enthaltenen Untersuchungen von höchster Wichtigkeit. Die Frage, ob die Eisenbahnen der Privatwirtschaft oder der Gemeinwirtschaft angehören und nach welchen der drei vorerwähnten Verwaltungsgrundsätze sie verwaltet werden, ist auch für die Art der Bildung und für die Höhe der Tarife von einschneidendster Bedeutung. Wenn, bezw. solange eine Eisenbahn der Privatwirtschaft angehört, also Privateisenbahn ist, kann und wird sie nur nach dem privatwirtschaftlichen oder Erwerbsgrundsatz verwaltet werden und auch diesen zur alleinigen Grundlage ihrer Tarifgestaltung machen, gemeinwirtschaftliche und allgemeine Interessen dabei aber nur soweit berücksichtigen, als diese mit ihren Erwerbsinteressen zusammenfallen, bezw. sie durch Gesetz oder Konzessionen dazu gezwungen ist. Gehört sie aber der Gemeinwirtschaft an, ist sie Staatsbahn, so hat die Eisenbahn selbstverständlich in erster Linie die Interessen der Gemeinwirtschaft bei der Tarifgestaltung wahrzunehmen, die Erwerbsinteressen aber nur insoweit, als dies den gemeinwirtschaftlichen Interessen entspricht, oder nicht damit in Widerstreit gerät. Es ist also klar, dafs die Tarifgestaltung eine verschiedene werden mufs, je nachdem die Eisenbahnen Privateisenbahnen oder Staatseisenbahnen sind. Im ersteren Falle wird ihr Haupt- und fast einziger Zweck der sein, einen möglichst hohen Reinertrag zu erzielen, im letzteren Falle kann dieser Zweck auch vorhanden sein, wenn eben die gemeinwirtschaftlichen Interessen dies wünschenswert erscheinen lassen, wie meist in der ersten Periode des Eisenbahnwesens; aber er wird nicht ausschliefslich mafsgebend sein, es werden in der Regel daneben auch schon die allgemeinen und gemeinwirtschaftlichen Interessen eine gewisse Berücksichtigung finden, und nach der ersten Periode wird in der Regel das Streben nach dem höchsten Reinertrag mehr und mehr zurücktreten gegenüber der Aufgabe der Eisenbahnen, die Interessen des Landes und der Volkswirtschaft zu fördern. Diese Verschiedenheit in den Zielen und Verwaltungsgrundsätzen mufs aber nicht nur auf die Höhe der Tarifsätze, sondern auch auf die Einrichtung des Tarifs, die Wahl des Tarifsystems etc. von entscheidendem Einflufs sein. Was bei der Verwaltung einer Privateisenbahn eine gute und richtige Mafsregel ist, kann bei der Verwaltung einer Staatseisenbahn als verkehrt und schädlich erscheinen und umgekehrt, weil die Zwecke und Ziele der Tarifgestaltung in beiden Fällen oft vollständig auseinander gehen. Mit Unrecht hat man deshalb häufig den Privatbahnverwaltungen und ihren Direktoren Vorwürfe gemacht, weil sie in ihrer Verwaltung und Tarifgestaltung die allgemeinen Interessen zurücksetzten gegenüber dem Erwerbsinteresse ihrer Gesellschaften. Sie mufsten so handeln und es wäre gegen ihre der Eisenbahnaktiengesellschaft gegenüber übernommenen Pflichten gewesen, anders zu handeln. Es ist deshalb auch ein vergebliches Bemühen, Privatbahnen durch gesetzliche und Verwaltungsvorschriften dazu bringen zu wollen, dafs sie ihrer Natur entgegen in ihrer Tarifgestaltung und Verkehrspolitik die allgemeinen Interessen vor ihren Erwerbsinteressen berücksichtigen.

Vergl. auch Schäffle, das gesellschaftliche System der menschlichen Wirtschaft Bd. II S. 271 (dritte Auflage).

Dies kann vielmehr nur dadurch erreicht werden, dafs man die Eisenbahnen in die Hände der Gemeinwirtschaft bringt. Erst dann kann mit Erfolg die privatwirtschaftliche Tarifgestaltung der Privatbahnen ersetzt werden durch eine gemeinwirtschaftliche Tarifgestaltung.

Bei dieser grundsätzlichen Verschiedenheit der privatwirtschaftlichen und gemeinwirtschaftlichen Tarifgestaltung ist es aber zum

Verständnis des Tarifwesens durchaus nötig, beide Arten der Tarifgestaltung gesondert zu betrachten, weil nur durch Ausgehen von diesen allgemeinen Grundlagen und Gesichtspunkten die zum Teil sehr verwickelten und schwierigen einzelnen Erscheinungen des Tarifwesens richtig verstanden und wissenschaftlich erfafst werden können. Erst wenn die verschiedenen Grundlagen des Tarifwesens nach ihren beiden Richtungen hin, der privatwirtschaftlichen und gemeinwirtschaftlichen, theoretisch festgestellt sind, wird es möglich sein, die wechselnden Einzelnheiten und die geschichtliche Entwickelung des Tarifwesens in den verschiedenen Ländern zu verstehen und zu beurteilen.

Die Kenntnis der praktischen Anwendung und Festsetzung der Tarife endlich kann nur durch die Praxis und Erfahrung gegeben werden, weil sie eng zusammenhängt mit der Kenntnis der örtlichen Verkehrsverhältnisse und Bedürfnisse, auf deren zweckmäfsige Befriedigung und Benutzung sie gerichtet ist. Sie kann deshalb nicht Gegenstand dieser Darstellung sein.

Hiernach wird sich die naturgemafse Gliederung dieses Werkes dahin ergeben, dafs im ersten allgemeinen Teil gewissermafsen die Theorie des Tarifwesens behandelt wird, wie sie sich auf Grund der privatwirtschaftlichen und gemeinwirtschaftlichen Eisenbahnverwaltung verschieden ausbildet, im zweiten besonderen Teil eine Darstellung der geschichtlichen Entwickelung und des jetzigen Zustandes des Tarifwesens in Deutschland und den Hauptkulturstaaten Europas gegeben wird.

Der Verfasser verkennt in keiner Weise die Schwierigkeiten, welche sich einer derartigen Trennung in einen allgemeinen theoretischen und besonderen praktischen Teil entgegenstellen. Er weifs insbesondere wohl, dafs das Tarifwesen in den verschiedenen Kulturstaaten sich verschieden entwickelt und gestaltet hat und dafs es sehr schwer sein wird, aus diesen verschiedenartigen Tarifgestaltungen eine gemeinsame theoretische Grundlage zu konstruieren; er weifs ferner, dafs er der Gefahr nicht entgehen kann, beim Aufbau dieser theoretischen Grundlage vorzugsweise und mehr vielleicht als richtig ist das deutsche Tarifwesen zu grunde legen, weil ihm dies am bekanntesten und geläufigsten ist; aber durchschlagend gegen alle Bedenken war doch für ihn die Uberzeugung, dafs ohne eine solche theoretische, aus der Vergleichung der verschiedenen nationalen Tarifgestaltungen gewonnene Grundlage das Verständnis und die Würdigung der bestehenden Tarifgestaltungen stets mangelhaft und die Darstellung derselben unwissenschaftlich bleiben müfste.

ALLGEMEINER TEIL.

ERSTER ABSCHNITT.

Technische Vorbegriffe.

§ 11. *Begriff und Einrichtung der Eisenbahntarife.*

Die Feststellung des Preises der Transportleistungen erfolgt bei den Eisenbahnen, wie bei den meisten grofsen Verkehrsanstalten in der Regel nicht in jedem einzelnen Falle nach besonderem Übereinkommen der Bahn und der Frachtgeber, sondern nach Taxen, welche in sog. Tarifen zusammengestellt werden. Unter Eisenbahntarif versteht man also ein Verzeichnis der Taxen oder Preise der Transportleistungen der Eisenbahn, unter Tarifsatz den Preis für eine bestimmte einzelne Transportleistung; man spricht von einem Personen- und Gütertarif, je nachdem das Preisverzeichnis sich auf den Personen- oder Gütertransport bezieht. Aufserdem hat man in der Regel noch besondere Tarife für Leichen, Fahrzeuge und Vieh. Die eigentümliche Natur des Eisenbahntransports, welcher eine grofse Menge von Einzeltransporten in regelmäfsigen Transportgelegenheiten (Eisenbahnzug) zusammenfafst, und die Massenhaftigkeit des Eisenbahnverkehrs an sich bedingt diese Art der Preisfeststellung durch Tarife, sowie den Abschlufs des Frachtvertrags nach Tarifvorschriften und Reglements. Denn es wäre einfach unmöglich, wie im gewöhnlichen Verkehr, für jede einzelne Leistung einen Frachtvertrag besonders zu vereinbaren. Aufserdem aber sprechen hierfür noch andere Gründe, welche in der Natur der Eisenbahnen als eines öffentlichen Verkehrsmittels begründet sind.

Ein Tarif zerfällt in der Regel in mehrere Klassen oder Preisabteilungen. In jeder dieser Klassen ist ein besonderer Einheitssatz für eine bestimmte Transportlänge und bestimmte Transportmenge festgesetzt, auf Grund dessen die Taxen für sämtliche in der Praxis vorkommenden Transportlängen und Transportmengen berechnet werden. Die Grundsätze, nach welchen diese Preisabteilungen gebildet und die Bedingungen für die Anwendung des Tarifs festgesetzt werden, bezeichnet man mit Tarifsystem, die Bedingungen selbst für die Anwendung des Tarifs werden Tarifvorschriften, die gesamte äufsere Anordnung des Tarifs und dessen Einteilung in Klassen Tarifschema genannt.

In denjenigen Gütertarifen, wo die Einteilung des Tarifs in verschiedene Abteilungen oder Klassen auf der Verschiedenheit der transportierten Waren beruht, findet sich ein Verzeichnis dieser Waren nebst Angabe, zu welcher Klasse sie gehören, die sog. Waren- oder Güterklassifikation. Endlich finden sich im Tarif noch häufig abgedruckt das Betriebs-Reglement, sowie dieses ergänzende zusätzliche Bestimmungen der einzelnen Eisenbahnen.

Je nach der Einrichtung der Eisenbahntarife unterscheidet man ferner Stationstarife und Entfernungs- oder Kilometertarife.

Sofern das Entfernungsmafs das Kilometer ist; sonst kann man ebensogut Meilentarife, Wersttarife etc. sagen.

In Stationstarifen finden sich für jede im Tarif aufgenommene Station die Tarifsätze nach jeder andern im Tarif enthaltenen Station ausgerechnet, in den Personentarifen für eine Person, in den Gütertarifen für eine bestimmte Transporteinheit, gewöhnlich für 100 oder 1000 Kilogramm. Während also im Personentarif sich der Tarifsatz fertig findet, hat man im Güterverkehr die wirkliche Transportmenge mit dem in dem Tarif enthaltenen Tarifsatz zu multiplizieren und durch die Einheits-Transportmenge (100 oder 1000 Kilogramm) zu dividieren, um den Frachtsatz zu erhalten. Im Entfernungstarif finden sich dagegen zwei Tabellen, die eine enthält die (Kilometer-)Entfernung jeder in den Tarif aufgenommenen Station von jeder andern Station, die andere ausgerechnete Tarifsätze für die Person oder für eine bestimmte Transporteinheit auf alle vorkommenden Entfernungen. Um den Frachtsatz für eine Person oder eine bestimmte Menge Güter zwischen zwei Stationen zu finden, sucht man zunächst in der ersten Tabelle die (Kilometer-)Entfernung der beiden

Stationen, dann in der zweiten den hierfür ausgerechneten Tarifsatz. Zur Ermittelung der Güterfracht mufs man dann noch, wie bei den Stationstarifen, die Transportmenge mit dem Tarifsatz multiplizieren und durch die dem Tarifsatz zu Grunde gelegte Transporteinheit dividieren.

Ist die Findung des Transportpreises bei den Kilometertarifen auch etwas mühevoller, so haben dieselben doch den grofsen Vorzug, dafs ihre Aufstellung weit weniger Arbeit verursacht und dafs sie einen viel geringeren Umfang haben als die Stationstarife. Infolge dessen kann eine weit gröfsere Zahl von Stationen in einen Kilometertarif aufgenommen werden, als in einen Stationstarif von gleichem äufseren Umfang, und empfehlen sich die ersteren Tarife überall da, wo eine grofse Zahl von Stationen in einen Tarif aufzunehmen ist. Eine notwendige Voraussetzung derselben ist aber, dafs der Tarif auf Grund gleicher Einheitssätze aufgestellt wird, d. h. dafs für sämtliche in den Tarif aufgenommene Eisenbahnlinien derselbe Einheitssatz für dieselbe Tarifklasse gerechnet wird.

Die Anteile der verschiedenen Bahnen an dem Frachtaufkommen können dabei verschieden sein. Man kann z. B. gemeinschaftliche Durchschnitts-Einheitssätze für die Tarifberechnung bilden, bei der Verteilung des Frachtaufkommens aber der einen Bahn höhere Anteile zuscheiden, als der andern.

Andernfalls, wenn verschieden hohe Einheitssätze für die beteiligten Eisenbahnlinien eingerechnet sind, ist die Aufstellung eines Kilometertarifs nicht angängig, weil dann für die gleiche Entfernung die Tarifsätze verschieden hoch sich stellen, je nachdem die einzelnen Eisenbahnlinien an der betreffenden Entfernung mit einer gröfseren oder geringeren Länge beteiligt sind. Wenn aus irgend welchen Gründen z. B. wegen Konkurrenzaufnahme in einzelnen Verkehrsbeziehungen nicht regelmäfsig gerechnet werden kann, so geschieht dies beim Kilometertarif entweder durch Einstellung geringerer Entfernungen (der des Konkurrenzwegs), oder aber es werden für die betreffenden Verkehrsbeziehungen Stationstarife aufgestellt.

§ 12. *Nebengebühren.*

Unter Nebengebühren versteht man Gebühren für besondere Leistungen der Eisenbahn, welche nur bei gewissen Transporten, nicht allgemein vorkommen.

Vgl. Sax, Verkehrsmittel Bd. II S. 464. Dafs dieselben nur Deckung der Selbstkosten in deren durchschnittlichem Betrage erheischen, wie Sax sagt, erscheint mir nicht begründet und widerspricht jedenfalls den thatsächlichen Verhältnissen.

Zu den Nebengebühren gehören insbesondere die Wiegegebühr für das Verwiegen der Wagenladungen auf der Centesimalwage, die Zählgebühr für das Zählen der Stückzahl aufgegebener Wagenladungsgüter, die Deckenmiete für die Vermietung von Wagendecken, die Provision, welche bei Nachnahmen, und die Prämien, welche bei Versicherung des Werts oder der Lieferzeit erhoben werden, ferner Konventionalstrafen mannigfacher Art namentlich für falsche Deklaration der Güter oder falsche Gewichtsangabe und übermäfsige Belastung der Eisenbahnwagen, das Lager- und Standgeld für das Lagern der Güter auf dem Güterboden bezw. das Stehen der Wagenladungen auf den Abfuhrgeleisen über die reglementsmäfsige Frist hinaus, die Desinfektionsgebühren für Desinfektion der Viehwagen, endlich die verschiedenen Zollgebühren für die Besorgung der Verzollung bei zollpflichtigen Gütern. Man kann auch hierher rechnen die sogenannten Anschlufsgebühren, auch Überführungsgebühren, Rangiergebühren, Lokofracht genannt, d. h. Gebühren für das Abholen und Zustellen der Wagenladungen von und nach sogen. Anschlufsgeleisen (Schleppbahnen, Industriebahnen), Lagerplätzen etc.

Vielfach wird auch die Expeditionsgebühr als Nebengebühr betrachtet, wogegen allerdings der Umstand spricht, dafs dieselbe häufig z. B. in Deutschland nicht besonders erhoben, sondern in die Tarifsätze eingerechnet wird. Sie ist dann ein Bestandteil des Frachtsatzes und ihre Ausscheidung hat schliefslich nur den Zweck, einen den Mehrleistungen entsprechenden Frachtanteil für die Versand- und Empfangsbahn vorauszuscheiden.

Vgl. Sax a. a. O.

Indes wird dieselbe auch besonders erhoben und ausdrücklich unter den Nebengebühren im Tarif aufgeführt, z. B. in Frankreich.

Die Expeditionsgebühr, welche in der Regel nur beim Güterverkehr vorkommt, wird in Österreich-Ungarn Manipulationsgebühr oder feste Gebühr genannt, in Frankreich manutention, in England terminal. Sie wird für die Abfertigung der Güter und die sogenannten Stationskosten d. h. die Annahme, das Verwiegen, Verladen und Abladen der Güter, soweit dies überhaupt seitens der Eisenbahnverwaltung erfolgt, die Ausfertigung der Begleitpapiere, das Bereitstellen und Rangieren der Wagen und sonstige Mühewaltungen erhoben, welche durch die Vorbereitung zum eigentlichen Bahntransport auf der Abgangs- und durch die Bereitstellung der Güter auf der Empfangsstation entstehen, ferner für die Kosten der zu diesen Zwecken notwendigen Anlagen, wie Güterschuppen, Auf- und Abladegeleise etc.

Vgl. Scholz: Die preufsischen Eisenbahnen in Rücksicht auf das Tarifwesen S. 30—33.

Bisweilen ist in der Expeditionsgebühr auch die An- und Abfuhr der Güter zum Bahnhof einbegriffen, z. B. in England und Frankreich bei gewissen Gütertransporten, während anderwärts eine besondere Gebühr dafür erhoben wird.

Die Expeditionsgebühr ist in der Regel verschieden nach den verschiedenen Klassen des Tarifs. Sofern dieselbe in die Tarifsätze mit eingerechnet wird, setzt sich für den Güterverkehr infolge dessen der Tarifsatz regelmäfsig zusammen aus der festen Expeditionsgebühr zuzüglich der mit der Entfernung wachsenden Transportgebühr. Beim Personenverkehr dagegen wird in der Regel nur eine Transportgebühr erhoben, welche aus der Multiplikation des Einheitssatzes der betreffenden Wagenklasse mit der Entfernung des Bestimmungsortes sich ergiebt.

§ 13. *Direkte Frachtbriefe, direkte Expedition, direkte Kartierung und Abrechnung, Lokal- und direkte Tarife.*

Im Anfang des Eisenbahnwesens beschränkten sich die einzelnen Bahnen, welche gebaut wurden, naturgemäfs darauf, Tarife für ihre eigenen Linien aufzustellen, und wenn Transporte über diese hinausgingen, blieb es Sache der Versender bezw. der Spedition, für den Weitertransport zu sorgen. Die Wagen der einzelnen Bahnen liefen nur bis an das Ende des Bahngebiets, die Güter mufsten dort umgeladen und der anschliefsenden Bahn mit neuen Frachtbriefen übergeben werden; die Personen mufsten neue Billets auf der andern Bahn lösen und ihr Gepäck von neuem expedieren lassen.

So haben nicht nur in Deutschland und Österreich-Ungarn, sondern auch in andern Ländern im Beginn des Eisenbahnwesens die Bahnen verfahren. Vgl. über England Cohn, Englische Eisenbahnpolitik Bd. I S. 261.

Dies veranlafste natürlich Kosten, Zeitverlust und oft Beschädigung und Entwertung der Güter. Deshalb vereinigte man sich bald, als das Eisenbahnnetz sich verdichtete und der Verkehr zwischen den einzelnen Bahnen sich vermehrte, zu Mafsregeln, um diese Nachteile zu beseitigen. Diese Mafsregeln bestanden in der Einführung direkter Frachtbriefe, direkten Wagendurchgangs, direkter Tarife, direkter Expedition, direkter Kartierung und Abrechnung. Zunächst führte man direkte Frachtbriefe ein, d. h. man liefs die Güter mit einem Frachtbriefe über die gesamte Transportstrecke durchlaufen, ohne dafs es einer Vermittelung durch eine Zwischenadresse bezw. der Aufgabe mit neuen Frachtbriefen an den Übergangsstationen der verschiedenen Bahnen bedurfte. Ebenso wurde die Umladung der Güter wenigstens für volle Wagenladungen bald durch Vereinbarungen über den Durchgang der Wagen auf fremde Strecken beseitigt. Aber immerhin blieb noch insofern eine Unbequemlichkeit, als auf jeder Übergangsstation eine Umexpedition stattfinden mufste, d. h. eine neue Expedition des Gutes nach den Tarifen und Vorschriften der anschliefsenden Bahn. Bei der Ubergabe des Gutes auf die Nachbarbahn berechnete die übergebende Bahn die auf dem Gute lastenden Frachten und sonstigen Gebühren und zog sie direkt vom Absender oder als Nachnahme ein. Damit war das Transportgeschäft für sie erledigt. Diese Umexpedition und besondere Berechnung und Einziehung der Fracht für jede Bahn verursachten natürlich Kosten und hemmten ebenfalls die Schnelligkeit der Beförderung. Zur Beseitigung dieser Übelstände vereinbarten die Eisenbahnen direkte Tarife, d. h. Tarife, in welchen die Gesamtfrachten zwischen den Stationen zweier oder mehrerer Bahnen enthalten sind. Es kann dann die Umexpedition auf den Übergangsstationen wegfallen, die Versandstation kann auf Grund des direkten Satzes bis zur Bestimmungsstation direkt expedieren. Im Gegensatz zu den direkten Tarifen und dem auf Grund derselben sich vollziehenden direkten Verkehr nennt man die Tarife, welche lediglich die eigenen Stationen einer Eisenbahnverwaltung umfassen, Binnen- oder Lokaltarife, den auf Grund derselben abgefertigten Verkehr Binnen- oder Lokalverkehr.

Durch die direkten Frachtbriefe, den direkten Wagendurchgang, durch die direkte Expedition und die direkten Tarife, aus welchen der Versender die Fracht für die gesamte Transportstrecke entnehmen konnte, waren für das verkehrtreibende Publikum die wünschenswerten Erleichterungen des Verkehrs erreicht. Zur leichteren Abwickelung ihres geschäftlichen Verkehrs untereinander führten die Eisenbahnverwaltungen aufserdem noch die direkte Kartierung und Abrechnung ein. Die direkte Kartierung besteht darin, dafs die Frachten und Gebühren der am Transport beteiligten Bahnen nicht an den Übergangsstationen abgerechnet, sondern von der Versandstation in einer dem Gute beigefügten Frachtkarte für die ganze Kartierungsstrecke notiert und von der Bestimmungsstation bei Ablieferung des Gutes erhoben werden, bezw. bei Frankierung von der Versandstation. Dies setzt natürlich voraus, dafs der Versandstation die Frachten der beteiligten Bahnen bekannt sind. Sind die Frachtsätze nicht für die ganze Transportstrecke bekannt, so kartiert die Versandstation nur bis zu der Station, bis wohin sie dieselben kennt, und dort findet eine Umkartierung, d. h. neue Kartierung statt. Die direkte Abrechnung der erhobenen Beträge unter den einzelnen Bahnen erfolgt auf Grund der Frachtkarten entweder gemäfs den in die direkten Tarife eingerechneten Frachtanteilen der beteiligten Bahnen, welche in den sogen. Anteilstabellen für alle in dem direkten Tarif vorkommenden Verkehrsbeziehungen besonders ausgerechnet und verzeichnet werden, oder es werden die erhobenen Beträge — im Güterverkehr nach Vorabzug der Expeditionsgebühren für Empfangs- und Versandbahn — nach den auf jeder Bahn transportierten Mengen und den durchlaufenen Entfernungen (Tonnenkilometern) unter die beteiligten Bahnen verteilt.

Die direkten Tarife werden in der Regel nach einem vereinbarten Tarifsystem einheitlich wie der Tarif einer Verwaltung aufgestellt. Meist bestimmt jede Eisenbahn die Höhe der von ihr einzurechnenden Einheitssätze bezw. Gesamtanteile selbständig. Bisweilen aber werden gleiche Einheitssätze für alle am direkten Tarif beteiligten Bahnen vereinbart. Sehr häufig findet ferner bei den direkten Tarifen eine Ermäfsigung gegenüber den lokalen Frachtsätzen der beteiligten Bahnen statt, sei es, dafs ermäfsigte Einheitssätze oder Anteile eingerechnet werden, sei es dadurch, dafs bei den Gütertarifen die Expeditionsgebühr nur für Versand- und Empfangsbahn eingerechnet, also für die Zwischenbahnen fallen gelassen wird.

Der Wegfall der Expeditionsgebühr für die Zwischenbahnen ist insbesondere Regel in Deutschland, während z. B. in Österreich umgekehrt nicht nur für die Zwischenbahnen die Manipulationsgebühr eingerechnet wird, sondern bisweilen sogar für jede einzelne Linie derselben Eisenbahn. — Vergl. Österreichische Tarifenquête 1882/83 Teil I S. 104. 147 und 188.

Es gewähren also die direkten Tarife in der Regel auch eine Ermäfsigung gegen die Umexpedition nach den Lokaltarifen.

Für den Personen- und Gepäckverkehr bringen solche direkten Tarife aufserdem die Annehmlichkeit für die Reisenden mit sich, dafs man nur ein direktes Billet von der Anfangs- bis zur Endstation der Reise lösen und das Gepäck gleicherweise für die ganze Transportstrecke durchexpedieren kann.

Eine unvollkommnere Art der direkten Tarife sind die sogenannten Um- oder Reexpeditions-Tarife d. h. eine Zusammenstellung der lokalen Tarifsätze zwischen den Stationen und den gemeinschaftlichen Übergangsstationen der an dem Tarif beteiligten Bahnen, so dafs man durch Addition der Tarifsätze bis zu der betreffenden Übergangsstation den Gesamtsatz findet.

Mit Reexpeditionstarif bezeichnet man wohl auch einen direkten Tarif, bei welchem es gestattet ist, unter Unterbrechung der direkten Expedition die Ware an einem bestimmten Orte in ein Lagerhaus etc. einzulegen und von da später unter Anwendung des direkten Satzes der Versandstation an den Bestimmungsort weiter zu senden. Doch ist diese Bezeichnung nicht zu empfehlen, da es sich nicht um eine besondere Art von Tarifen handelt, sondern nur um eine weiter gehende Anwendung eines direkten Tarifs.

Diese Art Tarife wird oft dann angewendet, wenn zwei Bahnen verschiedene Tarifsysteme haben und sich über ein gemeinsames System fur den direkten Tarif nicht einigen können oder wollen. Aus demselben Grunde, beziehungsweise auch, um bei einer sehr grofsen Zahl von Stationen die Tarifbücher nicht zu umfangreich zu machen, werden oft die direkten Tarife als sogenannte Schnitt-Tarife aufgestellt, d. h. es werden eine oder mehrere dazu nach ihrer geographischen Lage geeignete Stationen als Schnittpunkte (Übergangspunkte) genommen, bis zu welchen von den diesseits und jenseits gelegenen Stationen die Tarifsätze berechnet und in den Tarif aufgenommen werden. Durch Addieren der beiden Frachtsätze bis zum Schnittpunkt findet man den Gesamtfrachtsatz zwischen zwei diesseits und jenseits gelegenen Stationen.

Bei den direkten Tarifen unterscheidet man noch Nachbar- oder Wechseltarife, wenn der direkte Tarif für aneinander grenzende Eisenbahnen aufgestellt ist, Verbandstarife, wenn der direkte Tarif von einem Eisenbahnverbande vereinbart ist, internationale Tarife, wenn ausländische Eisenbahnverwaltungen an dem Tarif beteiligt sind. Durchgangs- oder Transit-Tarife endlich sind die direkten Tarife dann für eine Eisenbahnlinie, wenn durch dieselben der Verkehr über die betreffende Linie hinausgeleitet wird, die Stationen der Linie selbst aber nicht in den Tarif aufgenommen sind. Zu unterscheiden davon ist ein Transitsatz, d. h. ein solcher Tarifsatz, welcher für die Station selbst, für welche er eingeführt ist, nicht Anwendung findet, sondern nur für solche Transporte, welche über diese Station hinausgehen und dort umexpediert werden. Solche Tarifsätze werden häufig für Übergangsstationen eingeführt, indem man den regelmäfsigen Tarifsatz der betr. Station um die halbe Expeditionsgebühr oder einen andern Betrag kürzt; auf diese Weise sucht man die Ermäfsigungen, welche direkte Tarife gewähren, herbeizuführen, wenn diese selbst aus irgend welchen Gründen nicht eingeführt werden können oder sollen. Eine besondere Anwendung dieser Transitsätze sind die Seetransitsätze, welche von und nach den Hafenplätzen für diejenigen Güter bestehen, welche über See ankommen, bezw. abgehen. Es sind dies also Tarife für die überseeische Ein- und Ausfuhr.

§ 14. *Eisenbahnverbande, Verkehrsteilung und Verkehrsleitung (Instradierung).*

Die durch die Verkehrsbedürfnisse gebotene Notwendigkeit der direkten Expedition der Personen und Güter über die Gebiete einer gröfseren Zahl von Eisenbahnverwaltungen führte seit der Verdichtung des Eisenbahnnetzes vielfach zu der Bildung von Eisenbahnverbänden, insbesondere da, wo viele kleine Eisenbahnverwaltungen bestanden, deren Linien kein abgeschlossenes Verkehrsgebiet bildeten. Dies war vor allem der Fall in Deutschland, aber auch in Österreich, England, Belgien, Niederlanden, Schweiz, Rufsland, am wenigsten in Frankreich, weil sich hier sehr bald grofse abgeschlossene Eisenbahngebiete bildeten. Auch in den Vereinigten Staaten von Nordamerika finden sich solche Eisenbahnverbände, allerdings mit etwas von den europäischen abweichenden Formen und Inhalt.

Vgl. v. d. Leyen, die nordamerikanischen Eisenbahnen S. 273—316.

Die Eisenbahnverbände sind also die Vereinigung einer gröfseren oder kleineren Zahl von Eisenbahnverwaltungen zu dem Zweck, den gemeinsamen Verkehr durch Erleichterungen aller Art zu heben und zu vermehren. In erster Linie geschah dies durch die schon im vorigen Paragraphen erwähnten Mafsregeln: direkte Expedition mit Durchgang der beladenen Wagen, direkte Kartierung und direkte Tarife. Hand in Hand hiermit gingen Vereinbarungen über Einrichtung von anschliefsenden Verbandszügen, über gemeinsame Lieferfristen, wegen Schadenersatzes für beschädigte, in Verlust geratene oder zu spät abgelieferte Güter, endlich Abrechnung und Verteilung der gemeinsamen Einnahmen und Ausgaben durch besondere Verbands-Abrechnungsbureaus.

Die Eisenbahnverbände befassen sich ferner mit der Instradierung d. h. der Leitung der Transporte über die verschiedenen Eisenbahnwege. Die Notwendigkeit einer Instradierung ergab sich erst, als infolge der gröfseren Verdichtung des Eisenbahnnetzes und des Baues von Parallellinien zwischen den bedeutenderen Verkehrspunkten mehrere Eisenbahnlinien zu Gebote standen, über welche die Transporte geleitet werden konnten. Hieraus entstanden zunächst die oben erörterten Konkurrenzen in den Knotenpunkten, indem jede der Konkurrenzrouten versuchte, den Verkehr der Konkurrenzstationen oder Knotenpunkte ganz oder zum gröfsten Teil für sich zu gewinnen. An diesen Konkurrenzkämpfen beteiligten sich auch die Eisenbahnverbände in umfassendem Mafse. Als man aber zur Erkenntnis kam, dafs die Konkurrenzkämpfe im letzten Resultat nur zu Schädigung der Eisenbahninteressen führten, da waren es besonders die Eisenbahnverbände, innerhalb welcher durch Fusion mit konkurrierenden Verbänden, durch Kartelle und Verkehrsteilungen die Mittel gefunden wurden, den unfruchtbaren Konkurrenzen ein Ziel zu setzen. Auf Grund solcher Vereinbarungen über die Verkehrsteilung wurde dann die Leitung der Transporte zwischen den Konkurrenzstationen geregelt durch die sogenannten Instradierungsvorschriften, welche für die direkten und Verbandstarife besonders festgesetzt und im Tarif selbst oder in besondern Heften den ausführenden Dienststellen mitgeteilt wurden. Mit der immer zunehmenden Dichtigkeit des Eisenbahnnetzes wurden diese Instradierungsvorschriften immer schwieriger und verwickelter und nicht nur für direkte Verkehre und Konkurrenzstationen nötig, sondern selbst für den Lokalverkehr gröfserer Eisenbahnnetze, um die Transporte über die leistungsfähigste und für den Betrieb billigste der verschiedenen zu Gebote stehenden Linien zu leiten.

Die Vereinbarungen über Verkehrsteilung sind sehr verschiedener Art und die Bestimmung des Verkehrsanteils der einzelnen konkurrierenden Eisenbahnwege ist von vielen verschiedenen Umständen abhängig. Durchaus nicht immer fällt dem kürzesten Wege der erheblichste Teil am Verkehre zu. Von mafsgebendem Einflufs ist es dagegen, in wessen Händen diejenigen Stationen sich befinden, wo die bedeutendsten Transportmassen herkommen, ferner wieviel Eisenbahnverwaltungen an jedem Konkurrenzwege beteiligt sind, sowie ob eine Eisenbahn an zwei oder mehreren Konkurrenzwegen beteiligt ist. In letzterem Falle hat die betreffende Eisenbahnverwaltung in der Regel eine mafsgebende Stellung, und wird für diejenige Transportlänge, mit welcher sie an mehreren Konkurrenzwegen beteiligt ist, neutral gestellt, d. h. sie hat nicht nötig, sich an den infolge der Konkurrenz erforderlichen Ermäfsigungen zu beteiligen, erhält vielmehr für die neutrale Entfernung ihre normalen d. h. in den Tarif eingerechneten Anteile. Im allgemeinen sind ferner Konkurrenzwege, welche sich in einer oder wenigen Händen befinden, weit geeigneter, ihre Ansprüche durchzusetzen, als diejenigen, an welchen eine gröfsere Zahl von Eisenbahnverwaltungen oft mit verschiedenen Interessen beteiligt sind. Die Verkehrsteilung geschieht entweder durch Zuweisung der Transporte selbst, sei es durch zeitlich abwechselnde Instradierung, sei es durch Festsetzung geographisch begrenzter Verkehrsgebiete für die verschiedenen Eisenbahnwege, oder durch Geldentschädigung der nicht transportierenden Eisenbahnwege. Die letztere Art der Verkehrsteilung ist zwar fur den Betrieb vorteilhafter, weil eine Zersplitterung des Betriebes und grofse Umwegs-Transporte vermieden werden, aber insofern schwierig, als hierbei die Selbstkosten der transportierenden Wege ermittelt oder wenigstens schätzungsweise festgestellt werden müssen. Diese sind den Transportwegen vorweg zuzuscheiden und der Reinertrag nach Vereinbarung unter sämtliche beteiligte Eisenbahnwege zu verteilen.

Eine Schwierigkeit bei Ausführung der Verkehrsteilung nach Transportmassen, welche bei der Geldteilung vermieden wird, bilden ferner die sogenannten Routenvorschriften d. h. die Vorschriften der Versender in den Frachtbriefen, das Gut über einen bestimmten Eisenbahnweg zu leiten. Stimmen diese Vorschriften mit dem vereinbarungsgemäfs zum Transport berechtigten Eisenbahnweg nicht überein, so verliert dieser die ihm zukommende Einnahme, und da nicht selten solche Routenvorschriften seitens an der Verkehrsteilung beteiligter aber an einer andern als der vereinbarten Leitung der Güter mehr interessierter Eisenbahnverwaltungen veranlafst werden, so kann hierdurch die vereinbarte Teilung der Transporte wesentlich verändert werden. Deshalb werden vielfach solche Routenvorschriften in den Tarifen verboten, bezw. es wird bestimmt, dafs bei von der vereinbarten Instradierung abweichenden Routenvorschriften statt der billigeren direkten Tarife die teuerere Umexpedition nach den Lokaltarifen erfolgt.

In Deutschland hat man neuerdings das Recht der Versender, Routenvorschriften zu geben, auf die Sendungen beschränkt, welche einer zollamtlichen Behandlung unterliegen, weil hier ein Interesse vorliegen kann, die zollamtliche Behandlung bei einem bestimmten Zollamte vorgenommen zu sehen. Vergl. § 50 des deutschen Betriebsreglements.

Im Personenverkehr spielt natürlich die Instradierung und Verkehrsteilung eine geringere Rolle, weil hier der Reisende selbst seinen Weg sich wählen kann. Indes wird derselbe doch durch direkte

Tarife, direkte Billets, direkte Gepäckexpedition und direkten Wagendurchgang wesentlich in der Wahl der Eisenbahnwege beeinflufst und ist ein hiermit versehener Weg einem andern, wo diese Vorteile fehlen, selbst bei gleichen Preisen erheblich überlegen.

ZWEITER ABSCHNITT.

Die privatwirtschaftliche Tarifgestaltung.

§ 15. *Die Grundlagen der privatwirtschaftlichen Tarifgestaltung.*

Die Tarifgestaltung der in den Händen der Privatwirtschaft befindlichen Eisenbahnen kann, wie § 7 erwähnt, nur auf Grund des privatwirtschaftlichen oder Erwerbsprinzips erfolgen.

Daruber, dafs dies Prinzip thatsächlich das allein mafsgebende ist, neben dem andere Motive, z. B. der Ehrgeiz der Eisenbahnleiter, kaum in Betracht kommen, vergl. besonders Cohn, engl. Eisenbahnpolitik Bd. II S. 387—400.

Sie erstrebt demgemäfs bei Festsetzung der Preise ihrer Leistungen nicht nur Deckung der Selbstkosten, sondern auch einen möglichst hohen Uberschufs und setzt deshalb die Tarife fest nach dem wirtschaftlichen Werte der einzelnen Leistung für den Käufer. Die Selbstkosten des Transportes sind nicht in erster Linie mafsgebend für die Festsetzung der Tarife, sondern bilden nur insofern eine Grundlage der privatwirtschaftlichen Tarifgestaltung, als zunächst ihre Deckung erstrebt wird, und unter dieselben bei Festsetzung der Tarife ebensowenig auf die Dauer und allgemein herabgegangen wird, als im privatwirtschaftlichen Verkehr ein Gut dauernd unter den Produktionskosten verkauft wird. Freilich wird thatsächlich oft auf längere Zeit unter den Selbstkosten insofern transportiert, als eine Verzinsung des Anlagekapitals nicht oder nicht in genügendem Mafse erfolgt. Dann liegt dies aber nicht in dem Willen der privatwirtschaftlichen Eisenbahnverwaltung, nicht in der Festsetzung der Tarifsätze, sondern in der verfehlten oder verfrühten Anlage der Eisenbahn, das Unternehmen ist eine schlechte Spekulation gewesen, wie man im gewöhnlichen Leben sagt. Freiwillig wird die privatwirtschaftliche Eisenbahnverwaltung nie ihre Tarife so gestalten, dafs die Selbstkosten nicht gedeckt werden, sondern immer nicht nur deren Deckung, sondern auch noch einen Uberschufs über die landesübliche Verzinsung anstreben. Insofern und insoweit also von der Tarifgestaltung es überhaupt abhängt, ob bezw. welchen Überschufs eine Eisenbahn gewährt, wird die privatwirtschaftliche Eisenbahn-Verwaltung einen Tarifsatz, welcher die Selbstkosten deckt, nur als Mindestbetrag des festzusetzenden Transportpreises ansehen, während der Höchstbetrag desselben durch den wirtschaftlichen Wert der einzelnen Leistung für den Käufer bestimmt wird, weil darüber hinaus die Leistung unverkäuflich bleiben würde.

Vgl. Reitzenstein, die Gütertarife der Eisenbahnen S. 6—8.

Dies ist sehr wichtig. Viele schiefe Beurteilungen des Tarifwesens beruhen lediglich darauf, dafs man die Selbstkosten als den einzigen bezw. mafsgebenden Faktor der Tarifbildung ansah, während dieselben wenigstens bei der privatwirtschaftlichen Tarifgestaltung gar nicht oder erst in zweiter Linie darauf einwirken. Die Selbstkosten als alleinige Grundlage der Tarifgestaltung anzunehmen ist aber auch deshalb nicht angängig, weil, wie wir gleich sehen werden, ihre Höhe zum Teil abhängig ist von der Dichtigkeit des Verkehrs, diese aber wieder von der Tarifgestaltung, die Selbstkosten daher keine unveränderliche Gröfse sind, sondern eine sehr schwankende unsichere Grundlage bilden. Nichtsdestoweniger erscheint es notwendig, die Frage der Selbstkosten des Transportes eingehender zu erörtern.

§ 16. *Die Selbstkosten des Eisenbahntransports und das Preisgesetz des Verkehrs.*

Die Selbstkosten des Eisenbahn-Transports bestehen aus zwei verschiedenen Teilen:

1. Aus den Kosten der Verzinsung und Tilgung des Anlage-Kapitals. Dieselben werden vielfach gar nicht unter die Selbstkosten des Transports mit gerechnet, weil sie mit dem Transport nicht unmittelbar in Zusammenhang stehen und auch auflaufen, wenn gar nicht auf einer Bahn transportiert wird. Indes für die Tarifgestaltung im allgemeinen erscheint es notwendig, sie als zu den Selbstkosten gehörig anzunehmen, wenn auch bei Festsetzung einzelner Tarife sie unter Umständen nicht berücksichtigt werden.

Vgl. v. Nördling, die Selbstkosten des Eisenbahntransports und die Wasserstrafsenfrage S. 6—10.

2. Aus den sogenannten Betriebskosten, d. h. demjenigen Aufwand an Arbeit und Kapital, welcher durch den Betrieb der

Eisenbahn veranlafst wird. Die Betriebskosten setzen sich wieder zusammen aus:

a) den Abnutzungskosten d. h. den Kosten der Abnutzung der Anlage und ihrer Bestandteile durch den Betrieb,
b) den Materialkosten d. h. den Kosten der zum Betrieb nötigen Materialien, und
c) den Arbeitskosten d. h. den Kosten der beim Betrieb verbrauchten menschlichen Arbeit.

Die Selbstkosten zerfallen ferner ihrer Natur nach in veränderliche und feste Selbstkosten, je nachdem ihre Höhe durch den Umfang des Verkehrs beeinflufst wird oder nicht.

Zu den festen Selbstkosten, die unabhängig von dem Umfang des Verkehrs sich unter allen Umständen gleichbleiben, gehören die unter 1. erwähnten Kosten der Verzinsung und Tilgung des Anlagekapitals ganz und, wie man auf Grund von Berechnungen annimmt, etwa die Hälfte der Betriebskosten.

Über das Nähere ist zu vergleichen Sax, Verkehrsmittel Bd. II S. 369 ff.

Letzteres findet darin seine Begründung, dafs zunächst die Abnutzung der Eisenbahnanlage zwar wesentlich von der Gröfse des Verkehrs beeinflufst wird, zum Teil aber auch davon unabhängig ist. Denn der Oberbau, die Gebäude, die Wagen etc. werden in einem gewissen Umfang auch abgenutzt ohne jede Benutzung, durch die Einwirkungen der Naturkräfte, Wind und Wetter, Frost und Hitze. Aufserdem ist der Einflufs des Verkehrs auf die Abnutzung der verschiedenen Teile der Eisenbahnanlage ein sehr verschiedener: während beim Fahrmaterial und Oberbau die Abnutzung sehr wesentlich abhängt von der Stärke des Verkehrs, hat dieser Umstand auf die Gebäude und den Unterbau eine weit geringere Wirkung. Ebenso werden die zum Betrieb nötigen Material- und Arbeitskosten durch den Umfang des Verkehrs wohl wesentlich beeinflufst, aber sie wachsen nicht alle gleichmäfsig mit dem Verkehr. Ein gewisses Mafs sowohl von Arbeits- als von Materialverbrauch ist nötig als Mindestbetrag, um überhaupt eine Eisenbahnlinie zu betreiben, und dasselbe steigert sich nicht in allen seinen Teilen und nicht immer mit jedem Wachsen des Verkehrs. So mufs zur Ermöglichung des Betriebs auf einer Linie dieselbe mit dem nötigsten Personal für die Bahnbewachung und den Stationsdienst versehen sein. Ob nun täglich 2 oder 20 Züge über dieselbe laufen, macht keinen Mehraufwand an diesem Personal nötig. Und wenn auch bei erheblicher Verkehrszunahme ein gewisser Mehrbedarf für den Stationsdienst hervortritt, so steht er doch in keinem Verhältnis zu der Zunahme des Verkehrs. Derselbe wird ebenso wie der Bahnbewachungsdienst erst dann einen erheblichen Mehraufwand erfordern, wenn der Verkehr so wächst, dafs er bei Tage nicht mehr bewältigt werden kann und Nachtdienst eingerichtet werden mufs, während die Kosten der Betriebsleitung und allgemeinen Verwaltung auch hiervon noch nicht mit Notwendigkeit gesteigert werden. Ebenso ist es mit einem Eisenbahnzug. Wird derselbe einmal gefahren, so kostet er ziemlich dasselbe an Personal, an Schmiermaterial und an Brennstoff, ob er halb oder ganz belastet ist.

Vgl. hierüber auch Reitzenstein, über einige Verwaltungseinrichtungen und das Tarifwesen auf den Eisenbahnen Englands S. 120 und 121.

Hieraus ergiebt sich, dafs innerhalb eines gewissen Verkehrs-Umfangs, eines sogenannten Intensitäts-Maximums, ein grofser Teil der Betriebskosten ganz gleich bleibt oder wenigstens nicht entsprechend der Verkehrszunahme wächst, und nur ein Teil entsprechend dem Wachstum des Verkehrs sich vermehrt, und auch dies nur, sobald die Verkehrszunahme so erheblich ist, dafs mindestens ein Zug mehr eingelegt werden mufs. Mit jeder Einlegung eines neuen Zugs müssen gewisse Kosten, die sogenannten Zugkosten, entsprechend wachsen; es sind dies vor allem die Materialkosten (Brennstoff-, Schmier- und Beleuchtungskosten), dann die Kosten des Personals. Dieselben stehen aber wieder mit der Transportlänge d. h. mit der Entfernung, auf die ein Zug gefahren wird, insofern in einem verschiedenen Verhältnis, als diese Kosten bei weiteren Entfernungen sich zwar höher stellen, als bei kürzeren, aber doch nicht entsprechend höher. Denn wenn eine Maschine einmal angeheizt, wenn ein Wagen geschmiert ist, so wird der Brennstoff- und Schmiermaterialverbrauch durch einige Kilometer Fahrt mehr nicht entsprechend erhöht, ebensowenig wie die Kosten des Personals. Auch hier giebt es wieder gewisse Intensitätsmaxima, innerhalb deren sich die Kosten nicht entsprechend erhöhen durch Mehrleistung, z. B. so lange der Zug mit einer Maschine und einem Personal auf seine ganze Länge gefahren werden kann, während, sobald die Dienstzeit für eine Maschine und ein Personal zu lang wird und eine Ablösung durch eine andere Maschine und anderes Personal erforderlich wird, die Kosten beträchtlich wachsen. Im allgemeinen sind daher die Selbstkosten für längere Transporte verhältnismäfsig geringer, als für kürzere, da bei längeren Strecken eine bessere Ausnutzung der Maschinen, Wagen und des Personals erfolgen kann.

Man nimmt aber, wie schon erwähnt, auf Grund von Berechnungen an, dafs durchschnittlich die Hälfte der Betriebskosten innerhalb eines Intensitätsmaximums unverändert bleibt, die andere Hälfte entsprechend dem Verkehre wächst. Da ferner gegenwärtig im grofsen Durchschnitt die Kosten der Verzinsung und Tilgung des Anlagekapitals etwa 50 Prozent der Selbstkosten betragen, so ergiebt sich, dafs 75 Prozent der Selbstkosten feste, von dem Verkehrsumfang nicht beeinflufste Kosten sind, 25 Prozent dagegen veränderliche, entsprechend dem Verkehrsumfang zunehmende Kosten.

Vgl. hierüber Sax, Verkehrsmittel Bd. II S. 368 und die Tabelle in Engel, Zeitalter des Dampfes S. 191 und 192 Spalten 10 und 12.

Lediglich die letzteren, die veränderlichen Selbstkosten will v. Nördling a. a. O. als eigentliche Selbstkosten angesehen wissen, und wenn man diese durch die Zahl der thatsächlich geleisteten Tonnenkilometer dividiere, so finde man wenigstens annähernd die Kosten des Tonnenkilometers d. h. diejenige Summe, welche die Betriebsverwaltung mehr oder weniger verausgabt hätte, wenn ein Tonnenkilometer mehr oder weniger geleistet wäre. Es ist dies aber einmal nur richtig innerhalb eines Intensitätsmaximums; sobald dies überschritten, z. B. die Einlegung von Nachtdienst durch den Verkehrszuwachs nötig wird, so stellt sich die Rechnung anders. Und ferner ist es nur richtig für den neu hinzukommenden Verkehr in der Annahme, dafs die festen Selbstkosten durch den vorhandenen Verkehr schon gedeckt sind.

Will man also die Selbstkosten einer einzelnen Transportleistung ermitteln, so hat man hiernach zwei Faktoren zu berücksichtigen, einmal den veränderlichen d. h. mit jeder Transportleistung um den gleichen Betrag wachsenden Selbstkostenteil und zweitens den festen Selbstkostenteil. Den auf eine gewisse Transportleistung z. B. auf ein Tonnenkilometer entfallenden Anteil an den festen Selbstkosten erhält man, indem man mit der Gesamtsumme der geleisteten Tonnenkilometer in den Betrag der festen Selbstkosten dividiert. Demgemäfs wird der aus den festen Selbstkosten sich ergebende Anteil je nach dem Umfange des Verkehrs sich verändern, je gröfser der Verkehr und hiernach der Divisor ist, um so kleiner wird der Quotient, der Anteil der einzelnen Transportleistung an den festen Selbstkosten sein. Aus den festen Selbstkosten ergiebt sich also ein, je nach dem Umfang des Verkehrs sich verschieden hoch stellender Betrag für die einzelne Transportleistung, ein veränderlicher Tarifteil, umgekehrt aber aus den mit jeder Transporteinheit entsprechend wachsenden veränderlichen Selbstkosten ein sich stets gleich bleibender Kostenbetrag der einzelnen Transportleistung, ein fester Tarifteil. Da aber, wie oben erwähnt, der veränderliche Tarifteil bezw. die festen Selbstkosten etwa 75 Prozent der Gesamtkosten, der feste Tarifteil bezw. die veränderlichen Selbstkosten aber nur etwa 25 Prozent betragen, so ist der erstere ausschlaggebend und dies hat zur Folge, dafs die Gesamt-Selbstkosten der einzelnen Transportleistung mit der Zunahme der Zahl der Transportleistungen abnehmen, oder wie man es auch ausgedrückt hat, die Kosten des Verkehrs in umgekehrtem Verhältnis zu der Dichtigkeit des Verkehrs stehen.

Diese Erscheinung nennt man das Preisgesetz des Verkehrs oder das Gesetz der Massennutzung.

Vgl. auch Sax, Verkehrsmittel Bd. I S. 57—61.

Hieraus erklärt es sich, weshalb die Selbstkosten einer Transporteinheit, eines Personenkilometers oder Tonnenkilometers aufserordentlich bei den verschiedenen Eisenbahnen verschieden sind, und weshalb in der Regel die Bahnen mit starkem Verkehr weit geringere Selbstkosten für die Transporteinheit aufweisen, als die Bahnen mit schwachem Verkehr. Die Vermehrung der Transportleistungen, die Entwickelung des Verkehrs hängt aber sehr wesentlich wieder ab von der Höhe bezw. der möglichst niedrigen Festsetzung der Transportpreise, und so entsteht eine Wechselwirkung: während einerseits die Vermehrung des Verkehrs abhängig ist von der niedrigen Festsetzung der Frachtsätze, ermöglicht andererseits die Zunahme des Verkehrs eine niedrige Frachtfestsetzung, ja macht sie sogar unter Umständen vorteilhaft, weil oft der Verkehr infolge derselben sich derartig vermehrt, dafs der Reinertrag höher wird, als er bei höheren Frachtsätzen war.

Deshalb hat man wohl den Satz aufgestellt, dafs bei den Eisenbahnen nicht die Selbstkosten den Frachtsatz bestimmen, sondern umgekehrt der Frachtsatz die Selbstkosten. Dieser Satz ist jedoch nur mit folgenden Einschränkungen richtig:

1. Aufser von niedrigen Tarifen hängt eine Verkehrszunahme noch von verschiedenen anderen Umständen ab, bei deren Nichtvorhandensein eine Tarifherabsetzung ganz oder grofsenteils ohne Wirkung bleibt. Vor allem mufs nach den natürlichen Verhältnissen des betreffenden Verkehrsgebietes eine

Verkehrszunahme überhaupt möglich sein; so z. B. kann in einer schwach bevölkerten, lediglich Landwirtschaft treibenden Gegend ohne Bergbau und Industrie eine erhebliche Verkehrssteigerung durch Tarifherabsetzungen nicht erzielt werden. Dieselben werden vielmehr nur den Reinertrag der Eisenbahn vermindern.

2. Ferner wird es sich fragen, ob die Verkehrsvermehrung, welche durch eine Tarifherabsetzung erreicht wird, innerhalb des relativen Intensitätsmaximums bleibt oder ob sie eine Überschreitung desselben zur Folge hat. Ist letzteres der Fall, wird z. B. Einführung des Nachtdienstes oder Anlage eines zweiten Geleises hierdurch nötig, so können leicht die hierdurch entstehenden Mehrkosten so grofs sein, dafs zunächst trotz der Verkehrsvermehrung eine Verminderung des Reinertrags eintritt und es erst weiterer Verkehrszunahme bedarf, um den früheren Reinertrag oder eine Steigerung zu erzielen.

3. Endlich mufs der Erfolg einer Tarifherabsetzung um so geringer werden, je niedriger die Transportpreise schon stehen, weil dann naturgemäfs die Frachtermäfsigung auch nur eine geringe sein kann. Beträgt z. B. der Einheitssatz für ein Tonnenkilometer 6 Pf., so kann eine Ermäfsigung auf 4 Pf. einen grofsen Aufschwung des Verkehrs herbeiführen. Ist aber der Einheitssatz schon auf 2 Pf. für das Tonnenkilometer gefallen, so kann man denselben nicht mehr um 2 Pf. herabsetzen, sondern nur um einen Bruchpfennig, und hierdurch wird natürlich keine sehr erhebliche Verkehrsvermehrung zu erzielen sein. Da aber der Reinertrag für die Transporteinheit mit jeder Tarifherabsetzung nicht nur für die neu hinzukommende, sondern auch für die schon vorhandene Transportmenge geringer wird, so müfste, wenn die Tarife schon sehr niedrig und die Transportmassen schon sehr bedeutend sind, im Gegenteil statt einer geringeren eine um so gröfsere Verkehrszunahme eintreten, wenn der Reinertrag nicht sinken soll. Deshalb wird, sobald die Tarife schon niedrig stehen bezw. die von der Tarifermäfsigung betroffene Transportmenge eine erhebliche ist, es meist finanziell vorteilhafter sein, die vorhandene Transportmenge zu den bisherigen Sätzen zu fahren, als zu versuchen durch eine Tarifherabsetzung eine in der Regel nicht erhebliche Verkehrszunahme herbeizuführen neben einer sicheren Verminderung des Reinertrags für die bereits vorhandene Transportmasse. Dieser Umstand ist von aufserordentlicher Wichtigkeit, wie wir später noch sehen werden. Es liegt hierin der letzte Grund, weshalb die privatwirtschaftliche Verwaltung der Eisenbahnen, welche

die Erzielung eines möglichst hohen Reinertrags anstrebt, nicht in der Lage ist, über einen gewissen Punkt hinaus die Tarife zu ermäfsigen, und weshalb sie ferner Tarifermäfsigungen in der Regel nicht allgemein eintreten läfst für alle Verkehrsbeziehungen, bezw. für alle Klassen oder für ganze Klassen des Tarifs, sondern wo möglich immer nur fur einzelne Verkehrsbeziehungen, einzelne Artikel, ja einzelne Frachtgeber. Um aber dies zu können, mufs die privatwirtschaftliche Eisenbahnverwaltung die Tarife individualistisch gestalten, d. h. nicht nach grofsen gleichmäfsigen Durchschnitten und mit wenig Tarifklassen, sondern mit einer möglichst grofsen Zahl von Tarifklassen, Spezial- und Ausnahmetarifen; ja unter Umständen mufs sie dazu übergehen, für jede verschiedene Verkehrsbeziehung und jede gröfsere Transportleistung einen besonderen Preis festzustellen.

Vgl. auch Nördling a. a. O. S. 22—24, wo auch zahlenmäfsige Beispiele gegeben werden; ferner Reitzenstein, die Gütertarife der Eisenbahnen S. 17 und 18.

Es ist dies unzweifelhaft ein vom Erwerbsstandpunkt ganz richtiger Grundsatz, weil hierdurch die Herabsetzung des Reinertrags derjenigen Transportleistungen vermieden wird, bei welchen die hieraus entstehenden Ausfalle nicht durch eine entsprechende Zunahme der Transportleistungen mehr als ausgeglichen werden.

Die angeführten Ausnahmen sind aber auch die Veranlassung, weshalb die Eisenbahnen Tarifermäfsigungs-Anträgen gegenuber im allgemeinen trotz der ihnen wohlbekannten verkehrssteigernden Wirkungen der Tarifermäfsigungen sehr vorsichtig sind, und oft durch zu grofse Vorsicht und Schwerfälligkeit für das allgemeine Interesse und selbst für die Eisenbahn-Verwaltungen vortheilhafte Ermäfsigungen vereiteln bezw. lange Zeit hinausschieben.

Vergleiche hierüber auch Cohn, engl. Eisenbahnpolitik Bd. II. S. 395, der mit Recht hierfür die langjährige Vernachlässigung des Personen-Verkehrs III. Klasse seitens der englischen Eisenbahnen anführt.

§ 17. *Einflufs der verschiedenen Anlage- und Betriebs-Kosten der Eisenbahnen auf die Tariffestsetzung.*

Die Anlage- und Betriebskosten der Eisenbahnen sind bekanntlich sehr verschieden, sie unterscheiden sich bisweilen um das Doppelte und mehr. Auf die Anlagekosten ist es von Einflufs, ob die Eisenbahnlinie im Gebirge oder in der Ebene liegt, ob sie durch wenig bevölkerte Gegenden mit billigem Grund und Boden und billigen Arbeitslöhnen oder durch bevölkerte Gegenden mit teurem Grunderwerb und hohen Arbeitslöhnen geführt ist. Für den Betrieb kommen aufser den Kosten des Materials und der Arbeit vor allem die Steigungsverhältnisse der Linie in Betracht, da es hiervon abhängt, ob man z. B. 30 Achsen mit einer Maschine befördern kann oder das Dreifache. Diese Verschiedenheit der Anlage- und Betriebskosten führt natürlich eine entsprechende Verschiedenheit der Selbstkosten herbei und zwar sowohl der festen, als der veränderlichen, und wenn die Selbstkosten für die Tarifbildung mafsgebend wären, müfste auch die Tarifgestaltung für jede einzelne Linie verschieden sein. Dies ist jedoch nicht der Fall und kann nicht wohl der Fall sein aus folgenden Gründen:

Die Selbstkosten sind nicht allein mafsgebend für die Tarifbildung, sie bilden vielmehr nur die Grenze nach unten, unter welche nicht herabgegangen werden kann, und demgemäfs hat die Verschiedenheit in den Anlage- und Betriebskosten der Bahnen allerdings die Folge, dafs diese Grenze nach unten eine verschiedene bei verschiedenen Bahnen ist. Die privatwirtschaftliche Tarifgestaltung erstrebt aber einen Überschufs über die Selbstkosten, und wo ein solcher in der Tariffestsetzung zum Ausdruck gelangt, werden also trotz der verschiedenen Selbstkosten nicht mit Notwendigkeit auch die Tarife verschieden sein, sondern dieser Überschufs wird sich bei gleichen Tarifen für Linien mit verschieden hohen Selbstkosten verschieden hoch stellen. Wenn hiernach einmal schon keine Notwendigkeit vorliegt, wegen der verschieden hohen Selbstkosten verschieden hohe Tarife für jede einzelne Linie einzuführen, so ist zweitens auch die Möglichkeit, die verschiedene Höhe der Selbstkosten in den Tarifen entsprechend zum Ausdruck zu bringen, zu verneinen. Denn nicht nur jedes einzelne Eisenbahnnetz und jede Eisenbahnlinie hat verschieden hohe Anlage- und Betriebskosten, sondern auch innerhalb einzelner Linien sind dieselben oft sehr verschieden, je nachdem die Linie stellenweise grofse Kunstbauten (Tunnel, Brücken) und starke Steigungen hat oder ohne solche in der Ebene läuft. Wollte man also folgerichtig handeln, so müfste man für jeden Kilometer oder wenigstens zwischen je 2 Stationen die Selbstkosten und demnächst die Tarife verschieden berechnen. Denn mit welchem Recht will man die Transporte zwischen 2 Stationen, zwischen welchen die Eisenbahn in der Ebene liegt und geringe Anlage- und Betriebskosten hat, die hohen Anlage- und Betriebskosten mittragen lassen, welche einige Kilometer weiter an derselben Linie durch eine grofse

Brücke oder eine starke Steigung entstehen? Da es aber einfach unmöglich ist, oder doch zu den gröfsten Unzuträglichkeiten führen würde, die Tarife nach den Selbstkosten für jede Strecke verschieden festzusetzen, so sieht man hiervon ab und ermittelt durchschnittliche Selbstkosten für eine ganze Linie oder ein ganzes Eisenbahnnetz. Will man aber hiernach die Tarife bestimmen, so kann man mit demselben Rechte auch Durchschnitts-Selbstkosten für ein ganzes Land ermitteln, und hiermit ist das Moment der Verschiedenheit der Selbstkosten nach den Anlage- und Betriebskosten überhaupt beseitigt.

Hierauf drängen aber auch noch andere Momente hin, einmal die Konkurrenzverhältnisse in den Knotenpunkten, welche sich bei jedem dichteren Eisenbahnnetz in grofser Zahl ergeben und zur Annahme der Tarife des billigsten Eisenbahnweges auch für die anderen Linien mit höheren Selbstkosten führen, und dann die Notwendigkeit einer gleichmäfsigen Gestaltung der Tarife für ganze Netze oder Länder, welche wir später noch zu erörtern haben.

Infolge dessen sind nur ausnahmsweise bei ganz besonderen Verschiedenheiten der Anlage- und Betriebskosten dieselben Veranlassung zu Verschiedenheiten in der Tariffestsetzung geworden, und auch dann hat man meistens vermieden, verschiedene Einheitssätze für die Berechnung der Tarife festzusetzen, sondern man hat die höhere Tarifierung durch Einrechnung sogenannter virtueller Längen erreicht, d. h. indem man die Entfernung den höheren Selbstkosten entsprechend im Tarif höher ansetzt, als sie in Wirklichkeit ist. So werden z. B. für gröfsere Brucken wegen ihrer hohen Anlage- und Unterhaltungskosten öfters einige Kilometer der Entfernung zugeschlagen, ebenso für aufsergewöhnlich schwierige Gebirgsstrecken höhere Tarife durch Einrechnung gröfserer Entfernungen als in Wirklichkeit erzielt.

Das ist aber auch alles. Wenn schon im allgemeinen die Selbstkosten nicht, bezw. nicht allein mafsgebend sind für die Festsetzung der Tarife, so sind die durch die verschiedenen Anlage- und Betriebskosten der Eisenbahnen hervorgebrachten Verschiedenheiten in den Selbstkosten der verschiedenen Eisenbahnlinien fast von gar keiner Bedeutung für die Tarifgestaltung.

Häufig haben Bahnen mit sehr hohen Anlagekosten sehr niedrige,

Bahnen mit niedrigen Anlagekosten sehr hohe Tarife. Zahlreiche Beispiele hiervon weist jede Eisenbahnstatistik auf.

Vgl. Cohn, engl. Eisenbahnpolitik Bd. II. S. 318—320; Lehr, Eisenbahntarifwesen und Eisenbahnmonopol S. 18.

§ 18. *Der feste Tarifbestandteil.*

Vgl. Anonymus, Beiträge zur Eisenbahntarifreform in Österreich. Wien 1869, und Sax, Verkehrsmittel Bd. II. S. 406 ff.

Von erheblicherer Bedeutung als die vorerwähnten durch die Verschiedenheit der Anlage- und Betriebskosten hervorgerufenen Unterschiede in den Selbstkosten sind für die Tarifgestaltung gewisse Verschiedenheiten in den Selbstkosten, welche bei dem festen Tarifbestandteil sich finden. Der feste Tarifbestandteil entsteht, wie wir in § 16 sahen, aus den veränderlichen Selbstkosten. Er ist nicht für alle Transporte ein gleicher, sondern von verschiedener Höhe, weil die veränderlichen Selbstkosten für die verschiedenen Arten des Eisenbahntransportes verschieden hoch sich bemessen. Die Höhe der veränderlichen Selbstkosten und somit auch die Höhe des festen Tarifteils wird beeinflufst durch zwei Momente, durch die Tara oder tote Last und durch die Leistungsunterschiede im Transporte.

Was zunächst die Tara betrifft, so giebt es kein anderes Verkehrsmittel, welches bei Ausführung der Transporte soviel tote Last mit fortschafft, wie die Eisenbahnen. So betrug nach der Statistik des Reichs-Eisenbahnamtes auf den deutschen Eisenbahnen im Jahre 1880 die durchschnittliche Nutzlast für jede auf den eigenen Betriebsstrecken bewegte Achse, überhaupt und in Prozenten der Tragfähigkeit

1. bei Personenwagen	0,34 t	oder 23,94	Proz.
2. » Gepäckwagen	0,08 »	» 2,94	»
2. » beladenen Güterwagen	3,49 »	» 73,78	»
4. » beladenen und leeren Güterwagen	2,18 »	» 46,09	»

Es sind ferner Tonnenkilometer geleistet auf den deutschen Eisenbahnen:

	Der Personenwagen.	Gepäckwagen.	Güterwagen.
brutto	6 476 219 317	1 850 664 265	31 476 992 663
netto	485 934 434	35 188 773	13 460 300 056
also Tara	5 990 284 883	1 815 475 492	18 016 692 607

die Tara beträgt also mehr als das 12fache der Nutzlast (Nettolast) im Personenverkehr, etwa das 50fache im Gepäck- und das 1,3.fache der Nutzlast im Güterverkehr. Dazu kommt aber noch die tote

Last der Lokomotiven und Tender mit mittlerer Füllung von Wasser und Brennmaterial, welche im Jahr 1880 10 045 489 899 Tonnenkilometer betrug und zu der obigen Tara hinzuzunehmen ist.

Wie sich schon hieraus ergiebt, ist das Verhältnis zwischen toter und Nutzlast im Personen- und Gepäckverkehr sehr viel ungünstiger, als im Güterverkehr. Aber auch innerhalb des Personen- und innerhalb des Güterverkehrs stellt sich das Verhältnis sehr verschieden nach den verschiedenen Transporten, welche vorkommen. Dieses Verhältnis der toten Last zur Nutzlast ist bei den verschiedenen Transportarten einmal absolut verschieden, d. h. unter Voraussetzung der vollen Ausnützung der Transportmittel, und zweitens relativ, d. h. nach der thatsächlichen durchschnittlichen Ausnützung der Transportmittel. Hiernach unterscheidet man absolute und relative Tara.

Im Güterverkehr ist die Tara absolut verschieden nach Umfang und Gewicht der verschiedenen Güter, je nachdem von denselben ein derartiges Gewicht in den Raum eines Wagens verladen werden kann, dafs die Tragfähigkeit des Wagens voll ausgenützt wird oder nicht. Relativ verschieden ist sie einmal nach der Gleichmäfsigkeit bezw. Ungleichmäfsigkeit des Verkehrs zu den verschiedenen Jahreszeiten und je nachdem Rückladung vorhanden ist oder nicht, sodann aber auch nach der Menge der aufgegebenen Güter, ob dieselben in Mengen aufgegeben werden, welche der Tragfähigkeit eines Wagens entsprechen oder darunter bleiben. Ähnliche unten zu besprechende Unterschiede in der Tara finden sich im Personenverkehr. Wenn man diese Verschiedenheiten der absoluten und relativen Tara genau ermitteln wollte, so würden sich Verschiedenheiten der veränderlichen Selbstkosten fast für jeden Transport und fast auf jeder Eisenbahnlinie ergeben, was für die Festsetzung des festen Tarifteils keine brauchbare Grundlage gäbe. Man sieht deshalb von kleineren Verschiedenheiten ab und legt die gröfseren durchschnittlichen Verschiedenheiten, welche sich ergeben, zu Grunde. Auf diese Weise gelangt man für Bemessung des festen Tarifteils zur Feststellung verschiedener Klassen, der sog. Taraklassifikation, welche auf den wesentlichen Taraverschiedenheiten beruht.

§ 19. *Die Taraklassifikation.*

Nach der Taraklassifikation ist im Güterverkehr vor allem zu unterscheiden zwischen Einzel- oder Stückgut und Wagenladung. Als letztere ist nach Natur der Sache das aufgegebene Gut nur in dem Fall anzusehen, wenn es die Tragkraft des Wagens, worin es verladen wird, voll ausnutzt, wenn also die absolute und relative Tara zusammenfallen, während überall, wo dies nicht der Fall, es als Stück- oder Einzelgut zu betrachten ist. In der Praxis erwachsen indefs hierbei mannigfache Schwierigkeiten, weshalb diese Unterscheidung in ihrer Reinheit nicht aufrecht erhalten wird.

a. Eine erste grofse Schwierigkeit erwächst aus der verschiedenen Tragkraft und dem verschiedenen Fassungsraum der Wagen.

Diese sind nicht nur in den verschiedenen Ländern verschieden, sondern auch innerhalb desselben Landes. In der ersten Entwickelungszeit der Eisenbahnen baute man z. B. in Deutschland meist Wagen von geringerer Tragkraft, von 5000 Kilogramm und darunter, später erhöhte man die Tragkraft und ist jetzt innerhalb des Vereins deutscher Eisenbahnen auf die normale Tragfähigkeit von 10000 Kilogramm gekommen.

In England dagegen beträgt die normale Tragfähigkeit nur 7500 Kilogramm. Die folgenden Ausführungen sind deshalb für England und solche Länder, welche eine andere normale Tragfähigkeit der Wagen haben, nur unter Berücksichtigung dieser Verschiedenheit zutreffend.

Abgesehen davon, dafs noch ältere Wagen von geringerer Tragkraft vorhanden sind, haben aber selbst die Wagen von gleicher Tragfähigkeit nicht gleichen Fassungsraum, so dafs in den einen Wagen gleicher Tragfähigkeit mehr verladen werden kann, als in den anderen. Ferner ist man teilweise auch dazu übergegangen, Wagen von gröfserer Tragkraft bis zu 30000 Kilogramm zu bauen, zunächst um Gegenstände, welche ein höheres Gewicht als 10000 Kilogramm haben, verladen zu können; dann auch aus Konkurrenzrücksichten, wegen des gröfseren Fassungsraumes dieser Wagen, was mit der oben erwähnten Verschiedenheit im Umfang der Güter und gewissen Tarifbestimmungen zusammenhängt. Eine Wagenladung kann daher nach obiger Definition unter den vorhandenen thatsächlichen Verhältnissen sehr verschieden sein. Dies ist aber natürlich für die Tariffestsetzung nicht zulässig, es mufs vielmehr hierfür ein Normalwagen angenommen und dessen Tragkraft und Fassungsraum zu Grunde gelegt werden, weil sonst die Fracht für dieselbe Menge desselben Gutes verschieden hoch sich bemessen würde je nach Tragkraft und Fassungsraum des zum Transport gestellten Wagens. Die vorhandenen Wagen anderer Tragkraft bezw. Fassungsraums sind als

Spezialwagen anzusehen und möglichst nur für besondere Transporte zu verwenden, diejenigen mit höherer Tragkraft und gröſserem Fassungsraum für Gegenstände von höherem Gewicht und auſsergewöhnlichen Gröſsenverhältnissen, diejenigen mit einer geringeren Tragkraft als 10000 Kilogramm fur solche Transporte, wo die Tragfähigkeit keine Bedeutung hat, z. B. für Stückgut, Baugut etc. Für die Tariffestsetzung muſs aber der Begriff einer Wagenladung dahin bestimmt werden, daſs eine solche dann vorhanden ist, wenn das aufgegebene Gut die Tragkraft eines Normalwagens voll ausnutzt.

Vgl. auch Reitzenstein, Die Gütertarife der Eisenbahnen S. 22—23, 32—34. Die Durchführung des vorstehend aufgestellten Grundsatzes führt in der Praxis oft zu erheblichen Schwierigkeiten und Unzuträglichkeiten, insbesondere dann, wenn neben den Normalwagen noch eine gröſsere Zahl anderer Wagen vorhanden ist mit abweichender Tragfähigkeit und verschiedenem Fassungsraum. Es müssen dann Ubergangsbestimmungen getroffen und auf allmähliche Beschränkung der Spezialwagen auf das wirkliche Bedürfnis hingearbeitet werden. Ein anderer Ausweg aus dieser Schwierigkeit ist, lediglich das aufgegebene Gewicht, ohne Rücksicht darauf, in wieviel Wagen es verladen wird, für den Begriff der Wagenladung maſsgebend sein zu lassen. Dieser Ausweg wurde von dem Wertklassifikationssystem angenommen, damit aber die Taraklassifikation und der Grundsatz der Wagenausnutzung verlassen, was sich zum Nachteil des Betriebs geltend machte, vgl. § 23. Uber diese interessante Frage enthalten auch die Stenographischen Berichte uber die Vernehmung der Sachverständigen in der deutschen Eisenbahntarifreform-Enquête von 1875 viel Material, vgl. insbesondere S. 26, 115—117. Hiernach hatten die deutschen Bahnen in der ersten Zeit für den Begriff der Wagenladung den im Eingang bezeichneten, der Taraklassifikation entsprechenden angenommen. Ferner findet sich diese Frage eingehend erörtert in den »Verhandlungen und Beschlüssen der ständigen Tarifkommission der deutschen Eisenbahnen und des Ausschusses der Verkehrs-Interessenten über Abänderung des deutschen Gütertarif-Schemas«, Berlin 1880.

Vielfach finden sich in den Tarifen auch sogenannte halbe Wagenladungen, als welche Gütermengen bezeichnet werden, welche die Tragkraft eines Normalwagens halb ausnutzen. Dies hängt ebenfalls damit zusammen, daſs die Wagen früher nur eine geringere, bezw. die halbe Tragkraft der jetzigen Normalwagen hatten; es kann diese Klasse aber richtig nur als eine Unterabteilung des Einzelgutes angesehen werden. Sie läſst sich als solche auch rechtfertigen, da es immerhin einen Unterschied bezüglich der Tara macht, ob 50 Kilogramm oder 5000 verladen werden, auſserdem aber auch mit Rücksicht auf die kleinen Verkehrsinteressenten, welche oft nicht in der Lage sind, 10000 Kilogramm auf einmal zu beziehen oder zu versenden, und ohne die 5000 Kilogramm-Wagenladungsklasse dann die hohen Stückguttarife bezahlen müfsten. Indes sind die Taxen für diese Klasse in der Taraklassifikation näher dem Einzelgut als den Wagenladungen zu halten, da sie eine Unterklasse des Stückguts bildet und die Vorteile einer wirklichen Wagenladung für die Eisenbahnen nicht gewährt. Es empfiehlt sich dies um so mehr, je mehr die Wagen mit geringerer Tragkraft verschwinden.

Auf den Eisenbahnen der Vereinigten Staaten von Nordamerika wird jede Sendung unter 10 Tonnen als Stückgut gerechnet; vgl. v. d. Leyen, Die nordamerikanischen Eisenbahnen S. 263 u. 269.

b. Eine zweite Schwierigkeit bildet der verschiedene Umfang der Güter im Verhältnis zu ihrem Gewicht bezw. die verschiedene absolute Tara. Von sehr vielen Gütern kann die Tragkraft der Wagen nicht voll ausgenutzt werden, weil dieselben im Verhältnis zu ihrem Gewicht einen zu grofsen Raum einnehmen. Es sind dieses die sog. sperrigen Güter, die also folgerichtig nur als Einzelgut, nicht als Wagenladungen tarifiert werden könnten. Es wird indes ihre Aufgabe als Wagenladung aus praktischen Gründen derart ermöglicht, dafs die Versender je nach dem Gewicht den Frachtsatz fur eine halbe oder volle Wagenladung bezahlen, auch wenn ein geringeres Gewicht verladen ist. Dasselbe ist auch oft vorteilhaft bei nichtsperrigen Gütern, wenn von denselben ein Gewicht verfrachtet wird, welches das Gewicht einer ganzen oder halben Wagenladung beinahe erreicht. Daher kommt man zu einer ferneren Erweiterung des Begriffes der Wagenladung in der Praxis dahin, dafs das aufgegebene Gut die Tragkraft eines Normalwagens voll ausnutzt, oder aber dafs für diese Tragkraft bezahlt und die volle Ausnutzung angenommen wird.

Auch beim Stückgut ist zwischen sperrigen und nichtsperrigen Gütern zu unterscheiden; die ersteren sind höher zu tarifieren, weil bei ihnen die absolute Tara höher ist, sie also einen gröfseren Raum einnehmen und auch bei der Verladung oft gröfsere Schwierigkeiten machen. Ebenso ergiebt sich ein Unterschied in den veränderlichen Selbstkosten zu Gunsten der Wagenladungen gegenüber dem Einzelgut nicht nur beim Transport durch die geringere Tara der ersteren, sondern auch bei den Expeditions- und Stationskosten durch die gröfsere Arbeit, welche das Einzelgut hier verursacht, weshalb mit Recht auch in der Expeditionsgebühr Einzelgüter höher als Wagenladungen gehalten werden.

Einen weiteren Unterschied in der Tara bildet die Beförderung als Eilgut oder Frachtgut. Da Eilgut überhaupt in geringeren Mengen aufgegeben wird, als Frachtgut, und nicht angesammelt werden kann, weil es schleunigst und mit kurzer Lieferfrist befördert werden mufs, so ist natürlich auch die relative Tara durchschnittlich geringer als bei Frachtgut, und rechtfertigt sich deshalb eine höhere Tarifierung, welche aufserdem noch durch die gröfsere Schnelligkeit der Beförderung begründet wird. Da aber, wo Eilguttransporte regelmäfsig in bedeutenden Massen stattfinden, z. B. bei regelmäfsigen Lebensmitteltransporten nach grofsen Städten, ist bezüglich der Tara wenig Unterschied vom Frachtgut, und es kann eine Herabsetzung der Eilgutssätze für solche Transporte stattfinden, weil hier nur die Schnelligkeit der Beförderung einen höheren Satz als das Frachtgut bedingt.

Eine Verminderung der Tara und damit eine Möglichkeit niedrigerer Tarife tritt ferner ein, wenn volle Zugladungen von einem Versender aufgegeben werden, da hierdurch die volle Belastung für den betreffenden Zug herbeigeführt bezw. die volle Ausnutzung der Maschinenkraft ermöglicht wird, und kostspielige Rangierarbeiten erspart werden. In geringerem Mafse kann dies schon bei der Aufgabe mehrerer Wagen durch einen Versender nach einer Empfangsstation der Fall sein, und deshalb sind Ermäfsigungen vielfach auch in solchen Fällen gewährt worden.

So bestehen z. B. ermäfsigte Sätze bei Aufgabe von mindestens 50 bezw. 100 Tonnen im Kohlenverkehr von der Ruhr nach verschiedenen Nordseehäfen und Italien.

Ebenso liegt wieder eine Verminderung der Tara und Möglichkeit, ermäfsigte Sätze zu gewähren, vor, wenn Rückladung für sonst leer gehende Wagen dadurch gewonnen werden kann, sowie, wenn auf die Lieferfristen verzichtet wird oder dieselben verlängert werden, da hierdurch die Ansammlung der Güter und ihre Beförderung in gröfseren Mengen erleichtert wird.

Im Personenverkehr wird die absolute Tara bestimmt durch die Zahl der Plätze in einem Wagen. In einem zweiachsigen Wagen I. Klasse haben in der Regel 24, in einem II. Klasse 32, in einem III. Klasse 40, in einem IV. Klasse 50 Personen Platz. Die absolute Tara ist also in den verschiedenen Wagen sehr verschieden und die Unterschiede in den Tarifen der einzelnen Klassen sind schon hierdurch begründet. Sehr bedeutend ist auch der Unterschied bei der relativen Tara. Es läfst sich dies erkennen aus der

Zahl der Personenkilometer, welche jährlich auf jeden Platz in den verschiedenen Klassen kommen. Im Verein deutscher Eisenbahnen kamen Personenkilometer auf jeden Sitz- oder Stehplatz:

	I. Klasse	II. Klasse	III. Klasse	IV. Klasse
1880	3950	6757	6613	9619

Hiernach hatte die IV. Klasse die beste absolute und relative Ausnutzung, die zweithöchste relative Ausnutzung hatte die II. Klasse, nahezu dieselbe die III. Klasse, welche aber eine höhere absolute Ausnutzung hat, die schlechteste absolute und relative Ausnutzung hatte die I. Klasse.

Eine Verminderung der relativen Tara durch bessere Ausnutzung bringt auch im Personenverkehr die Sicherung des Rücktransportes, daher Preisermäfsigungen bei Rückfahrtbillets, Abonnementsbillets, Vergnugungszügen gröfserer Gesellschaften etc. üblich.

§ 20. *Die Leistungsunterschiede in der Beförderung.*

Was die Leistungsunterschiede in der Beförderung bezw. ihren Einfluss auf die veränderlichen Selbstkosten betrifft, so giebt es gewisse Transportarten, welche nicht nur auf die Anlagekosten einen Einfluss insofern haben, als ihr Vorhandensein eine bessere und deshalb kostspieligere Einrichtung der Anlage bedingt, sondern auch die veränderlichen Selbstkosten nicht unerheblich steigern. Es ist dies insbesondere der Schnellverkehr. Der Schnellverkehr verlangt nicht nur besondere Sicherheitsmafsregeln und oft besonders eingerichtete Betriebsmittel, namentlich besondere Maschinen, sondern er nutzt auch Oberbau und Betriebsmittel mehr ab und verursacht einen stärkeren Verbrauch an Heizungsmaterial u. s. w. sowie an Personalkosten. Es ist deshalb gerechtfertigt, dass die Mehrkosten, welche er veranlafst, besonders vergütet, d. h. die normalen Tarifsätze für den Schnellverkehr erhöht werden. Deshalb werden mit Recht im Personenverkehr für die Beförderung in Schnellzügen in der Regel höhere Tarife erhoben, als bei Beförderung in gewöhnlichen Zügen.

Während der Unterschied des Schnellpersonenverkehrs von dem gewöhnlichen Personenverkehre in den Fahrplänen sich zeigt, wird der Schnellgüterverkehr durch die kürzeren Transport- oder Lieferfristen gekennzeichnet; es entsteht hierdurch für die Eisenbahnen die Pflicht, durch beschleunigte Beförderung deren Einhaltung zu ermöglichen, bezw. bei Nichteinhaltung derselben den entstandenen Schaden zu ersetzen.

Vgl. in näherem § 69 des deutschen Betriebsreglements. Die Lieferfristen betragen in Deutschland und Osterreich für Eilgut Expeditionsfrist einen Tag, Transportfrist für je angefangene 300 Kilometer einen Tag, für Frachtgut Expeditionsfrist einen Tag, Transportfrist bis 100 Kilometer einen Tag, für je 200 Kilometer mehr noch je einen Tag. In Frankreich ist in den cahiers des charges (Konzessionen) bei Frachtgut vorgeschrieben für je 125 Kilometer ein Tag, uberschiefsende Entfernungen bis 25 Kilometer werden nicht berücksichtigt; dazu ein Tag Expeditionsfrist. Seit 1877 ist indes auf den Hauptlinien für je angefangene 200 Kilometer ein Tag Transportfrist eingeführt. Eilgut soll mit dem ersten, Wagen aller Klassen enthaltenden, der Bestimmungsstation entsprechenden Personenzug abgefertigt werden, sofern es drei Stunden vor Abgang aufgegeben ist. Ahnlich sind die Lieferfristen in Italien festgesetzt. In England existieren keine Lieferfristen und keine Unterscheidung zwischen Eilgut und Frachtgut. Doch wird alles Gut von den Eisenbahnen in eigenem Interesse sehr rasch befördert, im allgemeinen rascher als auf dem Festlande. Eine Ausnahme machen nur die sog. pik up trains, eine Art Lokalausladezüge, welche an allen Stationen halten. Auf den Eisenbahnen der Vereinigten Staaten von Nordamerika giebt es ebenfalls keine festen Lieferfristen und läfst die Beforderung teilweise sehr zu wünschen übrig.

Aufserdem gelten auch für den Schnellgüterverkehr ähnliche kostenerhöhende Momente, wie für den Schnellpersonenverkehr, wenn auch in geringerem Mafse. Wenn trotzdem der Frachtzuschlag für den Schnellgüterverkehr im allgemeinen sehr viel höher ist, als für den Schnellpersonenverkehr — in Deutschland zahlt Eilgut das Doppelte des Stückguts bezw. des höchsten Wagenladungssatzes —, so ist dies an und für sich in den Selbstkosten, selbst wenn man die gröfsere Tara berücksichtigt, nicht genügend begründet, sondern entspringt auch zum Teil der Absicht, Personen- und Schnellzüge möglichst wenig mit Gütertransporten zu belasten, da diese unter Umständen den regelmäfsigen Lauf und selbst die Sicherheit des Personenverkehrs gefährden. Wo diese Rücksicht wegfällt, z. B. bei Einrichtung besonderer Eilgüterzüge, bei welchen auch die relative Tara in der Regel günstig ist, oder solange der Eilgutverkehr noch in den ohnehin die Personenzüge begleitenden, oft sehr schlecht ausgenützten Gepäckwagen bewältigt werden kann, oder der Personenverkehr z. B. im Winter so gering ist, dafs die Einstellung einiger Güterwagen in die Personenzüge unbedenklich ist, können die Tarife für Eilgüter billiger gestellt werden.

§ 21. *Der veränderliche Tarifteil.*

Der veränderliche Tarifteil ergibt sich aus den festen Selbstkosten, d. h. dem festen Teil der Betriebskosten und den Kosten der Verzinsung und Tilgung des Anlagekapitals. Sofern die Verzinsung eine mehr als landesübliche ist, also ein Überschufs über die Selbstkosten vorliegt, gehört derselbe gleichfalls zum veränderlichen Tarifteil. Für die Festsetzung desselben existieren nicht, wie bei dem festen Tarifteil, in der Verschiedenheit der Selbstkosten der verschiedenen Transportarten begründete Momente, diese Festsetzung ungleichmäfsig vorzunehmen. Es ist sonach ein an sich natürlicher Gedanke, zu dem durch die veränderlichen Selbstkosten in verschiedener Höhe gebildeten festen Tarifteil einen gleichmäfsigen Zuschlag zu machen, um die festen Selbstkosten zu decken bezw. einen Uberschufs darüber hinaus zu erzielen. In der That sind viele so verfahren, welche Vorschläge über die beste Art der Tarifgestaltung gemacht haben. Dies führt indes, da der feste Tarifteil nur ein Viertel, der veränderliche mindestens drei Viertel der Gesamtkosten beträgt, zu einer fast gleichen Festsetzung der Tarifsätze für alle Transporte. Eine solche gleiche Stellung der Transportpreise für alle Transporte würde aber im Verhältnis zu ihrem Werte dieselben sehr ungleich belasten, die minderwertigen verhältnismäfsig am höchsten. Wenn z. B. der Wert einer Tonne Gewebe 5000 M. beträgt, so wird dieselbe durch den Transport auf 100 Kilometer zu 5 Pf. für das Tonnenkilometer verteuert um 5 M. oder 0,1 Prozent des Wertes, während die Tonne Steinkohlen im Wert von 5 M. durch denselben Transport zu demselben Tarifsatz um 100 Prozent verteuert würde. Ebenso würde, wenn anstatt der drei oder vier Klassen im Personenverkehr nur eine Klasse mit dem Durchnittspreis der jetzigen Klassen bestände, dieser Preis für die grofse Mehrzahl der Bevölkerung viel zu hoch sein.

Vgl. Reitzenstein, Die Gütertarife der Eisenbahnen S. 8—12.

Die gleiche Festsetzung der Transportpreise für alle Personen und Güter würde aber auch dem Preisgesetz des Verkehrs, welches die Herbeiführung möglichster Massennutzung des Verkehrsmittels verlangt, wenig entsprechen. Denn eine solche Massennutzung kann nur durch möglichst niedrige Tarifierung der unbemittelten Reisenden bezw. der geringwertigen Massengüter, sowie der Transporte auf weite Entfernungen erreicht werden, da dieselben bei einer Durchschnitts-Tarifierung, d. h. gleichmäfsigen Verteilung der festen Selbstkosten, nur in sehr beschränktem Mafse transportfähig sind. Eine derartige Durchschnittsbehandlung der verschiedenen Transporte wird vielleicht dann zulässig erscheinen, wenn nach Tilgung des Anlagekapitals oder Aufbringung desselben in anderer Weise die festen Selbstkosten bezw. der veränderliche

Tarifteil sich um zwei Drittel vermindert haben und die Tarifsätze infolge dessen allgemein auf einen Stand herabgesetzt werden können, wie sie der geringe Wert der Massengüter bezw. die geringen Mittel der unteren Volksklassen zur Ermöglichung der Transportfähigkeit verlangen. Bis dahin ist, um einerseits eine möglichst weitgehende Transportfähigkeit der unteren Volksklassen und der geringwertigen Güter und eine Massennutzung der Eisenbahnen auch im allgemeinen volkswirtschaftlichen Interesse herbeizuführen, andererseits aber die festen Selbstkosten für die einzelne Transportleistung möglichst zu vermindern, eine individualisierende und differentielle Gestaltung der Tarife durch verschiedenartige Verteilung der festen Selbstkosten nach der Leistungsfähigkeit der Reisenden und der Tragfähigkeit der Güter geboten, in der Weise, dafs die wohlhabenderen Reisenden und die höherwertigen und auf kurzen Strecken transportierten Güter einen verhältnismäfsig gröfseren Anteil an den festen Selbstkosten zu übernehmen haben.

Hierin liegt an sich kein Unrecht gegenüber den letzterwähnten Transporten, wenn man sich nur vergegenwärtigt, wie sich auch in vielen Fällen geschichtlich diese verschiedene Behandlung entwickelt hat; nämlich dafs anfangs eine gleiche Verteilung der festen Selbstkosten auf die sämtlichen Transporte stattgefunden hat, dann aber durch allmähliche Herabsetzung der Anteile der geringwertigen Güter bezw. der unvermögenden Reisenden eine derartige Vermehrung der Transporte erzielt wurde, dafs der Gesamtbetrag der festen Selbstkosten, welcher von den unvermögenden Reisenden und geringwertigen Gütern aufgebracht wird, ebenso hoch oder höher ist als vorher. Den höherwertigen Gütern und wohlhabenderen Reisenden ist also ein Schaden nicht geschehen; sie zahlen nur das, was sie bei einer Durchschnittsverteilung wegen der dann bedeutend geringeren Zahl der Transporte doch zahlen müfsten; ja in vielen Fällen würden sie sogar noch mehr zu zahlen haben, weil auch der auf sie fallende Anteil der festen Selbstkosten infolge des Aufbringens eines gröfseren Teils derselben durch die minderwertigen Güter und unvermögenden Reisenden vermindert werden konnte.

Vgl. Reitzenstein, Die Gütertarife der Eisenbahnen S. 15—16.

Da aber der feste Teil der Selbstkosten bezw. der veränderliche Tarifteil mindestens 75 Prozent beträgt, so ist dessen Festsetzung ausschlaggebend für die Gestaltung der Tarifsätze überhaupt, und es ergeben sich hieraus zwei wichtige Erscheinungen des Tarifwesens, die Werttarifierung und die differentielle Tarifbildung, welche wir später eingehend zu erörtern haben. Der veränderliche Tarifteil überwiegt aber, solange ein Überschufs über die landesübliche Verzinsung erstrebt und erreicht wird, noch mehr, er beträgt dann noch mehr als 75 Prozent, und dies mufs die Tarifbildung noch mehr nach der Richtung der Individualisierung hindrängen. In entgegengesetzter Richtung wird schon die Beschränkung auf die landesübliche Verzinsung anstatt eines bisherigen Reinertrags darüber hinaus wirken und noch mehr die durch ganze oder teilweise Tilgung des Anlagekapitals ganz oder teilweise wegfallende Notwendigkeit einer Verzinsung überhaupt.

Aus vorstehenden Ausführungen erhellt zugleich, weshalb eine genaue Berechnung der Selbstkosten, wie sie namentlich von Technikern vielfach angestellt ist, für die Festsetzung der Tarife einen nur relativen Wert hat. Thatsächlich sind die Selbstkosten nicht nur bei jeder Bahn verschieden schon wegen des verschiedenen Anlagekapitals und der oft sehr verschiedenen Betriebskosten, sondern auch auf derselben Bahn in verschiedenen Jahren wegen des wechselnden Verkehrsumfangs. Durchschnittszahlen haben deshalb gar keinen und selbst die Ermittelung aus früheren Jahren bei derselben Bahn nur einen annähernden Wert.

Ich habe deshalb von einer weiteren Erörterung dieser Frage um so mehr absehen zu können geglaubt, als bis jetzt eine sichere Formel zur Ermittelung der Selbstkosten noch nicht gefunden ist, trotz der verdienstvollen Arbeiten und der grofsen Litteratur, die hierüber nach und nach entstanden ist. Insbesondere sind die Schriften von Garke: »Komparative Berechnungen der Kosten der Personen- und Gütertransporte auf Eisenbahnen, Berlin 1859; Scheffler: Transportkosten und Tarife der Eisenbahnen 1860, und Statistische Beiträge zur Eisenbahntariffrage 1873; Schuller: Die natürliche Höhe der Eisenbahntarife, Wien 1872; Schubler: Über Selbstkosten und Tarifbildung 1879«, zu erwähnen. Neuerdings ist wieder aus Anlafs der Kanalfrage in Deutschland eine starke Litteratur entstanden, allerdings zum Teil polemischen und wenig zuverlässigen Inhalts, indem die Anhänger und Gegner der Kanäle darüber streiten, ob die Selbstkosten des Eisenbahn- oder Kanaltransports geringer seien. Hierher gehört auch das schon erwähnte Werk von v. Nördling: Die Selbstkosten des Eisenbahntransports und die Wasserstrafsenfrage, das von den meisten übrigen derartigen Schriften vorteilhaft absticht.

Aber abgesehen von der Frage ihrer Zuverlässigkeit sind diese Berechnungen nur für die Verteilung der veränderlichen Selbstkosten bezw. die Festsetzung des festen Tarifteils von Wert, während für die Verteilung der mindestens dreifach höheren festen Selbstkosten bezw. die Festsetzung des veränderlichen Tarifteils ganz andere Rücksichten mafsgebend sind. Diese Rücksichten können unter Umständen und sogar oft zu einer Tarifbildung Veranlassung geben, welche den veränderlichen Selbstkosten wenig entspricht und deshalb vielfach, aber mit Unrecht, als falsch bezeichnet ist. Es wird dabei ferner übersehen, dafs die privatwirtschaftliche Eisenbahnverwaltung bei der Tarifgestaltung in erster Linie den Zweck verfolgt, einen möglichst hohen Uberschuss zu erreichen, und hienach ihre Tarifmafsregeln trifft. Auch dieser Umstand fuhrt nicht zu einer den veränderlichen Selbstkosten entsprechenden Tarifbildung, sondern eher zu einer Anwendung derjenigen Grundsätze, welche sich zur Erreichung einer Massennutzung nach dem Preisgesetz des Verkehrs dienlich erweisen, weniger um diese Massennutzung zu erreichen, sondern weil hierdurch in der Regel auch der gröfstmöglichste Überschufs erzielt wird. Es fällt also die in der ersten Periode des Eisenbahnwesens naturgemäfse Festsetzung des veränderlichen Tarifteils in gewissem Mafse zusammen mit der für die Erwerbsabsichten der privatwirtschaftlichen Eisenbahnverwaltung vorteilhaftesten Festsetzung der Tarife überhaupt. In gewissem Mafse, nicht vollständig, denn wie sich später ergeben wird, geht die von der privatwirtschaftlichen Eisenbahnverwaltung zur Erreichung des höchsten Reingewinns eingeführte Tarifgestaltung oft weit über das Mafs dessen hinaus, was einer richtigen und naturgemäfsen Festsetzung des veranderlichen Tarifteils entspricht, und gelangt oft dahin, dafs die wohlbegründeten Unterschiede, welche sich aus den veränderlichen Selbstkosten ergeben, z. B. der Unterschied zwischen Stückgut und Wagenladung, zum Nachteil der Betriebsökonomie fast ganz vernachlässigt werden.

§ 22. *Zusammenfassung der mafsgebenden Grundlagen für die privatwirtschaftliche Tarifgestaltung.*

Die mafsgebenden Grundlagen für die Tarifgestaltung lassen sich hiernach folgendermafsen zusammenfassen: Die Selbstkosten bilden nur die Grenze nach unten bei der Tarifbildung, dagegen ist für die Höhe der Tarife nach oben mafsgebend bei der privatwirtschaftlichen Tarifgestaltung der Wert der Transportleistung fur den Käufer. Demgemäfs hat

1. Die Verschiedenheit in den Anlage- und Betriebskosten der Eisenbahnen nur ausnahmsweise Einflufs auf die Gestaltung der Tarife.

2. Die veränderlichen Selbstkosten bilden den festen Tarifteil und sind verschieden:

a) nach der Tara. Hierauf beruhen im Personenverkehr die verschiedenen Wagenklassen, die Ermäfsigungen der Rückfahrtbillets, Abonnementsbillets, bei Reisen gröfserer Gesellschaften, etc. Im Güterverkehr beruht darauf die höhere Tarifierung von Stückgut gegen Wagenladungen, von sperrigen gegen nichtsperrige Güter, von Eilgut gegen Frachtgut, die Ermäfsigung bei Aufgabe ganzer Züge, bei Rückladung etc.

b) nach den Leistungsunterschieden der Beförderung. Hierauf gründet sich die höhere Tarifierung des Schnellverkehrs im Personen- und Güterverkehr.

Im allgemeinen kommen indes bei der privatwirtschaftlichen Tarifgestaltung die veränderlichen Selbstkosten bezw. der feste Tarifteil nur in beschränktem Mafse zur Geltung, weil die festen Selbstkosten, bezw. der veränderliche Tarifteil bei weitem vorwiegen und mindestens das Dreifache des ersteren betragen.

3. Die festen Selbstkosten bilden den beweglichen Tarifteil und sind an sich für alle Transportarten dieselben. Es kann aber trotzdem eine durchschnittliche Verteilung derselben nicht stattfinden, vielmehr ist es notwendig, zur möglichsten Verringerung derselben für die einzelne Leistung eine Massennutzung herbeizuführen, was durch die individualisierende und differentielle Gestaltung der Tarife, d. h. durch die höhere Belastung der wohlhabenderen Reisenden und der hochwertigen und auf kurze Entfernungen transportierten Güter und geringere Belastung der ärmeren Reisenden, der geringwertigen Massengüter und der auf weite Entfernungen transportierten Güter mit den festen Selbstkosten erreicht wird.

Da die festen Selbstkosten, zu welchen die Verzinsung und Tilgung des Anlagekapitals gehört und wozu auch noch der über die landesübliche Verzinsung erreichte Überschufs gerechnet werden kann, mindestens 75 Prozent des Tarifsatzes betragen, so wird durch sie die Tarifgestaltung im wesentlichen bestimmt. Und da auch die nach Festsetzung der Tarife nach dem Werte der Leistung für den Empfanger strebende privatwirtschaftliche Tarifgestaltung durch das Preisgesetz des Verkehrs in derselben Richtung beeinflufst wird, so entstehen hieraus die zwei hervorragendsten Erscheinungen der privatwirtschaftlichen Tarifgestaltung, die Werttarifierung und die differentielle Tarifgestaltung.

Dieselben haben also, wie Sax ganz richtig ausgeführt hat, den nämlichen betriebsökonomischen Ursprung, sie dienen gleichen Zwecken der privatwirtschaftlichen Tarifgestaltung in verschiedener Weise: die Werttarifierung, indem sie ohne Rücksicht auf bestimmte Entfernungen die verschiedenen Güter in dem Mafse niedriger tarifiert, als der Wert derselben im Verhältnis zu den Beförderungskosten geringer wird und dadurch die Transportfähigkeit der einzelnen Güter und somit die Transportmenge steigert; die differentielle Tarifgestaltung, indem sie die Transportpreise für weitere Entfernungen verhältnismäfsig niedriger festsetzt, als für nahe, und dadurch dasselbe erreicht.

Vgl. Sax, die Verkehrsmittel Bd. II S. 10 und 425.

§ 23. *Die Werttarifierung im Güterverkehr.*

Für die verschiedenartige Tarifierung nach dem Wert sind nach dem Vorhergehenden zwei Gründe mafsgebend:

1. Das Erwerbsprinzip gebietet die Tarife festzusetzen nach dem wirtschaftlichen Wert der einzelnen Leistung für den Käufer und dessen Leistungsfähigkeit. Je wohlhabender ein Reisender, je wertvoller ein Gut ist, desto leistungsfähiger sind sie, einen desto höheren Transportpreis können sie vertragen. Wenn also nach dem Erwerbsprinzip von jeder Person oder jedem Gut soviel Fracht genommen wird, als sie vertragen d. h. zahlen können, so mufs schon hiernach eine verschiedene Tarifierung nach den verschiedenen Vermögensverhältnissen der Reisenden bezw. nach dem verschiedenen Wert der Güter eintreten.

2. Zu demselben Resultat führt aber, wie wir oben sahen, das Preisgesetz des Verkehrs, die Notwendigkeit, zur möglichsten Verminderung der festen Selbstkosten für die einzelne Leistung eine Massennutzung der Eisenbahnen herbeizuführen. Die Transportmöglichkeit der unteren Volksklassen und der geringwertigen Massengüter fordert niedrige Frachtsätze, während die reicheren Volksklassen und die höherwertigen Güter auch bei höheren Sätzen transportfähig sind. Während deshalb kein Grund vorliegt, für letztere niedrige Tarifsätze einzuführen, ist bei ersteren dies notwendig zur Herbeiführung einer möglichsten Massennutzung und Verkehrsvermehrung.

Die Werttarifierung findet demgemäfs sowohl im Güter- als im Personenverkehr Anwendung. Im Güterverkehr ist die verschiedene Tarifierung der Güter nach dem Werte nichts Ausfergewöhnliches, nur den Eisenbahnen Eigentümliches. Sie kommt auch bei dem Frachtfuhrwerk und bei den Wassertransporten vor, ja die ersten Eisenbahntarife, die englischen, sind geradezu entnommen und begründet auf die Tarife der Landstrafsen und Kanäle, welche ebenfalls nach dem Werte der Transportartikel verschieden bemessen waren.

Näheres siehe Cohn, Englische Eisenbahn-Politik Bd. II S. 474 ff.

Übrigens wird die Werttarifierung nicht so weit ausgedehnt, dafs für jedes Gut, entsprechend seinem Wert, eine besondere Tarifierung stattfände. Vielmehr werden eine Anzahl Klassen festgesetzt und in dieselben die untereinander ziemlich gleichwertigen und gleichartigen Güter verteilt; dies ist die sog. Wertklassifikation. Was die Bestimmung des Wertes anlangt, so ist nicht der Gebrauchswert, sondern der Verkehrswert oder Tauschwert mafsgebend. Innerhalb jedes Produktionszweiges unterscheidet man in der Regel nach den verschiedenen Stufen der Herstellung Rohprodukt, Halbfabrikat, Ganzfabrikat, da auch der Wert der Güter in der Regel in diesen Produktionsstufen ein verschiedener ist. Indes trifft dies nicht immer zu und oft finden sich Halbfabrikat und Ganzfabrikat, oder Halbfabrikat und Rohprodukt in derselben Klasse, wenn die Wertdifferenzen gering sind, oder andere Gründe dafür sprechen. Denn aufser dem Werte des Gutes im allgemeinen wird auch noch die wirtschaftliche Bedeutung des Gutes und die Bezugs- bezw. Versendungsmöglichkeit bei Festsetzung der Klassifikation berücksichtigt; unter Umständen sprechen auch Rücksichten auf den Wettbewerb anderer Verkehrswege und Produktionsgebiete sowie anderer Güter, welche zu denselben Zwecken wie das betreffende Gut dienen, mit. Alles dies sind Momente, welche von Einflufs auf die Frage sind, welchen Frachtpreis ein Gut vertragen kann, bezw. zu welchem Frachtpreis der Transport desselben den höchsten Reinertrag abwerfen wird, und in der Anpassung aller dieser Momente auf den konkreten Fall, in ihrer ganz verschiedenen Berücksichtigung in verschieden gearteten Fällen liegt das Haupterfordernifs richtiger Tarifhandhabung.

Vergleiche den Bericht der deutschen Tarifreform-Enquetekommission vom 13. Dezember 1875 S. 19 und 20.

Dafs dies nicht leicht ist, dafs die richtige Wertbestimmung und Schätzung der Leistungsfähigkeit der einzelnen Güter bezw. ihre Einreihung in die verschiedenen Klassen sehr grofse Schwierigkeiten bietet, ist klar und schon hieraus erklärlich, dafs diese Schwierigkeiten bezw. deren mangelhafte Lösung in der Praxis oft Anlafs gegeben haben, die ganze Werttarifierung zu verwerfen. Die Wertklassifikation kommt ferner auch insofern nicht rein zur Anwendung, als in der Regel auch die auf den veränderlichen Selbstkosten beruhende Tara-Klassifikation und die Leistungsunterschiede in der Beförderung mehr oder weniger bei der Tarifgestaltung berücksichtigt, bezw. vermischt werden mit der Wertklassifikation. Hieraus erklärt es sich, dafs nicht selten Güter gleichen Wertes sich in verschiedenen Klassen befinden, bezw. sogar geringwertigere Güter in höheren Klassen, und dafs Güter gleicher Tara in verschiedenen Klassen bezw. verschiedener Tara in gleichen Klassen aufgenommen sind.

Hienach können bei der Wertklassifikation insbesondere folgende Klassen gebildet werden, die sich aber durchaus nicht immer alle in den Werttarifen finden:

1. Eilstückgut. Dasselbe zerfällt bisweilen, aber nicht immer, in eine Normalklasse und eine oder mehrere ermäfsigte Klassen je nach dem Wert der Eilguter, jedoch auch unter Berücksichtigung der besseren Tara bei Transporten von gröfserer Masse oder Regelmäfsigkeit. Die ermäfsigten Klassen werden namentlich für Lebensmittel gewährt, z. B. werden in Deutschland frische Fische und Seetiere zum Frachtgutpreise als Eilgut befördert, oder für regelmäfsige Transporte in bestimmten Zügen, z. B. die englischen van parcels, d. h. Eilgüter, welche nur mit einem bestimmten Zuge täglich nach London gefahren werden, der dann sehr gut ausgenutzt ist. Häufig finden sich andererseits noch besondere erhöhte Sätze für Eilstückgut, welches in Schnellzügen gefahren wird, und für die Beförderung von Geld, Gold, Pretiosen und anderen besonders wertvollen Gütern dieser Art, letzteres auch mit Rücksicht auf die gröfsere Haftpflicht des Transportführers.

2. Eilwagenladungen. Wo dieselben überhaupt zugelassen werden, wird in der Regel ein Zuschlag zu den Sätzen des Frachtguts angenommen, in Deutschland z. B. das Doppelte des Satzes der allgemeinen Wagenladungsklassen.

3. Frachtstückgut. Dasselbe zerfällt meist in verschiedene Wertklassen. In diesem Falle schliesst sich zweckmäfsigerweise, um nicht verschiedene Wertklassifikationen im Tarif zu haben, die Klassifikation des Stückguts der der Wagenladungen an. Vielfach wird dies dadurch erreicht, dafs ein Unterschied zwischen Stückgut und Wagenladung gar nicht gemacht wird, z. B. in Frankreich und Italien, wo in den allgemeinen Tarifen, sowie in England, wo bei

allen höherwertigen Gütern derselbe Einheitssatz für Stückgut und Wagenladungen angewendet wird. Dasselbe war bei den älteren deutschen Klassifikationstarifen der Fall. Diese völlige Nichtberücksichtigung der Taraklassifikation ist überhaupt und ganz naturgemäfs eine Eigentümlichkeit der ersten Eisenbahnverkehrs-Entwickelung, da man hier weder so grofse Verkehrsmassen kannte noch die Vorteile der Wagenausnutzung so zu schätzen wufste, wie gegenwärtig. Und insofern ist sowohl die englische, wie die französische und italienische Tarifentwickelung zum Teil wenig über die Anfänge der Tarifgestaltung hinausgekommen, während die deutsche Tarifgestaltung mit ihrer durchgeführten systematischen und scharfen Unterscheidung zwischen Einzelgut und Wagenladungen am weitesten vorgeschritten ist.

Eine besondere Klasse bildet in der Regel das sperrige Gut, welches nach einem höherem Satze tarifiert zu werden pflegt, der häufig dadurch herbeigeführt wird, dass man dem wirklichen Gewicht des Gutes 50 Prozent zuschlägt, und den Stückgutsatz für das erhöhte Gewicht berechnet. Welche Güter als sperrig zu betrachten sind, ist entweder im Tarif oder nach Raummafs und Gewicht bestimmt.

Ebenso werden Gegenstände von aufsergewöhnlichem Umfang besonders tarifiert. Die Tarifierung dieser Güter war von jeher aufserordentlich verschieden und schwankend. Oft wird unterschieden, ob die Verladung nur in offenen oder auch in gedeckten Wagen möglich und Zuladung anderer Güter angängig ist oder nicht. In der Regel wird ferner ein Mindestgewicht festgesetzt, für das bezahlt werden mufs; bisweilen, wenn ein ganzer Wagen in Anspruch genommen wird und Zuladung anderer Güter nicht erfolgen kann, wird nach Achsenzahl oder Wagentragkraft der Tarifsatz festgesetzt. Hierher sind auch zu rechnen die aufsergewöhnlich langen Gegenstände, welche auf mehrere Wagen verladen werden und für welche wegen der Betriebssicherheit Schutzwagen gegen besondere Gebühren eingestellt werden müssen.

Aus denselben Gründen werden für leicht entzündliche Gegenstände, soweit sie überhaupt zum Transport zugelassen werden, erhöhte Sätze verlangt, oft die doppelte Stückgutfracht und ein Mindestsatz, bisweilen die Wagenladungs- oder Achsenfracht. Letztere Berechnung findet auch oft statt bei Umzugsgut, insofern dies nicht als sperriges Gut tarifiert wird.

4. Wagenladungen, für welche stets verschiedene Klassen bestehen, oft eine sogenannte Normalklasse, wohin alle in dem

Warenverzeichnis nicht ausdrücklich benannten Güter gehören, und eine Anzahl ermäfsigte Klassen. Wie schon unter 3. bemerkt, wird für die höheren Klassen, besonders aber für die Normalklasse, zwischen Wagenladung und Stückgut vielfach nicht unterschieden. Wo ein Unterschied gemacht wird, ist wieder das Mindestgewicht, welches für eine Wagenladung verlangt wird, sehr verschieden, z. B. in England nur 2 oder 4 Tonnen, in Deutschland 5 oder 10 Tonnen. Nach der Taraklassifikation würde nur bei Aufgabe eines Gewichtes, welches der Tragkraft eines Normalwagens entspricht, und bei Verladung desselben in einen Wagen oder bei Zahlung der Tragkraft eines Wagens die Tarifierung als Wagenladung zulässig sein. Dies wird aber bei den Werttarifen meist überhaupt nicht, bisweilen nur für die ermäfsigten Wagenladungsklassen gefordert, es genügt vielmehr in der Regel die Aufgabe eines bestimmten Gewichtes Gut, gleichgültig, ob dasselbe in einem oder mehreren Wagen verladen wird. Dies kommt besonders den sperrigen Gütern, welche in Wagenladungen aufgegeben werden, zu gute, wirkt aber nachteilig auf die Ausnutzung der Wagen, weil, wenn keine Prämie auf die vollständige Ausnutzung derselben gesetzt ist, man sich nicht die Mühe giebt, eine solche durch sorgfältige Verladung herbeizuführen, sondern lieber zwei Wagen statt eines beläd. Die Folge hiervon ist, dass zwei Wagen statt eines gefahren werden müssen, also doppelte Beförderungskosten entstehen, woraus wieder mit Notwendigkeit höhere Tarife sich ergeben.

Je schwächer der Verkehr ist, desto ausgeprägter und schärfer ist meist die Werttarifierung, je dichter er wird, desto mehr kann die Zahl der Wertklassen beschränkt werden, desto mehr sich die Tarifierung einer mehr durchschnittlichen Behandlung der verschiedenen Güter nähern. Denn je dichter der Verkehr wird, um so mehr überwiegen die niedrig tarifierten geringwertigen Massengüter nicht nur bezüglich der Masse, sondern auch bezüglich der Einnahmen, und um so geringer wird die Bedeutung der höher tarifierten Güter überhaupt, bezw. die Bedeutung der Klassenunterschiede derselben. Dieselbe Erscheinung zeigt sich im Personenverkehr in der immer mehr überwiegenden Bedeutung der unteren Wagenklassen. Diese Abschwächung in der Bedeutung der Wertklassifikation vollzieht sich im Güterverkehr gewöhnlich auf dem Wege der Deklassifikationen, d. h. Versetzung von einzelnen in den höheren Tarifklassen befindlichen Artikeln in die niedrigeren Klassen, so dafs schliefslich die höheren Klassen teilweise oder ganz wegfallen, im Personenverkehr ebenfalls durch den Wegfall der höheren Klassen.

Die Bedeutung der Wertklassifikation wird und muss natürlich noch stärker zurücktreten, sobald der veränderliche Tarifteil durch ganzen oder teilweisen Wegfall der Verzinsung des Anlagekapitals erheblich vermindert wird und damit der Grund für eine Individualisierung in der Tarifgestaltung wegfällt.

§ 24. *Werttarifierung im Personenverkehr, sowie für Leichen, Fahrzeuge und Vieh.*

Im Personentarif findet die Wertklassifikation gleichfalls Anwendung. Während aber im Gütertarif die Eisenbahnverwaltung die Klasse bestimmt, in welche jedes Gut gehört, überläfst sie diese Festsetzung im Personenverkehr den Reisenden selbst, welche nach ihrer Zahlungsfähigkeit, gesellschaftlichen Stellung und dem Wert, welchen sie auf die bessere Ausstattung und gröfsere Bequemlichkeit der höheren Wagenklassen legen, die für ihre Verhältnisse passende Klasse wählen. Die Zahl der Klassen ist freilich eine viel beschränktere als beim Güterverkehr, weil mit jeder neuen Klasse die Zahl der verschieden eingerichteten Wagen bezw. Coupés steigt und deren Ausnutzung schlechter wird, das tote Gewicht und die Selbstkosten erheblich vermehrt werden, der Reinertrag aber infolge dessen notwendig abnehmen mufs. In richtiger Erkenntnis dieser Thatsache hat man deshalb die Zahl der Klassen bei den schnellfahrenden Zügen, welche besonders hohe Kosten verursachen, meist auf eine oder zwei Klassen beschränkt, wodurch eine bessere Ausnutzung derselben herbeigeführt wurde. Indes bilden die Schnellzugtarife durch die höheren Preise, welche aufserdem erhoben zu werden pflegen, zugleich eine besondere Wertklasse. Diese höheren Tarife der Schnellzüge sind allerdings in den durch die Leistungsunterschiede der Beförderung veranlafsten höheren Kosten begründet, entsprechen aber denselben durchaus nicht immer, sondern werden wesentlich nach der Zahlungsfähigkeit der Reisenden und dem wahrscheinlichen höchsten Reinertrage bestimmt. Nach denselben Grundsätzen tritt aufserdem eine Werttarifierung ein nach dem Stande und dem Alter der Benutzenden. Hierher gehören besondere Tarife für Arbeiter, Auswanderer, Militärpersonen, Schüler etc., ferner für Kinder, wobei allerdings zum Teil auch die Ausnutzung der Wagen in Betracht kommt.

Die Beförderung von Leichen erfolgt in der Regel in einem besonderen Wagen, andere Güter, ausgenommen das Gepäck des

Verstorbenen, werden aus Anstands- und gesundheitlichen Rücksichten nicht zugeladen. Infolge dessen ist die Wagenausnutzung eine schlechte, und wird deshalb entweder ein besonderer Satz für den Wagen oder die Achse bezw. Leiche und Kilometer berechnet, oder ein Normalgewicht der Frachtberechnung zu Grunde gelegt. Der Transportpreis ist ferner verschieden, je nachdem die Leiche mit Güterzügen oder mit gewöhnlichen Personenzügen oder mit Schnellzügen befördert wird. In der Regel wird die Beigabe eines Begleiters und Leichenpasses verlangt, auch eine Expeditionsgebühr berechnet.

In dem Tarif für Fahrzeuge wird meist unterschieden zwischen Eisenbahnfahrzeugen, welche auf eigenen Rädern laufen, und anderen nicht auf eigenen Rädern laufenden Fahrzeugen. Lokomotiven, Tender, Dampfwagen und Eisenbahnwagen auf eigenen Rädern laufend oder auf Trucks zahlen meist einen bestimmten Satz für das Tonnenkilometer oder Stück und Kilometer, Eisenbahnwagen bisweilen einen bestimmten Satz für das Achskilometer. Dieselben werden in der Regel nur als Frachtgut befördert. Für nicht auf eigenen Rädern laufende, also auf Eisenbahnwagen verladene Fahrzeuge werden verschiedene Preise erhoben, je nachdem sie Beförderung finden in Güterzügen, gewöhnlichen Personen- und Schnellzügen. Die Preise selbst werden entweder für den Eisenbahnwagen und Kilometer festgesetzt, insbesondere dann, wenn die betreffenden Fahrzeuge einen ganzen Eisenbahnwagen zu ihrem Transport benötigen und nicht mit anderen Gütern zusammengeladen bezw. nicht in einen gedeckt gebauten Wagen durch die Seitenthüren verladen werden können. Ist aber die Zusammenladung bezw. Verladung in einen gedeckten Wagen möglich, was oft durch teilweises Auseinandernehmen der Fahrzeuge bewirkt wird, so werden die Taxen für Eilgut und Frachtgut nach dem Gewicht erhoben und zwar, wenn die Fahrzeuge unbeladen sind, meist mit Festsetzung eines Mindestgewichts oder nach den Sätzen für sperrige Güter, wenn sie beladen sind, nach den Tarifsätzen, welche für die aufgeladenen Güter gelten. Häufig wird eine Expeditionsgebühr erhoben.

Auch bei den Viehtarifen werden meist verschiedene Preise je nach der Beförderung in Güterzügen oder Personenzügen festgesetzt, soweit letztere Beförderung überhaupt zugelassen wird. Im übrigen sind zu unterscheiden Einzelviehsendungen und Sendungen in Wagenladungen. Bei ersteren wird in der Regel für Stück und Kilometer gezahlt und dabei zwischen Pferden, Grofsvieh und Kleinvieh unterschieden. Ein erhöhter Satz tritt ein bei dem Transport in sogenannten Stallungswagen; einzelne kleine Tiere und Geflügel in Käfigen werden oft je nach der Aufgabe nach den Gepäcktaxen, Eilgut- oder Stückgutsätzen befördert. Wagenladungen werden entweder nach Gewicht der Tiere oder nach der Stückzahl derselben oder nach der Ladefläche der gestellten Wagen oder auch nach Wagen- oder Achskilometern tarifiert, oft werden auch halbe und drittel Wagenladungen meist unter Festsetzung der Stückzahl angenommen. Auch bei Wagenladungen finden sich verschiedene Taxen für Pferde, Grofs- und Kleinvieh, ferner erhöhte Sätze für den Transport in Stallungswagen und Etagewagen. Bisweilen wird auch der Transport in bedeckt gebauten und offenen Wagen verschieden tarifiert. Bei Aufgabe ganzer Zugladungen oder Beförderung in bestimmten Extrazügen werden häufig ausnahmsweise ermäfsigte Taxen gewährt. Bei Wagenladungen wird in der Regel, bei Einzelsendungen bisweilen Begleitung verlangt und vielfach eine Expeditionsgebühr in Ansatz gebracht.

Ubrigens findet sich auch bei den Tarifen für Leichen, Fahrzeuge und Vieh eine grofse Mannigfaltigkeit in der Tarifgestaltung selbst und in den besonderen Vorschriften und Sätzen der verschiedenen Bahnen und der verschiedenen Länder, so dafs die vorstehenden Angaben sich auf Darstellung der am häufigsten zur Anwendung gelangenden Grundsätze beschränken mufsten.

§ 25. *Differentielle Tarifbildung.*

Der Begriff der differentiellen Tarifbildung bezw. des Differentialtarifs ist keineswegs ein feststehender.

Vgl. darüber Krönig, Die Differentialtarife der Eisenbahnen S. 3 ff. — Enquête über die Differentialtarife der Eisenbahnen von 1872 abgedruckt im Deutschen Ekonomist von 1872 S. 262 ff.

Im weitesten Sinn kann man darunter jede ungleiche Festsetzung der Transportpreise auf den Eisenbahnen verstehen. Aber dann entsteht sofort die Frage, was ist eine ungleiche Festsetzung der Transportpreise? Soll jede Person bezw. jede Menge Gut ohne Rücksicht auf die Entfernung zu demselben Preise befördert werden? Soll die Beförderung im Güter-, Personen- und Schnellzug keinen Preisunterschied begründen? Soweit geht man nicht, Preisunterschiede, welche durch die Art der Beförderung, das Gewicht der Güter, durch die Transportlänge begründet werden, gelten im allgemeinen für zulässig und nicht als Differentialtarife.

Eine ungleiche Transportfestsetzung liegt aber ferner vor, wenn in der Festsetzung der Preise ein Unterschied gemacht wird nach der Verschiedenheit der Reisenden bezw. der Güter, also bei jeder Art Klassifikation der Personen oder Güter. Denn dann wird nicht mehr der Transportpreis für jede Person bezw. jedes Kilogramm Gut nach demselben Einheitssatze berechnet, sondern nach verschiedenen Einheitssätzen für die verschiedenen Klassen, und es entsteht eine Ungleichheit in den Transportpreisen zwischen denjenigen Personen oder Gütern, welche verschiedenen Klassen angehören. Indes wird auch dies in der Regel nicht als Differentialtarif angesehen, obgleich eine Verwandtschaft der Klassifikation mit dem Differentialtarif nicht zu bestreiten ist; man könnte sie als differentielle Gestaltung des Tarifschemas bezeichnen.

Es bleibt sonach der Fall übrig, wenn für die Beförderung derselben Person in derselben Wagenklasse bezw. einer gleichen Menge desselben Gutes auf gleiche Entfernung die Transportpreise ungleichmäfsig (differentiell) festgesetzt werden.

In der deutschen Enquête über die Differentialtarife der Eisenbahnen, welche auf Antrag des deutschen Reichstags seitens der Reichsregierung im Jahre 1872 durch eine Kommission von Vertretern der Landwirtschaft, des Handels, der Industrie und der Eisenbahnen veranstaltet wurde, hat man als Differentialtarife diejenigen Frachtunterschiede bezeichnet:

1) welche auf der Einrechnung eines festen Zuschlags neben dem Meilensatze im Tarife beruhen,
2) welche dadurch entstehen, dafs man mit der zunehmenden Entfernung niedrigere Meilensätze anwendet,
3) welche dadurch entstehen, dafs ohne Rücksicht auf Entfernungen ein Gesamtfrachtsatz aufgestellt wird, wie er dem Bedürfnis entspricht und dem Zwecke, der erreicht werden soll, dienlich erscheint,
4) welche entstehen durch die verschiedenen Tarifklassifikationen der Eisenbahnen.

Alle diese Fälle sind unter obiger Definition einbegriffen, erschöpfen dieselbe aber nicht.

In diesem Fall liegt also eine differentielle Tarifbildung im engeren Sinne vor. Hiebei ist aber wieder zu unterscheiden, ob die differentielle Tarifbildung in demselben Tarif oder in verschiedenen Tarifen sich findet. In demselben Tarif ist eine differentielle Tarifbildung vorhanden, wenn nicht derselbe Einheitssatz für das Kilometer auf alle Transportlängen eingerechnet ist, sondern bei verschiedenen Transportlängen verschieden hohe Einheitssätze. Man kann diesen Fall als eine absolut differentielle Tarifbildung bezeichnen. Dem gegenüber liegt eine relativ differentielle Tarifbildung dann vor, wenn die Einheitssätze zweier verschiedener Tarife von einander abweichen, weil dann erst durch die Vergleichung des einen Tarifes mit dem anderen eine differentielle Tarifbildung sich ergiebt.

§ 26. *Die absolut differentielle Tarifbildung.*

Dieselbe kommt sowohl im Personen- als im Güterverkehr vor, und kann im Vergleich mit einem anderen Tarif zugleich eine relativ differentielle Tarifbildung sein.

Im Güterverkehr fällt unter die absolut differentielle Tarifbildung zunächst jede Tarifbildung, wo eine feste oder Expeditionsgebühr in die nach der Entfernung berechneten Tarifsätze eingerechnet wird, weil unter Hinzurechnung derselben die Einheitssätze nach den verschiedenen Transportlängen sich verschieden gestalten. Zum Beispiel betragen die kilometrischen Einheitssätze aus dem Gesamttarifsatze, welcher durch Einrechnung des Einheitssatzes von 0,45 Pf. für 100 Kilogramm und 1 Kilometer und einer Expeditionsgebühr von 12 Pf. gebildet ist, bei einer Entfernung von

10	Kilometern	1,70	Pf.
50	»	0,70	»
100	»	0,57	»
175	»	0,52	»
250	»	0,50	»
300	»	0,49	»
500	»	0,47	»

Doch kann man mit Recht in diesem Falle sagen, dafs die feste Gebühr für besondere Kosten, die Expeditions- und Stationskosten, erhoben und nur der Bequemlichkeit halber in den Tarifsatz eingerechnet wird. Sie könnte ebenso gut wie die anderen sogen. Nebengebühren besonders verrechnet werden.

Die deutsche Enquête-Kommission von 1872 beschlofs aus Würdigung dieser Gründe: »Es wird als gerechtfertigt anerkannt, dafs die Eisenbahnen in ihre regelmäfsigen Tarife einen festen Zuschlag einrechnen, welcher geeignet erscheint, einen Ersatz für die auf der Aufgabe- und Bestimmungsstation ohne Rücksicht auf die Länge der Transportstrecke erwachsenden Kosten zu gewähren.«

Übrigens wirkt die Einrechnung der Expeditionsgebühr nur auf geringere Entfernungen erheblich differentiell, bei weiteren Entfernungen wird ihr Einflufs geringer.

Wegen der bedeutenden Verteuerung der Frachten, welche die Expeditionsgebühr auf geringe Entfernungen herbeiführt, ist man vielfach dazu übergegangen, dieselbe nach steigender Skala festzusetzen, so dafs sie erst bei einer gewissen Entfernung ganz erhoben wird, vorher nur zu geringeren Sätzen. Vom praktischen Standpunkt aus ist dies wohl zu verteidigen, unter Umständen notwendig; von dem Standpunkt aus dagegen, dafs die Expeditionsgebühr die Expeditionskosten ersetzen soll, läfst sich diese Mafsnahme nicht rechtfertigen, da die Länge des Transportes auf dieselben ohne Einflufs ist.

Der Hauptfall der absolut differentiellen Tarifgestaltung ist der Staffeltarif oder Tarif mit fallender Skala.

Diese Tarife werden wohl auch Zonentarife genannt, doch ist dies zu vermeiden, da hierunter, wie wir später sehen werden, eine andre Art der Tarifbildung zu verstehen ist.

Darunter versteht man eine Tarifbildung, wonach bei einer gewissen Transportlänge niedrigere Einheitssätze eingerechnet werden und zwar entweder so, dafs man von einer gewissen Entfernung ab den ermäfsigten Einheitssatz für die ganze Transportstrecke durchrechnet oder so, dafs man den ermäfsigten Satz nur für die weitere Transportstrecke einrechnet und an den nach höherem Einheitssatze gebildeten Tarifsatz der Anfangsstrecke anstöfst. Also z. B. für die ersten 100 km beträgt der Einheitssatz für das Tonnenkilometer 5 Pf., für mehr als 100 km 4 Pf., dann wird für 101 km entweder 101×4 Pf. oder 100×5 Pf. $+ 1 \times 4$ Pf. gerechnet. Letztere Berechnung, obschon anscheinend verwickelter, ist vorzuziehen, einmal weil die Ermäfsigung allmählicher erfolgt, und zweitens weil Schwierigkeiten vermieden werden in tariftechnischer Beziehung. Im ersteren Falle würden nämlich die Transporte auf 101 km einen billigeren Satz erhalten als die auf kürzere Entfernungen. Denn 4×101 ist $= 404$ Pf., während $5 \times 100 = 500$ Pf. ist. Um dies zu vermeiden, mufs entweder die Entfernung über 100 km den höheren Satz für 100 km so lange annehmen, bis durch die Multiplikation mit 4 ein höherer Satz herauskommt, also hier bis 126 km, oder die Entfernung unter 101 km den Satz von 101 km, bis bei der regelrechten Berechnung ein niedrigerer Satz sich ergiebt, also hier bis 80 km herab. Beide Arten der Ausgleichung bringen aber gleiche Frachten für verschiedene Entfernungen, also eine Abweichung von dem Grundsatz, wonach die Transportpreise mit der Entfernung wachsen, und aufserdem tariftechnische Schwierigkeiten mit sich, namentlich auch bei Bildung direkter Tarife und bei der Abrechnung.

Für eine Bildung der Tarife nach fallender Skala sprechen verschiedene Gründe:

1. Durch die Tarifbildung nach fallender Skala werden die Transportmassen und die durchschnittliche Transportlänge erhöht, die Selbstkosten für die Transporteinheit vermindert, der Betriebsüberschufs gesteigert.

Dies ergiebt sich aus folgenden Erwägungen: Wie bereits in dem § 21 erörtert, werden die Güter, namentlich die Massengüter auf gröfsere Entfernungen nur bei Ermäfsigung der für kürzere Transporte angemessenen und anwendbaren Einheitssätze transportfähig. Diesem Bedürfnisse entspricht die Tarifbildung nach fallender Skala, indem sie allgemein für weitere Entfernungen niedrigere Einheitssätze als für die geringeren Entfernungen einrechnet. Durch Anwendung des Staffeltarifs werden also die Güter auf längere Entfernungen transportfähig, es werden die durchschnittliche Transportlänge und die Transportmassen erhöht und so, wie § 16 nachgewiesen, die festen Selbstkosten für die einzelne Transportleistung vermindert. Denn die Ausnutzung der Eisenbahnen ist eine um so gröfsere, je länger die durchschnittliche Transportstrecke ist, und es können bei längeren Transporten die Einheitssätze auch deshalb niedriger festgesetzt werden, weil der Anteil an der Verzinsung des Anlagekapitals und wenigstens zum Teil an den übrigen festen Selbstkosten ganz davon unabhängig ist, wieviel Kilometer eine Tonne Gut durchläuft oder ein Reisender fährt. Es hat dies wesentlich nur Einflufs auf die veränderlichen Selbstkosten und erscheint es deshalb an sich richtig, die festen Selbstkosten nicht nach Personen- und Tonnenkilometern, sondern auf Person und Tonne zu verteilen. Thut man dies zunächst und nimmt dann nachträglich die Verteilung nach der Transportlänge vor, so wird der Anteil an den festen Selbstkosten, welcher auf jeden von einem Reisenden oder einer Tonne Gut durchlaufenen Kilometer entfällt, bei längeren Transportstrecken erheblich niedriger sein, als bei kurzen. Beträgt z. B. die Zahl der transportierten Tonnen bei zwei verschiedenen Bahnen je eine Million, die festen Selbstkosten aber je 1000 000 M., so entfallen auf die Tonne bei beiden Bahnen 1 M. feste Selbstkosten. Ist aber bei der einen Bahn eine Tonne 100 km durchschnittlich gelaufen, bei der anderen aber nur 50 km, so ergiebt das an festen Selbstkosten für das Tonnenkilometer bei der ersten Bahn 1 Pf., bei der anderen Bahn 2 Pf. Hieraus erhellt klar, dafs es richtig und nach den Selbstkosten möglich ist, für weitere Transportstrecken niedrigere Einheitssätze zu gewähren als auf kürzere

Entfernungen. In der Regel sind aber selbst die veränderlichen Selbstkosten des Transportes für längere Entfernungen verhältnismäfsig billiger als für kürzere Strecken, weil hier eine bessere Ausnutzung der Maschinen, Wagen, des Personals etc. möglich ist als bei kurzen Transportstrecken, wie dies bereits in § 16 erörtert ist. Aus allen diesen Gründen liegt es deshalb im Interesse der Eisenbahnen, die Transporte auf möglichst langen Strecken zu haben, und je länger die durchschnittliche Transportstrecke ist, je massenhafter die Transporte sind, desto gröfser wird der Überschufs sein. Sowohl die Massenhaftigkeit der Transporte, als die Verlängerung der durchschnittlichen Transportstrecke wird aber begünstigt durch die Tarife mit fallender Skala.

Vgl. hierüber Schubler: Über Selbstkosten und Tarifbildung S. 65 ff. und Launhardt im Centralblatt der Bauverwaltung 1883 S. 316 ff. Die Enquête-Kommission von 1872 erkannte ebenfalls an, dafs das Prinzip der Staffeltarife dadurch gerechtfertigt sei, dafs längere Frachten durch bessere Ausnutzung der Zugkräfte, Transportmittel und des Personals und durch Vermeidung von Zeitverlust sich wohlfeiler stellen, als kürzere. Vgl. ferner Scholtz: Die preufsischen Eisenbahnen in Rucksicht auf das Tarifwesen S. 27 u. 29.

2. Dafs ein Tarif mit fallender Skala, weil er die Transportfahigkeit namentlich der Massengüter auf weitere Entfernungen ermöglicht, auch vom allgemein wirtschaftlichen Standpunkte von Vorteil ist, kann im allgemeinen wohl angenommen werden und wird auch von Launhardt in dem in obiger Anmerkung angeführten Aufsatze nachgewiesen. Er hat aber noch andere Vorzüge in wirtschaftlicher Beziehung. Indem er von jeder Station aus auf gröfsere Entfernungen Ermäfsigungen gewährt, hat der Staffeltarif die Folge, dafs die Vorteile, welche sonst die Hauptplätze der Erzeugung und des Verbrauchs, die Verkehrsknotenpunkte infolge ihres vorwiegenden Einflusses auf die Transportverhältnisse und infolge des Wettbewerbs zwischen den verschiedenen sie verbindenden Eisenbahnlinien durch ermäfsigte Ausnahmetarife allein geniefsen, auf das ganze Land ausgedehnt werden, dafs so eine wünschenswerte Decentralisation von Handel und Industrie ermöglicht und für die kleineren Orte und die Landwirtschaft eine gerechtere gleichmäfsigere Frachtfestsetzung erzielt wird. Gerade dadurch ist der Staffeltarif denjenigen Differential- oder Ausnahmetarifen, wodurch lediglich für bestimmte Verkehrsbeziehungen feste ermäfsigte Sätze eingeführt werden, überlegen, dafs er die gerechte gleichmäfsige Tarifierung, welche bei dem

Wettbewerb verschiedener Handelsplätze oder Erzeugungsgebiete so schwer festzustellen ist, gleichsam in sich selbst trägt, und deshalb empfiehlt es sich auch gerade bei solchen Ausnahmetarifen eine fallende Skala anzuwenden. Solche Fälle liegen z. B. vor bei dem Wettbewerb verschiedener Häfen mit ungleichen Entfernungen von dem Hinterlande, bei dem Wettbewerb verschiedener Kohlenbecken, bei dem Wettbewerb derselben Industrieen mit verschiedenen Standorten etc. Erscheint es in solchen Fällen notwendig, Ausnahmetarife einzuführen, so bietet es stets die gröfste Schwierigkeit, diese Tarife so festzusetzen, dafs der Wettbewerb der verschiedenen Plätze und Standorte dadurch nicht beschränkt, der eine gegen den anderen nicht begünstigt oder benachteiligt wird, und noch schwieriger ist es bei der Eifersucht und den eigensüchtigen Interessen der verschiedenen Wettbewerber, diese zufriedenzustellen und dem fortwährenden Drängen auf weitere Ermäfsigungen zu Gunsten einzelner Interessen zu widerstehen. Alles dies wird durch den Staffeltarif sehr erleichtert: es wird eine gerechte und gleichmäfsige und für die Interessenten unanfechtbare Grundlage für die Tariffestsetzung geschaffen und dem Drängen auf weitere Begünstigungen einzelner Interessen ein Ziel gesetzt, weil Ermäfsigungen nur allgemein möglich sind und dadurch vielfach für den einzelnen das Interesse verlieren.

Der Staffeltarif ist ferner für den nationalen Handel und die nationale Erzeugung auch insofern günstig, als er denselben insbesondere im Absatz nach den Grenzgebieten, welcher hauptsächlich durch den auswärtigen Wettbewerb bedroht wird, wegen der gröfseren Entfernung im Inlande im allgemeinen niedrigere Einheitssätze gewähren wird, als der konkurrierenden auswärtigen Erzeugung für die geringe Entfernung ab der Grenze. Aus demselben Grunde begünstigt er die Ausfuhr, freilich unter Umständen auch die Einfuhr, nämlich wenn das ausländische Erzeugnis ab der Grenze eine längere Transportstrecke nach dem Verbrauchsort hat, als das inländische. Doch ist der Nutzen bei weitem vorwiegend.

3. Der Staffeltarif ist endlich auch vorteilhaft für die Eisenbahnen, insofern er ihnen die Möglichkeit giebt, für Transporte auf kurze Entfernungen, welche höhere Selbstkosten veranlassen und auch höhere Frachten vertragen können, solche auch zu erheben, ohne zugleich, wie dies bei auf alle Entfernungen gleichen Einheitssätzen der Fall ist, die Transporte auf längere Entfernungen über

Gebühr zu belasten. Derselbe Umstand kommt dem Staffeltarif auch im direkten und Durchgangsverkehr zu gute: da er auf kurzen Strecken höhere Einheitssätze hat als auf langen, so ist er vermöge seiner Konstruktion geeignet, die Transporte, welchen mehrere Eisenbahnwege offen stehen, über die günstigste d. h. längste Linie eines Eisenbahnnetzes zu ziehen, weil er auf dieser den vorteilhaftesten Frachtsatz gewährt. Der Staffeltarif bietet also auch beim Wettbewerb mit anderen Bahnen oder sonstigen Verkehrsmitteln eine vorzügliche Waffe, bezw. eine nach allen Seiten gesicherte Verteidigungsstellung, indem er nötigt, entweder den Verkehr auf den günstigsten Weg zu leiten oder aber höhere Einheitssätze auf dem kürzeren Wege zu zahlen. Deshalb kann derselbe für ein gröfseres Land angewendet die internationalen Tarife zum grofsen Teil überflüssig machen, weil bei Umkartierung an der Grenze sowohl die nach inländischen Stationen bestimmten als die Durchgangstransporte durch den Staffeltarif über den längsten, weil verhältnismäfsig billigsten und somit günstigsten inländischen Eisenbahnweg gelenkt werden. Diese direkten internationalen Tarife sind aber in der Regel bei der Verschiedenheit der Tarifsysteme der Tarif- und reglementarischen Vorschriften nur mit grofsen Schwierigkeiten zu vereinbaren, und bei entsprechenden Einrichtungen für rasche Umkartierung kann der Verkehr ebensogut ohne allgemeine internationale Tarife bestehen. Für die Hauptartikel können direkte Spezialtarife erstellt werden, was ohne grofse Schwierigkeit ist, weil hier eine Vereinbarung über das anzunehmende Tarifsystem entfällt.

Ein Beispiel, dafs bei gut eingerichteter Umkartierung auch ein starker Verkehr ohne Unzuträglichkeiten bewältigt werden kann, bietet der Verkehr der elsafs-lothringischen Eisenbahnen mit der französischen Ostbahn, der fast ganz mit Umkartierung an den Grenzpunkten erfolgt. Vgl. auch meinen Aufsatz über französisches Eisenbahntarifwesen im Archiv für Eisenbahnwesen Jahrgang 1883 S. 539—543.

4. Dagegen pflegt den Staffeltarifen der Vorwurf gemacht zu werden, dafs sie den Zwischenhandel schädigen, weil sie bei Unterbrechung des Transportes auf einem Zwischenplatz höhere Frachten ergeben, als wenn der Transport von der Anfangs- bis zur Endstation durchläuft. Dies ist richtig. Allein die Beschränkung des Zwischenhandels und die Ersparung der Kosten desselben liegt in der ganzen wirtschaftlichen Entwickelung der Neuzeit, wie sie durch die raumausgleichende Wirkung der Eisenbahnen hervorgerufen ist, und kann als ein Nachteil für die Volkswirtschaft nicht angesehen werden.

Im Gegenteil, mit je weniger Kapital, Arbeit und Zeitverlust der Austausch der wirtschaftlichen Güter vollzogen wird, desto vorteilhafter für die Volkswirtschaft. Wohl ist die Übergangsperiode für die betroffenen Zwischenhandelsplätze hart und daher auch die zahlreichen Klagen und Beschwerden derselben über die Differentialtarife, allein nach und nach zieht sich das überflüssige Kapital aus dem Zwischenhandel zurück und wird in anderen nutzbringenden Unternehmungen angelegt. Gerade hierfür aber bieten die Staffeltarife eine gute Förderung, weil sie nicht einen Ort gegen den anderen begünstigen und so das Kapital zur Auswanderung an die begünstigten Orte zwingen, was, wie wir nachher sehen werden, die Ausnahmetarife thun, sondern allen Stationen auf bestimmte Entfernungen ihre billigeren Sätze gewahren.

Im Güterverkehr sind Tarife mit fallender Skala sehr häufig, fast die Regel in England, Österreich und Belgien. In Frankreich sind sie konzessionsmäfsig für die niedrigste Wagenladungsklasse vorgeschrieben und auch sonst fast überall angewendet. In Rufsland ist für die Eisenbahnen fast allgemein bei weiteren Entfernungen eine fallende Skala, der sogenannte statutmäfsige Abschlag vorgeschrieben. Auch in Italien sind die neueren Gütertarife zum grofsen Teil nach fallender Skala festgesetzt. Dagegen finden sich dieselben in Deutschland nur vereinzelt.

Im Personenverkehr empfehlen sich die Tarife mit fallender Skala im allgemeinen aus denselben Gründen, wie im Güterverkehr, nur dafs ihre Wirkung naturgemäfs eine weit geringere ist, weil hier durch Tarifermäfsigungen nicht entfernt jene Steigerung des Verkehrs erzielt werden kann, wie im Guterverkehr. Denn im Personenverkehr kommen aufser den Transportkosten noch als schwer wiegende Momente die sonstigen Reisekosten und die freie Zeit in Betracht. Deshalb hat es die privatwirtschaftliche Tarifgestaltung im allgemeinen als rentabler angesehen, die Personentarife möglichst wenig zu ermäfsigen, und auch die Tarife mit fallender Skala sind demgemäfs seltener zur Anwendung gelangt. Sie finden sich in England, und waren auch in Belgien im Jahre 1866 in gröfserem Umfang eingeführt. Allerdings wurden sie bereits 1871 wieder aufgehoben, weil das Resultat den Erwartungen nicht entsprach. Indes kann dieser Versuch nichts gegen die Tarife mit fallender Skala beweisen, weil der belgische Tarif mangelhaft zusammengesetzt war, nur einem Fünftel der Reisenden überhaupt, nur einem Zehntel aber in erheblichem Mafse Vorteile gewährte, auch die Entfernungen, für welche er in Betracht kam, zu gering waren und man überdies den Erfolg nicht einmal genügend lange abwartete.

Näheres siehe Wagner im Deutschen Ekonomist 1872 Nr. 1 und 3.

§ 27. *Die relativ differentielle Tarifbildung.*

Die relativ differentielle Tarifbildung liegt vor, wenn in verschiedenen Tarifen für die Beförderung derselben Personen in derselben Wagenklasse bezw. derselben Menge desselben Gutes auf gleiche Entfernung verschiedene Sätze zur Anwendung gelangen. Die verschiedenen Tarife können selbstverständlich in einem Tarifbuch oder Heft vereinigt sein, wie es sehr häufig der Fall ist, dafs einem allgemeinen Tarif noch einige Spezial- oder Ausnahmetarife angehängt sind, es sind deshalb doch verschiedene Tarife. Dagegen ist es von Bedeutung, ob die relativ differentiellen Tarife innerhalb desselben Eisenbahn-Verwaltungsgebietes bestehen oder in zwei verschiedenen Eisenbahn-Verwaltungsgebieten. Materiell in Bezug auf die Wirkung dieser Tarife auf das wirtschaftliche Leben erscheint freilich diese Unterscheidung unnötig, ja unmöglich. Denn selbst wenn man die Vergleichung der verschiedenen Tarife einschränken will auf das Gebiet eines gröfseren Landes oder Staates, so erscheint dies insofern materiell nicht durchführbar, als auf den angrenzenden Eisenbahnlinien eines anderen Landes sehr wohl relativ differentielle Tarife bestehen können und die Wirkung derselben auf die wirtschaftlichen Verhältnisse weit fühlbarer sein kann, als diejenige eines relativ differentiellen Tarifs, welcher an dem entgegengesetzten Ende desselben Landes besteht. Und insofern ist die obige Definition materiell vollkommen genügend und richtig. Formell mufs jedoch Gewicht darauf gelegt werden, ob die materiell differentielle Tarifbildung von demselben Rechtssubjekt ausgeht bezw. ob sie innerhalb eines unter derselben Verwaltung stehenden Eisenbahngebietes oder in zwei verschiedenen Eisenbahngebieten vorhanden ist. Denn wie es in der Natur der Sache liegt, dafs verschiedene Staaten eine verschiedene Gesetzgebung haben, so ist auch die Verschiedenheit der Tarifgestaltung und der Einheitssätze nicht nur in verschiedenen Staaten, sondern auch innerhalb desselben Staates bei verschiedenen unabhängigen und zur Festsetzung der Tarife für ihr Gebiet berechtigten Eisenbahnverwaltungen an sich natürlich und berechtigt.

Ob wir in der Zukunft, wie jetzt einen Weltpostverein mit einheitlichen Taxen, auch einen europäischen Eisenbahnverein mit einheitlichen Tarifen bekommen werden, kann dahingestellt bleiben. Vorläufig sind wir noch weit davon entfernt.

Man kann also in einem solchen Falle sagen, formell liegen hier differentielle Tarife gar nicht vor und dafs materiell solche vorhanden sind, hängt nicht mit der Tarifgestaltung an sich zusammen, sie beruhen einfach in der Verschiedenheit der Eisenbahngebiete, bezw. in dem Recht selbständiger Tarifgestaltung der verschiedenen Eisenbahnverwaltungen, und können nur dann beseitigt werden, wenn man entweder die verschiedenen Eisenbahngebiete zu einem verschmilzt oder wenigstens das Recht der Tarifgestaltung in eine Hand legt. Es ist dies aber mehr eine Frage der Eisenbahnpolitik im allgemeinen, als der Tarifpolitik im besonderen.

Dies wurde richtig erkannt in der Enquête über Differentialtarife von 1872, vergl. die Äufserungen von Rodbertus und Dr. Meyer, Deutscher Ekonomist Jahrgang 1872 S. 462 und 502.

Diese materiell aber nicht formell differentiellen Tarife finden sich dementsprechend in grofser Zahl besonders da, wo das Eisenbahnnetz eines Landes in viele selbständige Eisenbahnverwaltungen zerteilt ist. Zu solchen nur materiell differentiellen Tarifen gehören die Fälle, wenn in verschiedenen Eisenbahngebieten verschiedene Tarifsysteme herrschen oder bei demselben Tarifsystem die Klassifikation der Personen oder Güter eine verschiedene ist, oder bei demselben Tarifsystem und gleicher Klassifikation verschiedene Einheitssätze für dieselben Klassen des Tarifs eingerechnet werden. In allen diesen Fällen ergiebt sich eine ungleiche differentielle Tarifgestaltung, die namentlich dann, wenn die verschiedenen Eisenbahnverwaltungen in demselben Verkehrsgebiet gelegen sind, ihre Linien aneinander stofsen und sich kreuzen, wirtschaftliche Ungleichheiten und schwere Nachteile für einen Teil der Produktion nach sich ziehen mufs.

Hierher gehören ferner auch die zahllosen Fälle, wo differentielle Tarifsätze entstehen durch direkte Tarife, welche im Tarifsystem, in der Klassifikation oder den Einheitssätzen abweichen von lokalen oder anderen direkten Tarifen. Diese Fälle werden besonders häufig, sobald das Eisenbahnnetz sich verdichtet und aneinander schliefst, und sich zahlreiche direkte und Verbandstarife bilden. Durch jeden direkten bezw. Verbandstarif wird ein neues selbständiges Eisenbahngebiet geschaffen, es ergeben sich schon durch das Nebeneinanderbestehen dieser verschiedenen direkten und Verbandstarife und bei

Vergleichung derselben mit den lokalen Tarifen zahllose Differentialtarife, da die lokalen und direkten Tarife selten in Klassifikation und Einheitssätzen übereinstimmen. Auch daraus, dafs infolge Wegfalls der Expeditionsgebühr für die Zwischenbahnen der Transport zwischen zwei in einem direkten Tarif aufgenommenen Stationen auf Grund dieses Tarifs sich wesentlich billiger stellt, als der auf einer Zwischenstation unterbrochene Transport auf Grund der Lokaltarife, ergibt sich eine differentielle Tarifgestaltung und hat man sogar in diesem Fall den eigentlichen Begriff des Differentialtarifs finden wollen.

Vgl. Michaelis über die Differentialtarife der Eisenbahnen, Volkswirtschaftliche Schriften Bd. I S. 47.

Da ferner namentlich bei Beginn der direkten Tarifbildung in die direkten Tarife nicht alle Stationen, sondern nur eine beschränkte Zahl aufgenommen wurden, so genossen alle die im direkten Tarif aufgenommenen Stationen den Vorteil eines ermäfsigten Differentialtarifs gegenüber den nicht aufgenommenen.

Im Gegensatz zu diesen nur materiell differentiellen Tarifen, welche ohne darauf gerichtete Absicht lediglich durch das Nebeneinanderbestehen mehrerer in der Tariffestsetzung von einander unabhängigen Eisenbahnverwaltungen bezw. Eisenbahnverbände entstehen, ist bei den formell differentiellen Tarifen die Absicht vorhanden, von den regelmäfsigen bezw. den bereits bestehenden Frachtsätzen eine Abweichung, eine Ausnahme zu schaffen, weshalb diese Tarife gewöhnlich Ausnahmetarife oder Spezialtarife, auch wohl Differentialtarife im engern Sinn genannt werden. Diese Ausnahmetarife unterscheiden sich von den Staffeltarifen dadurch, dafs letztere Ermäfsigungen gewähren für alle Artikel und für alle Verkehrsbeziehungen in gleichmäfsiger Weise, sobald auf eine bestimmte Entfernung transportiert wird, die Ausnahmetarife dagegen nur für einzelne Artikel oder einzelne Verkehrsbeziehungen in ungleichmäfsiger Weise und von Fall zu Fall da, wo sich ein Bedürfnis hierzu zeigt. Diese Ausnahmetarife von Fall zu Fall und nach dem Bedürfnis sind bei der privatwirtschaftlichen Tarifgestaltung aufserordentlich häufig. Sie sind eine praktische Bethätigung des im § 16 am Ende näher dargelegten Grundsatzes der privatwirtschaftlichen Tarifgestaltung, Ermäfsigungen in der Regel nur beschränkt auf einzelne Verkehrsbeziehungen und Artikel da zu gewähren, wo sich durch die Ermäfsigungen ein höherer Reinertrag erzielen läfst. Oft werden auch diese Ausnahmetarife nicht durch Einrechnung bestimmter Einheitssätze gebildet, sondern es wird ein nach dem Bedürfnis bemessener Gesamtsatz für die betreffende Verkehrsbeziehung eingeführt, aus welchem erst durch Division mit der Entfernung der Einheitssatz gefunden werden mufs.

Vergl. Reitzenstein über einige Verwaltungseinrichtungen und das Tarifwesen auf den Eisenbahnen Englands S. 119.

Übrigens mufs anerkannt werden, dafs solche anfangs beschränkt gewährte Ermäfsigungen in vielen Fällen weiter ausgedehnt worden sind, sich mit der Zeit zu allgemeinen Ermäfsigungen gestaltet und dadurch den Charakter der Ausnahmetarife verloren haben. Es ist dies der Weg gewesen, auf welchem die privatwirtschaftliche Tarifgestaltung nach und nach eine erhebliche Herabsetzung der Gütertarife hat eintreten lassen.

Vergl. auch Krönig, Differentialtarife S. 83.

Solche Ausnahmetarife können aus verschiedenen Gründen eingeführt werden und zwar

1. aus Konkurrenzrücksichten. Es kann sich handeln einmal um den Wettbewerb von Transportwegen, also einer anderen Eisenbahn oder eines anderen Verkehrsmittels insbesondere des Wasserwegs. In diesen Fällen werden häufig, um den Verkehr nicht zu verlieren oder neuen zu gewinnen, die Tarife in den Knotenpunkten der konkurrierenden Verkehrsmittel herabgesetzt, und hierdurch entstehen natürlich eine grofse Zahl von Differentialtarifen. Mindestens aber müssen die längeren Linien, wenn sie Verkehr haben wollen, die Frachtsätze der kürzesten bezw. billigsten Linien annehmen. Hierdurch ergeben sich verschieden hohe Einheitssätze nicht nur auf den verschiedenen konkurrierenden Linien der verschiedenen Eisenbahngebiete, ein Fall, der unter die materiell aber nicht formell differentiellen Tarife gehört, sondern auch gegenüber den übrigen nicht dem Wettbewerb unterliegenden Stationen in demselben Eisenbahngebiet. Hierher gehören auch die Richtungs- und Saisontarife, welche namentlich gegenüber dem Wettbewerb des Wasserwegs angewendet werden. Unter Richtungstarifen versteht man solche Tarife, welche nur in einer Richtung z. B. flufsabwärts auf einer dem Flufs parallel laufenden Eisenbahn gelten, Saisontarife sind dagegen solche, welche nur für einen Teil des Jahres z. B. nur für den Sommer eingeführt sind, weil im Winter der Wasserweg nicht wettbewerbsfähig ist.

Aufser dieser Konkurrenz der Transportwege kann aber auch der Wettbewerb verschiedener Erzeugungs-Gebiete auf einem bestimmten Absatzmarkt zu solchen Ausnahmetarifen führen z. B. sind ermäfsigte Ausnahmetarife für Getreide von Ungarn nach der Schweiz nicht sowohl des Wettbewerbs der Transportwege halber notwendig, als wegen des Wettbewerbs des russischen und amerikanischen Getreides auf dem schweizerischen Markte. Indes spricht hiebei die Konkurrenz der Transportwege oft mit.

Endlich können Konkurrenzen einzelner Stationen insbesondere Hafenstationen vorliegen, wobei allerdings wieder mehr oder weniger der Wettbewerb der an den verschiedenen Häfen beteiligten Transportwege mit in Frage kommt.

Eine derartige Hafenkonkurrenz findet z. B. statt zwischen den belgischen, niederländischen und deutschen Nordseehäfen im Verkehr mit Deutschland, der Schweiz und Österreich-Ungarn, für letzteres treten auch noch die Ostseehäfen, sowie Triest, Fiume und Venedig, für die Schweiz Marseille und neuerdings Genua in die Konkurrenz ein. — Zahlreiche Beispiele für England bringt Cohn. Englische Eisenbahnpolitik Band II S. 402—437, für die Vereinigten Staaten von Nordamerika von der Leyen im Archiv für Eisenbahnwesen Jahrg. 1879, S. 79 ff.; Jahrg. 1885 S. 27 ff.

Solche Ausnahmetarife aus Konkurrenzrücksichten finden sich zuerst und in umfassendstem Mafse im direkten und Durchgangsverkehr; sehr erklärlicherweise, weil, je länger die Entfernungen sind, desto mehr Möglichkeiten des Wettbewerbs seitens verschiedener Transportwege, Erzeugungsgebiete, Hafenplätze etc. sich finden. Seltener sind sie dagegen im Lokalverkehr, wo in der Regel nur die Wasserkonkurrenz dazu Veranlassung giebt. Dieses häufigere Vorkommen der Ausnahmetarife in dem direkten Verkehr dient natürlich dazu, die schon aus den oben erwähnten Gründen vorhandenen Frachtunterschiede zwischen den Lokal- und direkten Tarifen bedeutend zu vermehren und zu verschärfen, und hat noch weit mehr und mit mehr Grund zu den schon im § 26 unter 4 erörterten Klagen des Zwischenhandels Veranlassung gegeben, worauf noch später zurückzukommen ist.

2. Auch abgesehen von den verschiedenen Fällen der Konkurrenz können aber Ausnahmetarife auch aus anderen Gründen zur Einführung gelangen. Insbesondere ist das Bestreben der Eisenbahnen den Verkehr zu vermehren, eine Massennutzung herbeizuführen oft der Grund zu solchen gewesen, auch dafs man ein Gut auf weitere Entfernung bezw. nach einem bestimmten Punkte hin transportfähig machen, seinen Absatz erweitern will. Hieher gehören vor allem die sog. Einfuhr- und Ausfuhrtarife d. h. ermäfsigte Ausnahmetarife, um die Einfuhr ausländischer bezw. die Ausfuhr der einheimischen Erzeugnisse zu fördern. Ferner können solche ermäfsigte Ausnahme-

tarife auch zur Unterstutzung bestimmter Industrieen gewährt werden, um dieselben überhaupt lebensfähig zu machen.

Beispiele hiervon giebt der Sachverständige Rennen in seiner Vernehmung bei der deutschen Tarifenquête von 1875, vergl. stenografische Berichte S. 453. Er sagt: »Wir sind veranlafst gewesen, einige Artikel unter denjenigen Sätzen, die als Minimalsätze gedacht werden, also unter dem Einpfennigtarif zu fahren, und zwar auch auf weitere Entfernungen und unter Zuwendung gröfserer Tarifeinheiten an die Nachbarbahnen, blofs um einzelne Industriezweige zum Aufleben und in Gang zu bringen. Eine grofse Verwaltung ist ja leicht in der Lage, um einen Industriezweig ins Leben zu rufen, von vornherein selbst Opfer zu bringen. Wir haben z. B. einen Artikel, der neben seiner wachsenden Ausbreitung in Deutschland nunmehr auch nach Frankreich und Belgien vielfach ausgeführt wird, die sogenannten Schwemmsteine, das sind Ziegelsteine aus Bimssteinsand gefertigt, zu 3/4 Pfennigen gefahren. Wir hielten uns in der Zeit überzeugt, dafs damit die Selbstkosten kaum gedeckt würden; aber nachdem der Artikel sich eingebürgert hatte, ist es möglich, den Einpfennigtarif auf den Transport desselben anzuwenden. Zum grofsen Nutzen der ganzen Umgegend von Andernach, Neuwied, Koblenz und Boppard, ein Distrikt von mehreren Quadratmeilen, ist eine neue Industrie ins Leben gerufen, die jetzt sehr stark im Aufblühen ist. Ein ähnliches Beispiel aus der Eifel. Dort sind magere Erze; mehrere entfernter gelegene Hütten wünschten diese Erze zur Verwendung zu bringen und Versuche damit zu machen; bei dem geringen Prozentsatz des Eisengehalts wagten sie aber nicht, grofse Transportkosten darauf zu verwenden, und es wurden diese Erze zu einem bis unter die Selbstkosten heruntergehenden Satze ihnen angefahren. Es wurden Versuche damit gemacht, welche teilweise zu bestimmten fortdauernden Resultaten geführt haben, teilweise für die Gegenwart auch noch nicht.«

Sodann können, auch ohne dafs ein Wettbewerb vorliegt, Ausnahmetarife zur Begünstigung einer bestimmten Station, eines Hafens etc. eingeführt werden. Dies geschieht namentlich oft dann, wenn die Eisenbahnen ein Interesse daran haben, z. B. wenn ihnen der Hafen gehört, oder sie Docks in demselben besitzen, oder eine ihnen gehörige Dampfschiffverbindung dort anschliefst.

Vergl. Cohn englische Eisenbahnpolitik a. a. O.

Auch können Ausnahmetarife den Zweck haben, einen bestimmten Verkehr in einer bestimmten Weise zu leiten oder zu entwickeln. Unter letztere Art fallen z. B. ermäfsigte Saisontarife für den Sommer, wenn sie zu dem Zweck eingeführt werden, um dem im Sommer zum grofsen Teil unbenutzten Wagenpark einer Bahn Beschäftigung zu geben bezw. um einen Teil des Verkehrs, insbesondere den Kohlenverkehr aus dem Herbst, wo leicht Wagenmangel eintritt, in die Sommermonate zu verlegen. Es sind hier also wesentlich Rücksichten des Betriebs, welche zu ausnahmsweisen Ermäfsigungen führen. In dieselbe Reihe gehören auch Ermäfsigungen, welche bei gelegentlicher Beförderung bezw. Verzicht auf die Lieferfristen gewährt werden, indem hierdurch eine bessere Wagenausnutzung bei Stückgut erreicht, bei Wagenladungen das Zuführen leerer Wagen vermieden werden kann. Solche Tarife kommen besonders bei den französischen Bahnen vor.

Ferner gehören hierher die Rückladungstarife d. h. solche ermäfsigte Tarife, welche bei Rückbeladung sonst leer laufender Wagen zwischen gewissen Stationen gewährt werden. Bisweilen wird verlangt, dafs derselbe Wagen von seinem Empfänger rückbeladen werde, im allgemeinen aber von dieser Beschränkung als unpraktisch abgesehen. Bedenklich ist bei den Rückladungstarifen, dafs die Stellung der betreffenden Rückladungswagen mafsgebend ist für die Gewährung der Frachtermäfsigung und diese daher in den Händen untergeordneter Beamten liegt, wodurch eine Begünstigung einzelner und Bestechung der Beamten leicht hervorgerufen wird. Endlich können Ausnahmetarife veranlafst werden durch einen Notstand in gewissen Gegenden, um die Beschaffung der Lebensbedürfnisse etc. zu erleichtern. Dieselben sind oft gesetzlich vorgeschrieben, z. B. in Artikel 46 der deutschen Reichsverfassung.

Manche haben das Gebiet der relativ differentiellen Tarife noch enger begrenzt, indem sie verlangen, dafs nicht nur innerhalb desselben Eisenbahngebietes, sondern auch auf derselben Eisenbahnlinie eine differentielle Tarifbildung vorliegt. Bei dieser Auffassung ergiebt sich dann noch ein Unterschied, je nachdem der Ausnahmefrachtsatz nicht niedriger ist als der regelmäfsige Frachtsatz der zunächst vorgelegenen Station oder aber niedriger. In letzterem Falle spricht man von einer Frachtdisparität. Indes erscheint diese Beschränkung der relativ differentiellen Tarife auf die Tarife derselben Eisenbahnlinie nicht begründet, und wenn man einen Differentialtarif nicht nur dann annimmt, wenn auf derselben Linie, sondern wenn in demselben Eisenbahngebiet Tarife mit verschiedenen Einheitssätzen für dieselben Klassen bezw. Artikel bestehen, so mufs man folgerichtig auch den Begriff der Frachtdisparität weiter ausdehnen dahin, dafs eine solche überall vorliegt, wo zwischen zwei Stationen niedrigere Frachtsätze für irgend einen Artikel bestehen, als für denselben Artikel auf kürzere Entfernung bezw. zwischen näher gelegenen Stationen innerhalb desselben Eisenbahngebietes. Denn dafs diese näher gelegenen Stationen auf derselben Eisenbahnlinie vorliegen, ist lediglich eine Zufälligkeit, die die Ungleichheit in der Tarifierung besonders anschaulich macht, grundsätzlich aber von keiner Bedeutung.

Diese Ansicht wird bestätigt durch einen Erlafs des preufsischen Handelsministers vom 14. April 1876, worin es heifst: »Jene Prüfung (ob Differentialtarife zu Gunsten des Auslandes vorliegen) hat sich nicht etwa auf die Erörterung der Frage zu beschränken, ob eigentliche Frachtdisparitäten vorliegen d. h. ob die Frachtsätze für den Transport von einer ausländischen Station nach einer inländischen nirgends billiger sind, als diejenigen für den Transport von einer in derselben Richtung vorgelegenen inländischen Station, vielmehr werden bei dieser Prüfung die Frachtsätze aller gleichweit oder näher gelegenen inländischen Stationen — gleichviel in welcher Richtung hin diese im Verhältnis zu der inländischen Bezugstation gelegen sind — in Vergleich gezogen werden müssen.«

Ähnlich hat neuerdings der Schweizerische Bundesrath erkannt, vergl. Cohn, die englische Eisenbahnpolitik der letzten 10 Jahre, S. 176 und 177. Bei dieser Festsetzung des Begriffs der Frachtdisparität entfallen auch die Ausnahmen, zu welchen die beschränktere Definition Veranlassung in der Praxis gegeben hat, vgl. Krönig, Differentialtarife S. 33 und 62.

Ausnahmetarife aller Arten, wie sie vorstehend dargestellt sind, sind im Güterverkehr aufserordentlich häufig in allen Ländern, ja sie bilden in manchen Ländern fast die Regel z. B. in England und den Vereinigten Staaten von Nordamerika. Wenn man deshalb die Differentialtarife wohl auch als solche Tarife definiert hat, welche von der Regel abweichen, so ist dies schon wegen der eben erwähnten Thatsache nicht zutreffend, abgesehen davon, dafs erst die Vergleichung die Differenz schafft und man oft nicht wird sagen können, welcher Tarif die Regel, welcher der Differentialtarif ist.

Im Personenverkehr findet die differentielle Tarifbildung durch Ausnahmetarife gleichfalls wenn auch seltener statt, teils in Gestalt von ermäfsigten Sätzen bei längeren Entfernungen, worunter besonders die Rundreisebillets zählen, teils bei Konkurrenz in den Knotenpunkten. Letzterer Fall ist auch im Personenverkehr bei den weiteren Entfernungen besonders im internationalen Verkehr sehr häufig und hat hier zu einer zum Teil nicht unbedeutenden Herabsetzung der Sätze geführt. Die Einführung ermäfsigter Ausnahmetarife behufs Erzielung einer Massennutzung der Eisenbahnen im Personenverkehr ist besonders in dichtbevölkerten Gegenden bezw. auf kurze Entfernungen in und in der nächsten Umgebung von Grofsstädten mit Erfolg versucht worden. Hierher zählen die

Abonnementsbillets, Arbeiterbillets, die Ermäfsigungen bei Vergnügungszügen etc.

§ 28. *Die Rückvergütungen (Refaktien und Rabatttarife).*

Eine weitere Folge der privatwirtschaftlichen Tarifgestaltung und eine besondere Form des relativen Differentialtarifs ist die Rückvergütung. Hierunter versteht man im engeren Sinne die Rückvergütung eines Teils der tarifmäfsigen Fracht, im weiteren Sinne jede an einzelne bezüglich des Eisenbahntransportes gewährte Bevorzugung, welche einen Geldwert hat. Während also der Ausnahmetarif einen einzelnen Artikel, eine einzelne Verkehrsbeziehung oder Station vor andern begünstigt, thut die Rückvergütung dasselbe für den einzelnen Verfrachter. Sie ist oft eine geheime, weil sie in erster Linie als Mittel im Konkurrenzkampf angewandt und nicht jedem Verfrachter gewährt wird, sondern gewöhnlich nur solchen, welche über gröfsere Transporte verfügen, um diese zu gewinnen. Die Rückvergütungen können aber auch öffentlich sein in der Art, dafs unter gewissen Bedingungen ein Frachtnachlafs zugesichert wird z. B. allen denjenigen, welche eine gewisse gröfsere Transportmenge zwischen zwei Stationen verfrachten. In diesem Falle nennt man die Rückvergütung Rabatttarif, während unter Refaktie meist die geheime Rückvergütung verstanden wird.

Die Rückvergütung erfolgt in der Regel erst nach vollendetem Transport auf Vorlage der betreffenden Frachtpapiere. Sehr häufig werden die Rückvergütungen mit Agenturen verbunden d. h. die betreffende Eisenbahnverwaltung bestellt für einen oder mehrere Verkehre eine Person, gewöhnlich einen Spediteur, zu ihrem Agenten mit dem Auftrage, ihren Linien möglichst viel Transporte zu gewinnen, wofür demselben eine gewisse Provision in einem Prozentsatz der Fracht oder einem bestimmten Betrag für jede Tonne des transportierten Gutes zugebilligt wird. Der Agent verwendet dann in der Regel mit Genehmigung oder Zulassung seiner Auftraggeber einen Teil seiner Provision zu Refaktien behufs Gewinnung gröfserer Verfrachter. Thut er dies nicht, wie das wohl von Staatseisenbahnen ihren Agenten vorgeschrieben wurde, so ist deren Wirksamkeit wenigstens gegenüber minder bedenklichen konkurrierenden Eisenbahnen eine sehr geringe, und kann man besser das Geld für die Agentur sparen, und einen tüchtigen Beamten mit spezieller Wahrung der betreffenden Interessen beauftragen. Will man Agenten mit Provision, so muss man auch die Refaktien wollen.

Rückvergütungen kommen überall vor, wo das privatwirtschaftliche Tarifierungsprinzip herrscht, sie sind eben die äufserste Konsequenz des im § 16 am Ende erörterten Grundsatzes, Ermäfsigungen nur da und insoweit zu gewähren, als sie unmittelbar von Nutzen sind. Insofern sie in der Gestalt von Rabatttarifen öffentlich an jeden gewährt werden, welcher die betreffenden Bedingungen erfüllt, können sie nicht für unbedingt unzulässig erachtet werden. Da diese Bedingungen in der Regel in Auflieferung gröfserer Transporte bestehen, so stellen sie allerdings eine Begünstigung der gröfseren Verkehrsinteressenten gegenüber den kleineren dar, die sich aber vom privatwirtschaftlichen Standpunkt wohl rechtfertigen läfst. Denn von diesem Standpunkte aus ist es wohl zu begründen, sich bei Aufgabe gröfserer Transporte mit einem kleineren Nutzen zu begnügen, als gewöhnlich genommen wird, es kommt hier einfach der kaufmännische Standpunkt zur Anwendung. Solche öffentliche Rabatttarife sind daher in der That nichts anderes als relativ differentielle Tarife, Ausnahmetarife.

Anders ist es mit den geheimen Refaktien. Selbst wenn ihnen vorstehende Gründe zur Seite stehen, was durchaus nicht immer der Fall ist, erscheinen sie schon dadurch, dafs sie nicht jedermann, sondern nur gewissen Begünstigten gewährt werden, ungerecht und unmoralisch. Deshalb sind sie in vielen Ländern gesetzlich oder durch Konzessionen untersagt z. B. in Frankreich und Preufsen. Allein die Umgehung dieser Verbote ist leicht und kaum festzustellen.

»Die Möglichkeit der Gewährung verdeckter Begünstigung an einzelne Versender ist eine so vielfältige, dafs sie sich einer wirksamen nachhaltigen Verhinderung durch die staatliche Aufsichtsgewalt entzieht. Rückvergütungen der Frachten können z. B. durch die zweite und dritte Hand, durch die geheime Vermittelung von Agenten, sowie durch die konnivente Behandlung unzureichend begründeter oder fingierter Reklamationen u. s. w. verdeckt und der Kontrolle des Publikums, wie der Aufsichtsbehörden entzogen werden. Die mannigfachen Transporterleichterungen, in welchen eine kaufmännische koulante Behandlung ihren Ausdruck findet, die Gewährung von Lagerräumen und Lagerplätzen, die Nichterhebung oder Erstattung von Stand- und Lagergeld, die Berücksichtigung der besonderen Wünsche der Versender bei der Wagengestellung, selbst die mifsbräuchliche Gewährung von Freifahrtkarten an die hauptsächlichsten

Versender und die Bevorzugung derselben bei der Vergebung von Lieferungen und Leistungen für die Bahn gewähren die Möglichkeit einer gesetzwidrigen Bevorzugung des einen Interessenten vor dem andern. Den grofsen Versendern, den besten Kunden der Bahn werden alle diese Vergünstigungen bereitwilligst gewährt, während der kleine Versender den strengen Reglements unterliegt. Je mehr das Konkurrenzinteresse der Verwaltungen eine entgegenkommende Behandlung der grofsen Versender bedingt, um so mehr steht dieses System verdeckter Begünstigungen in Blüte.«

Vgl. Begrundung des preufsischen Gesetzentwurfs, betr. den Erwerb mehrerer Privateisenbahnen fur den Staat vom 29. Oktober 1879, IV. S. 69.

Es ist auch Thatsache, dafs die Privatbahnen aller Länder trotz der bestehenden Verbote Refaktien in grofsem Umfang gewährt haben. So wurden nach Ubernahme der verstaatlichten preufsischen Privateisenbahnen zahlreiche Fälle konstatiert, in welchen von den früheren Privatverwaltungen — entgegen den positiven Vorschriften des Gesetzes vom 3. November 1838 — Frachtsätze ohne vorherige öffentliche Bekanntmachung zur Anwendung gelangt sind.

Derartige Fälle sind z. B. auf der Rheinischen Eisenbahn allein seit dem Jahre 1876 bis zur Verstaatlichung im Jahre 1880 184 festgestellt, vgl. die preufsische Denkschrift betreffend die bisherigen Erfolge der im Laufe des Jahres 1880 eingetretenen Erweiterung und Konsolidierung des Staatseisenbahnbesitzes S. 43.

Auch bei Staatsbahnen werden bisweilen Refaktien offiziell zugelassen z. B. bei verschiedenen süddeutschen Staatsbahnen, was dann ein Beweis ist, dafs dieselben wesentlich nach privatwirtschaftlichen Grundsätzen verwaltet werden.

In einer grofsen Blüte steht das geheime Refaktienwesen in Österreich zum grofsen Schaden der Volkswirtschaft und der Eisenbahnen selbst. Neuerdings ist freilich dasselbe etwas beschränkt und durch die wenigstens zum Teil gebotene Veröffentlichung gemildert, indes noch immer in hohem Mafse vorhanden, wie sich aus der Tarifenquête 1882/83 ergiebt.

Vgl. insbesondere Teil I. S. 606 ff.

In England und den Vereinigten Staaten von Nordamerika den Ländern der absolut privatwirtschaftlichen Tarifgestaltung ist dasselbe in hohem Mafse ausgebildet. Fast über jede gröfsere Transportmenge wird hier zwischen Eisenbahnen und Versendern der Transportpreis besonders vereinbart und ein Rabatt gegen den Tarifsatz gegeben.

Vgl. für England Cohn: Engl. Eisenbahnpolitik Bd. II. S. 459 ff.

In den Vereinigten Staaten wird diese Art der Frachtfestsetzung noch ganz besonders gefördert durch die zahlreichen von allen Bahnen angestellten und sich gegenseitig bekämpfenden Frachtagenten.

Vgl. Archiv für Eisenbahnwesen, Jahrg. 1879, S. 98 ff.

§ 29. *Entwickelung der privatwirtschaftlichen Tarifgestaltung.*

Vgl. Sax, Verkehrsmittel Bd. II S. 435—439; Aussage des Sachverständigen Eisenbahndirektor Büchtemann vor der deutschen Tarifenquete-Kommission von 1875, stenographische Berichte S. 1—11. Ferner meinen Aufsatz: »Zur Geschichte des deutschen Eisenbahntarifwesens« im Archiv für Eisenbahnwesen Jahrg. 1885 S. 282 ff.

Die Entwickelung der privatwirtschaftlichen Tarifgestaltung ist ihrem Charakter und Wesen nach eine individuelle. Wo in einem Lande eine gröfsere Zahl von selbständigen Eisenbahnverwaltungen besteht, — und das war bis jetzt in jedem gröfseren Lande der Fall — da entwickelt sich in der Regel die Wertklassifikation für jedes dieser Eisenbahnnetze zunächst individuell, verschieden von der Wertklassifikation der andern Eisenbahnnetze, und ebenso finden sich die verschiedenartigsten Einheitssätze und Ausnahmetarife innerhalb der verschiedenen Eisenbahngebiete. Diese Entwickelung beruhte in erster Reihe auf der Selbständigkeit der Eisenbahnverwaltungen in der Tarifgestaltung und den verschiedenen oft rein willkürlichen Ansichten der Leiter derselben über die zweckmäfsigste Art der Tarifgestaltung. In zweiter Reihe wurde sie hervorgerufen und begünstigt durch die wirtschaftlichen Verschiedenheiten der Gebiete, welche von den einzelnen Eisenbahnverwaltungen beherrscht wurden. Häufig war ein Gut in dem einen Eisenbahngebiet ein selten vorkommendes verhältnismäfsig teures und für den Verkehr unwichtiges, was in dem andern Eisenbahngebiet als wichtiges geringwertiges Massengut vorkam. In dem letzteren Gebiete wurde es dann in die niederen Tarifklassen versetzt, während es im andern Eisenbahngebiet in den höheren Klassen verblieb.

Während ganz anfangs die Eisenbahntarife verhältnismäfsig einfach waren, vielfach nur ein Durchschnittssatz für alle Güter bestand, änderte sich dies mit der Zeit vollständig. Es entstanden infolge der ungeheuren Umwälzung, welche die Eisenbahnen im wirtschaftlichen Leben mit sich brachten, und der erheblichen Ermäfsigung der Transportkosten zahlreiche neue Güter für den Verkehr, welche früher gar nicht oder nur in geringem Umfang transportfähig gewesen waren. Diese Entwickelung wurde unterstützt seitens der Eisenbahnen, indem sie für die geringwertigen Güter, um eine gröfsere Verkehrsentwickelung herbeizuführen, niedrigere Transportpreise bewilligten, und so erwuchsen aus den anfänglich einfachen Tarifen der Eisenbahnen infolge der Berücksichtigung der neuen Güter und der zahllosen Anträge der Verkehrs-Interessenten auf Ermäfsigung bald dieses bald jenes Gutes immer neue Wertklassen, die Klassifikationen wurden immer verwickelter und spezieller, Ausnahmetarife bald für diesen bald für jenen Artikel wurden eingeführt. Je mehr ferner allmählich das Eisenbahnnetz dichter wurde, die bisher voneinander getrennten Eisenbahnverwaltungen ihre Linien aneinander schlossen, um so dringender ergab sich andererseits das Bedürfnis nach direkten Tarifen, um die Unzuträglichkeiten der Umexpedition zu vermeiden. Da aber die Klassifikationen der Bahnen verschieden waren und nur in seltenen Fällen eine derselben von den andern Eisenbahnverwaltungen einfach angenommen wurde, so blieb bei Einrichtung der direkten Tarife nichts übrig, als eine neue Klassifikation für den gemeinsamen Tarif zusammenzusetzen. Diese gemeinsame Klassifikation war in der Regel eine verwickeltere als die Klassifikationen, aus welchen sie entstand, weil für diejenigen Artikel, welche bei den verschiedenen Eisenbahnen in verschiedenen Klassen waren, neue zusammengesetzte Klassen zu den bestehenden Klassen gebildet werden mufsten. War, wie oft, die Zahl der an dem gemeinsamen Tarif beteiligten Eisenbahnen eine gröfsere, so bot die Feststellung einer solchen gemeinsamen Verbandsklassifikation aufserordentliche Schwierigkeiten, welche oft nur überwunden werden konnten, indem man die gemeinsame Klassifikation beschränkte auf die für den gemeinsamen Verkehr wichtigeren Artikel, den gemeinsamen Tarif auf die für den betreffenden Verkehr hauptsächlich in Betracht kommenden wichtigeren Stationen. Die Entwickelung ging aber noch weiter. Mit dem dichter werdenden Eisenbahnnetz und Eisenbahnverkehr entstanden nicht nur immer mehr solcher direkten und Verbandstarife mit verschiedenen Klassifikationen, sondern die Verbände griffen gegenseitig in ihre Gebiete über und machten sich Konkurrenz in den Knotenpunkten. Daraus folgte dann ein fortwährender Wechsel in der Klassifikation und den Sätzen, eine Unsicherheit und Verwirrung des ganzen Tarifwesens, so dafs nicht nur das Publikum, sondern selbst die Eisenbahnbeamten in den Tarifen sich nicht mehr mit Sicherheit zurecht fanden, zahlreiche Reklamationen hervorgerufen, die Kontrolle und Abrechnung der angewendeten Frachtsätze auf das Äufserste erschwert wurden.

Eine drastische und nach ihrer Quelle vor dem Vorwurf der Übertreibung sichere Schilderung solcher Verhältnisse findet sich in einem für die Generalversammlung des Vereins deutscher Eisenbahnen vom Jahre 1871 erstatteten Kommissionsberichte, welcher die Einführung einer einheitlichen Güterklassifikation zum Gegenstand hatte. Hier heifst es:

»Man wird im ganzen als Regel annehmen können, dafs innerhalb einer jeden Verwaltung so viele Verbandsklassifikationen mit gröfseren oder geringeren Abweichungen zur Anwendung kommen, als Verbände bestehen, bei welchen die betreffende Verwaltung beteiligt ist. Dazu kommt aber noch, dafs die geographischen Gebiete der Verbände auf der nämlichen gröfseren Route vielfach übereinander greifen, so dafs eine bestimmte Strecke oft zu mehreren Verbänden gehört, von denen jeder die betreffende Strecke mit anderen zu der nämlichen gröfseren Route gehörigen Bahnstrecken in Verbindung bringt. Wenn nun alsdann in jedem dieser Verbände eine verschiedene Klassifikation in Geltung ist, so entsteht hierdurch eine solche Verworrenheit, dafs es selbst geübten Expedienten schwer fällt, den vorteilhaftesten Kartierungsmodus zu ermitteln und dafs zahlreiche Irrtümer unvermeidlich werden, welche Mifsstimmung und zahlreiche Reklamationen von seiten der Parteien und endlose Korrespondenzen zwischen den Direktionen, den Oberbeamten und Abrechnungsstellen nach sich ziehen.«

Solche Mifsstände haben sich indes nicht nur im Verein deutscher Eisenbahnen, sie haben sich fast überall unter dem Einflufs der privatwirtschaftlichen Tarifgestaltung in gröfserem oder geringerem Mafse herausgebildet, und zu den lebhaftesten Klagen über Tarifverwirrung und Unsicherheit der Frachtverhältnisse Veranlassung gegeben.

Über die Zustände in Frankreich vergl. Waddingtons Bericht betreffend die Tarifreform, abgedruckt in dem Archiv für Eisenbahnwesen 1880 S. 154 und 155.

Wenn dann die Tarifverwirrung ihren höchsten Grad erreichte und selbst für die Interessen der Eisenbahnen schädlich wirkte, der Ruf nach Reform allgemein wurde, so gingen unter dem Drucke der öffentlichen Meinung und der Aufsichtsbehörden die Eisenbahnen dazu über, eine formale Einheit durch Annahme eines gemeinsamen Tarifsystems und einer einheitlichen Klassifikation zu schaffen und so wenigstens einen Teil dieser Übelstände und zwar gerade denjenigen, der sich auch für die Eisenbahnen selbst schädlich fühlbar machte, zu beseitigen. Den ersten Schritt hierzu bildet häufig die Annahme eines einheitlichen Tarifsystems und einer gleichen Klassifikation für die direkten und Verbandsverkehre, für welche das Bedürfnis am dringendsten sich zeigt. Hieran schliefst sich dann später die Annahme desselben einheitlichen Systems für die Lokalverkehre.

Eine derartige Entwickelung erfolgte zuerst in England durch Einführung der sogenannten Clearing-house-Klassifikation, welche bereits seit Anfang der 50er Jahre bei der Mehrzahl der Bahnen für den direkten und Durchgangsverkehr erfolgte, aber bis jetzt auf den Lokalverkehr nicht ausgedehnt wurde. In der Klassifikation der Lokaltarife ist noch jetzt jede englische Eisenbahnverwaltung selbständig und die Versuche, auch für diese bezw. für die gesetzlichen Maximaltarife die Clearing-house-Klassifikation einzuführen, sind vergeblich gewesen.

Vgl. Cohn: Englische Eisenbahnpolitik Bd. II, S. 78; der letzten zehn Jahre S. 50.

In Österreich-Ungarn ist die Klassifikation der Staatseisenbahn-Gesellschaft vom Jahre 1876 bei allen Eisenbahnen mit Ausnahme der Südbahn und einiger kleineren Bahnen im direkten und im Lokalverkehr zur Annahme gelangt, in Deutschland der sog. Reformtarif vom Jahre 1877 sowohl für Lokal- als direkte Tarife, in Frankreich ist die einheitliche Klassifikation vom Jahre 1879 gegenwärtig in der Einführung begriffen, die schweizerischen Eisenbahnen haben in den letzten Jahren den deutschen Reformtarif mit einigen Änderungen eingeführt, die italienischen Bahnen haben durch die neuen Tarife von 1885 gleichfalls eine gemeinsame Klassifikation erhalten.

Einen weiteren Fortgang einer derartigen Entwickelung bilden dann Vereinbarungen über internationale Tarifschemas und Klassifikationen, wie solche zwischen deutschen Eisenbahnen einerseits und österreichischen, russischen, niederländischen, belgischen, englischen, französischen, schweizerischen, italienischen Eisenbahnen andererseits stattgefunden haben. Dieselben werden natürlich besonders schwierig, wenn mehrere Länder mit verschiedenen Tarifsystemen und Klassifikationen beteiligt sind, z. B. im deutsch-italienischen Verkehr, wo die Tarifsysteme von Deutschland, Österreich, der Schweiz und Italien zu berücksichtigen sind. Es entstehen hier ähnliche Schwierigkeiten, wie bei Bildung der ersten Verbands- und direkten Tarife nur in vergröfsertem Mafsstabe, weshalb man häufig gezwungen ist, mit direkten Tarifen für die wichtigeren Artikel oder mit Umexpeditionstarifen sich zu begnügen.

Verschieden von dieser formalen Einheit, der Einheit des Tarifsystems und der Klassifikation ist aber die materielle Tarifeinheit, welche durch die Einrechnung gleicher Einheitssätze in die Tarife, durch wesentliche Beschränkung der Ausnahmetarife und gänzlichen Wegfall der Refaktien eine gerechte und gleichmäfsige Festsetzung der Tarife anstrebt. Mit der blofs formalen Einheitlichkeit der Tarife wird in dieser Hinsicht wenig gebessert und ist zwar den Eisenbahnen selbst, nicht aber dem Publikum und Verkehr genügend geholfen. Das beweisen die Tarifverhältnisse in allen jenen Ländern, die ein gemeinsames Tarifsystem und gleiche Klassifikation haben, wo aber die Eisenbahnen in der Festsetzung ihrer Einheitssätze und Einführung von Ausnahmetarifen unabhängig sind. Es sind das zur Zeit fast noch alle gröfseren Länder, die materielle Tarifeinheit existiert noch nirgends vollständig. Am nächsten ist man derselben wohl in Preufsen bezw. Deutschland und Italien, am entferntesten davon bei den ganz privatwirtschaftlich verwalteten Eisenbahnen von Nordamerika und England.

Diese materielle Tarifeinheit kann unter der Herrschaft der Privatbahnen, bezw. bei einer privatwirtschaftlichen Verwaltung der Eisenbahnen überhaupt kaum erreicht werden. Sie widerspricht der privatwirtschaftlichen Tarifgestaltung direkt, insbesondere auch aus den § 16 am Ende angegebenen Gründen, und wird deshalb von der privatwirtschaftlichen Eisenbahnverwaltung mit allen Mitteln bekämpft und verhindert. Die Individualisierung und Verschiedenheit in den Einheitssätzen, die Schaffung zahlreicher Ausnahmetarife, die Gewährung von Refaktien für gröfsere Verfrachter liegt im Wesen und Interesse der privatwirtschaftlichen Eisenbahnverwaltung und dieselbe ist deshalb nicht auf eine Beschränkung, sondern auf eine gröfsere Ausdehnung in dieser Richtung bedacht. Da, wo sie nicht daran verhindert wird, geht im Gegenteil die privatwirtschaftliche Tarifgestaltung in ihrer Entwickelung soweit, dafs die Ausnahmetarife und Refaktien fast die Regel bilden, für alle einigermafsen erheblichen Transporte die Frachtsätze besonders festgesetzt oder vereinbart werden, die allgemeinen Tarife nur für die kleineren Verfrachter und für die Aufsichtsbehörden bestehen; das ist die letzte Konsequenz des privatwirtschaftlichen Tarifprinzips, die Feststellung des Preises jeder einzelnen gröfseren Leistung der Eisenbahnen nach dem Wert derselben für den Empfänger, bezw. nach dessen Zahlungsfähigkeit. Dieser Zustand findet sich denn auch am weitesten ausgebildet in den Ländern der absolut privatwirtschaftlichen Eisenbahnverwaltung in den Vereinigten Staaten von Nordamerika und in England.

So hat die amtliche Enquête des Staates Newyork ergeben, dafs Refaktien bezw. besondere Tarifsätze für einzelne Verfrachter in einem Umfang gewährt werden, dafs sie fast die Regel, die festgesetzten Tarife die Ausnahme bilden. „Beispielweise wurden bei der Newyork-, Central- und Hudson-River-Bahn die innerhalb eines Jahres abgeschlossenen Spezialfracht-Kontrakte auf 6000 geschätzt. Geheimhaltung ist hierbei stets Bedingung, System in der Gewährung der Frachten, bezw. gleichmäfsige Behandlung besteht nicht. Hat der Aufgeber vermutlich einen grofsen Vorteil, so wird er genötigt, ihn mit der Bahn zu teilen; ist der Nutzen gering, so hängt es von ihrer Bestimmung ab, ob der Transport überhaupt gemacht werden resp. ob er Nutzen oder Verlust bringen soll und in welcher Höhe. Auf diese Weise ist jeder Kaufmann, jeder Versender und mittelbar hierdurch jedes Individuum längs der Eisenbahn in gewisser Weise in der Macht dieser Korporationen. Erwerbt euch ihre Zuneigung, buhlt um ihre Gunst und günstige Frachtsätze werden euer Lohn sein; zieht ihre Feindseligkeit auf euch und das Zeichen ihres Mifsvergnügens wird aus euren Frachtrechnungen zu lesen sein.«

Vgl. Zeitung des Vereins deutscher Eisenbahnen, Jahrg. 1880 S. 420.

Nicht viel anders sind die Verhältnisse in England. Jede Eisenbahnverwaltung ist souverän darin, welche Einheitssätze sie in die einzelnen Klassen der Clearing-house-Klassifikation einrechnen will, sie ist ebenso unbeschränkt in der Einführung von Ausnahmetarifen, durch welche sogar die Clearing-house-Klassifikation verändert werden kann, wenn die beteiligten Eisenbahnen darin übereinstimmen. Auch binden sich die Eisenbahnen an die festgesetzten Tarife wenig, über gröfsere Mengen wird besonders verhandelt, ein Rabatt gegen den Tarifsatz gegeben oder, um der Form zu genügen, einer jener Ausnahmesätze auf Zeit eingeführt, von denen nach Aufserung englischer Eisenbahndirektoren Millionen für jede gröfsere Verwaltung bestehen und auf denen $^{9}/_{10}$ des ganzen Eisenbahnverkehrs beruhen.

Vgl. Wehrmann: Reisestudien über Anlagen und Einrichtungen der englischen Eisenbahnen S. 36. Cohn, englische Eisenbahnpolitik Band II, S. 454 und 469.

Auch in Deutschland bestehen noch für die normalen Tarife vielfach bei den verschiedenen Eisenbahnverwaltungen der verschiedenen Staaten verschiedene Einheitssätze, doch geht die Tendenz auf Vereinheitlichung und zwar auf Annahme der Sätze der preufsischen Staatsbahnverwaltung. Ausnahmetarife bestehen daneben, aber doch in beschränkterer Zahl, während Refaktien nur bei einigen süddeutschen Staatsbahnen zugelassen werden.

Dafs man in Österreich von der materiellen Tarifeinheit noch sehr weit entfernt ist, hat die Enquête von 1882/83 ergeben. Es hat nicht nur jede Bahn ihre besonderen Einheitssätze für die normalen Tarife, sondern es bestehen daneben eine grofse Zahl verschiedenartigster Ausnahmetarife und wurden Refaktien bewilligt bezw. veröffentlicht im Jahre 1881 in 2859, 1882 in 3240 und 1883 in 3703 Fällen. Wieviel Refaktien aufserdem noch bewilligt, aber in Gemäfsheit der Ministerialverordnung vom 31. Dezember 1879 aus Rücksichten auf inländische Verkehrsinteressen nicht veröffentlicht wurden, entzieht sich jeder Beurteilung.

Vgl. österreichische Tarifenquête 1882/83 T. I S. 111 und 152, T. II S. 23—27.

In dem in der vorerwähnten Enquête erstellten Referat betr. das Tarifsystem und die Frachtsätze heifst es (Teil I S. 536):

»Die Basis der Tarifbildung ist mitunter bei verschiedenen Bahnen die gleiche für eine oder die andere Klasse, aber fast nie für alle Klassen, so dafs man ruhig behaupten kann, eben so grofs wie die Anzahl der österreichischen Eisenbahnlinien, eben so grofs ist auch die Anzahl der bei uns herrschenden Variationen des Tarifsystems. Man würde irre gehen, wenn man etwa behufs einer milderen Auffassung dieser vorstehend geschilderten Verhältnisse annehmen wollte, dafs diese Verschiedenartigkeit bei uns nur zwischen räumlich weit getrennten, unter sich geschlossenen Verkehrsgebieten herrscht. Wäre letzteres der Fall, dann liefse es sich ja noch erklären, denn es wäre wohl denkbar, dafs in der einen Provinz des Reiches andere Motive fur die Konstruierung der Tarife vorherrschend sind, als in der andern. Aber nicht wirtschaftlich heterogene Verkehrsgebiete sind es, deren Tarifsysteme untereinander differieren; vollständig gleichsituierte Landesteile werden nach vollständig differierenden Systemen behandelt. Parallel laufende Linien, Linien von ein und derselben Gesellschaft, die nur bücherlich getrennt sind, sonst aber unter den gleichen Verhältnissen stehen, differieren in ihren Systemen der Tarifbildung. Es scheint einem fast, als ob sehr oft der Zufall bei der Bildung der Tarifgrundzüge unserer Bahnen Mitarbeiter gewesen wäre«.

Für Frankreich erhellt aus dem schon citierten Bericht von Waddington, dafs die französischen Eisenbahnen nicht nur voneinander verschiedene Einheitssätze für ihre normalen Tarife haben, sondern dafs dieselben auch innerhalb desselben Verwaltungsgebietes durchaus verschieden und regellos gebildet sind. Ohne jede feste Grundlage und in der ungleichmäfsigsten Weise sind aber die zahlreichen und für den Verkehr äufserst wichtigen Ausnahmetarife gebildet, deren es im Jahr 1880 im ganzen 1854 gab. Der neue bisher nur für die französische Ostbahn eingeführte Reformtarif soll dagegen wenigstens für die allgemeinen Tarife eine materielle Tarifeinheit in den Einheitssätzen bringen.

Vgl. Archiv für Eisenbahnwesen 1880 S. 155 ff., 1885 S. 534 ff.

In Italien haben die neuen Tarife vom 1. Juli 1885 eine wenigstens inbezug auf die Einheitssätze weitgehende materielle Tarifeinheit geschaffen. Ob dieselbe gegenüber der jetzigen privaten Verwaltung der Eisenbahnen von Dauer sein wird, mufs die Zukunft lehren.

DRITTER ABSCHNITT.

Ergebnisse und Kritik der privatwirtschaftlichen Tarifgestaltung.

Die Ergebnisse der privatwirtschaftlichen Tarifgestaltung sind, wie schon im vorhergehenden teilweise erwähnt, für die Allgemein-Interessen und die Entwickelung der Volkswirtschaft durchaus nicht überall zufriedenstellende und es haben deshalb auch die beiden Grundsäulen der privatwirtschaftlichen Tarifgestaltung die Wertklassifikation und die Differentialtarife vielfach eine sehr abfällige Kritik erfahren. Im folgenden soll versucht werden, die wesentlichen Erscheinungen der privatwirtschaftlichen Tarifgestaltung und die gegen dieselben erhobenen Angriffe kritisch zu würdigen. Es ist dies allerdings eine schwierige Aufgabe, schwierig einmal, weil der leidenschaftliche Kampf der Meinungen sehr oft die Thatsachen getrübt und entstellt hat, und andererseits, weil zweifelhafte und zum

Teil noch durchaus nicht genügend geklärte volkswirtschaftliche Fragen dabei erörtert werden müssen.

§ 30. *Ungleichmäfsige und ungerechte Festsetzung der Transportpreise und Folgen derselben.*

Eine ungleichmäfsige Festsetzung der Transportpreise ist mit der privatwirtschaftlichen Tarifgestaltung, der Wertklassifikation und der differentiellen Tarifbildung in einem gewissen Mafse immer verbunden. An sich schon ist die Festsetzung eines Tarifsystems, insbesondere Aufstellung einer Güterklassifikation so, dafs sie sowohl den Interessen der Eisenbahnen als den Interessen der Allgemeinheit entspricht, mit grofsen Schwierigkeiten verbunden. Sie erfordert vor allem eine grofse und allgemeine Kenntnis der wirtschaftlichen Verhältnisse. Man mufs nicht nur die so verschiedenartigen Waren selbst, welche sich im Verkehr befinden, kennen, sondern auch ihre Verwendung, ihren Wert, ihre Belastungfähigkeit und das Verhältnis, in welchem sie zu einander stehen. Nimmt man hinzu, dafs immer neue Waren in den Verkehr kommen, dafs sich der Wert derselben fortwährend ändert und in verschiedenen Gegenden oft sehr verschieden ist, so bedarf es keiner weiteren Darlegung dafür, dafs die richtige Festsetzung einer umfassenden und genauen Wertklassifikation Schwierigkeiten bietet, deren völlige Uberwindung fast unmöglich ist. Immer auch bei gröfster Umsicht werden bei Einschätzung des einen oder andern Gutes in eine bestimmte Klasse Irrtümer vorkommen, selten wird man mit Bestimmtheit sagen können, ob nicht ein Gut im Verhältnis zu gewissen andern Gütern unrichtig klassifiziert ist. Diese Schwierigkeit einer richtigen Festsetzung der Klassifikation wird deshalb auch von den Gegnern derselben nicht mit Unrecht betont, und bietet für viele einen Grund, die Wertklassifikation ganz zu verwerfen.

Vgl. d'Avis in der Zeitung des Vereins deutscher Eisenbahnverwaltungen Jahrgang 1870 S. 95, ferner Aussage des Sachverständigen Richter in der deutschen Tarifenquête von 1875, stenographische Berichte S. 417 u. 418.

Ganz dieselben Schwierigkeiten, wie sie der richtigen Festsetzung der Klassifikation entgegenstehen, erheben sich, wenn es sich um Festsetzung der Einheitssätze und um Gewährung oder Nichtgewährung von Ausnahmetarifen handelt, auch hier ist eine genaue Kenntnis aller einschlagenden Verhältnisse notwendig, um ein sicheres Urteil über die Wirkungen eines Ausnahmetarifs zu gewinnen und nicht dem Allgemeininteresse mehr zu schaden als zu nützen.

Diese in der Natur der Sache liegenden Schwierigkeiten hat die privatwirtschaftliche Tarifgestaltung in einer den Allgemeininteressen entsprechenden Weise nicht zu lösen vermocht. Zum Teil weil eine solche Lösung den Erwerbsinteressen der Eisenbahnen widersprach, welche auf eine möglichste Individualisierung der Tarifgestaltung hinweisen, während eine befriedigende Lösung nur in einer gröfseren Einheitlichkeit zu finden ist. Es tritt hier wieder einer jener Fälle ein, wo die Allgemeininteressen den Erwerbsinteressen der privatwirtschaftlichen Eisenbahnverwaltung nachstehen müssen. Dann aber, und das darf man, wenn man gerecht sein will, nicht vergessen, war die privatwirtschaftliche Tarifgestaltung bei der Zersplitterung der Eisenbahnen in viele kleine Netze auch gar nicht in der Lage, die oben erwähnten Schwierigkeiten in einer für die Allgemeininteressen befriedigenden Weise zu lösen. Vielmehr ergab sich hieraus mit Notwendigkeit eine viel weitergehende und für die Allgemeininteressen weit schädlichere Ungleichmäfsigkeit in den Transportpreisen, als sie an und für sich durch die Wertklassifikation und die differentielle Tarifbildung bedingt waren. Dieser Umstand ist wohl zu beachten und nicht, wie vielfach geschehen, die aus der Zersplitterung des Eisenbahneigentums hervorgehenden Übelstände der privatwirtschaftlichen Tarifgestaltung als solcher zur Last zu legen. Denn wenn die Festsetzung der Eisenbahntarife in demselben Lande bezw. nationalen Wirtschaftsgebiete nicht in einer Hand liegt, vielmehr eine gröfsere Zahl von selbständigen sei es privaten sei es staatlichen Eisenbahnverwaltungen bestehen, welche verschiedene Tarifsysteme oder Wertklassifikationen haben oder selbst bei gleichem Tarifsystem und gleicher Klassifikation in der Festsetzung der Einheitssätze und Ausnahmetarife selbständig sind, so mufs eine weitgehende Ungleichmäfsigkeit in den Transportpreisen entstehen, gleichgiltig welche Grundsätze in der Tarifgestaltung innerhalb der einzelnen Eisenbahnnetze befolgt werden. Da ferner die meisten bedeutenderen Produktionen eines gröfseren Landes oder nationalen Wirtschaftsgebietes verschiedene Standorte haben, aber im Absatz miteinander im Wettbewerb stehen, ebenso auch die verschiedenen Handelsplätze eines Landes, so mufs die ungleichmäfsige Festsetzung der Transportpreise in den verschiedenen Eisenbahngebieten ungleichmäfsige Bedingungen für Handel und Produktion schaffen, und es kann nicht ausbleiben, dafs die Interessen der Allgemeinheit zum Vorteil der Einzelinteressen der einzelnen Eisenbahnverwaltungen oder Handels- und Produktionsgebiete, ja einzelner Verkehrs-Interessenten, welche für ihre industriellen Anlagen bezw. besonderen Verkehrsartikel sich ausnahmsweise Begünstigungen zu verschaffen wissen, geschädigt werden.

Es sind also zwei Gründe, welche in der privatwirtschaftlichen Periode des Eisenbahnwesens zu einer ungerechten und die Allgemeininteressen in hohem Mafse schädigenden Ungleichmäfsigkeit in den Frachtverhältnissen geführt haben, einmal die privatwirtschaftliche Tarifgestaltung an sich bezw. ihre übertriebene individualistische Ausbildung und zweitens die in dieser Epoche überall vorhandene mehr oder minder grofse Zersplitterung des Eisenbahneigentums. Lassen sich so die Entstehungsgründe der ungleichmäfsigen Frachtfestsetzung unterscheiden, so ist dagegen in der Einwirkung derselben auf die wirtschaftlichen Verhältnisse eine solche Scheidung kaum möglich, und müssen deshalb die Folgen derselben im ganzen in Betracht gezogen werden.

In den §§ 25—29 ist diese Ungleichheit in den Frachtverhältnissen, wie sie durch die verschiedenen Klassifikationen, die verschiedenen Einheitssätze, durch die relativen Differentialtarife und die Refaktien herbeigeführt wird, näher erörtert und dargelegt. Dafs schon von den frühesten Eisenbahnzeiten an fortdauernd die heftigsten Beschwerden dagegen erhoben sind, lehrt die Eisenbahngeschichte aller Kulturvölker. Verfolgt man diese Beschwerden im einzelnen, so richten sich dieselben zumeist gegen die ungleichen Frachtverhältnisse, wie sie teils durch die Verschiedenheit der lokalen und direkten Tarife teils durch sog. Ausnahmetarife herbeigefuhrt werden. Vornehmlich ist es die örtliche Erzeugung und der Zwischenhandel, welche infolge der gegenüber den Lokaltarifen billigeren direkten und Ausnahmetarife zu Gunsten des direkten Handels und der entfernter liegenden Produktionsgebiete sich geschädigt und in ihren natürlichen Absatzgebieten beeinträchtigt erachten, insbesondere, sobald die ausländische Konkurrenz zu der heimischen hinzukommt. Es erheben sich Klagen darüber, dafs die örtlichen Erzeugnisse mit hohen Frachten beschwert werden, während konkurrierenden entfernten Produktionsorten durch ermäfsigte Sätze der Mitbewerb erleichtert und hierdurch eine künstliche Verschiebung der wirtschaftlichen Verhältnisse herbeigeführt werde. Zugleich führen die Binnenhandelsplätze Beschwerde, dafs der früher so einträgliche Zwischenhandel durch die direkten und Durchgangstarife geschädigt ja unmöglich gemacht werde, und es erhebt sich zunächst seitens derselben, später besonders seitens der durch die Konkurrenz des auswärtigen Getreides geschädigten Landwirtschaft eine lebhafte Agitation gegen die Differentialtarife, welche in der Litteratur, parlamentarischen und sonstigen Versammlungen, Tarifenquêten etc. zu langwierigen Erörterungen für und gegen führt.

Vgl. Krönig, Differentialtarife S. 1—82, wo sich auch die deutsche Litteratur findet; Sax, Verkehrsmittel Bd. II S. 425—433; ferner die deutsche Enquête über Differentialtarife von 1872 und die deutsche Tarifenquête von 1875, die österreichische Tarifenquête von 1882/83, wo diese Fragen nach allen Richtungen erörtert werden. Uber englische Verhältnisse Cohn, Englische Eisenbahnpolitik S. 402 ff.

Bald werden auch nationale Gesichtspunkte mit in den Streit gezogen, es wird Beschwerde erhoben, dafs das ausländische Produkt zum Nachteil des inländischen durch die Eisenbahnfrachten begünstigt, und dafs die nationale Wirtschafts- und Zollpolitik durch die eigennützigen Interessen der Eisenbahnverwaltungen durchkreuzt werde. Auf der andern Seite wird zur Verteidigung der differentiellen Tarifbildung auf die nach den §§ 16 und 21 bezüglich der Verteilung der festen Selbstkosten mafsgebenden Grundsätze zurückgegangen, und die Nützlichkeit der Differentialtarife nicht nur für die Eisenbahnen, sondern auch fur Handel, Produktion und Konsumtion behauptet, sowie darauf hingewiesen, dafs die Ermäfsigungen der Differentialtarife mittelbar durch Verringerung der Selbstkosten, unmittelbar durch allmähliche Ausdehnung derselben auch dem lokalen Verkehre zu gute kämen.

Vgl. Cohn, Englische Eisenbahnpolitik der letzten 10 Jahre S. 51, 59, 110 ff.; Österreichische Eisenbahntarifenquête von 1882/83 Bd. I S. 616—672. Auf der andern Seite: Beiträge zur Beurteilung der Frage der Differentialtarife für den Transport ausländischer Erzeugnisse auf den deutschen Eisenbahnen, herausgegeben von dem Verein der Privateisenbahnen im deutschen Reiche. Berlin 1879.

Es ist schwer, in diesem Streit der Meinungen zu entscheiden. Indes so viel scheint mir festzustehen, dafs die privatwirtschaftliche Tarifgestaltung vielfach in der Anwendung differentieller Tarife zu weit gegangen ist. Wenn auch die Vernichtung bezw. Beschränkung des Zwischenhandels nicht unbedingt als ein allgemeiner wirtschaftlicher Nachteil angesehen und mit Recht den Klagen darüber entgegengesetzt werden kann, dafs eine Beschränkung des Zwischenhandels ebenso wie der vermehrte Wettbewerb entfernter Handels- und Produktionsgebiete mehr eine Folge der durch die Eisenbahnen herbeigeführten ganzen wirtschaftlichen Entwickelung, als der differentiellen Tarifbildung sei, so läfst sich doch nicht leugnen, dafs in zahlreichen Fällen durch ungleiche Frachten der Eisenbahnen diese Entwickelung unnötig beschleunigt und verschärft ist.

Selbst Sax giebt dies zu, vgl. Verkehrsmittel Bd. II S. 11 u. 431—432.

Es ist unzweifelhaft, dafs die privatwirtschaftliche Tarifgestaltung in vielen Fällen die örtliche Produktion, den örtlichen Verkehr, der ihr sicher war, gegenüber dem streitigen direkten und Durchgangsverkehr hintangesetzt, die ersteren nicht nur weniger gepflegt, sondern sie auch oft mit zu hohen Frachten belastet hat, um sich für die durch die Konkurrenz gedrückten Frachtsätze im direkten und Durchgangsverkehr schadlos zu halten.

Zahlreiche Beispiele in den in den Anmerk. S. 99 angeführten Schriften. Vgl. ferner von der Leyen, Die Nordamerikanischen Eisenbahnen S. 267—269 und 321—329, wo die übermäfsige Höhe der Frachten für den lokalen Verkehr, und die unter die Selbstkosten herabgehenden Frachten für den Durchgangsverkehr ziffermäfsig dargelegt sind; auch Zeitung des Vereins deutscher Eisenbahnen 1885 S. 422.

Abgesehen von diesem Gegensatz der lokalen und direkten Tarife hat auch die Verschiedenheit der Einheitssätze und der Ausnahmetarife der verschiedenen Eisenbahnen in zahllosen Fällen eine durchaus ungleiche und ungerechte Gestaltung der Frachtpreise in den verschiedenen Eisenbahngebieten herbeigeführt. Auch dies mufste auf die wirtschaftlichen Verhältnisse einwirken. »Wohl und Wehe wichtiger Unternehmungen kann schon durch kleine Änderungen im Tarife bedingt werden. Ein einziger Pfennig mehr pro Zentner und Meile kann einen ganzen Industriezweig eines Bezirks auf einmal vollständig lahm legen und gleichzeitig einer anderen Gegend geradezu ein Monopol verschaffen.«

Lehr, Eisenbahntarifwesen und Eisenbahnmonopol S. 19. Vgl. auch meinen Aufsatz: »Zur Geschichte des deutschen Eisenbahntarifwesens« im Archiv für Eisenbahnwesen Jahrg. 1885, S. 282—284.

Dafs aber derartige Vorgänge nicht im allgemeinen wirtschaftlichen Interesse liegen, bedarf keiner langen Ausführung. »Unmöglich«, sagt Cohn, Englische Eisenbahnpolitik Bd. II S. 441, »kann es Aufgabe der Verkehrsmittel sein, durch verschiedenartige Festsetzung der Transportpreise die Verschiedenheit der geographischen Entfernungen aufzuheben. Man sieht nicht ein, welchem Zwecke diese Verschiebung aller natürlichen Standorte der Produktion und des Absatzes dienen soll. Der Standort jedes einzelnen Industriezweiges ist das Ergebnis einer Anzahl der für denselben notwendigen Bedingungen, welche oft parallel, oft einander kreuzend diesen oder jenen besten Ort bestimmen und wiederum im Laufe der Zeit sich ändern und den Standort verschieben können: aber weder ist solche Verschiebung durch ein Pennyportosystem der Frachten aus irgend einem vernünftigen Grunde angezeigt, noch ist eine Verschiebung überhaupt wünschenswert.«

Es kann aber nicht geleugnet werden, dafs durch die privatwirtschaftliche Tarifgestaltung mit ihrer ungleichen Festsetzung der Eisenbahnfrachten oft eine derartige Verrückung der Produktions- und Fabrikationsverhältnisse, eine Erzeugung künstlicher und Vernichtung natürlich gewachsener Industrieen, sowie eine Menge unnützer bezw. vom Standpunkt der Volkswirtschaft unwirtschaftlicher Transporte veranlafst oder wenigstens befördert worden ist. Nicht nur wirtschaftlich ist dies von Nachteil, sondern es wird auch durch die verschiedenartige Behandlung verschiedener Gegenden und Produktionen seitens der verschiedenen Bahnverwaltungen notwendig ein Interessenkampf innerhalb desselben Landes oder Wirtschaftsgebietes hervorgerufen, welcher das Gefühl der wirtschaftlichen Zusammengehörigkeit zu schädigen geeignet ist.

Vgl. Der einheitliche deutsche Eisenbahngütertarif, Berlin 1879, S. 11 u. 12.

Es ist ferner eine nicht zu bestreitende Thatsache, dafs die ungleiche Frachtfestsetzung den Grofshandel und Grofsbetrieb zum Nachteil des Kleinbetriebes, Zwischen- und Kleinhandels begünstigt hat. Denn Frachtnachlässe und andere Vorteile werden, wie schon früher dargelegt, bei der privatwirtschaftlichen Tarifgestaltung nur dem grofsen Verfrachter gewährt, während der kleine Versender die hohen regelmäfsigen Tarifsätze zahlen mufs. Nicht minder hat die Ungleichheit in den Frachtverhältnissen, welche die privatwirtschaftliche Tarifgestaltung mit sich brachte, dazu beigetragen, Produktion und Handel mehr und mehr in die grofsen Städte zu verlegen, welche als Mittelpunkte der Erzeugung wie des Verbrauchs und als Knotenpunkte der Konkurrenzlinien vorzugsweise mit niedrigen Frachtsätzen begünstigt wurden. Das ungeheure Anwachsen der grofsen Städte seit 50 Jahren ist bekannt, und wenn es auch übertrieben sein mag, wie bisweilen geschehen, die privatwirtschaftliche Tarifgestaltung dafür in erster Linie verantwortlich zu machen, so ist doch nicht zu leugnen, dafs sie durch ihre Hintansetzung der kleineren Zwischenstationen, durch die ungleiche Tariffestsetzung zu Gunsten der grofsen Knotenpunkte wesentlich mit zu diesem Resultate beigetragen hat. Und insoweit dies Anwachsen der grofsen Städte als ein ungesundes und zu hastiges angesehen werden mufs, insofern dasselbe auf Kosten und zum Nachteil des platten Landes und der kleineren Städte erfolgt ist, kann der privatwirtschaftlichen Tarifgestaltung der Vorwurf nicht erspart werden, dafs sie auch in dieser Richtung nachteilig für die Volkswirtschaft gewirkt hat.

Interessant sind die von dem deutschen statistischen Amt angestellten Untersuchungen »zur Eisenbahn- und Bevölkerungsstatistik der deutschen Städte 1867 bis 1880«, Berlin 1884. Es ergiebt sich hieraus nicht nur das vorwiegende Anwachsen der Grofs- und Mittelstädte, sondern auch, dafs die Klein- und Landstädte, welche Eisenbahnverbindungen haben, im allgemeinen durch die Eisenbahnen keine Bevölkerungszunahme erfahren haben. Dieselbe betrug kaum soviel, als allein auf Grund des Geburtenüberschusses für diese Städte angenommen werden kann und war nicht erheblich höher als die Zunahme derjenigen Klein- und Landstädte, welche keine Eisenbahnen haben. Es ist nicht unwahrscheinlich, dafs dies uberraschende Ergebnis mit auf die Begünstigung der Grofs- und Mittelstädte und die Vernachlässigung der kleinen Zwischenplätze durch die Eisenbahntarife zurückzuführen ist.

Wenn ferner die wirtschaftliche Entwickelung der Kulturstaaten seit der Zeit der Eisenbahnen zum Teil eine ungesunde gewesen ist, wenn anstatt eines stetigen gemäfsigten Fortschritts häufig schwindelhafte Aufschwungsperioden mit Krisen wechseln, in welchen eine Menge Unternehmungen und Kapitalien zu Grunde gehen, so trifft hieran die privatwirtschaftliche Verwaltung der Eisenbahnen unzweifelhaft eine gewisse Mitschuld. Einmal insofern, als sie mit dem Bau der Eisenbahnen nicht eine gleichmäfsige Entwickelung eingehalten, sondern an der schwindelhaften Überproduktion, welche den Krisen vorauszugehen pflegt, selbst sich stark beteiligt hat, dann aber auch, indem sie durch ungleichmäfsige Tariffestsetzung, durch Gewährung ausnahmsweiser Begünstigungen etc. die Gründung ungesunder schwindelhafter Unternehmungen befördert hat.

Eine ganz andere Frage ist allerdings die, ob man diese treibhausartig geförderte Entwickelung durch plötzliche Einführung einer anderen Tarifierungsweise bezw. Entziehung der betreffenden Begünstigungen zerstören soll. Das würde ohne Zweifel ein grofser Fehler sein. Aber ebenso darf man wohl behaupten, dafs die wirtschaftliche Entwickelung der Kulturstaaten vielleicht eine langsamere, aber auch eine gesundere gewesen wäre, wenn die durch die Transportvervollkommnung der Eisenbahnen hervorgebrachte wirtschaftliche Umwälzung nicht durch die privatwirtschaftliche Tarifgestaltung künstlich und in übertriebener Weise beschleunigt und verschärft worden wäre.

§ 31. *Unstetigkeit und Unsicherheit der Frachtverhältnisse und ihre Folgen.*

Ein weiterer Übelstand der privatwirtschaftlichen Tarifgestaltung ist der häufige Wechsel der Klassifikation und Tarifsätze und die hierdurch und durch die Gewährung heimlicher Begünstigungen geschaffene Unstetigkeit und Unsicherheit in den Frachtverhältnissen. Es liegt dies in der Erwerbsnatur der privatwirtschaftlichen Eisenbahnverwaltung, welche je nach den Konjunkturen des Verkehrs und nach den Konkurrenzen ihre Klassifikation und Tarifsätze fortwährend ändert, um möglichst viele und lohnende Transporte zu gewinnen. Verteidigt wird dies Verfahren in der Regel damit, dafs auch andere Verkehrsmittel z. B. die Schiffahrt dasselbe thuen, und dafs es nur natürlich sei, nach Angebot und Nachfrage die Transportpreise ebenso wie die Preise der übrigen Güter festzusetzen. Indes wird' hierbei einmal der Monopolcharakter der Eisenbahnen übersehen, und dann durch den Hinweis auf andere Verkehrsmittel die Frage nicht beantwortet, ob ein solcher fortdauernder Wechsel in den Transportpreisen, eine solche Unsicherheit in den Frachtverhältnissen für die Allgemeininteressen, für die Volkswirtschaft von Vorteil ist. Diese Frage ist aber wohl zu verneinen.

So richtig es ist, dafs die Tarife den Bedürfnissen des Verkehrs folgen und deshalb von Zeit zu Zeit Änderungen unterzogen werden, so mufs doch ein zu häufiger Wechsel ebenso wie der Ausschlufs der Öffentlichkeit bei der Frachtfestsetzung für die Allgemeininteressen schädlich wirken. Beides findet aber bei der privatwirtschaftlichen Tarifgestaltung in der That statt, geht sie doch, wie § 28 dargelegt, teilweise so weit, dafs die veröffentlichten Tarife nur für den Kleinverkehr gelten, für gröfsere Transporte die Frachtsätze im Wege der Refaktie oder durch Ausnahmetarife von Fall zu Fall geregelt werden. Nicht minder unterliegen auch die allgemeinen Tarife häufigen und fortdauernden Änderungen.

Am weitesten geht auch dies wieder in den Vereinigten Staaten von Nordamerika, dem Lande der ausgebildetsten privatwirtschaftlichen Eisenbahnverwaltung. Vgl. hierüber von der Leyen, Archiv für Eisenbahnwesen Jahrg. 1885, S. 1—7. Derselbe sagt unter anderm:

»Von den Schwankungen, nach oben und unten, welchen die regelmäfsigen Frachtsätze einzelner Verkehrsgebiete ausgesetzt sind, macht man sich kaum einen Begriff, und es ist daher besonders verdienstvoll, wenn dieselben einmal aufgezeichnet und in ihren nackten Zahlen bekannt gemacht werden. Eine solche Zusammenstellung der Eisenbahnfrachten für die gewöhnlichen Transporte zwischen Newyork und Chicago für die Zeit vom 1. Januar 1862 bis 22. Juni 1883, also für 21½ Jahre, findet sich in einer vor kurzem veröffentlichten Arbeit des auf dem Eisenbahngebiete rühmlich bekannten Präsidenten des Verbandes der östlichen Trunk-Lines, Albert Fink.

Aus dieser Tabelle ergiebt sich u. a., dafs in diesen 21½ Jahren nur ein längerer Zeitraum, nämlich die Zeit vom 15. Februar 1878 bis zum 22. September 1879 d. h. ungefähr ein und ein halbes Jahr, vorkommt, in welchem keine Schwankungen stattgefunden haben, in den ubrigen Jahren finden in kurzen und ganz verschiedenen Zwischenräumen die erheblichsten Verschiebungen statt; so haben in den Jahren 1864 bis 1867, 1874, 1879 und 1881 die Frachten zweimal, 1862, 1863, 1868 und 1872 dreimal, 1873, 1876, 1877 und 1882 viermal, 1875 fünfmal, 1870 neunmal, 1871 elfmal, 1869 gar zwanzigmal gewechselt. Und welche Schwankungen! Am 18. Februar 1869 gehen beispielsweise die Frachten der ersten Klasse von 188 auf 45 Cts. herunter, fallen am 24. Februar auf 40 Cts., um dann plötzlich am 15. März wieder auf 160 Cts. zu steigen und am 1. Juli den ursprünglichen Stand von 188 Cts. wieder zu erreichen. Ende Juli beginnt ein neues Sinken, im August wechseln die Frachten sozusagen von einem Tage zum andern und erreichen am 7. August den niedrigsten Standpunkt von 25 Cts., worauf sie sich wieder mit mehrfachen Schwankungen bis Ende November (Aufhören der Schiffahrt) auf den sechsfachen Betrag des niedrigsten Satzes, 150 Cts. heben. Solche Zustände, die dem Kaufmann jede auch nur entfernte Möglichkeit einer Vorausberechnung der Frachten abschneiden, müssen lähmend und beunruhigend auf den Verkehr einwirken.«

Dafs diese Unsicherheit und dieser ewige Wechsel der Frachtverhältnisse für jeden Geschäftsmann, der die Transportkosten als einen Teil seiner Selbstkosten zu berechnen hat, höchst nachteilig ist und oft zu Verlusten führen mufs, namentlich bei den zahlreichen Geschäften, welche nicht sofort, sondern erst nach einem gewissen Zeitraum abgewickelt werden können, ist klar. Mit Recht wird hierüber in der österreichischen Eisenbahntarifenquête 1882/83 Teil I, S. 309 gesagt: »Sicherheit und Stabilität ist die unentbehrliche Grundlage jeder Unternehmung. Ungünstigen Verhältnissen kann man sich nach Möglichkeit anbequemen, nie aber wechselnden«.

Es mufs ferner diese Unstetigkeit und Unsicherheit in den Frachtverhältnissen auch die Stetigkeit und Solidität der Produktion und des Handels im allgemeinen gefährden. Denn es ist eine bekannte Thatsache, dafs ein Handel bezw. eine Industrie um so unsolider ist, je weniger die Elemente der Preisbildung, wozu auch die Transportkosten gehören, feststehen. Es zeigt sich das insbesondere in den weniger entwickelten Kulturstufen, wo alle Waren, besonders die weither transportierten Artikel den kolossalsten Preisschwankungen unterliegen, die hauptsächlich durch die Unsicherheit des Transportes und der Transportkosten begründet sind. Die fortschreitende Kultur hat die Richtung, wie die eigentlichen Herstellungskosten, so auch die Transportkosten der Erzeugnisse durch Schaffung besserer und sicherer Verkehrsmittel mehr und mehr zu einem gleichmäfsigen stetigen Element der Preisbildung zu gestalten. Dieser Richtung, welche an sich durch die Eisenbahnen aufserordentliche Förderung erfahren hat, wirkt aber die privatwirtschaftliche Tarifgestaltung mit ihrer Unstetigkeit und Unsicherheit in den Frachtverhältnissen wieder entgegen und befördert geradezu Unstetigkeit und Unsolidität im wirtschaftlichen Leben. Dafs dieser Umstand auf die im vorigen Paragraphen erwähnte wirtschaftliche Entwickelung der Kulturländer in der Eisenbahnzeit ebenfalls ungünstig einwirken mufste, bedarf wohl keiner weiteren Ausführung.

§ 32. *Schwierigkeiten in der Handhabung und demoralisierende Wirkungen der privatwirtschaftlichen Tarifgestaltung.*

Die privatwirtschaftliche Tarifgestaltung bringt in ihrer Handhabung sowohl für die Eisenbahnen selbst als für das Publikum nicht unerhebliche Schwierigkeiten und Nachteile. Bereits im § 29 wurde erwähnt, wie sehr die Verworrenheit der Tarife die Benutzung derselben seitens der Verkehrsinteressenten erschwere und die Arbeit für die Eisenbahnverwaltungen selbst, insbesondere die Kontrollen, Abrechnungsstellen und Güterexpeditionen vermehre. Dieselbe Wirkung hat der oben erörterte häufige Wechsel der Frachtsätze und der Klassifikation. An und für sich schwierig und zeitraubend ist aber ferner für die Güter annehmenden Dienststellen die richtige Einschätzung der Güter in die verschiedenen Tarifklassen, insbesondere wenn mehrere Stückgutklassen bestehen und die Güter verpackt aufgegeben werden. Es gehört hierzu eine umfassende Warenkenntnis, wie sie von den unteren Eisenbahnbeamten, welchen die Annahme der Güter obliegt, kaum erworben bezw. verlangt werden kann. »Ferner«, meint Trommer in Hirths Annalen 1875 S. 571, »liegt in der Güterklassifikation die Möglichkeit zahlloser Umgehungen der Tarifvorschriften. Namentlich gilt dies von den jeden Tag in neuen Formen und unter neuen Namen auftretenden chemischen Rohprodukten und Erzeugnissen verschiedenster Bestimmung. Dasselbe Ding wird z. B. verschieden hoch taxiert, je nachdem es als Dungmittel oder zur Erzeugung von Fabrikaten verwendet wird, hat zwar auch leise

Unterschiede, die sich aber meist auf das papierne Zeugnis beschränken, weil man eben keine Chemiker auf den Güterböden halten wird, diese überdies nicht die Zeit fänden, zu analysieren und zu klassifizieren.« Man hat deshalb wohl, um die Unterscheidung der Güter zu erleichtern, äufserliche Merkmale, z. B. die Art der Verpackung oder die Nichtverpackung als Kennzeichen der Klassifikation, d. h. der Zugehörigkeit zu einer bestimmten Tarifklasse festgesetzt. Aber auch dies sind ungenügende und zweifelhafte Hilfsmittel.

Beispiele siehe Österreichische Tarifenquête 1882/83 Bd. I S. 557 ff.

Noch schwieriger ist es natürlich für das Publikum, sich in einer verwickelten Güterklassifikation und den fortwährenden zahlreichen Änderungen der Tarifsätze zurecht zu finden, wie sie die privatwirtschaftliche Tarifgestaltung mit sich bringt, und allgemein sind die Klagen hierüber.

Vgl. Österreichische Tarifenquête Bd. I S. 136 ff., sowie die Ausführungen in § 29.

Es liegt endlich in der verschiedenen Klassifikation der Güter ein grofser Reiz für die Transport-Interessenten, durch falsche Deklaration sich Vorteile zu verschaffen, und eine grofse Versuchung für das Expeditionspersonal, sich zur Beihilfe oder zum Geschehenlassen solcher Betrügereien verleiten zu lassen, da demselben selbst bei Entdeckung der falschen Tarifierung in der Regel nur ein Irrtum, nicht eine Pflichtverletzung nachzuweisen sein wird. In gewisser Beziehung wirkt also die Wertklassifikation demoralisierend sowohl auf die Verkehrtreibenden als die Eisenbahnbeamten. Noch mehr können dies allerdings die geheimen Rückvergütungen und Ausnahmetarife thun, zumal wenn, wie in den Vereinigten Staaten und England üblich, für jede gröfsere Transportmenge ein besonderer Satz vereinbart wird. Willkür und Begünstigungen bezw. Benachteiligungen einzelner werden unter solchen Umständen kaum zu vermeiden sein, Bestechungen nahe liegen, wie denn bei der englischen Tarifenquête von 1866 ein Zeuge aussagte und es durch Erkenntnis eines Gerichtshofs belegte, es gehöre in England bei den Verkehrtreibenden zur »Beförderung des Geschäfts«, Zahlungen an die Eisenbahnbeamten, nicht blofs an die niedrigen, sondern auch an die allerhöchsten zu machen.

Vgl. Cohn, Englische Eisenbahnpolitik Bd. II S. 465.

§ 33. *Verschiedenheit der privatwirtschaftlichen Eisenbahn- und der allgemeinen Interessen namentlich bezüglich der Höhe aer Transportpreise.*

Es ist nicht richtig, wenn von Anhängern der privatwirtschaftlichen Eisenbahnverwaltung oft behauptet wird, dafs durch die letztere das Interesse der Eisenbahnen und der Allgemeinheit gleichmäfsig gewahrt werde. Es kann dies stellenweise der Fall sein, aber in vielen Fällen tritt das Gegenteil ein. Das ergiebt sich schon aus den Ausführungen der vorhergehenden Paragraphen zur Genüge. Aber auch bezüglich der Höhe der Frachtsätze harmoniert das Interesse der privatwirtschaftlichen Eisenbahnverwaltung durchaus nicht immer mit dem Interesse der Allgemeinheit. Denn die privatwirtschaftliche Tarifgestaltung hat zwar unter Umständen, durchaus aber nicht immer ein Interesse daran, durch Herabsetzung der Transportpreise die Zahl der Transporte zu vermehren. Nicht auf die Erzielung eines möglichst hohen Verkehrs an sich bezw. einer möglichst hohen Roheinnahme ist das Bestreben der privatwirtschaftlichen Verwaltung gerichtet, sondern auf die Erzielung einer möglichst hohen Reineinnahme.

Diese beiden Rücksichten können aber sehr wohl sich entgegenstehen, und dann wird zum Schaden des Verkehrs die privatwirtschaftliche Eisenbahnverwaltung ihrem Erwerbsinteresse folgen. Dies hat auch Launhardt in dem schon oben erwähnten Aufsatze »Über wirtschaftliche Fragen des Eisenbahnwesens«, Centralblatt der Bauverwaltung Jahrgang 1883, dargelegt und mathematisch nachgewiesen, dafs eine Tarifbildung, welche den höchstmöglichen Betriebsüberschufs erreicht, den volkswirtschaftlichen Nutzen der Eisenbahnen erheblich beeinträchtigt. Nun ist aber die privatwirtschaftliche Tarifgestaltung stets auf Erlangung des höchstmöglichen Reinertrages gerichtet, sie mufs also mit den Interessen der Allgemeinheit in Gegensatz geraten, den volkswirtschaftlichen Nutzen der Eisenbahnen beschränken. Dies ist nicht nur Theorie, sondern es kommen derartige Fälle in der Praxis recht häufig vor, wo dies klar zu Tage tritt. So ist von englischen Eisenbahndirektoren offen ausgesprochen, sie kümmerten sich nicht sowohl um die Roheinnahme als um die Reineinnahme und sie zögen es vor, weniger Gut oder Passagiere zu höheren Sätzen zu befördern als mehr zu niedrigen Sätzen, wenn im ersten Fall die Reineinnahme gröfser wäre. Es sei besser, eine Person für 2 p. zu befördern als zwei für je 1 p.

Vgl. Cohn, Englische Eisenbahnpolitik Bd. II S. 387—400. Diese Frage kam auch in der deutschen Tarifenquête von 1875 theoretisch zu. Erörterung, vgl. den stenographischen Bericht S. 228—229.

Ebenso ist es, wie wir gesehen haben, Grundsatz der privatwirtschaftlichen Tarifgestaltung, soviel an Fracht zu nehmen, als nach ihrer Ansicht ein Transport vertragen kann. Sehr bemerkenswert und für die privatwirtschaftliche Tarifgestaltung durchaus zutreffend ist in dieser Beziehung die Äufserung des Direktors der Orleansbahn, Solacroup, welcher 1878 vor der Eisenbahnkommission des französischen Senates erklärte: für die Aufstellung der Eisenbahnfrachtsätze gebe es nur einen verständigen Grundsatz, nämlich den, für die Beförderung einer Ware den Preis zu verlangen, welchen die Ware zahlen könne. Jeder andere Grundsatz sei willkürlich. Die privatwirtschaftliche Tarifgestaltung kümmert sich bei der praktischen Handhabung dieses Grundsatzes erfahrungsmäfsig weder darum, ob durch ungleiche Behandlung einzelne Interessenten geschädigt werden, noch nimmt sie dabei auf allgemeine volkswirtschaftliche Interessen Rücksicht, und Handel, Industrie und Landwirtschaft haben sehr oft schwer unter den übermäfsig hohen Tarifen der privatwirtschaftlichen Eisenbahnverwaltung und der Ausbeutung durch dieselbe zu leiden.

Vgl. z. B. Cohn, Englische Eisenbahnpolitik der letzten 10 Jahre S. 52, 113 und 114. Ferner Österreichische Eisenbahntarif-Enquête 1882/83 Bd. I und II, wo die Klagen über Ausbeutung durch zu hohe Tarife, höhere als die der ungarischen und deutschen Nachbarbahnen sich in fast allen Handelskammerberichten und Referaten finden.

Aber nicht genug damit, dafs die privaten Eisenbahnverwaltungen die Tarife in ihrem Interesse hoch halten, sie thun es oft sogar g e g e n ihr wahres Interesse aus übergrofser Vorsicht und Mangel an Einsicht. Das bekannteste schon in § 16 erwähnte Beispiel in dieser Beziehung ist der hartnäckige Widerstand, welchen seiner Zeit die englischen Bahnen der Einführung der dritten Wagenklasse entgegengesetzt haben, welche jetzt mehr als zwei Drittel der Einnahmen aus dem Personenverkehr aufbringt.

Ein schlagender Beweis dafür, dafs die privatwirtschaftliche Eisenbahnverwaltung in erster Linie ihre gewinnsüchtigen Interessen verfolgt und eine gemeinwirtschaftliche Funktion, welche man ihr zuschreiben will, n i c h t wahrnimmt, ist ferner die vielfach vorkommende Begünstigung k o n k u r r i e r e n d e r a u s l ä n d i s c h e r I n t e r e s s e n u n d E r z e u g n i s s e g e g e n ü b e r d e n i n l ä n d i s c h e n.

Selbst vom Standpunkt des starren Freihandels kann es gewifs nicht gebilligt werden, die inländische Produktion mit teureren Frachten zu belasten als die ausländische und dadurch die Konkurrenz der letzteren zu erleichtern. Selbstverständlich sind diejenigen Begünstigungen nicht als unzulässig anzusehen, wie sie bei direkten Tarifen durch Wegfall der Expeditionsgebühr der Zwischenbahnen sich gegen die Umexpedition an den Zwischenstationen ergeben, oder wie sie bei längeren Entfernungen durch Anwendung von Staffeltarifen gegen kürzere Entfernungen entstehen, sondern nur solche Begünstigungen, wo das inländische Erzeugnis für eine kürzere Strecke mehr Fracht zu zahlen hat, als das ausländische für die längere Strecke, wo also Frachtdisparitäten im weiteren Sinne, d. h. nicht auf vorliegende Stationen derselben Linie beschränkte Frachtdisparitäten vorhanden sind. Dafs solche Begünstigungen der ausländischen Erzeugung nicht ausnahmsweise, sondern zahlreich vorkommen, erhellt aus den Ausführungen und Citaten des § 30. Eine derartige Frachtfestsetzung zu Gunsten des Auslandes erscheint aber von einem mehr erleuchteten und höheren Standpunkte selbst der privatwirtschaftlichen Eisenbahnverwaltung aus als eine verkehrte Mafsregel, weil dabei nicht beachtet wird, dafs in der Regel lediglich das ausländische Fabrikat transportiert wird, während dem Transporte des inländischen Fabrikates schon vorangegangen ist ein weit bedeutenderer Transport an Rohprodukten zur Fabrikation, ferner zur Errichtung der betreffenden gewerblichen Anlage und für den Lebensunterhalt der bei der Fabrikation beschäftigten Personen.

So hat man z. B. berechnet, dafs bei Anfertigung von 1000 t Schienen in Rheinland-Westfalen allein durch die dazu nötigen Rohprodukte, Erze, Kohlen, Kalk etc. der Eisenbahn Transporte von durchschnittlich 6000 t zugeführt werden.

Aber einer derartigen Auffassung seitens der Privatbahnen steht in der Regel die zu grofse Zersplitterung des Eisenbahneigentums entgegen, welche verhindert, dafs diejenige Bahn, in deren Gebiet das Fabrikat verbraucht wird, ein Interesse an der Erzeugung desselben nimmt, weil dieselbe im Gebiet einer anderen Bahn stattfindet und nur dieser die zur Produktion nötigen Transporte zu gute kommen. Und so zeigt auch hier wieder die privatwirtschaftliche Verwaltung der Eisenbahnen und ihre Tarifgestaltung sich geradezu unfähig, die allgemeinen volkswirtschaftlichen Interessen in genügender Weise zu berücksichtigen und zu befriedigen. Sie gelangt im Gegenteil in Befolgung ihres Erwerbsinteresses oft dahin, den nationalen Interessen der inländischen Erzeugung, sowie der im Interesse der Allgemeinheit eingeschlagenen Zollpolitik direkt entgegenzuarbeiten.

§ 34. *Grundsätzliche Würdigung der Wertklassifikation und differentiellen Tarifbildung.*

Die beiden Haupterscheinungen der privatwirtschaftlichen Tarifgestaltung die Wertklassifikation und die differentiellen Tarife haben, wie bereits in § 22 ausgeführt wurde, denselben Ursprung und dienen gleichen Zwecken. Vielfach sind sie als grundsätzlich falsch bekämpft worden, namentlich von denjenigen, welche die Festsetzung der Tarife auf Grundlage der Selbstkosten verlangen, indem sie ausführen, dafs der Wert der Güter und deren Belastungsfähigkeit für die Bemessung der Transportpreise ganz gleichgültig sei und es der Eisenbahn nicht mehr koste, einen Zentner Seide zu befördern als einen Zentner Kohlen. Indes ist bereits früher der Nachweis erbracht, dafs und warum nicht die Selbstkosten allein und nicht in erster Linie mafsgebend sind für die Tarifgestaltung, und es ergiebt sich hieraus schon die Unrichtigkeit dieser Gründe gegen die Werttarifierung. Es ist aber auch, wie Sax Verkehrsmittel Bd. II S. 419 zutreffend ausführt, der Wert der Transportgüter in der That von Einflufs auf die Transportleistung. Sax sagt:

»Wenn, wie feststeht, durch geringere Frachtpreise per Gewichtseinheit bei den geringwertigen Gütern eine gröfsere Transportmenge derselben der Bahn zugeführt wird, die vermehrten Aktivleistungen aber die Selbstkosten vermindern, so ist es eben nicht wahr, dafs der Wert der Transportgüter ohne Einflufs auf die Transportleistung selbst ist, vielmehr das Gegenteil erwiesen, und da die Ermäfsigung des Tarifs bei den geringwertigen Gütern nur einen kleinen Überschufs als Verzinsungs- resp. Gewinnanteil des Kapitals ubrig läfst, so liegt bei der geringeren Einwirkung höherer Tarife auf die Absatzverhältnisse bei höherwertigen Gütern keinerlei allgemein volkswirtschaftlicher Grund vor, bei solchen nicht kompensationshalber einen gröfseren Aufschlag über die Selbstkosten eintreten zu lassen.«

Dafs die Berücksichtigung des Wertes bezw. der Zahlungsfähigkeit bei der Bemessung der Preise der Transportleistung vom privatwirtschaftlichen Standpunkt aus richtig und wohlbegründet und dafs dieselbe auch nichts Aufsergewöhnliches, lediglich den Eisenbahnen Eigentümliches sei, kann also nicht zweifelhaft sein und ist auch bereits früher dargelegt. Allein hierdurch wird noch nicht bewiesen, dafs eine solche Festsetzung der Eisenbahntarife auch vom allgemeinen volkswirtschaftlichen Standpunkt aus richtig sei. Und eine Untersuchung hierüber ist um so notwendiger, als dies von vielen Stimmen bestritten wird. Die zahlreichen und schweren Mifsstände, welche unleugbar die Entwickelung der privatwirtschaftlichen Tarifgestaltung mit sich gebracht hat, werden oft den Haupterscheinungen derselben, der Wertklassifikation und differentiellen Tarifbildung zur Last gelegt und hieraus die Unrichtigkeit dieser Tarifgrundsätze gefolgert. Indes wohl mit Unrecht, wie schon in § 30 erwähnt. Denn der gröfste Teil dieser Mifsstände ist nicht durch die Wertklassifikation und differentielle Tarifbildung an sich herbeigeführt, sondern durch die Art der Handhabung dieser Tarifgrundsätze seitens der lediglich den höchstmöglichen Reinertrag erstrebenden privatwirtschaftlichen Eisenbahnverwaltung und durch die in der ersten Periode des Eisenbahnwesens herrschende Zersplitterung des Eisenbahnbesitzes. Will man also über diese Tarifgrundsätze selbst zu einem unparteiischen Urteil gelangen, so mufs man sie ohne Rücksicht auf die Ausbildung, welche sie unter Einwirkung dieser ungünstigen Umstände erfahren haben, betrachten. Dies soll in nachstehendem versucht werden.

An und für sich und grundsätzlich kann es gewifs auch vom allgemein volkswirtschaftlichen Standpunkt nur begrüfst werden, wenn die Eisenbahnverwaltung für die geringwertigen Güter und ärmeren Reisenden sowie bei Transporten auf weitere Entfernung ermäfsigte Preise gewährt und diese Transporte, welche sonst nicht stattfinden würden, hierdurch möglich macht. Aber immerhin bleibt die Frage zu erörtern, ob es gerecht und richtig sei, die wertvollen und nahen Transporte kompensationshalber mit einem gröfseren Aufschlage über die Selbstkosten zu belasten, als die geringwertigen und entfernten. Vorausgesetzt, dafs dies überhaupt geschieht. Denn dies ist nicht unzweifelhaft und wird auf Grund der geschichtlichen Entwickelung des Eisenbahntarifwesens in folgender Weise bestritten. Während nämlich, wie schon in § 29 ausgeführt, anfangs vielfach ganz einfache Tarife, derselbe Einheitssatz für alle Arten Güter und auch sonst nicht sehr erhebliche Unterschiede in der Tarifierung bestanden, wurden im Laufe der Entwickelung des Tarifwesens nach und nach die Transportpreise für die geringwertigen und weiten Transporte immer mehr verringert, sei es durch Herabsetzung derselben in niedrigere Wertklassen, sei es durch Gewährung ermäfsigter Differentialtarife. Diese Ermäfsigung der Transportpreise erfolgte aber nicht auf Kosten des höherwertigen und auf kurze Entfernung zu transportierenden Verkehrs dadurch, dafs dieser entsprechend im Transportpreise erhöht worden wäre, sondern gemäfs dem Preisgesetze des Verkehrs wurde durch diese Verringerung des Transportpreises für die geringwertigen und entfernten Transporte die Transportmasse derartig erhöht, dafs der von diesen aufgebrachte Gesamt-Reinertrag mindestens ebenso hoch und meist höher sich stellte, als vorher. Dem höherwertigen und Nah-Verkehr erwuchs also hieraus kein Schaden, er zahlt vielmehr nur das, was er früher bei einer Durchschnittstarifierung gezahlt hat. Dafs eine solche Entwickelung des Tarifwesens in der That vielfach stattgefunden hat, ist unzweifelhaft.

Vgl. die Aussage des Sachverständigen Büchtemann in der deutschen Tarifenquête von 1875, stenographische Berichte S. 9 und 10.

Immerhin ist dagegen geltend zu machen, dafs diese Entwickelung nur bei den ältesten Eisenbahnen und auch hier nicht überall sich vollzogen hat, während die späteren Eisenbahnen mit der ungleichen Festsetzung der Tarife auf Grund der gemachten Erfahrungen begonnen haben. Und deshalb wird man nicht umhin können, die Frage an sich zu prüfen, ob diese verschiedene Belastung der Reisenden und Güter nach ihrer Zahlungsfähigkeit volkswirtschaftlich gerechtfertigt sei.

Mit dieser schwierigen und wichtigen Frage hat sich neuerdings Cohn eingehend befafst.

Vgl. Englische Eisenbahnpolitik der letzten 10 Jahre S. 65—85.

Er kommt zu dem Resultat, dafs der Grundsatz der verschiedenen Tarifierung nach dem Werte bezw. der Zahlungsfähigkeit nichts anderes sei, als eine Besteuerung nach der Leistungskraft und insofern an sich vollständig berechtigt. Die Schwierigkeit liege einmal in der Ausfuhrung, in der richtigen Einschätzung wegen der Elastizität und Relativität der die Tragfähigkeit bestimmenden Momente, dann aber wesentlich auch in den ausführenden Organen, weil die Privatbahnverwaltungen gar nicht sich ernstlich bemühten, die Leistungsfähigkeit und die Tarife auf ausreichender Rechnungsgrundlage vernünftig festzustellen, vielmehr das blinde Ungefähr und neben dem Streben nach möglichst hohem Reingewinn noch gewisse afterstaatliche Triebe, Herrschsucht, Ehrgeiz der Eisenbahndirektoren und dergleichen als bestimmende Gründe hierbei mitwirkten. So sei das gesamte Verkehrsinteresse anheimgegeben der willkührlichen Einschätzung privater Aktiengesellschaften, und das errege vielfach Anstofs und erwecke das Gefühl der Ungerechtigkeit, weil die Instanz für eine folgenreiche öffentliche Einschätzung in den Händen einer spekulativen Gesellschaft und ihrer Beauftragten ruhe, anstatt in der Hand des Staates, als des allein befähigten und berechtigten Ordners dieser Angelegenheit.

Mit diesem Resultate der Cohnschen Untersuchung kann man sich meines Erachtens einverstanden erklären. Wenn sonach eine verschiedene Belastung der Personen und Güter nach ihrer Leistungsfähigkeit grundsätzlich nicht ungerechtfertigt ist, so sind auch die Wertklassifikation und die differentielle Tarifbildung an sich richtige Tarifgrundsätze. Es wird wesentlich auf die Handhabung derselben ankommen, ob sie zu für das Allgemeininteresse guten oder schädlichen Ergebnissen führen. Und in dieser Beziehung weiche ich etwas von Cohn ab. Seine Voraussetzung für ein gutes Ergebnis, dafs die Einschätzung nicht nach der Willkür gewinnsuchender Aktiengesellschaften, sondern durch die Hand des Staates erfolge, scheint mir nicht zu genügen. Denn es bleibt die wichtige Frage noch offen, wie denn der Staat diese Einschätzung nach der Leistungsfähigkeit vornehmen soll, ob in derselben Weise, nach denselben Grundsätzen, wie die Aktiengesellschaften, oder nach anderen Grundsätzen. Es handelt sich also nicht nur darum, dafs der Staat die Tarifgestaltung in die Hände bekommt, sondern vor allem auch um das Verwaltungsprinzip, ob der Staat nach dem privatwirtschaftlichen Verwaltungsprinzip die Eisenbahnen verwaltet und die Tarife festsetzt, oder ob er dabei nach gemeinwirtschaftlichen Grundsätzen, bezw. dem Gebührenprinzip verfährt. Cohn, Englische Eisenbahnpolitik, Bd. II S. 480, meint zwar: »Denn in der Hand des Staates nimmt jedes Unternehmen einen öffentlichen Charakter an, und die unter anderen Verhältnissen privatwirtschaftliche Veranstaltung wird als Staatsanstalt aus innerer Notwendigkeit etwas anderes.«

Indes die Erfahrungen wenigstens der ersten Entwickelungsperiode des Eisenbahnwesens widersprechen diesem Satze insofern, als vielfach auch der Staat seine Eisenbahnen privatwirtschaftlich verwaltet hat, und dadurch ganz dieselben oder ähnliche Mifsstände und Nachteile in der Tarifgestaltung entstanden sind, wie bei der Verwaltung der Privatbahnen.

Vgl. meinen Aufsatz: »Einige Bemerkungen zu Cohns englischer Eisenbahnpolitik der letzten 10 Jahre und über eine gemeinwirtschaftliche Tarifgestaltung« im Archiv für Eisenbahnwesen Jahrg. 1884, S. 424.

Mit Feststellung dieser Thatsache kann ich hier abschliefsen;

die Erörterung der Frage, in welcher Weise der Staat die Tarife gestalten mufs, um die Mängel und Nachteile der privatwirtschaftlichen Tarifgestaltung zu vermeiden, gehört in den folgenden Abschnitt.

§ 35. *Staatliche Vorschriften zur Kontrolle und Beschränkung der privatwirtschaftlichen Tarifgestaltung.*

Um die Nachteile der privatwirtschaftlichen Tarifgestaltung zu verhuten bezw. zu beschränken, sind fast in allen Ländern teils in Gesetzen teils in den Konzessionen und im Aufsichtswege Bestimmungen bezüglich der Tarifgestaltung getroffen.

Eine Ausnahme bilden auch hier wieder die Vereinigten Staaten von Nordamerika, wo seitens der Bundesregierung keinerlei Aufsicht geübt wird, und nur in einigen Einzelstaaten gesetzliche Bestimmungen bezuglich der Tarife erlassen sind, aber ohne wesentlichen praktischen Erfolg, so dafs die Privatbahnen in der Tarifgestaltung thatsächlich unbeschränkt sind, vgl. von der Leyen, Die nordamerikanischen Eisenbahnen, S. 120—176.

Naturgemäfs sind diese Bestimmungen im wesentlichen negativer Natur. Der Staat kann wohl in Ausübung seines Aufsichtsrechts die Verhütung bezw. Beseitigung der schädlichen Auswuchse der privatwirtschaftlichen Tarifgestaltung erstreben, nicht aber die Einführung einer gemeinwirtschaftlichen Tarifgestaltung durch die privatwirtschaftliche Eisenbahnverwaltung erreichen wollen. Jedenfalls mufs ein derartiger Versuch mifslingen, weil eine privatwirtschaftliche Verwaltung gegen ihre Natur und ihr Wesen handeln müfste, wenn sie eine gemeinwirtschaftliche Tarifgestaltung einführte. Dies ist vielmehr nur möglich, wie in § 10 dargelegt, bei einer gemeinwirtschaftlichen Eisenbahnverwaltung.

Als Mittel des Staates, die privatwirtschaftliche Tarifgestaltung im Aufsichtswege zu Gunsten der allgemeinen Interessen zu beschränken, sind folgende zu erwähnen:

1. Festsetzung von Maximaltarifen durch Gesetz oder Konzessionen, welche nicht überschritten werden dürfen. Derartige Maximaltarife finden sich fast in allen Kulturstaaten, besonders aber in England, Frankreich, Österreich-Ungarn, auch in Deutschland. Dies Mittel, eine den allgemeinen Interessen schädliche, zu hohe Festsetzung der Tarife zu verhindern, hat sich indes wenig wirksam gezeigt, da die Maximaltarife meist in der ersten Entwickelungszeit der Eisenbahnen und infolgedessen sehr hoch festgesetzt und durch die nach dem Preisgesetz des Verkehrs später eintretende Ermäfsigung der Tarife bald ganz bedeutungslos wurden. Auch die

hier und da vorbehaltene Revision der Maximaltarife hat dagegen nicht geschützt, zumal die Ausführung derselben mit Schwierigkeiten verbunden ist, und im konkreten Falle oft von den Privatbahnen durch ihren Einflufs vereitelt wird.

Vgl. Cohn, Englische Eisenbahnpolitik der letzten 10 Jahre, S. 119—121.

Nur im Personenverkehre sind die gesetzlichen Maxima hier und da in England, Frankreich und Österreich von praktischer Bedeutung geworden, weil im Personenverkehre eine derartige Herabsetzung der Tarife, wie im Guterverkehre, nicht entfernt stattgefunden hat, dieselben vielmehr zum Teil noch auf derselben Höhe stehen, wie in den ersten Zeiten des Eisenbahnwesens.

Vgl. Cohn, a. a. O. S. 46; Sax, Verkehrsmittel, Bd. II, S. 244.

Im Güterverkehr dagegen sind sie fast ausnahmslos ohne Bedeutung. Unter allen Umständen aber können sie nur verhüten, dafs nicht die Tarife in einer übermäfsigen Höhe festgesetzt werden, nicht aber eine angemessene, den Allgemeininteressen entsprechende Festsetzung der Tarife herbeiführen. Wenn es sich darum handelt, Ermäfsigungen im allgemeinen Interesse uber den Punkt hinaus zu erlangen, bis wohin nach dem Preisgesetz des Verkehrs die Ermäfsigungen auch im Interesse der Eisenbahn liegen, versagen die Maximaltarife naturgemäfs ihren Dienst.

Eine Art Festsetzung von Maximaltarifen ist es auch, wenn gesetzlich oder durch Konzession bestimmt ist, dafs bei Erreichung eines gewissen Ertrags aus der Eisenbahnunternehmung eine Ermäfsigung der Tarife eintreten soll. Eine derartige Bestimmung findet sich in englischen Konzessionen, wonach bei Erreichung einer Dividende von 10 Prozent eine Herabsetzung der Maxima eintreten soll, und aufserdem ist in dem englischen Eisenbahngesetz von 1845 allgemein eine Revision der Maximaltarife vorbehalten. Ferner soll nach § 33 des preufsischen Eisenbahngesetzes vom 3. November 1838 eine Ermäfsigung der Tarife eintreten, wenn sich an Zinsen und Gewinn ein Reinertrag von mehr als 10 Prozent des in dem Unternehmen angelegten Kapitals ergiebt, nach § 10e des österreichischen Konzessionsgesetzes von 1854 bei Erreichung einer Dividende von 15 Prozent. Aber alle diese Bestimmungen sind nie praktisch geworden. Auch in den Vereinigten Staaten besteht in einigen Einzelstaaten die Bestimmung, dafs bei einer Dividende von mehr als 10 Prozent des Aktienkapitals die Tarife ermäfsigt werden mussen, sie wird aber auch hier mit

Erfolg umgangen durch die sogen. Verwässerung, d. h. betrügerische Erhöhung des Aktienkapitals.

Vgl. von der Leyen, a. a. O. S. 8 ff.

2. Die Verpflichtung, ausnahmsweise für gewisse Verkehre oder zu bestimmten Zwecken (Notstandstarife, Post- und Militärtarife) niedrige Tarife zu gewähren, welche in den meisten Ländern den Eisenbahnen auferlegt ist, ist zwar im gemeinwirtschaftlichen Interesse notwendig und nützlich, jedoch für den allgemeinen Verkehr von keiner praktischen Bedeutung, weil diese ausnahmsweise ermäfsigten Tarife demselben nicht zu gute kommen.

3. Der Vorbehalt der Genehmigung von Tariferhöhungen seitens des Staates hat bei der Richtung auf allmähliche Frachtermäfsigung ebenfalls keine sehr grofse Bedeutung. Oft wirkt er sogar insofern schädlich, als er die Privateisenbahnen davon abhält, Ermäfsigungen einzuführen, von denen es nicht ganz sicher ist, ob sie von finanziellem Vorteil sein werden. Jedenfalls vermag nach den gemachten Erfahrungen dieser Vorbehalt nicht, die schädlichen Auswüchse der privatwirtschaftlichen Tarifgestaltung, z. B. die Frachtdisparitäten, den häufigen Wechsel und die Verwirrung der Tarife zu verhindern bezw. eine den Allgemeininteressen entsprechende Tarifgestaltung herbeizuführen.

4. Von gröfserer Bedeutung ist es dagegen, wenn jede Tarifänderung insbesondere auch Einführung eines jeden Ausnahmetarifs der Genehmigung der Aufsichtsbehörde bedarf. Solche Bestimmungen finden sich z. B. in Deutschland, Frankreich, Osterreich. Es ist hierdurch die Möglichkeit gegeben, die Einführung von Ausnahmetarifen auf ein zulässiges Mafs zu beschränken bezw. zu verhindern, dafs solche Ausnahmetarife eingeführt werden, welche den Allgemeininteressen geradezu widersprechen, z. B. das Ausland gegenüber dem Inlande begünstigen und der nationalen Handels- und Zollpolitik entgegenarbeiten. Doch hat die Erfahrung namentlich in Frankreich und Osterreich gezeigt, dafs die Staatsaufsicht schwer imstande ist, eine wirksame Kontrolle zu führen bezw. dafs diese Kontrolle leicht erlahmt und zu einer blofsen Form wird. Aufserdem ist das dem Staate gewährte Recht immer doch nur ein negatives, er kann nicht die Privateisenbahnen zu einem positiven Handeln, zu Mafsregeln, welche im allgemeinen Interesse liegen, zwingen. Thatsächlich haben selbst bei dieser weitgehenden Staatsaufsicht die privaten Eisenbahn-

verwaltungen ihre Zwecke im grofsen und ganzen zu erreichen vermocht, und sind infolge dessen die Mifsstände der privatwirtschaftlichen Tarifgestaltung in gröfserem Umfange auch da eingetreten, wo dieses weitgehende Aufsichtsrecht des Staates besteht.

Vgl. den mehrfach angeführten Bericht Waddingtons im Archiv für Eisenbahnwesen Jahrg. 1880, S. 150 ff. und den Bericht von Baïhaut a. a. O. S. 19 ff., ferner Österreichische Tarifenquête 1882/83 Teil I S. 637.

5. Die Vorschrift, dafs jeder Tarif eine bestimmte Zeit bestehen bleiben mufs, bietet eine erwünschte Sicherheit gegen allzuhäufige Tarifänderungen und giebt den Tarifen mindestens eine gewisse Stetigkeit. Nach dieser Richtung ist diese Vorschrift von erheblichem Werte zur Vermeidung der im § 31 geschilderten Nachteile.

6. Die Vorschrift der Öffentlichkeit und rechtzeitigen Veröffentlichung der Tarife ist von nicht zu unterschätzender Bedeutung, obwohl dadurch die Gewährung geheimer Vorteile (Refaktien) nicht sicher verhindert werden kann, wie bereits im § 28 ausgeführt wurde. Immerhin wird diese nur in beschränktem Mafse möglich sein und für die Verkehrtreibenden eine gewisse Sicherheit in Bezug auf die Frachtverhältnisse geschaffen. Aufserdem wird in der rechtzeitigen, möglichst lange vorher erfolgenden Veröffentlichung der Tarifänderungen den Verkehrsinteressenten ein wirksames Mittel geboten, die Nachteile der bei der privatwirtschaftlichen Tarifgestaltung so häufigen Tarifänderungen zu vermeiden oder zu mildern.

7. Die Bestimmung, dafs nach einer auf derselben Linie vorliegenden Station niemals mehr an Fracht erhoben werden darf als nach einer dahinterliegenden entfernteren Station, beschränkt die Differentialtarife bezw. vermeidet wenigstens die sog. Frachtdisparitäten. Noch weiter gehende Bestimmungen dahin, dafs Frachtdisparitäten nicht nur auf derselben Linie, sondern innerhalb eines ganzen Eisenbahngebietes und im Verkehr mit dem Ausland unzulässig sind, können namentlich auch gegenüber der Neigung der privatwirtschaftlichen Tarifgestaltung, aus Erwerbsinteressen die auswärtige Erzeugung gegen die inländische zu begünstigen, von Wert sein.

8. Ferner finden sich vielfach Vorschriften, wonach keine Eisenbahngesellschaft direkten Verkehr und direkte Tarife verweigern darf. Diese Sicherung des direkten Verkehrs ist unter Umständen nützlich, da die Verweigerung desselben bei Konkurrenzkämpfen wohl vorkommt. Immerhin sind ein erzwungener direkter

Verkehr und direkte Tarife ohne gleichzeitige Gewährung von Ermäfsigungen, die nicht wohl vorgeschrieben werden kann, nur von relativem Wert.

9. Endlich ist noch zu gedenken der in der Gesetzgebung bezw. den Eisenbahnkonzessionen fast aller Kulturstaaten in irgend einer Form sich findenden Bestimmung, wonach die Transportleistungen der Eisenbahnen für Jedermann ohne Unterschied bezw. unter gleichen Bedingungen erfolgen sollen. Diese Vorschrift hat fast überall das gleiche Schicksal gehabt, mehr oder weniger auf dem Papier zu bleiben. Ihr standen das auf Individualisierung und Differenzierung der Transportpreise hindrängende Erwerbsinteresse der Privateisenbahnen und die durch den Wettbewerb derselben geschaffenen Verhältnisse gegenüber. Hierdurch wurde die praktische Ausführung dieser Vorschrift um so eher verhindert, als bei der meist sehr allgemeinen Fassung derselben die Auslegung schwierig und zweifelhaft und der Nachweis der Verletzung der Vorschrift bei den verwickelten Tarifverhältnissen oft kaum zu führen war. So ist in England durch Cardwells traffic act von 1854 vorgeschrieben, dafs keine Eisenbahngesellschaft einen ungebührlichen Vorzug gewähren soll zu gunsten einer Person oder Gesellschaft oder einer besonderen Art des Verkehrs. Die Gerichte haben diese Vorschrift so aufgefafst, dafs eine Eisenbahngesellschaft verpflichtet ist, dieselbe Behandlung allen Personen in gleicher Weise unter denselben Umständen zu gewähren, aber dafs die Gesellschaft durch nichts behindert ist, im Interesse ihres Unternehmens und Gewinnes solche Bedingungen aufzuerlegen, welche die Wirkung haben, eine Klasse von Gewerbtreibenden oder eine Stadt oder einen Teil ihres Verkehrs zu begünstigen, immer vorausgesetzt, dafs die Bedingungen die gleichen sind fur alle Personen, welche zu jener bevorzugten Klasse, Stadt etc. gehören, und dafs sie in der That im Geschäftsinteresse der Eisenbahn gestellt sind. Es bleibt also nur verboten die persönliche Begünstigung einzelner, aber auch diese ist sehr schwer festzustellen bei der Unbestimmtheit des Begriffs der »gleichen Umstände«, und bei der Gewohnheit, für gröfsere Transportmengen Rabatt zu gewähren im Wege besonderer Vereinbarungen.

Cohn, Englische Eisenbahnpolitik Bd. II S. 401 und 460—463; Englische Eisenbahnpolitik der letzten zehn Jahre S. 151 und 152.

In Frankreich ist in den Bedingnisheften vorgeschrieben, dafs alle Taxen ohne Unterschied und ohne Begünstigung einzelner erhoben werden sollen. Ähnlich in Belgien. In dem schweizerischen Bundesgesetz über den Bau und Betrieb der Eisenbahnen Art. 35, 3 ist vorgeschrieben, dafs die Eisenbahnverwaltungen niemandem einen Vorzug in irgend welcher Form einräumen sollen, den sie nicht unter gleichen Umständen allen andern gestatten. Auch in den italienischen Normaltarifen von 1885 finden sich derartige Bestimmungen. In Preufsen ist in § 32 des Gesetzes vom 3. Nov. 1838 den Eisenbahnen auferlegt, fur die angenommenen Sätze alle zur Fortschaffung aufgegebenen Waaren, deren Transport polizeilich zulässig ist, ohne Unterschied der Interessenten zu befördern. Dafs diese Bestimmungen häufig nicht befolgt wurden, ist bereits früher nachgewiesen.

§ 36. *Schlufsergebnis.*

Im ganzen und grofsen kann man mit Recht behaupten, dafs alle staatlichen Aufsichtsrechte und Vorschriften, selbst wenn sie streng gehandhabt werden, was aber sehr häufig nicht der Fall ist, wohl den einen oder andern schlimmen Auswuchs der privatwirtschaftlichen Tarifgestaltung verhüten oder beschränken können, dafs sie aber das eigentliche Wesen der privatwirtschaftlichen Tarifgestaltung zu ändern nicht imstande sind.

Die in dem dritten Abschnitt geschilderten Nachteile der privatwirtschaftlichen Tarifgestaltung sind von derselben untrennbar und durch keinerlei Mafsnahmen völlig zu beseitigen. Man steht vor der Wahl, entweder der Privatverwaltung die Tarifgestaltung nahezu vollständig zu entziehen und damit zugleich nicht nur die wichtigste ihrer Befugnisse, sondern auch das vorzüglichste Mittel, das in dem betreffenden Unternehmen angelegte Kapital möglichst nutzbringend zu machen, also der That nach die private Verwaltung in der Hauptsache zu beseitigen, oder aber sie mit ihren notwendigen, mehr oder weniger weitgehenden nachteiligen Folgen beizubehalten.

Das lehrt unwiderleglich die Eisenbahngeschichte der verschiedenen Kulturstaaten. Für England ist dies in mustergültigster und überzeugendster Weise dargethan durch Cohns Untersuchungen über die englische Eisenbahnpolitik. Ein noch schlimmeres Bild zeigen die Zustände in dem Eisenbahnwesen der Vereinigten Staaten.

Vgl. darüber v. d. Leyen, Die nordamerikanischen Eisenbahnen, S. 19—22; 120—176.

Wenn man diese Erfahrungen dadurch widerlegen will, dafs man auf die Schwache der staatlichen Gewalt und auf die wesentlich privatwirtschaftliche Gestaltung der ganzen Volkswirtschaft in diesen

Ländern hinweist, so können die im wesentlichen gleichen Tarifverhältnisse entgegengehalten werden, wie sie sich in den festländischen europäischen Ländern entwickelt haben und zum gröfsten Teil noch bestehen. In Deutschland bestand noch vor wenigen Jahren eine durchweg privatwirtschaftliche Tarifgestaltung, welche eine ungeheure Tarifungleichheit und Tarifverwirrung mit all den im dritten Abschnitt erörterten nachteiligen Folgen trotz weitgehender staatlicher Aufsichtsrechte herbeigeführt hatte. Diese Schäden der privatwirtschaftlichen Tarifgestaltung sind erst in neuerer Zeit beschränkt und zum Teil beseitigt durch die Verstaatlichung der Privateisenbahnen und die seitdem namentlich seitens Preufsens eingeschlagene gemeinwirtschaftliche Tarifpolitik. Ganz dasselbe läfst sich von Osterreich-Ungarn sagen, nur dafs die Entwickelung zur gemeinwirtschaftlichen Tarifgestaltung noch nicht soweit als in Deutschland vorgeschritten ist und die erwähnten Übelstände mindestens in Österreich noch in weit erheblicherem Mafse fortbestehen. Die neueste österreichische Tarifenquête 1882/83 hat hierfür den Beweis erbracht.

In Frankreich, dem gepriesenen Musterlande der privatwirtschaftlichen Eisenbahnverwaltung, sind die schädlichen Folgen der privatwirtschaftlichen Tarifgestaltung trotz der gerühmten staatlichen Vorschriften und Aufsicht in weitgehendem Mafse eingetreten. Den Beweis liefert die französische Eisenbahngeschichte, insbesondere der letzten zehn Jahre. Nicht anders sind die Ergebnisse in Rufsland und Italien.

Alle diese Erfahrungen der Eisenbahngeschichte weisen auf die Notwendigkeit hin, die privatwirtschaftliche Tarifgestaltung zu beseitigen und eine andere, eine gemeinwirtschaftliche Tarifgestaltung an ihre Stelle zu setzen, wenn man zu einer wirklichen Reform des Tarifwesens, zu einer gründlichen Abstellung der Mängel und Nachteile der privatwirtschaftlichen Tarifgestaltung gelangen will. Die Darstellung dieser gemeinwirtschaftlichen Tarifgestaltung und den Nachweis, dafs dieselbe in der That die Mängel und nachteiligen Folgen der privatwirtschaftlichen Tarifgestaltung zu beseitigen geeignet ist, wird der folgende Abschnitt bringen.

VIERTER ABSCHNITT.

Die gemeinwirtschaftliche Tarifgestaltung.

Vgl. meinen Aufsatz: »Einige Bemerkungen zu Cohns englischer Eisenbahnpolitik der letzten 10 Jahre und über eine gemeinwirtschaftliche Tarifgestaltung« im Archiv für Eisenbahnwesen Jahrgang 1884 S. 420—440.

§ 37. *Die Grundlagen der gemeinwirtschaftlichen Tarifgestaltung.*

Grundlage und Voraussetzung einer gemeinwirtschaftlichen Tarifgestaltung ist, dafs die Tarifgestaltung wo möglich der gesamten Eisenbahnen allgemeiner Bedeutung eines Landes bezw. eines nationalen Wirtschaftsgebietes in den Händen der Gemeinwirtschaft bezw. des Staates ist und von dessen Organen ausgeübt wird.

Eisenbahnen allgemeiner Bedeutung ist hier gesagt im Gegensatz zu den Eisenbahnen örtlicher Bedeutung, denen der Staat wegen der nur örtlichen Interessen, die dabei in Betracht kommen, in der Tarifgestaltung ohne Bedenken eine weitgehende Selbständigkeit lassen kann, vgl. hierüber meinen Aufsatz: »Die Klassifikation der Eisenbahnen« im Archiv für Eisenbahnwesen Jahrgang 1884 S. 107 und 108.

Am vollkommensten zeigt sich diese Voraussetzung da erfüllt, wo der Staat das Eigentum und die Verwaltung der Eisenbahnen hat, indes läfst sich auch der Fall denken, dafs der Staat, ohne das Eigentum und die Verwaltung der Bahnen zu haben, durch Gesetz oder Vertrag das unbeschränkte Recht der Tarifgestaltung besitzt und dasselbe auch durch eigene Organe ausübt. Die Ausübung dieses Rechts durch andere Organe, zumal privatwirtschaftliche z. B. private Aktiengesellschaften, welche den Betrieb der Eisenbahnen gepachtet haben, kann nicht als genügende Grundlage einer gemeinwirtschaftlichen Tarifgestaltung angesehen werden. Es liegt hier vielmehr die Gefahr nahe, dafs in den Händen der Privatwirtschaft ihrem Wesen und unwiderstehlichen Trieben entsprechend die Tarifgestaltung allmählich eine privatwirtschaftliche werden und das Recht des Staates auf die Tarifgestaltung nach und nach zu einem blofsen Aufsichtsrechte zusammenschrumpfen wird.

Diese Gefahr wird z. B. Italien laufen trotz aller Vorbehalte bezüglich der Tarifgestaltung, welche es in den Verpachtungsverträgen seiner Staatsbahnen gemacht hat.

Ebenso ist eine ungenügende Grundlage einer gemeinwirtschaftlichen Tarifgestaltung da vorhanden, wo der Staat blofs einen

Teil der Eisenbahnen besitzt und verwaltet, und daneben bedeutende Privatbahnnetze unabhängig bestehen, also bei dem sog. gemischten System. In diesem Falle verhindert die privatwirtschaftliche Tarifgestaltung der Privatbahnen die Durchführung einer gemeinwirtschaftlichen Tarifgestaltung bei den Staatsbahnen, und es macht schon die Zersplitterung des Eisenbahneigentums mit ihren Folgen insbesondere der Konkurrenz die Aufrechterhaltung einer privatwirtschaftlichen Tarifgestaltung auch bei den Staatsbahnen in gewissem Umfange notwendig. Ganz dieselbe Wirkung tritt ein dann, wenn es sich um die Staatsbahnen kleiner Staaten handelt, welche eine selbständige Tarifpolitik überhaupt nicht treiben können, weil sie an allen Seiten und Enden durch die Bahnen der benachbarten Staaten beeinflufst werden und in ihrer Tarifgestaltung ebenso auf diese Rücksicht nehmen müssen, wie beim gemischten System die Staatsbahnen auf die der Privatbahnen. Letzterer Fall liegt z. B. bei den Staatsbahnen der deutschen Mittel- und Kleinstaaten vor. Es erscheint deshalb der Übergang der sämtlichen Eisenbahnen allgemeiner Bedeutung eines gröfseren Landes oder Bundesstaates in Eigentum und Verwaltung des Staates als die sicherste und beste Grundlage einer gemeinwirtschaftlichen Tarifgestaltung.

Dafs indes mit der Übernahme der Eisenbahnen durch den Staat schon alles geschehen sei, läfst sich nicht behaupten. Auch der Staat kann eine wesentlich privatwirtschaftliche Tarifgestaltung beibehalten, wenn schon naturgemäfs manche Härten durch die Staatsverwaltung gemildert werden, vor allem die Überschüsse der Gemeinwirtschaft zu Gute kommen. Eine privatwirtschaftliche Tarifgestaltung der Staatseisenbahnen kommt insbesondere vor, solange als die Erzielung eines möglichst hohen Überschusses für diese den Hauptzweck bildet, demnach in der ersten Entwicklungsperiode des Eisenbahnwesens, wie bereits in § 10 ausgeführt.

Der notwendige weitere Schritt zur Beseitigung der privatwirtschaftlichen und der Übergang zu einer gemeinwirtschaftlichen Tarifgestaltung besteht also darin, dafs der Staat bei Verwaltung der Eisenbahnen nicht mehr in erster Linie die Erzielung eines möglichst hohen Überschusses, sondern die Förderung der allgemeinen Interessen anstrebt, und dafs seitens des Staates bei Festsetzung der Tarife gewisse Grundsätze beachtet werden, welche in der Regel bei Festsetzung der vom Staate erhobenen Gebühren zur Anwendung zu gelangen pflegen. Schon dann kann man mit Recht behaupten, dafs die vom Staate festgesetzten Eisenbahntarife den Charakter einer Gebühr annehmen, auch wenn die Verwaltung des Eisenbahnwesens noch nicht vollständig nach dem Gebührenprinzip erfolgt.

Ähnliche Ansichten haben schon hervorragende Volkswirtschaftslehrer ausgesprochen. So bemerkt Wagner, Finanzwissenschaft Teil I S. 649, 2. Ausgabe 1877, indem er die rationellen Grundlagen des Staatsbahntarifwesens in der gröfseren und konsequenteren Berücksichtigung der Selbstkosten gegenüber der Tarifierung nach dem Wert findet, »dadurch nähert sich der Bahntarif, soweit das gegenwärtig vor Amortisation des Bahnkapitals schon zulässig ist, bereits mehr einem Gebührentarif, in welchem die Höhe der Kostenprovokation seitens des Benutzers einer Verkehrsanstalt wie bei andern Gebührenzweigen thunlichst für die Höhe der Gebührensätze mitbestimmend ist«. Und L. von Stein, Handbuch der Verwaltungslehre 2. Aufl. 1876 S. 422 sagt: »Der Tarif ist für öffentliche Bahnen eine Gebühr, für Privateisenbahnen ein Preis ihrer Leistung. Der Natur der Sache nach müssen daher die Tarife überhaupt in zwei wesentlich verschiedene Teile geteilt werden. Der Unterschied derselben besteht darin, dafs für die Bemessung der Tarife als leitendes und höchstes Prinzip einerseits eben das Wesen der Gebühr, andererseits das Wesen eines vertragsmäfsigen Preises zu Grunde gelegt werden müssen. Nun ist es das Wesen jeder Gebühr, dafs sie nicht höher sein darf, als die Gestehungskosten der Leistung und eine Amortisationsquote, während das Mafs der privatrechtlichen Preise nur durch das Verhältnis von Angebot und Nachfrage gegeben ist. Sowie man daher die Staatsbahn oder öffentliche Bahn von der Privatbahn zu scheiden weifs, soll der Staatsbahntarif stets ein Gebührentarif auf Grundlage des Baukapitals und der Betriebskosten sein, während der Privatbahntarif prinzipiell absolut frei und höchstens mit einem Maximum versehen sein soll.«

Die Ansicht v. Steins, der das Wesen der Gebühr darin findet, dafs sie nicht höher sein dürfe als die Gestehungskosten der Leistung und eine Amortisationsquote, ist indes wohl zu eng, es kann auch die Gebühr so bemessen werden, dafs sie einen Überschufs über die Selbstkosten abwirft, sie stellt sich dann als eine Besteuerung dar. Das Wesen der Gebühr gegenüber der privatwirtschaftlichen Festsetzung der Transportpreise liegt vielmehr darin, dafs nicht die Erreichung eines möglichst hohen Uberschusses die Hauptsache bei der Tariffestsetzung ist und die Tarife nicht nach dem wirtschaftlichen Werte der einzelnen Leistung für den einzelnen Käufer bemessen werden, sondern nach einem Durchschnittssatz für alle Leistungen gleicher Art derart, dafs die Gesamtsumme der Vergütungen einen gewissen Betrag ergebe, der zur Deckung der Kosten der betreffenden Leistungen bestimmt ist, unter Umständen aber auch darunter bleiben oder darüber hinausgehen kann, wie bereits in § 8 dargelegt. Dafs eine Tilgung des Anlagekapitals erfolgt sei, ist ebensowenig eine notwendige Voraussetzung einer gemeinwirtschaftlichen Tarifgestaltung. Denn es ist, wie bereits ausgeführt, auch bei der Verwaltung nach dem Gebührenprinzip nicht ausgeschlossen, die sämtlichen Kosten der Leistung d. h. einschliefslich der Verzinsung und Amortisation durch die Gebuhren zu decken.

Daraus aber, dafs der Eisenbahntarif aus einer nach privatwirtschaftlichen Grundsätzen bemessenen Vergütung einer Leistung eine staatsseitig festgesetzte Gebühr wird, ergeben sich eine Reihe von Grundsätzen der gemeinwirtschaftlichen Tarifgestaltung, welche der privatwirtschaftlichen Tarifgestaltung zum Teil als entbehrlich oder nebensächlich erscheinen, zum Teil geradezu widersprechen und deshalb auch von derselben ganz oder zum grofsen Teil aufser acht gelassen werden. Durch die Anwendung dieser Grundsätze wird aber zugleich die Beseitigung bezw. Verhütung der Mängel der privatwirtschaftlichen Tarifgestaltung erreicht, welche im dritten Abschnitt erörtert sind.

§ 38. *Gerechte und für alle gleichmafsige Festsetzung der Tarife.*

Als ein wesentliches dem Charakter einer seitens der Gemeinwirtschaft erhobenen Gebühr entsprechendes Erfordernis und als erster Grundsatz einer gemeinwirtschaftlichen Tarifgestaltung mufs es bezeichnet werden, dafs die Tarife in einer gerechten und für alle gleichmäfsigen Weise festgesetzt, und jede ungerechte Bevorzugung oder Benachteiligung sei es einzelner Personen oder sozialer Klassen sei es einzelner Produktionszweige oder einzelner Landesteile und Orte vermieden wird.

Vortrefflich begründet findet sich diese Forderung in den Motiven zu dem preufsischen Gesetzentwurf, betreffend den Erwerb mehrerer Privateisenbahnen für den Staat, vom 29. Oktober 1879 S. 63:

»Wenn das dem Eisenbahnunternehmer eingeräumte Recht zum ausschliefslichen Transportbetriebe auf der Eisenbahn mit der allgemeinen Benutzbarkeit derselben, wie sie die Natur eines öffentlichen Weges bedingt, vereinbart werden soll, so mufs die Benutzung jedem Interessenten unter gleichen Bedingungen gestattet werden. Bezüglich der Transportpreise sowohl, wie der sonstigen Transportbedingungen darf ein Unterschied für die einzelnen Interessenten, die Bevorzugung eines vor dem andern nicht zugelassen werden, sie würde mit dem Grundprinzip eines geordneten Staatslebens, welches das gleiche Recht jedem einzelnen gewährt, unvereinbar sein. Das Prinzip der Parität schliefst zwar nicht unbedingt aus, dafs von bestimmten Voraussetzungen, z. B. von der Menge des Transportes, der Länge der Transportstrecke oder von andern Bedingungen besondere Frachtermäfsigungen oder Transportvergünstigungen abhängig gemacht werden, sofern nur die letzteren jedem Interessenten gewährt werden, der die vorgeschriebenen Bedingungen und Voraussetzungen erfüllt. Eine solche Regelung dieser Bedingungen und Voraussetzungen, durch welche die Transportvergünstigung anderen Transportinteressenten, als denjenigen, welchen sie zunächst bewilligt wird, wenn auch nicht formell, so doch thatsächlich verschlossen bliebe, würde dagegen prinzipiell unstatthaft sein.«

Diese gleichmäfsige Behandlung aller findet sich, wie § 35 unter 9 erwähnt, zwar auch bei der privatwirtschaftlichen Tarifgestaltung in Gesetzen und Konzessionen vielfach vorgeschrieben, ist aber, weil der individualistischen und Erwerbsnatur der privatwirtschaftlichen Eisenbahnverwaltung entgegenstehend und wegen der Zersplitterung des Eisenbahneigentums in der Praxis nur wenig zur Geltung gelangt. Gerade hieraus aber sind die meisten Beschwerden und gröfsten Nachteile der privatwirtschaftlichen Tarifgestaltung entstanden. Sehr natürlich. Denn ihren letzten Grund hat obige Forderung in dem grofsen Prinzip der Gerechtigkeit, das die Grundlage des Staates bildet, und eine Verletzung dieses Prinzips mufs natürlich für einzelne wie für die Gesamtheit schädlich wirken.

Wenn man nun fragt, wie der oben ausgesprochene Grundsatz in der Tarifgestaltung praktisch zur Durchführung gebracht werden kann, so ist zu unterscheiden zwischen der gerechten Ordnung der Tarife und der gleichmäfsigen Behandlung aller Verkehrtreibenden. Die gleichmäfsige Behandlung setzt gleiche Verhältnisse, gleiche Bedingungen voraus, und verlangt unter dieser Voraussetzung die Anwendung gleicher Bestimmungen und Grundsätze für die Frachtfestsetzung, während eine gerechte Ordnung gerade bei verschiedenartigen Verhältnissen nötig erscheint. Es ist eine andere, weit verwickeltere Aufgabe als die der gleichmäfsigen Behandlung, die Verschiedenartigkeit der Verhältnisse bei Festsetzung der Tarife und tarifarischen Bestimmungen in gerechter und richtiger Weise zu berücksichtigen. Die gerechte Ordnung kommt insbesondere in Frage bei der verschiedenartigen Festsetzung der Tarife nach der Leistungsfähigkeit, wovon schon in § 34 die Rede war, und demgemäfs bei Feststellung des Tarifsystems, der Klassifikation und Tarifvorschriften, ferner aber auch bei Festsetzung der Einheitssätze für die verschiedenen Tarifklassen, die Gewährung von Ausnahmetarifen etc.

Wenn es sich also darum handelt, berechtigte Beschwerden wegen ungleicher und ungerechter Behandlung zu vermeiden, so sind zu unterscheiden Beschwerden, welche durch eine nicht gerechte Ordnung der Tarife, z. B. durch ungerechte Klassifikation eines bestimmten Gutes im Verhältnis zu andern Gutern entstehen, und dann Beschwerden, welche die ungleichmäfsige Behandlung, z. B. verschiedene Frachtfestsetzung für dieselbe Menge desselben Gutes auf dieselbe Entfernung zum Gegenstande haben. Während die ersten Beschwerden sich auf das Tarifsystem, die Klassifikation, die Einheitssätze und Ausnahmetarife, bezw. die Art ihrer Festsetzung beziehen, werden die letzterwähnten Beschwerden hervorgerufen durch das Bestehen verschiedenartiger Tarifsysteme, Klassifikationen, Einheitssätze und Ausnahmetarife auf derselben oder verschiedenen Eisenbahnen. Hieraus ergeben sich von selbst die Mafsnahmen, welche zur Durchführung des an die Spitze des Paragraphen gestellten Grundsatzes in der Tarifgestaltung zu ergreifen sind.

§ 39. *Ordnung des Tarifwesens und der Verkehrsverhaltnisse durch staatliche Organe unter Mitwirkung der Verkehrsinteressenten.*

Schon in den §§ 30 und 34 wurden die Schwierigkeiten hervorgehoben, welche mit der Festsetzung eines Tarifsystems und der Aufstellung einer Güterklassifikation so, dafs sie sowohl den Interessen der Eisenbahnen als den Bedurfnissen der Verkehrtreibenden entsprechen, ferner mit der Feststellung der Einheitssätze für die verschiedenen Tarifklassen und der Entscheidung über Gewährung oder Versagung von Ausnahmetarifen verbunden sind, und erörtert, dafs die privatwirtschaftliche Eisenbahnverwaltung nicht vermocht habe, diese schwierigen Fragen in befriedigender Weise zu lösen. Bei der gemeinwirtschaftlichen Tarifgestaltung sind es staatliche Organe, welchen die Lösung dieser Frage zufällt. Sie sind wegen ihrer unparteiischeren Stellung an und für sich geeigneter zu der öffentlichen Einschätzung nach der Leistungsfähigkeit, um die es sich hier handelt. Dann aber fällt bei der gemeinwirtschaftlichen Tarifgestaltung das in § 30 erwähnte Hindernis einer befriedigenden Lösung dieser Aufgabe hinweg, dafs das Erwerbsinteresse die Eisenbahnen auf möglichste Durchführung des Prinzips der Individualisierung in der Tarifgestaltung hindrängt, da bei der gemeinwirtschaftlichen Verwaltung das Erwerbsinteresse nicht in erster Linie mafsgebend ist. Trotzdem bleibt die Aufstellung eines zweckmäfsigen, den Bedürfnissen des Verkehrs wie der Eisenbahnen entsprechenden Tarifsystems samt Tarifvorschriften, die gerechte Einschätzung der Güter in die verschiedenen Klassen, die richtige Festsetzung der Einheitssätze für die verschiedenen Klassen, die Entscheidung über Gewährung oder Versagung von Ausnahmetarifen wegen der dazu erforderlichen, eingehenden und allgemeinen Kenntnis der wirtschaftlichen Verhältnisse, der verschiedenen Waren, ihres Verhältnisses zu einander, ihrer Benutzung, ihres Preises und ihrer Belastungsfähigkeit eine so schwierige, die Kräfte eines einzelnen, wie einer ganzen Behörde übersteigende Aufgabe, dafs es geboten erscheint, zur Lösung derselben auch die Verkehrsinteressenten in geeigneter Weise heranzuziehen. In welcher Form dies geschieht und ob als blofser Beirat oder mit beschliefsender Stimme, das ist eine Frage der Zweckmäfsigkeit, die sich nur nach den verschiedenen Verhältnissen der einzelnen Länder entscheiden läfst. Notwendig erscheint es dagegen, dafs in der Vertretung der Interessenten die verschiedenen wirtschaftlichen Interessen und sozialen Klassen möglichst gleichmäfsig und ihrer Bedeutung entsprechend beteiligt werden. Denn eine Interessentenvertretung kann nur dann Gutes wirken, wenn die verschiedenen Interessen in gerechter und gleichmäfsiger Weise darin berücksichtigt sind, die Wahrheit kann nur durch den Kampf und Widerstreit der verschiedenen Interessen zu Tage treten, während bei dem Überwiegen einzelner sofort die Ausbeutung der öffentlichen Mittel zu Gunsten der stärksten Einzelinteressen zu befürchten steht.

Vgl. auch Cohn, Englische Eisenbahnpolitik der letzten 10 Jahre S. 16—20.

Und immer wird es rätlich sein, die letzte Entscheidung staatlichen Organen zu überlassen, welche die Interessen der Gesamtheit naturgemäfs am besten zu wahren und zu vertreten in der Lage und willens sind. Denn auch bei einer richtigen Zusammensetzung dieser Interessentenvertretungen kann es kommen, dafs die Vertreter verschiedener Interessen sich vereinigen, um gemeinsam sich Vorteile auf Kosten der Gesamtheit zu verschaffen.

Derartige Interessentenvertretungen, welche der staatlichen Eisenbahnverwaltung zur Seite stehen, sind bereits in Deutschland, sowie bei den österreichischen und ungarischen Staatsbahnen zur Einführung gelangt und haben sich im ganzen gut bewährt. Zwar werden die Beschwerden über ungerechte Einschätzung auch dann nie verstummen, wenn dieselbe durch staatliche Organe unter Mitwirkung der Verkehrsinteressenten erfolgt, so wenig wie Beschwerden über die Art der Besteuerung und die Festsetzung des Zolltarifs. Aber wesentlich vermindert werden sie auf diese Weise, und es wird — das zeigt schon jetzt die Erfahrung — eine weit gröfsere Sicherheit als früher gegen willkürliche Einschätzung und für Berücksichtigung berechtigter Beschwerden gegeben, eine weit bessere Bürgschaft dafür, dafs wichtigere Tarifmafsregeln nicht ohne eine eingehende und allseitige Prüfung getroffen werden. Nicht gering zu schätzen ist aber aufserdem, dafs auf diese Weise die Verkehrsinteressenten selbst genauere Kenntnis erhalten von den grofsen Schwierigkeiten einer allen Bedürfnissen gerecht werdenden Tariffestsetzung und von der Notwendigkeit, auch die Interessen der Eisenbahnen dabei zu berücksichtigen; dafs infolge dessen übertriebene und unbegründete Anträge auf Tarifermäfsigungen seltener werden bezw. die Eisenbahnverwaltung in den Interessentenvertretungen einen festen Rückhalt gegen dieselben findet.

§ 40. *Sicherung der gleichmäfsigen Behandlung.*

Zur Sicherung der gleichmäfsigen Behandlung erscheinen folgende Mafsnahmen geboten:

Annahme eines einheitlichen Tarifsystems und einheitlicher Klassifikation sowie gleicher Einheitssätze für den gesamten Eisenbahnverkehr eines Landes, Zurückdrängen des Princips der individualisierenden und differentiellen Tarifbildung, endlich unbedingte Öffentlichkeit der Tarife.

Selbst die privatwirtschaftliche Tarifgestaltung gelangt bei weiterer Entwickelung dazu, ein einheitliches Tarifsystem und eine einheitliche Klassifikation für den gesamten Eisenbahnverkehr eines Landes anzustreben und herbeizuführen, nicht wegen des Princips der gleichmäfsigen Behandlung, welches das privatwirtschaftliche System als begründet nicht anerkennt, sondern wegen der bei Verschiedenheit der Tarifsysteme und Klassifikationen sich nicht nur für den Verkehr, sondern für die Eisenbahnverwaltungen selbst ergebenden Mifsstände. Dies ist bereits in § 29 dargelegt. Dafs dieser Grund auch für die gemeinwirtschaftliche Tarifgestaltung von Bedeutung bleibt, ist selbstverständlich, sie ist aber nicht genötigt, erst hierüber Erfahrungen zu machen, weil sie von vornherein, um das Princip der gleichmäfsigen Behandlung zu wahren, nicht anders kann, als ein einheitliches Tarifsystem, eine einheitliche Klassifikation und einheitliche Tarifvorschriften anzunehmen. Denn sobald innerhalb desselben nationalen Verkehrsgebietes verschiedene Tarifsysteme oder Klassifikationen nebeneinander bestehen, wird mit Notwendigkeit eine ungleiche Behandlung der einzelnen Verkehrsinteressenten und Landesteile eintreten. Deshalb wird die gemeinwirtschaftliche Tarifgestaltung da, wo eine formale Tarifeinheit noch nicht besteht, zunächst eine solche einzuführen haben.

§ 41. *Gleiche Einheitssatze.*

Zur Wahrung des Prinzips der gleichmäfsigen Behandlung ist ferner notwendig die Einführung gleicher Einheitssätze. Dies wird allerdings sehr bestritten und mufs deshalb ausführlicher begründet werden. Die Einführung gleicher Einheitssätze oder Grundtaxen, die materielle Tarifeinheit, hat zur Voraussetzung, dafs ein einheitliches Tarifsystem und eine einheitliche Klassifikation, die formelle Tarifeinheit bereits vorhanden sind; sie besteht in der Einrechnung gleicher Einheitssätze in die gesamten allgemeinen (normalen) Tarife eines Landes, sowohl lokale als direkte. Dagegen erstreckt sich diese Mafsregel nicht auf Ausnahmetarife, welche in gewissem Umfange daneben bestehen können. Die Einführung gleicher Einheitssätze mufs zur Folge haben, dass die Frachten der Normaltarife, abgesehen von der Klassifikation und von den Transportmengen, lediglich nach der Entfernung sich bestimmen, dafs also dasselbe Gewicht desselben Gutes auf gleiche Entfernung auf allen Eisenbahnen des ganzen Landes dieselbe Fracht zahlt. Solange dies nicht geschieht, solange die verschiedenen Eisenbahnen verschiedene Einheitssätze und aufserdem jede Bahn auf ihren eignen Linien verschiedene Einheitssätze für den Lokal- und direkten Verkehr einrechnen, ist offenbar eine gleichmäfsige Behandlung aller Verkehrs interessenten und Landesteile nicht vorhanden.

Die Schattenseiten einer solchen ungleichmäfsigen Tarifgestaltung, wie sie durch Einrechnung verschieden hoher Einheitssätze in die Tarife mit Notwendigkeit herbeigeführt wird, sind schon in den

§§ 29 und 30 eingehend erörtert worden; hier kann es sich deshalb nur darum handeln, die gegen die gleichmäfsige Festsetzung der Einheitssätze vorgebrachten Bedenken zu widerlegen und deren Ausführbarkeit nachzuweisen. Ist dies möglich, so wird die Einrechnung gleicher Einheitssätze nicht mehr als eine unklare, unpraktische Forderung, »die grobe Hülle einer Menge verwickelter Momente« (Cohn, Englische Eisenbahnpolitik Bd. II S. 453), sondern als das einzig praktische Mittel dastehen, die Mängel und Nachteile der privatwirtschaftlichen Tarifgestaltung zu beseitigen. Es ist in der That interessant zu beobachten, wie seitens der Verkehrsinteressenten von jeher diese Forderung gleicher Einheitssätze gestellt wird, weil sie gewissermafsen instinktiv fühlen, dafs nur die Durchführung dieser Forderung eine wirkliche Reform des Tarifwesens, eine Beseitigung der schwersten Nachteile der privatwirtschaftlichen Tarifgestaltung herbeiführen kann.

In Deutschland war es besonders Perrot, welcher in seinen zahlreichen Schriften über Eisenbahnreform und gegen Differentialtarife die Wichtigkeit gleicher Einheitssätze ganz richtig erkannte, wenn er auch zu radikale Vorschläge auf Einführung von Zonentarifen machte. Die Forderung gleicher Einheitssätze wurde ferner mehrfach bei der Enquête von 1872 über Differentialtarife und der Tarifreform-Enquête von 1874 erhoben, und fand schliefslich bei der letzteren ihren Ausdruck in dem Separatvotum von v. Wedell und Stumm, dafs die Verkehrsinteressen nicht nur die Einführung eines einheitlichen Tarifsystems, sondern auch eine gemeinschaftliche Grundlage fur die Höhe der Tarifsätze erheischten. In Österreich wurde diese Forderung neuerdings vielfach aufgestellt in der Enquête von 1882/83; vgl. Teil I, S. 139, 162, 187, 252, 265, 438, 535 ff. Auch in Frankreich werden gleiche Einheitssätze verlangt in dem Bericht von Waddington, Archiv für Eisenbahnwesen S. 157 ff.

Und andererseits ist nicht weniger charakteristisch der Eifer, mit welchem die Direktoren der Privatbahnen und die Anhänger einer privatwirtschaftlichen Tarifgestaltung diese Forderung als Unsinn, als unausführbar hinzustellen pflegen mit einer Entschiedenheit, dafs sogar Cohn, welcher doch durchaus kein Bewunderer der privatwirtschaftlichen Tarifgestaltung ist, sich davon hat überzeugen lassen und wenigstens für England die Einführung gleicher Einheitssätze für unausführbar erklärt, selbst dann, wenn die gesamten Eisenbahnen in den Händen des Staates vereinigt wären.

Vgl. Engl. Eisenbahnpolitik Bd. II S. 452 ff. Cohn scheint allerdings dabei von der Ansicht auszugehen, dafs die gleichen Einheitssätze den Selbstkosten entsprechend festzustellen und die Differentialtarife gänzlich zu beseitigen seien. Beides trifft nicht zu. Die Frage der Selbstkosten ist ganz unabhängig von der Frage der gleichen Einheitssätze, und neben diesen können auch in gewissen Fällen Ausnahmetarife bestehen, ohne dafs dadurch die vorteilhaften Wirkungen der gleichen Einheitssätze erheblich beeinträchtigt werden. Mit dieser Einschränkung halte ich auch in England die Einführung gleicher Einheitssätze für möglich, wenn die Eisenbahnen in den Händen des Staates vereinigt werden, und dies wird sogar das einzige Mittel sein, Ordnung in die ungleichen, verwirrten Tarifverhältnisse zu bringen. Ich verkenne dabei durchaus nicht, dafs der Übergang ein sehr allmählicher sein müfste und dafs schon wegen des Wettbewerbs der Wasserstrafsen eine gröfsere Zahl von Differentialtarifen wird bestehen bleiben müssen.

Im einzelnen wird der Forderung gleicher Einheitssätze zunächst die geschichtliche Entwickelung des Tarifwesens entgegengehalten, welches sich, wie die Eisenbahnen selbst, aus örtlichen Anfängen und bei der Zersplitterung des Eisenbahneigentums gewissermafsen partikularistisch für die einzelnen Eisenbahnverwaltungsgebiete herausgebildet habe. Die Verschiedenheit der Einheitssätze wird dabei häufig als Lebensfrage sowohl für den Eisenbahnertrag als für das wirtschaftliche Gedeihen des betreffenden Gebietes hingestellt, es wird behauptet, dafs die mit einer Vereinheitlichung verbundene Veränderung der Tarife entweder bei Ermäfsigung der Tarife grofse Einnahmeausfälle oder, wenn eine Tariferhöhung eintrete, die nachteiligsten Folgen für die wirtschaftliche Entwickelung des betreffenden Gebietes herbeiführen müsse.

So sieht auch Sax in der Forderung einer materiellen Tarifeinheit für die gegenwärtige Zeit eine Antezipation des Gebührenprinzips. Er sagt (Verkehrsmittel Bd. II S. 461): »Die Eigenverwaltung aller Bahnen durch den Staat, die Voraussetzung des Gebührenprincips, eingetreten, und auch die übrigen Bedingungen des letzteren, wie sie in früheren Abschnitten entwickelt wurden, als erfüllt angenommen, wird es allerdings keine Schwierigkeit mehr bieten, einen einzigen allgemeinen Tarif aufzustellen. Derzeit dagegen, auch wenn der Staat die Bahnen selbst verwaltet, würde der Versuch, zu einem solchen zu gelangen, zu einem ähnlichen Dilemma führen, wie der Raumtarif bei jeder einzelnen Bahn. Entweder man zieht einen Durchschnitt aus den Verhältnissen der verschiedenen Linien, dann wird aller derjenige Transport geschädigt, welcher bisher zu billigeren Preisen befördert wurde, oder man verallgemeinert den Satz der billigsten Linie, dann zeigt sich die Konsequenz alsbald im Ertrage. Das hiefse Bahnen mit starkem und schwachem Verkehr, alte und neu entstandene Bahnen gleich behandeln, die Folgen der verschiedenen Intensitätsgrade auf die Selbstkosten ignorieren. Wenn einmal das

9*

Netz ausgebaut und der gesamte Verkehrszustand ein stabil zu nennender geworden ist, ändert sich die Sachlage. Bis dahin vollzieht sich durch die fortwährende Annäherung der Tarife aneinander, insbesondere unter dem Einflusse der Zunahme der Knotenpunkte, die ja die Gleichstellung der Tarife bedingen, der allmähliche Übergang. Wenn daher z. B. in einem Staate, der in seinem Gebiete in den hier in Betracht kommenden Momenten belangreiche Verschiedenartigkeit der einzelnen Netzesteile aufweist, bei ausschliefslichem Staatsbahnsystem die Gleichstellung der Bahntarife durchgeführt werden wollte, oder etwa bei gemischtem System das Nämliche dadurch bezielt würde, dafs man den Privatverwaltungen gleiche Maximaltarife und zwar so niedrig bemessen auferlegte, dafs die Maximaltarife zugleich die thatsächlich erhobenen Tarife werden, so wäre das eine unnötige Beschleunigung der Entwickelung, die mit entsprechenden Einnahmeausfällen (oder Entschädigung der Bahnen) die Gegenwart belasten würde.«

Dagegen ist zu erwidern, dafs die Wahlstellung, Einnahmeausfall bei Ermäfsigung der Tarife oder Benachteiligung des wirtschaftlichen Lebens bei Erhöhung, durchaus keine notwendige ist. Im allgemeinen wird bei Einführung, gleicher Einheitssätze für ein ganzes Land an Stelle der verschiedenartigen Einheitssätze der privatwirtschaftlichen Tarifgestaltung es allerdings sich empfehlen, die neuen gleichen Einheitssätze etwas unter dem Durchschnitt der bestehenden verschiedenen Einheitssätze zu bemessen. Trotzdem werden hier und da Tariferhöhungen unvermeidlich bleiben. Darüber aber darf man nicht zu ängstlich denken, ebenso wenig, wie über die Wirkung der Tarifänderungen an sich. Die Wohlthat, welche dem ganzen Verkehr, Handel, Industrie und Landwirtschaft dadurch erzeigt wird, dafs an die Stelle der bisherigen Ungleichheit und Unsicherheit der Frachtverhältnisse feste gleichmäfsige Tarife für das ganze Land treten, ist eine so grofse, dafs selbst eine allgemeine Tariferhöhung dafür in Kauf genommen werden kann, geschweige denn eine teilweise. Denn hohe Tarife sind an sich bei weitem nicht so schädlich, als ungleiche Tarife. Bei hohen, aber gleichen Tarifen ist der Wettbewerb nicht erschwert, es werden nur die Kosten des Transports im allgemeinen höher sein, bei ungleichen Tarifen, mögen sie selbst niedrig sein, wird oft der Wettbewerb für das höher tarifierte Produktionsgebiet unmöglich. Allerdings gilt dies voll nur für den inländischen Wettbewerb, die Konkurrenz mit dem Ausland hängt aber mit noch anderen Faktoren, z. B. der Zollgesetzgebung zusammen und kann u. a. durch Ausfuhr-Ausnahmetarife erleichtert werden. Gleiche einheitliche Festsetzung der Eisenbahntarife, das ist deshalb für den wirtschaftlichen Wettbewerb von jeher das Verlangen aller einsichtigen Beteiligten gewesen, und wenn diese durchgeführt ist, so pafst sich das wirtschaftliche Leben den sich hieraus ergebenden Verhältnissen an. Denn dasselbe hat eine ungeheuere Anpassungsfähigkeit und Spannkraft, sonst hätte es den fortwährenden Wechsel und die Ungleichheit in den Frachtverhältnissen, wie sie die privatwirtschaftliche Tarifgestaltung mit sich bringt, nicht ertragen können.

Ein Schaden für die Volkswirtschaft wird deshalb bei Einführung gleicher Einheitssätze im allgemeinen sicher nicht erwachsen. Aufserdem ist es aber gar nicht ausgeschlossen, sondern zu empfehlen, vorsichtig und allmählich vorzugehen, da, wo wirklich empfindliche Erhöhungen eintreten würden, dieselben durch Beibehaltung oder Einführung ermäfsigter Ausnahmetarife für eine Übergangszeit zu mildern.

Was aber die drohenden Einnahmeausfälle bei dieser Reform betrifft, so wird durch die Vereinheitlichung des Tarifwesens so bedeutend an Arbeit und Kosten sowohl bei den ausführenden Organen als bei den Direktionen der Eisenbahnen gespart, dafs schon dadurch ein gewisser Einnahmeausfall gedeckt wird, abgesehen davon, dafs wahrscheinlich die Tarifermäfsigungen durch Verkehrsvermehrung aufgewogen werden. Ich kann aus diesen Gründen in der Einführung der materiellen Tarifeinheit für die jetzige Zeit eine Antezipation des Gebührenprinzips, wie Sax meint, nicht finden, selbst wenn die übrigen Bedingungen desselben aufser der Eigenverwaltung aller Bahnen durch den Staat noch nicht vorliegen. Voraussetzung bleibt dabei allerdings, dafs die Eisenbahnentwickelung des betreffenden Landes bis zur zweiten Periode vorgeschritten, also mindestens der Ausbau der Hauptbahnen vollendet ist, wie dies in § 9 näher erörtert wurde.

Was Sax unter den übrigen Bedingungen versteht, bleibt noch dazu einigermafsen unklar, da er lediglich auf die früheren Abschnitte verweist, in welchen er aber diese Bedingungen selbst verschieden angiebt. So sagt er Verkehrsmittel Bd. II S. 405: »Bei dem Gebührenprinzip entfällt nach unserer Entwickelung die Berechnung der Kapitalverzinsung und kommen nur mehr die Betriebskosten in Rechnung«, während es S. 225 heifst: »In die Eigenkosten mufs auch das Gebührenprinzip die notwendige Verzinsung und Amortisation des Anlagekapitals einrechnen,« und S. 226 Anm. ausgeführt wird, dafs kein Grund vorliege, das Gebührenprinzip erst dann für anwendbar zu erklären, wenn die Amortisation des Baukapitals als Passivum vollzogen ist.

Jedenfalls bestätigt der einzige Versuch, der mit der Einführung gleicher Einheitssätze für ein ganzes gröfseres Land gemacht ist, das ist in Preufsen, durchaus die obigen Ausführungen. Der Versuch ist allerdings noch nicht ganz durchgeführt, einmal weil noch nicht alle Bahnen verstaatlicht sind, dann, weil man bis jetzt noch hier und da kleine Abweichungen von den normalen Einheitssätzen beibehalten hat zur Schonung der wirtschaftlichen Verhältnisse und der Erträge. Indes ist die Durchführung doch weit genug gediehen, um ein annähernd sicheres Urteil über die Erfolge zu gestatten. Obgleich nun die neuen preufsischen Einheitssätze durchschnittlich gegen die früheren Einheitssätze der Staatsbahnen und der verstaatlichten Privatbahnen nicht unerhebliche Ermäfsigungen zeigen, ist doch der finanzielle Ertrag der preufsischen Staatsbahnen besser als früher und ein durchaus zufriedenstellender. Dafs aber eine Schädigung der wirtschaftlichen und Verkehrsverhältnisse durch die Einführung gleicher Einheitssätze nicht eingetreten ist, im Gegenteil diese gegen früher gewonnen haben, darüber herrscht kein Zweifel.

Als ein weiterer Grund gegen gleiche Einheitssätze wird wohl auch die Verschiedenheit der Anlage- und Betriebskosten der einzelnen Bahnen geltend gemacht. Die Unerheblichkeit dieses Umstandes für die Tarifbildung ist aber bereits in § 17 nachgewiesen und auch die privatwirtschaftliche Tarifgestaltung nimmt wenig Rücksicht auf die hiedurch veranlafste Verschiedenheit der Selbstkosten. Noch weniger ist dies nötig bei einer Vereinigung aller Bahnen in der Hand des Staates, da die verschiedenen Anlage- und Betriebskosten der Gebirgs- und Flachlandsbahnen, der Bahnen mit starkem und schwachem Verkehr, alter und neu entstandener Linien sich gegenseitig übertragen und ausgleichen werden.

Die Anhänger der privatwirtschaftlichen Tarifgestaltung behaupten endlich, es sei durchaus nötig, den verschiedenen und wechselnden Bedürfnissen des Verkehrs durch verschiedenartige Festsetzung der Einheitssätze und wechselnde Ausnahmetarife entgegenzukommen, die Aufhebung dieser Verschiedenheiten, die Ordnung des Tarifwesens auf Grund gleicher Einheitssätze führe zur Schablone und müsse den Verkehr schädigen. Richtig hieran ist nur, dafs man diese durch die privatwirtschaftliche Tarifgestaltung geschaffenen Verschiedenheiten in der Tarifierung nicht auf einmal mit einem Striche beseitigen kann, sondern allmählich vorgehen mufs, weil sich auf Grund derselben wirtschaftliche Zustände gebildet haben, die nur allmählich verändert werden können. Aber eine Festsetzung gleicher Einheitssätze ist das einzige Mittel, zu einer gerechten und gleichmäfsigen Behandlung aller zu gelangen, und ist im Gegenteil für den Verkehr von höchstem Vorteile. Denn da es unmöglich ist, den wechselnden Verkehrsverhältnissen entsprechende Tarife für jede einzelne Verkehrsbeziehung und jedes einzelne Verkehrsgebiet zu schaffen, ohne zu einem vollkommenen Chaos im Tarifwesen zu gelangen, und da die Festsetzung der Tarife für eine Verkehrsbeziehung und ein Verkehrsgebiet stets alle benachbarten Gebiete und konkurrierenden Verkehre mit berührt, so bleibt nichts übrig, als die Tarife nach einem gleichmäfsigen Durchschnitt festzusetzen, wie er den gesamten wirtschaftlichen Bedürfnissen am besten entspricht, selbst auf die Gefahr hin, dafs hie und da einige besondere Interessen verletzt werden. Es entspricht dies auch dem Wesen der Gebühr, welches auf einer Durchschnitts-Festsetzung der Vergütung ohne besondere Berücksichtigung des Wertes und der Kosten der einzelnen Leistung beruht. Dafs aber die einheitliche Festsetzung der Grundtaxen für Verkehr und Volkswirtschaft nicht deshalb schädlich ist, weil sie die zum grofsen Teil willkürlichen Begünstigungen einzelner Personen, Verkehre, Landesteile durch das privatwirtschaftliche System beseitigt, ergiebt sich auch aus der einfachen Erwägung, dafs solche Begünstigungen in der Regel nur auf Kosten anderer oder der Allgemeinheit gewährt werden können.

Damit ist durchaus nicht gesagt, dafs die materielle Tarifeinheit eine starre unbewegliche Schablone sei, die auf die Bedürfnisse des Verkehrs keine Rücksicht nehme. Gerade das Gegenteil ist der Fall. Während die Tarifgestaltung in den Händen der Privatwirtschaft in erster Linie deren Erwerbsinteressen zu dienen hat, die Bedürfnisse des Verkehrs aber erfahrungsgemäfs nur, soweit sie hiermit zusammenfallen, Berücksichtigung finden, ist es gerade die Aufgabe einer gemeinwirtschaftlichen Tarifgestaltung, in erster Linie den Bedürfnissen des Verkehrs zu dienen, hienach Tarifsystem, Klassifikation und Einheitssätze zu bemessen und Ausnahmetarife einzuführen. Und dafs in der That den Bedürfnissen des Verkehrs, so vielfach und wechselnd dieselben sind, bei materieller Tarifeinheit genügt und weit besser genügt werden kann als bei der privatwirtschaftlichen Tarifgestaltung mit ihren Ungleichheiten, das beweist statt langer theoretischer Ausführungen wieder am besten das praktische Beispiel des preufsischen Staatsbahntarifwesens.

Aus der Praxis heraus kann der Verfasser feststellen, dafs, während früher die Thätigkeit der höheren das Verkehrswesen leitenden Beamten bei den Privatbahnen und selbst bei den preufsischen Staatsbahnen vorwiegend durch den Wettbewerb, die Verkehrsleitungen u. s. w. in Anspruch genommen wurde, und bei Festsetzung der Tarife hierauf in erster Linie, auf die wirtschaftlichen Verhältnisse und Verkehrsbedürfnisse aber erst in zweiter Linie gerücksichtigt wurde, jetzt bei den preufsischen Staatsbahnen den letzteren das Hauptinteresse gewidmet wird, und nachdem die zeitraubenden Arbeiten, welche der Wettbewerb und die Verkehrsleitungen veranlafsten, zum gröfsten Teil weggefallen sind, auch gewidmet werden kann. Im übrigen liefern auch die Verhandlungen des preufsischen Landeseisenbahnrats und der Bezirkseisenbahnräte den Beweis dafür, wie gründlich und sachkundig die wirtschaftlichen Interessen und Bedürfnisse erörtert und bei Festsetzung der Tarife berücksichtigt werden.

§ 42. *Beschränkung der individualisierenden und differentiellen Tarifbildung.*

Zur Vervollständigung der materiellen Tarifeinheit und als weitere Folge des Prinzips der gleichmäfsigen Behandlung erscheint ferner bei einer gemeinwirtschaftlichen Tarifgestaltung ein Zurückdrängen der individualisierenden und differentiellen Tarifbildung geboten. Dies wird sich erstens in einer Vereinfachung des Tarifsystems insbesondere der Wertklassifikation beim Übergang zu einer gemeinwirtschaftlichen Tarifgestaltung äufsern. Es wird sich eine solche Vereinfachung um so leichter ausführen lassen, als der dichtere Verkehr, wie bereits in § 23 dargelegt, ohnedies auf eine Beschränkung der Klassen hinführt, und demnächst mit dem teilweisen oder ganzen Wegfall der Verzinsung des Anlagekapitals der veränderliche Tarifteil und damit der Grund für eine Individualisierung in der Tarifgestaltung sich wesentlich vermindert. Noch wichtiger aber ist die Beschränkung der Ausnahme- und Differentialtarife, ohne welche eine materielle Tarifeinheit nicht zu erreichen ist. Ganz von selbst wegfallen werden die zahllosen Differentialtarife, welche bei der privatwirtschaftlichen Tarifgestaltung aus der Verschiedenheit der Tarifsysteme, Klassifikationen und Einheitssätze der verschiedenen Eisenbahnverwaltungen sich ergeben. Desgleichen werden die Differentialtarife, welche aus dem Wettbewerb entstehen, wesentlich beschränkt werden können, da sämtliche Eisenbahnen in den Händen des Staates sind, also eine Eisenbahn-Konkurrenz im innern Verkehr des Landes nicht mehr besteht. Nur gegen ausländische Bahnen wird noch der Wettbewerb aufzunehmen sein, soweit er nicht auch hier durch Vereinbarung und Verkehrsteilung beseitigt werden kann. Aufserdem wird hier und da der Wettbewerb der Wasserstrafsen zu Ausnahmetarifen nötigen, doch bei weitem nicht in dem Umfang wie früher. Denn es kann nicht Aufgabe des Staates sein, dem Wasserweg allen Verkehr wegzunehmen, vielmehr wird man ihm diejenigen namentlich Massentransporte überlassen, welche er billiger als die Eisenbahn verfrachten kann, und die Ausfälle in den Eisenbahneinnahmen durch die Verkehrsvermehrung reichlich decken, welche durch ein verständiges Zusammenwirken des Eisenbahn- und Wassertransportes erfahrungsmäfsig entsteht. Endlich werden auch die Ausnahme- und Differentialtarife, welche den Bedürfnissen des Verkehrs dienen sollen, erheblich beschränkt werden können. Man wird beispielsweise nicht mehr den einen inländischen Hafen gegenüber einem andern durch Differentialtarife begünstigen, weil dies dem Grundsatz der gleichmäfsigen Behandlung widerstreiten würde. Man wird überhaupt die Ausnahmetarife für die Bedürfnisse des Verkehrs nicht mehr von dem Sonderstandpunkte einer einzelnen Eisenbahnverwaltung aus betrachten, sondern vom Standpunkt der Allgemeinheit, des ganzen Landes. Man wird es demgemäfs vermeiden, solche Ausnahmetarife zu bewilligen, welche zwar für die Produktion eines bestimmten Gebietes Vorteil bringen, aber auf Kosten und zum Nachteil der Erzeugnisse anderer inländischer Gebiete. Vielmehr wird bei jedem Antrag auf Abweichung von den regelmäfsigen Tarifen nicht nur die Bedürfnisfrage eingehend zu prüfen sein, sondern auch die Frage, ob hierdurch nicht eine Schädigung für andere inländische Interessen entsteht. Indem man so die grofse Zahl der für einzelne Interessen nützlichen, für die allgemeinen Interessen schädlichen Ausnahmetarife beseitigt, wird man umsomehr in der Lage sein, da, wo ein wirkliches Bedürfnis sich zeigt, gründlich zu helfen, z. B. die Ausfuhr und den Wettbewerb der inländischen Produktion gegenüber der ausländischen durch Gewährung ermäfsigter Ausnahmetarife in weitem Umfang zu unterstützen und zu heben.

Zutreffend bemerken über die Notwendigkeit gleicher Einheitssätze und die Beschränkung der Ausnahmetarife die schon erwähnten Motive zum preufsischen Gesetzentwurf vom 29. Oktober 1879 S. 61:

»Die Erfahrungen der jüngsten Zeit deuten immermehr darauf hin, dafs feste, nicht willkürlichen und wiederkehrenden Schwankungen unterworfene Transportpreise für eine solide und gleichmäfsigere Ausbildung des Verkehrs am vorteilhaftesten sind. Nur hiedurch wird den geschäftlichen Kombinationen und dem Betriebe der auf die Eisenbahnen angewiesenen industriellen Unternehmungen eine sichere und zuverlässige Grundlage gegeben. Die Annahme, dafs Frachtermäfsigungen überall als erwünscht und zulässig anzusehen sind, wenn sie dem Interesse der Versender und dem Interesse der Eisenbahnen zugleich entsprechen, darf in dieser Allgemeinheit als richtig nicht anerkannt werden. Die meisten Tarifermäfsigungen, welche für besondere Verkehrsrelationen nachgelassen werden, bringen nicht allein denjenigen Vorteil, deren geschäftliche Verhältnisse dieser Verkehrsrelation entsprechen, sondern auch denjenigen Nachteil, welche mit einem konkurrierenden geschäftlichen Betriebe auf dasselbe Absatzgebiet angewiesen sind, ohne doch von der Verkehrsrelation, für welche die ausnahmsweise Ermäfsigung des Transportpreises nachgelassen ist, Gebrauch machen zu können. In dieser Hinsicht können die Wirkungen der Zulassung von Ausnahmetarifen weder von den Eisenbahnverwaltungen noch von den staatlichen Aufsichtsbehörden völlig übersehen werden, weil die geschäftlichen Verbindungen der einzelnen Versender, die Produktionsbedingungen und die Begrenzung der Absatzgebiete der verschiedenen Produzenten sich ihrer genaueren Kenntnis entziehen. Wiederholt sind Ausnahmetarife dieser Art, welche auf dringende Bitte der Interessenten dem eigenen Interesse der Eisenbahnen entsprechend zugelassen sind, unmittelbar nachher Gegenstand heftiger und berechtigter Beschwerde seitens konkurrierender Produzenten gewesen, deren Absatzgebiet durch solche Ermäfsigungen der fremden Konkurrenz eröffnet, unter Umständen ihrem eigenen geschäftlichen Verkehr völlig verschlossen wurde. Es ist daher durchaus zutreffend, dafs durch eine solche Verschiebung der Transportpreise ebensowohl einer bestehenden Produktion die Existenzbedingungen entzogen, wie einer neuen Produktion gegeben werden können. Aus diesen Erwägungen ist der Gedanke hervorgegangen, ob es überhaupt auf die Dauer genügen wird, die Zulassung solcher Ausnahmetarife von der Genehmigung der Aufsichtsbehörde abhängig zu machen, ob die Aufsichtsbehörde selbst die genügenden Hülfsmittel besitzt oder zu schaffen imstande ist, um die Tragweite solcher Tarifmafsregeln, ihre Vorteile und Nachteile für das wirtschaftliche Leben richtig zu erkennen und abzuwägen — oder ob es geboten erscheint, anstatt einer dem Verkehrsbedürfnis der einzelnen Landesteile und Produktionszweige anzupassenden, in zahlreichen Ausnahmetarifen, in einer wechselnden und bunten Mannigfaltigkeit der Bedingungen und der Sätze der Frachtermäfsigungen zum Ausdruck gelangenden Tarifstellung eine feste und gleichmäfsige Grundlage für das Tarifwesen der Eisenbahnen zu schaffen und gesetzlich festzustellen. Die Aufstellung einer solchen, willkürliche Schwankungen und unvorhergesehene Störungen ausschliefsenden Norm, mag dieselbe nun durch gesetzliche Feststellung der Tarifsätze oder in anderer Form geschaffen werden, würde für die Verkehrsentwickelung von hoher Bedeutung sein, weil ohne dieselbe die immer mannigfacher und verwickelter sich gestaltenden Bedürfnisse des Verkehrslebens stets neue Formen und Wandlungen des Tarifwesens und hiedurch jene Unsicherheit und Komplikation desselben unvermeidlich herbeiführen, durch welche die sichere Kalkulation der Frachten ausgeschlossen oder erschwert und eine der wesentlichsten Bedingungen geschäftlicher Unternehmungen in Frage gestellt wird.«

§ 43. *Öffentlichkeit der Tarife.*

Mit dem Erfordernis der gleichmäfsigen Behandlung eng zusammenhängend und gleichfalls aus dem Wesen der Gebühr als solcher ergiebt sich das Erfordernis der Öffentlichkeit der Tarife. Dieselben sollen öffentlich sein, d. h. jeder Tarif und jede Tarifänderung soll veroffentlicht werden und so rechtzeitig bezw. so lange vorher, dafs die Verkehrsinteressenten in der Lage sind, ihre Mafsregeln danach zu treffen und sich vor Schaden zu hüten. Deshalb ist es nötig, dafs jede Tarifänderung — auch jede Ermäfsigung, nicht blofs eine jede Erhöhung — nicht nur im allgemeinen veröffentlicht wird, sondern auch längere Zeit vor Einführung ihrem ganzen Inhalte nach dem Publikum zugänglich gemacht wird. Die privatwirtschaftliche Verwaltung erkennt dies Erfordernis nicht als notwendig an und versucht im Interesse der möglichst differentiellen Tarifgestaltung und der wirksamen Konkurrenzmafsregeln selbst da es zu umgehen, wo seine Beobachtung ihm von der Staatsgewalt auferlegt ist. Es geschieht dies besonders durch die geheimen Refaktien, über welche oben bereits gehandelt ist.

Es ist deshalb als eine Reform im gemeinwirtschaftlichen Sinne zu begrüfsen, wenn der Entwurf des Berner internationalen Übereinkommens über den Eisenbahnfrachtverkehr in § 11 bestimmt: »Die Berechnung der Fracht erfolgt nach Mafsgabe der zu Recht bestehenden, gehörig veröffentlichten Tarife. Jedes Privatübereinkommen, wodurch einem oder mehreren Versendern eine Preisermäfsigung gegenuber den Tarifen gewährt werden soll, ist verboten und nichtig. Dagegen sind Tarifermäfsigungen erlaubt, welche gehörig veröffentlicht sind und unter Erfüllung der gleichen Bedingungen jedermann in gleicher Weise zu gute kommen.« Seitens des deutschen Reiches ist hiezu ganz folgerichtig der Antrag gestellt, dafs auch im inneren Verkehr der vertragschliefsenden Staaten die Gewährung heimlicher Tarifvergünstigungen verboten werde, da sonst die Bestimmung des § 11 leicht umgangen werden kann.

Die Motive zu dem preufsischen Gesetzentwurf, betreffend den Erwerb mehrerer Privateisenbahnen für den Staat vom 29. Oktober 1879 sagen S. 63 hierüber Folgendes:

»Die gerechte einheitliche Behandlung der Interessenten erfordert zugleich eine solche Veröffentlichung der Transportpreise und Transportbedingungen, durch welche die Kenntnis und demzufolge die Benutzung derselben allen jederzeit zugänglich gemacht wird. Das Prinzip der Öffentlichkeit der Tarife und der gleichheitlichen Behandlung aller Transportinteressenten (§§ 26 und 32 des Gesetzes vom 3. November 1838), welches in die Eisenbahngesetzgebung aller Länder Aufnahme gefunden hat, wird jedoch erfahrungsmäfsig sowohl durch das Konkurrenzinteresse der Eisenbahnen, wie durch die in der Verwaltung derselben sich geltend machenden Sonderinteressen mit der steten Gefahr der Umgehung bedroht. Die Gewährung versteckter Transportvergünstigungen in den verschiedensten Formen an einzelne Versender, vor allem das sog. Refaktienwesen, erscheint als der verderblichste Mifsbrauch des dem Eisenbahnunternehmer verliehenen Rechtes, indem es die staatliche Kontrolle der Tarifgestaltung unmöglich macht, die Konkurrenz sowohl der Eisenbahnen, wie der auf die Transportvermittlung derselben angewiesenen Produzenten zu einer unehrlichen und unwürdigen gestaltet, die Korruption in die Kreise des Eisenbahnpersonals trägt und dahin führt, die Verwaltung der Eisenbahnen in immer höherem Mafse den Sonderinteressen einzelner mächtiger Koterien unterzuordnen.

Es ist die Aufgabe des Staates, diesem Unwesen entgegenzutreten, das Prinzip der gleichheitlichen Behandlung aller Transportinteressenten zu wahren und die gesetzlichen Vorschriften zur Geltung zu bringen.«

§ 44. *Gröfsere Stetigkeit und Einfachheit der Tarife.*

Der Charakter der Staatsbahntarife als Gebühr führt ferner von selbst eine gröfsere Stetigkeit der Tarife herbei. Dieselbe ist von der höchsten Wichtigkeit für den gesamten Verkehr, namentlich für diejenigen Erzeugnisse, in welchen der Transportpreis einen hohen Bruchteil des Herstellungspreises ausmacht und welche nicht imstande sind, rasch sich ändernden Konjunkturen sofort zu folgen. Die Nachteile, welche das entgegengesetzte Verfahren des privatwirtschaftlichen Systems mit sich bringt, sind schon oben (§ 31) hervorgehoben und können von der gemeinwirtschaftlichen Eisenbahnverwaltung umsomehr vermieden werden, als die Erzielung des höchstmöglichen Reinertrags für dieselbe nicht das mafsgebende, jedenfalls nicht das in erster Linie mafsgebende Moment ist, und schon die Einführung gleicher Einheitssätze den öfteren Wechsel in den Tarifen verbietet.

Dafs es ferner bei Festsetzung staatlicher Gebühren geboten ist, sich der möglichsten Einfachheit, Klarheit und Übersichtlichkeit zu befleifsigen, ist wohl nicht zu bestreiten. Auch hat die gemeinwirtschaftliche Verwaltung an einer derartigen Tarifbildung sowohl ein unmittelbares Interesse, weil dadurch die Verwaltung selbst einfacher und billiger wird und alle diejenigen Übelstände vermieden werden, welche schon in § 32 als Folge der Verworrenheit des Tarifwesens hervorgehoben wurden, als ein mittelbares, weil für den Verkehr selbst diese Erfordernisse von grofser Bedeutung sind. Lehr, Eisenbahntarifwesen und Eisenbahnmonopol S. 23, sagt hierüber sehr richtig: »Dieselben sind eine Lebensbedingung für den Bestand vieler, nicht lediglich dem Lokalabsatz dienender Unternehmungen, bei welchen der Frachtpreis einen wichtigen Faktor geschäftlicher Spekulation bildet. Je leichter und rascher der Industrielle und der Kaufmann sich über die Beförderungskosten zu orientieren vermag, mit um so gröfserer Sicherheit wird er seine Unternehmungen auszuführen imstande sein, und um so vollständiger werden die Bahnen eine ihrer volkswirtschaftlichen Funktionen, die der zeitlichen und örtlichen Preisausgleichung erfüllen. Ist der Frachtsatz wegen der Schwierigkeit seiner Ermittelung ein nicht leicht zu lösendes Rätsel, so können allenfalls die Warenpreise auf verschiedenen Märkten schon erheblich voneinander abweichen, ehe daran gedacht wird, eine Versendung vorzunehmen. Oder die letztere sichert demjenigen, welcher sie ausführt, einige Zeit hindurch lediglich deswegen einen mehr als angemessenen Gewinn, weil Konkurrenten und Käufer über die Transportkosten im Unklaren sind. Ebenso leicht kann unter Umständen auch der umgekehrte Fall eintreten, dafs Güterbewegungen empfindliche Verluste für ihren Urheber im Gefolge haben und dafs letztere in Zukunft vor ähnlichen Unternehmungen abschrecken, auch wenn dieselben wirtschaftlich vollständig gerechtfertigt sind. Die gesunde Spekulation rechnet von Zeit zu Zeit und von Ort zu Ort nach den Grundsätzen der Wahrscheinlichkeit. Anders kann sie eben nicht verfahren. Sie wird aber in ihren Kalkulationen um so weniger fehl gehen und zu unnützen Gütervernichtungen und Kräftevergeudungen führen, je sicherer die Faktoren sind, die sie in den Bereich ihrer Betrachtungen zu ziehen hat. Ein solcher und zwar sehr wichtiger Faktor sind aber bei unserer heutigen Lebhaftigkeit und Ausdehnung des Verkehrs die Transportkosten. Darum können wir auch sagen, dafs je genauer dieselben zu erfassen sind, um so gedeihlicher unter sonst gleichen Umständen auch die gesamte volkswirtschaftliche Entwickelung sein wird.«

Nun werden aber die Tarifverhältnisse durch die in den vorhergehenden Paragraphen erörterte Einführung eines einheitlichen Tarifsystems und einheitlicher Klassifikation, gleicher Einheitssätze und Beschränkung der Differential- und Ausnahmetarife ganz wesentlich vereinfacht, klarer und übersichtlicher, und hierdurch auch den Verkehrsbedürfnissen entsprechender.

§ 45. *Der mittelbare Nutzen der Eisenbahnen und seine Folgen für die gemeinwirtschaftliche Tarifgestaltung.*

Man unterscheidet einen unmittelbaren oder privatwirtschaftlichen und einen mittelbaren oder volkswirtschaftlichen Nutzen der Eisenbahnen. Der erstere zeigt sich in dem Überschufs der Einnahmen über die Ausgaben, der mittelbare Nutzen umfafst dagegen alle diejenigen Vorteile, welche aufserdem die Eisenbahnen für Staats- und Volkswirtschaft bringen.

Während der unmittelbare Nutzen, der Reinertrag einer Eisenbahn leicht ziffernmäfsig festzustellen ist, erscheint dies bei dem mittelbaren Nutzen kaum möglich, man mufs sich zum grofsen Teil mit Schätzungen begnugen. Am besten läfst sich noch der mittelbare Nutzen beziffern, welchen die Eisenbahnen für die Staatswirtschaft bringen. Es sind dies einmal die teils unentgeltlich teils unter den Selbstkosten gewährten Leistungen der Eisenbahnen an die staatliche Post- und Telegraphenverwaltung, an die Militärverwaltung, Zollverwaltung etc., dann aber die direkten und indirekten Steuern und Abgaben, welche die Eisenbahnen dem Staat entrichten.

Von welcher Bedeutung dieser Nutzen für die Staatswirtschaft ist, beweisen die offiziellen Berechnungen, welche man in Frankreich hierüber angestellt hat und welche im Bulletin du ministère des travaux publics veröffentlicht werden. Hienach betrugen im Jahr 1877 die erst erwähnten Leistungen für den Staat eine Ersparnis von 69 147 167 Fr., die Steuern und Abgaben eine Einnahme von 158 802 006 Fr., 1883 die Ersparnisse 104 040 622 Fr., die Steuern und Abgaben 172 394 719 Fr.

Weit schwieriger ist es, den mittelbaren Nutzen der Eisenbahnen für die Volkswirtschaft zu berechnen. Einen interessanten Versuch hiezu hat Engel, Das Zeitalter des Dampfes S. 156 ff., gemacht.

Er geht davon aus, dafs als Frachtsätze für den Landtransport im Durchschnitt 10 Pf. für die Zentnermeile oder 26,66 Pf. für das Tonnenkilometer und 40 Pf. für die Personenmeile oder 5,33 Pf. für das Personenkilometer zu rechnen seien, stellt dann die Anzahl der auf den preufsischen Eisenbahnen seit ihrer Entstehung bis zum Jahr 1878 einschl. gefahrenen Tonnen- und Personenkilometer sowie die Einnahmen daraus zusammen und berechnet für die gleiche Transportleistung die Kosten nach den oben angegebenen Sätzen für den Transport auf Landstrafsen. Indem er dann die Einnahmen aus dem Eisenbahntransport von dem letzteren Betrage abzieht, findet er eine Ersparnis im Güterverkehr von 18 561 389 798 M., im Personenverkehr von 800 319 384 M. Während er beim Güterverkehr die durch die Eisenbahnen herbeigeführte Beschleunigung der Beförderung aufser Betracht läfst, rechnet er dagegen, dafs die Durchschnittsgeschwindigkeit der Personenbeförderung durch die Eisenbahnen sich verzehnfacht habe, und indem er den Wert einer ersparten Stunde Zeit auf 10 Pf. annimmt, gelangt er zu dem Resultat, dafs im Personenverkehr aufserdem an Zeit ein Wert von 955 335 005 M. erspart sei. Die Transporteinnahmen der Eisenbahnen verhalten sich hienach im Durchschnitt der Jahre 1844—1878 zu der volkswirtschaftlichen Ersparnis gegenuber den Transportkosten auf Landstrafsen im Güterverkehr wie 1 : 3,96, im Personenverkehr wie 1 : 0,86 und im ganzen wie 1 : 3,02. Sie sind gestiegen im Güterverkehr von 1 : 0,51 im Jahr 1844 auf 1 : 4,77 im Jahr 1878, im Personenverkehr von 1 : 0,31 auf 1 : 0,91, im ganzen von 1 : 0,38 auf 1 : 3,72, und betragen im Durchschnitt der Jahre 1871—1878 im Güterverkehr 1 : 4,48, im Personenverkehr 1 : 0,96, im ganzen 1 : 3,50.

Aus der Verschiedenheit der Verhältniszahlen, welche sich in den verschiedenen Jahren ergeben, zieht Engel den Schlufs, dafs die gefundenen Durchschnittszahlen nicht vollständig genügend seien, um den volkswirtschaftlichen Wert einer Eisenbahn zu irgend einer Zeit zu bestimmen, vielmehr eine jede Bahn eine gewisse Entwickelungszeit zur Erlangung einer angemessenen Rentabilität bedürfe. Da ferner die Roheinnahme der Eisenbahnen durchaus nicht immer deren Selbstkosten deckt, wenn man, wie notwendig, in diese eine fünfprozentige Verzinsung des Anlagekapitals einrechnet, so stellt Engel eine weitere Berechnung auf, indem er die Selbstkosten des Eisenbahntransportes von den durch denselben gegenüber dem Landstrafsentransport herbeigeführten Ersparnissen abzieht, welche er auf Grund des für die Jahre 1871—1878 gefundenen Durchschnitts berechnet. Durch Vergleichung des sich hieraus ergebenden Unterschieds mit der Roheinnahme aus dem Güter- und Personentransport erhält er dann den sogenannten volkswirtschaftlichen Nutz-Coeffizienten d. h. die Zahl, mit welcher man die Roheinnahmen aus dem Personen- und Güterverkehr multiplizieren mufs, um die volkswirtschaftliche Nutzleistung einer Eisenbahn zu erhalten. Diese Berechnung hat Engel nicht nur für die preufsischen, sondern für die Eisenbahnen fast aller Länder gemacht, wobei sich ergiebt, dafs der volkswirtschaftliche Nutz-Coeffizient mit der Entwickelung des Verkehrs steigt und für die entwickelteren Bahnen etwa zwei beträgt, dafs ferner die mittelbaren, durch den Eisenbahntransport geschaffenen Ersparnisse nicht blofs nach dem Verkehrsumfang, sondern auch nach der Höhe der Tarife für Personen und Güter verschieden sind. Je niedriger der Eisenbahn-Transportpreis, desto gröfser ist der Vorteil der Bahn für die Bevölkerung im Vergleich zu den anderweiten Fortbewegungsgelegenheiten. Dies veranlafst die Bevölkerung zum Drängen nach immer niedrigeren Tarifsätzen, während die Eisenbahnen, wenn sie nicht mit Schaden arbeiten wollen, damit nicht unter die Selbstkosten einschliefslich der landesüblichen Verzinsung herabgehen können. Letztere ist aber in den verschiedenen Ländern sehr verschieden, was naturlich auch auf den volkswirtschaftlichen Nutz-Coeffizienten einwirken und bei der Berechnung desselben beachtet werden mufs. Nach Engels Berechnung betrug der volkswirtschaftliche Nutz-Coeffizient für sämtliche deutsche Bahnen im Jahr 1877 2,35, die volkswirtschaftliche Nutzleistung für das Kilometer 62 399 M. oder etwa 24 Prozent des Anlagekapitals.

Eine andere Rechnung über den volkswirtschaftlichen Nutzen der Eisenbahnen hat neuerdings Professor Launhardt in Hannover im Zentralblatt der Bauverwaltung Jahrg. 1883 Nr. 27 ff. aufgestellt. Er geht aus von einer Gegenüberstellung der Transportselbstkosten der Eisenbahnen und der Strafsen und nimmt für die ersteren sowohl für das Tonnenkilometer als das Personenkilometer 2 Pf. an, für die letzteren unter Anrechnung der Abnutzung der Strafse und der aus der geringeren Transportgeschwindigkeit entstehenden Verluste an Zeit für das Tonnenkilometer 30 Pf., für das Personenkilometer 14 Pf., so dafs durch die Eisenbahnen sich eine Ersparnis an Transportkosten von 28 Pf. für das Tonnenkilometer und 12 Pf. für das Personenkilometer ergiebt. Aber eine solche Ersparnis ist nach Launhardts Ansicht nicht für die ganze gegenwärtig auf den Eisenbahnen beförderte Transportmenge eingetreten, sondern nur für diejenige, welche bereits vor der Anlage von Eisenbahnen auf den Landstrafsen befördert wurde bezw. auf die betr. Entfernung befördert werden konnte, für den andern Teil aber nur bis zu derjenigen Transportweite, auf welche das betreffende Gut früher auf Landstrafsen transportfähig war. Denn an dieser Grenze werde der äufserste Preis erreicht, welcher für das Gut erzielt werden kann; an dieser Grenze und darüber hinaus werde demnach wirtschaftlich nur derjenige Betrag gewonnen, um welchen die Eisenbahnfracht hinter dem äufsersten Frachtbetrage zurückbleibt, welchen das Gut vertragen kann. Dieser volkswirtschaftliche Gewinn, welcher also gleich dem Unterschied zwischen dem bezahlten Frachtpreise und der äufsersten Fracht ist, welche das Gut erträgt, ist durchschnittlich, wie Launhardt berechnet, für jedes Tonnenkilometer gleich der Hälfte des zur Erhebung kommenden kilometrischen Frachtsatzes. Dazu kommt als ein fernerer wirtschaftlicher Gewinn noch der Betriebsüberschufs, welcher aus dem Unterschied des Frachtsatzes und der Selbstkosten des Betriebes besteht. Gleichartig sind die Verhältnisse im Personenverkehr.

Von dieser Grundlage ausgehend berechnet Launhardt für das deutsche Bahnnetz nach dem Betriebsergebnis von 1880 die wirtschaftliche Rentabilität auf 12 Prozent, so dafs nach Abzug einer 5prozentigen Verzinsung des Anlagekapitals ein volkswirtschaftlicher Nutzen von 7 Prozent übrig bleibt.

Die Berechnungen von Engel und Launhardt unterscheiden sich also ganz erheblich im Ergebnis, wie das bei den verschiedenen Grundlagen, von denen sie ausgehen, und der Schwierigkeit der Sache nicht zu verwundern ist. Wenn man aber bedenkt, dafs beide nur einen Teil des volkswirtschaftlichen Nutzens der Eisenbahnen berechnen, dafs daneben noch ganz erhebliche andere wirtschaftliche Vorteile durch die Eisenbahnen geschaffen werden, z. B. die bedeutende Erhöhung des Werts der Grundstücke, überhaupt die allgemeine Erhöhung des Wohlstandes in den von den Eisenbahnen aufgeschlossenen Gegenden, die gröfsere Annehmlichkeit, Bequemlichkeit und Sicherheit des Reisens etc., so kann man wohl das als feststehend annehmen, dafs der mittelbare oder staats- und volkswirtschaftliche Nutzen der Eisenbahnen den unmittelbaren oder privatwirtschaftlichen Nutzen derselben noch erheblich übersteigt. Diese Thatsache ist aber auch für die Tarifgestaltung von wesentlicher Bedeutung. Während die privatwirtschaftliche Eisenbahnverwaltung in ihrer Tarifgestaltung naturgemäfs nur den höchsten privatwirtschaftlichen Nutzen erstrebt und erstreben kann, kann und mufs die gemeinwirtschaftliche Eisenbahnverwaltung bei der Tarifgestaltung auch den staats- und volkswirtschaftlichen Nutzen berücksichtigen. Denn der staatswirtschaftliche Nutzen der Eisenbahnen kommt unmittelbar, der volkswirtschaftliche mittelbar durch Erhöhung der Steuererträge etc. dem Staate zu gute. Die Bedeutung dieser Thatsache wird aber noch dadurch erhöht, dafs, wie bereits Engel erkannt hat, je höher die Tarife desto geringer der Vorteil der Eisenbahnen für die Bevölkerung im Vergleich zu den anderweiten Transportmitteln, und dafs, wie Launhardt nachgewiesen hat, eine Tarifbildung, welche den höchstmöglichen Betriebsüberschufs erreicht, den volkswirtschaftlichen Nutzen der Eisenbahnen erheblich beeinträchtigt. Launhardt hat aber ferner die interessante Thatsache durch Berechnungen festgestellt, dafs der gröfste volkswirtschaftliche Nutzen der Eisenbahnen dann erreicht wird, wenn als Fracht lediglich die Betriebskosten erhoben werden, also auf einen Betriebsüberschufs, einen privatwirtschaftlichen Nutzen ganz verzichtet wird und dafs, je mehr man sich mit dem Frachtsatze den Betriebskosten nähert, um so gröfser der volkswirtschaftliche Nutzen der Eisenbahnen wird. Hierdurch wird also der Mindestbetrag festgestellt, bis zu welchem eine gemeinwirtschaftliche Tarifgestaltung herabgehen kann, wenn dies im Interesse der Allgemeinheit geboten erscheint.

Mag man auch einzelnes an diesen Ausfuhrungen und Berechnungen bezweifeln, so ergiebt sich soviel als sicher, dafs auch in der Höhe der Tarife bezw. in der Frage der Ermäfsigung derselben die gemeinwirtschaftliche Tarifgestaltung von der privatwirtschaftlichen erheblich verschieden ist und sein mufs. Während die letztere die Tarife blofs solange und soweit ermäfsigt und ermäfsigen kann, als hiedurch nach dem Preisgesetz des Verkehrs der Reinertrag erhöht wird, kann die gemeinwirtschaftliche Tarifgestaltung die Tarifsätze weit über diesen Punkt hinaus ermäfsigen, weil für sie der volkswirtschaftliche Nutzen mit in Rechnung kommt und dieser mit der Herabsetzung der Tarife sich vergröfsert. Sehr richtig sagt hierüber die Begründung zu dem mehrerwähnten preufsischen Gesetzentwurf vom 29. Oktober 1879:

»Bei seiner Fürsorge für die Belebung des inländischen Verkehrs hat der Staat an der Ermäfsigung der Frachten im allgemeinen und vor allem für die minderwertigen Massenartikel, welche für die Entwickelung der Industrie unentbehrlich sind, ein eminentes Interesse. Es leuchtet dies um so mehr ein, als der grofsartige Aufschwung des Verkehrs, den das Zeitalter der Eisenbahnen gebracht hat, ebensowohl mit der allmählichen Ermafsigung der Transportpreise, wie mit der Ausdehnung des Eisenbahnnetzes selbst gleichen Schritt gehalten hat. Für eine gedeihliche Entwickelung des Eisenbahnwesens ist es daher unbedingt erforderlich, dafs dem Staate die Einwirkung auf die allmähliche, dem wirtschaftlichen Bedürfnis des Landes entsprechende Reduktion der Tarife gesichert wird.«

Von aufserordentlicher Wichtigkeit ist aber die Frage, wie weit hat die gemeinwirtschaftliche Tarifgestaltung mit der Ermäfsigung der Tarife zu gehen. Eine Beantwortung derselben kann hier nur im allgemeinen gegeben werden, für den einzelnen Fall hängt sie von den besonderen Verhältnissen ab. Im allgemeinen werden meines Erachtens, solange das Anlagekapital noch nicht getilgt ist, die Tarife so festzustellen sein, dafs eine landesübliche Verzinsung und ein Tilgungsanteil des Anlagekapitals herauskommt. Denn es ist gegenüber der steuerzahlenden, aber nicht die Eisenbahn gleichmäfsig benutzenden Gesamtheit eine Pflicht der Gerechtigkeit, dafs der Staat sich die Selbstkosten, worunter auch die Verzinsung des Anlagekapitals und dessen Tilgung zu verstehen ist, in den Tarifen ersetzen läfst. Wollte er bei Bemessung der Tarifsätze darunter bleiben und z. B. um den höchsten volkswirtschaftlichen Nutzen zu erreichen, sich auf Erhebung der Betriebskosten beschränken, so würde hierin eine ungerechte Begünstigung derjenigen Orte und Landesteile, welche unmittelbar an den Eisenbahnen gelegen sind, gegenüber den abseits gelegenen, und derjenigen Gesellschaftsklassen, welche besonders häufigen und umfassenden Gebrauch von den Eisenbahnen machen, also der wohlhabenderen Klassen auf Kosten der ubrigen Bevölkerungsklassen liegen. Es ist deshalb falsch, wenn vor Tilgung des Anlagekapitals unter dem Titel der allgemeinen Interessen eine weitergehende Ermäfsigung der Tarife verlangt wird. Nicht die allgemeinen Interessen sind es, die diese Forderung stellen, sondern die Interessen einzelner Klassen, oft sogar nur einzelner Industrieen, und der Staat hat die Verpflichtung, die Ausbeutung der Gemeinwirtschaft durch den Eigennutz einzelner auch in dieser Beziehung zu verhindern. Auch Cohn betont dies mit

Recht. Er sagt unter anderm (Englische Eisenbahnpolitik der letzten 10 Jahre S. 16 ff.): »Das mangelhaft entwickelte Staatsbewufstsein veranlafst die verschiedenen Klassen der Gesellschaft an solche Anstalten, welche sich in den Händen des Staats befinden, Anforderungen zu machen, bei denen sie vergessen, sich über das Verhältnis der Gebenden und der Empfangenden klar zu werden. Es liegt darin eine grofse Gefahr für alle Staatsunternehmungen, eine Hauptgefahr des Staatseisenbahnwesens. Unklare Vorstellungen von der Analogie anderer öffentlicher Anstalten verleiten zu Auffassungen, welche sich weit von der Gerechtigkeit entfernen, weil sie zu gunsten derjenigen Teile der Staatsgesellschaft öffentliche Opfer verlangen, die am wenigsten derselben bedürfen.«

Dafs es in der Praxis sehr schwierig ist, die berechtigten von unberechtigten Anforderungen auf Tarifermäfsigungen zu scheiden, läfst sich nicht verkennen, und noch schwieriger ist oft die Aufgabe, den unberechtigten Anforderungen mit der nötigen Energie entgegenzutreten. Denn hierbei ist, wie Cohn a. a. O. sehr richtig bemerkt, von grofsem Einflufs der Umstand, dafs eben die an der hier bekämpften Ungerechtigkeit am meisten Interessierten zugleich die besten Mittel besitzen, ihre Interessen als die Gesamtinteressen geltend zu machen. Es bedarf einer starken Regierung, die über den Parteien steht, um diesem Ansturm der mächtigen Einzelinteressen zu widerstehen.

Eine erheblich weitergehende Ermäfsigung der Tarife wird dagegen dann eintreten können, wenn das Anlagekapital zum Teil oder ganz getilgt ist und die Selbstkosten mehr und mehr auf die Betriebskosten beschränkt sind. Dann kann jene Tarifbildung eintreten, welche nach Launhardts Berechnungen den höchsten volkswirtschaftlichen Nutzen der Eisenbahnen herbeiführt, nämlich die Feststellung der Tarife zu der Höhe der Betriebskosten, ohne Verzinsung der Anlagekosten und unter Verzicht auf einen Betriebsüberschufs. Bei staatlichem Besitz der Eisenbahnen wird aber diese Ermäfsigung nicht auf einmal, sondern entsprechend der allmählichen Tilgung des Anlagekapitals allmählich eintreten. Anders, wenn die Eisenbahnen in Händen der Privatwirtschaft sind und durch Erlöschen der Konzessionen mit einemmal in die Hände des Staates übergehen. Hier werden die hohen Tarife voraussichtlich bis an das Ende des Privatbesitzes bleiben und dann ein unvermittelter Übergang zu niedrigen Tarifen eintreten, was für die gleichmäfsige Entwickelung der Volkswirtschaft nicht vorteilhaft sein kann.

Hienach ist auch die namentlich neuerdings aus Anlafs des Wettbewerbs von Kanal und Eisenbahn vielfach erörterte Frage, ob eine weitere Ermäfsigung der Eisenbahntarife möglich und anzunehmen sei, zu bejahen. Unzweifelhaft ist dies bezüglich der Personentarife, weil dieselben bisher nur unerheblich herabgesetzt sind, wie in § 50 näher dargelegt werden wird. Aber auch die Gütertarife werden noch eine erhebliche Ermäfsigung erleiden, wenn die Kosten der Verzinsung und Tilgung des Anlagekapitals ganz oder teilweise wegfallen. Selbst schon vor diesem Zeitpunkt sind dieselben einer weiteren Ermäfsigung, als gegenwärtig, wohl fähig, weil durch den dichteren Verkehr die festen und durch die allmähliche Preisermäfsigung und Verbesserung der zum Eisenbahnbetrieb notwendigsten Materialien und Einrichtungen die veränderlichen Selbstkosten sich fortdauernd verringern. So kosteten z. B. vor 20 Jahren in Westfalen eiserne Schienen die Tonne 180 Mark und hielten durchschnittlich 6—8 Jahre, heute kosten Bessemer-Stahlschienen 140 Mark und halten mindestens doppelt so lange. Es kann deshalb wohl nicht bestritten werden, dafs die sinkende Tendenz auch der Güterfrachten der Eisenbahnen noch längere Zeit andauern wird und die niedrigsten Sätze noch nicht erreicht sind, wofür übrigens auch die Erfahrungen sprechen. So bestehen, ganz abgesehen von den infolge des Wettbewerbes schon zeitweise erheblich unter den Satz von 1 Pf. für das Tonnenkilometer gedrückten Getreidefrachten der nordamerikanischen Bahnen, selbst bei der vorsichtigen preufsischen Staatsbahnverwaltung verschiedene Ausfuhrtarife mit einem den Satz von 1 Pf. für das Tonnenkilometer nur wenig übersteigenden Einheitssatz, ja für den Transport von Seeschlick von nordwestdeutschen Stationen ist im Interesse der Landwirtschaft ein Tarif eingeführt mit einem Einheitssatz von 0,8 Pf. für das Tonnenkilometer ohne Expeditionsgebühr. Solche Einheitssätze galten noch vor 10 Jahren für unmöglich, der niedrigste Satz war damals der Silberpfennig = 2,25 Pf. für das Tonnenkilometer.

§ 46. *Einflufs anderer gemeinwirtschaftlicher Interessen auf die gemeinwirtschaftliche Tarifgestaltung.*

Daraus, dafs die gemeinwirtschaftliche Tarifgestaltung in erster Linie den Interessen der Gemeinwirtschaft entsprechen mufs, folgt auch das negative aber sehr wichtige Erfordernis, dafs die gemeinwirtschaftliche Tarifgestaltung nicht diesen Interessen, auch soweit sie auf anderen Gebieten gelegen sind, entgegenwirken darf. Es erscheinen demgemäfs Tarife als ausgeschlossen, welche zwar vielleicht zum Nutzen der betreffenden Eisenbahn, aber zu einem gröfseren Schaden der nationalen Wirtschaft führen, z. B. konkurrierenden auswärtigen Handel, konkurrierende auswärtige Industrie oder landwirtschaftliche Produktion zum Schaden der inländischen begünstigen, dem Zollsystem des betreffenden Staates geradezu entgegenwirken etc. Die privatwirtschaftliche Tarifgestaltung hat an Erfüllung dieser Forderung kein Interesse und nimmt erfahrungsgemäfs hierauf keine Rücksicht, es sei denn, dafs sie hierzu gezwungen wird, wie bereits im § 33 dargelegt.

Die Motive zu dem mehrerwähnten preufsischen Gesetzentwurf vom 29. Oktober 1879 sagen hierüber S. 59 sehr richtig: »Die Begünstigung der ausländischen Produktion durch die sogenannten Differentialtarife — Auslandstarife — steht in keinem innern Zusammenhange mit der Provenienz der Produkte aus dem Auslande, ist vielmehr lediglich die natürliche Folge der raumausgleichenden Funktion der Eisenbahnen, des Umstandes, dafs der Transportweg nach dem Ausland der Regel nach länger ist, als der Weg von und nach dem inländischen Konkurrenzgebiete, dafs mit der Länge des Wegs die Zahl der Konkurrenzverbindungen zunimmt und gerade in diesem Verkehr die Konjunkturen dem schnellsten und häufigsten Wechsel unterworfen sind. Werden sonach die Eisenbahnen durch ihr eigenes Interesse auf die Herabsetzung der Tarife für die Einfuhr und Durchfuhr ausländischer Produkte hingewiesen, so ist es die Aufgabe des Staates dieser Tendenz beschränkend entgegen zu treten, soweit dadurch die wirtschaftlichen Interessen des Inlandes gefährdet werden, zu verhindern, dafs nicht das Inland einer zerstörenden Überschwemmung mit den Erzeugnissen der ausländischen Überproduktion ausgesetzt werde. Repressive Mafsregeln gegen eine solche Tarifstellung sind daher lediglich die Konsequenzen eines gesunden und berechtigten staatlichen Egoismus.«

Andererseits würde es aber falsch sein, einer gemeinwirtschaftlichen Tarifgestaltung positive Aufgaben zu stellen, welche anderen gemeinwirtschaftlichen Verwaltungsgebieten naturgemäfs angehören, z. B. die Aufgabe, die Tarife so zu gestalten, dafs sie als Schutzzoll wirken, wie dies wohl bisweilen verlangt worden ist. Das kann nicht Aufgabe der Eisenbahntarife sein, sondern der Zolltarife, und es würde einer gemeinwirtschaftlichen Tarifgestaltung ebenso widerstreben, als wenn man dieselbe als politische Mafsregel verwenden wollte, z. B. lediglich deshalb ermäfsigte Tarife gewähren wollte, um die Bevölkerung für das gerade herrschende Regierungssystem zu gewinnen.

§ 47. *Gültigkeit der privatwirtschaftlichen Tarifierungsgrundlagen auch für die gemeinwirtschaftliche Tarifgestaltung.*

Neben den Erfordernissen, welche sich für die gemeinwirtschaftliche Tarifgestaltung aus dem Charakter der Tarife als einer gemeinwirtschaftlichen Gebühr, aus der Berücksichtigung des volkswirtschaftlichen Nutzens der Eisenbahnen und dem Einflufs anderer Interessen der Gemeinwirtschaft ergeben, müssen für dieselbe auch die privatwirtschaftlichen Grundlagen der Tarifgestaltung insoweit mafsgebend sein, als sie den eben aufgeführten Erfordernissen nicht widersprechen oder ihre Vernachlässigung dem Interesse der Gemeinwirtschaft mehr zuwiderlaufen würde, als die gänzliche oder teilweise Beiseitesetzung eines der gemeinwirtschaftlichen Erfordernisse.

Als solche Grundlagen der Tarifbildung, welche auch bei einer gemeinwirtschaftlichen Tarifgestaltung zur Anwendung gelangen, sind vor allem die Verschiedenheiten der Tarifierung anzusehen, welche auf den Verschiedenheiten der Transportkosten beruhen, also die Taraklassifikation, ferner diejenigen wesentlichen Verschiedenheiten in den Transportkosten, welche infolge Leistungsunterschieden des Transportes eintreten, also Schnellverkehr gegenüber dem gewöhnlichen Verkehr. Dieselben werden sogar in der Regel bei der gemeinwirtschaftlichen Tarifgestaltung auf mehr Berücksichtigung zu rechnen haben, als bei der privatwirtschaftlichen. Denn eine weitergehende Berücksichtigung der Selbstkosten ist von der gemeinwirtschaftlichen Tarifgestaltung schon um deshalb zu erwarten, weil die Rücksicht auf die Selbstkosten nicht in der Weise wie bei der privatwirtschaftlichen Tarifgestaltung durch die Rücksicht auf Erlangung eines möglichst hohen Uberschusses zurückgedrängt wird. Kommt es aber zu einer völligen oder teilweisen Tilgung des Anlagekapitals, so mufs natürlich die Verschiedenheit der Betriebskosten noch mehr an Bedeutung gewinnen und damit die Berücksichtigung dieses Moments in der gemeinwirtschaftlichen Tarifgestaltung noch wesentlicher werden, wie schon in § 21 ausgeführt.

Dafs die Wertklassifikation und differentielle Tarifbildung an sich richtige Tarifgrundsätze darstellen, wurde bereits in § 34 nachgewiesen. Ihre Anwendung auch in der gemeinwirtschaftlichen Tarifgestaltung erscheint deshalb durchaus zulässig, vorausgesetzt, dafs die Wertklassifikation eine einheitliche und einfache ist, die Differentialtarife in der in § 42 ausgeführten Weise beschränkt werden. Ebenso erscheint eine differentielle Tarifbildung nach fallender Skala dem gemeinwirtschaftlichen System durchaus entsprechend, da der Grundsatz der gleichmäfsigen Behandlung aller hierdurch nicht verletzt wird, dagegen die Rücksicht auf die bei gröfseren Entfernungen abnehmenden Selbstkosten und die Interessen des Verkehrs sowie die Erhöhung des volkswirtschaftlichen Nutzens ihre Anwendung auch vom gemeinwirtschaftlichen Standpunkte wohl begründet und wünschenswert erscheinen läfst. Sie empfiehlt sich aber bei der gemeinwirtschaftlichen Tarifgestaltung noch ganz besonders dadurch, weil sie dem Bedürfnis des Verkehrs, auf gröfsere Entfernungen ermäfsigte Tarife zu geniefsen, entgegen kommt und dadurch eine grofse Zahl von Ausnahmetarifen, welche lediglich diesem Bedürfnis ihre Einführung verdanken, überflüssig macht.

Was die eigentlichen Differentialtarife bezw. Ausnahmetarife angeht, so erscheint deren möglichste Beseitigung nach dem Erfordernisse der gleichmäfsigen Behandlung geboten. Doch ist nicht zu verkennen, dafs ihre Anwendung selbst vom gemeinwirtschaftlichen Standpunkte in gewissen Fällen unvermeidlich bleibt, wie dies in § 42 bereits näher erörtert ist. Es wird jedoch auch in diesen Fällen stets vorher festzustellen sein, ob die Nachteile, welche durch Nichteinführung eines solchen Ausnahmetarifs entstehen, also z. B. bei Nichtaufnahme des Wettbewerbs gegen den Wasserweg der Verlust an Reineinnahmen, gröfser sind als diejenigen Nachteile, welche durch die Abweichung von der gleichmäfsigen Tarifbildung hervorgerufen werden. Auch müssen stets die auf derselben Linie vorliegenden Stationen den Differentialsatz mit geniefsen, damit sogenannte Frachtdisparitäten im engern Sinn unter allen Umständen vermieden werden.

§ 48. *Der Wagenraumtarif.*

Wie das privatwirtschaftliche System seine wesentliche Ausbildung in der Wertklassifikation und differentiellen Tarifbildung, so hat das gemeinwirtschaftliche System seine Vertretung in dem sogenannten Wagenraumtarif. Nur von diesem Gesichtspunkte aus als Vertreter einer vorgeschrittenen gemeinwirtschaftlichen Tarifgestaltung kann der Raumtarif richtig beurteilt werden.

Der reine Raumtarif beruht ausschliefslich auf der Taraklassifikation unter völliger Beseitigung der Wertklassifikation, er kennzeichnet sich also dadurch als der gegebene Tarif für diejenige Entwickelung des Eisenbahnwesens, wo die Verzinsung des Anlagekapitals weggefallen ist und nur noch die Betriebskosten durch die Tarife aufzubringen sind. Demgemäs unterscheidet derselbe nur Eilgut, Stückgut und Wagenladungen. Dafs letztere in zwei Klassen zerfallen, je nachdem die Tragkraft eines Normalwagens durch Ladung des entsprechenden Gewichtes in denselben voll ausgenutzt wird oder nur ein geringeres Gewicht in denselben verladen wird, entspricht, wie früher (§ 19) dargelegt, der Taraklassifikation nicht, ist vielmehr durch die geschichtliche Entwickelung der Wagentragkraft herbeigeführt, und kann diese Unterklasse, wenn man sie zulassen will, nur als eine mit Rücksicht auf die gröfsere Transportmenge ermäfsigte Stückgutklasse angesehen werden. Das Stückgut zerfällt entweder wie auch bei dem Klassifikationstarif in sperriges und nichtsperriges oder mufs, was aber in der Praxis Schwierigkeiten bereitet, nach Kubikmafs tarifiert werden. Bei Wagenladungen kann die thatsächliche Ausnutzung der Wagentragkraft auch durch Bezahlung des vollen Gewichtes ersetzt werden. Eine Unterscheidung der Wagenladungen in offene und bedeckte erscheint vom Standpunkte der Selbstkosten nicht genügend begründet, wie wir später sehen werden. Die Vorteile dieser Art der Tarifierung sind folgende:

1. Sie beseitigt vollständig die Wertklassifikation mit allen ihren Schwächen und Schwierigkeiten und ermöglicht die vollständige Durchführung einer gerechten und gleichmäfsigen Tarifierung unter gröfserer Berücksichtigung der Selbstkosten.

2. Der Wagenraumtarif erfüllt das Erfordernis der gemeinwirtschaftlichen Tarifgestaltung, dafs der Tarif einfach, klar und übersichtlich sein soll und begünstigt

3. das weitere gemeinwirtschaftliche Erfordernis der Stetigkeit des Tarifs mehr als der Wertklassifikationstarif, welcher schon durch die fortwährenden Veränderungen in der Klassifikation wechselnder ist.

4. Infolge der vorerwahnten Eigenschaften erfordert seine Handhabung weniger Arbeit und Personal als der Wertklassifikationstarif. Endlich

5. vermindert er die Selbstkosten dadurch, dafs er die Wagenausnutzung soweit als möglich steigert; dies geschieht einmal dadurch, dafs er Stückgut erheblich höher tarifiert als Wagenladungen und so den Transport in Wagenladungen begünstigt und fördert, während bei der Werttarifierung sehr häufig ein Unterschied in den Einheitssätzen von Stückgut und Wagenladung nicht besteht und damit jedes Interesse an der Aufgabe von Wagenladungen entfällt. Sodann gewährt der Raumtarif nicht, wie in der Regel der Wert-Klassifikationstarif, den Wagenladungssatz schon bei Aufgabe eines gewissen Gewichtes Gut, sondern nur bei wirklicher Verladung dieses Gewichtes in einen Wagen. Endlich ermöglicht er die Ansammlung und Aufgabe von Stückgütern verschiedener Art in Wagenladungen, welche bei dem Wertklassifikationssystem in der Regel nicht gestattet ist.

Während die unter 1—4 aufgeführten Vorzüge nicht zweifelhaft sind, ist der unter 5. erwähnte häufig bestritten worden, indem man nur die durch Sammlung von Stückgütern zu Wagenladungen ermöglichte bessere Wagenausnutzung ins Auge faſste. Diese ist allerdings nicht sehr erheblich und würde allein Erwähnung kaum verdienen. Der Hauptgrund der besseren Wagenausnutzung liegt vielmehr auſser in der systematischen Unterscheidung des Stückguts und der Wagenladungen darin, daſs nicht die Aufgabe des Gewichtes, sondern dessen Verladung in einen Wagen die Voraussetzung für die Gewährung der Wagenladungssätze ist, wodurch den Versendern der Anreiz zur sparsamen Benutzung des Wagenraumes gegeben wird. Von welcher Bedeutung dies ist, das hat sich z. B. klar herausgestellt bei dem Übergang von dem ersteren zum letzteren Prinzip, welcher sich 1877—1879 bei den preuſsischen Eisenbahnen durch Annahme des deutschen Reformtarifs vollzogen hat Erläuternd wird bemerkt, daſs der deutsche Reformtarif dem Raumtarif die systematische Unterscheidung des Stückguts und der Wagenladungen und den Grundsatz der Verladung in einen Wagen entnommen hat. Nach den offiziellen statistischen Nachrichten von den preuſsischen Eisenbahnen (vgl. Jahrgang 1879 S. 106—109, 51 und 79) wurden auf diesen an Tonnenkilometern in Prozenten der Gesamttransportmassen des frachtpflichtigen Gutes befördert:

	Stückgut	Wagenladungen von 5—10 t	Wagenladungen von 10 t u. mehr
1875 (unter Herrschaft des Werttarifs)	10,9 %	38,6 %	49,8 %
1878 (wo der Reformtarif noch nicht vollständig eingeführt war)	7,6 %	10,8 %	81 %
1879 (nach vollständiger Einführung des Reformtarifs)	6,4 %	7,5 %	85,5 %

Dem entsprechend war auch die Wagenausnutzung gestiegen. Dieselbe betrug im Durchschnitt für jede auf der eigenen Bahn bewegte beladene Güterwagenachse bezw. in Prozenten der Ladungsfähigkeit der beladenen Güterwagen:

1875	2,95 t bezw.	56,5 Prozent
1878	3,28 t »	71 »
1879	3,40 t »	72,8 »

Das sind ganz bedeutende Unterschiede und ein groſser Teil der erheblichen Verminderung an Betriebskosten, welche auf den preuſsischen Eisenbahnen in den entsprechenden Jahren eingetreten ist, muſs auf Rechnung dieser besseren Wagenausnutzung gesetzt werden. Es betrug nämlich die reine Betriebsausgabe für die Tonne Nettolast 1875 3,66 Pf., 1878 3,12 Pf., 1879 2,96 Pf. Nicht gering zu schätzen ist ferner die Ersparnis an Fahrmaterial, welche durch die bessere Ausnutzung desselben herbeigeführt wird.

Vgl. auch Zeitung des Vereins deutscher Eisenbahnen Jahrg. 1885 S. 1244, wo der Hauptgrund der hoheren Betriebskosten der englischen gegenüber den nordamerikanischen Eisenbahnen in der geringen Belastung der englischen Guterzüge gesucht wird. Dieselbe hängt aber wesentlich zusammen mit der notorisch schlechten Wagenausnutzung in England. S. ferner Saárossy-Kapeller, Die zehnjährige Thätigkeit der kgl. ungarischen Staatseisenbahnen S. 49. Beispiele, wie bei einzelnen Artikeln die Einführung des deutschen Reformtarifs eine bessere Ausnutzung der Wagentragkraft zur Folge gehabt hat, führt Heinsius, Die allgemeinen Tarifvorschriften, an, vgl. Archiv für Eisenbahnwesen Jahrgang 1885 Beilageheft zu Heft 5 S. 58 und 61.

Von Anhängern des Wertklassifikationstarifs wird zwar behauptet, dafs eine bessere Wagenausnutzung auch bei dem Werttarif erreicht werden und auch bei diesem System das Prinzip der Verladung in einen Wagen angenommen werden könne, aber Thatsache ist, dafs die Wagenausnutzung bei den Werttarifen durchaus vernachlässigt wird, wie schon die vielfach mangelnde Unterscheidung zwischen Stuckgut und Wagenladung und der Umstand beweist, dafs nur sehr selten die Verladung in einen Wagen als Bedingung der Wagenladungsermafsigung gestellt wird. Ubernimmt man aber diese Grundsätze des Raumtarifs in den Wertklassifikationstarif, wie dies z. B. bei dem heutigen deutschen Tarif geschehen ist, dann ist eben der Tarif kein reiner Wertklassifikationstarif mehr, sondern ein gemischter Tarif.

Von den Gegnern des Wagenraumtarifs wird demselben zunachst vorgeworfen, dafs er auf die Rentabilität der Eisenbahnen ungünstig wirke und die Erzielung des höchstmöglichen Reinertrages nicht zulasse. Dieser Einwand ist richtig und beweist, dafs der Raumtarif fur das privatwirtschaftliche System unbrauchbar ist. Denn die Beseitigung jeder Klasseneinteilung nicht nur beim Stückgut, sondern auch bei den Wagenladungen ist, wenn sie nicht für die Massengüter höhere Tarife als bei der privatwirtschaftlichen Tarifgestaltung ergeben und deren Transportfähigkeit hierdurch zum Schaden des Verkehrs und der Volkswirtschaft mindern soll, nicht möglich unter Annahme von Durchschnittssätzen, sondern nur dadurch, dafs die nach dem privatwirtschaftlichen System höher tarifierten Güter auf den Satz der niedrigsten Tarifklasse herabgedrückt werden, wodurch natürlich erhebliche Einnahmeausfälle entstehen müssen. Es kann daher der reine Wagenraumtarif auch bei der gemeinwirtschaftlichen

Tarifgestaltung erst dann zur Einführung gelangen, wenn entweder der Verkehr zu einer solchen Dichtigkeit gelangt ist und die Massengüter der niedrigsten Klasse derart überwiegen, dafs die Herabsetzung der übrigen Güter in die niedrigste Klasse nicht in Betracht kommt gegenüber den durch diese Tarifvereinfachung entstehenden Ersparnissen und wirtschaftlichen Vorteilen, oder aber wenn von einer Verzinsung des Anlagekapitals abgesehen werden kann.

Ein weiterer gegen den Raumtarif geltend gemachter Einwand gründet sich darauf, dafs das Sammeln von Stückgütern zu Wagenladungen wegen des hierdurch zu erzielenden Vorteils von den Spediteuren in die Hand genommen und so eine Mittelsperson zwischen Eisenbahn und Publikum eingeschoben werde, was volkswirtschaftlich als ein Nachteil zu betrachten sei. Letzteres läfst sich indes mit guten Gründen bestreiten, da der Spediteur eine Menge Arbeiten verrichtet, welche die Eisenbahn nicht übernimmt und nicht wohl übernehmen kann, und welche ebensowenig zum Geschäft der Versender gehören. Es ist deshalb die Benutzung des Spediteurs seitens der Industrie und des Handels lediglich eine Folge der Arbeitsteilung auf den höheren Kulturstufen. Aber selbst wenn man den Satz, dafs die Einschiebung des Spediteurs zwischen Publikum und Eisenbahn volkswirtschaftlich von Nachteil sei, gelten lassen will, so hat doch die Erfahrung bewiesen, dafs diese Thätigkeit der Spediteure bei weitem nicht den Umfang angenommen hat, wie man glaubte, vielmehr im Verhältnis zu dem Stückgutverkehr im ganzen nicht von erheblicher Bedeutung ist. In gewissem Umfange ist übrigens eine solche Sammlung der Güter bei jedem Tarifsystem, welches die Gewahrung ermäfsigter Frachten an die Aufgabe eines gröfseren Gewichts bezw. einer Wagenladung knüpft, also auch bei dem Klassifikationstarif möglich, wenn nämlich Einzelgüter derselben Tarifklasse zu einer Wagenladung vereinigt werden.

Dafs dies hier und da auch in gröfserem Umfange geschehen ist, beweist die Aussage des Sachverständigen Funke bei seiner Vernehmung vor der deutschen Tarif-Enquêtekommission von 1875, vgl. den stenographischen Bericht S. 197—199.

Endlich haben es die Eisenbahnen in der Hand, durch Einrichtung der zwangsweisen bahnseitigen An- und Abfuhr der Stückgüter diese Thätigkeit der Spediteure noch mehr zu beschränken. Für die Eisenbahnen selbst aber ist das Sammeln der Stückgüter zu Wagenladungen seitens der Spediteure eher vorteilhaft, weil im allgemeinen die Selbstkosten der Stückgutbeförderung sehr hoch sind, und dieselbe einen weit geringeren Überschufs ergiebt, als bei der Beförderung von Wagenladungen herauskommt. Denn bei der Stückgutbeförderung ist vor allem schon die Expeditions-, Lade- und Rangierarbeit ganz erheblich grofser als bei Wagenladungen. Letztere verladen und entladen gewöhnlich die Versender und Empfänger, ohne dafs das Gut, wie Stückgut über den Güterboden geht. Auch werden sie in der Regel unterwegs nicht umgeladen, wodurch auch Rangierarbeit erspart wird. Zu einer Wagenladung gehört ein Frachtbrief, während, wenn die Sammelladung als Stückgut aufgegeben wird, vielleicht 20—100 Frachtbriefe statt eines zu expedieren und zu verrechnen sind. Es wird also durch Aufgabe der Stückguter als Wagenladungen bedeutend an Arbeit und Personal gespart und, wenn dieselbe auf gewissen Stationen in gröfserem Umfang erfolgt, auch an Güterschuppen und Geleisanlagen.

Vgl. hieruber Scholtz, Die preufsischen Eisenbahnen in Rücksicht auf das Tarifwesen S. 24 und 25. Derselbe sagt: »Erfahrungsmäfsig erfordert der Stückgutverkehr grofse Lagerräume, umständliche Manipulation bei der Abfertigung, besondere Vorkehrungen auf dem Transport, viel Wagenraum, aufsergewöhnliche Sorgfalt und dergleichen mehr und jede Eisenbahn wird danach streben müssen, die ihr hierdurch erwachsenden Weitläufigkeiten und Behinderungen, welche den grofsen Eisenbahnverkehr in seiner Entfaltung nur allzusehr zu stören geeignet sind, auf eine Zwischeninstanz im Prinzip der Arbeitsteilung, also einen Spediteur etc. und zwar dadurch abzuwälzen, dafs sie mindestens für dieselben Güter in Wagenladungen aufgegeben erheblich billigere Tarifsätze in Anwendung bringt, als wenn sie im Stückgutverkehr und Tarif zum Transport gelangen. Vgl. ferner Reitzenstein, Die Gütertarife der Eisenbahnen S. 3—4 und 20; Memorial der schweizerischen Reformtarifbahnen an den Vorort des schweizerischen Handels- und Industrievereins betr. die Gütertarife der Eisenbahnen vom 31. Dezember 1883 S. 17 und 18.

Wenn aber zugleich durch die Sammelladungen auch billigere Beförderung für das Publikum geschaffen wird, was thatsächlich geschieht, denn sonst würde das Stückgut nicht als Sammelladung aufgegeben werden, so ist nicht einzusehen, was gegen diese Thätigkeit der Spediteure einzuwenden ist. Dafs die Beförderung bisweilen langsamer ist, ist für viele Transporte gleichgültig und wo schnellere Beförderung geboten erscheint, da mag man als Stückgut aufgeben. Vielfach wird auch nur eingewendet, dafs diese Sammelladungen auf die grofsen Städte beschränkt und dadurch die kleineren Orte, welche sie entbehren, benachteiligt seien. Aber abgesehen davon, dafs von den kleineren Orten die Güter nach den gröfseren geschickt werden können, um von da als Sammelladung weiter zu gehen, ist dies eben nur einer jener vielen naturgemäfsen Vorteile, welche die Konzentration den grofsen Städten bringt und denen andererseits Nachteile entgegenstehen.

§ 49. *Der Zonentarif.*

Eine weitere Vereinfachung der Tarifgestaltung kann durch den Zonentarif herbeigeführt werden, d. h. indem man die Längeneinheit, mit welcher der Tarifsatz wächst, erheblich vergröfsert und innerhalb gröfserer Gebiete jeden Unterschied bei der Frachtfestsetzung aufhebt. Dies System findet sich bereits im Nachrichtentransport verwirklicht und es ist nicht unmöglich, dafs dasselbe auch im Personen- und Gütertransport bei gemeinwirtschaftlicher Tarifgestaltung später in gewissem Umfang eingeführt wird. Es kommt eben sehr an auf das Mafs seiner Anwendung. In gewissem Umfange ist es schon hier und da auch im Eisenbahnwesen zur Anwendung gelangt. So hat man für die Ruhrkohlenzechen in einigen Verkehren sogenannte Gruppentarife eingefuhrt, indem man die gesamten Zechen in mehrere Gruppen einteilte und allen Zechen innerhalb einer Gruppe ohne Rücksicht, ob sie einige Kilometer näher oder weiter von bestimmten Absatzgebieten lagen, denselben Tarifsatz dahin gewährte. Indes handelte es sich hier nur um geringe Entfernungsunterschiede. Auch dürfte es z. B. wenig Bedenken unterliegen, die Einheitsentfernung, mit welcher der Tarifsatz wächst, von 1 auf 10 Kilometer zu erhöhen, da man ja vorher schon als solche die Meile = $7\frac{1}{2}$ Kilometer hatte. Dagegen werden die radikalen Vorschläge, welche zuerst in Amerika und England von Brandon und Galt, dann in Deutschland von Perrot und neuerdings in Österreich von Dr. Hertzka gemacht sind, wohl noch lange ohne Verwirklichung bleiben.

Von beiden ersteren und von Hertzka jedoch nur bezuglich des Personentarifs vgl. darüber Cohn, Englische Eisenbahnpolitik Bd. II S. 525—541; Hertzka, Das Personenporto.

Diese Vorschläge gehen darauf hin, nur einen oder doch höchstens drei verschiedene Tarifsätze für alle Entfernungen einzuführen und dieselben wenigstens für die weiteren Entfernungen gegen die bestehenden Sätze aufserordentlich zu ermäfsigen. Wir wollen die von Perrot als die weitgehendsten, weil auch für den Güterverkehr, etwas näher betrachten.

Perrot fordert in seiner Schrift »Die Anwendung des Pennyportosystems auf den Eisenbahntarif« im Personenverkehre einen einheitlichen Satz auf alle Entfernungen, der I. Klasse 6 M., II. Klasse 1 M. und III. Klasse 0,50 M. betragen soll. Im Güterverkehre schlägt er vor:

1. Für Eilgüter ohne Unterschied des Gewichts mit einem Maximalgewicht von 2 Zentnern bis 10 Meilen 0,50 M., über 10 Meilen 0,80 M.

2. Für Frachtgüter

	bis 20 Meilen	20—50 Meilen	über 50 Meilen
Stückgüter ohne Unterschied des Gewichts bis 3 Zentner . .	0,50 M.	0,80 M.	1,20 M.
über 3 Zentner	0,80 »	1,20 »	2,0 »
Wagenladungen	15,0 »	24,0 »	36,0 »

Diese Vorschläge sind begründet auf die richtigen Thatsachen, dafs einmal, wie § 16 dargelegt, nur die veränderlichen Selbstkosten innerhalb eines Intensitätsmaximums mit der Verkehrszunahme bezw. der Transportlänge wachsen, und dafs durch Tarifermäfsigungen der Verkehr gehoben wird. Aber schon von vornherein erscheint es unrichtig und unbegründet, die veränderlichen mit der Transportlänge wachsenden Selbstkosten ganz oder von einer gewissen Entfernung ab ganz aufser acht zu lassen. Das mag beim Nachrichtentransport angehen, wo die Transportkosten so gering sind, dafs sie vernachlässigt werden können, aber nicht beim Eisenbahntransport, welcher doch erhebliche Kosten verursacht. Es würden ferner Eilgüter bis 10 Meilen, sowie von 20—50 Meilen dasselbe kosten wie Stückgüter bis zu zwei Zentnern, über 50 Meilen aber sogar billiger sein, was aus früher erörterten Gründen offenbar unzulässig und unrichtig ist.

Ferner aber bringen die Perrotschen Vorschläge zwar eine sehr erhebliche Ermäfsigung für die weiten Entfernungen, aber zum Teil nicht unbedeutende Erhöhungen bei den kleinen Entfernungen und hierin liegt ebenfalls ihre Unausführbarkeit. Denn sowohl im Güter- als im Personenverkehre erscheint eine Erhöhung der Preise für die geringen Entfernungen nicht zulässig, da sie den Nahverkehr empfindlich treffen und eine bedeutende Abnahme dieses Verkehrs mit sich bringen würde. Gefordert wurde allerdings der grofse Verkehr auf weite Entfernungen, dies würde aber in erster Linie dem ausländischen Einfuhr- und Durchfuhrverkehr zu gute kommen. Die Einfuhr der ausländischen Erzeugnisse würde zum grofsen Nachteil der örtlichen Erzeugung begünstigt, innerhalb des Landes würden alle wirtschaftlichen Verhältnisse vollständig verschoben werden. Im Personenverkehr würden die reicheren Klassen und durchreisenden

Ausländer, welche am häufigsten auf lange Entfernungen reisen, begünstigt werden. Dem Arbeiter, dem Bauer würde die Ermäſsigung der weiten Entfernungen wenig zu gute kommen. Denn Geschäftsreisen auf weite Entfernungen hat er selten zu machen, zu Vergnügungsreisen fehlt ihm aber Zeit und Geld, da weite Reisen auſser dem Fahrgeld noch sehr bedeutende andere Kosten erfordern, von denen der Fahrpreis in der Regel nur einen kleinen Bruchteil bildet.

Vgl. darüber auch Wagner, »Die Ermäſsigung der Personentarife auf den Eisenbahnen«, Deutscher Ekonomist 1872 Nr. 1 und 3, Hertzka, Das Personenporto S. 127.

Es ist zur Zeit auch ganz falsch, wenn die Erfinder solcher Projekte sich günstige finanzielle Resultate davon versprechen, was sie hauptsächlich auf die dadurch hervorzubringende Vermehrung des Verkehrs ohne erhebliche Erhöhung der Selbstkosten durch bessere Ausnutzung des Fahrmaterials stützen. Denn einmal würde der Verkehr auf nahe Entfernungen sicher abnehmen, und da gerade dieser der massenhafteste Verkehr ist, so muſs dies stark in das Gewicht fallen. Dann aber würde der Verkehr auf weite Entfernungen nicht so zunehmen, daſs dadurch der durch die kolossale Preisermäſsigung herbeigeführte Ausfall ausgeglichen würde, und auch die Wagenausnutzung würde nicht so vollständig sein, daſs nicht beträchtliche Mehrkosten durch die Verkehrszunahme entständen. Daſs ferner groſse wirtschaftliche Umwälzungen durch Einführung derartiger Tarife entstehen und die gegenwärtigen Wettbewerbsverhältnisse in der wirtschaftlichen Produktion vielfach zu Gunsten und zum Nachteil einzelner verschoben werden würden, wurde schon erwähnt. Derartige künstliche Verschiebungen sind aber durchaus zu vermeiden. Insbesondere würde auch die bedeutende Erhöhung der Transportkosten im Güterverkehr, wie sie beim Übergang aus der einen in die nächste Zone beim Perrotschen Projekt stattfindet, berechtigte Beschwerden der davon betroffenen Interessenten hervorrufen, und erscheint auch deshalb mindestens eine gröſsere Zahl von Zonen und ein mehr allmählicher Übergang ratsam, wenn später ähnliche Projekte zur Ausführung gebracht werden. Aus diesen Gründen kann von einer Einführung eines solchen Zonensystems zur Zeit wohl nicht die Rede sein, und selbst wenn das Anlagekapital der Eisenbahnen demnächst getilgt ist und durch die Tarife nur noch die Betriebskosten zu decken sind, wird eine so weitgehende Auſserachtlassung der Entfernung bei der Bemessung der Tarife sich widerraten.

§ 50. *Gemeinwirtschaftliche Tarifgestaltung im Personenverkehr.*

Es ist schon früher erwähnt worden, dafs im Personenverkehr das privatwirtschaftliche Prinzip der Wertklassifikation und Differenzierung nicht in dem Mafse hat Anwendung finden können und Anwendung gefunden hat, wie im Güterverkehr. Hiemit zusammen hängt es aber auch, dafs im Personenverkehr nicht entfernt eine derartige Massennutzung der Eisenbahnen durch Herabsetzung der Transportpreise stattgefunden hat, wie im Güterverkehr, vielmehr hat die privatwirtschaftliche Eisenbahnverwaltung es für richtiger erkannt, die Preise möglichst hoch zu halten. Als Belege hiefür mögen folgende statistische Zahlen dienen.

Nach den statistischen Nachrichten für die preufsischen Eisenbahnen ergaben sich im Güterverkehr auf denselben:

Jahr	Gesamttransportmenge in Tonnen	auf das Kilometer Bahn		für das Tonnenkilometer Pfennige
		Tonnenkilometer	Einnahme in Mark	
1844	392 251	31 071	4 026	15
1850	2 255 590	66 106	6 486	9,50
1860	14 788 641	170 705	13 089	7,33
1869	51 252 623	368 056	19 641	5,16
1879	105 114 161	439 337	19 469	4,33

Dagegen im Personenverkehr:

Jahr	Gesamtzahl der beförderten Personen	auf das Kilometer Bahn		für das Personenkilometer Pfennige
		Personenkilometer	Einnahme in Mark	
1844	3 940 904	192 077	8 010	4,50
1850	9 241 780	146 324	6 654	4,53
1860	21 641 083	160 141	7 077	4,25
1869	61 949 816	221 169	8 316	3,65
1879	114 402 292	196 843	7 051	3,52

Gegenüber dem ungeheuren Aufschwung des Güterverkehrs hat der auf das Bahnkilometer entfallende Personenverkehr seit 1844 fast gar nicht zugenommen, die Einnahme für das Bahnkilometer sich sogar vermindert. Dem entsprechend ist der Satz für das Personenkilometer kaum um .1 Pfennig herabgegangen, während sich der Satz für das Tonnenkilometer um mehr als 10 Pfennige ermäfsigt hat.

Ähnlich verschieden verminderte sich bei den französischen Bahnen die Einnahme

	für das Tonnenkilometer	für das Personenkilometer
1831	16,0 Cent.	7,75 Cent.
1841	12,0 »	7,0 »
1851	9,70 »	6,90 »
1855	7,65 »	5,91 »
1867	6,10 »	5,29 »
1877	5,96 »	5,19 »

Vgl. de Foville, La transformation des moyens de transport, S. 40 und 70.

Mit dieser Thatsache, dafs die Ermäfsigung der Preise und die Massennutzung im Personenverkehr weit zurückblieb hinter der des Güterverkehrs, hängt es auch zusammen, dafs der Personenverkehr, welcher im Anfang des Eisenbahnwesens als Hauptsache galt und die gröfsten Einnahmen lieferte, bald an Bedeutung hinter dem Güterverkehr zurückblieb. Dies ergiebt sich klar aus den oben mitgeteilten Zahlen für die preufsischen Eisenbahnen; aber auch in den übrigen Kulturstaaten war die Entwickelung eine ähnliche. So betrug in England 1842 die Einnahme aus dem Personenverkehr etwa ²/₃, aus dem Güterverkehr etwa ¹/₃ der Gesamteinnahme, 1858 fielen dagegen schon 51 Prozent der Gesamteinnahme auf den Güterverkehr und 49 Prozent auf den Personenverkehr, 1879 nur noch 44 Prozent auf den Personen- und 56 Prozent auf den Güterverkehr.

Deshalb ist die Aufgabe der gemeinwirtschaftlichen Tarifgestaltung im Personenverkehr insofern noch eine weitergehendere als im Güterverkehr, als sie auch die Entwickelung des Personenverkehrs durch eine erhebliche Ermäfsigung der Preise zu fördern und auch im Personenverkehr diejenige Massennutzung hervorzurufen hat, welche im Güterverkehr durch die privatwirtschaftliche Tarifgestaltung bereits herbeigeführt ist. Diese Aufgabe ist der gemeinwirtschaftlichen Tarifgestaltung um deswillen zu stellen, weil eine entsprechende Erleichterung und Verbilligung der Ortsveränderung für Personen von der höchsten wirtschaftlichen und kulturellen Bedeutung ist. Es mufs deshalb selbst auf die Gefahr hin, dafs die Reineinnahmen des Personenverkehrs dadurch zunächst geringer werden, eine derartige Ermäfsigung der Personentarife erfolgen. Übrigens ist voraussichtlich diese Abnahme der Reineinnahmen vorübergehend und kann durch entsprechende Maſsregeln, die eine Verminderung der gegenwärtig sehr hohen Selbstkosten des Personenverkehrs herbeiführen, gemildert werden.

Zur Zeit bestehen in den meisten Ländern Europas im Personentarif drei Klassen, denen die verschiedene Einrichtung der Personenwagen entspricht. Nur in einigen Ländern, insbesondere Norddeutschland, Österreich-Ungarn, Ruſsland giebt es noch eine vierte Klasse. Diese drei bezw. vier Klassen sind sehr verschieden ausgenutzt, im ganzen aber schlecht. Dadurch aber, daſs in vielen Ländern auch noch Frauen- und Rauch- oder Nichtrauchcoupés bestehen innerhalb jeder der drei oder vier Klassen, ergiebt sich noch eine bedeutende Vermehrung der Klassen, bezw. eine noch schlechtere Ausnutzung.

Wie hoch gerade im Personenverkehr die tote Last im Verhältnis zur Nutzlast ist, das beweisen die im § 18 aufgeführten Zahlen, wonach auf den deutschen Eisenbahnen die tote Last mehr als das zwölffache der Nutzlast betrug. Daſs dies ungünstige Verhältnis auch sonst vorhanden ist und daſs ein besseres Verhältnis zwischen toter und Nutzlast möglich wäre, wenn eine bessere Ausnutzung der Züge, bezw. Sitzplätze erzielt würde, zeigt ferner ein Blick auf die internationale Eisenbahnstatistik vom Jahre 1882. Nach derselben war jede bewegte Achse bezw. waren die bewegten Plätze durchschnittlich besetzt:

auf den	norwegischen Bahnen . .	mit	3,49	Personen	bezw.	24,10 Proz.
»	» niederländischen Bahnen	»	4,15	»	»	20,80 »
»	» belgischen Bahnen . . .	»	4,19	»	»	20,79 »
»	» österr.-ungar. Bahnen . .	»	4,25	»	»	24,27 »
»	» russischen Bahnen . . .	»	4,30	»	»	33,90 »
»	» deutschen Bahnen . . .	»	4,53	»	»	23,66 »
»	» dänischen Bahnen . . .	»	5,38	»	»	25,76 »
»	» schweizerischen Bahnen	»	5,48	»	»	30,93 »
»	» italienischen Bahnen . .	»	5,89	»	»	25,73 »

Auf eine bessere Ausnutzung der Personenzüge muſs also hingewirkt werden, dann kann ohne eine erhebliche Vermehrung der Selbstkosten ein weit gröſserer Verkehr bewältigt werden. Eine bessere Ausnutzung wird aber unzweifelhaft am sichersten erreicht durch eine Verminderung der Klassen im Personentarif, wodurch zugleich den Grundsätzen der gemeinwirtschaftlichen

Tarifgestaltung, welche auf Beschränkung der Individualisierung hinweisen, entsprochen wird.

Es ist ferner nicht zu verkennen, dafs das Prinzip der Tarifierung nach der Leistungsfähigkeit im Personenverkehr wenig Erfolg gehabt hat. Es liegt dies wesentlich daran, dafs im Gegensatz zum Güterverkehr hier Selbsteinschätzung stattfindet und zwar eine Selbsteinschätzung, wo keinerlei Verpflichtung besteht richtig zu schätzen. Die privatwirtschaftliche Tarifgestaltung hat zwar durch die verschiedene Ausstattung der Wagenklassen den Versuch gemacht, die Bequemlichkeit, die Eitelkeit und die Neigung zum Luxus zur Sicherung der richtigen Selbsteinschätzung zu benutzen, aber ohne entsprechenden Erfolg. Die Gewinnsucht bezw. der Sparsamkeitstrieb der Reisenden zeigt sich stärker, und es ist offenbar, dafs dieselben sich in vielen Fällen zu niedrig einschätzen. Gegenüber der sonst so häufigen Erscheinung, dafs zur Befriedigung der Eitelkeit der Mensch geneigt ist, über seine Kräfte zu gehen, ist dies auffällig, erklärt sich aber vielleicht dadurch, dafs die durch das Reisen in höherer Klasse gebotene Befriedigung der Eitelkeit und des Luxus in der Regel unter Fremden und in der Fremde stattfindet, also weniger Reiz bietet als zu Hause unter Bekannten. Wie dem aber auch sei, die Thatsache der zu niedrigen Selbsteinschätzung steht fest und andererseits auch, dafs das Mittel, welches zur Herbeiführung der richtigen Einschätzung angewendet ist, die Schaffung verschiedener Räume für die verschiedenen Klassen, zu einer ungeheuren Vermehrung der toten Last im Personenverkehr im Gegensatz zu dem Güterverkehr, wo eine Verschiedenheit in den Transporträumen der verschiedenen Güterklassen nicht vorhanden ist, geführt hat. Hätte man ein Mittel, auch die Reisenden nach ihrer Leistungsfähigkeit eisenbahnseitig abzuschätzen, wie dies bei den Gütern geschieht, könnte man z. B. die Reisenden zwingen, beim Lösen des Billets ihren Steuerzettel vorzuzeigen, und hiernach die Zahlung der verschiedenen Klassenpreise festsetzen, so brauchte man räumlich die verschiedenen Klassen nicht zu unterscheiden, könnte sich vielmehr mit einer begnügen. Da dies indes nicht wohl durchführbar ist, so erscheint wenigstens eine Verringerung der Klassen auf zwei, eine Holz- und eine Polsterklasse empfehlenswert. Hierdurch wird einmal eine bedeutende Verminderung der toten Last und damit der Selbstkosten des Personentransports und andererseits eine bessere Einschätzung nach der Leistungsfähigkeit erreicht werden, da die wohlhabenderen und gebildeteren Klassen sich mehr scheuen, aus der Polster- in die von der grofsen Menge der niederen Klassen benutzte Holzklasse überzugehen, als aus der ersten Polsterklasse in eine zweite. Eine Verminderung der Klassen auf eine Klasse erscheint dagegen nach europäischen Verhältnissen zur Zeit wenigstens nicht durchführbar und auch nicht empfehlenswert. Auch auf den Eisenbahnen der Vereinigten Staaten, wo ursprünglich nur eine Klasse bestand, sind jetzt thatsächlich zwei, zum Teil sogar drei Klassen eingeführt.

Vgl. v. d. Leyen, Die nordamerikanischen Eisenbahnen S. 231.

Wenn es sich aber darum handelt, welche Klassen wegzufallen haben, so kann die Antwort nicht schwer sein — es ist die I. Klasse, welche durchaus als entbehrlich bezeichnet werden mufs, und aufserdem die IV. Klasse da, wo sie besteht. Dafs die erste Klasse kein Bedürfnis ist, ergiebt sich schon daraus, dafs sie im allgemeinen sehr schlecht besetzt ist und die Benutzung derselben dauernd abnimmt. Da wo sie besser besetzt ist, wie z. B. in einzelnen Schnellzügen, liegt dies zum grofsen Teil daran, dafs dieselben nur I. Klasse oder nur I. und II. Klasse führen. Für die erste Klasse kann aber in den Schnellzügen durch Einstellung der ohnedies notwendigen Schlaf- und Hotelwagen ein genügender Ersatz geboten werden, bezw. es kann die Vermietung ganzer Coupés oder Wagen das Bedürfnis der Absonderung für gewisse Reisende befriedigen.

Die Verteilung der Reisenden in den verschiedenen Wagenklassen ergiebt sich aus folgender Zusammenstellung, welche entnommen ist aus dem Archiv für Eisenbahnwesen 1881 S. 184; Cohn, Englische Eisenbahnpolitik II. Bd. S. 138 u. 139; der letzten 10 Jahre S. 103; den Statistischen Nachrichten von den preufsischen Eisenbahnen Jahrg. 1879 S. 72; der Statistik des Vereins deutscher Eisenbahnen.

1. England.	1842	1858	1873	1878	1880
I. Klasse	18,4 %	13,0 %	8,4 %	7,3 %	5,93 %
II. Klasse	46,0 »	31,0 »	15,4 »	11,5 »	10,72 »
III. Klasse	35,6 »	56,0 »	76,2 »	81,2 »	83,35 »

2. Frankreich.	1860	1878
I. Klasse	11 %	7 %
II. Klasse	33 »	32 »
III. Klasse	56 »	61 »

3. Preufsen.	1855	1863	1873	1878
I. Klasse	1,9 %	1,8 %	1,6 %	1,3 %
II. Klasse	22,0 »	16,9 »	15,6 »	13,6 »
III. Klasse	60,3 »	47,7 »	51,9 »	51,9 »
IV. Klasse	15,8 »	33,6 »	30,9 »	33,2 »

4. Im Verein deutscher Eisenbahnen.

	Jahrgang	Wagenklasse				Reisen zu ermäſsigten Preisen
		I.	II.	III.	IV.	
Deutsche Bahnen	1882	2,4	18,4	50,5	22,7	6,0
Österreich.-Ungarische Bahnen		3,1	18,2	58,2	9,9	10,6
andere Vereinsbahnen		8,1	22,6	54,9	6,7	7,7
sämtliche Vereinsbahnen		3,0	18,7	52,6	18,5	7,2

Überall also nimmt die Benutzung der I. Klasse prozentual ab und ist an sich sehr schlecht. Die englische Midland-Eisenbahn hat denn auch bereits seit dem Jahr 1875 eine Polsterklasse abgeschafft und sind ihr schon mehrere englische Eisenbahnen nachgefolgt.

Was die IV. Wagenklasse betrifft, so war die hiedurch gewährte Ermäſsigung zwar sehr vorteilhaft für den Verkehr, dagegen brachte die Vermehrung der Klassen eine Erhöhung der toten Last und Selbstkosten, sowie da, wo sie nicht allgemein war, eine Verschiedenheit in der Klassifikation. Dies und die wenig menschenwürdige Einrichtung der IV. Klasse (ohne Sitzbänke!), die Schwierigkeit der Billetkontrolle etc. machen die Wiederbeseitigung derselben ohne Erhöhung der Transportpreise schon an sich wünschenswert.

Was nun die Herabsetzung der Personentarife angeht, so wird bei dem von der privatwirtschaftlichen Tarifgestaltung im allgemeinen vernachlässigten örtlichen Verkehr zu beginnen sein, insbesondere der Marktverkehr und der wirtschaftlich und gesundheitlich so wichtige Verkehr der Groſsstädte mit ihrer nächsten Umgebung müssen durch ermäſsigte Tarifsätze erleichtert werden. Gerade dieser Nahverkehr kann durch Ermäſsigung der Tarifsätze auſserordentlich gehoben werden, weil hier das Zeitmoment und die sonstigen Reisekosten (Übernachtungskosten!) keine so erhebliche Rolle spielen, wie bei dem Fernverkehr. Infolge der groſsen durch die Tarifherabsetzung hier zu erreichenden Verkehrszunahme wird aber zugleich der Reinertrag ein guter und besserer werden, als früher bei hohen Taxen und geringer Frequenz. Es ist dies der Grund, weshalb für diesen Verkehr insbesondere in der Nähe groſser Städte, wo die Möglichkeit einer auſserordentlichen Verkehrsvermehrung gegeben ist, schon die privatwirtschaftliche Eisenbahnverwaltung vielfach ausnahmsweise niedrige Sätze gewährt. Das bekannteste Beispiel sind die Londoner Arbeiterzüge zu 1 Penny auf jede Entfernung, welche zwar zunächst den betreffenden Bahnen in ihren Konzessionen auferlegt wurden, jetzt aber von denselben in gröfserem Umfang gefahren werden als vorgeschrieben, weil die Bahnen eingesehen haben, dafs sie trotz des niedrigen Fahrpreises ertragsfähig sind.

Über das nähere vgl. Cohn, Englische Eisenbahnpolitik Bd. II S. 261 bis 264 und 519—524.

Ähnliche Erfahrungen haben die österreichischen Staatseisenbahnen im Jahre 1883 bei Herabsetzung der Personentarife gemacht.

Vgl. den Geschäftsbericht für 1883 S. 2.

Es empfiehlt sich deshalb zunächst eine allgemeine Herabsetzung der Taxen für den Lokalverkehr, welche zusammen mit bequemen Fahrplänen der Lokalzüge und, soweit es der Verkehr verlangt, einer Vermehrung derselben voraussichtlich auch eine bedeutende Verkehrsvermehrung zur Folge haben wird. Die Herabsetzung der Preise hat sich insbesondere auf die dritte Wagenklasse zu erstrecken, weil für die unteren Klassen der Bevölkerung die Benutzung der Eisenbahnen namentlich für den örtlichen Verkehr zu teuer und durch entsprechende Herabsetzung eine Massennutzung der Eisenbahnen durch diese Klassen zu erzielen ist, wie sich bei Einführung der IV. Klasse und der dadurch gebotenen Ermäfsigung der Fahrpreise vielfach gezeigt hat. Es würde deshalb der Preis der III. Klasse im Lokalverkehr für bestimmte langsam fahrende und auf allen Stationen anhaltende Züge auf den Preis der IV. Klasse herabzusetzen und so diese zu beseitigen sein. Eine ähnliche Herabsetzung im gesamten Lokalverkehr ist auch bei denjenigen Bahnen, welche keine IV. Klasse haben, einzuführen. Die erste Klasse hätte wegzufallen, die zweite Klasse wird gleichfalls aber in geringerem Grade im Lokalverkehr zu ermäfsigen sein.

Um den hierdurch zunächst entstehenden Einnahmeausfall in etwas zu decken, werden die ausnahmsweisen Ermäfsigungen, welche im Lokalverkehr gewährt werden, insbesondere die der Rückfahrtbillets, für Vereine oder gröfsere Gesellschaften etc. ganz wegfallen können oder doch wesentlich zu beschränken, aufserdem da, wo Freigepäck besteht, dies aufzuheben sein. Darüber, dafs das letztere ohne Berechtigung ist, zumal im Lokalverkehr, wird noch später zu sprechen sein. Dafs man in den Ermäfsigungen insbesondere der Rückfahrtbillets und für Vereine und Gesellschaften an sich zu weit gegangen ist und dafs dieselben gegenwärtig lediglich eine Preisermäfsigung zu

Gunsten des Lokalverkehrs darstellen, welche nach Einführung der vorgeschlagenen allgemeinen Ermäfsigungen unnötig wird, ist wohl unbestreitbar. Denn bei dem Rückfahrtbillet erspart die Eisenbahnverwaltung lediglich die einmaligen Expeditionskosten und ein Billet; auf die bessere Ausnutzung durch die Rückreise ist nicht sehr viel zu geben, da die Fälle dauernder Ortsveränderung im Verhältnis zu den blofsen Reisen, von welchen man früher oder später an seinen Wohnort zurückkehrt, äufserst selten sind und jedenfalls kein Grund vorliegt, eine Ermäfsigung bei Rückkehr an demselben oder zweit- und drittfolgenden Tage zu gewähren, bei späterer Rückkehr sie zu versagen. Es würden deshalb wohl ferner der Bequemlichkeit halber Rückfahrtbillets auszugeben sein, aber ohne Ermäfsigung und ohne Zeitbeschränkung, wodurch zugleich der Anreiz zu Betrügereien wesentlich beschränkt und die Billetkontrolle vereinfacht würde. Ermäfsigungen in gröfserem Umfang wären nur bei Abonnements-, Schüler- und Arbeiterbillets beizubehalten wegen der regelmäfsigen und umfangreichen Benutzung, bezw. auch aus sozialen Gründen.

Eine Ermäfsigung der Schnellzugspreise bezw. der Preise für längere Reisen wird, weil sie nur einen geringeren Teil der Bevölkerung und zum grofsen Teil Ausländern zu gute kommt, ohnedies auch durch die Konkurrenzen in den Knotenpunkten schon teilweise erfolgt ist, dem Umfang nach hinter der Ermäfsigung der Lokaltarife zurück zu stehen haben. Es wird sich hier zunächst nur darum handeln, bei den Schnellzügen neben einer Polsterklasse eine Holzklasse mit den Sätzen der jetzigen dritten Klasse einzustellen, um auf diese Weise der grofsen Masse des Volkes für weitere Reisen die Benutzung der Schnellzüge zu ermöglichen. In Belgien und England ist dies bereits seit Jahren bei einer grofsen Zahl von Eisenbahnen mit gutem Erfolg geschehen, in den übrigen Ländern dagegen nur ausnahmsweise. Wie gering z. B. in Deutschland noch der Schnellzugsverkehr ist, ergiebt sich daraus, dafs nach der Statistik des Reichseisenbahnamtes auf den deutschen Eisenbahnen im Jahr 1880 von 215 021 193 Reisenden nur 8 039 654 oder 3,74 Prozent mit Schnellzügen befördert wurden. Von 6 479 264 452 Personenkilometern entfallen auf Schnellzüge nur 725 163 654, also nur etwa $^1/_9$; jede Personenwagenachse war besetzt in Schnellzügen mit 2,78, in Personen- und gemischten Zügen mit 5,13 Personen. Auch diese schlechte Ausnutzung der Schnellzüge spricht für Einführung der Holzklasse. Weitere Ermäfsigungen für den Schnellzugsverkehr können am passendsten durch

Einführung von Tarifen mit fallender Skala gewährt werden, da Ermäſsigungen für weitere Entfernungen sich im Personenverkehr aus denselben Gründen empfehlen, wie für den Güterverkehr, und die jetzt im Rundreiseverkehr gewährten Ermäſsigungen hierdurch in gerechterer und gleichmäſsigerer Weise ersetzt werden. Daſs der Versuch, der im Jahre 1866 auf der belgischen Staatsbahn mit solchen Tarifen gemacht wurde, miſsglückte, lag an besonderen Gründen, wie im § 26 ausgeführt. Uberhaupt können Tarife mit fallender Skala nur für Schnellzugsverkehr wirken und empfohlen werden, da es sich hier allein um Reisen von gröſserer Länge handelt, während bei den Personenzügen nur geringe Längen in Betracht kommen. Nach der Statistik des Reichseisenbahnamtes wurde z. B. auf den deutschen Eisenbahnen 1880 im Schnellzugsverkehr durchschnittlich jede Person auf 90,20 Kilometer befördert, dagegen im Personenzugsverkehr nur auf 27,80 Kilometer. Dies Verhältnis wird sich aber noch verschärfen, sobald die Holzklasse bei den Schnellzügen eingeführt wird. Deshalb empfiehlt sich im Lokalverkehr nicht eine Ermäſsigung der längeren Reisen, sondern im Gegenteil der geringen Entfernungen, um die Konkurrenz mit den anderen Beförderungsmitteln bestehen zu können und den Verkehr zu vermehren.

Nach Durchführung dieser Reform wird sich der örtliche und Fernverkehr mehr als jetzt scheiden, und der letztere ausschlieſslich durch Schnellzüge wenigstens auf den verkehrsreicheren Linien bedient werden. Diese auch für den Betrieb wünschenswerte Trennung wird eine bessere Berücksichtigung beider in ihren Anforderungen so verschiedenartigen Verkehre besonders bezüglich der Fahrpläne ermöglichen, namentlich werden die örtlichen Interessen in Betreff der Lage der Züge im Lokalverkehr besser berücksichtigt werden können. Es werden ferner für den Lokalverkehr jene in der Beschaffung billigeren und im Betrieb sparsameren Transportmittel in gröſserem Umfang in Gebrauch kommen können, welche schon jetzt hie und da im örtlichen Verkehr mit gutem Erfolg zur Anwendung gelangt sind, z. B. Dampfwagen, Omnibuszüge.

Auf diese Weise dürfte es gelingen, allmählich eine Massennutzung im Personenverkehr herbeizuführen und damit auch die anfänglichen Einnahmeausfälle in das Gegenteil zu verwandeln. Daſs der Personenverkehr noch sehr steigerungsfähig ist, ergiebt sich daraus, daſs nach Schreiber, Das Tarifwesen der Eisenbahnen S. 84 und 85, auf jeden Einwohner Eisenbahnreisen entfielen:

	1881	1865
in England	15,0	7,9
» Belgien	10,0	6,2
» Deutschland . . .	5,0	2,5
» Frankreich	4,0	2,3
» Österreich-Ungarn	1,1	0,5

Gleichzeitig mit der erörterten Verminderung der Klassen und der Ermäfsigung der Personentarife kann dann auch dem Erfordernis der gemeinwirtschaftlichen Tarifgestaltung auf Einführung gleicher Einheitssätze entsprochen werden. Es werden ferner alle diejenigen Ausnahme- und Differentialtarife zu beseitigen sein, welche keine Berechtigung haben bezw. durch die Ermäfsigung der Personentarife entbehrlich geworden sind. Diejenigen, welche bleiben und allgemeinerer Art sind, also insbesondere die ermäfsigten Abonnements-, Arbeiter-, Schüler- etc. Billets sind bezüglich des Umfangs der Ermäfsigungen und der Bedingungen, an welche dieselbe geknüpft sind, einheitlich zu regeln und die bunte Mannigfaltigkeit und Verschiedenheit, welche auch in dieser Richtung die privatwirtschaftliche Tarifgestaltung geschaffen hat, zu beseitigen. Hierdurch werden dem Publikum viel Unannehmlichkeiten und den Eisenbahnen viel Arbeit und Druckkosten gespart werden.

Dafs endlich die gemeinwirtschaftliche Tarifgestaltung eine unbedingte Öffentlichkeit und rechtzeitige Veröffentlichung auch der Personentarife und aller Änderungen derselben einzuführen, sowie auf eine möglichste Stetigkeit derselben hinzuwirken hat, bedarf kaum der Erwähnung. Selbstverständlich wird es sich empfehlen alle diese Reformen nach und nach unter Schonung sowohl der finanziellen Erträgnisse als der bestehenden Tarif- und Verkehrsverhältnisse zur Einführung zu bringen.

§ 51. *Gepäcktarife.*

Freigepäck zu gewähren, indem man den Betrag für die Gepäckbeförderung in den Personentarif allgemein einrechnet, erscheint nicht gerecht, indem dadurch der Nahverkehr, welcher in der Regel kein Gepäck mit sich führt, gegenüber dem Fernverkehr, die ärmeren Klassen gegenüber den wohlhabenden geschädigt werden. Richtig ist vielmehr, dafs, abgesehen von dem Handgepäck, welches mit in den Wagen genommen werden kann, alles aufgegebene Gepäck bezahlt wird, wenn auch unter Anwendung einer fallenden Skala für längere Entfernungen. Allerdings wird in einigen Ländern, z. B. England und Nordamerika, das Gepäck bis zu einem hohen Gewichte oder ganz frei befördert, um an den Kosten der Gepäckexpedition und der Haftpflicht zu sparen. Ist dies vielleicht vom Standpunkt der Eisenbahnen nicht unrichtig und auch bei der Gewöhnung und ganzen Erziehung des englischen und nordamerikanischen Volkes durchführbar, so steht dieser Einrichtung auf dem europäischen Festlande doch die Gewöhnung des Publikums entgegen, welches Wert darauf legt, dafs die Bahnverwaltung das Gepäck expediert und dafür die Haftung ubernimmt, was bei dem englischen bezw. amerikanischen Verfahren nicht der Fall ist.

Übrigens wird bereits von Eisenbahnfachmännern in den Vereinigten Staaten erwogen, ob es nicht geraten sei das deutsche System einzuführen; vgl. v. d. Leyen, Die nordamerikanischen Eisenbahnen S. 229.

Unter diesen Umständen ist es aber eine Pflicht der Gerechtigkeit, dafs entsprechend dafür bezahlt wird, zumal die Kosten der Gepäckexpedition und des Transportes nicht unerheblich sind. Es ist um so mehr geboten, hiefür ausreichende Transportpreise festzusetzen, als dieselben in erster Linie die wohlhabenderen Klassen und die ausländischen Reisenden treffen. Hiernach mufs die Aufhebung des Freigepäcks und die Einführung einheitlicher Gepäcktaxen als eine Forderung der gemeinwirtschaftlichen Tarifgestaltung bezeichnet werden. Hierdurch wird zugleich die sowohl für das Publikum wie für die Eisenbahnen besonders im direkten Verkehr lästige Verschiedenartigkeit in der Gepäcktarifierung und Gewährung von Freigepäck wegfallen.

Vgl. auch Zeitung des Vereins deutscher Eisenbahnen Jahrgang 1885 S. 537—539, 553—555, 569—570.

§ 52. *Tarife für Leichen, Fahrzeuge, Vieh.*

Auch für Leichen, Fahrzeuge und Vieh wird die gemeinwirtschaftliche Tarifgestaltung an Stelle der bunten Mannigfaltigkeit der privatwirtschaftlichen Tarifgestaltung eine einheitliche und auf möglichste Wagenausnutzung gerichtete Tariffestsetzung einzuführen haben.

Für Leichen wird hienach ein besonderer Satz für den Wagen und Kilometer und zwar verschieden nach der Beförderung in Güter-, Personen- oder Schnellzügen nebst einer Expeditionsgebühr anzunehmen sein.

Fahrzeuge, welche nicht auf eignen Rädern laufen, werden entweder als Stückgut oder als Wagenladung zu behandeln sein, ersteres selbstverständlich nur dann, wenn sie mit anderem Gute zusammengeladen werden können und nicht einen ganzen Wagen in Anspruch nehmen. Sie können in die Güterklassifikation aufgenommen werden und bedürfen keiner besonderen Sätze, sind vielmehr entweder als Eilgut oder als Frachtgut wie die übrigen Güter zu befördern. Bei Aufgabe als Stückgut in unzerlegtem und unverpacktem Zustande werden sie in der Regel sperrig sein. Die auf eignen Rädern laufenden Eisenbahnwagen, Lokomotiven, Tender, Dampfwagen etc. sind am einfachsten nach einem einheitlichen Satz für das Tonnenkilometer zu tarifieren.

In den Viehtarifen ist die Aufgabe als Einzelsendungen oder in Wagenladungen zu unterscheiden. Als letztere sind nur volle Wagenladungen anzusehen und dieselben zu einem bestimmten Satz für Wagen und Kilometer unter Berücksichtigung der Ladefläche zu tarifieren. Halbe Wagenladungen können einen ermäfsigten Satz für Einzelvieh erhalten, insbesondere im Lokalverkehr, wo das Bedürfnis hiezu vorliegt. Es wird ferner zu unterscheiden sein zwischen Grofs- und Kleinvieh bei der Aufgabe als Einzelgut, während für die Aufgabe in Wagenladungen ein Bedürfnis hiezu weniger vorzuliegen scheint. Für Pferde in Stallungswagen wird stets, ob der Wagen ganz ausgenutzt wird oder nicht, der volle Wagenladungssatz zu erheben sein. Für Kleinvieh in Etagewagen wird der anderthalbfache Satz der einfachen Wagenladung deshalb angemessen erscheinen, um nicht eine zu grofse Tarifungleichheit gegenüber der Verladung in gewöhnlichen Wagen herbeizuführen und die Eisenbahnen zu einer stärkeren Beschaffung dieser sonst nicht zu verwendenden Spezialwagen zu zwingen. Die Aufgabe einzelner Tiere, verpackt in Kisten, Käfigen etc., nach den gewöhnlichen Gepäck-, Eil- und Stückguttaxen wird dann zuzulassen sein, wenn dieselben mit anderem Gut zusammengeladen werden können. Aufserdem erscheint eine Erhöhung der Viehtaxen um einen bestimmten Prozentsatz angezeigt, sofern die Beförderung in Personenzügen vorgeschrieben wird. Die Erhebung einer Expeditionsgebühr sowohl bei Einzelsendungen als bei Wagenladungen ist angemessen.

BESONDERER TEIL.

Die Entwickelung des Tarifwesens in den verschiedenen Kulturstaaten.

A. DEUTSCHLAND.

ERSTER ABSCHNITT.

Gesetzliche, konzessionsmäfsige, sowie durch die Aufsichtsbehörden getroffene Bestimmungen über das Tarifwesen.

I. Preufsen.

§ 53. *Das Gesetz vom 3. November 1838.*

In Preufsen wurde das Tarifwesen durch Gesetz, Konzessionen und Verfügungen der Aufsichtsbehörden geregelt. Als gesetzliche Vorschriften kommen zunächst die im Gesetze über die Eisenbahnunternehmungen vom 3. November 1838 auf das Tarifwesen bezüglichen Bestimmungen in den §§ 26—35 in Betracht. Dieselben lauten folgendermafsen:

»§ 26. Für die ersten drei Jahre nach dem auf die Eröffnung der Bahn folgenden 1. Januar wird vorbehaltlich der Bestimmungen des § 45 (welcher den Anschlufs neuer Bahnen betrifft) der Gesellschaft das Recht zugestanden, ohne Zulassung eines Konkurrenten den Transportbetrieb allein zu unternehmen und die Preise sowohl für den Personen- als für den Warentransport nach ihrem Ermessen zu bestimmen.

Die Gesellschaft mufs jedoch:

1) den angenommenen Tarif beim Beginn des Transportbetriebes und die späteren Änderungen sofort bei deren Eintritt, im Falle der

Erhöhung aber 6 Wochen vor Anwendung derselben, der Regierung anzeigen und öffentlich bekannt machen, und

2) für die angesetzten Preise alle zur Fortschaffung aufgegebenen Waren ohne Unterschied der Interessenten befördern, mit Ausnahme solcher Waren, deren Transport auf der Bahn durch das Bahnreglement oder sonst polizeilich für unzulässig erklärt ist.

§ 27. Nach Ablauf der ersten drei Jahre können zum Transportbetriebe auf der Bahn aufser der Gesellschaft selbst auch andere gegen Entrichtung des Bahngeldes oder der zu regulierenden Vergütung (§§ 28—31 vgl. mit § 45) die Befugnis erlangen, wenn das Handelsministerium nach Prüfung aller Verhältnisse angemessen findet, denselben eine Konzession zu erteilen.

§ 28. Auf solche Konkurrenten sind in Ansehung der Bahnpolizei, der guten Erhaltung ihrer Anstalten sowie der Verpflichtung zum Schadenersatz dieselben Bestimmungen anzuwenden, welche in den §§ 23—25 für die ursprüngliche Gesellschaft gegeben sind.

§ 29. Die Höhe des Bahngeldes, zu dessen Forderung die Gesellschaft in Ermangelung gütlicher Einigung mit den Transportunternehmern berechtigt ist, wird in der Art festgesetzt, dafs durch dessen Entrichtung, unter Zugrundelegung der wirklichen Erträge aus den letztverflossenen Jahren,

1) die Kosten der Unterhaltung und Verwaltung der Bahn nebst Zubehör (mit Ausschlufs der das Transportunternehmen angehenden Betriebs- und Verwaltungskosten) bestritten,

2) der statutenmäfsige Beitrag zur Ansammlung eines Reservefonds für aufsergewöhnliche, die Bahn und Zubehör betreffende Ausgaben aufgebracht,

3) die von der Gesellschaft zu übernehmenden Lasten (einschliefslich der im § 38 gedachten) gedeckt werden können, woneben aufserdem

4) der Gesellschaft an Zinsen und Gewinn ein, der bisherigen Nutzung entsprechender Reinertrag des auf die Bahn und Zubehör verwendeten Anlagekapitals zu gewähren bleibt, mit der weiteren Mafsgabe jedoch, dafs dieser Reinertrag, auch wenn die Erträge der verflossenen Jahre eine höhere Nutzung des Anlagekapitals gewährt hätten, nicht höher als zu 10 Prozent des letzteren, dagegen umgekehrt, auch wenn die Erträge der Vorjahre sich nicht so hoch belaufen hätten, nicht geringer als zu 6 Prozent des Anlagekapitals in Ansatz kommen soll. Zum Anlagekapital sind auch alle spätere

wesentliche, von der Regierung als solche anerkannte Meliorationen zu rechnen, insoweit dieselben durch Erweiterung des Grundkapitals bewirkt worden sind.

§ 30. Die Berechnung des Bahngeldes geschieht in folgender Weise:

1. Aus den von der Gesellschaft im letzten Vierteljahr der ersten Betriebsperiode vorzulegenden Rechnungen der verflossenen 2 3/4 Jahre ist zunächst der bis dahin durchschnittlich gewonnene Reinertrag eines Jahres zu ermitteln. Dieser Reinertrag wird nach Verhältnis der auf die Bahn und deren Zubehör und auf das Fuhr- und Transportunternehmen nebst dem dazu gehörigen Inventar verwendeten Anlagekapitalien verteilt, und der hiervon auf die Bahn und deren Zubehör fallende Anteil mit Berücksichtigung der in § 29 Nr. 4 gegebenen Vorschriften für den Reinertrag der Bahn angenommen. Der sonach festgestellte Reinertrag der Bahn und der jährliche Durchschnittsbetrag der in dem § 29 Nr. 1—3 bezeichneten Ausgabepositionen zusammengenommen bilden die Teilungssumme, welche der Festsetzung des Bahngeldes zum Grunde zu legen ist.

2. Die Frequenz der Bahn ist nach der Einnahme an Personen- und Frachtgeld zu berechnen und hiebei entweder die Zentnerzahl der Güterfracht nach Verhältnis des Personengeldes zum Frachtgelde auf Personeneinheiten oder auch die Personenzahl nach demselben Verhältnis auf Zentnereinheiten zu reduzieren.

3. Die zu 1. ermittelte Summe, durch die Zahl des auf Personen- oder Zentnereinheiten reduzierten Fuhr- und Transportbetriebes zu 2. geteilt, ergiebt die Höhe des zu entrichtenden Bahngeldes für eine Person oder einen Zentner Ware.

Haben bei einer Bahn verschiedene Sätze des Personengeldes oder für den Gütertransport stattgefunden, so soll bei der Reduktion zu 2. hinsichtlich des Personengeldes überall nur der niedrigste Satz, hinsichtlich des Gütertransports aber ein Durchschnittssatz angenommen werden.

4. Die schliefsliche Feststellung des Bahngeldes für Personen und Güter erfolgt demnächst in dem bei der Reduktion auf Personen- oder Zentnereinheiten zum Grunde gelegten Verhältnisse, mit Rücksicht auf die Verschiedenheit der bisherigen Sätze für den Gütertransport.

§ 31. Das Bahngeld ist in bestimmten Perioden, welche das Handelsministerium für jede Eisenbahn auf wenigstens drei und höchstens zehn Jahre festzusetzen hat, von neuem zu regulieren. Die Gesellschaft darf das festgesetzte Bahngeld nicht überschreiten, wohl aber vermindern. Sowohl der für die ganze Periode festgesetzte Tarif als diese in der Zwischenzeit eintretenden Veränderungen sind öffentlich bekannt zu machen und auf alle Transporte ohne Unterschied der Unternehmer gleichmäfsig anzuwenden. Enthält der neue Tarif eine Erhöhung des Bahngeldes, so kann diese erst sechs Wochen nach der Bekanntmachung zur Anwendung kommen.

§ 32. Es bleibt der Gesellschaft überlassen, nachdem die Regulierung des Bahngeldtarifs nach §§ 29 und 30 erfolgt ist, die Preise, welche sie für die Beförderung an Fuhrlohn neben dem Bahngelde erheben will, nach ihrem Ermessen anzusetzen: es dürfen solche jedoch nicht auf einen höheren Reinertrag als 10 Prozent des in dem Transportunternehmen angelegten Kapitals berechnet werden.

Die Gesellschaft ist hiebei verpflichtet:

1. Den Frachttarif (sowohl für den Waren- als für den Personentransport), welcher nachher ohne Zustimmung des Handelsministeriums nicht erhöht werden darf, sowie demnächst die innerhalb der tarifmäfsigen Sätze vorgenommenen Änderungen, und zwar im Falle einer Erhöhung früher ermäfsigter Sätze sechs Wochen vor Anwendung derselben, der Regierung anzuzeigen und öffentlich bekannt zu machen; auch

2. für die angenommenen Sätze alle zur Fortschaffung aufgegebenen Waren, deren Transport polizeilich zulässig ist, ohne Unterschied der Interessenten zu befördern.

§ 33. Sofern nach Abzug der das Transportunternehmen betreffenden Ausgaben, einschliefslich des in dem Statute mit Genehmigung des Ministeriums festzusetzenden jährlichen Beitrags zur Ansammlung eines Reservefonds, für die zuletzt verlaufene Periode sich an Zinsen und Gewinn ein Reinertrag von mehr als 10 Prozent des in dem Unternehmen angelegten Kapitals ergiebt, müssen die Fuhrpreise in dem Mafse herabgesetzt werden, dafs der Reinertrag diese 10 Prozent nicht überschreite. Wenn jedoch der Ertrag des Bahngeldes das dafür in § 29 verstattete Maximum von 10 Prozent nicht erreicht, so soll der Ertrag des Transportgeldes 10 Prozent so lange übersteigen dürfen, bis beide Einnahmen zusammengerechnet einen Reinertrag von 10 Prozent der in dem gesamten Unternehmen angelegten Kapitale ergeben.

§ 34. Um die Ausführung der in den §§ 29—33 gegebenen Vorschriften möglich zu machen, ist die Gesellschaft verpflichtet, über alle Teile ihrer Unternehmung genaue Rechnung zu führen und hierin die ihr von dem Handelsministerium zu gebende Anweisung zu befolgen. Diese Rechnung ist jährlich bei der vorgesetzten Regierung einzureichen.

§ 35. Wenn über die Anwendung des Bahngeld- oder des Frachttarifs zwischen der Gesellschaft und Privatpersonen Streitigkeiten entstehen, so kommt die Entscheidung hierüber, mit Vorbehalt des Rekurses an das Handelsministerium, der Regierung zu.«

Das Gesetz ging also von der Voraussetzung aus, dafs nach Ablauf der drei ersten Betriebsjahre zum Transportbetriebe auf der Bahn aufser der Eisenbahngesellschaft selbst auch andere gegen Entrichtung eines Bahngeldes zugelassen werden sollten, und hat demgemäfs im § 26 für die ersten drei Betriebsjahre, im § 32 aber nur für diejenigen Tarife Vorschriften erteilt, welche später neben dem Bahngelde zur Erhebung kommen sollten.

Diese Voraussetzung gründete sich auf die in den ersten Zeiten des Eisenbahnwesens herrschende, in England entstandene Ansicht, dafs ebenso wie auf Landstrafsen und Kanälen es auch auf der Eisenbahn für jedermann möglich sein werde, mit eigenem Fahrzeug dieselbe zu befahren. Diese Meinung hatte zur Folge, dafs in den Eisenbahngesetzen und Konzessionen Bestimmungen über die Benutzung der Eisenbahnen durch eine grofsere Zahl von Frachtführern getroffen wurden, so zuerst in der Konzession der Liverpool-Manchester Eisenbahn vom Jahr 1826 und den späteren englischen Konzessionen, aus welchen sie auch in das englische Eisenbahngesetz von 1845 übergingen.

Cohn, Englische Eisenbahnpolitik Bd. II S. 35, 45 und 221.

Ebenso wird in den französischen Eisenbahnkonzessionen droit de péage Bahngeld für Benutzung des Schienenwegs und prix de transport Transportgebühr unterschieden und aus dieser Ansicht erklären sich auch die bezuglichen Bestimmungen des Gesetzes vom 3. November 1838.

Indes gelang es bekanntlich der Technik nicht, ein beliebiges seitliches Ausweichen der sich begegnenden Fahrzeuge auf den Eisenbahnen zu ermöglichen und damit wurden auch alle über die Benutzung eines Bahnweges durch mehrere getroffenen Bestimmungen hinfällig. Nur in einem sehr beschränkten Umfang, in der Mitbenutzung einzelner Bahnstrecken durch anschliefsende Bahnen wurden diese Bestimmungen sowohl in England als auf dem Festlande praktisch, in England in Gestalt der sogenannten running powers oder running clauses, in Preufsen in Gemäfsheit des § 45 des Gesetzes vom 3. November 1838.

Cohn, Englische Eisenbahnpolitik Bd. II S. 68—71.

Der angeführte § 45 lautet:

»Die Gesellschaft ist verpflichtet, nach der Bestimmung des Handelsministeriums den Anschlufs anderer Eisenbahnunternehmungen an ihre Bahn, es möge die beabsichtigte neue Bahn in einer Fortsetzung oder in einer Seitenverbindung bestehen, geschehen zu lassen und der sich anschliefsenden Gesellschaft den eigenen Transportbetrieb auf der früher angelegten Bahn, auch vor Ablauf des im § 26 gedachten Zeitraums, zu gestatten. Sie mufs sich gefallen lassen, dafs die zu diesem Behufe erforderlichen baulichen Einrichtungen z. B. die Anlage eines zweiten Geleises von der sich anschliefsenden Gesellschaft bewirkt werden. Das Handelsministerium wird hierüber, sowie über die Verhältnisse beider Unternehmungen zu einander und besonders wegen der vor Ablauf der ersten drei Jahre (§ 26) statt des Bahngeldes zu entrichtenden Vergütung das Nötige bei der Konzession des Anschlusses festsetzen.«

Indes ist in Preufsen wie in England ein derartiger Mitbetrieb nur ausnahmsweise und auf kürzeren Strecken und dann nicht auf Grund des Gesetzes, sondern auf Grund freier Vereinbarung zustande gekommen, weil nur bei Entgegenkommen und gutem Willen beider Verwaltungen, nicht aber zwangsweise ein solcher Mitbetrieb praktisch ausführbar erscheint. Deshalb lehnte auch der preufsische Handelsminister, als Ende 1861 der Verein für bergbauliche Interessen zu Dortmund, unzufrieden mit der ungenügenden Bedienung des Verkehrs durch die Köln-Mindener Eisenbahn, den Antrag stellte, die Westfälische Staatsbahn solle auf Grund des § 45 den Mitbetrieb auf der Köln-Mindener Eisenbahn übernehmen, dies mit Recht durch Erlafs vom 26. Januar 1862 ab.

Vgl. Zeitung des Vereins deutscher Eisenbahnen, Jahrgang 1862 S. 119.

Aus diesen nie praktisch gewordenen Bestimmungen des Gesetzes vom 3. November 1838 über den Betrieb Dritter gegen Entrichtung eines Bahngeldes entstanden aber Unklarheiten über die der Staatsregierung durch das Gesetz bezüglich der Tarife eingeräumten Machtbefugnisse. Es erschien zweifelhaft, ob die Vorschriften in § 26 solange, bis eine Bahngeldregulierung erfolgt sei, zur Anwendung zu bringen, oder ob solche nach Ablauf der ersten drei Jahre als aufser Wirksamkeit getreten anzusehen und im letzteren Falle, ob die Festsetzungen im § 32 ohne weiteres oder erst nach vorgängiger Regulierung des Bahngeldes anzuwenden seien, welche also lediglich deshalb, auch ohne dafs ein Betrieb durch Dritte in Frage kam, zu erfolgen hätte. Ebensowenig wie die Bestimmungen der §§ 27—31 ist auch § 33 des Gesetzes je praktisch geworden. Auch diese Festsetzung war wahrscheinlich nach englischem Muster in das Gesetz gekommen, da sich schon in den ersten englischen Konzessionen ähnliche Bestimmungen finden. Da aber der § 33 durch Erlafs des Handelsministers vom 4. Februar 1873 dahin ausgelegt wurde, »dafs zu dem in Frage kommenden Kapital nicht nur die durch die Begebung der Stammaktien, sondern auch die durch die Verausgabung von Prioritätsobligationen erhobenen und auf das Unternehmen verwendeten Geldsummen zu zählen sind«, so hat derselbe nie zur Anwendung gelangen können, obgleich vielfach Dividenden über 10 Prozent von den preufsischen Privatbahnen verteilt sind.

Vgl. auch Cohn, Englische Eisenbahnpolitik Bd. II S. 553—558. Derselbe hält die vorstehende Auslegung des § 33 für unrichtig.

Endlich ist noch darauf aufmerksam zu machen, dafs in den §§ 26 u. 32 zwar festgesetzt ist, dafs die Eisenbahnen alle zur Fortschaffung aufgegebenen Waren ohne Unterschied der Interessenten für die angesetzten Preise zu befördern haben, dafs aber eine gleiche Pflicht für den Personentransport nicht vorgeschrieben ist.

§ 54. *Das Gesetz vom 1. Juni 1882.*

Von gröfserer Bedeutung für das Tarif- und Verkehrswesen als das in den meisten seiner betreffenden Vorschriften unpraktische und veraltete Gesetz vom 3. November 1838 ist das Gesetz vom 1. Juni 1882, betr. die Einsetzung von Bezirkseisenbahnräten und eines Landeseisenbahnrats für die Staatseisenbahnverwaltung. Dasselbe lautet:

§ 1.
Einleitende Bestimmungen.

Zu beirätlicher Mitwirkung in Eisenbahnverkehrsfragen (§§ 6, 14) werden bei den für Rechnung des Staates verwalteten Eisenbahnen errichtet:

a) Bezirkseisenbahnräte als Beiräte der Staatseisenbahndirektionen;
b) ein Landeseisenbahnrat als Beirat der Zentralverwaltung der Staatseisenbahnen.

§ 2.

A. Bezirkseisenbahnräte.

Zahl.

Für den Bezirk einer jeden Staatseisenbahndirektion wird ein Bezirkseisenbahnrat errichtet. Auf Anordnung der Minister der öffentlichen Arbeiten, für Handel und Gewerbe und für Landwirtschaft, Domänen und Forsten kann jedoch ausnahmsweise statt dessen der Bezirkseisenbahnrat für mehrere Staatseisenbahndirektionsbezirke errichtet werden.

§ 3.

Zusammensetzung und Wahl.

Die Bezirkseisenbahnräte werden aus Vertretern des Handelsstandes, der Industrie, der Land- und Forstwirtschaft zusammengesetzt.

Die Mitglieder, sowie die im Falle der Behinderung von Mitgliedern eintretenden Stellvertreter werden von den Handelskammern, kaufmännischen Korporationen und den landwirtschaftlichen Provinzialvereinen (Zentralbezirksvereinen), sowie von anderen durch die Minister der öffentlichen Arbeiten, für Handel und Gewerbe und für Landwirtschaft, Domänen und Forsten zu bestimmenden Korporationen und Vereinen auf drei Jahre gewählt.

Die Zahl der Mitglieder und Stellvertreter, sowie deren Verteilung auf die verschiedenen Interessentenkreise bestimmen die Minister der öffentlichen Arbeiten, für Handel und Gewerbe und für Landwirtschaft, Domänen und Forsten.

§ 4.

Zulassung aufserpreufsischer Teilnehmer.

Wo der Bezirk einer Staatseisenbahndirektion aufserpreufsisches Gebiet — innerhalb des deutschen Reiches — umfafst, können auf den Wunsch der beteiligten wirtschaftlichen Kreise unter Zustimmung der betreffenden Regierung auch aus diesem Gebiet Vertreter des Handelsstandes, der Industrie oder der Land- und Forstwirtschaft zur Teilnahme an den Verhandlungen des Bezirkseisenbahnrates zugelassen werden.

Die Anzahl derselben und die Art ihrer Einladung bestimmt der Minister der öffentlichen Arbeiten.

§ 5.

Ausschüsse.

Jeder Bezirkseisenbahnrat kann zur Vorbereitung seiner Beratungen einen ständigen Ausschufs aus seiner Mitte bestellen.

§ 6.

Zuständigkeit.

Der Bezirkseisenbahnrat ist von der betreffenden Staatseisenbahndirektion in allen die Verkehrsinteressen des Bezirks oder einzelner Distrikte desselben berührenden wichtigen Fragen zu hören. Namentlich gilt dies von wichtigeren Mafsregeln bei der Feststellung oder Abänderung der Fahrpläne und der Tarife.

Der Bezirkseisenbahnrat kann in Angelegenheiten der vorbezeichneten Art auch selbständig Anträge an die Staatseisenbahndirektion richten und von dieser Auskunft verlangen.

Wenn die Eisenbahndirektion wegen Gefahr im Verzuge ohne vorherige Anhörung des Bezirkseisenbahnrates wichtigere zur Beiratszuständigkeit des letzteren gehörige Mafsregeln getroffen hat, so mufs sie hiervon dem ständigen Ausschusse (§ 5) und dem Bezirkseisenbahnrate bei deren nächstem Zusammentritt Mitteilung machen.

§ 7.

Geschäftsordnung.

Der Geschäftsgang des Bezirkseisenbahnrates und des Ausschusses, sowie die Organisation des letzteren wird durch ein von dem Minister der öffentlichen Arbeiten zu genehmigendes Regulativ, welches der Bezirkseisenbahnrat entwirft, geordnet.

Das Regulativ hat auch die erforderlichen Bestimmungen über den Vorsitz im Bezirkseisenbahnrat und Ausschufs, sowie über die periodischen Sitzungen des ersteren zu treffen.

Es mufs eine wenigstens zweimal im Jahre stattfindende Zusammenberufung des Bezirkseisenbahnrates anordnen.

§ 8.

Zuziehung anderer Eisenbahnverwaltungen und Staatsbehörden.

Den Sitzungen des Bezirkseisenbahnrates können auf Einladung des Präsidenten der Staatseisenbahndirektion auch Vertreter anderer Eisenbahnverwaltungen oder Staatsbehörden beiwohnen.

§ 9.

Vorerhebungen.

Erachtet der Bezirkseisenbahnrat bei seiner Beschlufsfassung Vorerhebungen für erforderlich, so erfolgen dieselben durch die betreffende Staatseisenbahndirektion.

§ 10.

B. Landeseisenbahnrat.

Zusammensetzung.

Der Landeseisenbahnrat besteht:

a) aus einem Vorsitzenden und dessen Stellvertreter;

dieselben werden vom Könige, und zwar auf die Dauer von drei Jahren ernannt;

b) aus drei von dem Minister für Landwirtschaft, Domänen und Forsten, drei von dem Minister für Handel und Gewerbe, zwei von dem Minister der Finanzen, sowie zwei von dem Minister der öffentlichen Arbeiten für die Dauer von drei Jahren berufenen Mitgliedern, nebst einer gleichen Anzahl von Stellvertretern;

ausgeschlossen sind unmittelbare Staatsbeamte;

c) aus je einem Mitgliede für den Regierungsbezirk Kassel, den Regierungsbezirk Wiesbaden, die Stadt Berlin und die Stadt Frankfurt a. M.,

aus je zwei Mitgliedern für die Provinzen Ostpreufsen, Westpreufsen, Pommern, Brandenburg, Posen, Schleswig-Holstein, Hannover;

aus je drei Mitgliedern für die Provinzen Schlesien, Sachsen, Westfalen und die Rheinprovinz,

nebst einer gleichen Anzahl von Stellvertretern.

Dieselben werden durch die Bezirkseisenbahnräte aus den Kreisen der Land- und Forstwirtschaft, der Industrie oder des Handelsstandes innerhalb der Provinz, bezw. des Regierungsbezirks oder der Stadt auf die Dauer von drei Jahren gewählt, nach Mafsgabe eines durch königliche Verordnung festgestellten Verteilungsplans.

§ 11.

Zuziehung von Sachverständigen.

Dem Minister der öffentlichen Arbeiten bleibt es vorbehalten, in geeigneten Fällen Spezialsachverständige bei den Beratungen behufs Auskunfterteilung zuzuziehen.

§ 12.

Ausschufs.

Aus seiner Mitte bestellt der Landeseisenbahnrat einen ständigen Ausschufs zur Vorbereitung seiner Beratungen.

§ 13.

Zusammensetzung des Ausschusses.

Der Ausschufs besteht aus dem Vorsitzenden des Landeseisenbahnrates oder dessen Stellvertreter (§ 10 Littr. a) und vier von dem Landeseisenbahnrate aus seiner Mitte erwählten Mitgliedern und vier Stellvertretern.

§ 14.

Zuständigkeit des Landeseisenbahnrates.

Dem Landeseisenbahnrate sind zur Äufserung vorzulegen:

1. die dem Entwurf des Staatshaushaltsetats beizufügende Übersicht der Normaltransportgebuhren für Personen und Güter;
2. die allgemeinen Bestimmungen über die Anwendung der Tarife (Allgemeine Tarifvorschriften nebst Güterklassifikation);
3. die Anordnungen wegen Zulassung oder Versagung von Ausnahme- und Differentialtarifen (unregelmäfsig gebildeten Tarifen);
4. Anträge auf allgemeine Änderungen der Betriebs- und Bahnpolizeireglements, soweit sie nicht technische Bestimmungen betreffen.

Auch hat der Landeseisenbahnrat in allen wichtigeren, das öffentliche Verkehrswesen der Eisenbahnen berührenden Fragen auf Verlangen des Ministers der öffentlichen Arbeiten sein Gutachten zu erstatten.

Der Landeseisenbahnrat kann in Angelegenheiten der vorbezeichneten Art auch selbständige Anträge an den Minister der öffentlichen Arbeiten richten und von diesem Auskunft verlangen.

§ 15.

Berufung des Landeseisenbahnrates.

Der Landeseisenbahnrat wird von dem Minister der öffentlichen Arbeiten nach Bedürfnis, mindestens aber zweimal im Jahre, nach Berlin berufen.

Die Tagesordnung für die Sitzungen, insoweit dieselbe Gegenstände der im § 14 bezeichneten Art umfafst, ist mindestens acht Tage vorher von dem Vorsitzenden zur öffentlichen Kenntnis zu bringen.

§ 16.

Nachträgliche Mitteilung vorläufiger Anordnungen der Staatsregierung an den Landeseisenbahnrat und Ausschufs.

Die von der Staatsregierung bei Gefahr im Verzuge ohne vorherige Anhörung des Landeseisenbahnrates in Angelegenheiten der im § 14 bezeichneten Art getroffenen Anordnungen sind dem Ausschusse und dem Landeseisenbahnrate bei dem nächsten Zusammentritt mitzuteilen.

§ 17.

Geschäftsordnung.

Der Geschäftsgang in den Sitzungen des Landeseisenbahnrates wird durch ein von diesem zu entwerfendes und von dem Staatsministerium zu genehmigendes Regulativ geordnet.

Der Ausschufs regelt seine Geschäftsordnung selbständig.

§ 18.

Vorerhebungen.

Erachtet der Landeseisenbahnrat oder der Ausschufs Vorerhebungen für erforderlich, so erfolgen dieselben durch den Minister der öffentlichen Arbeiten.

§ 19.

Mitteilung der Verhandlungen des Landeseisenbahnrates an den Landtag.

Die Verhandlungen des Landeseisenbahnrates werden von dem Minister der öffentlichen Arbeiten unter Beifügung einer übersichtlichen Darstellung des Ergebnisses und der darauf getroffenen Entscheidungen ebenso wie die Normaltransportgebühren für Personen und Güter dem Landtage regelmäfsig mitgeteilt.

§ 20.

Festsetzung der Normaltransportgebühren.

Unbeschadet der dem Reiche verfassungsmäfsig zustehenden Einwirkung auf das Eisenbahntarifwesen können Erhöhungen der für die einzelnen Klassen des Gütertarifschemas zur Zeit der Publikation dieses Gesetzes bestehenden Normal- (Maximal-) Transportgebühren, soweit sie nicht zum Zwecke der Herstellung der Gleichmäfsigkeit der Tarife oder infolge von Änderungen des Tarifschemas vorgenommen werden, nur durch Gesetz erfolgen.

§ 21.

Freie Fahrt und Diäten.

Die Mitglieder des Landeseisenbahnrates und die seitens des Ministers der öffentlichen Arbeiten zugezogenen Sachverständigen (§ 11) erhalten für die Reise nach und von dem Orte der Sitzung, sowie für die Dauer der Sitzung täglich je 15 Mark, soweit dieselben nicht schon anderweit Diäten aus der Staatskasse beziehen.

Auch erhalten dieselben, sowie auch die Mitglieder der Bezirkseisenbahnräte, behufs Teilnahme an der Sitzung freie Fahrt in beliebiger Wagenklasse für die Reisen nach und von dem Orte der Sitzung.

§ 22.

Erlöschen der Mitgliedschaft im Bezirkseisenbahnrate und Landeseisenbahnrate.

Jeder in der Person eines Mitgliedes des Bezirkseisenbahnrates oder des Landeseisenbahnrates (§ 10 Littr. b und c) eintretende Umstand, durch welchen dasselbe zur Bekleidung öffentlicher Ämter dauernd oder auf Zeit unfähig wird, ebenso wie die Eröffnung des Konkurses über das Vermögen solcher Mitglieder, hat das Erlöschen der Mitgliedschaft zur Folge.

Scheidet aus dieser Veranlassung oder durch Tod oder Verzicht ein Mitglied vor Ablauf der Periode, für welche dasselbe gewählt oder berufen ist, aus, so ist für den Rest der Periode ein neues Mitglied zu wählen bezw. zu berufen.

§ 23.

Dieses Gesetz tritt am 1. Januar 1883 in Kraft.

Durch dies Gesetz ist das im § 39 aufgestellte Erfordernis einer gemeinwirtschaftlichen Tarifgestaltung, dafs die Ordnung des Tarifwesens und der Verkehrsverhältnisse von staatlichen Organen unter Mitwirkung der Verkehrsinteressenten erfolge, in glücklicher Weise erfüllt. Die Erfahrungen, welche mit dieser Einrichtung bisher gemacht sind, können nur als günstige bezeichnet werden, und wenn einzelne tadelnde Stimmen sich dagegen erhoben haben, so können dieselben bei näherer Betrachtung nur als ein Beweis für die Bewährung der Organisation angesehen werden. Denn der Tadel geht im wesentlichen dahin, dafs die Eisenbahnräte Einzelinteressen nicht genügend Rechnung getragen hätten. Es beweist aber nur den gesunden Geist, der in den Eisenbahnräten herrscht, wenn sie sich gegenüber den Versuchen, die Allgemeinheit zu Gunsten einzelner Interessen auszubeuten, spröde zeigen.

Sehr wichtig ist auch die Bestimmung des § 20 des Gesetzes, wonach Erhöhungen der Normaltransportgebühren nur durch Gesetz erfolgen können. Es wird hiedurch die Stetigkeit der Tarife und Sicherheit des Verkehrs wesentlich vergröfsert und auch so den Anforderungen einer gemeinwirtschaftlichen Tarifgestaltung entsprochen.

§ 55. *Die Eisenbahnkonzessionen.*

Wie schon erwähnt, waren die Bestimmungen des Gesetzes vom 3. November 1838 bezüglich des Tarifwesens zum grofsen Teil unklar und unpraktisch und gewährten der Regierung verhältnismäfsig wenig Einflufs auf die Festsetzung der Tarife. Es war deshalb ein nur natürliches Bestreben, dafs dieselbe in den Konzessionen und Statuten sich weiter gehende Befugnisse vorzubehalten suchte und auch älteren Gesellschaften gelegentlich der Erweiterung ihrer Anlagen entsprechende Auflagen machte. Welcher Art diese Vorbehalte und Auflagen waren, erhellt aus nachfolgenden Beispielen.

Eine vollständige Aufzeichnung der betreffenden bis dahin veröffentlichten Konzessionsbestimmungen enthält der Entwurf eines Reichseisenbahngesetzes vom Jahr 1874 in Anlage C.

1. Die Berlin-Anhaltische Eisenbahngesellschaft war nach der Konzessionsurkunde für die Strecke Berlin-Köthen vom 15. Mai 1839 lediglich den Bestimmungen des Gesetzes vom 3. November 1838 unterworfen. In den am 2. September 1845 für die Strecke Jüterbogk-Riesa und am 25. Juni 1856 für die Strecke von Wittenberg und Dessau über Bitterfeld nach Halle-Leipzig erteilten Konzessionen wurde dem Staate »die Genehmigung des Frachttarifs — sowohl für den Waren- als auch für den Personentransport — sowie des Bahngeldtarifs und jeder Abänderung dieser Tarife vorbehalten.« Eine gleiche Bestimmung enthält die Konzession für die Strecke Wittenberg-Falkenberg vom 11. September 1872, jedoch mit dem Zusatze »insoweit die Abänderung der Tarife nicht allgemein dem Ermessen der Bahnverwaltungen überlassen ist oder wird.« Aufserdem sind darin aufgenommen: die Verpflichtung zur Einrichtung direkter Expeditionen und direkter Tarife für den Personen- und Güterverkehr mit anderen in- und ausländischen Bahnverwaltungen und zur Gestattung des Durchgehens der Transportmittel, eine Verpflichtung, die bereits in der Reichsverfassung — Art. 44 — Ausdruck gefunden hat und deren Aufnahme in die Konzessionsurkunde nur durch die beigegebenen Bestimmungen über die Höhe der Entschädigung Bedeutung erhielt. Für das Durchgehen der Transportmittel sollen dieselben Vergütungssätze zur Anwendung kommen, welche der Gesellschaft in ihren anderen Verbandsverkehren gewährt würden.

Bei den direkten Tarifen mit anderen Bahnverwaltungen mufs die Gesellschaft auf Verlangen des Handelsministeriums sich jederzeit bereit finden, auf den zu ihrem Unternehmen gehörenden Bahnen denjenigen ermäfsigten Tarifsatz für Zentner und Meile zuzugestehen, welcher für die gleichartigen Transportgegenstände, sei es in ihrem Binnenverkehr, sei es in einem durchgehenden Verkehre zwischen ihrer betreffenden Übergangsstation und denjenigen Stationen ihrer eigenen oder fremden Bahnen, nach und von welchen die Güter versandt werden, nach den jeweiligen Tarifen sich ergiebt.

Sofern in einem solchen Falle der mafsgebende Tarif aus einem Frachtsatze für die Meile und aus einer festen Expeditionsgebühr zusammengesetzt ist, sollen diese Tarifeinheiten auch für den neu zu regulierenden direkten Tarif mit der Mafsgabe festgehalten werden, dafs die Expeditionsgebühr für die Übergangsstation auf Verlangen des Handelsministeriums ganz aufser Ansatz bleibt.

Diese Verpflichtungen sind der Gesellschaft jedoch nicht unbedingt auferlegt, sie sollen vielmehr nur eintreten, sobald die den zu errichtenden direkten Verkehr beantragenden Bahnverwaltungen sich bereit gefunden haben, in demselben auf ihren von jenem Verkehr berührten Bahnstrecken keinen höheren Frachtsatz für Zentner und Meile zu erheben, als den von der Berlin-Anhalter Eisenbahngesellschaft für ihre Strecke zuzugestehenden. Eine weitere Abschwächung erfuhr die obige — soviel bekannt, wegen ihrer Verklausulierung niemals praktisch gewordene — Verpflichtung durch die Festsetzung, dafs, wenn die Berlin-Anhalter Gesellschaft zum Zwecke der Errichtung eines direkten Verkehrs das gleiche Zugeständnis von einer anderen Bahnverwaltung beanspruchen, diese aber sich weigern sollte, auf den vorgeschlagenen direkten Verkehr überhaupt einzugehen oder jenes Zugeständnis in betreff des Tarifsatzes zu machen, die Berlin-Anhalter Gesellschaft an das ihrerseits für einen direkten Verkehr, an welchem die sich weigerlich haltende Bahnverwaltung mitbeteiligt ist, gemachte frühere Zugeständnis nicht mehr gebunden sei.

Die Gesellschaft ist ferner gehalten, auf Verlangen des Handelsministeriums für den Transport der im Art. 45 der Reichsverfassung genannten Artikel bei gröfseren Entfernungen den Einpfennigtarif nebst einem nicht höher als 2 Thaler für 100 Zentner zu bemessenden Expeditionszuschlag mit der Mafsgabe in Anwendung zu bringen, dafs die Expeditionsgebühr in allen direkten Tarifen nur einmal und zwar zur Hälfte für die Abgangs-

und zur anderen Hälfte für die Empfangsstation erhoben wird. Ein dahin gehendes Verlangen soll das Handelsministerium indessen nur dann zu stellen befugt sein, wenn alle bei dem betreffenden Verkehre beteiligten Verwaltungen für den ganzen Umfang ihrer Bahnnetze die volle Gegenseitigkeit und Gleichmäfsigkeit zugestehen.

2. Die Berlin-Stettiner Bahn war nach den Konzessionen vom 12. Oktober 1840 und 26. Januar 1844 für die Strecken Berlin-Stettin und Stettin-Stargard lediglich den Bestimmungen des Gesetzes vom 3. November 1838 unterworfen. Für die vom Staate mit Zinsgarantie ausgestatteten Bahnen von Stargard nach Colberg und Danzig, sowie von Angermünde nach Stralsund mit Zweigbahnen von Züssow nach Wolgast und von Pasewalk nach Stettin hat sich die Regierung die Genehmigung des Bahngeld- und des Frachttarifs mit der Mafsgabe vorbehalten, dafs die Gesellschaft auf der vorpommerschen Bahnstrecke keine höheren als die Sätze des Tarifs der Ostbahn vom 26. Mai 1860 einführen darf, dagegen nicht verbunden ist, auf den hinterpommerschen Bahnstrecken einen niedrigeren Tarif als den für die Hauptbahn Berlin-Stettin bestehenden zur Anwendung zu bringen. Erst durch die Konzession für die Strecken Swinemünde, Ducherow, Angermünde-Freienwalde-Wriezen-Frankfurt a. O. vom 11. Dezember 1872 wurde für die Regierung eine gröfsere Einwirkung auch auf das Stammunternehmen gewonnen, indem in dieser Konzession dem Staate die Genehmigung des Bahngeldtarifs und des ersten für die neu zu erbauenden Bahnen aufzustellenden Frachttarifs, sowie künftiger Abänderungen der Tarife für sämtliche zum Berlin-Stettiner Unternehmen jetzt und künftig gehörenden Bahnstrecken, insoweit dieselbe nicht dem freien Ermessen der Gesellschaft überlassen werden sollte, vorbehalten und die Gesellschaft verpflichtet wurde, für den Transport von Kohlen und Coaks und event. der übrigen im Art. 45 der Reichsverfassung bezeichneten Gegenstände den Einpfennigtarif einzuführen, soweit und sobald dies von dem Minister für Handel etc. verlangt werden sollte.

Bezüglich der Einrichtung direkter Verkehre ist darin die gleiche Verpflichtung festgesetzt, welche der Berlin-Anhaltischen Bahngesellschaft nach Vorstehendem obliegt. Sie weicht jedoch von der letzteren insofern ab, als sie nicht das Zugeständnis der anderen Bahnverwaltungen, für sich keine höheren Frachtsätze für die Zentner-Meile zu beanspruchen, zur Voraussetzung hat, sondern durch die Bereitwilligkeit dieser anderen Bahnverwaltungen bedingt wird, ihren Tarif nach denselben Grundsätzen festzusetzen und somit fur ihre in dem einzurichtenden durchgehenden Verkehre zu benutzende Strecke den niedrigsten Tarifeinheitssatz für die Zentner-Meile zuzugestehen, welchen sie auf dieser Strecke für gleichartige Transportgegenstände in ihrem Lokal- bezw. in einem anderen durchgehenden Verkehr erheben.

3. Die Köln-Mindener Eisenbahngesellschaft, deren Tarife und Tarifänderungen nach der Konzession vom 18. Dezember 1843 der Zustimmung des Handelsministeriums bedurften, übernahm bei Erweiterung des Unternehmens in der Konzession vom 28. Mai 1866 die Verpflichtung zur Eingehung direkter Tarife mit anderen Bahnen und — unter der bei Berlin-Anhalt erwähnten Einschränkung — zur Bewilligung des niedrigsten Tarifeinheitssatzes. In Bezug auf Expeditionsgebühren wurde jedoch abweichend bestimmt, dafs solche auf Verlangen des Handelsministeriums bei Transporten in vollen Zügen für die Ubergangsstation aufser Ansatz bleiben, bei sonstigen Transporten für Einzelgut drei Pfennige für den Zentner und für Güter in Wagenladungen 15 Sgr. fur 100 Zentner nicht übersteigen sollten, von der Gesellschaft auch übernommen, in den dazu geeigneten Fallen auf Verlangen des königlichen Handelsministeriums mit anschliefsenden Bahnen in Verhandlung zu treten, um die Belastung derselben Transporte mit mehrfachen Expeditionsgebühren oder anderen Ubergangsspesen zu vermeiden.

Für den Fall, dafs wegen Mifswachses oder sonstiger aufserordentlicher Vorkommnisse für Getreide, Kartoffeln oder andere Produkte der Landwirtschaft eine zeitweise Frachtermäfsigung auf der Westfälischen Staatsbahn angeordnet wird, ist die Gesellschaft verpflichtet, diese Gegenstände während derselben Zeitfrist auch auf sämtlichen zu ihrem Unternehmen gehörigen Bahnen zu gleich günstigen Bedingungen, insbesondere zu gleich niedrigen Tarifeinheitssätzen zu befördern.

4. Bezüglich der Magdeburg-Halberstädter Bahn, welche nach der Konzession vom 14. Januar 1842 gleichfalls lediglich den Bestimmungen des Gesetzes vom 3. November 1838 unterworfen war, wurde durch Konzession vom 13. April 1864 der Staatsregierung auf den dem Unternehmen hinzutretenden neuen Strecken die Genehmigung der Bahngeld- und der Frachttarife, sowie jeder Abänderung derselben vorbehalten und ferner fest-

gesetzt, dafs auf der Stammbahn Magdeburg-Oschersleben-Halberstadt und auf der Strecke Halberstadt-Thale Erhöhungen der zeitigen Tarife ohne Genehmigung des Staates nicht stattfinden, auch solche Differentialtarifsätze, in denen das Handelsministerium eine unstatthafte Beeinträchtigung berechtigter preufsischer Interessen erkenne, weder neu eingeführt noch beibehalten werden sollten, die Gesellschaft sich auch nicht entziehen dürfe, soweit das Handelsministerium es im Verkehrsinteresse für nötig erachte, auf dessen Verlangen mit anderen in- und ausländischen Bahnverwaltungen für die Beförderung von Personen und Gütern direkte Expeditionen und Tarife zu errichten und hierbei auch in gegenseitiges Durchgehen der Transportmittel zu willigen. In betreff der Höhe der Tarifsätze wurden keine Festsetzungen getroffen, sondern nur bezüglich der — das öffentliche Interesse nicht berührenden — Vergütungssätze für die durchgehenden Transportmittel, sowie bezüglich der Art und Weise der Abrechnungen bei mangelnder gütlicher Verständigung mit den anderen Bahnverwaltungen die Gesellschaft den Anordnungen des Handelsministeriums unterworfen. Indessen die für die Bahnstrecken Berlin-Lehrte und Salzwedel-Ülzen am 12. Juni 1867 erteilte Konzession beschränkt auch die Befugnisse der Gesellschaft in Bezug auf die Höhe der Tarife insofern, als darin bestimmt wurde, dafs sie auf der Bahnstrecke Oschersleben-Magdeburg, soweit das Handelsministerium es verlange, in dem durchgehenden Verkehre von und nach der Berlin-Potsdamer Eisenbahn für Person und Meile und für Zentner und Meile keine höheren Tarifanteile in Anspruch nehmen dürfe, als sie für die Bahnstrecke Berlin-Lehrte im durchgehenden Verkehre jeweilig erhebe, und ferner, dafs die Gesellschaft, falls von Magdeburg über Gardelegen nach Salzwedel eine Eisenbahnverbindung hergestellt werden sollte, für den Verkehr mit und über jene Bahn direkte Expeditionen und direkte Tarife zu errichten, auch gegen Vergütungssätze, welche in Ermangelung gütlicher Verständigung vom Handelsministerium festzusetzen sind, in gegenseitiges Durchgehen der Transportmittel zu willigen und in diesen direkten Tarifen für ihre Bahnstrecken Ülzen-Salzwedel für Person und Meile und für Zentner und Meile keine höheren Frachtanteile zu beanspruchen habe, als sie in dem gleichartigen Verkehre über diese Strecke und weiter über Stendal von und nach Magdeburg und darüber hinaus jeweilig vereinnahme.

Andererseits wurde das Recht der Regierung zur Genehmigung der Tarife etc. durch die Bestimmung beschränkt, dafs die Sätze der ersten Tarife im durchgehenden Verkehre ohne Zustimmung des Direktoriums nicht niedriger gestellt werden sollten, als die Ende des Jahres 1866 bestandenen der Berlin-Potsdam-Magdeburger Bahn bezw. im durchgehenden Verkehre von Berlin nach Ülzen nicht niedriger als die Ende 1866 bestandenen der Berlin-Hamburger Bahn.

5. Die Befugnisse der schon vor Erlafs des Gesetzes vom 3. November 1838 konzessionierten Rheinischen Eisenbahngesellschaft wurden durch die derselben am 5. März 1856 zur Erweiterung ihres Unternehmens erteilte Konzession eingeschränkt. In der letzteren wurde festgesetzt, dafs der zeitige Tarif für das bestehende Unternehmen ohne Genehmigung des Handelsministeriums nicht erhöht werden dürfe. Für die neu auszuführenden bezw. zu erwerbenden Bahnstrecken sollte der bestehende Tarif der Köln-Mindener Eisenbahn in der Art als Maximaltarif gelten, dafs jede Erhöhung der Genehmigung des Handelsministers zu unterwerfen, innerhalb der Maximalsätze jedoch allgemein gültige Modifikationen ohne Genehmigung der Gesellschaft gestattet seien, jedoch weder Differentialtarife zu Gunsten einzelner Personen oder Orte eingeführt, noch die Sätze so gestellt werden dürften, dafs die Gesamtfracht eines Transportes für gröfsere Entfernungen geringer sei, als für kleinere.

Durch die fernere Konzession vom 20. November 1871 übernahm alsdann die Gesellschaft auch die Verpflichtung zur Einrichtung direkter Tarife mit anderen in- und ausländischen Bahnverwaltungen, sowie — und zwar unter der bei Berlin-Anhalt, Koln-Minden erwähnten Beschränkung — zur Bewilligung des niedrigsten Tarifeinheitssatzes. Bezüglich der Expeditionsgebühr war — ähnlich wie bei Köln-Minden — festgesetzt, dafs solche für die Ubergangsstation bei Transporten in vollen Zügen auf Verlangen des Handelsministeriums aufser Ansatz zu lassen sei, bei sonstigen Transporten aber für Einzelgut 3 Pf. für den Zentner und für Güter in Wagenladungen 15 Sgr. für 100 Zentner nicht übersteigen dürfe.

Für den Transport der im Art. 45 der Reichsverfassung genannten Artikel ist die Gesellschaft gehalten, bei gröfseren Entfernungen den Einpfennigtarif nebst einem nicht höher als 2 Thlr. für 100 Zentner zu bemessenden Expeditionszuschlage mit der Mafsgabe in Anwendung zu bringen, dafs die Expeditionsgebühr in allen direkten Tarifen nur einmal und zwar zur Hälfte für die Abgangs-, zur anderen Hälfte für die Empfangsstation erhoben wird.

Ein dahin gehendes Verlangen soll die Regierung jedoch nur dann zu stellen befugt sein, wenn alle bei einem betreffenden Verkehre beteiligten Verwaltungen für den ganzen Umfang ihrer Bahnnetze die volle Gegenseitigkeit und Gleichmäfsigkeit zugestehen.

Es ist dies die auch der Berlin-Anhaltischen Eisenbahngesellschaft auferlegte Verpflichtung, welche wegen ihrer Einschränkung ziemlich bedeutungslos ist und sich deshalb auch in anderen gleichzeitig oder später erteilten Konzessionen nicht vorfindet.

In letzter Zeit ist den Eisenbahnen untergeordneter Bedeutung eine gröfsere Selbständigkeit bezüglich der Tarifbestimmung insofern gewährt worden, als ihnen für die ersten (5) Jahre nach dem auf die Eröffnung der Bahn folgenden 1. Januar die Festsetzung der Preise sowohl für den Personen- als für den Güterverkehr nach eigenem Ermessen überlassen ist, und erst für die Folgezeit dieser Tarif, sowie die Abänderung desselben der Genehmigung des Ministers der öffentlichen Arbeiten unterliegt. In betreff des Güterverkehrs werden jedoch demnächst, solange die Bahn nach dem hiefür allein entscheidenden Ermessen der Aufsichtsbehörde vorwiegend von nur örtlicher Bedeutung ist, periodisch von fünf zu fünf Jahren Maximaltarifsätze für die einzelnen Güterklassen unter Berücksichtigung der finanziellen Lage des Unternehmens von dem Minister der öffentlichen Arbeiten festgestellt und ist den Bahnen überlassen, nach Mafsgabe der reichs- und landesgesetzlichen Vorschriften innerhalb der Grenzen dieser Maximalsätze die Tarife nach eigenem Ermessen festzusetzen bezw. Erhöhungen wie Ermäfsigungen der Tarifsätze ohne die Zustimmung der Aufsichtsbehörde vorzunehmen. Dagegen sind auch diese Bahnen hinsichtlich der Einrichtung direkter Tarife sowie hinsichtlich des anzunehmenden Tarifsystems verpflichtet, die für die preufsischen Staatsbahnen jeweilig bestehenden allgemeinen Grundsätze zu befolgen, insoweit solches vom Minister der öffentlichen Arbeiten für erforderlich erachtet wird.

Aus dem Vorstehenden erhellt, dafs das Vorgehen der preufsischen Regierung in der Festsetzung der Vorschriften über die Tarifgestaltung in den Eisenbahnkonzessionen kein gleichmäfsiges war, sondern je nach dem wechselnden Bedürfnis und von Fall zu Fall. Deshalb sind auch die dem Staate in den Konzessionen vorbehaltenen Rechte verschieden dem Inhalt und Umfang nach. Indes kann man doch die wesentlichen und in den meisten Konzessionen wiederkehrenden Bestimmungen in folgendem zusammenfassen:

1. Vorbehalt der Genehmigung des Frachttarifs, sowie des Bahngeldtarifs sowohl für den Personen- als Güterverkehr und jeder Abänderung oder auch nur jeder Erhöhung seitens der Regierung.

2. Verpflichtung der Eisenbahnen zur Gewährung direkter Tarife und direkter Expeditionen für den Personen- und Güterverkehr mit anderen in- und ausländischen Bahnverwaltungen sowie die Verpflichtung, die Transportmittel anderer Eisenbahnen durchgehen zu lassen.

3. Bezüglich der Höhe der Frachtsätze finden sich zum Teil Maximaltarife festgesetzt, unterhalb deren freie Bewegung gestattet war. Für den direkten Verkehr war vielfach Gewährung des niedrigsten Einheitssatzes, welcher für gleichartige Güter in irgend einem anderen Tarife der betreffenden Bahn bestand, sowie Ermäfsigung bezw. gänzliche Auflassung der Expeditionsgebühr unter der Voraussetzung gleichen Verhaltens der anderen am direkten Verkehr beteiligten Bahnen vorgeschrieben. Ferner wurde die Verpflichtung auferlegt, für Kohlen und Coaks bezw. für alle im Artikel 45 der Reichsverfassung bezeichneten Güter den Einpfennigsatz für die Zentnermeile und eine Expeditionsgebühr von 2 Thalern für 100 Zentner einzuführen, auch in Notständen ermäfsigte Tarife für Lebensmittel etc. zu gewähren.

4. In einigen Konzessionen findet sich endlich ein Verbot von Frachtdisparitäten sowie die Verpflichtung, solche Differentialtarifsätze, in denen das Handelsministerium eine unstatthafte Beeinträchtigung berechtigter preufsischer Interessen erkennt, weder neu einzuführen noch beizubehalten.

Eine Berechtigung der Regierung zur zwangsweisen Durchführung eines bestimmten Tarifsystems oder zur Bestimmung der Höhe der Frachtsätze ist dagegen nirgends vorgesehen.

§ 56. *Wichtigere Ministerial Erlasse.*

Während die Regierung einerseits bestrebt war, sich in den Konzessionen einen möglichst grofsen Einflufs bezüglich der Tarifregelung zu sichern, gewährte dieselbe auf der anderen Seite zeitweise im Verwaltungswege den Privateisenbahnen und selbst den Staatseisenbahnen eine weitgehende Selbständigkeit. Insbesondere in den sechziger und anfangs der siebziger Jahre, wo der Grundsatz der Regelung des

Eisenbahnwesens und insbesondere der Eisenbahntarife durch die freie Konkurrenz die öffentliche Meinung und die mafsgebenden Kreise beherrschte, wurde die Tarifgestaltung den Eisenbahnen in weitgehendem Mafse überlassen. Wichtig in dieser Beziehung ist besonders der allgemeine Erlafs vom 18. Februar 1863, wodurch die Privateisenbahnen insbesondere folgende Befugnisse erhielten:

1. für alle Transporte zwischen einer Station aufserhalb des Zollvereins oder einem zum Zollverein gehörigen Seeplatze einerseits und einer aufserhalb des Zollvereins liegenden Station andererseits die Frachtsätze jederzeit insoweit zu ermäfsigen, als sie dieses zur Begegnung von Konkurrenzen anderer Bahnrouten für nötig erkennen;

2. in dem Verbandverkehre mit anderen Eisenbahnen in betreff aller derjenigen Vereinsfrachtsätze, bei deren Einführung sie zur Berechnung eines von ihrem Lokaltarif abweichenden Frachtanteils die Genehmigung erhalten haben, unabhängig von den Sätzen ihres Lokaltarifs mit den beteiligten Verbandsverwaltungen Ermäfsigungen zu vereinbaren und für den Verbandverkehr in Kraft treten zu lassen;

3. auch aufser den Fällen zu 1 und 2 für ihren gesamten sonstigen Verkehr jede Tarifermäfsigung vorzunehmen, wobei der festzuhaltenden allgemeinen Regel, dafs neben einer Expeditionsgebühr von höchstens je 6 Pfennigen für den Zentner für die Absende- und Bestimmungsstation ein gleicher Einheitssatz für die Zentnermeile zu berechnen sei, nicht entgegen gehandelt wird, oder doch mindestens die seitens der Regierung etwa gestattete Abweichung von dieser Regel keine Ausdehnung erfährt;

4. die nach 1, 2 und 3 eingeführten Tarifermäfsigungen ganz oder teilweise wieder rückgängig zu machen, dies jedoch mit der Einschränkung, dafs Tariferhöhungen mindestens 6 Wochen vorher bekannt gemacht werden und niemals über den höchsten Satz hinausgehen, welcher innerhalb der ihrer Bekanntmachung unmittelbar vorhergehenden anderthalb Jahre mindestens 3 Monate in Kraft gestanden hat.

Hienach blieben die Privatbahnverwaltungen in Bezug auf Ausnahme- und Differentialtarife an die vorgängige Einholung der Staatsgenehmigung nur für die wenigen Fälle gebunden, in denen sie auch aufserhalb des Zollverein-Durchgangsverkehrs Differentialfrachtsätze einzuführen Neigung hatten, es wurde ihnen indessen auferlegt, von dem schon früher aufgestellten Grundsatze:

»Dafs nach einer vorliegenden Station niemals mehr an Gesamtfracht erhoben werden darf, als nach einem darüber hinausliegenden entfernteren Bestimmungsort«

sich keine Abweichung zu gestatten, auch zur Vermeidung unstatthafter Begünstigungen einzelner Befrachter jede Tarifermäfsigung öffentlich bekannt zu machen und ohne Unterschied der Interessenten zur Anwendung zu bringen, sowie jede Tarifänderung dem Handelsminister anzuzeigen.

Die Königlichen Eisenbahnkommissariate wurden gleichzeitig beauftragt, darüber zu wachen, dafs die Bahnverwaltungen von den ihnen übertragenen erweiterten Befugnissen einen dem allgemeinen Verkehrsinteresse förderlichen Gebrauch machen und den gestellten Vorbedingungen nachkommen würden.

Was die Staatsbahnen anging, so war in den allgemeinen Bestimmungen über die Verwaltung der Staatseisenbahnen und der vom Staate verwalteten Privatbahnen vom 6. und 15. April 1850 bestimmt, dafs der Genehmigung des Ministers unterliegen sollten: die Feststellung und Anderung der Lokaltarife, sowie jede Erhöhung eines Verbandstarifs, bei den Staatsbahnen aufserdem jede Ermäfsigung eines Verbandstarifs, sofern die übrigen beim Verbande beteiligten Bahnverwaltungen nicht eine gleiche Ermäfsigung einführen. Durch den Erlafs vom 18. Februar 1863 wurde eine gleiche Befugnis wie den Privatbahnen unter eigener Verwaltung den Direktionen der unter Staatsverwaltung stehenden Privatbahnen verliehen, nicht aber den Direktionen der Staatsbahnen; diese erhielten jedoch die Ermächtigung, im Verkehre mit Privatbahnen ihre Frachtanteile jederzeit selbständig um denselben Prozentsatz für die Zentnermeile zu ermäfsigen, wozu diese sich bereit finden würden.

Eine fernere Erweiterung der Befugnis der Bahnverwaltungen in der Festsetzung der Frachttarife für den Lokal- und Verbandverkehr trat mit dem Jahre 1875 ein, indem der preufsische Handelsminister durch Erlafs vom 14. Januar 1875 zunächst für die Dauer dieses Jahres und demnächst durch Erlafs vom 11. Januar 1876 bis auf Widerruf ihnen gestattete, ermäfsigte Frachtsätze ohne staatliche Genehmigung wieder aufzuheben und die zur Zeit des Erlasses bestehenden Tarifsätze wieder einzuführen.

Diese Bewilligung wurde an folgende Bedingungen geknüpft:

1. Insoweit nach den bestehenden Bestimmungen zu Frachtermäfsigungen die Genehmigung der Aufsichtsbehörden vorbehalten worden, sei solche auch für die Folge nachzusuchen, jedoch als erteilt anzusehen, wenn innerhalb drei Wochen nach Einreichung der Anzeige ein Einspruch nicht erfolge.

2. Bezüglich der gehörigen Publikation der ermäfsigten Sätze und deren gleichmäfsigen Anwendung, sowie wegen der rechtzeitigen Bekanntmachung und Anzeige der Wiedererhöhung seien die bestehenden Vorschriften zu beachten.

3. Ohne staatliche Genehmigung dürften Ermäfsigungen nicht auf einen kürzeren Zeitraum als drei Monate eingeführt werden.

4. Der Staatsregierung bleibe vorbehalten, die auf Grund des Bundesratsbeschlusses erteilte Ermächtigung zur Erhebung eines 20prozentigen Zuschlags zu den vor dem 1. August 1874 bestandenen Tarifsätzen bei eintretender Modifikation dieses Beschlusses dem entsprechend ganz oder teilweise zurückzuziehen, und wenn von diesem Vorbehalte Gebrauch gemacht werde, sei den Gesellschaftsvorständen eine etwaige Wiedererhöhung ermäfsigter Frachtsätze nur innerhalb der danach gesteckten Grenzen gestattet.

Gegen Ende der siebziger Jahre gleichzeitig mit Anderung der Zollpolitik trat aber eine vollständige Anderung in der Tarifpolitik ein, die wesentlich darauf hinausging, die Willkür der einzelnen Eisenbahnverwaltungen in der Tarifgestaltung zu beschränken und dieselbe von der Centralstelle aus einheitlich den allgemeinen und gemeinwirtschaftlichen Interessen entsprechend zu regeln. Die wichtigsten derjenigen Erlasse, welche diese Umwälzung in der preufsischen Tarifpolitik anbahnten und heute noch mafsgebend sind, sollen nachstehend angeführt werden:

1. Durch Ministerialerlafs vom 15. Mai 1877 wurde bestimmt, dafs für alle direkten Tarife mit dem Ausland die Genehmigung einzuholen sei, wenn billigere, die Lokal- bezw. Verbandstarife der betreffenden Übergangsstationen unterbietende Frachtanteile zur Einrechnung gelangen.

2. Durch Ministerialerlafs vom 21. Februar 1878 wurde folgendes bestimmt:

Nachdem der Bundesrat in der Sitzung vom 6. August 1877 bei der Beschlufsnahme über den Antrag betreffend die Einwirkung der Eisenbahnfrachttarife auf die Konkurrenzfähigkeit der deutschen Spiritus-Exportplätze die Voraussetzung ausgesprochen hat: dafs alle

Tarife der vorgängigen Genehmigung der Aufsichtsbehörde vorbehalten werden, welche für ausländische Produkte und Fabrikate einen an sich oder verhältnismäfsig günstigeren Frachtsatz gewähren, als für gleichartige inländische Erzeugnisse, bestimme ich unter Aufhebung des allgemeinen Erlasses vom 18. Februar 1863, dafs alle Tarife meiner vorgängigen Genehmigung unterliegen, nach welchen im direkten Verkehr mit dem Auslande oder im Durchgangsverkehr günstigere Frachtsätze oder Frachtbedingungen bewilligt werden sollen, als für die gleichartigen Artikel auf den betreffenden Bahnstrecken im Verkehr von oder nach der Grenzstation festgesetzt worden sind, abzüglich der für die Abfertigung auf letzterer Station berechneten Expeditionsgebühr, welche jedoch die Hälfte der der betreffenden Eisenbahnverwaltung für ihren Lokalverkehr bewilligten Beträge nicht übersteigen darf. Bis zu dieser Grenze soll den Eisenbahnverwaltungen die Ermäfsigung ihrer Frachtanteile in dem Verkehr mit dem Auslande und die Erhöhung derselben bis zu den für den inneren Verkehr bewilligten Maximalsätzen bis auf weiteres überlassen werden.

3. In dem Erlafs vom 23. April 1878 wurde der vorstehende Erlafs noch folgendermafsen erläutert:

Ich füge hinzu, dafs für derartige Tarife die diesseitige Genehmigung nur dann in Aussicht zu nehmen sein wird, wenn

entweder eine Benachteiligung inländischer wirtschaftlicher Interessen überhaupt nicht zu besorgen ist,

oder doch überwiegende Interessen anderer Zweige der inländischen Volkswirtschaft für die beantragte Ermäfsigung der Tarife sprechen.

In letzterer Beziehung werden insbesondere die Interessen des deutschen Seehandels oder der inländischen Konsumtion, der eigenen Ausfuhr oder namentlich, wenn es sich um die Konkurrenz gegen fremdländische Verkehrsstrafsen handelt, auch die eigenen Interessen der deutschen Eisenbahnen in Frage kommen können.

Bei der Begründung der auf die Genehmigung von Differentialtarifen im internationalen Verkehr gerichteten Anträge sind die vorstehenden Gesichtspunkte genau zu beachten. Auch ist nicht zu unterlassen, den Umfang des im Einzelfalle in Rede stehenden Verkehrs und bei der Aufnahme der Konkurrenz gegen andere Verkehrsstrafsen die in Betracht zu ziehenden Frachtsätze der letzteren mit möglichster Genauigkeit darzulegen. Zur Erleichterung der Information über die beteiligten wirtschaftlichen Interessen wird den Verwaltungen eine rege Kommunikation mit den betreffenden Organen der Handelswelt und der sonst beteiligten wirtschaftlichen Kreise ganz besonders empfohlen.

4. Für die Staatsbahnen gilt aufserdem folgendes:

Nach § 5c der Organisation der Staatseisenbahnverwaltung vom 24. November 1879 unterliegen der Genehmigung des Ministers alle Lokal- und Verbandstarife (also auch jede Änderung derselben), soweit die Bestimmungen über dieselben nicht den Direktionen überlassen werden.

Der selbständigen Bestimmung der Direktionen (abgesehen von den Ausnahmetarifen, welche nachstehend besonders behandelt werden) ist überlassen:

a. Die Herstellung direkter Tarife mit andern deutschen Eisenbahnverwaltungen, wenn diese Verwaltungen für den fraglichen Verkehr die für die preufsischen Staatsbahnen festgestellten normalen Grundtaxen unter Absetzung einer halben Expeditionsgebühr auch ihrerseits annehmen. Die auf diese Weise herzustellenden direkten Tarife sind jedoch vor der Einführung dem Minister einzureichen.

Ministerialerlafs vom 9. April 1881.

b. Die Aufnahme neuer Stationen in die direkten Tarife mit deutschen wie mit fremdländischen Bahnen, wenn die Frachtanteile der deutschen Bahnen nach Mafsgabe der für den betreffenden Tarif angenommenen Grundsätze normal gebildet werden, bezw. im Verkehr mit den neu aufzunehmenden ausländischen Stationen eine Änderung nicht erfahren.

Ministerialerlafs vom 26. August 1881.

c. Die Einführung von Tarifen für neu zu eröffnende Stationen und Haltestellen, vorausgesetzt, dafs die für dieselben eingerichteten Tarifsätze lediglich nach den für die Lokaltarife genehmigten Normen gebildet sind.

Ministerialerlafs vom 21. August 1882.

Dagegen unterliegen der Genehmigung des Ministers alle Tarife (einschliefslich derjenigen für Fahrzeuge und lebende Tiere), nach welchen im direkten Verkehre mit dem Auslande oder im Durchgangsverkehr günstigere Frachtsätze oder Frachtbedingungen bewilligt werden sollen, als für die gleichartigen Artikel auf den betreffenden Bahnstrecken im Verkehre von oder nach der Grenzstation festgesetzt worden sind, abzüglich der für die Abfertigung auf letzterer Station berechneten Expeditionsgebühr; dieselbe darf jedoch die Hälfte der der betreffenden Eisenbahnverwaltung für ihren Lokalverkehr bewilligten Beträge nicht übersteigen. Bis zu dieser Grenze soll den Eisenbahnverwaltungen die Ermäſsigung ihrer Frachtanteile im Verkehre mit dem Auslande und die Erhöhung derselben bis zu den für den innern Verkehr bewilligten Maximalsätzen bis auf weiteres überlassen bleiben.

Ministerialerlasse vom 15. Mai 1877, 21. Februar und 1. Dezember 1878.

Ausnahmetarife unterliegen sowohl hinsichtlich der Transportgegenstände, als auch der Verkehrsbeziehungen und der Beförderungsbedingungen stets der höheren Genehmigung. Nur folgende Ausnahmen hiervon bestehen:

a. Allgemein genehmigt ist ein Ausnahmetarif für Holz des Spezialtarifs II zum Einheitssatze von 3 Pf. für das Tonnenkilometer und 6—12 Pf. Expeditionsgebühr für 100 kg (die Expeditionsgebühr je nach der Entfernung abgestuft).

Ministerialerlaſs vom 22. Mai 1878.

b. Neue Stationen können in bereits bestehende Ausnahmetarife im direkten Verkehr sowohl mit deutschen wie mit ausländischen Bahnen ohne Genehmigung aufgenommen werden, wenn:

α) es sich um Ausnahmetarife allgemeiner Art, welche innerhalb der betreffenden Verbandsverkehre bestehen, handelt, und die Frachtanteile der deutschen Bahnen für die neuen Stationen nach Maſsgabe der für den bestehenden Ausnahmetarif angenommenen Grundsätze gebildet werden bezw. im Verkehre mit den neuen ausländischen Stationen eine Änderung nicht erfahren;

Ministerialerlaſs vom 15. Dezember 1881.

β) es sich nur um die Übertragung bereits genehmigter Sätze auf vorgelegene Stationen handelt, und bei der Genehmigung des Ausnahmetarifs nicht ausdrücklich ein anderes bestimmt worden ist.

Ministerialerlaſs vom 31. März 1882.

c. Ausnahmefrachtsätze für einzelne Artikel und Verkehrsbeziehungen zwischen preuſsischen und auſserpreuſsischen Verwaltungen können ohne höhere Genehmigung eingeführt werden, wenn seitens der preuſsischen Bahnen eine Ermäſsigung der normalen Frachtanteile nicht gewährt wird, die Ermäſsigung vielmehr auf die auſserpreuſsischen Strecken beschränkt bleibt. Von der Einführung solcher Tarife ist jedoch spätestens zugleich mit der öffentlichen Bekanntmachung Anzeige zu erstatten.

Ministerialerlafs vom 13. Juli 1883.

d. Diejenigen Ausnahmetarife allgemeiner Art, welche für den ganzen Verwaltungsbezirk einer königlichen Direktion gelten, können ohne vorgängige höhere Genehmigung auf neuerbaute Bahnstrecken übertragen werden.

Ministerialerlafs vom 18. Dezember 1883.

II. Die übrigen deutschen Staaten.

§ 57. *Gesetzliche und konzessionsmäfsige Bestimmungen betr. das Tarifwesen.*

Im Königreich Bayern bestanden für sämtliche Eisenbahnkonzessionen sog. Fundamentalbestimmungen und war in diesen festgesetzt, dafs die Regelung der Tarife in den ersten drei Jahren jährlich und nach deren Ablauf alle drei Jahre unter Genehmigung der Staatsregierung zu erfolgen habe.

Diese Fundamentalbestimmungen wurden durch das Eisenbahngesetz vom 20. Juni 1855 abgeändert. Dieses unterstellte die Tarife für den Personen- und Warentransport sowie die Nebengebühren der Genehmigung des königlichen Staatsministeriums, setzte fest, dafs solche von drei zu drei Jahren einer Revision zu unterwerfen, bei der Festsetzung auf alle obwaltenden Verhältnisse, auf die Rentabilität der Bahn und auf die Tarife anderer, vorzugsweise der bayerischen Bahnen Rücksicht zu nehmen sei, und gab der Staatsregierung ferner das Recht, von Amts wegen Verfügung zu treffen, wenn sich die konzessionierten Unternehmer mit den angrenzenden Eisenbahnverwaltungen in betreff der wechselseitigen Verkehrsverhältnisse nicht sollten einigen können.

In den Konzessionsurkunden und Statuten der bayerischen Ostbahnen war der Staatsregierung behufs Wahrung der Staatsinteressen die Beaufsichtigung und Überwachung des Ostbahnbetriebs, insbesondere die Genehmigung aller Tarife vorbehalten, und durften in letzteren ohne Genehmigung der Regierung keinerlei Änderungen vorgenommen werden. Die für die Staatsbahnen festgesetzten Maximaltarife galten auch für die Ostbahnen als Maximalsätze, die in keinem Falle überschritten werden durften. Im Falle einer aufsergewöhnlichen Teuerung der Nahrungsmittel war die

Staatsregierung berechtigt, die zeitweilige Herabsetzung der Frachtpreise für Nahrungsgegenstände zu verlangen.

Für die pfälzischen Bahnen war in den bezüglichen Konzessionsurkunden festgesetzt, dafs sowohl der Transporttarif bei dem Selbstbetriebe, als auch der Tarif des Bahngeldes, wenn der Betrieb pachtweise einem Dritten überlassen werden sollte, in den ersten drei Jahren jährlich, sodann von drei zu drei Jahren zu regeln, in dem einen wie in dem anderen Falle der Bestätigung durch den König zu unterwerfen sei, dafs in beiden Fällen der Tarif als unüberschreitbares Maximum zu gelten habe und ohne vorherige Genehmigung keine Abänderung oder Modifikation vorgenommen werden, in dringenden Fällen und je nach den Verhältnissen des Verkehrs die Direktion jedoch ermächtigt sein sollte, in Benehmen mit dem königlichen Kommissar und mit dessen Zustimmung Modifikationen in dem Güter- und Kohlentransporttarif unterhalb der Maxima eintreten zu lassen. Bei der im Jahre 1869 stattgehabten Verschmelzung der drei pfälzischen Eisenbahnen wurden diese Bestimmungen dahin abgeändert bezw. ergänzt, dafs die von der Staatsregierung genehmigten Tarifmaxima zwar nicht überschritten werden, die vereinigten Gesellschaften aber die Befugnis haben sollten, innerhalb der Tarifmaxima die Frachtsätze den Interessen des Verkehrs entsprechend zu regeln.

Für die Staatsbahnen erfolgt in Bayern die Festsetzung der Maximaltarife durch das Etatsgesetz.

In den übrigen deutschen Staaten besteht ein allgemeines Eisenbahngesetz nicht, und ist die Einwirkung der Staatsregierungen auf die Festsetzung der Tarife lediglich durch Staatsverträge, durch Verträge mit den Unternehmern oder durch Konzessionen geregelt, denen teilweise die Festsetzungen in Konzessionen für preufsische Eisenbahnen zum Grunde liegen.

Im Königreich Sachsen wurde die erste Konzession zum Bau und Betriebe einer Privatbahn im Mai 1835 und zwar der Leipzig-Dresdener Eisenbahnkompagnie erteilt und bleibt für die damalige Anschauungsweise die Festsetzung bezeichnend, welche darin in Bezug auf die Höhe der Tarife getroffen wurde. Diese Festsetzung lautet:

»Die Bestimmung des Fahr- und Frachtgeldes für Personen, Tiere und Waren bleibt zwar dem Direktorium der Eisenbahnkompagnie überlassen; wie aber von seiten der Regierung zu erwarten ist, dafs dasselbe zum Besten des öffentlichen Verkehrs so billig als möglich werde gestellt werden, so bewendet es bei der vorläufig geschehenen Erklärung, dafs das Fahrgeld für Personen in der ersten Wagenklasse nie und unter keiner Bedingung die Sätze des Personengeldes in den königlich sächsischen Eilposten übersteigen, in der zweiten Klasse nie mehr als das Personengeld in den königlich sächsischen Fahrposten betragen, das Fahrgeld für Waren in den schnellsten Wagen nie höher als die Sätze des Postgeldes auf den königlich sächsischen ordinären Fahrposten und in einer zweiten langsamer fahrenden Wagenklasse nicht höher angesetzt werden solle, als die Frachtlöhne der gewöhnlichen Fuhrleute gleichzeitig und bei gleicher Warenqualität und Entfernung unter ähnlichen örtlichen Verhältnissen zu stehen kommen.«

Diese Festsetzung blieb etwa 30 Jahre in Kraft und erlitt erst eine Änderung, als der Gesellschaft im Januar 1866 die Konzession zum Bau und Betriebe einer Bahn von Borsdorf nach Meifsen im Anschlusse an die Coswiger Zweigbahn erteilt und hierdurch eine zweite Verbindung zwischen Leipzig und Dresden hergestellt wurde.

In der Konzession vom Januar 1866 wurde die Gesellschaft verpflichtet, ihre Gütertarife nach Mafsgabe eines unter Genehmigung der Regierung aufgestellten Tarifs zu regeln, jede Erhöhung desselben der zuvorigen Genehmigung der Regierung zu unterstellen, im inländischen Verkehr keinerlei Ermäfsigungen oder Erlasse zu Gunsten oder zum Nachteil des Verkehrs einzelner Orte einzuführen und für die Einrichtung neuer direkter Tarife die ministerielle Genehmigung einzuholen. Die Gesellschaft sollte jedoch nicht behindert sein, in dringenden Fällen Vereinbarungen wegen Herstellung direkter Tarife mit anderen Bahnen unter Vorbehalt der ministeriellen Genehmigung abzuschliefsen und einzelnen Interessenten für einen bestimmten Transport ausnahmsweise einen Nachlafs an den tarifmäfsigen Sätzen zuzugestehen.

Nach der Konzession vom 16. Oktober 1871 für die Strecke Nossen-Freiberg sollten die Tarife der Genehmigung der Regierung unterliegen und die Gesellschaft auf Verlangen der letzteren verpflichtet sein, den Einpfennigtarif für den Transport von Kohlen und Coaks und eventuell der übrigen im Artikel 45 der Reichsverfassung bezeichneten Gegenstände einzuführen. Eine gleiche Festsetzung enthält die für die Strecke Freiberg-Brux am 1. Dezember 1873 erteilte Konzession; derselben ist jedoch noch hinzugefügt, dafs die veröffentlichten Tarife auf alle die Bahn benutzenden Personen bezw. für alle zur Fortschaffung aufgegebenen Waren ohne Unterschied der

Interessenten gleichmäfsig zur Anwendung zu bringen und dafs die Gesellschaft verpflichtet sei zur Eingehung direkter Tarife mit anderen in- und ausländischen Bahnen sowie zur Bewilligung des niedrigsten Tarifeinheitssatzes für die Zentnermeile unter den bei den Konzessionen der preufsischen Bahnen mehrfach erwähnten Beschränkungen.

In der der Chemnitz-Komotauer Eisenbahngesellschaft am 7. Dezember 1871 erteilten Konzession findet sich nur die Bestimmung, dafs die Tarife sowie deren Abänderungen der Genehmigung der Staatsregierung unterliegen, und dafs die Gesellschaft auf Verlangen der letzteren verpflichtet ist, auf der Bahn für den Transport von Kohlen, Coaks und eventuell der übrigen im Artikel 45 der Reichsverfassung bezeichneten Gegenstände den Einpfennigtarif einzuführen, auch im inländischen Verkehr keinerlei Ermäfsigungen oder Erlasse zu Gunsten oder zum Nachteil des Verkehrs einzelner Orte zu bewilligen. Die gleiche Festsetzung enthalten die der Muldenthal-Eisenbahngesellschaft am 29. April 1872, der Zwickau-Lengenfeld-Falkensteiner Gesellschaft am 8. Juli 1872 und der Chemnitz-Aue-Adorfer Gesellschaft am 7. Dezember 1872 erteilten Konzessionen, der letzteren ist indessen hinzugefügt, dafs die Gesellschaft verpflichtet sei, für den Personenverkehr eine IV. Wagenklasse mit einem ermäfsigten Preise einzurichten, die veröffentlichten Tarife auf alle die Bahn benutzenden Personen bezw. für alle zur Fortschaffung aufgegegebenen Waren ohne Unterschied der Interessenten gleichmäfsig zur Anwendung zu bringen, mit anderen in- und ausländischen Bahnen direkte Verkehre einzurichten und für diese unter Voraussetzung der Gegenseitigkeit die niedrigsten Tarifeinheitssatze für die Zentnermeile zuzugestehen, welche sie für die gleichartigen Transportgegenstände in ihrem Lokaltarif erhebt.

Im Königreich Würtemberg bestehen aufser den Staatsbahnen nur zwei Privatbahnen von geringer Ausdehnung, bezüglich deren die Regierung sich Genehmigung der Tarife und Tarifänderungen vorbehalten hat.

Die unbedeutenden Privatbahnen im Grofsherzogtum Baden werden entweder für die Dauer der Konzession oder für eine bestimmte Zeitperiode von dem Staat betrieben und ist für die Tarife und Tarifbestimmungen die Staatsgenehmigung vorbehalten.

Im Grofsherzogtum Hessen unterliegen die Tarife der Hessischen Ludwigsbahn sowie die späteren Abänderungen derselben der Genehmigung der Regierung. Eine gleiche Befugnis war der Regierung bezüglich der inzwischen in den Besitz des Staates ubergegangenen Oberhessischen Eisenbahnen vorbehalten.

Bei Verkauf der mecklenburgischen Staatsbahnen im Jahre 1873 an eine Privatgesellschaft hat sich die Regierung für Erhöhung der zur Zeit der Übergabe bestandenen Tarife die Genehmigung sowie ferner das Recht vorbehalten, die Beseitigung solcher Differentialtarifsätze zu verlangen, in denen sie eine unstatthafte Beeinträchtigung einheimischer Verkehrsinteressen erblicken würde. Aufserdem wurde die Gesellschaft verpflichtet, Tarifermäfsigungen, welche sie für Steinkohlen, Braunkohlen und Getreide im Durchgangsverkehr innerhalb eines bis auf die Entfernung von 30 Meilen über die Grenzen ihres Bahnnetzes nach jeder Richtung hinaus sich erstreckenden Umkreises gegen ihre bisherigen Tarifsätze zugestehen sollte, auch in demjenigen direkten Verkehre zu gewähren, welcher sich zwischen eigenen Verbandstationen und den im Durchgangsverkehr begünstigten auswärtigen Stationen bewegt, sowie ferner im direkten Verkehr den Tarifsatz zwischen zwei auswärtigen Stationen niemals niedriger zu stellen, als den Tarifsatz für denselben Artikel zwischen einer dieser beiden auswärtigen Stationen und einer zwischenliegenden eigenen Station, auch auf Verlangen der Regierung bei gröfseren Entfernungen für den Transport der im Art. 45 der Reichsverfassung bezeichneten Gegenstände den Einpfennigtarif einzuführen.

In neuerer Zeit sind ferner ähnlich wie in Preufsen auch von den gröfseren deutschen Staaten, welche Staatsbahnen besitzen, Eisenbahnräte als Vertretung der Verkehrsinteressenten eingerichtet, die in Verkehrs- und Tarifangelegenheiten den Eisenbahndirektionen als Beirat zur Seite stehen, so in Baden durch Verordnung vom 4. November 1880, in Bayern durch die Verordnung vom 16. März 1881, in Wurtemberg durch Verordnung vom 20. März 1881, in Sachsen durch Verordnung vom 9. Juli 1881, in Hessen durch Verordnung vom 5. Juli 1881.

III. Das deutsche Reich.

§ 58. *Die Reichsgesetzgebung in Bezug auf das Tarifwesen.*

Die Reichsverfassung bestimmt folgendes bezüglich des Tarifwesens:

»Art. 45. Dem Reiche steht die Kontrolle uber das Tarifwesen zu, dasselbe wird namentlich dahin wirken:

1. dafs baldigst auf allen deutschen Eisenbahnen übereinstimmende Betriebsreglements eingeführt werden;

2. dafs die möglichste Gleichmäfsigkeit und Herabsetzung der Tarife erzielt, insbesondere, dafs bei gröfseren Entfernungen für den Transport von Kohlen, Coaks, Holz, Erzen, Steinen, Salz, Roheisen, Düngungsmitteln und ähnlichen Gegenständen ein dem Bedürfnis der Landwirtschaft und Industrie entsprechender ermäfsigter Tarif und zwar zunächst thunlichst der Einpfennigtarif eingeführt werde.

Art. 46. Bei eintretenden Notständen, insbesondere bei ungewöhnlicher Teuerung der Lebensmittel, sind die Eisenbahnverwaltungen verpflichtet, für den Transport namentlich von Getreide, Mehl, Hülsenfrüchten und Kartoffeln zeitweise einen dem Bedürfnis entsprechenden, von dem Kaiser auf Vorschlag des betreffenden Bundesratsausschusses festzustellenden, niedrigen Spezialtarif einzuführen, welcher jedoch nicht unter den niedrigsten auf der betreffenden Bahn für Rohprodukte geltenden Satz herabgehen darf.

Die vorstehend, sowie die im Art. 42 bis 45 getroffenen Bestimmungen sind auf Bayern nicht anwendbar.

Art. 47. Den Anforderungen der Behörden des Reichs in Betreff der Benutzung der Eisenbahnen zum Zweck der Verteidigung Deutschlands haben sämtliche Eisenbahnverwaltungen unweigerlich Folge zu leisten. Insbesondere ist das Militär und alles Kriegsmaterial zu gleichen ermäfsigten Sätzen zu befördern.«

Von diesen Bestimmungen sind die des Artikels 45 unter 1 und des Art. 47 am Schlufs durchgeführt, erstere durch das Betriebsreglement für die Eisenbahnen Deutschlands, letztere durch das Reglement für die Beförderung von Truppen und Armeebedürfnissen vom 16. Juli 1870. Dagegen ist ein das Eisenbahntarifwesen regelndes Gesetz bisher nicht erlassen, und der Abschnitt VII der Reichsverfassung, insbesondere der Artikel 42, »die Bahnen wie ein einheitliches Netz zu verwalten« und die Aufforderung des Artikels 45, dahin zu wirken, »dafs die möglichste Gleichmäfsigkeit und Herabsetzung der Tarife erzielt, insbesondere, dafs bei gröfseren Entfernungen für den Transport von Kohlen, Coaks, Holz, Erzen, Steinen, Salz, Roheisen, Düngungsmitteln und ähnlichen Gegenständen ein dem Bedürfnis der Landwirtschaft und Industrie entsprechender ermäfsigter Tarif und zwar zunächst der Einpfennigtarif eingeführt werde«, sind so allgemein gefafst, dafs daraus bestimmte Befugnisse für die Ausübung eines Zwanges kaum abgeleitet werden können.

Auch die Errichtung des Reichseisenbahnamtes hat hierin wenig geändert. Durch § 4 des Gesetzes vom 27. Juni 1873 betr. die Errichtung eines Reichseisenbahnamtes wurde bestimmt:

»Das Reichseisenbahnamt hat innerhalb der durch die Verfassung bestimmten Zuständigkeit des Reichs:

1. das Aufsichtsrecht über das Eisenbahnwesen wahrzunehmen;

2. für die Ausführung der in der Reichsverfassung enthaltenen Bestimmungen, sowie der sonstigen auf das Eisenbahnwesen bezüglichen Gesetze und verfassungsmäfsigen Vorschriften Sorge zu tragen;

3. Auf Abstellung der in Hinsicht auf das Eisenbahnwesen hervortretenden Mängel und Mifsstände hinzuwirken.

Dasselbe ist berechtigt, innerhalb seiner Zuständigkeit über alle Einrichtungen und Mafsregeln von den Eisenbahnverwaltungen Auskunft zu erfordern oder nach Befinden durch persönliche Kenntnisnahme sich zu unterrichten und hiernach das Erforderliche zu veranlassen.«

Hiernach liegt dem Reichseisenbahnamt die Aufsicht über das Tarifwesen der deutschen Eisenbahnen, sowie die Sorge für die Ausführung der in der Reichsverfassung enthaltenen Bestimmungen über das Tarifwesen ob. Wie die erstere geübt wird, werden wir im folgenden Paragraphen sehen; was die letztere angeht, so sind verschiedene vergebliche Anläufe dazu gemacht worden. In den beiden Entwürfen eines Reichseisenbahngesetzes von 1874 und 1875 fanden sich eingehende Vorschriften über das Tarifwesen, aber diese Entwürfe haben keine Gesetzeskraft erhalten. Auch verschiedene andere Versuche der Reichsregierung, auf die Tarifgestaltung einen mafsgebenden Einflufs zu gewinnen, sind gescheitert, wie wir später sehen werden.

Dagegen enthält das Betriebsreglement für die Eisenbahnen Deutschlands vom 11. Mai 1874 eine Anzahl für das Tarifwesen wichtiger Bestimmungen. Dasselbe ist auf Grund des Artikels 45 der Reichsverfassung vom Bundesrat erlassen und vom Reichskanzler veröffentlicht und fafste seinem Inhalte nach das vom Verein deutscher Eisenbahnen vereinbarte Vereinsreglement für die Beförderung von Personen, Reisegepäck, Leichen, Fahrzeugen und lebenden Tieren sowie das Vereinsgüterreglement in ein Reglement zusammen. Gemäfs

Vereinbarung ist dasselbe im wesentlichen gleichlautend auch in Österreich-Ungarn eingeführt und sind auch die seitdem getroffenen Abänderungen meist in beiden Ländern zur Einführung gelangt.

Der Eingang des Betriebsreglements lautet folgendermafsen:

»Die nachstehenden Bestimmungen für die Beförderung von Personen, Reisegepäck, Leichen, Fahrzeugen und Tieren, sowie von Gütern kommen vom 1. Juli 1874 ab auf sämtlichen Eisenbahnen Deutschlands im Lokal- und Verbandverkehr, sowie im Verkehr von Bahn zu Bahn zur Anwendung. Spezialbestimmungen einzelner Eisenbahnverwaltungen oder Eisenbahnverbände haben neben diesem Reglement nur Geltung, wenn sie in die bezüglichen Tarife aufgenommen sind, mit den Festsetzungen dieses Reglements nicht in Widerspruch stehen, dieselben vielmehr nur ergänzen oder wenn sie dem Publikum günstigere Bedingungen gewähren.«

Nach § 8 bestimmt die Fahrpreise im Personenverkehr der auf allen Stationen ausgehängte Tarif, nach § 10 soll das Fahrbillet den Fahrpreis für die Wagenklasse, welche der Reisende benutzen will, bezeichnen; auch sollen Kinder unter 10 Jahren zu ermäfsigten Fahrpreisen und Kinder, die noch getragen werden müssen und ihre Stelle auf ihrer Angehörigen Plätzen mitfinden, umsonst befördert werden. Nach § 14 hat der Reisende, welcher ohne gültiges Fahrbillet betroffen wird, für die ganze von ihm zurückgelegte Strecke, und wenn die Zugangsstation nicht sofort unzweifelhaft nachgewiesen wird, für die ganze vom Zug zurückgelegte Strecke das Doppelte des gewöhnlichen Fahrpreises, mindestens aber den Betrag von 6 Mark zu entrichten. Wenn er indes gleich beim Einsteigen dem Schaffner oder Zugführer meldet, dafs er wegen Verspätung kein Billet mehr habe lösen können, so hat er nur den um 1 Mark erhöhten Fahrpreis zu zahlen. Nach § 24 wird als Reisegepäck in der Regel nur, was der Reisende zu seinem und seiner Angehörigen Reisebedürfnisse mit sich führt, namentlich Koffer, Mantel- und Reisesäcke, Hutschachteln, kleine Kisten und dergleichen befördert; gröfsere kaufmännisch verpackte Kisten, Tonnen, sowie andere nicht zu den Reisebedürfnissen zu rechnende Gegenstände können ausnahmsweise zugelassen werden. Gegenstände, welche von der Beförderung als Frachtgut, sowie von der Mitnahme in die Personenwagen ausgeschlossen sind, dürfen auch als Reisegepäck nicht aufgegeben werden. Die §§ 29, 31, 38, 39, 44, 45 handeln von der Haftpflicht der Eisenbahn bei Verlust oder Beschädigung oder Überschreitung der Lieferfrist und bestimmen, dafs bei Deklaration eines höheren als reglementsmäfsigen Wertes, bezw. Interesses an der rechtzeitigen Lieferung ein Frachtzuschlag zu erheben ist. Der § 34 regelt die Beförderungsbedingungen für Leichen, bestimmt insbesondere, dafs der Leiche ein Begleiter beigegeben werden mufs, welcher ein Fahrbillet zu lösen hat, und dafs die tarifmäfsigen Transportgebühren bei Aufgabe entrichtet werden müssen. Bei falscher Deklaration soll das Vierfache der Fracht als Konventionalstrafe erhoben werden.

Nach § 46 erfolgt der Transport von Gütern von und nach allen für den Güterverkehr eingerichteten Stationen, ohne dafs es behufs Übergangs von einer Bahn auf die andere einer Vermittelungsadresse bedarf. In § 48 sind die von der Beförderung ausgeschlossenen oder nur bedingungsweise zugelassenen Gegenstände aufgeführt. In § 50 ist der Ausschlufs von Routenvorschriften, andererseits aber die Verpflichtung der Eisenbahnverwaltung, den billigsten und schnellsten Transportweg zu wählen, festgesetzt. Ferner ist unter 4 bestimmt, dafs die Eisenbahnverwaltung befugt ist, die Übereinstimmung des Frachtbriefs mit den betr. Gütern auch nach dem Inhalte zu prüfen und bei unrichtiger Angabe des Gewichts oder Inhalts aufser der Nachzahlung der etwa verkürzten Fracht vom Abgangs- bis zum Bestimmungsorte eine Konventionalstrafe nach Mafsgabe ihrer besondern Vorschriften von dem Versender oder Empfänger zu erheben. Der § 52 giebt sehr wichtige Bestimmungen für Berechnung der Frachtgelder. Er lautet:

»So lange und so weit keine gemeinschaftlichen Frachttarife publiziert sind, wird die Fracht nach den aus den publizierten Tarifen der einzelnen Bahnen beziehungsweise der Verbände zusammenzustofsenden Beträgen berechnet. Aufser den in den Tarifen angegebenen Sätzen an Frachtvergütung und an Vergütung für besondere im Tarife vorgesehene Leistungen darf nichts erhoben werden. Bare Auslagen der Eisenbahnen (z. B. Transit-, Ein- und Ausgangsabgaben, Kosten für Überführung, nötig werdende Reparaturkosten an den Gütern, welche diese infolge ihrer eignen äufseren oder inneren Beschaffenheit und Natur zu ihrer Erhaltung während des Transports bedingen) sind zu ersetzen.

Wenn einzelne Eisenbahnen die Güter von der Behausung des Absenders abholen, aus Schiffen löschen lassen, sowie an die Behausung des Empfängers oder an irgend einen andern Ort, z. B. nach Packhöfen, Lagerhäusern, Revisionsschuppen, in Schiffe u. s. w.

bringen lassen, so sind auch die aus den Tarifen zu ersehenden Vergütungen hiefür zu entrichten.

Die Fracht wird nach Kilogramm, bei denjenigen Gütern aber, welche ohne Gewichtsermittelung übernommen werden, nach Mafsgabe der darüber in den Tarifen und besonderen Vorschriften der einzelnen Eisenbahnen enthaltenen Bestimmungen nach Tragkraft der Wagen oder nach Rauminhalt oder Raummafs berechnet. Die Ermittelung des Gewichts geschieht entweder durch wirkliche Verwiegung auf den Bahnhöfen oder durch Berechnung nach den in den Tarifen angegebenen Normalsätzen. Bei Kollogütern hat dieselbe stets auf der Aufgabestation stattzufinden. Sendungen unter 30 Kilogramm werden höchstens für 30 Kilogramm, das darüber hinausgehende Gewicht wird bei Kollogütern mit 10 Kilogramm, bei Wagenladungsgütern mit 100 Kilogramm steigend so berechnet, dafs jede angefangenen bezw. 10 und 100 Kilogramm für voll gelten. Durch diese Gewichtsberechnung soll jedoch die Erhebung der in den Tarifen einzelner Eisenbahnen vorgeschriebenen Minimalbeträge des Frachtgeldes nicht ausgeschlossen werden. Dem Aufgeber wird überlassen, bei der Feststellung des Gewichts gegenwärtig zu sein. Verlangt derselbe, nachdem diese Feststellung seitens der Eisenbahnverwaltung bereits erfolgt ist, und vor der Verladung der Güter eine anderweite Ermittelung des Gewichts in seiner oder seines Beauftragten Gegenwart, so ist die Eisenbahn berechtigt, dafür ein im Tarif bestimmtes Wägegeld zu erheben. Dies Wägegeld kann, jedoch nur von gewöhnlichem Frachtgut, auch dann erhoben werden, wenn ausnahmsweise der Versender das Gewicht im Frachtbriefe anzusetzen unterlassen hat und die Ergänzung des Frachtbriefes in dieser Beziehung der Eisenbahnverwaltung überläfst.

Alle in einem Frachtbrief enthaltenen Gegenstände desselben Frachtsatzes bilden eine Abfertigungsposition zur Berechnung des Frachtgeldes.

Die zu erhebende Fracht wird mit vollen 10 Pf. abgerundet, so dafs Beträge unter 5 Pf. gar nicht, von 5 Pf. ab aber für 10 Pf. gerechnet werden. Wenn nach den besondern Vorschriften der einzelnen Eisenbahnen Güter von den Versendern selbst zu verladen sind, so dürfen die Versender die Wagen nur bis zu der an denselben vermerkten Tragfähigkeit beladen. Für Überladung kann die Eisenbahn, vorbehaltlich sonstiger Entschädigung, eine in den besondern Vorschriften festzustellende Konventionalstrafe erheben.«

§ 53 behandelt die Zahlung der Fracht und bestimmt folgendes:

»Die Frachtgelder werden bei der Aufgabe des Gutes berichtigt oder auf den Empfänger zur Zahlung angewiesen. Bei Gütern, welche nach dem Ermessen der annehmenden Eisenbahn dem schnellen Verderben unterliegen oder die Fracht nicht sicher decken, kann eine sofortige Berichtigung der Frachtgebühren gefordert werden. Unrichtige Anwendungen des Tarifs sowie Fehler bei der Gebührenberechnung sollen weder der Eisenbahn noch dem zur Zahlung Verpflichteten zum Nachteil gereichen. Zuviel erhobene Beträge sind den Bezugsberechtigten thunlichst zu avisieren.«

§ 54 trifft Bestimmungen über Nachnahme und Provision und setzt fest, dafs die von den Eisenbahnen im Falle des Weitertransports von einer Bahn auf die andere nachgenommenen Frachtgelder provisionsfrei sind. § 57 setzt die Lieferfristen für Eilgut und Frachtgut fest, § 60 enthält Bestimmungen über Lagergeld und Konventionalstrafe. § 67 giebt Vorschriften über besondere Beschränkung der Haftpflicht der Eisenbahn und bestimmt unter 2 folgendes:

»Die Eisenbahn haftet in Ansehung derjenigen Güter, welche in unbedeckten Wagen transportiert werden, nicht für den Schaden, welcher aus der mit dieser Transportart verbundenen Gefahr entstanden ist. Welche Güter die Eisenbahn bei Anwendung einer ermäfsigten Tarifklasse in unbedeckten Wagen zu transportieren befugt ist, bestimmt der Tarif, und giebt der Absender sein Einverständnis mit dieser Beförderungsart zu erkennen, falls er nicht bei der Aufgabe durch schriftlichen Vermerk auf dem Frachtbriefe die Beförderung des betreffenden Gutes in gedeckten oder mit Decken versehenen Wagen ausdrücklich verlangt. Die Eisenbahn ist jedoch in diesem Falle berechtigt, einen Zuschlag zu der tarifmäfsigen Fracht zu erheben. Wenn infolge besonderer Vereinbarung Güter, die sonst in gedeckten Wagen verladen werden, in ungedeckten Wagen befördert werden, so kann unter der mit dieser Transportart verbundenen Gefahr auffallender Gewichtsabgang oder Abgang von ganzen Kollis nicht verstanden werden.«

Die §§ 68—70 endlich enthalten Bestimmungen über den Geldwert der Haftung für Verlust und Versäumung der Lieferzeit und die bei höherer Wertdeklaration zu entrichtenden Frachtzuschläge.

§ 59. *Erlasse des Reichseisenbahnamtes.*

Das Reichseisenbahnamt übt die oberste Aufsicht und Kontrolle über das deutsche Eisenbahntarifwesen aus. Zu diesem Zwecke ist demselben von jeder deutschen Eisenbahnverwaltung gemäfs Erlafs vom 1. November 1874 allmonatlich ein Verzeichnis derjenigen Lokal- und Verbandtarife vorzulegen, an welchen sie als Versand-, Empfangs- oder Durchgangsbahn beteiligt ist, sowie besondere Nachweisungen über die im Laufe eines Monats eingetretenen Änderungen für diejenigen Tarife, hinsichtlich welcher ihr die Geschäftsführung bezw. Berichterstattung obliegt. Diesen besonderen Nachweisungen sind die betr. Tarife, Tarifnachträge, Protokolle, Dienstbefehle, Verkehrsleitungs- und Anteilstabellen, sowie Berichtigungen dieser Drucksachen beizufügen.

Nach Erlafs vom 19. Januar 1883 sind ferner in den besonderen Nachweisungen alle Tarife, nach welchen auf demselben Eisenbahnweg nach einer vorliegenden Station an Gesamtfracht mehr erhoben wird, als nach einer über dieselbe hinausliegenden entfernteren Bestimmungsstation, sowie ferner alle Tarife, welche für ausländische Erzeugnisse und Fabrikate einen an sich oder verhältnismäfsig günstigeren Frachtsatz gewähren, als für gleichartige inländische Erzeugnisse, nicht nur besonders ersichtlich zu machen, sondern es sind auch bezüglich dieser, sowie bezüglich aller Ausnahmetarife die für die Einführung mafsgebend gewesenen Gesichtspunkte zu erläutern und die Verfügungen der Landesaufsichtsbehörden, durch welche sie genehmigt wurden, anzugeben. Aufserdem ist in den Erlassen vom 29. Dezember 1874, 30. September 1875 und 20. Februar 1881 vorgeschrieben, dafs von jeder Tariferhöhung, sowie von jeder Aufhebung oder Einschränkung einer direkten Expedition besondere Anzeige unter näherer Angabe der Gründe u. s. w. zu erstatten ist, sowie, dafs jede Tariferhöhung 6 Wochen vor ihrem Inkrafttreten zu veröffentlichen ist.

Diese Erlasse gelten für Bayern nicht wegen der in Art. 46 der Reichsverfassung diesem Staate vorbehaltenen Ausnahmestellung.

ZWEITER ABSCHNITT.

Die geschichtliche Entwickelung des Gütertarifwesens und die verschiedenen Gütertarifsysteme.

§ 60. *Die ersten Gütertarife.*

Die Gestaltung der Gütertarife in Deutschland war namentlich anfangs den einzelnen privaten Eisenbahnverwaltungen ohne wesentliche Einschränkungen überlassen und entwickelte sich durchaus nach privatwirtschaftlichen Grundsätzen, im einzelnen aber verschieden auf den verschiedenen Bahnnetzen. Auch die bald entstehenden Staatseisenbahnen verfolgten im allgemeinen dieselbe Richtung in ihrer Tarifgestaltung. Da man bei den ersten Bahnen an nichts weniger als daran dachte, dafs sie in einem so gewaltigen Umfange, als es thatsächlich der Fall ist, zur Beförderung von Massengutern auf weite Strecken dienen würden, so rechnete man neben dem für die Hauptsache geltenden Personenverkehr vorzugsweise auf die eigentlichen Kaufmannsgüter und richtete danach die Tarife für den Güterverkehr ein. Demgemäfs waren die ersten Gütertarife der deutschen Eisenbahnen ungemein einfach; sie enthielten Tarifsätze für Güter jeder Art (Normalklasse) und daneben ermafsigte Tarifsätze für wenige Gegenstände, vorzugsweise Rohprodukte, welche in bestimmtem Mindestgewicht (75, 80, 100 Zentner) zur Versendung kamen.

Vgl. Die Entwickelung des Gütertarifwesens der deutschen Eisenbahnen, herausgegeben von dem Verein der Privatbahnen im deutschen Reiche. Berlin 1879. S. 3.

So wurde auf der Berlin-Potsdamer Bahn, einer der ältesten Bahnen Deutschlands, anfänglich der Tarif lediglich nach Mafsgabe der zur Beförderung aufgegebenen Zentner berechnet und zwar derart, dafs für den ersten Zentner ein bestimmter Satz erhoben wurde, für den zweiten ein etwas niedrigerer und so der Tarifsatz für den Zentner sich bis zu einer gewissen Grenze abstufte. Dies Tarifsystem hat für die Berlin-Potsdamer Bahn längere Zeit bestanden. Bei der Anwendung ergaben sich grofse Schwierigkeiten, die insbesondere darin gefunden wurden, den Frachtsatz jeder einzelnen Sache lediglich nach dem einzelnen Zentner zu bemessen, und kam es in der Praxis dahin, dafs nach kurzer Zeit jeder einzelne Gegenstand besonders tarifiert wurde. Bei Eröffnung der Potsdam-Magdeburger Bahn im Jahr 1846 gab man diese Tarifierungsweise auf und führte dafür einen Tarif ein, in welchem zwischen Eilgut und Frachtgut unterschieden wurde, und der aufserdem eine billigere Klasse für bestimmte Erzeugnisse bei Aufgabe von 75 Zentnern enthielt. Die zu dieser Klasse zu zählenden Güter zu bestimmen, war vorbehalten und wurden darin nach und nach auf Antrag der beteiligten Kaufleute und Industriellen Heringe, Pfeifenerde, Mehl, Rohmetall, Öl aller Art, Nutzholz, Spiritus, Talg, Thonerde, Zucker, Kartoffeln, Sirup, Cichorien und Essig aufgenommen. Schon in den Jahren 1847 und 1848 wurden den vorgenannten drei Klassen einige Ausnahmetarife für

Kohlen, Steine, Holz, Eisen und Zink hinzugefügt, denen sich im Laufe der Jahre mehrere hinzugesellten.

Aussage des Sachverständigen Büchtemann in der deutschen Tarifenquête von 1875, vgl. stenographische Berichte S. 2 und 3.

Der erste Tarif der Berlin-Hamburger Bahn enthielt eine Klasse für Eilgut, eine Ausnahmeklasse, in welcher 25 hochwertige Güter etwas höher tarifiert wurden, und sodann eine Klasse für Güter aller Art ohne Rücksicht auf Beschaffenheit und Menge.

Aussage des Sachverständigen Simon a. a. O. S. 744.

Die Rheinische Eisenbahngesellschaft wählte bei der streckenweisen Eröffnung ihrer Bahnlinien in den Jahren 1839—1843 die Wagenladung als Einheit für den Transport, wandte sich aber schon im Jahre 1845 dem Klassifikationssysteme zu.

Aussage des Sachverständigen Rennen a. a. O. S. 452.

Die Köln-Mindener Bahn begann von vornherein mit einer weitgehenden Klassifizierung der Güter. Der erste Lokaltarif dieser Bahn enthielt sieben Klassen, von denen eine Klasse für Steinkohlen, die zweite für Roheisen, Erze, Grubenholz, Salz, Thon, Ziegelerde, die dritte für Getreide, Kartoffeln, Bauholz, die vierte für grobe Eisenwaren, Kalk, Zucker, Zink und einige andere Artikel, die fünfte für Geld, die sechste für sperrige Güter, die siebente für alle sonstigen Güter bestimmt war.

Der Tarif der Düsseldorf-Elberfelder Eisenbahn vom 30. Dezember 1850 unterschied Eilgut, Frachtgut und Produkte. Unter letzteren wurden Kohlen, Ziegelsteine, Kalksteine, Dachpfannen, Schiefer, Pflastersteine, rohe und unbehauene Steine jeder Art, Sand, Kies, Erden und Erze, gebrannter Kalk, Gips, Trafs, Brennholz, Knochen, Knochenmehl, Roheisen in Gängen und Masseln verstanden und dieselben nur in ganzen Wagenladungen zu 75 Zentner angenommen. Alle sonstigen Frachtgüter zahlten denselben Satz für den Zentner bei Aufgabe in jedem Gewicht, Eilgut 50 Prozent Aufschlag.

Der Gütertarif der Bergisch-Märkischen Eisenbahn vom Jahre 1853 hatte drei Frachtklassen, von denen die erste vier, die zweite drei Unterabteilungen mit besonders bezeichneten Gütern und verschiedenen Frachtsätzen enthielt, während in die dritte Klasse, die Normalklasse, die nicht besonders bezeichneten Güter gehörten, also bereits eine ausgedehnte Wertklassifikation von acht Klassen. Fünf von diesen Klassen wurden nur bei Aufgabe von Wagenladungen von 100 Zentner gewährt, die übrigen bei Aufgabe jeder Menge. Sperrige und Güter von aufsergewöhnlichem Umfang zahlen das anderthalb- bis zweifache der Normalklasse, Eilgüter das doppelte. In ähnlicher Weise wurde auf anderen Bahnen verfahren.

Weitere Beispiele s. in meinem Aufsatz: »Zur Geschichte des deutschen Eisenbahntarifwesens« im Archiv für Eisenbahnwesen Jahrg. 1885 S. 280 ff.

Die ersten Ansätze zur Bildung von Klassen entstanden meist durch auf Ermäfsigung bestimmter Artikel gerichtete Wünsche und Anträge des Handelsstandes. Gleich im Anfang scheinen die Eisenbahnen solchen Wünschen und Anträgen gegenüber zwei Methoden befolgt zu haben. Entweder sie ermäfsigten gewisse Güter schlechthin, ohne Rücksicht auf die aufgegebene Menge — hieraus entstanden später die verschiedenen Stückgutklassen — oder sie gewährten die Ermäfsigung nur unter der Bedingung, dafs eine Wagenladung damaligen Zuschnitts (meist 75 oder 100 Zentner) aufgegeben wurde.

Als die Ausdehnung des Eisenbahnnetzes und die stetig fortschreitende Entwickelung der Industrie die Eisenbahnen immer mehr auf den Güterverkehr und besonders auf Massentransporte hinwiesen, wurden an die vorhandenen Frachtklassen eine nach der anderen mit geringeren Einheitssätzen angereiht und es wurden ihnen wesentlich nach dem augenblicklichen Bedürfnis namentlich bezeichnete Güter zugeteilt. So entstand nach und nach eine bis ins einzelne gehende Klassifikation der Güter. Soweit man bei Feststellung derselben bezw. bei Anderungen in der Klassifikation überhaupt Grundsätze befolgte, glaubte man besonderes Gewicht darauf legen zu sollen, ob die betreffenden Güter in grofsen Massen zur Versendung kamen, ob sie in bedeckten oder offenen Wagen bezw. mit oder ohne Haftpflicht für den Verderb durch Witterungseinflüsse befördert werden sollten, ob sie einen höheren oder geringeren Handelswert oder für diesen oder jenen Industriezweig eine besondere Bedeutung hatten.

Allmählich aber bildeten sich wenigstens in der Unterscheidung bezw. der Art der Bezeichnung der Klassen gewisse Regeln aus. Man unterschied Eilgut, Normalgut oder Klasse I und ermäfsigtes Gut oder Klasse II. Letztere Klasse zerfiel meist noch in Unterabteilungen, daneben wurde sperriges Gut mit einem Frachtzuschlage belegt und für aufsergewöhnliche Gegenstände, welche ihres Raumes oder Gewichtes wegen besondere Einrichtungen zum Laden erforderten, die Vereinbarung der Fracht zwischen Versender und der Bahnverwaltung vorbehalten. Die ermäfsigten oder Produktenklassen enthielten Rohprodukte und minderwertige Güter und wurden in der Regel nur bei Aufgabe von Wagenladungen gewährt, welche allerdings sehr verschieden festgesetzt waren, und zwischen 40 und 120-Zentner Mindestgewicht schwankten. Eine Expeditionsgebühr war noch unbekannt, nur hie und da wurde für das in der Regel auch bei Wagenladungen seitens der Eisenbahn erfolgende Auf- und Abladen der Güter eine besondere Gebühr erhoben. Nicht nur die Zahl der Klassen und die in die einzelnen Klassen eingereihten Güter waren bei den einzelnen Bahnen sehr verschieden, sondern auch die in die einzelnen Klassen eingerechneten Einheitssätze in einer durchaus verschiedenen Höhe und zum Teil rein willkürlich festgesetzt. Unterschiede von 100 Prozent und mehr in der Höhe der Einheitssätze kamen nicht nur bei Bahnen in verschiedenen Landesteilen vor, sondern auch bei angrenzenden dieselbe Gegend durchziehenden Bahnen.

Vgl. Koch, Deutschlands Eisenbahnen Anlage XXII S. 281—284; ferner meinen oben erwähnten Aufsatz S. 281 ff.

§ 61. *Die Eisenbahnverbände und ihr Einflufs auf die Gestaltung der Gütertarife.*

Je mehr das Eisenbahnnetz und der Verkehr sich ausdehnte, die Anschlüsse der Eisenbahnen untereinander sich vermehrten, desto mehr machte sich das Bedürfnis direkter Expedition der Güter und direkter Tarife geltend. Zur Befriedigung dieses Bedürfnisses traten vor allem die in § 14 erwähnten Eisenbahnverbände ein, die ihre weitgehendste Ausbildung und Wirksamkeit in Deutschland fanden, von wo aus sie sich auf das übrige Festland von Europa ausdehnten bezw. das Muster abgaben für ähnliche Vereinigungen. Diese Eisenbahnverbände haben auch auf die Gestaltung des Tarifwesens, insbesondere der Gütertarife in Deutschland, einen wesentlichen, ja bestimmenden Einflufs ausgeübt, weshalb es sich rechtfertigt, dieselben an dieser Stelle einer näheren Betrachtung zu unterziehen.

§ 62. *Der Verein deutscher Eisenbahnverwaltungen.*

Vgl. Rückblick auf Gründung und Wirksamkeit des Vereins deutscher Eisenbahnverwaltungen, Berlin 1871.

Der wichtigste und bedeutendste der Eisenbahnverbände ist unstreitig der Verein deutscher Eisenbahnverwaltungen. Aus dem im Jahre 1846 gegründeten Verband der preufsischen Eisenbahndirektionen entwickelte sich im Jahr 1847 auf der Kölner Generalversammlung der Verein deutscher Eisenbahnverwaltungen d. h. aller derjenigen, welche in Deutschland ihren Sitz haben. Auf der Triester Generalversammlung 1858 wurde der Beitritt aller Eisenbahnverwaltungen gestattet, welche ihren Sitz in einem zum deutschen Bundesgebiete gehörenden oder in einem solchen Lande haben, welches unter einer deutschen Bundesregierung steht, jedoch nur bezüglich der in dem deutschen Bundesgebiet befindlichen Bahnstrecken. Diese Beschränkung ist später gefallen. Nach dem heutigen Statut werden als Mitglieder des Vereins aufgenommen solche Eisenbahnen, welche ihren Sitz im Gebiete des deutschen Reichs, der österreichisch-ungarischen Monarchie, des Königreichs der Niederlande und des Grofsherzogtums Luxemburg haben, durch einfachen Beschlufs der Kommission für das Vereinsstatut, sofern nicht ein Zehntel aller im Verein vertretenen Stimmen binnen 8 Wochen widersprechen, andere Eisenbahnen nur durch die Generalversammlung mit Stimmeneinheit.

Über die sonstigen Erfordernisse der Aufnahme vergleiche die §§ 2—6 des Statuts.

Zur Zeit gehören dem Verein an sämtliche deutschen, österreichisch-ungarischen und niederländischen Eisenbahnen mit geringen Ausnahmen, aufserdem belgische, russische und rumänische Eisenbahnverwaltungen, ein genaues Verzeichnis ist dem Statut angehängt.

Das gesamte Vereinsgebiet umfafste Anfang 1886 ein Netz von 64 506 km.

Hievon kommen auf die Gruppe:

der deutschen Bahnen	37 128 km
» österreichisch-ungarischen Bahnen	22 301 »
» niederländischen und luxemburgischen Bahnen	2 578 »
und der anderen Vereinsbahnen	2 499 »

Nach § 1 des Statuts hat der Verein den Zweck: durch gemeinsame Beratungen und einmütiges Handeln das eigene Interesse und dasjenige des Publikums zu fördern. Geleitet wird derselbe durch eine auf je 3 Jahre in der Generalversammlung zu wählende geschäftsführende Direktion, zur Zeit die kgl. Eisenbahndirektion Berlin. Gegenstände der Beschlufsfassung des Vereins bilden alle Angelegenheiten, welche von einer der vereinigten Verwaltungen dazu für geeignet erachtet werden. Die Beschlufsfassung erfolgt teilweise in Kommissionen, teils durch die Generalversammlung. Für alle wichtigen Gegenstände sind ständige Kommissionen eingesetzt, insbesondere für das Vereinsstatut, für Angelegenheiten des Personenverkehrs, des Güterverkehrs, des Vereinswagenregulativs, für Statistik, eine technische Kommission, eine Prämiierungskommission. Aufserdem kann die geschäftsführende Direktion Kommissionen zu bestimmten Zwecken einsetzen. Die Kommissionen haben

1. die Beschlüsse der Generalversammlung vorzubereiten;

2. zu beschliefsen über diejenigen Angelegenheiten, deren Erledigung ihnen durch Statut oder besonderen Beschlufs der Generalversammlung überwiesen ist.

3. Die Kommissionen für das Vereins-Wagenregulativ, für Angelegenheiten des Personen- und Güterverkehrs sind berechtigt, über die Auslegung der in ihren Geschäftskreis fallenden Vereinsbestimmungen Beschlufs zu fassen, und entscheiden endgültig mit Ausschlufs des Rechtswegs durch Schiedsspruch über alle aus den Vereinsbestimmungen über den Wagenverkehr, den Personen-, Gepäck- und Güterverkehr zwischen Vereinsmitgliedern entstehenden Rechtsstreitigkeiten.

Insofern den Kommissionen nicht Vollmacht zur endgültigen Beschlufsnahme erteilt ist, werden die Kommissionsbeschlüsse nur dann gültig, wenn ihnen nicht binnen 8 Wochen nach ihrer Mitteilung an die Vereinsverwaltungen von einem Zehntel sämtlicher im Verein vertretenen Stimmen widersprochen ist.

Die ordentliche Generalversammlung findet jährlich statt, aufserdem können aufserordentliche berufen werden. Beschlüsse werden mit Ausnahme der über die Aufnahme fremder Eisenbahnen durch Mehrheit der vertretenen Stimmen gefafst. Die Anzahl der jeder Verwaltung zustehenden Stimmen regelt sich nach der Gesamtlänge ihrer Linien. Die Beschlüsse der Generalversammlung werden bindend, wenn ihnen nicht binnen 8 Wochen nach ihrer Mitteilung von einem Zehntel sämtlicher Stimmen widersprochen ist, jedoch bedürfen Beschlüsse über Tarifangelegenheiten der Genehmigung sämtlicher Verwaltungen. Über die Ausführung der Beschlüsse haben die Verwaltungen der geschäftsführenden Direktion binnen 4 Wochen nach der Mitteilung über das Zustandekommen eines Beschlusses durch Mitteilung der erlassenen Verfügung Anzeige zu machen. Wird die Ausführung von einer Eisenbahn verweigert, so entscheidet über das weitere die nächste Generalversammlung und kann deshalb Ausschliefsung der betreffenden Eisenbahn aus dem Verein erfolgen. Der Rücktritt aus dem Verein steht jeder Verwaltung nach sechsmonatlicher Kündigung am 1. Januar, am 1. April, am 1. Juli und am 1. Oktober frei. Zur Besorgung der Vereinsgeschäfte besteht unter der Leitung der geschäftsführenden Verwaltung ein besonderes Bureau, dessen Kosten einschliefslich der Gehalte und Pensionen der Beamten der Verein trägt.

Die Wirksamkeit des Vereins hat sich seit seinem Bestehen fast auf alle Gebiete des Eisenbahnwesens erstreckt. Seit 1861 besitzt er ein Organ in der »Zeitung des Vereins deutscher Eisenbahnen«, seit 1864 auch in dem »Organ für die Fortschritte des Eisenbahnwesens in technischer Beziehung« eine technische Zeitschrift. Seit 1850 giebt der Verein eine besondere Statistik alljährlich heraus.

Als eine seiner wichtigsten Aufgaben hat aber der Verein von seiner Begründung ab die Herstellung gemeinsamer Einrichtungen für den Personen- und Güterverkehr und die Beseitigung der Schwierigkeiten im Verkehrswesen angesehen, welche aus dem Bestehen zahlreicher verschiedenen Staaten angehörigen Verwaltungen innerhalb seiner Bahnstrecken sowohl für das Publikum als die Eisenbahnen erwachsen. Bereits 1847 wurden Normativbestimmungen über Personen-, Gepäck-, Equipagen- und Viehbeförderung vereinbart, später mehrfach geändert und ergänzt, im Anfang der sechziger Jahre unter Berücksichtigung des inzwischen eingeführten deutschen Handelsgesetzbuchs umgearbeitet. Am 15. April 1865 wurden sie in der neuen Redaktion als Vereinsreglement für die Beförderung von Personen, Reisegepäck, Leichen, Fahrzeugen und lebenden Tieren in Geltung gesetzt.

Nach langen und schwierigen Verhandlungen trat 1850 auch ein Vereins-Güterreglement in Kraft, welches vor allem einen direkten Verkehr ohne Vermittelung von Spediteuren zwischen allen für den Güterverkehr eingerichteten Stationen der Vereinsbahnen ermöglichte, über die Form der Frachtbriefe, Berechnung und Zahlung der Fracht, Nachnahme, gewöhnliche und Eilfracht, Avisierung und Ablieferung der Güter, Verfahren bei verweigerter Abnahme, Haftpflicht u. s. w. Bestimmungen traf. Auch dies Reglement erfuhr mehrere neue Bearbeitungen, insbesondere nach Einführung des deutschen Handelsgesetzbuchs. Wesentlich diesen beiden Reglements war es zu verdanken, dafs das ausgedehnte Gebiet des Vereins deutscher Eisenbahnen zu einem einheitlichen Eisenbahnverkehrsgebiet wurde, sie waren die Grundlage aller jener direkten Tarife und Verkehrsbeziehungen, welche seitdem sich in Mittel-Europa ausgebildet haben.

Beide Reglements sind dann später in den deutschen und österreichisch-ungarischen Betriebsreglements zusammengefafst worden. An Stelle der beiden Vereinsreglements trat aber 1876 das noch gegenwärtig gültige Betriebsreglement des Vereins deutscher Eisenbahnverwaltungen, welches zwar lediglich die Bestimmungen des deutschen und des damit übereinstimmenden österreichisch-ungarischen Betriebsreglements enthält, aber deshalb wichtig und unentbehrlich ist, weil hierdurch diese Bestimmungen auch für den internationalen Verkehr des Vereins d. h. für den Eisenbahnverkehr zwischen den verschiedenen Ländern, deren Eisenbahnen dem Verein deutscher Eisenbahnen angehören, gültig werden.

Gleichzeitig mit dem Vereins-Güterreglement wurde ein Übereinkommen hierzu vereinbart, welches zusätzliche und ergänzende Bestimmungen zu ersterem enthält und noch heute als Vereinsübereinkommen zum Betriebsreglement auf sämtlichen Eisenbahnen des Vereins für den gegenseitigen Verkehr Anwendung findet, sofern nicht in engeren Verbänden besondere Bestimmungen verabredet sind. Die neueste Ausgabe vom 1. Februar 1885 hat fünf Anhänge:

1. Tarifbestimmungen über die Beförderung von Extrafahrten, Salon-, Personen-, Kranken- und besonderen Gepäckwagen.

2. Bestimmungen über die Ausgabe von kombinierbaren Rundreisebilleten.

3. obligatorische Bestimmungen über die Verladung von Brettern, Bohlen, Schnitt-, Langholz, Schienen, Langeisen, Eisenkonstruktionen, Dampfkesseln etc., sowie von losem Heu, Stroh, Tabak, Baumrinde etc. auf offenen Eisenbahnwagen;

4. Übereinkommen betreffend die Verschleppung von Gütern und Reisegepäck.

5. Bestimmungen über Abschlagszahlungen aus dem Güterverkehr.

1855 kam das wichtige Vereinswagenregulativ nach langen Beratungen zustande, welches gleichfalls seitdem mehrfach umredigiert wurde. Hierdurch wurde das Übergehen der Betriebsmittel von einer Vereinsbahn auf die andere, die dafür zu zahlende Lauf- und Zeitmiete, der Ersatz für Beschädigungen derselben etc.

geregelt und so eine neue wesentliche Bedingung des direkten Verkehrs erfüllt.

In technischer Beziehung wurde durch die Technikerversammlung bezw. die technische Kommission, welcher die Vorberatung der technischen Angelegenheiten und das Referat an die Generalversammlung obliegt, Aufserordentliches für die Einheitlichkeit des Eisenbahnwesens und des Verkehrs geleistet. Insbesondere wurde durch die im Jahre 1850 festgestellten »Grundzüge über die Gestaltung der Eisenbahnen Deutschlands« auf gröfsere Einheit im Bau und Betrieb hingewirkt. Dieselben wurden ebenfalls mehrfach umgearbeitet und seit 1867 unter dem Titel »Technische Vereinbarungen des Vereins über den Bau und die Betriebseinrichtungen der Eisenbahnen« herausgegeben.

Ferner wurden von der Technikerversammlung »Grundzüge für Anlage und Betrieb sekundärer Eisenbahnen« entworfen und 1869 für den Verein angenommen, seitdem aber mehrfach umgearbeitet. Auch ein einheitliches Normalprofil, ferner einheitliches Mafs und Gewicht (Metersystem), eine Schienenstatistik, einheitliche Klassifikation von Eisen und Stahl wurden auf Anregung der technischen Kommission beschlossen, alles Einrichtungen, welche den Verkehr innerhalb des Vereinsgebietes mittelbar oder unmittelbar förderten und erleichterten.

Verhältnismäfsig gering war die Einwirkung des Vereins auf das Tarifwesen, er überliefs dies Feld wesentlich den Einzelverbänden. Mehrere Versuche, ein einheitliches Tarifsystem zu vereinbaren, blieben erfolglos, wie wir später noch sehen werden. Nur im Personenverkehr wurden durch die oben unter 1 und 2 erwähnten Anhänge des Vereinsübereinkommens gemeinsame Tarifbestimmungen für ein beschränktes Gebiet geschaffen.

Neuerdings wurde durch Beschlufs der Generalversammlung zu Breslau 1882 die schon seit längerer Zeit auf Grund besonderer Vereinbarungen bestehende General-Saldierungsstelle in Berlin unter der Firma »Abrechnungsstelle des Vereins deutscher Eisenbahnverwaltungen« zur Vereinseinrichtung gemacht, wodurch die gegenseitige Ausgleichung der abgerechneten und festgestellten Forderungen unter den Eisenbahnen des Vereins wesentlich erleichtert wird.

Noch in vielen anderen Beziehungen entwickelte der Verein eine fruchtbare und für den Eisenbahnverkehr segensreiche Wirksamkeit, und wenn dieselbe auch in neuerer Zeit naturgemäfs nicht mehr die grofse Bedeutung hat wie früher, so darf doch dasjenige, was er geleistet, als aufserordentlich bezeichnet und nicht vergessen werden, dafs noch jetzt auf seiner Organisation und Existenz wesentlich der erleichterte und direkte Eisenbahnverkehr Mitteleuropas beruht.

§ 63. *Die Eisenbahn-Tarifverbände.*

Während der Verein deutscher Eisenbahnen gewissermafsen allgemein nach seinem Umfang und seinen Zielen ist, bildeten sich innerhalb desselben und auf seinen Einrichtungen fufsend eine grofse Zahl von Einzelverbänden mit beschränkterem Gebiet und beschränkteren Zielen. Insbesondere war es das in dem grofsen Verein deutscher Eisenbahnen schwieriger zu ordnende Gebiet des Tarifwesens, dessen sich diese Einzelverbände bemächtigten und welches dieselben bebauten. Man hat diese Verbände deshalb wohl auch als Tarifverbände bezeichnet, weil die Herstellung direkter Verkehrs- und Tarifbeziehungen zwischen ihren Mitgliedern die Hauptaufgabe derselben bildete. Die Besorgung der laufenden Geschäfte erfolgt auch bei diesen Verbänden durch eine geschäftsführende Direktion, unter welcher in der Regel ein Verbandsabrechnungsbureau zur Abrechnung und Ausgleichung der Verbandseinnahmen und Ausgaben steht. Der Zweck der Verbände bestand, wie § 14 erwähnt, hauptsächlich in der Einrichtung und Pflege eines direkten Personen- und Güterverkehrs zwischen den Verbandsbahnen. Über die Rechte und Pflichten der Verbandsmitglieder wurde in den Verbandsstatuten das Nähere bestimmt und in Verbandskonferenzen über die gemeinsamen Angelegenheiten beraten und beschlossen, auch die zwischen den Verbandsmitgliedern streitigen Angelegenheiten in den Konferenzen oder durch besondere Schiedsgerichte geschlichtet.

Vgl. das Statut des Rheinisch-Thüringischen Eisenbahnverbandes vom 1. Mai 1858, abgedruckt in Koch, Deutschlands Eisenbahnen, Anlage XXX S. 327 ff.

Der älteste derartige Verband war der Norddeutsche, welcher seit 1848 den direkten Verkehr zwischen Köln, Harburg, Berlin, Leipzig und den dazwischen liegenden Eisenbahnstationen vermittelte. Derselbe führte zuerst ein wohlgeordnetes Betriebssystem mit ineinandergreifenden Fahrplänen, direkte Tarife für Personen- und Güterverkehr, ein gemeinsames Abrechnungsbureau, Bestimmungen über die gegenseitige Wagenbenutzung u. s. w. ein, infolge dessen sich der Verbandsverkehr aufserordentlich hob. Er wurde das Vorbild für alle festländischen, insbesondere die deutschen Tarifverbände.

Der Mitteldeutsche Verband wurde 1851 gegründet zur Vermittelung des Verkehrs zwischen Mittel- und Norddeutschland einer- und Süddeutschland andererseits über die Thüringische Eisenbahn, welche auch den Vorsitz in dem noch bestehenden Verbande führt.

Vgl. Geschichte des Mitteldeutschen Eisenbahnverbandes in den Jahren 1853 und 1854. Erfurt 1857. Als Manuskript gedruckt.

1853 entstand der Rheinisch-Thüringische Verband für den gleichnamigen Verkehr über die Aachen-Düsseldorf-Ruhrorter, Düsseldorf-Elberfelder, Bergisch-Märkische, Westfälische und Thüringer Eisenbahn.

Näheres über den Verband findet sich in der »Systematischen Zusammenstellung der am Schlusse des Monats 1859 gültigen Beschlüsse«, Kassel 1859, worin die Geschichte des Verbandes seit seiner Entstehung und die Entwickelung der Verbandseinrichtungen übersichtlich zusammengestellt ist.

Ferner bildete sich 1857 der Westdeutsche Verband, welcher norddeutsche Stationen, insbesondere die Nordseehäfen über Hannover-Kassel mit Süddeutschland verband und so zum Teil in Wettbewerb mit dem Mitteldeutschen Verband trat, eine Konkurrenz, welche jedoch bald durch Vereinbarungen zwischen beiden Verbänden beseitigt wurde. Es bildeten sich ferner 1859 der Hannover-Thüringische und Hannover-Bayrische Verband für die gleichnamigen Verkehrsbeziehungen, sowie der Rheinische Verband für den Verkehr zwischen oberrheinischen und süddeutschen Stationen mit mittel- und niederrheinischen Stationen. Aus den schon seit 1856 bestehenden Ostfriesisch-Thüringischen und Ostfriesisch-Rheinischen Verbänden ging 1863 der Westfälische Verband hervor. In demselben Jahre wurde der Süddeutsche Verband gegründet, welcher den Verkehr zwischen Österreich-Ungarn und Süddeutschland vermittelte, und aus welchem später der Süddeutsch-Französische Verband für den Verkehr des süddeutschen Verbandsgebietes mit Ost- und Nordfrankreich hervorging. Im Jahre 1865 bildete sich der Preufsisch-Braunschweigische Verband für den Verkehr zwischen bergisch-märkischen und westfälischen Stationen mit braunschweigischen und Berlin-Potsdam-Magdeburger Stationen in Wettbewerb gegen den Norddeutschen Verband, 1869 der Schlesisch-Rheinische Verband zur Vermittelung des gleichnamigen Verkehrs.

Allmählich mit der weiteren Ausdehnung der deutschen Eisenbahnen entstanden noch eine Menge Verbände teils in Wettbewerb gegen schon bestehende über neue Eisenbahnwege, welche inzwischen gebaut waren, teils zur Vermittelung des internationalen Verkehrs, wie des deutsch-österreichischen, deutsch-russischen, deutsch-belgischen, deutsch-niederländischen, deutsch-französischen und deutsch-schweizerisch-italienischen Verkehrs, teils auch zur Vermittelung mehr örtlicher Verkehrsbedürfnisse der vielen neben- und durcheinander liegenden Eisenbahnen. Unter den letzteren ist der 1871 gegründete Südwestdeutsche Verband, welcher die sämtlichen südwestdeutschen Eisenbahnen umfafste, besonders zu erwähnen. Neuerdings ist die Zahl dieser Verbände, welche ganz aufserordentlich angewachsen war, durch die Verstaatlichung des gröfsten Teils der deutschen Privateisenbahnen wesentlich verringert worden, indem durch die Bildung grofser Staatsbahngebiete an Stelle vieler kleinerer Privatbahnverwaltungen das Bedürfnis zu solchen Verbandsvereinigungen wegfiel. Doch besteht immer noch eine grofse Zahl von Verbänden, unter welchen die internationalen Verbände immer mehr an Wichtigkeit gewonnen haben.

Es mufs anerkannt werden, dafs durch die Eingangs erwähnten Einrichtungen die Tarifverbände sich grofse Verdienste um die Entwickelung des direkten Verkehrs erworben, ja denselben zum grofsen Teil erst geschaffen haben. Insbesondere wirkten die Verbandstarife in dieser Richtung günstig, welche bald auch die Gestaltung des Tarifwesens erheblich beeinflufsten.

Als der erste Verbandstarif ist der im Jahre 1848 gebildete norddeutsche Verbandstarif anzusehen. Derselbe enthielt eine Klasse für Eilgut, eine Klasse für gewöhnliches Frachtgut und neun Klassen mit ermäfsigten Frachtsätzen für verschiedene besonders benannte Güter.

Aussage des Sachverständigen Büchtemann in der Tarifenquête von 1875, stenographische Berichte S. 3.

Dieser Tarif, neben welchem verschiedene Tarife für den nachbarlichen Verkehr bezw. für den Verkehr in engeren Grenzen bestanden, bildete später das Vorbild für die Tarife der norddeutschen Bahnen und die verschiedenen direkten Tarife zwischen Rheinland, Westfalen, Berlin und Leipzig. Indes nicht in dem Sinne, dafs diese Bahnen und Verbände die Klassifikation des Norddeutschen Verbandes rein angenommen und zu der ihrigen gemacht hätten. Eine derartige Neigung zur Einheitlichkeit bestand nicht, vielmehr war bei Bildung der weiteren Verbandstarife jede an einer solchen Vereinigung beteiligte Verwaltung eifrig bemüht, aus der Klassifikation ihrer Lokaltarife soviel als möglich in den Verbandstarif zu übertragen bezw. für denselben zu retten. Was die Festsetzung der Frachtsätze betraf, so hatte der Norddeutsche Verband keine gleichen Einheitssätze, überliefs vielmehr jeder Bahn, die ihr passenden Einheitssätze in den Verbandstarif einzurechnen, vielfach wurden sogar nur Gesamtsätze zwischen den verschiedenen Stationen angenommen. Im Gegensatz hiezu hatten zwar die beiden andern ältesten Verbände, der mitteldeutsche und der rheinisch-thüringische gleiche Verbandseinheitssätze eingeführt; indes die Mehrzahl der Verbände schlofs sich den Grundsätzen des Norddeutschen Verbandes an und der mit der Zeit mehr und mehr auftretende Wettbewerb machte die Aufrechterhaltung der gleichen Verbandseinheitssätze bald auch denjenigen Verbänden unmöglich, welche dieselben ursprünglich angenommen hatten.

Vgl. meinen schon erwähnten Aufsatz im Archiv für Eisenbahnwesen Jahrgang 1885 S. 284 u. 285.

In der Regel erfolgte deshalb in den Verbänden die Festsetzung der Tarife nach ganz verschiedenen Einheitssätzen und nicht selten ohne Rücksichtnahme auf die Höhe der Frachtsätze im Lokalverkehr. Diese Entwickelung der Verbandstarife mufste notwendig zu einer grofsen Verworrenheit und Ungleichmäfsigkeit im Tarifwesen führen. Es geschah dies insbesondere, als in den 60er Jahren das Eisenbahnnetz sich verdichtete und die Zahl der Verbände sich erheblich vermehrte. Die Folge war, dafs innerhalb einer Verwaltung soviel Verbandklassifikationen mit gröfseren oder geringeren Abweichungen zur Anwendung gelangten, als Verbände bestanden, bei welchen die betreffende Verwaltung beteiligt war, und dafs hiedurch und durch die verschiedenen Einheitssätze der Verbands- und Lokaltarife zahllose Differentialtarife hervorgebracht wurden. Dazu kam, dafs diese Verbände sich untereinander vielfach Konkurrenz machten und in dem Wettbewerb zu häufigen Tarifänderungen, Ausnahmetarifen, ja Refaktien griffen.

Hierdurch und durch die wechselnden Bedürfnisse des Verkehrs erlitten auch innerhalb der Verbände die reglementarischen Vorschriften, die Tarifbestimmungen, die Tarifsätze, die Verkehrsleitungsvorschriften, die Übereinkommen und Anteilstabellen eine fortwährende Änderung und Ergänzung, welche in Dienstbefehlen und zahlreichen Nachträgen zu den Tarifen ihren Ausdruck fand. Dafs unter dieser Verschiedenartigkeit der Klassifikation und Einheitssätze und dem häufigen Wechsel der Tarifbestimmungen und Tarifsätze die Interessen des Verkehrs und der Allgemeinheit oft sehr litten, war natürlich und konnte es nicht ausbleiben, dafs diese Verhältnisse Mifsstimmung und Beschwerden von seiten des Publikums erzeugten. Aber auch für die Eisenbahnverwaltungen selbst erwuchsen hieraus nachteilige Folgen, indem diese Verschiedenartigkeiten auf den Betriebsdienst lähmend einwirkten, eine grofse Vergeudung an Arbeitskraft und eine Steigerung der Betriebskosten herbeiführten. Die Bahnverwaltungen verkannten diese Ubelstände keineswegs und waren bedacht ihnen abzuhelfen; indes vergebens, weil die notwendige Einigung bei der grofsen Zahl der Bahnen und der Verschiedenartigkeit der Interessen nicht zu erreichen war.

Bemerkenswert ist das Urteil, welches einer der eifrigsten Anhänger des Privatbahnwesens, der Geheime Kommerzienrat v. Mevissen, langjähriger Präsident der Rheinischen Eisenbahngesellschaft, über den Wert des Verbandswesens fällte: »In Deutschland haben die Eisenbahnverwaltungen dem Übel zu grofser Dezentralisation, der Unzuträglichkeit der zu vielen gleichberechtigten Willen der einzelnen Verwaltungen durch das System der Verbände, der freien Vereinigung zu gemeinsamen und gleichen Basen zu begegnen sich bestrebt und es ist auch in dieser Richtung manches Förderliche erreicht worden. Das System der Verbände kann aber, weil es das freie Veto jeder einzelnen Verwaltung bestehen läfst, nur einen gewissen Teil der aus einer zu grofsen Zersplitterung hervorgehenden Übelstände beseitigen und auch dies nur im Laufe sehr langer und mühsamer, oft jahrelang resultatloser Verhandlungen. Das System der Verbände hat fast überall da sich als nicht ausreichend und vielfach sich als ganz unhaltbar erwiesen, wo innerhalb der Verbände stark konkurrierende Interessen sich geltend machen. Die trennenden Interessen überwiegen in solchen Fällen entweder wirklich die gemeinsamen oder, was noch häufiger der Fall sein wird, sie werden von den Eisenbahnverwaltungen für überwiegend gehalten und eine nur auf die trennenden und konkurrierenden Momente gerichtete engherzige Auffassung lähmt den Gang der Verhandlungen und läfst eine gerechte und fördernde Einsicht in die stets grofsen gemeinsamen Interessen nicht aufkommen, zum wesentlichen Schaden derjenigen Landesteile, deren Verkehr die Zielscheibe der divergierenden Auffassung bildet.« Vgl. Die gegenwärtige Lage der Eisenbahnfrage in Deutschland, Frankreich und der Schweiz und die Eisenbahntarifreformpläne des deutschen Reichskanzlers, von einem Fachmann. Strafsburg 1879 S. 54.

§ 64. *Die ersten Bestrebungen auf Reform des Gütertarifwesens im Verein deutscher Eisenbahnen.*

Bestrebungen auf gröfsere Einheitlichkeit des Tarifwesens machten sich schon früh im Verein deutscher Eisenbahnen geltend. Schon die Generalversammlung in Hamburg am 30. November 1847 war darin einverstanden, dafs es sehr wünschenswert sei, für alles mehr als eine Bahn berührende Gut, wenn auch nicht einen einzigen Tarifsatz, so doch gleiche Klassen festzustellen. Es wurde vereinbart, drei Klassen anzunehmen, eine für Normalgut, eine für höher (sperrige Güter), eine für niedriger zu tarifierendes Gut (Rohprodukte), ferner wurde eine Klassifikation festgestellt und beschlossen, dafs die Vereinsverwaltungen die Frachtsätze für die festgestellten Klassen in gewöhnlicher wie in Eilfracht der Köln-Mindener Direktion bis zum 1. Februar 1848 behufs Zusammenstellung mitteilen sollten. Die Sätze sollten nicht höher sein als die für den inneren Verkehr geltenden, es sollte aber jeder Eisenbahn frei stehen, für den direkten und Nachbarverkehr niedrigere Sätze einzurechnen. Indes kam dieser Beschlufs nicht zur Ausführung. In der Generalversammlung zu Dresden am 12. September 1848 wurde beschlossen, in Anbetracht der Schwierigkeit, für alle Vereinsverwaltungen eine gleiche Güterklassifikation einzuführen, für jetzt davon abzusehen und einen alle Eisenbahnen des Vereins umfassenden Tarif auf die Frachtsätze der Normalklasse zu beschränken, im übrigen auf die besonderen Tarife der einzelnen Eisenbahnen und engeren Verbände zu verweisen. Auch dieser Beschlufs kam jedoch nicht zur Ausführung, denn wir finden, dafs auf der Generalversammlung zu Nürnberg am 28. Juli 1851 ein Antrag der Kaiser-Ferdinands-Nordbahn erörtert wird, für Vereinsgüter, welche die Bahnstrecke verschiedener Verwaltungen durchlaufen, ohne Rücksicht auf Wert und Umfang der Waren einen einheitlichen Tarifsatz für die Zentnermeile festzusetzen. Dieser Antrag wurde verworfen, dagegen eine Zusammenstellung der Transportkosten auf den verschiedenen Hauptlinien für wünschenswert erachtet. Auf der Generalversammlung zu Stuttgart am 27. Juli 1852 wurde indes beschlossen, von der Redaktion eines solchen Tarifs Abstand zu nehmen, weil diese Arbeit nie zum Abschlufs zu bringen und deshalb unfruchtbar sei. Zwar nahm die geschäftsführende Direktion noch einmal Anlafs, in dem Jahresbericht 1852/53 vorzuschlagen, dem neu zu redigierenden Vereinsgüterreglement eine Zusammenstellung der Transportkosten auf den Hauptlinien beizugeben, um den Expeditionen die annähernde Berechnung der Frankaturen und dem Publikum die annähernde Kenntnis der Transportkosten zu ermöglichen, allein in der Generalversammlung zu Berlin am 25. Juli 1853 wurde beschlossen, die Sache bis auf weiteres auf sich beruhen zu lassen. Ebenso wurde über einen neuen Antrag der Kaiser-Ferdinands-Nordbahn, für alles Vereinsgut, auch sperriges, welches die ganze Bahnstrecke mindestens dreier Verwaltungen durchläuft, einen Normalsatz von 4½ Pf. für die Zentnermeile festzusetzen, auf der Generalversammlung zu Breslau am 24. Juli 1855 zur Tagesordnung übergegangen. Dagegen wurde in der Generalversammlung zu Baden-Baden am 25. Juli 1854 ein bestimmtes Format für die Tarife, sowie die Mitteilung aller Tarifänderungen, soweit sie nicht blofs innere, dem Publikum gleichgültige Verhältnisse betreffen, insbesondere aller Tariferhöhungen an die Vereinsverwaltungen vereinbart. Auch wurde auf der Generalversammlung zu München am 27. Juli 1857 beschlossen, die Normalfrachtklasse mit I, die ermäfsigten Klassen mit II und den Buchstaben A, B, C u. s. w. zu bezeichnen, die Tarifsätze für Eilgut der Normalklasse mit gesperrtem Druck voranzustellen, die Klasse »sperriges Gut« in die Tariftabelle nicht aufzunehmen, sondern durch einen geeigneten Zusatz die Tarifierung festzusetzen, auch auf Vereinfachung des Namensverzeichnisses der Güter hinzuwirken. Hiermit endigten vorläufig die Reformbestrebungen im Verein deutscher Eisenbahnen und es traten andere Faktoren an dessen Stelle.

§ 65. *Der Tarifverband.*

Es war dies zunächst der sogenannte Tarifverband, eine Vereinigung der in dem Verkehrsgebiete zwischen dem Rheine einerseits und Berlin, Dresden, Bremen und Stettin andererseits konkurrierenden Verbände, welche im Jahre 1868 zum Zwecke der Vereinbarung und Fortbildung gleichmäfsiger tarifarischer und reglementarischer Einrichtungen, insbesondere einer übereinstimmenden Tarifklassifikation zusammentraten.

Diese Vereinigung nahm später noch eine ganze Zahl neuer Verbände in sich auf und umfafste schliefslich nahezu sämtliche Eisenbahnverwaltungen des Deutschen Reichs nördlich des Mains, Privat- wie Staatseisenbahnen, sowie einige niederländische Bahnen. Der Tarifverband führte innerhalb Nordwest- und Mitteldeutschlands zu einer gewissen Gleichmäfsigkeit der Klassifikation, Tarifvorschriften u. s. w. im Verbandsverkehr, konnte indes eine durchgreifende reformatorische Wirkung auf das deutsche Tarifwesen, abgesehen von seiner Beschränkung auf das vorerwähnte Gebiet (nicht nur die süddeutschen, sondern auch die ostdeutschen Bahnen hatten grundsätzlich und wesentlich verschiedene Tarifvorschriften und Klassifikationen und hielten hieran fest), auch deshalb nicht ausüben, weil die einzelnen Verwaltungen in Wahrung ihrer Selbständigkeit für ihre Lokaltarife, sowie für einzelne Verbandtarife Abweichungen, sowohl bezüglich der Klasseneinteilung, als auch bezüglich der Einreihung der Transportartikel in die einzelnen Klassen sich vorbehielten. Sie hatten nach dem Verbandsübereinkommen lediglich diese Abweichungen vor deren Einfuhrung einer gemeinsamen Besprechung im Tarifverbande zu unterwerfen, ohne die Verpflichtung zu übernehmen, die bezüglichen Beschlüsse zu befolgen. Das Tarifschema bezw. die Klassifikation des Tarifverbandes, welche in jahrelangen Beratungen und Verhandlungen erst allmählich sich herausbildeten, war folgende:

1. eine Eilgutklasse zum Satze von 10 Pf. für die Zentnermeile und 12 Pf. Expeditionsgebühr für den Zentner für alle Güter.

2. Frachtgutklasse I oder Normalklasse für alle nicht den nachfolgenden Klassen besonders zugewiesenen Güter zum Satz von 5 Pf. für die Zentnermeile und 12 Pf. Expeditionsgebühr für den Zentner.

3. Frachtgutklasse II eine Stückgutklasse für diejenigen Güter in Mengen unter 100 Zentner, welche in Mengen über 100 Zentner den Klassen A und B angehören, zum Satze von 4 Pf. für die Zentnermeile und 12 Pf. Expeditionsgebühr.

4. Frachtgutklasse A zum Satz von 3 Pf. fur die Zentnermeile und 6 Pf. Expeditionsgebühr

a) für bestimmt bezeichnete, in Mengen von 100 Zentnern und mehr den Klassen C und D überwiesene Güter, sofern solche in Mengen unter 100 Zentnern aufgegeben werden;

b) fur bestimmt bezeichnete Güter, sofern solche in Mengen von 100 Zentnern und mehr aufgegeben werden.

5. Frachtgutklasse B für bestimmt bezeichnete Güter in Mengen von 100 Zentnern und mehr zum Satz von 2½ Pf. für die Zentnermeile und 6 Pf. Expeditionsgebühr.

6. Frachtgutklasse C für bestimmt bezeichnete Güter in Mengen von 100 Zentnern und mehr zum Satz von 2 Pf. für die Zentnermeile und 6 Pf. Expeditionsgebühr.

7. Frachtgutklasse D für bestimmt bezeichnete Güter in Mengen von 100 Zentnern und mehr zum Satz von 1½ Pf. für die Zentnermeile mit 6 Pf. Expeditionsgebühr.

8. Spezialtarif I^a für bestimmt bezeichnete Güter in Mengen von 100 Zentnern und mehr zum Satze von 1½ Pf. und 3,6 Pf. Expeditionsgebühr.

9. Spezialtarif I^b für bestimmt bezeichnete Güter bei Aufgabe von 200 Zentnern zum Satz von 1¼ Pf. für die Zentnermeile und 3,6 Pf. Expeditionsgebühr. Die preufsischen Staats- und unter Staatsverwaltung stehenden Bahnen rechneten bei Entfernungen über

14,4 Meilen 1 Pf. für die Zentnermeile und eine Expeditionsgebühr von 7,2 Pf. ein.

10. Spezialtarif II für bestimmt bezeichnete Güter in Mengen von 200 Zentnern zum Satz von 1¼ Pf. für die Zentnermeile und 6 Pf. Expeditionsgebühr.

11. Spezialtarif III für bestimmt bezeichnete Güter bei Aufgabe von 200 Zentnern zum Satz von 1 Pf. für die Zentnermeile und 7,2 Pf. Expeditionsgebühr für den Zentner.

Hiernach enthält der Tarif eine allgemeine Eilgutklasse, drei Stückgutklassen für Güter unter 100 Zentner, fünf Klassen für Güter von 100 Zentner und mehr, drei Klassen für Güter von 200 Zentnern. Nimmt man dazu, dafs aufserdem noch besondere Frachtberechnungen bestanden für die Beförderung von

a) sogenannten sperrigen Gütern,
b) Gegenständen, zu deren Verladung besondere Wagen notwendig sind,
c) Gegenständen, deren Beförderung die Einstellung von Schutzwagen erfordert,
d) Umzugseffekten,
e) Fischen und Delikatefswaren,
f) Gold- und Silberbarren und geldwerten Papieren u. s. w.,

so gewährt der Tarif das Bild einer durchgeführten Wertklassifikation. Die Taraklassifikation war verhältnismäfsig wenig berücksichtigt, da nur drei Wagenladungsklassen die Aufgabe von 200 Zentnern erfordern und die Verladung in einen Wagen nicht verlangt war, infolgedessen aus Bequemlichkeit der Versender sehr häufig zwei und mehr Wagen zum Transport von Mengen verwendet wurden, welche in einen Wagen hätten verladen werden können. Da aufserdem bei den Gütern der Normalklasse gar kein Preisunterschied bestand, ob man einen oder 200 Zentner versandte, bei den Gütern der Klassen A, B, C, D und Spezialtarif I[a] es wenigstens gleich war, ob man 100 Zentner oder mehr aufgab, so hatte auch das Publikum wenig Interesse, durch Aufgabe gröfserer Mengen die Wagenausnutzung zu verbessern. In ihrer ganzen Reinheit war diese Klassifikation indes nur in einer beschränkten Zahl von Verbandstarifen durchgeführt und auch hier, wie in den übrigen Verbänden, durch zahlreiche Ausnahmetarife für einzelne Artikel und Verkehrsbeziehungen durchbrochen und abgeändert.

Der Tarifverband besteht zwar heute noch, hat aber seit der im Jahre 1877 erfolgten Vereinbarung eines einheitlichen deutschen Tarifsystems seine Bedeutung verloren, die Tarife auf Grund der Tarifverbandsklassifikation sind sämtlich beseitigt, und seine Wirksamkeit erstreckt sich nur noch auf gemeinschaftliche Einrichtungen, insbesondere im Güterexpeditionswesen. Voraussichtlich wird seine Auflösung in kürzester Zeit erfolgen.

§ 66. *Das natürliche Tarifsystem und der elsafs-lothringische Wagenraumtarif.*

Während das Wertklassifikationssystem bis gegen Ende der sechziger Jahre unbestritten in Deutschland herrschte, traten in dieser Zeit verschiedentlich Reformbestrebungen auf, welche darauf gerichtet waren, einerseits die Tarife einfacher zu gestalten und ihnen eine gewisse Beständigkeit zu geben, andererseits die Tarife der mehr oder weniger willkürlichen Festsetzung durch die einzelnen Bahnverwaltungen zu entziehen, dieselben nach festen Grundsätzen zu bilden und ihnen dadurch auf allen deutschen Bahnen eine einheitliche gleiche Gestaltung zu geben. Insbesondere wurde die Inbetrachtnahme des Wertes der Güter und die nach demselben bewirkte Zuteilung in die verschiedenen Klassen angegriffen und geltend gemacht, dafs nach den volkswirtschaftlichen Gesetzen über den Wert der Güter im allgemeinen, wie über den Wert der Dienstleistungen im besonderen bei der Festsetzung der Bahnfracht nicht der Verkaufswert der Güter oder ihre sonstige Beschaffenheit, sondern lediglich die von der Bahnverwaltung in dem Transport gewährte Dienstleistung und die durch den Transport bedingten Kosten den Ausschlag geben könnten. Die Eisenbahnen trügen nicht den Charakter gewerblicher Unternehmungen, hätten vielmehr im Laufe der Zeit einen so überwältigenden Einflufs auf den gesamten Verkehr, auf die privaten und allgemeinen Interessen gewonnen, dafs es nicht zu rechtfertigen sei, letztere von der Willkür und den Privatinteressen einzelner Bahnverwaltungen oder von der zufälligen Lage und Ausdehnung einzelner Bahngebiete abhängig bestehen zu lassen; auch seien die Bahnverwaltungen weder berechtigt noch berufen, Verkehrspolitik zu treiben und durch Begünstigung des einen oder anderen Artikels bezw. des einen oder anderen Industriezweiges auf Kosten anderer Verkehrszweige Schutzzölle herzustellen oder die Rolle von Protektoren zu spielen, ihre Aufgabe bestehe vielmehr lediglich darin, den Verkehr zu bedienen. Da ferner auch bei der Tarifierung nach dem Werte des Gutes eine einheitliche Klassifikation weder berechtigt noch möglich sei, schon weil die Bedeutung der einzelnen Verkehrsgüter für die verschiedenen Gegenden sehr verschieden sei, so empfehle es sich, lediglich auf die »natürlichen« Tarifgrundlagen zurückzugehen und dementsprechend keine andere Verschiedenheit der

Frachtsätze — mit nur einer Ausnahme — bestehen zu lassen, als die, welche sich

durch das Mafs der Beförderungsbeschleunigung (Eilgut und gewöhnliches Frachtgut)

durch die Menge des aufgegebenen Guts (Ermäfsigungen bei Aufgabe von 100 Zentnern und mehr bezw. bei Aufgabe in Wagenladungen)

durch die Verschiedenheit der Wagen (Packwagen und Lastwagen bezw. bedeckt gebaute und offene Wagen)

von selbst ergebe, im übrigen aber die Frachtgeber selbst tarifieren zu lassen.

Als einzige Ausnahme von den »natürlichen« Tarifgrundlagen sollten gewisse, nur in grofsen Massen zum Versand kommende, bestimmt bezeichnete Beförderungsgegenstände zu einem besonders niedrigen Frachtsatze gefahren werden, um so der im Artikel 45 der Reichsverfassung gegebenen Vorschrift Rechnung zu tragen.

Denkschrift, die Erhöhung der Eisenbahngütertarife betr., Berlin 1874 S. 28 und 29. Vgl. ferner d'Avis in der Zeitung des Vereins deutscher Eisenbahnverwaltungen Jahrg. 1870 S. 409 ff., 433 ff., 457 ff., 477 ff. Den entgegengesetzten Standpunkt vertritt Sax, Vierteljahrsschrift für Volkswirtschaft und Kulturgeschichte XI. Jahrg. Bd. I S. 1 ff.

Als erste Frucht dieser Anschauungsweise erschien am 1. September 1867 für die **nassauische Staatsbahn** ein Tarif, in welchem im wesentlichen das Klassifikationssystem verlassen war und die Tarifierung

als Eilgut,
als Stückgut,
als sperriges Gut und
als Gut in Wagenladungen erfolgte.

Für letzteres bestanden zwei Klassen, die eine für besonders bezeichnete Güter in Mengen von 10 000 Kilogramm, die andere für alle sonstigen Güter in Mengen von 5000 Kilogramm und mehr. Dieser Tarif erregte Aufsehen und gab zu vielfachen Erörterungen Anlafs. Insbesondere trat der Handelsstand, der durch die verschiedenen Wertklassifikationen bezw. durch die damit verbundene; verschiedene und oft willkürliche Frachtstellung sich vorzugsweise benachteiligt glaubte, für die Tarifierung nach den vorgenannten »natürlichen« Grundlagen ein. Jedoch blieb der nassauische Tarif vorerst ohne weitere praktische Folgen, bis nach dem französisch-deutschen Kriege auf den Reichseisenbahnen in Elsafs-Lothringen ein ähnlicher Tarif eingeführt wurde, welchen wir genauer betrachten müssen.

Dieser elsafs-lothringische Wagenraumtarif, wie er genannt wurde, hatte folgende Zusammensetzung:

Eilgut,

Stückgut,

Wagenladungsklasse A 1 für Güter im Gewicht von 5000 kg,
und Wagenladungsklasse A 2 für Güter im Gewicht von 10 000 kg, welche in bedeckt gebauten Wagen befördert wurden.

Wagenladungsklasse B 1 für Güter im Gewicht von 5000 kg und Wagenladungsklasse B 2 für Güter im Gewicht von 10 000 kg, welche in offenen Wagen verladen wurden.

Spezialtarif für bestimmt bezeichnete, insbesondere für die im Artikel 45 der Reichsverfassung genannten Güter bei Beförderung von 10 000 kg in offenen Wagen.

Im näheren war folgendes über die Anwendung des Tarifs festgesetzt:

In Eilfracht werden diejenigen Güter befördert, welche mit dem dazu bestimmten roten Frachtbriefe als Eilgut aufgegeben werden, vorausgesetzt, dafs das Gut nach Form, Umfang, Gewicht und sonstiger Beschaffenheit nach dem Ermessen der Eisenbahn zum Eilguttransporte zugelassen werden kann.

Zu den Frachtsätzen der Stückgutklasse werden alle Güter befördert, welche der Versender nicht als Eilgut und nicht als Wagenladungen aufgiebt, bezw. welche nicht als Wagenladungen zu berechnen sind.

Zu den Sätzen der Wagenladungsklassen A und B werden alle Gegenstände befördert, welche von dem Versender mit einem Frachtbriefe für **einen Wagen** als Wagenladungen aufgegeben werden, oder die ihrer Beschaffenheit nach die Beförderung in einem besonderen Wagen erfordern, wie z. B. Equipagen, gröfsere Maschinen, Lokomobilen und dergl.

Insoweit nicht das Betriebsreglement die ausschliefsliche Verwendung von offenen Wagen vorschreibt, ist es dem Versender freigestellt, zwischen der Beförderung in bedeckt gebauten oder in offenen Wagen zu wählen. Bei Beförderung in bedeckt gebauten Wagen kommen die Frachtsätze der Klasse A, beim Transporte in offenen Wagen die ermäfsigten Frachtsätze der Klasse B zur Anwendung (vgl. jedoch unten über Bedeckung der Güter).

Die Frachtberechnung geschieht in beiden Klassen folgendermafsen:

a) (nach den bis 20. Juli 1874 eingeführten Tarifen). Bei Belastung des verwendeten Wagens bis zu 100 Zentnern wird der in den Tariftabellen angegebene Mindestsatz erhoben; für jedes weitere vom Versender in denselben Wagen verladene Gewicht wird für den Zentner der gleichfalls in den Tariftabellen enthaltene 1 Zentnersatz diesem Mindestsatze hinzugerechnet.

b) (in den vom 20. Juli 1874 ab eingeführten Tarifen). Von jedem Wagen wird mindestens die Fracht für 5000 kg nach dem im Tarife angegebenen Satze für 1000 kg erhoben. Das in demselben Wagen ferner verladene, 5000 kg übersteigende Gewicht wird unter Berechnung von 100 zu 100 kg solange gleichfalls nach dem Satze für 1000 kg tarifiert, bis die Gesamtfracht den für 10 000 kg angegebenen Frachtsatz erreicht. Die Fracht für das 10 000 kg etwa übersteigende Gewicht derselben Wagenladung, falls dessen Zuladung überhaupt gestattet ist, wird nach dem Satze fur 1000 kg solange berechnet, bis nochmals der Satz für 10 000 kg erreicht wird.

Das Zusammenladen beliebiger Güter ist gestattet, insoweit nicht reglementarische Bestimmungen entgegenstehen; jedoch wird eine Garantie gegen Beschädigung des einen Gutes durch das andere hierbei nicht übernommen.

Wenn durch den Versender weder der Laderaum noch die Tragfähigkeit des Wagens ausgenutzt wird, so hat die Eisenbahn das Recht, ihrerseits Zuladungen vorzunehmen.

Zu den ermäfsigten Frachtsätzen des Spezialtarifs werden in offenen Wagen die nachstehend besonders benannten Güter befördert, wenn der Versender sie mit je einem Frachtbriefe in Ladungen von je 10 000 kg auf einem Wagen aufliefert, oder bei geringerem Gewicht die Fracht für 10 000 kg zahlt:

Asphalterde, rohe und geprefste (Asphaltkuchen).

Dünger und Düngemittel, künstliche aller Art.

Eis, rohes.

Eisen und Stahl, roh und alt, in Masseln, Gänzen, Platten, Puddeleisen, Luppen, Bruchstücken; alte Eisenbahnschienen, Eisen- und Stahlabfälle, Eisendrehspäne, Eisenfeile, Eisenhammerschlag.

Erde, auch Grand, Sand, Kies, Lehm, Thon, nicht präparierter, Porzellan- und Pfeifenerde, Schlamm.

Erze, rohe, einschliefslich: Blende, Zinkerz, Galmei, Bleiglanz (Schwefelblei); Kobalterz und Schwefelkies; Schlacken und Sinteln von Erz.

Gips, roh und gemahlen.

Holz, Brennholz, Bauholz, Langholz in Stämmen, Stangen etc., Nutz- und Werkholz in allen rohen Formen.

Kalk, roher und gebrannter; Kalksteine; Kalkäscher (Gerberkalk).

Kartoffeln.

Kreide, rohe und geschlemmte.

Phosphorit.

Salz.

Schiefer.

Steine, rohe, unbearbeitete Bruchsteine, Kalksteine, Pflastersteine und Steinschrotten; grob bearbeitete Bausteine, grob behauene Schleifsteine, Mühlsteine, Steinplatten, roh bearbeitet zu Trottoirs, Saum- und Bordsteine zur Befestigung von Wegen, roher Feld-, Flufs- und Schwerspath; Backsteine, sowohl Luftsteine als gebrannte, auch feuerfeste.

Steinkohlen; Braunkohlen; Coaks.

Torf.

Trafs.

Ziegel, Dach- und Mauerziegel.

Bei Verwendung von Wagen von gröfserer Tragfähigkeit als 10 000 kg wird die Fracht stets nach der Tragkraftziffer der verwendeten Wagen erhoben. Dagegen wird für kleine, über die Tragkraftziffer der Wagen hinausgehende Mehrgewichte die Fracht nach dem Satze der Klasse B für 1000 kg berechnet.

Es gilt als vereinbart, dafs, wenn der Versender das Gut zur Beförderung in offenen Wagen aufliefert und sich dadurch die ermäfsigten Frachtsätze der Klasse B bezw. des Spezialtarifs sichert, die Eisenbahn nicht für den Schaden haftet, welcher aus der mit dieser Transportart verbundenen Gefahr entstanden ist.

Will der Versender, insbesondere auch bei den zum Spezialtarif namentlich aufgeführten Gütern, die Eisenbahn bezüglich des Schutzes gegen die Witterung, gegen Entzündung durch Funken aus der Lokomotive und dergl. verantwortlich machen, so hat er die Beförderung in bedeckten Wagen zu verlangen und werden dann die Frachtsätze der Klasse A erhoben.

Dem Versender bleibt indes überlassen, für die Deckung der zur Beförderung in offenen Wagen von ihm aufgegebenen Güter selbst Sorge zu tragen und hierzu entweder eigene Decken zu verwenden oder aber die mietweise Überlassung von Decken, welche Eigentum der Eisenbahnverwaltung sind — insoweit solche vorhanden — durch einen in den Frachtbrief aufzunehmenden Antrag folgenden Inhalts zu fordern:

»Ich beantrage mietweise Überlassung einer Decke unter Entbindung der Eisenbahn von der Haftbarkeit für unerachtet der benutzten Decken etwa entstehende Durchnässung der Güter.«

Für die von der Eisenbahn gemieteten Decken ist eine Miethe von 3 M. für die Wagenladung und für jede angefangenen 200 km Beförderungsstrecke zu entrichten.

§ 67. *Ausdehnung des elsafs-lothringischen Wagenraumtarifs auf andere Bahnen und Verkehre.*

Zunächst entschlossen sich die Verwaltungen des südwestdeutschen Verbandes für ihren Verkehr mit Elsafs-Lothringen zur Einführung eines direkten Wagenraumtarifs, welcher im März 1872 in das Leben trat. Demnächst wurden nach demselben Tarifsystem direkte Gütertarife in dem westdeutschen und im mitteldeutschen Verbandsverkehre mit den elsafs-lothringischen Bahnen im Laufe des Jahres 1872 eingeführt, und zwar sämtlich auf Grundlage gleicher, verhältnismäfsig niedriger Einheitssätze für alle beteiligten Bahnen. Allmählich fand der Wagenraumtarif auch im Lokalverkehr der südwestdeutschen Bahnen, der pfälzischen, Saarbrücker, hessischen Ludwigsbahn, badischen und Main-Neckarbahn Eingang. Nachstehend folgt eine Übersicht der Einheitssätze der im Verkehr mit den elsafs-lothringischen Bahnen in Kraft gewesenen Wagenraumtarife, aus welcher sich ergiebt, dafs die Einheitssätze im Verhältnis zu den damals üblichen Einheitssätzen der Wertklassifikationstarife (vgl. § 65) bis zu der im Jahre 1874 erfolgenden allgemeinen Tariferhöhung als niedrig und nachher noch als mäfsig anzusehen sind.

A. Lokalverkehr der elsafs-lothringischen Bahnen.

	Eilgut	Stückgut	Klasse A (bedeckt gebaute Wagen)		Klasse B (offene Wagen)		Spezialtarif
			Mindestsatz	ferneres Gewicht	Mindestsatz	ferneres Gewicht	
	Centimen						
Tarif vom 1. Januar 1872: Einheitssätze für Zentner u. Meile	10	4	3	2	2	1	1
Expeditionsgebühren f. Ztr.	12,5	10	7,5	2,5	7,5	2,5	5,0 bis 2,0 Meilen 5,5 von 2,1—4,0 Meil. 6,0 » 4,1—6,0 » 6,5 » 6,1—8,0 » 7,0 » 8,1—10,0 » 7,5 über 10 »

	Eilgut	Stückgut	Klasse A (bedeckt gebaute Wagen)		Klasse B (offene Wagen)		Spezialtarif
			5000 kg	10000 kg	5000 kg	10000 kg	
			Centimen				
2. Tarif vom 20. Juli 1874:							
Einheitssätze f. Ztr. u. Meile	Doppelter Stückgutsatz	5	3,33	2,5	2,58	1,875	1,2
Expeditionsgebühren für Ztr.		12,5	7,5	7,5	7,5	7,5	5,0 bis 7,5
			Markpfennige				wie oben
3. Tarif vom 1. Juni 1875:							
Einheitssätze für 1 tkm . .	Doppelter Stückgutsatz	10,6	7,1	5,3	5,5	4,0	2,56
Expeditionsgebühren für 1 t		200	120	120	120	120	80 bis 15 km 88 von 16 bis 30 k 96 » 31 » 45 104 » 46 » 60 112 » 61 » 75 120 über 75

B. Direkte Verkehre.

	Eilgut	Stückgut	Klasse A (bedeckt gebaute Wagen)		Klasse B (offene Wagen)		Spezialtari
			5000 kg	10000 kg	5000 kg	10000 kg	
			Silberpfennige				
1. Südwestdeutscher Verband.							
a) Tarif vom 1. März 1872:							
Einheitssätze für Zentner und Meile	10	4	3	2	2	1,5	1
Expeditionsgebühren für Zentner . .	12	12	6	6	6	6	7,2
			Markpfennige				
b) Tarif vom 1. Oktober 1876:							
Einheitssätze für 100 kg und 1 km	2,2	1,1	0,72	0,48	0,6	0,4	0,2
Expeditionsgebühren für 100 kg . .	40	20	12	12	12	12	12
2. Westdeutscher Verband.			Silberpfennige				
Tarif vom 1. Juli 1872:							
Einheitssätze für Zentner und Meile . .	10	4	3	2	2	1,5	1
Expeditionsgebühren für Zentner . . .	12	12	6	6	6	6	7,2

Die Bahnen nördlich Frankfurt rechneten im westdeutschen Verband für Stückgut nur im Verkehr mit den Nordseehäfen 4 Pf., sonst 4,5 Pf.

Mit denselben Sätzen wie im westdeutschen Verband wurden eingeführt:

3. Der mitteldeutsch-elsafs-lothringische Verbandstarif vom 1. Januar 1873.

4. Der Halle-Cassel-elsafs-lothringische Verbandstarif vom 1. Juni 1873.

5. Der schlesisch-mitteldeutsch-elsafs-lothringische Verbandstarif vom 20. Oktober 1873.

6. Der hanseatisch-rheinisch-westdeutsche Verbandstarif über Frankfurt vom 28. Dezember 1874.

Aufser den genannten gelangten noch eine Anzahl Tarife nach dem Wagenraumsystem in anderen Verkehren zur Einführung, welche nicht wie die ersteren mit gleichen Einheitssätzen, sondern durch Zusammenrechnung der Anteile der einzelnen Bahnen gebildet waren. Unter diesen sind besonders hervorzuheben die Tarife:

1. Zwischen belgischen Häfen (Antwerpen, Gent und Ostende) einerseits und elsafs-lothringischen Stationen einschliefslich Basel andererseits vom 1. Oktober 1872 und 15. April 1874.

2. Zwischen Stationen der niederländischen Rheinbahn, sowie der niederländischen Staatsbahn (Amsterdam, Rotterdam, Dordrecht etc.) einerseits und elsafs-lothringischen Stationen und Basel andererseits vom 1. April 1873 und 1. Juli 1874.

3. Zwischen Zürich einerseits und Antwerpen, Harwich und London andererseits über Basel-Bettingen vom 20. Juli 1875.

4. Zwischen Stationen der schweizerischen Nordostbahn und der Vereinigten Schweizerbahnen einerseits und Stationen der elsafs-lothringischen Bahnen, der luxemburgischen Wilhelmsbahn und der pfälzischen Bahnen andererseits via Brugg-Stein-Basel vom 15. August 1875.

Alle diese Tarife sind nach der 1877 erfolgten Vereinbarung eines einheitlichen deutschen Tarifsystems beseitigt worden und besteht zur Zeit kein Wagenraumtarif mehr.

§ 68. *Bedeutung und Kritik des elsafs-lothringischen Wagenraumtarifs.*

Das System des elsafs-lothringischen Wagenraumtarifs beruht im wesentlichen auf der Taraklassifikation, unterscheidet sich aber von dem in § 48 erörterten Wagenraumtarif hauptsächlich in zwei Punkten:

1) durch die verschiedene Tarifierung der Transporte in offenen und bedeckt gebauten Wagen,
2) durch den Spezialtarif.

Beides waren lediglich Zugeständnisse an die Wertklassifikation. Bezüglich des Spezialtarifs ist dies ganz unbestreitbar, wenn auch versucht worden ist, diese Unfolgerichtigkeit des Systems durch Hinweis auf die im Artikel 45 der Reichsverfassung getroffene Bestimmung bezüglich der Tarifierung der Artikel des Spezialtarifs zu verdecken. Was den Unterschied in der Tarifierung der offenen und bedeckt gebauten Wagen betrifft, so wird durch die Entstehungsgeschichte des elsafs-lothringischen Raumtarifs schon der Beweis geliefert, dafs man es hier mit einem Stück Wertklassifikation zu thun hat. Über die Entstehung ist folgendes bekannt:

Nach der Eroberung von Elsafs-Lothringen, als der Kriegsschauplatz weiter westlich verlegt und in Elsafs-Lothringen einige Ruhe zurückgekehrt war, wurde auf Wunsch der Bevölkerung der Eisenbahnbetrieb seitens der eingesetzten deutschen Eisenbahnverwaltung wieder aufgenommen. Da aber die französischen Beamten zum gröfsten Teil ihren Posten verlassen hatten, auch das deutsche Personal nur wenig zahlreich war, konnte keine Rede davon sein, die verwickelten und den deutschen Beamten gänzlich unbekannten bisherigen Tarife der französischen Ostbahn auf den Güterverkehr anzuwenden. Ebenso mifslich schien es, einen der deutschen Klassifikationstarife einzuführen, da das Personal sich aus Beamten der verschiedensten deutschen Eisenbahnen zusammensetzte und der eingeführte Tarif jedenfalls einem Teil des Personals und ebenso der Bevölkerung ganz fremd gewesen wäre. Es war deshalb ein durchaus richtiger Gedanke, einen möglichst einfachen neuen Tarif einzuführen, der für Beamte und Bevölkerung keine Schwierigkeiten bot. Demgemäfs wurde folgender Tarif festgesetzt:

Stückgut	$7^1/_2$	Cent.
Wagenladungen bedeckt gebaute	$3^1/_2$	»
Wagenladungen offene	$2^1/_2$	»

für Güter aller Art die Zentnermeile, wobei jedoch für Wagenladungen stets die volle Tragfähigkeit bezahlt werden mufste.

Dies einfache System erwarb sich bald grofse Anerkennung und Sympathieen sowohl bei der Bevölkerung, als bei den Beamten. Als daher nach dem Friedensschlufs die Entscheidung über eine endgültige Tarifgestaltung getroffen werden sollte, und gegen die Beibehaltung des früheren französischen wie gegen die Annahme eines deutschen Wertklassifikationssystems die oben erwähnten Bedenken noch zum gröfsten Teil fortbestanden, entschlofs man sich, das bestehende System vorläufig beizubehalten und weiter auszubilden. So wurde der erste Raumtarif eingeführt als ein widerruflicher Versuch einer Anwendung des neuen Prinzips und es wurden, vorzüglich um die eventuelle Rückkehr zur Warenklassifikation offen zu halten, für die vier sogenannten allgemeinen Wagenladungsklassen diejenigen Frachtsätze, welche damals in Deutschland für die wichtigsten ermäfsigten Wagenladungsklassen für bestimmte Artikel im Gebrauch waren (unter Einstellung des Centimes für den Silberpfennig) in den neuen Tarif übertragen.

Vgl. Aussage des Sachverständigen Dr. Schulz in der Tarifreformenquête von 1875, stenographische Berichte S. 538 ff.

Die Unterscheidung zwischen offenen und bedeckt gebauten Wagen war also eine Art Klassifikation, jedoch mit dem allerdings sehr wichtigen Unterschiede, dafs nicht die Eisenbahnverwaltung bestimmte, welche Güter in die verschiedenen Klassen gehörten, sondern dafs sie dies dem Versender überliefs, ebenso wie es bei dem Personenverkehr dem Reisenden überlassen ist, sich selbst die für ihn passende Klasse zu wählen. Durch diese Selbsteinschätzung der Leistungsfähigkeit der Güter durch die Versender wurden nicht nur die Mängel einer mehr oder weniger willkürlich festgesetzten Güterklassifikation vermieden, die Zusammensetzung des Tarifes einfach, klar und durchsichtig, sondern vor allem dem grofsen Grundsatz der Gerechtigkeit, der gleichmäfsigen Behandlung aller weit besser Genüge geleistet, als bei der privatwirtschaftlichen Tarifgestaltung. Die Anhänger des Raumtarifs freilich suchten zum Teil diesen Tarif und insbesondere die Unterscheidung zwischen offenen und bedeckt gebauten Wagen aus den Selbstkosten des Transports zu rechtfertigen, den höheren Beschaffungskosten der bedeckt gebauten Wagen, der geringeren Ausnützungsmöglichkeit, der gröfseren Schwierigkeit der Ent- und Beladung, den gröfseren Transportkosten derselben wegen ihrer gröfseren Schwere und der gröfseren Widerstand leistenden Fläche, endlich wegen der durch das Betriebsreglement den Eisenbahnen auferlegten gröfseren Haftpflicht für die in bedeckt gebauten Wagen beförderten Güter.

Vgl. Bericht der Tarif-Enquêtekommission vom 13. Dezember 1875 S. 3 und 4.

Wenn auch manches Richtige in diesen Angaben war, so genügten die hiedurch veranlafsten höheren Selbstkosten doch nicht, um den tarifmäfsigen Unterschied von 50—15 Prozent zwischen den offenen und bedeckt gebauten Wagen zu rechtfertigen, und es gab diese Begründung lediglich den Gegnern des Raumtarifs eine bequeme Handhabe, das Prinzip des Tarifs selbst als ein falsches darzustellen.

Vgl. insbesondere Reitzenstein, Über einige Verwaltungseinrichtungen und das Tarifwesen auf den Eisenbahnen Englands S. 108 ff.

Übrigens zeigte sich auch vom praktischen Standpunkt aus ein grofser Unterschied in den Frachtsätzen der offenen und bedeckt gebauten Wagen nicht empfehlenswerth, da derselbe nur dazu führte, dafs die bedeckt gebauten Wagen nur sehr wenig benutzt und selbst die empfindlichsten Güter in offenen Wagen mit Decken unter Versicherung bei Transportgesellschaften gegen die daraus entstehende gröfsere Gefahr befördert wurden. Es trat also auch hier wieder der schon beim Personentarif erwähnte Mangel der Selbsteinschätzung, dafs dieselbe in der Regel zu niedrig ausfällt, hervor.

Allein diese Frage der Höhe des Unterschieds zwischen offenen und bedeckt gebauten Wagen, ja die Frage dieser Unterscheidung selbst traf das eigentliche Prinzip des Raumtarifs nicht. Dies lag vielmehr in der Reaktion gegen die Mifsbräuche und Schäden der privatwirtschaftlichen Tarifgestaltung und der Annahme der wesentlichsten Grundsätze der gemeinwirtschaftlichen Tarifgestaltung. Nur von diesem Gesichtspunkte aus kann der elsafs-lothringische Wagenraumtarif richtig beurteilt werden. Er brachte zuerst die Grundsätze der gleichmäfsigen Behandlung aller, der Einfachheit, Klarheit und Stetigkeit in dem deutschen Tarifwesen zur praktischen Geltung und Durchführung und gab den Anlafs zur Beschränkung der wesentlichsten Schäden und Auswüchse der privatwirtschaftlichen Tarifgestaltung, der verwickelten Wertklassifikation und der zahlreichen Ausnahmetarife.

Hierin liegt die Bedeutung des elsafs-lothringischen Raumtarifs.

Dies wird auch anerkannt von Sax, indem er S. 441 Bd. II der Verkehrsmittel den Raumtarif als eine Antezipation des Gebührenprinzips bezeichnet. Über die einzelnen Vorteile und Nachteile vgl. den Bericht der Tarif-Enquêtekommission von 1875 S. 7—11.

Dies fühlten auch die Verkehrsinteressenten und nahmen deshalb lebhaft für den neuen Tarif Partei, nicht, wie die Gegner desselben behauptet haben, nur wegen der niedrigen Frachten, welche ihnen derselbe brachte. Denn auch nachdem im Jahre 1874 eine erhebliche Erhöhung derselben erfolgt war, sind die berufenen Vertreter der Verkehrsinteressenten in dem Geltungsbereich des Raumtarifs fortgesetzt und bis zu seiner Beseitigung warm für das Prinzip desselben eingetreten.

Daneben brachte der Raumtarif auch für die Eisenbahnen selbst erhebliche Vorteile durch Verminderung der Selbstkosten, welche einmal durch die bessere Wagenausnutzung infolge der Annahme des Prinzips der Verladung in einen Wagen für die Wagenladungen und durch die Sammlung der Stückgüter herbeigeführt wurde, dann aber auch durch die Ersparnis an Personal, welche die einfache Zusammensetzung des Tarifs, der Wegfall bezw. die Beschränkung der zahllosen Ausnahmetarife ermöglichte.

Beispielsweise betrug nach statistischen Ermittelungen der badischen Bahn das Verhältnis der Nutzlast zur Gesamtlast im Güterverkehr während der Herrschaft des Klassifikationssystems:

1872 1 : 4,88
1873 1 : 4,80

während der Herrschaft des Raumsystems:

1874 1 : 4,04
1875 1 : 3,88
1876 1 : 3,80
1877 1 : 3,86.

Vgl. Verhandlungen und Beschlüsse der ständigen Tarifkommission der deutschen Eisenbahnen und des Ausschusses der Verkehrsinteressenten über Abänderungen des Gütertarifschemas, Berlin 1880 S. 64; ferner die Angaben des Sachverständigen, Eisenbahndirektor Dr. Schulz, vor der Enquêtekommission von 1875 stenographische Berichte S. 541.

Letzteres ist zwar bestritten, ergiebt sich aber aus der Natur der Dinge und wird durch die Thatsachen bestätigt, wie denn z. B. auf den pfälzischen Eisenbahnen bei Einführung des Raumtarifs das Expeditionspersonal um 33 Prozent herabgesetzt werden konnte.

Vgl. Aussage des Sachverständigen Lavale in der Tarifreformenquête von 1875 stenographische Berichte S. 283.

Uber die dem Raumtarif von den Gegnern vorgeworfenen Nachteile der Begünstigung des Speditionswesens ist schon in § 48 gehandelt worden.

Vgl. auch die Aussage des Sachverständigen Dr. Schulz a. a. O. S. 545—546.

Richtig ist es dagegen, dafs aus schon erörterten Gründen ein Wertklassifikationstarif geeigneter ist, die privatwirtschaftliche höchste Rente herbeizuführen. Immerhin war der elsafs-lothringische Raumtarif durch die Konzessionen, die er der Wertklassifikation gemacht hatte, und die Verminderung der Selbstkosten im Stande, bei entsprechenden Einheitssätzen eine genügende Rentabilität der Eisenbahnen herbeizuführen, wie die Erfahrung gezeigt hat.

Die südwestdeutschen Bahnen haben nach Beseitigung des Raumtarifs 1878/79 keine besseren Ergebnisse gehabt wie vorher. Erst nachdem seit 1880 ein neuer Verkehrsaufschwung eingetreten war, zeigten sich bessere Reinerträge. Vgl. auch den Bericht der Tarif-Enquêtekommission von 1875 S. 10.

§ 69. *Neue Reformbestrebungen im Verein deutscher Eisenbahnen.*

Die allgemeine Erkenntnis der Reformbedürftigkeit des Tarifwesens und die immer gröfsere Verwirrung in demselben führte zu neuen Versuchen, dasselbe innerhalb und durch den Verein deutscher Eisenbahnen zu ordnen. Im Jahre 1871 stellte die Direktion der Altona-Kieler Eisenbahngesellschaft den Antrag, »dafs von seiten des Vereins die allgemeinen Grundsätze eines rationellen Tarifsystems für den Personen- und Güterverkehr und zwar sowohl für den Lokal- wie für den Verbandverkehr in Beratung genommen und zur Beschlufsfassung in nächster Generalversammlung vorbereitet werden möchten«.

Zur Begründung dieses Antrages wurde angeführt: die Klagen des deutschen Handelsstandes über die Verworrenheit und Unsicherheit des Tarifwesens der deutschen Bahnen, sowie über die unabsehbare Mannigfaltigkeit und Verschiedenheit der Güterklassifikation seien so allgemein und — wie sich nicht verkennen lasse — in mancher Hinsicht so wohlbegründet, dafs schon darin eine Veranlassung für die deutschen Eisenbahnverwaltungen liegen sollte, eine Reform des Tarifwesens selbst in die Hand zu nehmen, bevor die Aufsichtsbehörden oder die Gesetzgebung solches thäten. Auch liege es im eigenen Interesse der Eisenbahnen, die Tarife den Selbstkosten der Beförderung thunlichst anzupassen und jedenfalls zu vermeiden, dafs nicht in einzelnen Fällen ohne jeden Gewinn oder gar mit Schaden transportiert werde, während in anderen Fällen durch übermäfsig hohe Tarife der Verkehr unnötig beschränkt werde. Der Antragstellerin komme es nicht darauf an, dafs Beschlüsse gefafst würden, wonach sämtliche deutsche Bahnen ihre Tarife zu ändern hätten, sondern zunächst darauf, dafs einige allgemeine Grundsätze eines rationellen Tarifsystems aufgestellt und zur allmählichen allgemeinen Durchführung empfohlen würden, damit sowohl die Bahnen, welche eine neue Regelung ihrer Tarife vornehmen, wie auch die Regierungsbehörden, welche die ihnen vorgelegten Tarife zu prüfen und zu genehmigen hätten, eine bestimmte feste Grundlage zur Beurteilung des Tarifwesens erhielten.

Von diesen Gesichtspunkten aus wurde von der Antragstellerin zur Erwägung empfohlen:

1) die Aufstellung einer möglichst einfachen Klassifikation für den regelmäfsigen Verkehr unter thunlichster Beschränkung der Zahl der Klassen und mit der Mafsgabe, dafs in den Wagenladungsklassen Güter verschiedener Art von einem Absender an einen

Empfänger zusammen verladen werden dürften, vorbehaltlich der Anwendung von Ausnahmetarifen für gewisse Artikel und gewisse Richtungen;

2) eine einfache und übersichtliche, den Selbstkosten möglichst angepafste Bildung der Tarife derart, dafs die durchschnittlichen Expeditionskosten für den Zentner, und zwar für Eilgut und Normalgut zu einem höheren Betrage als für Gut der ermäfsigten Klassen, und die durchschnittlichen Transportkosten für den Zentner für die verschiedenen Tarifklassen festgestellt würden.

Bei der Vorberatung dieses Antrages in der Kommission des Vereins erhob sich gegen denselben in seiner Allgemeinheit Widerspruch, der sich vorzugsweise gegen eine Einschränkung bei Festsetzung und Bildung der Frachtsätze richtete. Die Kommission vereinigte sich zu dem Beschlusse, der Generalversammlung des Vereins zu empfehlen: Eine besondere Kommission zur Ausarbeitung einer übereinstimmenden, für die Vereinsmitglieder vertragsmäfsig verbindlichen Güterklassifikation zu ernennen, es mit als Aufgabe derselben zu bezeichnen, Vorschläge über die geschäftliche Behandlung der auf Fortbildung bezw. Abänderung der Klassifikation bezüglichen Fragen zu machen, ihr die Einrichtung einer Wagenladungsklasse für Güter aller Art zur Erwägung zu geben, und die Vorschläge der Kommission demnächst einer besonderen hierzu einzuberufenden Generalversammlung zur Beratung und Beschlufsfassung zu unterstellen, es aber nicht für angemessen zu erachten, Grundsätze für eine richtige Bildung der Tarifsätze, besonders über die Höhe der einzurechnenden Expeditionsgebühren aufzustellen oder Vorschläge hierüber zu machen bezw. eine Beratung hierüber der Generalversammlung zu empfehlen. Die im August 1871 zu Berlin abgehaltene Generalversammlung des Vereins nahm diesen Vorschlag an und setzte zur Ausarbeitung einer übereinstimmenden Güterklassifikation eine besondere Kommission ein, welche im Dezember 1872 einen ausführlichen Bericht erstattete. In demselben empfahl sie der Generalversammlung: Eine im einzelnen festgestellte Güterklassifikation mit der Mafsgabe, dafs dieselbe als vertragsmäfsig verbindlich bei sämtlichen Verbandverkehren im Deutschen Reiche und bei den Verbandverkehren der deutschen Eisenbahnen mit den österreichisch-ungarischen und den übrigen zum Verein deutscher Eisenbahnverwaltungen gehörenden Eisenbahnen zur Anwendung komme und dafs angestrebt werden sollte, dieselbe auch allmählich in den Lokalverkehren zur Geltung zu bringen, und als Organ für die Fortentwickelung des einheitlichen Tarifs eine Kommission von 20 Mitgliedern aus den verschiedenen Interessengruppen der dem Verein angehörenden Verwaltungen mit der Befugnis einzusetzen, die an sie gelangenden Anträge auf Klassifikationsversetzungen einzelner Artikel endgültig zu erledigen, beziehungsweise darüber mit einer Majorität von drei Viertel der sämtlichen Kommissionsmitglieder für alle Verwaltungen bindend zu beschliefsen.

In der Kommission war auch der Antrag gestellt worden, das elsafs-lothringische Raumsystem als gemeinsames System anzunehmen. Dieser Antrag wurde jedoch abgelehnt und ebenso ein von den preufsischen Staatsbahnen ausgegangener Vermittelungsvorschlag, der die Klassen für Eilgut und für Stückgut, sowie die zwei allgemeinen Wagenladungsklassen aus dem Elsafs-Lothringischen System übernehmen, aufserdem aber eine Anzahl Artikel nur in bedeckt gebauten Wagen beziehungsweise zu den dafür bestimmten Frachtsätzen, eine Anzahl anderer Artikel auch bei Verwendung bedeckter Wagen zu den Sätzen der Klasse für offene Wagen befördern, Ausnahmetarife sowohl für gewisse Artikel von höherem Werte, als auch für weniger wertvolle Artikel, für letztere nur bei Bezahlung der Fracht nach der Tragfähigkeit der Wagen zulassen und endlich für Anwendung der Sätze der einen oder andern Wagenladungsklasse nicht die wirkliche Wagenstellung, sondern die Anforderung des Versenders entscheiden lassen wollte.

Die Kommission entschlofs sich vielmehr zur Annahme der Güterklassifikation des Tarifverbandes, hielt es aber für ganz unthunlich, sie hinsichtlich aller Artikel zu einer verbindlichen zu machen, weil schon der plötzliche Übergang von völliger Freiheit zu völliger Gebundenheit an sich bedenklich sei, ferner aber auch zu befürchten stehe, dafs die neue Klassifikation, insoweit sie abweichend von den Klassifikationen sei, an deren Stelle sie treten solle, viele Interessen der Eisenbahnen wie des Publikums verletzen werde, so dafs es notwendig sei, den einzelnen Verwaltungen die Befugnis zu geben, für besonders wichtige Artikel Ausnahmetarife herzustellen. Die Kommission wählte deshalb 29 Gruppen von Artikeln aus und wollte jeder Verwaltung die Freiheit erhalten sehen, für jede derselben einen Spezial- oder Ausnahmetarif einzuführen.

Das von ihr empfohlene System enthielt sonach: eine Klasse für Eilgut, drei Klassen für Stückgut, vier Klassen für Güter in Wagenladungen bezw. in Mengen von 5000 Kilogramm und mehr, drei Spezial-

und neunundzwanzig Ausnahmeklassen, sowie ferner eine besondere Frachtberechnung für sperrige Güter, für aufsergewöhnliche Gegenstände, für Schutzwagen und für Beförderung von Gold- und Silberwaren, Platina, Geld und geldwerten Papieren. In der Generalversammlung des Vereins deutscher Eisenbahnverwaltungen im Januar 1873 zu Frankfurt wurden die Anträge auf Annahme des elsafs-lothringischen Systems erneuert, jedoch mit 171 gegen 79 Stimmen abgelehnt. Ebenso fiel ein Antrag, die Klassifikation des Tarifverbandes durch Bildung einer allgemeinen Wagenladungsklasse zu ergänzen, mit 174 gegen 72 Stimmen und wurden schliefslich die Vorschläge der Kommission mit 176 gegen 76 Stimmen angenommen. Eine Ausführung des Beschlusses war indessen, weil dazu nach der Verfassung des Vereins Einstimmigkeit notwendig war, nicht thunlich und die vorgeschlagene Tarifreform somit als gescheitert zu betrachten.

§ 70. *Das gemischte Tarifsystem.*

Im Jahre 1874 führten die Eisenbahnen in Bayern rechts des Rheins, sowie Württemberg ein neues Tarifsystem ein, welches, weil es teils aus dem Wertklassifikations- teils aus dem Wagenraumsystem zusammengesetzt war, den Namen des gemischten Systems erhielt. Dasselbe nahm in bezug auf Eil- und Stückgut die Bestimmungen des Raumsystems an, führte auch zwei allgemeine Wagenladungsklassen ein, fügte aber drei Spezialklassen für bestimmt bezeichnete Güter in Wagenladungen hinzu, behielt also hiefür die Wertklassifikation bei. Der bayerische Tarif stellte sich sonach folgendermafsen dar:

	für die Zentnermeile	Expeditionsgebühr für den Zentner
Eilgut	9,0 Pf.	14,4 Pf.
Stückgut	4,5 »	12,0 »
Wagenladungsklasse A.	3,06 »	9,0 »
Wagenladungsklasse B.	2,43 »	9,0 »
Spezialtarif I	1,845 »	9,0 »
» II	1,53 »	9,0 »
» III	1,215 »	4,2 »

Die württembergischen Sätze unterschieden sich hievon unbedeutend. Zu den Sätzen der allgemeinen mit A und B bezeichneten Wagenladungsklassen werden alle Güter befördert, welche in dem Verzeichnis der Güter der Spezialtarife nicht besonders namhaft gemacht sind, und von dem Versender mit einem Frachtbrief in einem Wagen als Wagenladung aufgegeben werden. Bei Aufgabe von 100 Zentnern und darüber kommt die Klasse A, bei Aufgabe von 200 Zentnern Klasse B zur Anwendung und zwar derart, dafs für jeden Wagen mindestens die Fracht für 100 Zentner nach dem Satze der Klasse A, für das in demselben Wagen verladene überschiefsende Gewicht die Fracht nach demselben Satze so lange erhoben wird, als die Berechnung für 200 Zentner nach dem Satze B nicht eine geringere Gesamtfracht ergiebt.

Das Zusammenladen beliebiger Güter ist gestattet, insoweit nicht reglementarische Bestimmungen entgegenstehen; jedoch wird eine Garantie gegen Beschädigung des einen Gutes durch das andere nicht übernommen. Wenn durch den Versender weder der Laderaum noch die Tragfähigkeit des Wagens ausgenutzt wird, so hat die Eisenbahn das Recht, ihrerseits Zuladungen vorzunehmen. Zu den Frachtsätzen der Spezialtarife I, II und III werden die in der Klassifikation aufgeführten Güter befördert, wenn der Versender sie mit je einem Frachtbriefe in Ladungen von 200 Zentnern auf einem Wagen aufliefert oder bei geringerem Gewicht bezüglich der Spezialtarife II und III die Fracht für 200 Zentner bezahlt. Wenn Güter des Spezialtarifs I in geringeren Mengen, jedoch mindestens mit 100 Zentnern für den Wagen zur Aufgabe gebracht werden, so kommen die Sätze der Klasse B zur Anwendung.

Der Versender kann behufs Anwendung der Frachtsätze der Spezialtarife I, II und III die Stellung anderer Wagen als solcher zu 200 Zentnern Tragkraft nicht beanspruchen. Nur insoweit Wagen mit anderweiter Tragkraft disponibel sind, werden sie nach dem Ermessen der Verwaltung zur Beladung mit Wagenladungsgütern lediglich der Spezialtarife II und III zur Verfügung gestellt und wird die Fracht in diesem Falle unter Zugrundelegung der Tragkraft der in Verwendung genommenen Wagen nach den Taxen der Spezialtarife II und III berechnet. Für die Beförderung von sperrigen Gütern sowie von Gütern von aufsergewöhnlichem Umfange, gebrauchten Emballagen und von Geld und Edelmetallen bestehen besondere Tarifierungsvorschriften. Eilgüter, Stückgüter und die zu den Sätzen der allgemeinen Wagenladungsklassen A und B aufgegebenen Güter werden in gedeckt gebauten, die Güter der Spezialtarife I, II und III dagegen in offenen Wagen befördert. Wird für Artikel der Spezialtarife die Verladung in bedeckten Wagen auf dem Frachtbriefe ausdrücklich vorgeschrieben, so kommen die Tarifsätze der Klasse A bezw. B zur Anwendung. Es ist jedoch auf Widerruf ausnahmsweise gestattet, die Artikel des Spezialtarifs I sowie bestimmt bezeichnete Artikel der beiden anderen Spezialtarife auch in bedeckt gebauten Wagen von 200 Zentnern Tragkraft ohne Frachterhöhung zu transportieren, sofern solche Wagen vorhanden und zur Verladung von Stückgütern oder Wagenladungsgütern der Klassen A und B nicht nötig sind.

Dieses gemischte System bot offenbar gegenüber dem Wertklassifikationssystem einen erheblichen Fortschritt nach der gemeinwirtschaftlichen Tarifgestaltung hin durch vollständige Beseitigung der Wertklassifikation beim Stückgut, durch Annahme der allgemeinen Wagenladungsklassen und der Verladungsvorschrift in e i n e n Wagen für Wagenladungen aus dem Raumsystem und Beschränkung der Wertklassifikation bei Wagenladungen auf die Spezialtarife. Dagegen gab es nicht, wie das Raumsystem, dem Versender ein Wahlrecht zwischen offenen und bedeckten Wagen und verschiedene Sätze für beide Wagenarten, sondern stand in dieser Hinsicht und durch die umfassende Klassifikation der Spezialtarife dem Wertklassifikationssystem näher als der Raumtarif. Es erschien deshalb annehmbarer für die Anhänger des Wertklassifikationssystems bezw. wohl geeignet, als Kompromifssystem für diese und die Anhänger des Raumtarifs zu dienen. Trotzdem fand es zunächst keine weitere Verbreitung uber Bayern und Württemberg hinaus, da die norddeutschen Eisenbahnen noch an dem reinen Wertklassifikationssysteme, die südwestdeutschen Eisenbahnen aber an dem Raumtarif festhielten. Es verschwand nach Einführung des deutschen Reformtarifs im Jahre 1877, auf dessen Gestaltung es indes, wie wir sehen werden, den erheblichsten Einflufs ausübte.

§ 71. *Folgen des Nebeneinanderbestehens der drei Tarifsysteme.*

Durch das Nebeneinanderbestehen der drei Tarifsysteme, des Wertklassifikationssystems, des Raum- und gemischten Systems wurden die schon vorher verwirrten und ungleichmäfsigen Tarifverhaltnisse in Deutschland noch verwickelter und ungleicher und es entstanden eine zahllose Menge neuer Differentialtarife, durch welche ganze Gegenden teils günstig teils ungünstig in ihren wirtschaftlichen Verhältnissen beeinflufst wurden. Wie im einzelnen sich diese Verhältnisse gestalteten, das wird in dem Bericht der Tarifreform-Enquêtekommission vom 13. Dezember 1875 folgendermafsen geschildert:

»Wo Eisenbahnen, welche eine Klassifikation als regelmäfsiges Schema zur Erstellung ihrer Tarife benutzen, zur Ermöglichung direkten Verkehrs mit Bahnen des natürlichen Systems den Weg gewählt haben, diesem direkten Verkehr das natürliche System zu Grunde zu legen, hat die Verschiedenheit zwischen beiden und namentlich der Unterschied beider in der Zugänglichkeit der sogenannten 1½ Pfennigfracht (B 2 des natürlichen Systems steht offen für Güter aller Art in Ladungen auf offenen Wagen à 200 Zentner; D. des Tarifverbandes für eine limitierte Zahl bestimmter Guter) Frachtdisparitäten auf der dem betreffenden Verbandsverkehr geöffneten Bahn selbst, besonders aber Frachtdisparitäten fur die mit ihr in den fraglichen Verkehren etwa konkurrierenden und an dem fraglichen Verbandstarif nicht mit beteiligten Bahnen, Produktions- und Wirtschaftsgebiete zur Folge gehabt. Beispiele von dieser Wirkung sind in aufserordentlich grofser Zahl und Mannigfaltigkeit beigebracht worden. Es soll hier nur an einzelnes dieser Art erinnert werden.

Zu Ungunsten der badischen Staatseisenbahn, gegenüber welcher die Reichsbahnen rücksichtlich beinahe der ganzen Längenausdehnung und rücksichtlich vieler einzelner Abschnitte eine Konkurrenzroute bilden, ergaben sich aus dieser direkten Konkurrenz in Verbindung mit der Verschiedenheit der beiderseitigen Verbandstarife mit Norddeutschland Tarifdisparitäten von der einschneidendsten Bedeutung für den badischen Eisenbahnverkehr und für die Konkurrenzfähigkeit der badischen Industrie. Denselben ist abzuhelfen versucht worden durch Ubertragung des natürlichen Systems auf die badische Staatsbahn, und Konstruktion direkter Tarife auch für diese nach dem natürlichen System. Durch diese Schritte ermäfsigte sich z. B. die Fracht für 10 000 Kilo Soda von Mannheim bis Berlin von Mark 430,20 auf 329,40.

Heute sind, wie es scheint, die Industriellen der Saargegend in bezug auf Konkurrenz mit konkurrierenden Produktionsstellen in den Reichslanden zum Teil in ähnlicher Lage, wie die badische Industrie vor den letzterwähnten Veränderungen. Es wurde (neben vielen andern Beispielen) angeführt, dafs eine Ladung grober Eisenwaren in offenen 200 Zentnerwagen

	von Saarlouis	für 26,32	Meilen bis Mainz	11 Thlr.	16 Sgr.
	von Ars	für 34,08	Meilen bis Mainz	10 Thlr.	15 Sgr.

für 50 Kilogramm koste.

Bleche	von Dillingen	für 104	Meilen bis Dresden	17 Thlr.	16 Sgr.
	von Ars	für 107	Meilen bis Dresden	12 Thlr.	7 Sgr.

In ähnlichen Prozentverhältnissen bewegen sich viele der vorliegenden Anführungen dieser Art. Wo nun in dieser Weise in das Gebiet der Klassifikation ein nach dem natürlichen System gebildeter Verbandstarif seine Wirkungen erstreckt, hat die davon berührte Bahn, um ihre und die Konkurrenzfähigkeit des von ihr bedienten Gebietes aufrecht zu erhalten, zwei Wege: Sie kann überhaupt zum natürlichen System übergehen, oder sie kann versuchen, für die hauptsächlichen der für die fragliche Route in Betracht kommenden Artikel Spezialtarife zu bilden, welche bis auf oder unter das Niveau des konkurrierenden natürlichen Tarifs ermäfsigt sind. Welchen dieser Wege sie wähle, jeder derselben ist geeignet, weitere Bewegungen in den Tarifen hervorzurufen, weil beide Wege auf der eigenen Route und auf anderen Routen wiederum neuen Anlafs zu Ausgleichungen geben. So ist z. B. Badens Übergang zum natürlichen System der Anlafs geworden, dafs die württembergische Staatsbahn von der hier besprochenen Wirkung berührt wurde.

Es erhellt, dafs durch die Tarife des natürlichen Systems starke Disparitäten entstanden südöstlich bis Ulm hin, nördlich in Mitteldeutschland, auf der königlich sächsischen Staatsbahn, dafs Unbequemlichkeiten aus diesen Tarifen auch in Berlin konstatiert wurden.

Wo eine klassifikatorische Bahnverwaltung mit nach elsafslothringischem System gebildeten Tarifen auf n i c h t parallel laufenden Strecken in Berührung tritt, namentlich in dem Falle, wo sie den nach solchen Tarifen bedienten Strecken oder Verkehren quer vorliegt oder deren Kreuzung bildet, kann sie in Verbandsverkehr mit dem natürlichen System treten auf Basis einer Kombination beider Systeme.

Es ist von seiten der rheinischen Bahn gesagt worden, dafs der Versuch mit solchen Tarifen günstige Wirkungen für sie nicht gehabt habe. Eine ganz vollständige Kombination zwischen dem natürlichen und dem Klassifikationssystem der rheinischen Bahn würde bei Berücksichtigung aller Verschiedenheiten eine Anzahl von Klassen ergeben haben, die dem arithmetischen Produkte aus der Zahl der Klassen auf beiden Seiten sehr nahe gekommen wäre. Bei dem angestellten Versuche jedoch hat man teils die Kombination nicht völlig durchgeführt (Stückgut in Wagenladungen wird zur Umkartierung verwiesen), teils hat man den praktisch nicht für sehr erheblich gehaltenen Unterschieden des Systems in der Kombination keinen Ausdruck gegeben. Mit diesen Mafsgaben ergab alsdann ein kombinierter Tarif zwischen dem natürlichen und dem Klassifikationssystem der rheinischen Eisenbahn: eine Eilgut-, eine Stückgutklasse und 15 Wagenladungen, die letzteren bestehend aus 9 Wagenladungsklassen und 6 Spezialtarifen. Eine Kombination des gemischten (bayerischen) Systems mit dem natürlichen ergiebt: Eilgut, Stückgut und 9 Wagenladungsklassen. Eine Kombination zwischen allen drei Systemen ergiebt: Eilgut, Stückgut und 26 Wagenladungsklassen.«

Unter diesen Umständen konnte es nicht ausbleiben, dafs die Klagen und Beschwerden der verkehrtreibenden Kreise immer lebhafter und dringender wurden. In zahlreichen Zeitungsartikeln und Schriften, in den Handelskammerberichten und wirtschaftlichen Kongressen wurde die Reform der Eisenbahntarife zum Gegenstand der Untersuchung gemacht und die verschiedensten Reformvorschläge zutage gefördert. Mit hinein in die Reform der Tarife spielte die Frage der Eisenbahnkonkurrenz, welche gleichzeitig in Deutschland in höchster Blüte stand und vielfach als das einzige Mittel zur Lösung der Tariffrage gepriesen wurde, während sie doch im Gegenteil die Verwirrung und die Schwierigkeiten des Tarifwesens nur noch vermehrte. Da inzwischen durch Gesetz vom 27. Juni 1873 das Reichseisenbahnamt eingesetzt und ihm insbesondere auch die Wahrnehmung der dem Reich auf das Tarifwesen zustehenden Rechte anvertraut war, so war es sehr natürlich, dafs dessen Hülfe gegen die Mifsstände, welche im deutschen Tarifwesen nach und nach fast unerträglich geworden waren, angerufen wurde, und es fand sich überraschend schnell eine Gelegenheit zum Eingreifen des Reichs in die Tariffrage.

§ 72. *Die allgemeine Tariferhöhung und der daran geknüpfte Versuch der Reichsregierung zur Herbeiführung der Tarifreform.*

Es war die Agitation für eine allgemeine Tariferhöhung, welche als ein neues Moment der Tariffrage im Jahr 1873 hervortrat. Sie wurde begründet durch den sinkenden Geldwert, die beträchtliche Preiserhöhung der für den Eisenbahnbetrieb wichtigsten Materialien sowie des Arbeitslohnes und die infolge dessen trotz des steigenden Verkehrs seit 1872 abnehmende Rente der deutschen Eisenbahnen. In Antrag gebracht von einer gröfseren Anzahl Privatbahnverwaltungen und von den Regierungen, die sich im Besitze von Staatsbahnen befanden, nicht ungünstig aufgenommen, gab sie der Reichsregierung Anlafs, sich auf Grund des Artikels 45 der Reichsverfassung der Frage der Tarifreform zu bemächtigen.

In einer im Reichseisenbahnamte im Mai 1874 bearbeiteten und vom Reichskanzler dem Bundesrate zur Beschlufsnahme vorgelegten Denkschrift wurde zwar die Notwendigkeit einer Erhöhung der Gütertarife auf Grund der finanziellen Ergebnisse der Eisenbahnen anerkannt, zugleich aber ausgeführt, dafs dieselbe mit Rücksicht auf die Schwierigkeiten, welche sich einer Tarifreform bisher entgegengestellt hätten, nur unter der Voraussetzung zuzulassen sein möchte, dafs die Eisenbahnverwaltungen sich dazu verstehen würden, ein einheitliches Tarifsystem zur Durchführung zu bringen.

Vgl. Denkschrift betr. die Erhöhung der Eisenbahngütertarife. Berlin 1874, Carl Heymanns Verlag.

Es wurde zu diesem Behufe ein von der Mehrzahl der Verwaltungen in verschiedenen Konferenzen in den Grundzügen festgestelltes System, das sog. Braunschweigische System zur Annahme empfohlen, welches mit dem gemischten System nahezu gleich war und aus einer Klasse für Eilgut, einer Klasse für Stückgut, zwei allgemeinen Klassen für Ladungen in bedeckten Wagen von 5000 und 10000 kg und vier Spezialtarifen nebst einer besonderen Frachtberechnung für sperrige Güter bestand. Das Reichseisenbahnamt hatte in der erwähnten Denkschrift seine Ansicht dahin ausgesprochen, dafs zwar das elsafs-lothringische bezw. das sog. Gewichts- und Wagenraum-Tarifsystem dem Charakter der Eisenbahnen als öffentliche Verkehrsanstalten allein Rechnung trage und dessen Durchführung auf den deutschen Bahnen im öffentlichen Interesse wünschenswert erscheinen würde, dafs es aber doch nicht rätlich sein möchte, sofort zu diesem System überzugehen, weil jede wesentliche und plötzliche Veränderung eines bestehenden Tarifsystems insofern ein gewagtes Unternehmen sei, als die Wirkung eines neuen Systems mit voller Sicherheit nicht übersehen werden könne und die in Elsafs-Lothringen und Baden bis dahin mit dem natürlichen System gemachten Erfahrungen nicht ausreichten, um aus denselben für die angemessene Festsetzung der Frachtpreise eine zuverlässige Grundlage zu gewinnen. Es glaube deshalb zunächst die Annahme des sog. gemischten Systems befürworten zu sollen, indem dasselbe immerhin einen wesentlichen Fortschritt darstelle und nur als eine Etappe zur Erreichung des natürlichen Tarifsystems anzusehen sei.

Im Zusammenhange mit dieser Denkschrift beschlofs der Bundesrat des Deutschen Reiches am 11. Juni 1874: »dafs vom Standpunkte des Reiches gegen eine mäfsige, im Durchschnitt den Betrag von 20 Prozent nicht übersteigende Erhöhung der Eisenbahnfrachttarife unter der Voraussetzung nichts zu erinnern sei, dafs, sobald als die erforderlichen Vorarbeiten es gestatten, spätestens mit dem 1. Januar 1875, das in der Denkschrift empfohlene Tarifsystem in seinen Grundzügen zur Einführung gelange, dafs indessen diejenigen Bahnverwaltungen, welche das natürliche oder elsafs-lothringische Tarifsystem bereits eingeführt haben, solches beibehalten dürfen und dafs dessen weiterer Einführung nichts entgegenstehe.«

Gleichzeitig wurde das Reichseisenbahnamt beauftragt, nach Anhörung von Vertretern der Eisenbahnverwaltungen und soweit erforderlich auch des Handelsstandes die speziellen Tarifvorschriften sowohl für das natürliche — elsafs-lothringische — als auch für das vorgeschlagene gemischte System festzustellen, sowie die gleichmäfsige Einreihung der Artikel in die in Aussicht genommenen Spezialtarife zu bewirken und beides dem Bundesrate zur Genehmigung vorzulegen. In Ausführung dieses Beschlusses wurden Vertreter des Handelsstandes und demnächst auch der Eisenbahnverwaltungen vernommen. Das Ergebnis dieser Erörterung war aber ein unbefriedigendes, weil namentlich die Privatbahnen der Annahme eines Tarifsystems auf den vom Bundesrate bezeichneten Grundlagen Opposition machten und die Befugnis zur Einführung von Ausnahmetarifen oder die Einreihung von 12 Spezialtarifen in das neue System verlangten. Aufserdem wurde die Annahme des Systems an die Bedingung geknüpft, dafs dasselbe unter vollständigem Ausschlufs des natürlichen Systems auf allen Eisenbahnen Deutschlands eingeführt werde, eine Forderung, die nicht nur mit dem vorerwähnten Beschlusse des Bundesrats im Widerspruch stand, sondern auch in eigentümlicher Weise beleuchtet wurde durch die gleichzeitig abgegebene Erklärung des Vertreters der rheinischen Eisenbahngesellschaft, dafs seine Verwaltung sich nicht in der Lage befinde, das System anzunehmen, für sich vielmehr das Recht beanspruche, auf Grund der Wertklassifikation innerhalb der ihr durch die Gesellschaftsstatuten gestatteten Grenzen ihre Tarife selbständig den Bedürfnissen der Industrie, sowie ihren eigenen Interessen anzupassen.

Das Reichseisenbahnamt legte das Ergebnis der stattgehabten Erörterungen dem Bundesrate zur Beschlufsnahme vor und gab seiner Auffassung über dasselbe dahin Ausdruck, dafs unter Vertagung der Entscheidung über das demnächst auf den deutschen Eisenbahnen zur Einführung zu bringende Tarifsystem, eine Verlängerung des durch Beschlufs des Bundesrats vom 11. Januar 1874 geschaffenen Zwischenzustandes durch weitere Zulassung des Frachtzuschlags von höchstens 20 Prozent unter gewissen, näher bezeichneten Einschränkungen zu bewilligen sei; dafs ferner unter Zuziehung von geeigneten Vertretern des Handels, der Industrie, der Landwirtschaft wie der Eisenbahnen eine eingehende Enquête über die zweckmäfsigste Art der Tarifreform zu veranlassen, bei Einführung eines neuen Systems auch den für zulässig erachteten Frachtsätzen die Wirkung von Maximalsätzen dergestalt zuzuerkennen sei, dafs — unbeschadet abweichender Konzessionsbestimmungen — dieselben ohne Zustimmung der Reichsaufsichtsbehörde nicht überschritten werden dürften.

Am 13. Februar 1875 beschlofs der Bundesrat sowohl über die vorläufige Frachterhöhung als auch über die Tarifreform. Erstere wurde unter bestimmten Einschränkungen auch ferner zugelassen und bezüglich der Tarifreform der Reichskanzler ersucht, nach vorgängiger Vernehmung von Sachverständigen aus den Kreisen des Handelsstandes, der Industrie, der Landwirtschaft und der Eisenbahnverwaltung dem Bundesrate geeignete Vorschläge für die Einführung eines der Absicht der Reichsverfassung entsprechenden einheitlichen Frachttarifsystems zur Beschlufsnahme vorzulegen, wobei davon auszugehen sei, dafs der Beibehaltung und weiteren Ausdehnung des natürlichen Tarifsystems neben einem andern System nichts entgegenstehe. Demgemäfs wurde eine Kommission, deren Mitglieder seitens der Regierungen von Preufsen, Bayern, Sachsen, Württemberg, Hamburg und Elsafs-Lothringen bezeichnet waren, mit der Aufgabe berufen, das Programm für die Enquête zu beraten und festzustellen, demnächst die Vernehmung von Sachverständigen zu bewirken und nach Sichtung und Ordnung des gewonnenen Materials über das Ergebnis und die daran zu knüpfenden Mafsnahmen sich gutachtlich zu äufsern.

§ 73. *Vorgehen der Privatbahnen bezüglich der Tarifreform.*

Inzwischen waren die deutschen Privatbahnen nicht unthätig geblieben. Sie hatten die im Jahre 1873 unterbrochenen Verhandlungen wegen Ausdehnung der sog. Tarifverbandklassifikation auf sämtliche Eisenbahnen Norddeutschlands wieder aufgenommen und am 18. April 1875 war das Direktorium der Berlin-Potsdam-Magdeburger Eisenbahn in der Lage, namens der sämtlichen preufsischen Privatbahnverwaltungen dem preufsischen Handelsminister einen vollständig ausgearbeiteten Entwurf zur Durchführung der Tarifreform mit dem Antrage vorzulegen, den Beschlüssen auf Herausgabe einer gemeinschaftlichen Gütertarifklassifikation die Genehmigung zu erteilen und dieselben für die preufsischen Staatseisenbahnen bei den Enquêteverhandlungen des Reichs zur Annahme zu befürworten. Das in Vorschlag gebrachte Tarifsystem war indes keineswegs das dem Beschlusse des Bundesrats vom 11. Juni 1874 zugrunde liegende, beruhte vielmehr auf der verbesserten Tarifverbandsklassifikation, knüpfte also wieder an die Beschlüsse des Vereins deutscher Eisenbahnen vom Jahre 1873 an und wollte die erwünschte Vereinfachung und Klarheit der Tarife durch einen gemeinschaftlichen Tarif für Norddeutschland herstellen. Der Entwurf sollte einerseits der Vorschrift der Reichsverfassung, die Eisenbahnen wie ein einheitliches Netz zu verwalten, Rechnung tragen, andererseits aber den Verwaltungen die volle Freiheit bezüglich der Festsetzung der Frachtsätze sichern und zwar in der Weise, dafs insoweit billigere Frachtsätze, als die allgemeine Klassifikation ergebe, für den einen oder andern Artikel von einer oder mehreren Verwaltungen eingeführt werden sollten, dies nicht durch Änderung der allgemeinen Klassifikation, sondern nur durch Ausnahmetarife unter Kontrolle einer Zentralstelle in einheitlicher Form und unter einheitlicher Bezeichnung geschehen dürfe. Die vorgeschlagene Klassifikation enthielt eine Klasse für Eilgut, zwei Klassen für Stückgut und sechs Klassen für Güter in Wagenladungen, davon drei für Mengen von 100 Zentnern und drei für Mengen von 200 Zentnern. Aufserdem waren 16 Artikel bezw. Artikelgruppen ausgewählt, für welche Ausnahmetarife einführen zu dürfen den Verwaltungen jederzeit gestattet sein sollte, ohne jedoch die Befugnis, die Zahl der Ausnahmetarife nach Bedürfnis zu vermehren, weiter als oben angegeben zu beschränken.

Dieser Entwurf wurde dem Antrag gemäfs der Enquêtekommission und von dieser den zu vernehmenden Sachverständigen mitgeteilt und fand eine eingehende Erörterung.

Am meisten schienen die norddeutschen Privateisenbahnen das elsafs-lothringische Raumsystem, bezw. dessen weitere Ausdehnung zu fürchten. Sie widerstrebten nicht nur der von Baden dringend gewünschten Ausdehnung auf die direkten Tarife mit den badischen Eisenbahnen, sondern kündigten auch die im Jahre 1872 mit den Reichseisenbahnen eingeführten Tarife zum 1. Juli 1875. Auf Einschreiten des Reichseisenbahnamtes wurde diese Kündigung zwar zurückgenommen, eine Anordnung des preufsischen Handelsministers, welche eine Milderung der in Baden durch das Nebeneinanderbestehen auf wesentlich verschiedener Grundlage bestehender Tarife bezweckte, bot den Verwaltungen jedoch einen erwünschten Anlafs, die Kündigung zu erneuern.

Das Reichseisenbahnamt trat indes von neuem ein und forderte von den Regierungen, dafs sie bis zur Beschlufsnahme des Bundesrats über das Ergebnis der eingeleiteten und noch nicht abgeschlossenen Enquête den bestehenden Zustand aufrecht erhalten bezw. dem Beschlusse des Bundesrats, dafs der Beibehaltung und weiteren Ausdehnung des elsafs-lothringischen Tarifsystems nichts entgegenstehe, Anerkennung verschaffen event. aber Vorsorge treffen möchten, dafs in Gemäfsheit des Artikels 44 der Reichsverfassung die bestehenden direkten Expeditionen nicht früher aufgehoben wurden, als bis neue direkte Tarife an deren Stelle treten könnten und dafs für diese die vom Bundesrate hinsichtlich der Tariferhöhung gezogenen Grenzen Beachtung fänden.

§ 74. *Die Tarifenquête und ihre Ergebnisse.*

Inzwischen war die Enquêtekommission zusammengetreten und hatte ihre Arbeiten dem Ende nahe geführt. Nach Feststellung des Frageprogramms hatte die Kommission in den Tagen vom 31. Mai bis 19. Juni 1875 einige 40 Sachverständige aus den Kreisen des Handelsstandes, der Industrie, der Landwirtschaft und der Eisenbahnverwaltung vernommen, demnächst das gewonnene sehr umfangreiche Material geordnet und gesichtet, sich in weiteren Verhandlungen über das Ergebnis schlussig gemacht und am 13. Dezember 1875 einen ausführlichen Bericht erstattet, welcher vom Reichskanzler dem Bundesrate und dem Reichstage im Januar 1876 unter dem Vorbehalte weiterer Anträge vorgelegt wurde.

Dieser Bericht ist abgedruckt Hirths Annalen 1876 S. 596—621. Die stenographischen Berichte über die Vernehmung der Sachverständigen und der Bericht wurden auch besonders gedruckt und bilden einen umfangreichen Band, der aber im Buchhandel nicht zu haben ist.

Nach diesem Bericht ist die Kommission in Bezug auf das Bedürfnis einer Regelung, sowie in Bezug auf die Grundzüge für das zu empfehlende Tarifsystem einig darin, dafs

1. die möglichst baldige Einführung einer einheitlichen Tarifeinrichtung auf allen Bahnen Deutschlands als ein unabweisbares Bedürfnis anzusehen und diese einheitliche Tarifeinrichtung nur auf dem Wege des Kompromisses zwischen den bestehenden Systemen zu erreichen sei;

2. eine allgemeine offene Wagenladungsklasse zu 100 und 200 Zentnern für Güter jeder Art mit einem festzustellenden angemessenen Zuschlage bei Aufgabe derselben Quantität in bedeckt gebauten Wagen anzunehmen;
3. neben dieser allgemeinen Wagenladungsklasse eine Anzahl von Wagenladungsklassen für speziell benannte Güter (Spezialtarife) mit ermäfsigten, in sich verschiedenen Frachtsätzen sowohl für den Lokalverkehr wie für den Verbandsverkehr einzuführen;
4. aufserdem mit erhöhten Frachtsätzen Eilgut und Stückgut zu tarifieren;
5. die sperrigen Güter einer besonderen tarifarischen Behandlung zu angemessen erhöhten Frachtsätzen zu unterziehen und für derartige Güter eine einheitlich feste Nomenklatur aufzustellen.

Nicht einig ist die Kommission

6. in der Tarifierung des Eilguts — ob nämlich eine oder mehrere Eilgutklassen oder an deren Stelle eine allgemeine Bestimmung des Inhalts anzunehmen, dafs für Eilgut stets das Doppelte der Fracht für gewöhnliche Güter zu zahlen —;
7. in der Zahl der Stückgutklassen, — ob Stückgut in einer Klasse oder in zwei Klassen zu tarifieren;
8. in der Vorbedingung der Anwendung der Wagenladungsfrachtsätze — insbesondere ob bei Aufgabe von 100 bezw. 200 Zentnern ohne Rücksicht auf die Zahl der zur Beförderung erforderlichen Wagen, oder ob bei Aufgabe von 100 bezw. 200 Zentnern für je einen Wagen —;
9. in der Zahl der Spezialtarife — ob deren ein oder zwei oder drei oder mehrere anzunehmen —;
10. in der Bemessung des Unterschieds zwischen den Frachtsätzen für bedeckte und für offene Wagen — ob der Zuschlag für den Transport in bedeckten Wagen in einem bestimmten, von der Höhe der Fracht für Beförderung in offenen Wagen unabhängigen, etwa auf 0,25 Pf. für den Zentner und die Meile zu beziffernden Satz oder für den Zentner der Fracht für offenen Transport zum Ausdruck zu bringen und auf wie hoch im letzteren Falle zu fixieren ist —;
11. in der Bemessung des Unterschieds zwischen den Frachtsätzen für 100 Zentner und für 200 Zentner — ob solche auf höchstens 10 oder auf höchstens 20 Prozent oder auf welchen andern Betrag zu beziffern —;

12. über die Höhe der Grundtaxen bezw. über das relative Verhältnis zwischen den Sätzen der einzelnen Klassen;
13. über die Einreihung der Transportartikel in die Spezialklassen.

Vgl. Denkschrift des Reichseisenbahnamtes vom 16. Mai 1876.

Hierauf war es nicht wohl möglich, ein Tarifsystem zu begründen. Wie wenig das Resultat der Enquête die Mitglieder der Kommission selbst befriedigte, zeigten die von einzelnen Mitgliedern abgegebenen Schlufserklärungen.

Diese lauten von seiten der Herren von Wedell und Stumm:

Die von der Kommission gewonnenen Verständigungspunkte seien zwar als eine vorteilhafte Grundlage zur Beseitigung der dringendsten Ubelstände im deutschen Eisenbahntarifwesen anzuerkennen, sie erfullten aber nicht die Anforderungen, welche an eine genügende Lösung der Tarifreformfrage mit Recht gestellt würden. Die Verkehrsinteressen erheischten immer gebieterischer, dafs gleichzeitig mit dem einheitlichen Tarifsysteme eine gemeinschaftliche Grundlage für die Höhe der Tarifsätze zur Einführung gelange, dafs überhaupt die deutschen Eisenbahnen, dem Charakter der öffentlichen Transportanstalt entsprechend, auf allen Gebieten nach gleichen Normen und als einheitliches Netz verwaltet werden. Bei dem heutigen Besitzstande der deutschen Bahnen lasse sich diese Forderung nicht durchführen, ohne berechtigte Privatinteressen erheblich zu schädigen; es erscheine deshalb als zwingendes Bedürfnis der Verkehrs- und allgemeinen Wirtschaftsinteressen, dafs die Herstellung eines einheitlichen über ganz Deutschland sich erstreckenden Reichseisenbahnnetzes herbeigeführt werde.

Ferner von seiten der Herren Delbrück und Bergmann:

»In Erwägung,

dafs die verschiedenartigen, die Nationalwohlfahrt schädigenden Tarifeinrichtungen auf den deutschen Eisenbahnen durch die Verfolgung der vom Standpunkte des Privatrechtes aus berechtigten besonderen Interessen der einzelnen Eisenbahngesellschaften resp. Staatseisenbahnen hervorgerufen und bedingt sind;

dafs dagegen die Eisenbahnen, insbesondere in betreff ihrer Tarife nicht als Privatunternehmungen, sondern vielmehr im Einklange mit Artikel 45 der Reichsverfassung in erster Linie als öffentliche der wirtschaftlichen Thätigkeit des Landes dienende Anstalten anzusehen sind, und dieser Gesichtspunkt bei Erlafs eines ganz Deutschland umfassenden einheitlichen Tarifsystems allein mafsgebend sein mufs;

dafs ein solches einheitliches Tarifsystem, wenn es dauernd seinen Zweck erfüllen soll, nicht von den jeweiligen Konzessionen der Einzelstaaten oder der einzelnen Gesellschaften abhängig gemacht werden darf, sondern einerseits eine mit weitgehenden Befugnissen ausgerüstete Reichsaufsichtsbehörde, andererseits Bestimmungen erfordert, welche die auf dem Gebiete des Privatrechts gewährleistete freie Bewegung hindern und zu Gunsten der Reichswohlfahrt wohlerworbenes Privateigentum und berechtigte Finanzinteressen einzelner Bundesstaaten werden schädigen müssen,

erklären die Herren Delbrück und Bergmann ihren Standpunkt, von dem aus sie dem Gutachten beigetreten sind, erläuternd,

dafs die Durchführung eines ganz Deutschland umfassenden einheitlichen Tarifsystems notwendig die Herstellung eines einheitlichen über ganz Deutschland sich erstreckenden Reichseisenbahnnetzes im Gefolge haben müsse, sei es, dafs dieses durch Ankauf der Bahnen, sei es, dafs es durch andere Kombinationen hergestellt werde, wenn nicht stets wieder neue, den Verkehr tief schädigende Wirrnisse entstehen oder durch an sich unberechtigte Ubergriffe in wohlerworbene Rechte schwere Verluste für einzelne und für den Nationalwohlstand eintreten sollen.«

Im Mai 1876 legte der Reichskanzler dem Bundesrate eine über die Enquête im Reichseisenbahnamte ausgearbeitete Denkschrift zur Beschlufsnahme vor und stellte dessen Ermessen anheim, ob und welche Ergebnisse der stattgehabten Enquête unter den in der Denkschrift dargelegten Verhältnissen in Aussicht zu nehmen sein möchten.

In dieser Denkschrift hatte das Reichseisenbahnamt sich dahin ausgesprochen:

1. dafs die von der Kommission in ihrem Schlufsgutachten skizzierten Grundzüge eines einheitlichen Tarifsystems an und für sich zwar als geeignet zu erachten, die erstrebte Einheit auf dem Tarifgebiete zu vermitteln, dafs dieselben jedoch für die Formulierung praktisch zu verwertender Vorschläge eine genügende Basis nicht gewähren könnten, weil wesentliche Punkte, insbesondere

betreffs der Zahl der Klassen für Stückgut, der Zahl der Spezialtarife, der Anwendung der Sätze der allgemeinen und der Spezialwagenladungsklassen, der Zulassung von Ausnahmetarifen neben den Klassen des Tarifschemas, offen geblieben, und weil ferner die Zahl der Klassen für Stückgut, die Zahl der Spezialklassen, die Notwendigkeit von Ausnahmetarifen, sowie die demnächstige Einreihung der Transportartikel in die Spezialtarife durch die Höhe der Frachtsätze, insbesondere des Satzes der allgemeinen Wagenladungsklasse für offene Wagen von 200 Zentnern und der Frachtunterschiede in den Sätzen für 100 Zentner und 200 Zentner sowie für offene und bedeckte Wagen bedingt werde, diese aber unentschieden gelassen sei;

2. dafs unter solchen Verhältnissen sowie in Rücksicht auf die gegenwärtige allgemeine wirtschaftliche Lage Deutschlands es sich widerrate, über ein in seinen Grundzügen skizziertes Tarifsystem Beschlufs zu fassen, und dessen Durchführung unter der Autorität des Reiches sei es anzuordnen, sei es auch nur zu empfehlen, bevor nicht die Wirkung eines solchen Systems auf den allgemeinen Verkehr sowie auf die Erträgnisse der Eisenbahnen genügend klar gestellt worden, und dafs deshalb eventuell wegen der Ergänzung der von der Kommission empfohlenen Grundzüge eines Tarifsystems zur Klarstellung des praktischen Effekts desselben durch Festsetzung der Maximaleinheitssätze bezw. der prozentualen Verhältnisse in den Sätzen der einzelnen Klassen unter Rücksichtnahme auf den Einpfennigtarif des Artikels 45 der Reichsverfassung wie durch Erledigung der unter 1. bezeichneten, sonst noch offen gebliebenen Punkte, sei es im Wege der Beschlufsnahme des Bundesrates, falls derselbe hiezu sich befugt erachte, sei es in dem allerdings wenig aussichtsvollen Wege der freien Vereinbarung der Eisenbahnverwaltungen unter sich, sei es eventuell im Wege der Gesetzgebung, das Erforderliche zu veranlassen;

3. dafs der Bundesrat sich für thunlichste Aufhebung der provisorischen Frachtzuschläge aussprechen und die Bundesregierungen ersuchen wolle, in Bezug hierauf das Erforderliche in die Wege zu leiten, soweit solches die Betriebs- und Finanzverhältnisse der betreffenden Bahnen zulassen würden.

Das Reichseisenbahnamt hat in der Denkschrift ferner anerkannt, dafs bezüglich des in dem Gutachten der Kommission skizzierten Tarifsystems, wenn auch eine unmittelbare praktische Verwertung einstweilen ausgeschlossen bleibe, das unter den obwaltenden Verhältnissen Erreichbare gegeben sei, und zugleich empfohlen, bei den Verhandlungen zur Erlangung der fehlenden Unterlagen Erörterungen auf anderer Basis und nach anderer Richtung, als solche durch die Kommission gewonnen wurden, auszuschliefsen, damit das bis dahin erzielte Resultat, die mögliche Brücke zu einem besseren Zustande, nicht wieder preisgegeben werde.

Da der Bundesrat eine weitere Verfolgung der Tarifreform nicht eintreten liefs, so war hiermit auch der seitens des Reichs unternommene Versuch zur Lösung dieser schwierigen Frage gescheitert.

§ 75. *Die Vereinbarung eines einheitlichen deutschen Tarifsystems.*

Wenn auch seitens des Reichs die Tarifreform fallen gelassen war, so liefsen doch die vielfachen Mifsstände, welche sich aus dem Nebeneinanderbestehen der drei verschiedenen Tarifsysteme in Deutschland ergaben, von denen das weitverbreitetste das Klassifikationssystem nicht einmal in sich einheitlich gestaltet war, die Tarifreformfrage nicht zur Ruhe kommen. Nicht nur der Verkehr wurde durch die allgemeine Tarifverwirrung geschädigt, sondern das Interesse der Eisenbahnen selbst. Am schlechtesten war die Lage derjenigen Gebiete und Eisenbahnen, welche das Wertklassifikationssystem hatten, weil durch die auf Grund des elsafs-lothringischen Systems gebildeten über ganz Nord- und Mitteldeutschland sich erstreckenden Verbandstarife mit den südwestdeutschen Eisenbahnen überall Frachtdisparitäten der erheblichsten Art hervorgerufen und die Klassifikationsbahnen gezwungen wurden, die Beseitigung derselben im Wege der Ausnahmetarifierung mit beträchtlichen Ermäfsigungen zu erkaufen. Deshalb ging auch der neue Versuch zur Lösung der Tariffrage von den norddeutschen Privateisenbahnen aus. Hierzu drängte sie aufserdem die Furcht, dafs das Reich die Tarifreform von neuem in die Hand nehmen werde, bezw. das Bestreben, der damals die Eisenbahnpolitik beherrschenden Frage des Ankaufs der deutschen Bahnen seitens des Reichs durch Lösung der Tariffrage die Spitze abzubrechen. In letzterem Bestreben begegneten sie sich mit den Regierungen der meisten deutschen Mittel- und Kleinstaaten und unter dem Drucke dieser Verhältnisse wurde erreicht, was bisher vergeblich erstrebt war, die Schaffung eines einheitlichen Tarifsystems.

Die Angelegenheit wurde zunächst vom Tarifverbande in die Hand genommen und in einer Tarifverbandskonferenz in Leipzig am 6. und 7. April 1876 mit Ausschlufs der sich der Abstimmung enthaltenden Verwaltungen der preufsischen Staatsbahnen der einstimmige Beschlufs gefafst, an alle deutschen Eisenbahnverwaltungen eine Aufforderung zu richten, sich an Verhandlungen zum Zweck der Einführung eines einheitlichen Tarifs für das Verkehrsgebiet der deutschen Eisenbahnen zu beteiligen. Dieser Aufforderung wurde, ausgenommen von seiten der Reichsbahnen, preufsischen Staatsbahnen und einer Privatbahn, entsprochen, und über die von einer Kommission ausgearbeiteten Vorschläge in einer zu Dresden am 29. und 30. Juli 1876 abgehaltenen Generalkonferenz, welcher auf besonderes Ansuchen auch ein Kommissar des preufsischen Handelsministeriums beiwohnte, um von dem Gange und dem Ergebnisse der Verhandlungen Kenntnis zu nehmen, Beschlufs gefafst. Der aus diesen Verhandlungen hervorgegangene Entwurf eines Tarifsystems wurde dem preufsischen Handelsministerium, welches inzwischen auch Beratungen im Kreise der preufsischen Staatseisenbahnverwaltungen hatte stattfinden lassen, am 30. September 1876 überreicht. Unter dem 14. Dezember 1876 beschlofs der Bundesrat, dafs vom Standpunkte des Reichs gegen die Einführung dieses aus den Beratungen von Verwaltungen deutscher Staats- und Privatbahnen hervorgegangenen Tarifsystems im allgemeinen mit der Mafsgabe nichts zu erinnern sei, dafs nicht mehr als drei Spezialtarife — im Entwurf waren vier vorgesehen — eingeführt würden und die Feststellung der Maximaltarifsätze für die einzelnen Eisenbahnen durch die Landesregierungen vorbehalten bleibe. Nach vorgängiger Einholung des Gutachtens der Handelskammern über einzelne Punkte berief demnächst der preufsische Handelsminister zum 12. Februar 1877 nach Berlin eine Generalkonferenz sämtlicher deutscher Eisenbahnverwaltungen, in welcher unter Mitbeteiligung der Reichs- und preufsischen Staatseisenbahnen das jetzt geltende Tarifsystem, der sog. Reformtarif endgültig festgestellt wurde.

Vgl. die Entwickelung des Gütertarifwesens der deutschen Eisenbahnen, herausgegeben von dem Verein der Privateisenbahnen im Deutschen Reich S. 13 und 14.

Die Einführung des neuen Reformtarifs erfolgte indes nur langsam und allmählich. Zunächst machte die nach dem Bundesbeschlusse vom 14. Dezember 1876 den Landesregierungen vorbehaltene Festsetzung der Maximaltarifsätze für die einzelnen Tarifklassen und Ausnahmetarife Schwierigkeiten. Die Privatbahnverwaltungen beantragten für alle Eisenbahnen Maximaltarifsätze in gleicher Höhe festzusetzen, was aber von dem preufsischen Handelsminister in Übereinstimmung mit dem Reichseisenbahnamt abgelehnt wurde. Es erfolgte vielmehr die Festsetzung der Maximaltarifsätze für die einzelnen Bahnen besonders und ungleichmäfsig. Dann begann die schwierige und zeitraubende Umarbeitung zunächst der Lokaltarife, dann der deutschen, endlich der ausländischen Verbandstarife, so dafs erst 1880 die Tarifreform vollständig durchgeführt war.

DRITTER ABSCHNITT.

Die gegenwärtigen Gütertarife.

§ 76. *Allgemeine Kennzeichnung des deutschen Reformtarifs.*

Der deutsche Reformtarif besteht aus drei Klassen für Eilgut, einer Klasse für Stückgut, zwei allgemeinen Wagenladungsklassen für Güter aller Art und vier Spezialtarifen für bestimmt bezeichnete Güter. Das Tarifschema ist sonach folgendes:

Eilstückgut,
Eilwagenladungen,
Spezialtarif für Gold- und Silberbarren u. s. w.,
Stückgut.

Allgemeine Wagenladungsklasse A 1 bei Verladung von mindestens 5000 kg,

Allgemeine Wagenladungsklasse B bei Verladung von mindestens 10 000 kg,

Spezialtarif A 2 bei Verladung von mindestens 5 000 kg,

Spezialtarif	I	bei Verladung	von	mindestens	10 000	kg,
»	II	»	»	»	10 000	»
»	III	»	»	»	10 000	»

In die allgemeinen Wagenladungsklassen gehören die in der Klassifikation der Spezialtarife nicht benannten höherwertigen Güter, während die Spezialtarife I, II, III die weniger wertvollen Güter und zwar stufenweise abfallend enthalten, so dafs der Spezialtarif I im wesentlichen Fabrikate, Spezialtarif II hauptsächlich Halbfabrikate und Spezialtarif III die geringwertigen Rohprodukte und Massengüter umfafst. Spezialtarif A II gilt für die Güter der Spezialtarife I—III, wenn dieselben im Gewicht unter 10 000 kg aber von mindestens 5000 kg zur Aufgabe gelangen. Aufserdem finden sich im Reformtarif noch besondere Vorschriften und Sätze für

a) explodierbare Gegenstände,
b) Gegenstände von aufsergewöhnlichem Umfang,
c) sperrige Güter,
d) Fahrzeuge, welche bei den Güterexpeditionen zur Aufgabe gelangen, mit Ausnahme von Eisenbahnfahrzeugen,
e) gebrauchte Emballagen,
f) Langholz und dergleichen,
g) Fische.

Wie sich hieraus ergiebt, stimmt der deutsche Reformtarif im wesentlichen mit dem früher in Bayern und Württemberg geltenden gemischten System überein. Er entsprach zwar nicht den Beschlüssen der Tarif-Enquêtekommission, indem dieselbe unter II ihres Gutachtens erklärt hatte, dafs eine einheitliche Tarifeinrichtung nur auf dem Wege des Kompromisses zwischen den bestehenden Systemen, wozu auch das gemischte gehörte, zu erreichen sei, und ferner in III als die Grundlage eines einheitlichen Tarifsystems für ganz Deutschland eine allgemeine offene Wagenladungsklasse zu 100 und 200 Zentnern (5000 und 10 000 kg) für Güter jeder Art mit einem festzustellenden angemessenen Zuschlage bei Aufgabe derselben Mengen in bedeckt gebauten Wagen bezeichnet hatte. Indes stellte der Reformtarif für das bei weitem gröfste Gebiet Deutschlands, wo bisher das Wertklassifikationssystem geherrscht hatte, einen unleugbaren grofsen Fortschritt zur gemeinwirtschaftlichen Tarifgestaltung dar, indem in dem neuen System die Klassifikation für das Stückgut ganz beseitigt, für die Wagenladungen aber wesentlich beschränkt und vereinfacht wurde. Aufserdem waren aus dem Raumtarif die allgemeinen Wagenladungsklassen und für die Wagenladungen das Prinzip der Verladung in einen Wagen herübergenommen. Für das Gebiet, wo bisher der gemischte Tarif in Geltung war, blieb im wesentlichen die Tarifgestaltung die gleiche, und unter diesen Umständen erschien es wohl gerechtfertigt, dafs auch die südwestdeutschen Bahnen den elsafs-lothringischen Raumtarif im Interesse des Zustandekommens der so dringend notwendigen Einheit des Tarifsystems aufgaben.

§ 77. *Die allgemeinen Tarifvorschriften des deutschen Reformtarifs.*

Nachstehend sind die allgemeinen Tarifvorschriften des deutschen Reformtarifs nach ihrer neuesten Feststellung, die von der ursprünglichen in manchen Punkten aber nicht von grundsätzlicher Erheblichkeit abweicht, abgedruckt. Einige Anmerkungen dazu sind von dem Text durch kleineren Druck unterschieden.

Vgl. Heinsius, Die allgemeinen Tarifvorschriften nebst Güterklassifikation, Archiv fur Eisenbahnwesen 1885 Beilagenheft.

ALLGEMEINE TARIFVORSCHRIFTEN.

I. Grundsätze für die Frachtberechnung.

Die Fracht wird nach Kilogramm berechnet. Sendungen unter zwanzig Kilogramm werden für zwanzig Kilogramm, das darüber hinausgehende Gewicht wird mit 10 kg steigend so berechnet, dafs je angefangene 10 kg für voll gelten.

Die Frachtberechnung ist eine verschiedene, je nachdem die Güter zur Beförderung gelangen:

1. als Eilgüter,
2. als Stückgüter,
3. als Wagenladungsgüter.

1. Eilgut.

Eilstückgut wird zu den im Tarif ausgeworfenen Satzen, Eilgut in Wagenladungen ohne Unterschied der Artikel zum doppelten Satz der allgemeinen Wagenladungsklassen gefahren.

Der Minimalsatz der Eilguttaxe beträgt

0,50 Mark

für jede Frachtbriefsendung.

Wird die Beförderung von Eilgütern auf Verlangen mit Zustimmung der Eisenbahnverwaltung mit einem Schnellzuge bewirkt, so geschieht dies gegen Erhebung der doppelten Eilguttaxe, in welchem Falle die Minimaltaxe

1 Mark

für jede Frachtbriefsendung beträgt.

Die Frachtberechnung fur Schnellzugsgut erfolgt in der Weise, dafs das wirkliche, mindestens aber das zulässige Minimalgewicht (20 kg) verdoppelt, vorschriftsmäfsig abgerundet und hierfür die Eilguttaxe zur Berechnung gezogen wird.

Für die Beförderung von Gold- und Silberbarren, Platina, gemünztem und Papiergeld, geldwerten Papieren, Dokumenten, sowie Pretiosen, wie Edelsteinen, echten Perlen und dergl. wird der 1½fache Eilgutfrachtsatz für das wirkliche Gewicht der Sendung mindestens für 2500 kg für jeden verwendeten Wagen erhoben. Verlangt der Versender zur Beförderung der Sendung die Gestellung eines Wagens von 10 000 kg Tragfähigkeit und wird ihm ein solcher Wagen von der Verwaltung gestellt, so wird der einfache Eilgutfrachtsatz nach der vollen Tragkraft des Wagens zur Berechnung gezogen. Verlangt der Versender die Beförderung der Sendung in anderen als von der Eisenbahnverwaltung bestimmten Zügen, so dürfen, wenn überhaupt die Eisenbahnverwaltung die Beförderung in diesen Zügen zuläſst, die verwendeten Wagen nur bis ²/₃ der Tragfähigkeit beladen werden. Die Fracht wird aber auch in diesem Falle nach der vollen Tragkraft der Wagen berechnet. Bei der Beförderung in Extrazügen werden die vorstehenden Sätze, mindestens aber 4 Mark für das Zugkilometer, erhoben.

2. Stückgut.

Zu den Stückgutfrachtsätzen werden alle Güter befördert, soweit sie der Versender nicht als Eilgut und nicht als Wagenladungen aufgiebt.

Der Minimalsatz der Stückguttaxe beträgt

0,30 Mark

fur jede Frachtbriefsendung.

3. Wagenladungen.

a) Allgemeine Wagenladungsklassen.

Zu den Sätzen der Klassen A 1 und B werden alle diejenigen Güter befördert, welche in dem Verzeichnisse der Spezial- und Ausnahmetarife nicht besonders namhaft gemacht sind, und welche von dem Versender mit einem Frachtbriefe für einen Wagen als Wagenladungen aufgegeben werden, soweit nicht unter 4 (spezielle Vorschriften für bestimmte Transportartikel) etwas anderes festgesetzt ist.

Bei Aufgabe von mindestens 5000 kg oder bei Frachtzahlung für mindestens 5000 kg für den Wagen kommen die Frachtsätze der Klasse A 1 und bei Aufgabe von mindestens 10 000 kg für den Wagen oder Frachtzahlung hierfür die Frachtsätze der Klasse B zur Anwendung.

Die Frachtberechnung geschieht in diesen Klassen folgendermaſsen:

Von jedem Wagen wird die Fracht zu dem Satze der Klasse A 1 nach dem wirklichen Gewichte, mindestens aber für 5000 kg erhoben. Ergiebt jedoch die Berechnung für 10 000 kg zu dem Satze der Klasse B eine geringere Fracht, so kommt diese zur Erhebung.

b) Spezialtarife I, II, III.

Zu den Frachtsätzen der Spezialtarife werden die in dem betreffenden Verzeichnisse aufgeführten Güter befördert, wenn der Versender sie mit je einem Frachtbriefe in Ladungen von mindestens 10000 kg auf einen Wagen aufliefert oder die Fracht für dieses Gewicht bezahlt. Bei Aufgabe von Quantitäten unter 10000 kg, jedoch von mindestens 5000 kg oder bei Frachtzahlung von mindestens 5000 kg für den Wagen, werden bis auf weiteres die Güter der Spezialtarife zu den Sätzen der Klasse A 2 befördert, wenn nicht der betreffende Tarifsatz für 10000 kg eine billigere Fracht ergiebt.

Siehe übrigens auch die Bestimmungen unter 4 c und die speziellen Tarifvorschriften im Teil II B.

Die etwas sonderbar klingende Bestimmung, dafs die Güter der Spezialtarife in Quantitäten unter 10000 kg, jedoch von mindestens 5000 kg »bis auf weiteres« zu den Sätzen der Klasse A 2 befördert werden, hat ihren Grund darin, dafs bei Feststellung des Reformtarifs man der Ansicht war, dafs die 5000 kg-Klasse für die Güter der Spezialtarife nur für eine Ubergangszeit notwendig sei, weil sich der Verkehr in Norddeutschland unter der Herrschaft des Klassifikationssystems an Bezüge der Güter der Spezialtarife in geringerer Menge als 10000 kg gewöhnt hatte; für dauernd notwendig erachtete man diese Zwischenklasse mit Rücksicht auf die in Süddeutschland gemachten Erfahrungen nicht. Bis jetzt hat indes die Klasse A 2 eine Aufhebung nicht erfahren, wenn auch die Benutzung nur eine geringe war. So sind auf den Bahnen des Deutschen Reichs im Jahre 1882 nur 3,21 Prozent aller Güter in dieser Klasse zur Aufgabe gelangt. Die Beseitigung derselben widerrät sich deshalb, weil dadurch eine Belastung des kleineren Verkehrtreibenden zu Gunsten desjenigen, der gröfsere Bezüge zu machen imstande ist, erfolgen würde.

Die speziellen Tarifvorschriften im Teil II B enthalten Bestimmungen über abweichende Tarifierung einzelner Artikel, namentlich das Verzeichnis der nach Ausnahmetarifen zu befördernden Güter. Ferner findet sich hier bei den norddeutschen Bahnen eine Ausnahmebestimmung, welche bei Einführung des Reformtarifs bezüglich der Aufgabe der Güter in einem Wagen zugelassen werden mufste. Die norddeutschen Eisenbahnverwaltungen besafsen nämlich eine grofse Zahl Wagen, welche eine geringere Tragkraft als 10000 kg hatten. Um dieses teilweise zahlreiche Wagenmaterial nicht von der Benutzung bei den Transporten der Spezialtarife I, II und III ganz auszuschliefsen, wurde in der Generalkonferenz zu Berlin, 12./13. Febrruar 1877, beschlossen, den Landesaufsichtsbehörden vorzubehalten, für diejenigen Verwaltungen, die noch eine gröfsere Anzahl von Wagen unter 10000 kg Tragfähigkeit besitzen, im Lokal- und Nachbarverkehr folgenden Zusatz zu genehmigen:

»Der Versender kann behufs Anwendung der Frachtsätze der Spezialtarife die Stellung anderer Wagen als solcher von 10000 kg Tragkraft nicht beanspruchen. Sind derartige Wagen nicht vorhanden, so ist die

Eisenbahnverwaltung berechtigt, andere Wagen mit mindestens 10 000 kg Gesamttragkraft zur Beladung zu stellen. Der Versender ist in diesem Falle berechtigt, den oder die gestellten Wagen bis zur Gesamttragfähigkeit gegen Zahlung der Fracht nach den Taxen der Spezialtarife zu belasten.«

Es wird hierbei vorausgesetzt, heifst es ausdrücklich in dem bezüglichen Beschlusse, dafs durch diese Mafsnahme Konkurrenzen nicht hervorgerufen werden. Leider ist dies doch geschehen, indem die norddeutschen Eisenbahnverwaltungen, welche sich von den eingelebten Grundsätzen der Werttarife nicht frei machen konnten, entgegen der getroffenen Vereinbarung diese Bestimmung auch auf die direkten Tarife ausdehnten. Eine weitere Ausdehnung hat sich durch die in Preufsen vollzogene Verstaatlichung der Privatbahnen ergeben, da jetzt auf die weitesten Entfernungen im Lokalverkehr der preufsischen Staatsbahnen befördert wird. Da andererseits gegenwärtig jeder Grund für diese Bestimmung weggefallen ist, weil die Wagen geringerer Tragkraft zum grofsen Teil ausrangiert und dagegen eine grofse Zahl neuer Wagen mit normaler Tragfähigkeit beschafft sind, so erscheint es hohe Zeit, diese den Grundsätzen des Reformtarifs widersprechende und in Bezug auf den Betrieb höchst unwirtschaftliche Übergangsbestimmung aufzuheben.

c) Gemeinsame Bestimmungen für alle Wagenladungen.

Das Zusammenladen beliebiger Güter ist gestattet, insoweit nicht reglementarische Bestimmungen entgegenstehen (vgl. Anlage D I 4 Abs. 5, XVI 2, XIX 2 und XXXIII 5 zu § 48 des Betriebsreglements), jedoch wird eine Haftpflicht gegen Beschädigung des einen Guts durch das andere nicht übernommen (vgl. § 67, Ziffer 4 des Betriebsreglements). Wagenladungen können also auch aus verschiedenen Gütern eines und desselben Spezialtarifs oder der verschiedenen Spezialtarife, oder auch aus Gütern der Spezialtarife und aus Gütern aller Art (A I und B) formiert werden. In diesen Fällen kommt die Taxe nach dem dabei befindlichen höchst tarifierten Artikel zur Anwendung, sofern nicht bei getrennter Gewichtsangabe die Einzelberechnung sich billiger stellt.

Die im Verzeichnis der sperrigen Güter ad B I 4 c aufgeführten Artikel gelten im Sinne der vorstehenden Bestimmung als Güter des Spezialtarifs III, soweit sie nicht in dem Verzeichnis der Güter der Spezialtarife I oder II unter diesen aufgeführt sind.

Wenn durch den Versender weder der Laderaum, noch die Tragfähigkeit des Wagens ausgenutzt wird, so hat die Eisenbahnverwaltung das Recht, ihrerseits Zuladungen vorzunehmen, unter Vertretung des infolge der Zuladung den bereits verladenen Gütern etwa zugefügten Schadens.

4. Spezielle Vorschriften für bestimmte Transportartikel.

a) Explodierbare Gegenstände.

Für die in der Anlage D des Betriebsreglements für die Eisenbahnen Deutschlands unter I aufgeführten Gegenstände wird das Doppelte der gewöhnlichen Stückgut- oder Wagenladungsfracht, mindestens jedoch die Fracht für 5000 kg, nach den Sätzen der Klasse A 1 für die Frachtbriefsendung erhoben. Hierbei macht es keinen Unterschied, ob eine Beiladung anderer Güter stattgefunden hat oder nicht.

Sofern bei Sendungen von Sprengstoffen nach den reglementarischen Bestimmungen Schutzwagen zur Einstellung gelangen müssen und solche nicht durch gleichzeitig von demselben Versender aufgegebene beladene Wagen mit dessen Zustimmung gestellt werden, ist in allen Fällen die tarifmäfsige Gebuhr für zwei Schutzwagen zu entrichten, ohne Rücksicht darauf, ob die Schutzwagen aus der Zahl der ohnehin zur Beförderung bestimmten Wagen entnommen oder ob sie besonders zu diesem Zweck in den Zug eingestellt sind. Werden von demselben Aufgeber nach derselben Bestimmungsstation gleichzeitig mehrere Wagenladungen Sprengstoffe versendet, so sind diese in Bezug auf die Zahl der beizugebenden Schutzwagen als eine Sendung zu betrachten.

Die erforderlichen Begleiter sind nach den Satzen für Viehbegleiter im Packwagen zu befördern.

Aufserdem kommen zur Berechnung die der Bahnverwaltung für die Bewachung dieser Transportgegenstände auf den Bahnhöfen erwachsenden Kosten, sowie sämtliche sonstige eigene Auslagen der Bahnverwaltung.

b) Gegenstände von aufsergewöhnlichem Umfang.

Gegenstände, welche wegen ihres aufsergewöhnlichen Umfanges in gedeckt gebaute Wagen durch die Seitenthüren nicht verladen werden können, werden nach den Bestimmungen über die Wagenladungsgüter befördert, jedoch unter Berechnung der Fracht für mindestens 1000 kg für jeden verwendeten Wagen und für jede Frachtbriefsendung, und zwar bei Frachtgütern nach der Stückgutklasse, bei Eilgütern (sofern die Beförderung als Eilgut nach der Zusatzbeförderung 1 zu § 56 des Betriebsreglements zugelassen wird) nach den Frachtsätzen für Eilstückgut. Ergiebt sich jedoch nach der gewöhnlichen Frachtberechnung für Wagenladungen eine niedrigere Fracht, so kommt letztere zur Berechnung.

Vorstehende Frachtberechnung kommt auch dann zur Anwendung, wenn mittels eines Frachtbriefes mit Gegenständen von aufsergewöhnlichem Umfange auch andere Guter zur Beförderung aufgegeben werden.

Auf lange Gegenstände von Eisen oder Holz, wie Schienen, Stangen, Bretter, Bohlen, Leitern und dergleichen bei Beförderung in offenen Wagen finden vorstehende Bestimmungen keine Anwendung.

Als Kriterium für den Begriff der Gegenstände von aufsergewöhnlichem Umfang ist die Möglichkeit der Verladung in bedecktgebauten Wagen gewählt. Ein absolut sicheres Kriterium ist dies nicht, da die Öffnung der Güterwagen, welche die Schiebethüren gestatten, nicht in allen Fällen dieselbe ist, vielmehr die Wagenthüren eine verschiedene Weite haben. Man hätte daher vielleicht korrekter gehandelt, wenn man es in das Ermessen der Absendestation oder der Wahl des Versenders anheimgestellt hätte, zu beurteilen, ob es sich um einen Gegenstand handelt, welcher zu seiner Beförderung auf der Eisenbahn die Stellung eines besonderen Wagens verlangt. Praktische Inkonvenienzen haben sich jedoch aus der gegenwärtigen Bestimmung nicht ergeben.

Die Bestimmung betreffend die Frachtberechnung ging ursprünglich dahin, dafs in allen Fällen für Gegenstände aufsergewöhnlichen Umfangs die Fracht für einen ganzen Wagen zur Erhebung gelangen sollte. Diese Bestimmung wurde jedoch in Handelskreisen als eine wesentliche Verkehrserschwernis empfunden und die Versendung einzelner Eisenstangen, Schienen, Holzstangen u. dergl. dadurch thatsächlich unmöglich gemacht. Um diesem Übelstande abzuhelfen, und da derartige Gegenstände, wenn sie auch nicht in bedeckt gebauten Wagen mit dem übrigen Stückgut verladen werden können, doch in vielen Fällen teils Sendungen in offenen Wagen beigeladen werden können, teils für dieselben sonst leer zurückkehrende Wagen benutzt werden, derartige Gegenstände unter Umständen auch über dem Trittbrett der Stückgutwagen befestigt werden können, demnach in vielen Fällen der Transport für die Eisenbahnen ohne besondere Wagengestellung und dadurch verursachte Unkosten möglich ist, wurde die Erhebung einer Minimalfracht von 1000 kg vorgesehen. Aber auch diese Fracht erschien für das Bedürfnis, namentlich in betreff der angeführten Gegenstände, zu hoch, und wurde daher von den preufsischen Staatsbahnen der Antrag gestellt, lange Gegenstände von Eisen oder Holz, wie Schienen, Stangen, Bretter, Bohlen, Leitern u. dergl. bei Beforderung in offenen Wagen zur gewöhnlichen Fracht zu befördern, wenn der Versender, die gelegentliche Beiladung abzuwarten, sich einverstanden erklärt.

Dieser Antrag wurde von der Generalkonferenz aus prinzipiellen Gründen zunächst abgelehnt, namentlich, weil man Konflikte in Folge der lediglich in das Ermessen der Absendestation gestellten Befugnis, die Gelegenheit zur Verladung zu beurteilen, befürchtete und auch der Ansicht war, dafs sich für viele Stationen uberhaupt eine solche Gelegenheit zur Beiladung nicht finden werde. Das Bedürfnis des Verkehrs hat jedoch auch diesen Widerstand gebrochen: denn ein Bedürfnis war thatsächlich nach den angestellten Ermittelungen vorhanden. Diesem ist dadurch schliefslich Rechnung getragen worden, dafs auch die Bedingung der gelegentlichen Beiladung fallen gelassen und bestimmt wurde, die qu. Gegenstände bedingungslos zur gewöhnlichen Fracht zu befördern. (Heinsius a. a. O.)

c) Sperrige Güter.

Für sperrige Guter, d. h. solche Güter, welche im Verhältnis zu ihrem Gewicht einen ungewöhnlich grofsen Laderaum in Anspruch nehmen, werden, wenn sie als Stückgut zur Beförderung gelangen, die Frachtsätze in der Weise berechnet, dafs dem wirklichen Gewicht 50 Prozent zugeschlagen und von diesem 1½fachen Gewicht nach erfolgter Aufrundung die Eilfracht bezw. die Fracht der Stückgutklasse erhoben wird.

Als geringstes Gewicht werden 30 kg berechnet.

Für sperrige Güter, welche wegen ihres aufsergewöhnlichen Umfangs in bedeckt gebaute Wagen durch die Seitenthüren nicht verladen werden können, kommen die Tarifbestimmungen für Gegenstände von aufsergewöhnlichem Umfang (I 4 b) zur Anwendung.

Für Eil- und Stückgutsendungen, welche teils aus sperrigem, teils aus nicht sperrigem Gut bestehen, ist die Frachtberechnung in der Weise vorzunehmen, dafs für das nicht sperrige Gut das wirkliche, für das sperrige Gut das anderthalbfache Gewicht zu Grunde gelegt wird, und das so ermittelte Gesamtgewicht — mindestens 30 kg — eine Abfertigungsposition bildet.

Als sperrige Güter werden folgende betrachtet:

1. Abfall von Stuhlrohr.
2. Bäume und Gesträuche, unverpackt oder nicht in fester Verschnürung, Pflanzen und Blumen, unverpackt und unverhüllt.
3. Bast- und Palmblätterabfälle.
4. Betten und gereinigte Bettfedern.
5. Binsen.
6. Borke, rohe.
7. Bottiche (d. h. hölzerne Hohlgefäfse mit nur einem Boden und von mindestens 4 Hektoliter Gehalt), leere, nicht ineinandergesetzte.
8. Cigarrenkistchen, neue leere.
9. Fässer, neue leere; ausgenommen Fässer aus Eichenholz in eisernen Reifen, welche bei einer Holzstärke von mindestens 3 cm am Kopfe gemessen bis zu 100 Liter Gehalt haben.
10. Figuren von Gips und Holz, unverpackt.
11. Flachs, roh (ungebrecht).

12. Glasballons und Thonballons, leere, verpackt. Unverpackt werden dieselben nur als Wagenladungen angenommen.
13. Heu.
14. Holzstühle, unzerlegt oder nicht zusammenlegbar.
15. Hopfen, ungepreſst.

    Hopfen gilt als gepreſst, wenn er in Ballen zylindrischer oder runder Form von mindestens 100 kg Einzelgewicht oder in rechtwinkligen Ballen, in Kisten oder endlich in Metallzylindern verpackt zur Aufgabe gelangt.
16. Hüte, nicht in verschnürten Ballen verpackt.
17. Käfige, Steigen, neu.
18. Kähne und Boote.
19. Kannen, neue leere.
20. Kinderwagengestelle.
21. Kisten, hölzerne, leere, nicht ineinandergesetzte (ausgenommen Bierkisten mit Fächereinsatz), Lattenkisten, Harassen, sämtlich neu.
22. Koffer, neue, nicht ineinandergesetzte.
23. Körbe, auch Latten- und Geflügelkörbe, neu; Korbwaren, Korbgeflechte und Korbmöbel.
24. Korkwaren, Korkstöpsel.
25. Möbel von gebogenem Holz, unzerlegte.
26. Papierspäne (Papierabfälle und Pappenabfälle), nicht in fester Verschnürung.
27. Rauhkarden, Weberdisteln.
28. Rohrstühle und Binsenstühle.
29. Särge, hölzerne, leere, nicht ineinandergestellte.
30. Schachteln aus Holz, neu, ausgenommen Satzschachteln.
31. Schilf und Schilfrohr, auch Rohrdecken (durch Draht verbundenes Schilfrohr), Seile aus Schilf oder Stroh.
32. Seegras, Waldgras, Alpengras, Alpha, Esparto, Espartogras, wenn nicht in verschnürten Ballen oder in Zöpfen geflochten.
33. Sophagestelle.
34. Spreu, auch Buchweizenschalen, verpackt.
35. Stroh, auch Raps- und Reisstroh, Häcksel.
36. Tonnenbände und Faſsreifen, hölzerne.
37. Velocipeden, unzerlegte.
38. Watte.
39. Wolle, gewaschene.

    Gewaschene Wolle unterliegt dem Sperrigkeitszuschlage nur dann nicht, wenn die Aufgabe in Ballen runder oder zylindrischer Form von mindestens 100 kg Einzelgewicht, oder wenn sie in rechtwinkligen Ballen erfolgt.

»Wollabfälle« werden bezüglich der Sperrigkeit dem Artikel »Wolle« gleichgeachtet.

Stellt sich die Fracht

zu 39 für gewaschene Wolle,

bei der Berechnung nach den Bestimmungen und den Tarifsätzen des Spezialtarifs I,

zu 15 für Hopfen ungeprefst,

zu 26 für Papierspäne (Papierabfälle und Pappenabfälle), nicht in fester Verschnürung,

bei der Berechnung nach den Bestimmungen und den Tarifsätzen des Spezialtarifs II,

und für die übrigen im obigen Verzeichnis aufgeführten sperrigen Güter

nach den Bestimmungen und den Tarifsätzen des Spezialtarifs III

billiger als bei der Aufgabe als Stückgut, und erklärt der Versender im Frachtbrief die Sendung als Wagenladungsgut aufgeben zu wollen, so kommen die billigeren Sätze der Spezialtarife bezw. der Wagenladungsklasse A 2 zur Berechnung.

Umzugsgut, gebrauchte Theaterrequisiten, Teile von gebrauchten Panoramen, Karussells und dergleichen, welche als Wagenladungsgut aufgegeben werden, tarifieren nach Spezialtarif III resp. Klasse A 2.

d) Fahrzeuge.

Fahrzeuge aller Art, welche bei den Gepäckexpeditionen zur Auflieferung kommen, sowie Eisenbahnfahrzeuge, welche auf eigenen Rädern laufen oder auf von den Versendern gestellten Truks oder auf Eisenbahnwagen von höchstens 20 000 kg Tragfähigkeit zum Transport gelangen, unterliegen der Frachtberechnung nach den Bestimmungen des Tarifs für die Beförderung von Leichen, Fahrzeugen und lebenden Tieren (B 2 und 3).

Für Fahrzeuge, welche bei den Güterexpeditionen aufgegeben werden — mit Ausschlufs der vorgenannten Eisenbahnfahrzeuge — gelten folgende Vorschriften:

1. Fahrzeuge aller Art, welche in gedeckt gebaute Wagen durch die Seitenthüren nicht verladen werden können, werden unbeladen nach den Sätzen des Spezial-

tarifs III bezw. der Klasse A 2, beladen nach den Sätzen der für das aufgeladene Gut treffenden Wagenladungsklasse befördert, sofern sich nicht für unbeladene Fahrzeuge die Fracht nach der Bestimmung für Gegenstände von aufsergewöhnlichem Umfang (B I 4 b) billiger stellt.

2. Fahrzeuge aller Art, welche in gedeckt gebaute Wagen durch die Seitenthüren verladen werden können, werden unbeladen als sperriges Gut nach den Bestimmungen unter B I 4 c befördert.

3. Transport- und Förderwagen und Kippkarren für Lokomotiv-, Pferde- und Handbetrieb sowie Handkarren werden, wenn sie auf Eisenbahnwagen verladen zur Beförderung gelangen, nach den Bestimmungen ad 1 und 2, wenn sie auf ihren eigenen Rädern befördert werden, wie Eisenbahnfahrzeuge behandelt.

4. Wagen mit Panoramen, Karussells und dergleichen, sowie Schlitten und Feuerspritzen werden wie unbeladene Fahrzeuge behandelt. (Lokomobilen, Dresch- und Säe- (auch Drill-) Maschinen fallen unter die Position »Eisen und Stahl« des Spezialtarifs I.)

Einzelne lebende Tiere, welche in Wagen mit Panoramen, Karussells und dergleichen mit verladen sind, werden ebenso wie der übrige Inhalt der Wagen nicht besonders zur Frachtberechnung gezogen.

5. Fahrzeuge, sowie die unter Ziffer 4 genannten Wagen unterliegen den Tarifbestimmungen unter Ziffer 1 und 2 auch dann, wenn Räder und Deichsel abgenommen sind.

e) Gebrauchte Emballagen.

1. Für folgende Emballagen, wenn sie in gebrauchtem Zustande und leer aufgeliefert werden und als Stückgut zur Beförderung gelangen, wird die Fracht der Stückgutklasse nach dem halben wirklichen Gewicht, jedoch für mindestens 20 kg berechnet:

Fässer (unter 800 Liter Gehalt), Kübel, Zuber, und Bottiche (unter 400 Liter Gehalt), auch metallene Fässer und Kübel sowie Metallzylinder (zum Transport von Spiritus, Chemikalien, Öl, Firnissen, Hopfen etc.), Blechkannen zum Milchtransport, sofern sie mit dem Eigentumsmerkmal des Besitzers versehen sind, Kisten (auch metallene), sowie Kisten mit Blecheinsätzen, Lattenkisten, Harassen, Käfige, Steigen, Körbe, auch Latten- und Geflügelkörbe, sowie Säcke.

Dieselbe Frachtberechnung tritt ein für Haardecken, welche zu Transporten von Pulver und Munition verwendet waren, ferner für mit Packstroh oder -Heu gefüllte, gebrauchte Fässer, Kisten und Körbe, sofern die Prüfung des Inhalts mit Leichtigkeit zu bewirken ist, sowie für Geschofstransportkörbe mit Holzeinlagen. Eine Garantie gegen den Verlust des Inhalts wird nicht übernommen.

2. Alle anderen Arten von gebrauchten Emballagen, wie leere Flaschen, Blechkannen, soweit nicht vorher genannt, Blechdosen, Blechbüchsen, Krüge, Haspeln, Walzen, Hülsen, Rollen, gebrauchte Packtücher, zertrennte Säcke, Packbretter und Packlatten, Packen aus Fell und Tierhäuten, Koffer, Schachteln und Cartonnagen, ferner Fässer, Körbe, Kisten, in welchen leere Flaschen, Kannen, Krüge, Schachteln, Cigarrenkistchen und dergl. verpackt sind, auch Geschofstransportkasten und andere zur Beförderung von militärischer Munition oder militärischen Utensilien besonders eingerichtete Transportkasten in leerem Zustande sind nach ihrem vollen Gewicht zur Frachtberechnung heranzuziehen.

3. Für gebrauchte leere Glas- und Thonballons und für gebrauchte leere Stück- und Fuderfässer wird der Frachtberechnung nach der Stückgutklasse ebenfalls das halbe wirkliche Gewicht, mindestens jedoch ein Gewicht von 1000 kg für jeden verwendeten Wagen, zu Grunde gelegt, sofern sich nicht die Berechnung zur Stückgutklasse bei gebrauchten leeren Glas- und Thonballons nach dem anderthalbfachen, bei Stück- und Fuderfässern nach dem einfachen wirklichen Gewicht billiger stellt, in welchem Falle letztere Berechnungsweise anzuwenden ist. Unter Stück- und Fuderfässern sind lediglich Fässer mit einem Gehalt von 800 Litern und mehr zu verstehen.

4. Gebrauchte Emballagen sind, wenn sie als Eilgut aufgegeben werden, von dieser Vergünstigung ausgeschlossen und werden nur nach den für Eilgut gegebenen Bestimmungen befördert.

Während für die sperrigen Güter ein Zuschlag von 50 Prozent zum Gewicht für die Frachtberechnung zu Grunde gelegt wird, werden bei der Beförderung leerer gebrauchter Emballagen 50 Prozent abgezogen, um die Möglichkeit der Rücksendung und Neubenutzung der Emballagen zu gewähren. Emballagen dienen eben nur als Mittel zum Transport und liegt es deshalb im Verkehrsinteresse, die Möglichkeit der öfteren Benutzung derselben zu gewähren, damit nicht bei jedem Transporte eine neue Aufwendung erfolgen mufs, um den Transport überhaupt zu ermöglichen. Es wird dadurch eine direkte Ersparnis an lediglich für Transportzwecke nötigen Aufwendungen herbeigeführt. Früher wurde in den verschiedensten Tarifen ein ermäfsigter Rücktransport leerer Emballagen nur auf der Route des Hintransports gewährt und nur in dem Falle, wenn durch Vorlage des Frachtbriefs nachgewiesen wurde, dafs gefüllte Beförderung stattgefunden. Von dieser die Eisenbahnverwaltung wie das Publikum belästigenden Bestimmung hat man im Reformtarife abgesehen, indem man mit Recht annahm, dafs sich die Sendungen leerer Emballagen gegenüber den Volltransporten im wesentlichen ausglichen.

Die Bestimmung, dafs bei Aufgabe als Eilgut Emballagen zum vollen Frachtsatz befördert werden sollen, rechtfertigt sich deshalb, weil anzunehmen ist, dafs — wenn der Transport gebrauchter Emballagen so notwendig ist, dafs die Zeitdauer des gewöhnlichen Frachttransports nicht abgewartet werden kann — ein so grofses Interesse an der Beförderung vorliegt, dafs dieselbe nicht durch besondere Frachtnachlässe begünstigt zu werden braucht.

Neue Fässer, Kisten, Körbe tarifieren als Gegenstände des Handels nach der Sperrigkeitstaxe; ebenso neue leere Glas- und Thonballons in verpacktem Zustande; unverpackt werden letztere nur als Wagenladung zum Transport angenommen. (Heinsius a. a. O.)

f) Langholz und dergleichen.

Bei Gegenständen, deren Beförderung nach dem Ermessen der Eisenbahn die Einstellung von Schutzwagen erforderlich macht, wie z. B. bei Langholz, langen Eisenstangen und Leitern, wird für jeden Schutzwagen eine Gebühr von 15 Pf. für das Kilometer erhoben. Auf dem Schutzwagen dürfen die betreffenden Transportgegenstände nicht aufliegen.

Wenn zur Verladung von Langholz und dergleichen mehr als ein Wagen erforderlich ist, so wird jeder Wagen als zu gleichen Teilen belastet angesehen und dem entsprechend die Fracht nach den bestehenden Vorschriften berechnet. Diese Bestimmung greift auch Platz, wenn die zum Transport verwendeten mehreren Wagen miteinander fest verbunden sind.

In gleicher Weise, wie bei den Gütern der Spezialtarife, zu denen Langholz und Eisenstangen zählen, ist auch hier den Aufsichtsbehörden vorbehalten worden, für diejenigen Verwaltungen, welche noch eine gröfsere Anzahl von Schemelwagen unter 10 000 kg Tragfähigkeit besitzen, im Lokal- und Nachbarverkehr folgenden Zusatz zu genehmigen:

»Der Versender von Langholz und dergleichen kann behufs Anwendung der Frachtsätze der Spezialtarife resp. der Ausnahmetarife die Stellung anderer Schemelwagen als solcher von je 10 000 kg Tragkraft nicht beanspruchen. Sind derartige Wagen nicht vorhanden, so ist die Eisenbahnverwaltung berechtigt, statt eines Paares Schemelwagen von je 10 000 kg Tragkraft zwei Paare von Schemelwagen von zusammen mindestens 20 000 kg Tragkraft zur Beladung zu stellen. Der Versender ist in diesem Falle berechtigt, die gestellten Wagen bis zur Gesamttragfähigkeit zu beladen. Die Fracht wird nach dem wirklich verladenen Gewichte, mindestens aber für 20 000 kg, nach den Sätzen der Spezialtarife resp. der Ausnahmetarife berechnet.«

Auch hiebei wurde vorausgesetzt, dafs durch diese Mafsnahmen Konkurrenzen nicht hervorgerufen werden.

In den Spezialbestimmungen der preufsischen Staatsbahnen ist wegen Beladung der Schutzwagen folgende Bestimmung getroffen:

»Den Versendern von Langholz, Langeisen und dergleichen Gegenständen, deren Beförderung die Einstellung von Schutzwagen erforderlich macht, ist die Beladung der letzteren unter bahnseitiger Kontrolle und unter folgenden Bedingungen gestattet:

a) die zu verladenden Gegenstände müssen an den Empfänger der Hauptladung nach der Bestimmungsstation der letzteren adressiert sein,

b) die Fracht fur die auf den Schutzwagen verladenen Gegenstände, zu welcher der Versender einen besonderen Frachtbrief aufgeben mufs, wird nach den bezüglichen Tarifsätzen berechnet, jedoch von deren Gesamtbetrage die für den Schutzwagen selbst zu erhebende Gebühr in Abzug gebracht.«

Die Beförderung erfolgt demnach frachtfrei, sofern die letztere Gebühr, welche in erster Linie gedeckt werden mufs, die in obiger Weise berechnete Fracht übersteigt oder derselben gleichkommt.

Zur Erleichterung des Transports von Langeisen bei Aufgabe in geringeren Quantitäten als 20 000 kg wird auf den preufsischen Staatseisenbahnen zunächst versuchsweise für Langeisen (Schienen, Röhren, Konstruktionseisen etc.), welches wegen des Gewichts oder der Länge auf einen gewöhnlichen Güterwagen von 10 000 kg Tragkraft nicht verladen werden kann, sofern zur Verladung ein paar Schemel- oder Kuppelwagen von je 10 000 kg Tragkraft gestellt werden, die Fracht nach den Sätzen des betreffenden Spezialtarifs oder der Ausnahmetarife für Eisen für das wirkliche Gewicht der Ladung, mindestens aber für 10 000 kg erhoben. (Heinsius a. a. O.)

g) Fische.

Frische Fische, dann lebende Fische in Kübeln und Fässern, sowie solche kleine Flufs- und Seetiere, welche für Aquarien bestimmt sind, und Fischbrut werden bei Aufgabe als Frachtgut zu den einfachen Frachtgutsätzen mit den zu diesem Zweck von der Verwaltung bestimmten Personenzügen oder mit Eilgüterzügen befördert. Bei Aufgabe als Eilgut findet die Beförderung mit den Kurier- und Schnellzügen statt, soweit nicht etwa die Benutzung dieser Züge aus Betriebsrücksichten von den Verwaltungen ausgeschlossen ist. Bei Inanspruchnahme dieser Frachtbegünstigung müssen lebende Fische in amtlich geaichten Gefafsen verladen sein und es wird der durch den Aichstempel ausgewiesene Fassungsgehalt des Gefäfses derart der Frachtberechnung zu Grunde gelegt, dafs für jedes angefangene

Liter dieses Fassungsgehaltes, gleichviel ob der betreffende Raum ausgenutzt ist oder nicht, 1 kg in Rechnung zu ziehen ist. Ausnahmsweise werden unter den gleichen Bedingungen jedoch auch Fische in ungeaichten Blechgefäfsen zum Transport unter Berechnung der Fracht nach dem wirklichen Bruttogewicht zugelassen, sofern das letztere für jedes Gefäfs nicht mehr als 25 kg beträgt.

Auf den preufsischen Staatsbahnen werden unter gleichen Bedingungen auch noch andere leicht verderbliche Nahrungsmittel mit den Personenzügen oder Eilgüterzügen zu den einfachen Frachtgutsätzen befördert, soweit die Verwaltung nach den Betriebseinrichtungen und den Fahrplanbestimmungen die Benutzung der Personenzüge für zulässig erkennt, nämlich: »Milch, Bier (in Fässern), Brot, frisches Obst — auch Weintrauben — (mit Ausschlufs von Südfrüchten) und frische Beeren. Die gleiche Begünstigung geniefsen leer zurückgehende Milchgefäfse.«

II. Auf- und Abladen der Güter.

Das Auf- und Abladen derjenigen Güter, welche zu den Frachtsätzen des Eilstückguts und des Stückguts zur Beförderung gelangen, auf die Eisenbahnwagen bezw. von denselben geschieht auf Kosten der Eisenbahn und durch dieselbe. (Vgl. jedoch Anlage D Nr. XVI 4, XVII, XVIII, XIX, XXII und XXV zu § 48 des Betriebsreglements.)

Bei Gegenständen jedoch, welche einzeln mehr als 750 kg wiegen, oder deren Dimensionen den Raum eines Wagens überschreiten, kann die Eisenbahn das Aufladen durch den Versender und das Abladen durch den Empfänger verlangen.

Alle sonstigen Güter sind seitens der Versender und Empfänger auf- und abzuladen, sofern nicht die Eisenbahnverwaltung diese Leistungen gegen die in dem betreffenden Lokaltarife bestimmten Gebühren selbst übernimmt. Geschieht dies auf ausdrücklichen Antrag der Versender oder Empfänger, so sind die zur Verfügung gestellten Arbeiter nicht als Beauftragte der Eisenbahnverwaltung, sondern als Beauftragte der Versender bezw. Empfänger anzusehen, so dafs die im § 63 des Betriebsreglements ausgesprochene Haftpflicht in solchen Fällen ausgeschlossen bleibt.

III. Bedeckung der Güter. Transportutensilien.

1. Es gilt als vereinbart, dafs die Eisenbahnverwaltung die Güter der Spezialtarife, mit Ausnahme der in Ziffer 2 aufgeführten,

in unbedeckten Wagen zu befördern befugt sein soll, und dafs sie, wenn bei dem Mangel einer anderweiten Vorschrift des Versenders im Frachtbrief eine Beförderung in unbedeckten Wagen stattfindet, nicht für den Schaden haftet, welcher aus der mit dieser Transportart verbundenen Gefahr entstanden ist.

2. Verzeichnis der bedeckt zu befördernden Güter der Spezialtarife. (Es sind dies etwa 100 Güter der Spezialtarife, von deren Aufführung hier abgesehen wird.)

Hiernach sollen die Güter der allgemeinen Wagenladungsklasse — da über dieselben nichts gesagt wird — so befördert werden, wie es ihre Natur verlangt, unter voller Haftung der Eisenbahnverwaltung. Die Güter der Spezialtarife sind unbedeckt zu befördern, insoweit dieselben nicht in das Verzeichnis der bedeckt zu befördernden aufgenommen sind. In dieses Verzeichnis sind prinzipiell alle Güter der Spezialtarife aufgenommen, deren Natur eine bedeckte Beförderung erfordert. Demnach sollen also alle Güter so befördert werden, wie es ihre Natur erheischt. Dies ist rationell und volkswirtschaftlich richtig (Heinsius a. a. O.).

Früher wurde die bedeckte Beförderung der unter Ziffer 2 aufgeführten Güter nur für den Fall ohne Frachtzuschlag gewährt, dafs bedeckte Wagen auf der Absendestation verfügbar seien. Diese Bestimmung war aus dem Wertklassifikationssystem entnommen, hatte aber den Nachteil, dafs die Stellung bedeckt gebauter Wagen ohne Frachtzuschlag dadurch in das Belieben der untergeordneten Dienststellen gelegt, und die Fracht, je nachdem ein bedeckter Wagen vorhanden war oder erst herbeigeschafft werden mufste, verschieden war, da im letzteren Fall 10 Prozent Zuschlag berechnet wurden. Vgl. auch stenographische Berichte der deutschen Tarifreformenquête von 1875 S. 32—36.

3. Den Versendern steht ein Anspruch auf Beförderung von Ladungen, welche zu einem Teil aus Gütern der in Ziffer 2 genannten Warengattungen, zum andern Teil aus sonstigen Gütern der Spezialtarife bestehen, in bedeckten Wagen nicht zu.

4. Wird für diejenigen Güter, welche die Eisenbahnverwaltung nach den vorstehenden Bestimmungen unter 1 und 3 in unbedeckten Wagen zu befördern befugt ist, Verladung in bedeckten Wagen ausdrücklich im Frachtbrief vorgeschrieben, so kommen die Tarifsätze der betreffenden Klassen mit 10 Prozent Zuschlag in Anwendung.

5. Bei unbedeckter Beförderung der in Ziffer 2 genannten Güter der Spezialtarife, ebenso wie der Güter der allgemeinen Wagenladungsklassen haftet die Eisenbahnverwaltung für den Schaden, welcher aus dieser Transportart entstanden ist, es sei denn, dafs der Versender die Beförderung in offenen Wagen im Frachtbrief vorgeschrieben hat, oder dafs dieselbe in Gemäfsheit der Bestimmungen des Betriebsreglements oder des Bahnpolizeireglements notwendig ist.

6. Wird dem Versender zur Verladung der in Ziffer 2 genannten Güter der Spezialtarife und der Güter der allgemeinen Wagenladungsklassen auf sein ausdrückliches im Frachtbriefe gestelltes Verlangen an Stelle eines bedeckt gebauten Wagens ein offener Wagen mit Decken überwiesen, so ist für die Hergabe der letzteren die tarifmäfsige Deckenmiete zu entrichten.

7. Bezüglich der von den Versendern gelieferten eigenen Decken gelten folgende Bestimmungen:

a) Nur solche Decken sollen zugelassen werden, die mit einer dauerhaften und deutlichen Bezeichnung des Namens des Eigentümers und seines Wohnortes (Eisenbahnstation) versehen sind.

b) Die eigenen Decken der Versender, welche zum Schutze der Ladung dienen, werden bei Versendung der betreffenden Güter an den Empfänger, sowie bei ihrer Rücksendung, wenn dieselbe innerhalb dreier Monate durch den Empfänger an den Eigentümer als gewöhnliches Frachtgut erfolgt, frachtfrei befördert.

c) Diese eigenen Decken sollen auf den Bestimmungsstationen dem Empfänger der Sendung mit überliefert werden und ist daher in den betreffenden Frachtbriefen und Frachtkarten von den Ausstellern, bezw. von der Abgangsexpedition zu vermerken:

»Nebst . . . Stück eigenen Decken zum Schutze der Ladung.«

d) Bei Rücksendung der Decken hat der Empfänger derselben unter Vorlegung des von der Güterexpedition abzustempelnden Originalfrachtbriefes einen auf die Adresse des Eigentümers lautenden Frachtbrief beizugeben und in diesem ausdrücklich zu vermerken:

»Frachtfrei zu befördern.«

Fehlt dieser Vermerk oder wird der Originalfrachtbrief nicht sofort bei Aufgabe der Decken zum Rücktransporte vorgelegt, so wird die tarifmäfsige Fracht erhoben.

e) Eine Gewähr für unbeschädigte und reparaturfreie Rücklieferung der Decken oder für Innehaltung der Lieferfrist übernimmt die Eisenbahnverwaltung nicht. Wer sich beim Rücktransporte eine Entschädigung für Verlust oder Beschädigung sichern oder die Einhaltung der reglementsmäfsigen Lieferfrist beanspruchen will, mufs die Decken als Frachtgut aufgeben.

8. Die vorstehend unter Ziffer 7 aufgeführten Bestimmungen finden analoge Anwendung auch auf die bei lose verladenen Gütern, wie Kohlen, Coaks, Torf, Cichorienwurzeln, Obst u. s. w., von den

Versendern als Transportutensilien gestellten Aufsätze, Teilwände, Langbäume, Schemel, Ketten, Seile, Leinen, Stränge, Schliefskeile, Rungen und Unterlegebalken, sowie auf die zur Holzverladung benutzten Stützen und Steifen.

9. Hinsichtlich der Darleihung von Decken seitens der Eisenbahn gelten die Bestimmungen der Versandbahn.

Die bezüglichen ergänzenden Bestimmungen der preufsischen Staatsbahnen sind folgende:

Mietweise Überlassung von Wagendecken.

Soweit Decken der Eisenbahnverwaltung auf der Versandstation verfügbar sind, werden solche dem Versender gegen Entrichtung der in dem Tarife für die Nebengebühren der Versandbahn festgesetzten Gebühr mietweise überlassen, wenn der Versender in dem Frachtbriefe einen ausdrücklichen Antrag dahin stellt:

»Ich beantrage die Stellung eines offenen Wagens mit einer (zwei) Decke(n).«

Der Versender hat die ihm mietweise überlassenen Decken selbst oder durch seine Leute über die Ladung zu legen oder legen zu lassen.

Die Bestimmungen über die Haftpflicht der Eisenbahnverwaltung für den aus unbedeckter Beförderung entstehenden Schaden (B Abschnitt III Nr. 1 bezw. Nr. 5 der allgemeinen Tarifvorschriften) werden durch die Vermietung der Decken nicht berührt.

Werden zur Beförderung von Gütern, welche nach den in Abschn. B III der allgemeinen Tarifvorschriften gegebenen Bestimmungen bedeckt zu befördern sind, ohne Antrag des Versenders anstatt bedeckt gebauter Wagen offene Wagen mit Decken verwendet, so wird Deckenmiete nicht erhoben.

10. Eisbehälter und Eis, welche von den Versendern von Biertransporten in Wagenladungen diesen letzteren beigegeben werden, sind wie die von den Versendern gestellten eigenen Decken und sonstigen Transportutensilien zu behandeln und daher frachtfrei zu belassen. Selbstverständlich bleibt jedoch die Anwendung der Klasse A 1 von der Frachtzahlung für mindestens 5000 kg und die Anwendung der Klasse B von der Frachtzahlung für mindestens 10 000 kg für den Wagen und Frachtbrief auch bei den Biertransporten abhängig, und es darf unter Einrechnung des Gewichts der Eisbehälter und des Eises die zulässige Maximalbelastung der Wagen nicht überschritten werden.

11. Beim Transport von Flüssigkeiten aller Art (Säuren, Teer, Spiritus, Wein etc.) in Fässern, Bassins, Metallcylindern oder sonstigen Gefäfsen, welche mit den hierzu unter Beseitigung des Wagenkastens bezw. der Seiten- und Stirnwände besonders eingerichteten Wagen fest verbunden sind, so dafs sie nicht ohne besondere Schwierigkeiten

abgenommen werden können, bleibt das Gewicht der Fässer etc. frachtfrei. Die Bedingung der Frachtzahlung für mindestens 5000 kg bezw. 10 000 kg wird hierdurch jedoch nicht alteriert.

Die leer retourgehenden Wagen werden auf der Route des Hintransports frachtfrei befördert. Ebenso werden die zur Füllung gehenden leeren Wagen frachtfrei belassen, wenn dieselben in beladenem Zustande über die gleiche Route geleitet werden, welche sie leer passierten.

Während für die Rückbeförderung leerer Emballagen nur eine Ermäfsigung von 50 Prozent eintritt, ist in diesen Bestimmungen das Prinzip durchgeführt, dafs alle diejenigen Transportutensilien, welche zur Beförderung des Gutes notwendig sind und in Ermangelung einer Gestellung derselben seitens der Eisenbahnverwaltung oder aus sonstigen Zweckmäfsigkeitsgründen von den Versendern selbst auf eigene Kosten gestellt werden, frachtfrei zurückbefördert werden sollen. Die Leistungen der Eisenbahn werden durch die Hergabe dieser Transportutensilien bezw. Transportmittel seitens der Versender geringere, und ist es daher nur billig, dafs dieselben auf dem Hintransport nicht zur Frachtberechnung herangezogen und frachtfrei an den Versender zurückbefördert werden. Der Rücktransport erfolgt auf der Route des Hintransports, da nur von denjenigen Eisenbahnverwaltungen, welche die Fracht für das beförderte Gut erhalten haben, die frachtfreie Rückbeförderung der zum Transport notwendig gewesenen Gegenstände beansprucht werden kann (Heinsius a. a. O.).

§ 78. *Die weitere Entwickelung des Reformtarifs durch die Tarifkommission und den Verkehrsausschufs.*

Zur weiteren einheitlichen Fortbildung des Reformtarifs wurde auf den Vorschlag des preufsischen Handelsministers durch Vereinbarung unter den deutschen Regierungen eine sogen. Tarifkommission eingesetzt, bestehend aus Vertretern deutscher Staats- und Privateisenbahnen, sowie ein sogen. Verkehrsausschufs, bestehend aus von den Regierungen ernannten Vertretern von Handel, Industrie und Landwirtschaft. In die Tarifkommission sind seit 1883 auch einige schweizerische Eisenbahnverwaltungen, welche das deutsche Tarifsystem angenommen haben, mit beratender Stimme und dem Recht, Anträge zu stellen, eingetreten.

Die Tarifkommission hat alle Anträge auf Anderungen des Tarifschemas, der Tarifvorschriften und der Klassifikation vorzuberaten, die wichtigeren gemeinschaftlich mit dem Verkehrsausschufs, jedoch so, dafs beide Körperschaften getrennt abstimmen. Die Wirksamkeit der genannten Körperschaften wurde später ausgedehnt auch auf die Tarife für Leichen, Fahrzeuge und lebende Tiere und auf die Personen- und Gepäcktarife. Ihre Beschlüsse bezw. Referate werden der Generalkonferenz aller deutschen Eisenbahnen vorgelegt, welche durch einfache Stimmenmehrheit über deren Annahme oder Ablehnung beschliefst; wird jedoch gegen einen von der Generalkonferenz angenommenen Beschlufs von einem Viertel der Stimmen, welche entsprechend der Kilometerzahl der Eisenbahnen festgesetzt sind, Widerspruch erhoben, so gilt der Antrag als abgelehnt. Diejenigen Beschlüsse jedoch, welche lediglich eine Deklaration (Auslegung) der bestehenden Bestimmungen geben, werden der Generalkonferenz in der Regel nicht vorgelegt, sondern erhalten Gültigkeit, wenn bis zur nächsten ordentlichen Sitzung der Tarifkommission nicht von einer Anzahl Eisenbahnverwaltungen, welche ein Zehntel sämtlicher Stimmen führen, bei der geschäftsführenden Verwaltung Widerspruch eingelegt ist. Geschieht dies, so erfolgt die Vorlage an die Generalkonferenz, welche dann, wie oben angegeben, entscheidet. Die von der Generalkonferenz gefafsten Beschlüsse unterliegen endlich noch der Genehmigung der verschiedenen Landesaufsichtsbehörden der verschiedenen Eisenbahnen, welche aber bisher noch niemals versagt worden ist. Auf diese Weise vollzieht sich die organische Weiterbildung des vereinbarten Reformtarifs, welche sich namentlich auf Änderung zweifelhafter oder unzweckmäfsiger Tarifvorschriften und zahlreiche Deklassifikationen, d. h. Versetzungen von Artikeln aus den höheren in niedere Klassen erstreckte.

Eine genaue Zusammenstellung der bis dahin erfolgten Deklassifikationen findet sich in der Zeitung des Vereins deutscher Eisenbahnen 1883 S. 65 ff. Die Zahl und Bedeutung dieser Deklassifikationen ist so erheblich, dafs in diesem Artikel ein demnächstiger Wegfall des Spezialtarifs I bezw. Aufgehen im Spezialtarif II in Aussicht genommen wird. Eine derartige Entwickelung würde den Grundsätzen der gemeinwirtschaftlichen Tarifgestaltung entsprechen.

Es wurden ferner von der Tarifkommission die Zusatzbestimmungen zum Betriebsreglement gemeinsam für alle deutschen Eisenbahnen aufgestellt und diese zusammen mit den Tarifvorschriften und der Güterklassifikation unter dem Titel: »deutscher Eisenbahngütertarif Teil I«, enthaltend die allgemeinen Bestimmungen für sämtliche deutsche Gütertarife herausgegeben. Ferner wurden für die Beförderung von Leichen, Fahrzeugen und lebenden Tieren ein gemeinsames Tarifschema und gemeinsame Tarifvorschriften für sämtliche Eisenbahnen Deutschlands festgestellt.

§ 79. *Versuche zur Wiederherstellung des Klassifikationssystems.*

Ein Teil der deutschen Eisenbahnen, insbesondere die norddeutschen Privateisenbahnen, waren mit dem neuen Reformtarif von Anfang an nicht einverstanden und hatten ihn, wie im § 75 erwähnt, nur unter dem Drucke der damaligen Verhältnisse angenommen. Ehe er noch vollständig durchgeführt war, erstrebten sie schon dessen Beseitigung. Dahingehende Anträge auf grundsätzliche Änderungen des Reformtarifs, welche denselben wieder zu einem reinen Wertklassifikationstarif machen sollten, wurden unter geschickter Benutzung von Beschwerden von Verkehrsinteressenten aus Norddeutschland bald nach dem Zusammentritt der Tarifkommission seitens der norddeutschen Privatbahnen und der sächsischen Staatseisenbahnen gestellt. Diese Beschwerden der norddeutschen Verkehrsinteressenten waren hervorgerufen:

1. durch eine teilweise Verteuerung der Stückgutfracht. Der Reformtarif hatte für Stückgut nur eine Tarifklasse vorgesehen, während bis dahin in den Gütertarifen der norddeutschen Eisenbahnen zumeist drei, in einigen Tarifen, (z. B. der Thüringischen Bahn) zwei und nur vereinzelt (z. B. auf der Altona-Kieler und der Rheinischen Bahn) eine Stückgutklasse bestanden hatten. Die Einheitssätze der Tarife mit drei Klassen betrugen im allgemeinen (einschliefslich des damals berechneten zwanzigprozentigen Zuschlags):

	für die I. (Normal-) Klasse,	für Klasse II.	für Klasse A.
für die Zentnermeile	5,0 Pf.	4,00 Pf.	3 Pf.
oder für das Tonnenkilometer	13,3 »	10,67 »	8 »

In den Tarifen mit zwei Stückgutklassen fehlte die niedrigste Klasse A. Die Streckeneinheitssätze der Tarife mit einer Stückgutklasse entsprachen im allgemeinen den Sätzen der vorgedachten Normalklasse ohne Zuschlag. Die Expeditionsgebühr war verschieden, zumeist zwischen 5 und 10 Pf. für den Zentner (10 bis 20 Pf. für 100 kg), doch vielfach, namentlich in Lokaltarifen, auch niedriger festgesetzt.

Bei der Einführung des Reformtarifs waren die Normalstreckensätze der preufsischen Staatsbahnen auf 11 Pf. für das Tonnenkilometer, also auf wenig mehr als den mittleren Satz der alten dreiklassigen Tarife bezw. als den niedrigsten Satz der alten zweiklassigen Tarife festgesetzt. Der Normalsatz der Expeditionsgebühr wurde anfangs allgemein auf 20 Pf. für 100 kg angenommen, demnächst aber für kürzere Strecken von weniger als 100 km bis auf 10 Pf. für

100 kg abgestuft. Die übrigen norddeutschen Bahnen nahmen zum Teil gleich hohe, zum Teil etwas höhere Sätze an. Die Tarifreform hatte hienach eine erhebliche Frachterhöhung im allgemeinen nur für diejenigen Stückgüter, welche früher in den mit drei Stückgutklassen ausgestatteten Gütertarifen zu der ermäfsigten Klasse A. befördert wurden, zur Folge, während die Stückgüter der früheren Klasse II. nur eine geringe Erhöhung, diejenigen der früheren Normalklasse (I.) aber eine nicht unwesentliche Ermäfsigung erfuhren.

Nichtsdestoweniger wurde die eingetretene Tariferhöhung für gewisse auf den Kleinverkehr angewiesene und bisher in der dritten Stückgutklasse beförderte Artikel namentlich bei Versendung auf weitere Entfernungen unangenehm empfunden, und entstanden hieraus die erwähnten Beschwerden, welche besonders von der Rheinisch-Westfälischen Kleineisenindustrie ausgingen. Die durch den neuen Tarif den Wagenladungen gewährten Erleichterungen, namentlich die Herstellung der allgemeinen Wagenladungsklassen, durch welche der (seither auf die Güter der ermäfsigten Wagenladungsklassen beschränkte) Sammelverkehr der Spediteure eine bedeutende, in Norddeutschland bisher unbekannte Ausdehnung erfuhr, erschienen nicht genügend, um die dem Kleinverkehr durch die Frachterhöhung der früher niedriger tarifierten Stückgüter erwachsenen Nachteile auszugleichen.

2. Weitere Beschwerden entstanden durch die Einführung des Grundsatzes des Raumtarifs, dafs die Wagenladungssätze nur gewährt wurden bei Verladung in einen Wagen, nicht auch wie beim Wertklassifikationstarif bei Aufgabe eines gewissen Gewichts, auch wenn Verladung in mehrere Wagen stattfand.

Diese an sich so vernünftige im Interesse des Verkehrs wie der Eisenbahnen liegende Bestimmung war für die Verkehrtreibenden in Norddeutschland ungewohnt und wurde als eine Belästigung bezw. Verteuerung des Transports gewisser Güter, von denen 10 000 kg sich nicht oder nicht bequem in einen Wagen verladen liefsen, empfunden. Dazu kam die in Norddeutschland noch vorhandene grofse Zahl von 100 Zentnerwagen und die teilweise ungenügende Zahl von 200 Zentnerwagen bezw. der verschiedene Fassungsraum von Wagen derselben Tragkraft, infolge dessen von gewissen Gütern in die eine Sorte Wagen 10 000 kg. verladen werden konnten, in die andere nicht.

Im ganzen genommen waren es indessen Beschwerden, wie sie bei jeder Reform entstehen, und die im Verhältnisse zu den grofsen

Vorteilen, welche der Reformtarif den Verkehrsinteressen bot, von keiner Erheblichkeit waren. Es wäre auch nicht schwierig gewesen, diese Beschwerden durch Ermäfsigung der Stückguttaxen auf weitere Entfernungen und zweckmäfsige Benutzung der vorhandenen 100 Zentnerwagen und der Wagen mit kleinem Laderaum zu beseitigen, wohin gehende Vorschläge sofort in der Tarifkommission gemacht werden.

Vgl. Verhandlungen und Beschlüsse der ständigen Tarifkommission über Abänderungen des deutschen Gütertarifsystems, Berlin 1880 insbesondere S. 26, 27, 51, 52.

Allein dies war nicht nach dem Sinne der Anhänger des Wertklassifikationssystems, und deshalb lehnten sie diese Vorschläge ab und stellten ihrerseits Anträge, welche dahin gingen:

1. eine zweite ermäfsigte Stückgutklasse einzuführen;
2. die allgemeinen Wagenladungsklassen zu beseitigen;
3. eine neue Spezialklasse (Wagenladungsklasse I.) einzuführen bei Aufgabe von mindestens 5000 kg in einem Wagen — etwa zum Mittelsatz der jetzigen allgemeinen Wagenladungsklassen;
4. den jetzigen Spezialtarif I. als neue Wagenladungsklasse II. bei Aufgabe von mindestens 5000 kg in einem Wagen aufzunehmen — nötigenfalls mit geringer Erhöhung von 5 %;
5. die halben Ladungen (von 5000 kg) der jetzigen Spezialtarifgüter II. und III. (neue Wagenladungsklasse III. und IV.) zur nächsthöheren Klasse zu befördern;
6. als Folge von No. 4 und 5 die Klasse A. 2 zu beseitigen.

In den Vorschlägen zu 2, 3 und 4 sollte bei entsprechender Festsetzung der Einheitssätze die Entschädigung für die mit der Einführung der zweiten Stückgutklasse verbundenen Einbufsen, sowie für die Ermäfsigung der halben Wagenladungen der niedrigsten Spezialklassen gefunden werden.

Hieraus ergab sich das folgende Schema:

	für 5000 km	für 10000 km
Stückgutklasse I.		
Stückgutklasse II. für die Güter der Wagenladungsklassen		
Wagenladungsklasse I.	I.	I.
Wagenladungsklasse II.	II.	II.
Wagenladungsklasse III.	II.	III.
Wagenladungsklasse IV.	III.	IV.

Ein in der Minderheit gebliebener Ergänzungsvorschlag — der später von den Interessenten vielfach empfohlen wurde — wollte aufserdem die Sendungen der Stückgutklasse I. in Ladungen von 5000 kg zur Stückgutklasse II. abfertigen lassen.

In der Tarifkommission gingen die Ansichten sehr auseinander. Diejenigen Mitglieder, in deren Bezirken früher das Klassifikationssystem bestand, traten in ihrer Mehrzahl für diese Anträge, die Vertreter der süddeutschen Verwaltungen, deren Tarife früher nach dem natürlichen oder dem gemischten System gebildet waren, gegen dieselben ein. Auch von Vertretern namhafter norddeutscher Bahnen wurde das Bedürfnis einer Ermäfsigung der Stückguttarife in dem in Vorschlag gebrachten Umfange keineswegs für erwiesen erachtet und vermittelnd beantragt, von einer umfassenderen Revision des bestehenden Tarifsystems abzusehen und nur für gewisse Artikel der Landwirtschaft oder der Industrie, für welche das Bedürfnis einer Ermäfsigung näher nachzuweisen sei, eine ermäfsigte Stückgutklasse einzuführen. Schliefslich wurden die Anträge mit einer Stimme Mehrheit angenommen. Der Verkehrsausschufs trat in seiner Mehrheit gegen die Stimme des süddeutschen Mitglieds für die Vorschläge ein.

Dieser Beschlufs, welcher einen vollständigen Rückschritt zum reinen Wertklassifikationssystem bedeutete, durch Vermehrung der Stückgutklassen und der Spezialtarife, sowie durch Beseitigung der allgemeinen Wagenladungsklassen ist indes bis jetzt ohne Erfolg geblieben. Die Regierungen stellten zunächst Ermittelungen an über die finanziellen Ergebnisse der vorgeschlagenen Änderungen und hörten die wirtschaftlichen Körperschaften bezw. die Eisenbahnräte darüber. Der neunte deutsche Handelstag, welcher am 19. November 1880 über diese Angelegenheit beriet, vermochte zu einem entscheidenden Beschlufs nicht zu kommen. Seitdem ruhte die Angelegenheit. Inzwischen sind auch, wie zu erwarten, die anfänglich erhobenen Beschwerden über den Reformtarif zum gröfsten Teil verstummt und die öffentliche Meinung hat sich über die Tendenz der Abänderungsvorschläge genügend aufgeklärt, so dafs dieselben im ganzen als beseitigt angesehen werden können, zumal sich auch die preufsische Regierung schon wegen der zu erwartenden grofsen Einnahmeausfälle dagegen ausgesprochen hat.

Neuerdings ist indes die Frage der Einführung einer zweiten Stückgutklasse, unabhängig von den übrigen Änderungen des Tarifsystems, von neuem aufgegriffen worden und unterliegt zur Zeit der Prüfung. Die preufsische Regierung hat ihre Bereitwilligkeit zu erkennen gegeben, den Anträgen auf eine Ermäfsigung des Stückguttarifs durch Herstellung von Ausnahmetarifen etwa bis zum Satze von 8 Pf. für das Tonnenkilometer für einzelne, der Erleichterung nachweislich dringend bedürftige Artikel entgegenzukommen, und hat die Angelegenheit dem Landeseisenbahnrat zur Begutachtung vorgelegt. Am 4. Dezember 1885 hat der preufsische Landeseisenbahnrat die Ermäfsigung der Stückgutfracht für folgende Artikel befürwortet:

1. Eisen und Stahl und Eisen- und Stahlwaren der drei Spezialtarife.
2. Maschinenteile, soweit nicht unter Eisen und Stahl enthalten.
3. Blei, Zink, des Spezialtarifs I, auch Zinkgufs.
4. Andere Metalle aufser Eisen, Stahl, Blei und Zink, ordinäre Messing- und Metallwaren, als Gewichte, Haken, Handgriffe, Knöpfe, Kranen, Nägel, Nieten, Riegel, Rollen etc. und alle Artikel, welche bei der Bau- und Möbelschreinerei verwandt werden, Kupfer- und Messingplatten, Kupfer- und Messingbleche, Kupfer- und Messingdraht und Blei und Zink.
5. Düngemittel des Spezialtarifs III.
6. Landwirtschaftliche Erzeugnisse, als Getreide und Hülsenfrüchte, Sämereien, Futterstoffe, Kleie, auch Gries- und Reiskleie, Ölkuchenmehl, auch Malzkeime und Kartoffeln.

Ferner erklärte der Landeseisenbahnrat, dafs ein hervorragendes Bedürfnis des öffentlichen Verkehrs für die Beförderung der halben Wagenladungen der Güter des Spezialtarifs III zu den Sätzen des Spezialtarifs II anzuerkennen sei. Entsprechende Anträge sind sodann von den preufsischen Staatsbahnen bei der Generalkonferenz der deutschen Eisenbahnen mit dem Zusatz gestellt worden, im übrigen die oben erwähnten Anträge der ständigen Tarifkommission abzulehnen. Indes wurden die Anträge der preufsischen Staatsbahnen von der Generalkonferenz an die Tarifkommission zur erneuten Vorberatung zurückverwiesen.

Es wäre gewifs vorteilhaft, wenn die auf weite Entfernungen sehr hohen Stückgutsätze ermäfsigt würden, aber nicht durch eine zweite Stückgutklasse, was aufser den Unzuträglichkeiten, welche jede Klassifikation des Stückguts mit sich bringt (Anreiz zu falschen Deklarationen, Vermehrung der Expeditions- und Abrechnungsarbeit etc.), fortwährende Berufungen und Agitationen um Versetzung einzelner Güter in die zweite Stückgutklasse nach sich ziehen würde, sondern durch Ermäfsigung für weitere Entfernungen mittelst fallender Skala, wie dies der Verfasser bereits 1879 vorgeschlagen hat.

Vgl. Verhandlungen und Beschlüsse der ständigen Tarifkommission S. 86 und 114 ff.

Hierdurch würde unzweifelhaft ein wirkliches Bedürfnis befriedigt und die bei einer Beschränkung auf gröfsere Entfernungen nicht sehr erheblichen Ausfälle würden bald wieder eingeholt werden durch Vermehrung des Verkehrs bezw. Gewinnung eines Teils des Postpaketverkehrs, welchen jetzt die Eisenbahnen zu geringeren Sätzen fahren. Neben dieser Ermäfsigung der Stückgutfracht dürfte es sich empfehlen, durch Herabsetzung der Frachtsätze für 5000 kg der Spezialtarife II und III die kleinen Bezieher etwas günstiger zu stellen, indem man die Sätze des Spezialtarifs I für 5000 kg des Spezialtarifs II und die Sätze des Spezialtarifs II für 5000 kg des Spezialtarifs III anwenden könnte.

§ 80. *Versuch der Reichsregierung zur Einführung materieller Tarifeinheit.*

Wenn auch in Deutschland die formale Tarifeinheit d. h. die Einheit des Tarifsystems erreicht war, so liefs die materielle Tarifeinheit, die Einheitlichkeit der Grundtaxen, noch viel zu wünschen übrig. Fast jede deutsche Eisenbahn hatte für ihren Lokalverkehr verschiedene Einheitssätze in den Reformtarif eingerechnet, und auch in den Verbänden war das hier besonders berechtigte System der gleichen Einheitssätze nur selten durchgedrungen. Die Einheitssätze für die Staatseisenbahnen wurden von deren höchster Verwaltungsbehörde festgesetzt, den Privateisenbahnen sind Maximalsätze bei Einführung des Reformtarifs von den Landesaufsichtsbehörden zugestanden, unterhalb welcher dieselben ihre Tarife selbst festsetzen. Für einzelne Artikel können ferner von der gemeinsamen Klassifikation abweichende Ausnahmetarife gebildet werden, deren Festsetzung bezw. Genehmigung seitens der Landesaufsichtsbehörden erfolgt. Diese letztere Bestimmung ist besonders bedenklich. Sie ermöglicht es, selbst die formale Einheit des Tarifsystems durch Ausnahmetarife ganz oder zum Teil wieder zu durchlöchern, jedenfalls aber fehlt bei der Verschiedenartigkeit der Aufsichtsbehörden und der Unmöglichkeit, die Wirkungen eines für ein gewisses Gebiet zugestandenen Ausnahmetarifs auf die andern konkurrierenden Erzeugungs- und Absatzgebiete völlig zu übersehen, die Sicherheit, dafs nicht überflüssige und geradezu volkswirtschaftlich schädliche Ausnahmetarife eingeführt werden. Materiell war also im allgemeinen der Zustand geblieben, wie die privatwirtschaftliche Tarifgestaltung durch die Verschiedenheit der Einheitssätze, Ausnahmetarife etc. ihn geschaffen hatte: Begünstigung einzelner Landesteile, Industrieen, Handelsplätze durch niedrige Tarife, Schädigung anderer durch zu hohe, mit einem Wort willkürliche und ungleiche Bedingungen für Erzeugung und Verbrauch.

Die Tarifhefte der einzelnen Verwaltungen und Verbände erreichten bald wieder einen ungeheuren Umfang und erhielten eine Menge von Nachträgen, welche die Übersichtlichkeit nahezu vollständig aufhoben. Nach einer von dem Reichseisenbahnamt im September 1879 aufgestellten Übersicht bestanden damals — zwei Jahre nach dem Beginne der Durchführung der Tarifreform — für den Verkehr der deutschen Eisenbahnen 63 Lokaltarife, 184 Verbandtarife und aufserdem 351 Spezialtarife für einzelne Artikel. Hierzu traten für den direkten Verkehr der deutschen Eisenbahnen mit dem Auslande noch weitere 199 Tarife und 314 Spezialtarife für einzelne Artikel. Einzelne Verbandtarife waren wieder in zahlreiche Hefte zergliedert. So bestand der Mitteldeutsche Verbandtarif aus 33 Heften mit 374 Nachträgen. Ohne eine gröfsere Gleichmäfsigkeit der Tarifsätze war — dies ging aus den Erfahrungen hervor — zu geordneten Tarifzuständen, zu übersichtlichen und stetigen Tarifen nicht zu gelangen.

Vgl. Bericht über die Betriebsergebnisse der preufsischen Staatseisenbahnen 1880/81 S. 233.

Zur Beseitigung dieser Übelstände nahm von neuem das Reich die Tarifreform in die Hand und zwar versuchte es eine gesetzliche Regelung der Eisenbahntarife. Ende 1878 bezw. Anfang 1879 wurden die ersten einleitenden Schritte gethan.

Im Januar 1879 war die Norddeutsche Allgemeine Zeitung in der Lage, folgenden bemerkenswerten Auszug aus einem Schreiben des Fürsten Reichskanzlers an einen deutschen Minister mitzuteilen:

»Ich beabsichtige, am Reiche die Frage anzuregen, ob nicht das Tarifwesen der Eisenbahnen, unabhängig von dem intendierten Reichseisenbahngesetz, der reichsgesetzlichen Regelung durch ein Tarifgesetz bedarf. Wenn es in Preufsen unmöglich ist, ohne allerhöchste Ermächtigung eine Änderung in geringen Wegegeld- oder Brückenzollerhebungen herbeizuführen, so steht damit die Rechtlosigkeit, in welcher die Bevölkerung sich gegenüber den sehr viel wichtigeren Eisenbahntarifen befindet, in einem auffälligen Widerspruch. Wenn streng darauf gehalten wird, dafs die Post ihre Tarife nur auf der Grundlage gesetzlicher Bestimmungen regeln kann, wenn es für ein unabweisliches öffentliches Bedürfnis erkannt wurde, dafs der letzte Rest von

Privatposteinrichtungen in Gestalt der Taxisschen Privilegien durch Expropriation beseitigt wurde, so ist es schwer erklärlich, wie der sehr viel gröfsere und wichtigere Interessenkreis im Vergleich mit der Post, welcher von den Eisenbahntarifen abhängig ist, der Ausbeutung im Privatinteresse durch lokale Behörden ohne gesetzliche Kontrolle für die Dauer überlassen werden konnte. Dabei hat der Postverkehr seine Konkurrenz und Kontrolle durch jede Privatexpedition, während die Eisenbahnen in bestimmten Bezirken den Verkehr monopolistisch beherrschen, jede Konkurrenz vermöge des staatlichen Privilegiums, auf dem sie beruhen, unmöglich ist, und da, wo zwei und mehrere Eisenbahnen konkurrieren könnten, eine Verständigung zwischen ihnen in der Regel gefunden wird. Der Umstand, dafs so grofse öffentliche Interessen, wie das Eisenbahntransportwesen, Privatgesellschaften und einzelnen Verwaltungen ohne gesetzliche Kontrolle zur Ausbeutung für Privatinteressen überlassen sind, findet in der Geschichte des wirtschaftlichen Lebens der modernen Staaten seine Analogie wohl nur in den früheren Generalpächtern finanzieller Abgaben. Wenn nach denselben Modalitäten, wie die Eisenbahnen ein Verkehrsregal ausüben, man die Erhebung der Klassen- und Einkommensteuer einer Provinz oder die Erhebung der Grenzzölle auf bestimmten Abschnitten unsrer Grenze Privataktiengesellschaften zur Ausbeutung überlassen würde, so wären dieselben doch immer durch die Schranken gesetzlich feststehender Abgabensätze gebunden, während heute bei uns für die Eisenbahntarife die Bürgschaft gesetzlicher Regelung unserem Verkehrsleben fehlt. Diesen Erwägungen gegenüber glaube ich nicht umhin zu können, im Wege der Reichsgesetzgebung eine vorbereitende Prüfung der Frage zu veranlassen, ob und auf welchem Wege es thunlich sein wird, in Anknüpfung an die Bestimmungen der Reichsverfassung eine gesetzliche und soweit es möglich ist, einheitliche Regelung des deutschen Tarifwesens herbeizuführen. Wenn es gelingt, dies Ziel zu erreichen, so werden dann auch die Ausnahmetarife nur auf Grund der Gesetzgebung eingeführt oder beibehalten werden können u. s. w. (gez.)

v. Bismarck.

Unter dem 15. Februar 1879 stellte der Reichskanzler im Namen des Präsidiums beim Bundesrat den Antrag:

»Die Ausarbeitung eines Gesetzes zur Regelung des Gütertarifwesens beschliefsen und zu diesem Behufe zunächst einen Ausschufs berufen zu wollen, welcher aus einem Vertreter des Präsidiums und aus einer vom Bundesrat näher zu bestimmenden Zahl von Vertretern derjenigen Bundesstaaten, welche eine eigene Staatsbahnverwaltung besitzen, zu bestehen hätte.«

Die Vorlage war von einer ausführlichen Begründung begleitet.

Über den Inhalt derselben vgl. »Zeitung des Vereins deutscher Eisenbahnen 1879 Nr. 15«; ferner »Der einheitliche deutsche Eisenbahngütertarif«, Berlin 1879 S. 3 ff.

Demgemäfs trat zur Vorberatung des Antrags im Reichseisenbahnamt eine Kommission von Bevollmächtigten der deutschen Staaten, welche Staatsbahnen besitzen, zusammen, welche von 7. bis 11. März 1879 verhandelte und in welcher bereits seitens des preufsischen Kommissars ein allerdings nur unverbindlicher Vorschlag über die anzunehmenden Einheitssätze gemacht wurde. Das Protokoll dieser Konferenz wurde dem Bundesrat vorgelegt und von demselben eine Kommission mit Ausarbeitung eines Gesetzes zur Regelung des Gütertarifwesens betraut. Dieser Gesetzentwurf wurde zwar ausgearbeitet und dem Bundesrat vorgelegt, gelangte aber nicht zur Verhandlung, wurde vielmehr infolge des Widerstandes der Mittelstaaten auf dem Wege der Zurückstellung beseitigt.

Über den Inhalt siehe Zeitung des Vereins deutscher Eisenbahnen 1879 S. 574.

§ 81. *Die Einführung materieller Tarifeinheit in Preufsen und Einflufs dieser Mafsregel auf die Entwickelung des deutschen Gütertarifwesens.*

Erfolgreicher als diese Bestrebungen des Reichs war dagegen das Vorgehen der preufsischen Regierung auf dem Gebiete der Gütertarife. Die Tarifgestaltung auf dem preufsischen Staatsbahnnetz war früher fast ganz privatwirtschaftlich gewesen, jede Direktion hatte ihre besonderen Einheitssätze in die Tarife eingerechnet, ihre besondere, bisweilen sogar dem Interesse einer anderen preufsischen Staatsbahn entgegengesetzte Verkehrspolitik getrieben. Die Haltung der höchsten Verwaltungsbehörde, des Handelsministeriums, war in der Tarifpolitik eine schwankende gewesen, wie dies die dort gepflegte Theorie des gemischten Eisenbahnsystems mit sich brachte.

Dies änderte sich vollständig mit der Übernahme des Ministeriums der öffentlichen Arbeiten durch den Minister Maybach. Es trat eine straffere Zentralisation der preufsischen Staatsbahnverwaltungen besonders in Tarifangelegenheiten hervor und der Schwerpunkt der Verkehrspolitik wurde von den einzelnen Direktionen in das Ministerium verlegt. Anstatt der wesentlich privatwirtschaftlichen Tarifgestaltung der einzelnen Direktionen kam eine mehr gemeinwirtschaftliche Tarifgestaltung zur Geltung. Erleichtert wurde dies durch die Verstaatlichung der preufsischen Privateisenbahnen. Sofort nach dem Übergang der durch die Gesetze vom 20. Dezember 1879 und 14. Februar 1880 erworbenen grofsen Privateisenbahnen wurde eine Reform des Tarifwesens in Angriff genommen.

Vgl. Denkschrift über die bisherigen Erfolge der im Laufe des Jahres 1880 eingetretenen Erweiterung und Konsolidation des Staatseisenbahnbesitzes, Berlin 1880 S. 40 ff.

Zunächst wurde für das gesamte Netz der Staatseisenbahnen und der unter Staatsverwaltung stehenden Privatbahnen eine zweckmäfsigere und den Bedürfnissen des Verkehrs entsprechendere Ordnung der Gütertarife hergestellt. Neben dem auch für die preufsischen Staatsbahnen gültigen, in § 78 erwähnten deutschen Eisenbahngütertarif Teil I finden sich in besonderen Heften für den Lokal- und Wechselverkehr der einzelnen Direktionsbezirke die Tariftabellen, die Nebengebühren und besonderen Bestimmungen zum Betriebsreglement und zu den Tarifvorschriften, sodann die Kilometerzeiger für die Entfernungen zwischen den einzelnen Stationen und die besonderen Stations- und Ausnahmetarife. Die Kilometerzeiger umfassen den Verkehr zwischen sämtlichen Stationen und den für Güterverkehr eingerichteten öffentlichen Haltestellen der einzelnen Direktionsbezirke, insoweit derselbe durchweg über Staatseisenbahnlinien vermittelt werden kann oder die zwischenliegenden Privateisenbahnen sich der Durchrechnung der Tarife nach den Einheitssätzen der preufsischen Staatsbahnen angeschlossen haben. Hierbei ist überall der kürzeste betriebsfähige Eisenbahnweg der Entfernungsberechnung zu Grunde gelegt.

Aus den Kilometerzeigern in Verbindung mit der allgemeinen Frachttabelle ist hiernach mit Leichtigkeit der normale Frachtsatz des kürzesten Wegs für alle gegenseitigen Verkehrsbeziehungen der vom Staate verwalteten Linien zu ermitteln, soweit nicht besondere ermäfsigte Stations- oder Ausnahmetarife bestehen, oder wegen der Beteiligung fremder Eisenbahnen von der Aufnahme in die Kilometerzeiger abgesehen werden mufste. Zugleich sind die sonstigen Beförderungsbedingungen und Nebengebühren aus den Tarifheften für den Lokalverkehr der einzelnen Direktionsbezirke in Verbindung mit dem Teil I der deutschen Eisenbahngütertarife zu ersehen. Die Abfertigung findet zwischen allen in die Kilometerzeiger aufgenommenen Stationen direkt und ohne Belastung mit Expeditionsgebühren für Umexpedition und — insoweit der Verkehr von Staatsbahn zu Staatsbahn durch staatliche Verbindungsbahnen vermittelt wird — ohne besondere Berechnung von Überfuhrgebühren statt.

Es sind ferner für die gesamten preufsischen Staatsbahnen und für Rechnung des Staates verwalteten Bahnen einheitliche Normaltransportgebühren für Güter, Leichen, Fahrzeuge und lebende Tiere festgesetzt und fast überall bereits in die Tarife eingerechnet. Sie gewährten für den gröfsten Teil desjenigen Gebiets, wo sie eingeführt wurden, erhebliche Ermäfsigungen, namentlich für Massengüter. Teils aus finanziellen und wirtschaftlichen Gründen, teils mit Rücksicht auf die bisherige Tariflage und die unter ihrer Herrschaft herausgebildeten Verkehrszustände sind noch auf einigen Staatsbahnlinien Abweichungen von diesen Einheitssätzen beibehalten worden, deren Beseitigung noch der Erwägung unterliegt, und aus denselben Gründen bestehen neben den allgemeinen Tariftabellen eine gewisse Zahl von Ausnahmetarifen und von Stationstarifen mit ermäfsigten Sätzen. Insbesondere ist für Holz des Spezialtarifs II ein allgemeiner Ausnahmetarif zum Satz von 3 Pf. für das Tonnenkilometer festgesetzt. Eine grofse Zahl der bisherigen Ausnahmetarife war dagegen durch die Ermäfsigung der normalen Tarife, namentlich des Spezialtarifs III entbehrlich geworden.

Einer besonderen Regelung sind insbesondere die Kohlentarife in dem engern Bezirk der Rheinisch-Westfälischen Eisenbahnen unterzogen worden, welche infolge der Konkurrenz sehr ungleichmäfsig sich gestaltet hatten. Für diese wurde ein Streckensatz von 2,2 Pf. für das Tonnenkilometer und eine Expeditionsgebühr

von	0,6	M.	für	die	Tonne	bis	10	Kilometer
»	0,7	»	»	»	»	von	11—20	»
»	0,8	»	»	»	»	»	21—30	»
»	0,9	»	»	»	»	»	31—40	»
»	1,0	»	»	»	»	»	41—50	»
»	1,1	»	»	»	»	»	51—60	»
»	1,2	»	»	»	»	über	60	»

festgesetzt. Über 100 Kilometer fallen die Sätze des Kohlentarifs mit den neuen Sätzen des Spezialtarifs III zusammen. Ferner sind seit dem 1. September 1884 die Kohlenfrachten in den östlichen Direktionsbezirken nach den normalen Sätzen des Spezialtarifs III festgesetzt, wobei aber zu bemerken ist, dafs in diesen Bezirken etwas niedrigere Expeditionsgebühren für die Spezialtarife bestehen, nämlich

bis zu 50	Kilometer	6	Pf.
51—100	»	9	»
über 100	»	12	»

Hierdurch wurden gegenüber den früheren hohen Sätzen der östlichen Privatbahnen ganz erhebliche Ermäfsigungen gewährt, welche auch zunächst zu nicht unbedeutenden Einnahmeausfällen geführt haben. Indes ist zu erwarten, dafs dieselben durch den sich steigernden Kohlenverbrauch in den betr. Absatzgebieten, welcher durch die hohen Tarife der Privatbahnen bisher eingeschränkt war, mit der Zeit wieder ihre Deckung finden, und jedenfalls wird die günstige

Einwirkung auf die wirtschaftlichen Verhältnisse der betr. Provinzen eine Entschädigung für diese Ausfälle bilden. Aufserdem bestehen zahlreiche Ausnahmetarife für Kohlen, namentlich nach den Seehäfen und für Ausfuhr nach dem Ausland mit teilweise sehr ermäfsigten Einheitssätzen.

Vgl. die Berichte über die Ergebnisse des Betriebs der für Rechnung des preufsischen Staats verwalteten Eisenbahnen, Jahrgang 1880/81 S. 233 bis 239; 1883/84 S. 336.

Die einfachere und gleichmäfsigere Gestaltung der Gütertarife der preufsischen Staatseisenbahnen beginnt schon jetzt auch über den Bereich des eigenen Bahngebietes hinaus den günstigsten Einflufs auf die Vereinfachung und gleichmäfsigere Ordnung der Tarife der übrigen deutschen Eisenbahnen auszuüben. In einer grofsen Zahl wichtiger Verbände in allen Teilen des deutschen Verkehrsgebietes ist die Durchrechnung nach den neuen preufsischen Staatsbahntaxen erfolgt und eine nicht unbeträchtliche Zahl anderer deutscher Bahnen (Reichseisenbahnen in Elsafs-Lothringen, oldenburgische und sächsische Staatseisenbahnen, Main-Neckarbahn, hessische Ludwigsbahn, Aachen-Jülicher Eisenbahn, Dortmund-Gronau-Enscheder Eisenbahn) haben dieselben auch im Lokalverkehr eingeführt. Eine gemeinsame Abrechnungsstelle für die Verkehre der preufsischen Staatsbahnen unter sich und mit vielen anderen Bahnen ist in Hannover errichtet.

Eine umfassende Statistik der Güterbewegung, seit 1883 zuerst von den preufsischen Staatseisenbahnen aufgestellt, an welcher allmählich fast alle deutschen Eisenbahnen sich beteiligt haben, giebt ein augenscheinliches Bild des Güteraustausches innerhalb der einzelnen Wirtschaftsgebiete des Deutschen Reichs und nicht nur ein wertvolles Material für die Beurteilung der gesamten wirtschaftlichen Verhältnisse, sondern insbesondere auch eine vorzügliche, bisher nirgends vorhandene Grundlage für eine richtige Verkehrs- und Tarifpolitik.

Näheres hierüber vgl. Zeitung des Vereins deutscher Eisenbahnen 1884 Nr. 54 und 55.

Seitdem so für das grofse Gebiet der preufsischen Staats- und unter Staatsverwaltung stehenden Eisenbahnen und einer Anzahl anderer deutscher Bahnen die gleichen einheitlichen Grundtaxen für den Güterverkehr eingeführt sind, ohne jeden Nachteil vielmehr zum Vorteil der wirtschaftlichen Zustände und zur Zufriedenheit der Verkehrsinteressenten, seitdem aufserdem dieselben Einheitssätze in einer grofsen Zahl wichtiger, sich weit durch Deutschland erstreckender Verbände eingerechnet sind, sind die Einwendungen der Anhänger einer privatwirtschaftlichen und individualisierenden Tarifgestaltung gegen die Möglichkeit, für ganz Deutschland einheitliche Grundtaxen einzuführen, praktisch widerlegt und es bedarf nur des energischen Fortschreitens auf dem eingeschlagenen Wege, um diesen wichtigen Fortschritt in der gemeinwirtschaftlichen Tarifgestaltung zu erreichen.

Die Ansichten der Verkehrtreibenden über die Einführung der materiellen Tarifeinheit auf den preufsischen Staatsbahnen sind fast durchweg günstig; vgl. das Ergebnis der vom deutschen Handelstag veranlafsten Umfrage bei den Handelskammern in der Zeitung des Vereins deutscher Eisenbahnen 1883 S. 265.

In dem Zeitpunkt, wo die letzten Privatbahnen in Deutschland verstaatlicht sind, wird auch die einheitliche gemeinwirtschaftliche Regelung des Tarifwesens keinen allzugrofsen Schwierigkeiten mehr begegnen. Die Staatseisenbahnen der Mittelstaaten werden durch den überwiegenden Einflufs der preufsischen Staatseisenbahnen und die Rücksichten auf die Verkehrsinteressen der von ihnen durchzogenen Länder allmählich zur Annahme der preufsischen Einheitssätze für den Verbandsverkehr veranlafst werden, welchem Schritte naturgemäfs die Annahme dieser (gegen die jetzigen meist ermäfsigten) Sätze im Lokalverkehr folgen wird. So dürfte in nicht zu ferner Zukunft zu der formalen Tarifeinheit, welche im Gütertarif bereits besteht, die materielle Tarifeinheit hinzutreten.

§ 82. *Die Einheitssätze der gröfseren deutschen Eisenbahnen für die Beförderung von Gütern.*

Nachstehend folgen die Einheitssätze der gröfseren deutschen Eisenbahnen für die Beförderung von Gütern. Aus denselben ergiebt sich, dafs schon jetzt die Unterschiede in den Einheitssätzen nicht mehr sehr erhebliche genannt werden können und solche Unterschiede, wie sie namentlich im Beginn des Eisenbahnwesens bestanden (§ 60 a. E.), nicht mehr vorkommen. Noch günstiger wird das Bild geographisch bezw. nach der Ausdehnung des Eisenbahnnetzes betrachtet: es zeigt sich, dafs für den gröfseren Teil Deutschlands etwa zwei Drittel des deutschen Eisenbahnnetzes bereits einheitliche Grundtaxen zur Einführung gelangt sind.

	Eilgut in Wagenladungen	Eilstückgut	Frachtstückgut	Allgemeine Wagenladungsklassen		Spezialtarife				Bemerkungen
				A. 1	B	A. 2	I	II	III	
	Pf.	Pf.	Pf.	Pf.	Pf.	Pf.	Pf.	Pf.	Pf.	
I. Staatsbahnen.										
1. Preufsische Staatsbahnen: Streckensätze f. d. Tonnenkm. Expeditionsgebühren f. 100 kg	doppelter Satz der allgemeinen Wagenladungsklassen A. 1 und B	doppelter Satz von Stuckgut	11,0 bis 10 km 10 fur je 10 km mehr 1 mehr, uber 100 km 20	6,7 wie fur Stuckgut	6,0 bis 10 km 8 11—20 » 9 21—30 » 10 31—40 » 11 uber 40 » 12	5,0 bis zu 10 km 8 von 11—100 km 9, uber 100 km 12	4,5 wie bei A 2	3,5 wie bei A 2	2,6 bis 100 km, über 100 km 2,2 wie bei A 2	
2. Reichsbahnen in Elsafs-Lothringen	Die Normaltransportgebühren der preufsischen Staatsbahnen									
3. Main-Neckarbahn										
4. Oldenburgische Staatseisenbahnen										
5. Sächsische Staatseisenbahnen und unter Staatsverwaltung stehende Privatbahnen . .										
6. Bayerische Staatsbahnen: Streckensätze f. d. Tonnenkm. Expeditionsgebühren f. 100 kg	wie oben	23,0 24,0	11,5 20,0	6,8 12,0	6,0 12,0	5,5 12,0	4,5 12,0	3,4 12,0	2,7 7,0	Auf den sog. Vicinalbahnen werden Zuschlage von 12 Pf. fur 100 kg bei Eilgut, 10 Pf. bei Stuckgut und 6 Pf. bei Wagenladungsgutern erhoben.
7. Württemberg. Staatsbahnen: Streckensätze f. d. Tonnenkm.	wie oben	23,0	11,5	7,5	6,0	6,0	4,8	4,0	3,0	
Expeditionsgebühren f. 100 kg im inneren Verkehr . . .		24,0	20,0	12,0	12,0	12,0	12,0	12,0	bis 35 km 12 uber 35 km 11	
im direkten Verkehr . . .		12,0	10,0	10,0	6,0	6,0	6,0	6,0	6,0	

	Eilgut in Wagenladungen	Eilstückgut	Frachtstückgut	Allgemeine Wagenladungsklassen		Spezialtarife				Bemerkungen
				A. 1	B	A. 2	I	II	III	
	Pf.	Pf.	Pf.	Pf.	Pf.	Pf.	Pf.	Pf.	Pf.	
8. Badische Staatsbahnen:										
Streckensätze f. d. Tonnenkm.	doppelter Satz der allgemeinen Wagenladungsklassen A. 1 und B	22,0	11,0	6,7	6,0	5,0	4,5	3,5	2,7	
Expeditionsgebühren f. 100 kg bis 20 km		20,0	10,0	10,0	6,0	6,0	6,0	6,0	6,0	
für jeden Kilometer mehr bis 40 km		1,0	0,5	0,5	0,3	0,3	0,3	0,3	0,3	
über 40 km		40,0	20,0	20,0	12,0	12,0	12,0	12,0	12,0	
II. Privateisenbahnen.										
1. Hessische Ludwigsbahn:										
Streckensätze f. d. Tonnenkm.	wie oben	die Normaltransportgebühren der preufsischen Staatsbahnen bis auf Spezialtarif III							2,6	
Expeditionsgebühren f. 100 kg		die Normaltransportgebühren der preufsischen Staatsbahnen								
2. Lübeck-Hamburg u. Lübeck-Büchen:										
Streckensätze f. d. Tonnenkm.	wie oben	22,0	11,0	8,0	6,67	5,5	4,53	3,64	2,67	
Expeditionsgebühren f. 100 kg		40,0	20,0	20,0	12,0	12,0	12,0	12,0	12,0	
3. Marienburg-Mlawka:										
Streckensätze f. d. Tonnenkm.	wie oben	24,0	12,0	8,0	6,67	5,5	5,0	4,0	2,7	
Expeditionsgebühren f. 100 kg		40,0	20,0	20,0	12,0	12,0	12,0	12,0	12,0	
4. Mecklenburgische Friedrich-Franz-Eisenbahn:										
Streckensätze f. d. Tonnenkm.	wie oben	22,0	11,0	8,0	6,67	5,5	5,0	4,0	2,7	
Expeditionsgebühren f. 100 kg		40,0	20.0	20,0	12,0	12,0	12,0	12,0	12,0	

	Eilgut in Wagenladungen	Eilstückgut	Frachtstückgut	Allgemeine Wagenladungsklassen A. 1	Allgemeine Wagenladungsklassen B	Spezialtarife A. 2	Spezialtarife I	Spezialtarife II	Spezialtarife III	Bemerkungen
	Pf.	Pf.	Pf.	Pf.	Pf.	Pf.	Pf.	Pf.	Pf.	
5. Nordhausen-Erfurt:										
Streckensätze f. d. Tonnenkm.	doppelter Satz der allgemeinen Wagenladungsklassen A. 1 und B	24,0	12,0	8,0	6,67	5,5	5,0	4,0	2,7	
Expeditionsgebühren f. 100 kg		40,0	20,0	20,0	12,0	12,0	12,0	12,0	12,0	
6. Ostpreußsische Südbahn:										
Streckensätze f. d. Tonnenkm.	wie oben	22,0	11,0	6,67	6,0	5,5	5,0	4,0	2,7	
Expeditionsgebühren f. 100 kg		40,0	20,0	20,0	12,0	12,0	12,0	12,0	12,0	
7. Pfälzische Eisenbahnen:										
Streckensätze f. d. Tonnenkm.	wie oben	22,0	11,0	7,10	5,50	5,50	4,5	3,5	2,66	
Expeditionsgebühren f. 100 kg im inneren Verkehr										
bis 50 km		30,0	15,0	10,0	10,0	10,0	10,0	10,0	10,0	
über 50 km		30,0	15,0	12,0	12,0	12,0	12,0	12,0	12,0	
im direkten Verkehr . . .		20,0	10,0	10,0	6,0	6,0	6,0	6,0	6,0	
8. Werra-Eisenbahn:										
Streckensätze f. d. Tonnenkm.	wie oben	24,0	12,0	8,0	6,67	6,67	5,0	4,0	3,0 2,7	 im direkten Verkehr.
Expeditionsgebühren f. 100 kg im inneren Verkehr . . .		40,0	bis 5 km 13 6—8 » 15 9—11 » 16 12—16 » 17 17—19 » 18 20 » 19 von 21 km ab 20	bis 5 km 15 6—7 » 17 8 » 18 von 9 km ab 20	12,0	12,0	12,0	12,0	12,0	
im direkten Verkehr . . .		20,0	10,0	10,0	6,0	6,0	6,0	6,0	6,0	

VIERTER ABSCHNITT.

Tarife für Personen, Gepäck, Leichen, Fahrzeuge und Vieh.

§ 83. *Personen- und Gepäcktarife.*

Im Anfang bestanden in Deutschland drei Wagenklassen, welche wenigstens in den Personenzügen regelmäfsig eingestellt wurden, während in den Schnell- und Kurierzügen häufig nur die I. und II. oder nur die I. Klasse verkehrten. Seit den fünfziger Jahren wurde auf einem grofsen Teil der norddeutschen Bahnen eine IV. Klasse eingeführt. Diese Neuerung wurde aber von den süddeutschen Bahnen nicht nachgeahmt, infolge dessen die Klassifikation im deutschen Personenverkehr zur Zeit keine einheitliche ist; in Norddeutschland bestehen meist vier Klassen und 25 kg Freigepäck für die drei ersten Klassen, in Süddeutschland drei Klassen und kein Freigepäck. Sehr verschieden sind auch die Bestimmungen für Rückfahrtbillets sowohl inbezug auf die gewährten Ermäfsigungen, als auf die Gültigkeitsdauer. Für die IV. Klasse werden nur bei wenigen Bahnen Rückfahrtbillets gewährt, bei einigen Bahnen ist auch die I. Klasse davon ausgeschlossen. Sodann giebt es Saison- und Rundreisebillets für bestimmte Reisen mit festen Preisen und kombinierbare Rundreisebillets auf Grund der Vereinbarungen des Vereins deutscher Eisenbahnverwaltungen. Während die Bestimmungen und Ermäfsigungen für die ersteren verschieden sind, wird für letztere bei einer geschlossenen Rundreise von mindestens 600 km eine Gültigkeitsdauer von 45 Tagen und eine Ermäfsigung von 30 Prozent der Schnellzugs- und Personenzugstaxen gewährt, aber kein Freigepäck. Bei einer Rundreise von 2000 km und mehr erhöht sich die Gültigkeitsdauer auf 60 Tage. Die kombinierbaren Rundreisebillets werden das ganze Jahr ausgegeben. Endlich bestehen noch verschiedenartige Ausnahmesätze für Abonnementsbillets, Arbeiterbillets, Schülerbillets, Ermäfsigungen für Gesellschaften bei den verschiedenen deutschen Bahnen. Nicht minder sind auch die Einheitssätze für die allgemeinen und Ausnahmetarife im Personen- und Gepäckverkehr aufserordentlich verschieden, sodafs weder eine formelle noch eine materielle Tarifeinheit vorhanden ist.

Unter diesen Umständen bedarf der Personenverkehr dringend einer Reform nach den in § 50 aufgestellten gemeinwirtschaftlichen

Grundsätzen und erscheint dies um so wünschenswerter und unbedenklicher, als derselbe bei der jetzigen Einrichtung nicht einmal sehr ertragsfähig ist. Dies zeigt eine Berechnung, welche seitens des preufsischen Handelsministeriums nach der Garkeschen Formel über die Rentabilität des Personenverkehrs auf den preufsischen Eisenbahnen im Jahr 1874 aufgestellt ist.

Vgl. über die Garkesche Formel die Zeitung des Vereins deutscher Eisenbahnen 1876 S. 1035 ff. und Garke, Komparative Berechnungen der Kosten der Personen- und Gütertransporte 1859. Die Berechnung selbst findet sich in der Zeitung des Vereins deutscher Eisenbahnen 1876 Nr. 85.

Danach betrugen

1. bei den preufsischen Staatsbahnen

die Selbstkosten der Personenzüge	46 576 516 M.
die Einnahmen aus dem Personen- und Postverkehr	42 041 433 »
mithin Verlust	4 535 083 M.

2. bei den unter Staatsverwaltung stehenden Privatbahnen

Einnahmen aus dem Personen- und Postverkehr	21 348 066 M.
Selbstkosten	19 583 961 »
mithin Gewinn	1 764 105 M.

wobei zu bemerken ist, dafs mit Ausnahme der hannoverschen Staatsbahn, bei welcher die Einnahmen aus dem Personenverkehr die Selbstkosten um 135 291 M. überstiegen, alle übrigen preufsischen Staatsbahnen mit den Einnahmen die Selbstkosten nicht erreichten. Bei den damals unter Privatverwaltung stehenden preufsischen Bahnen dagegen fand ebenso wie bei den unter Staatsverwaltung stehenden Privatbahnen ein günstigeres Verhältnis statt, indem mit Ausnahme der Märkisch-Posener, Berlin-Görlitzer, Ostpreufsischen Südbahn, Hannover-Altenbekener, Nordhausen-Erfurter, Saal-Unstrut und Kottbus-Grofsenhainer Eisenbahn bei allen übrigen Eisenbahnen die Einnahmen aus dem Personenverkehr die Selbstkosten zum Teil sogar erheblich überschritten, wie z. B. bei der Magdeburg-Leipziger und Rheinischen Eisenbahn.

Wenn auch fraglich ist, ob diese Rechnung in jeder Beziehung richtig ist, und sich das Verhältnis der Ausgaben zu den Einnahmen seit dem Jahre 1874 nicht unwesentlich gebessert hat, so kann man doch auch heute noch als sicher annehmen, dafs der Überschufs des Personenverkehrs über die Selbstkosten viel geringer ist, als der des Güterverkehrs. Es beruht dies wesentlich auf der schlechten Ausnutzung der Personenwagen, welche, wie die Tabelle im § 50 ergiebt, in Deutschland mit am geringsten ist.

Das bei der Berechnung von 1874 so ungünstige Ergebnis des Personenverkehrs bei den preufsischen Staatsbahnen mufs, da wohl die Annahme ausgeschlossen ist, dafs die Verwaltung derselben minder zweckmäfsig und sparsam als die der Privatbahnen sei, zunächst dem Umstande zugeschrieben werden, dafs die Staatsbahnen, deren Einnahmen aus dem Personenverkehr für das Bahnkilometer in den Jahren 1873/74 sogar nicht unerheblich gröfser als bei den Privatbahnen waren, in höherem Grade als die letzteren in betreff der Zahl und Lage der Züge, der Benutzung derselben für die Post etc. öffentlichen Interessen Rechnung tragen, und dieser Einflufs sich im Jahre 1874 bei der nach dem damaligen Rückgange des Personenverkehrs erfolgten Einschränkung der Personenzüge noch mehr als sonst geltend gemacht hat. Ferner zeigt aber eine nähere Betrachtung derjenigen Privateisenbahnen, welche besonders günstige Resultate im Personenverkehr gehabt haben, z. B. der Rheinischen Eisenbahn, dafs dieselben damals keine vierte Klasse führten. Es wird also auch hierdurch der bereits im § 50 erörterte nachteilige Einflufs der Vermehrung der Wagenklassen auf das tote Gewicht und die Selbstkosten nachgewiesen. Für den Wegfall der vierten Klasse spricht aber noch der Umstand, dafs dieselbe nur auf den norddeutschen Eisenbahnen besteht und deren Einführung in Süddeutschland auf Schwierigkeiten stofsen würde, eine anzustrebende Vereinheitlichung der Klassifikation also nur durch den Wegfall dieser Klasse erreicht werden kann.

Eine Reform auf Grund der im § 50 erörterten Grundsätze mufs aber ferner den Wegfall der ersten Klasse zum Ziel haben. Im Jahr 1880 betrug in Deutschland die Zahl der beforderten

Personen I. Klasse	1,04	Prozent
die Ausnutzung der vorhandenen Plätze I. Klasse .	10,94	»
gegen die Durchschnittsausnutzung von	25,4	»
die Einnahme aus I. Klasse	6,10	»

der Gesamteinnahme aus dem Personenverkehr. Dagegen ist der Raum, den die I. Klasse in den Personenzügen einnimmt, auf mindestens 10 Prozent zu veranschlagen, während die Unterhaltungskosten dieser Klasse mindestens 20 Prozent der gesamten Unterhaltungskosten des Personenwagenparks betragen werden. Es ist deshalb sehr wahrscheinlich, dafs auf vielen Bahnen die Unterhaltung der I. Klasse einschliefslich der Zinsen der höheren Anschaffungskosten schon allein mehr kostet, als das Fahrgeld I. Klasse einbringt, so dafs thatsächlich für den Transport der Passagiere I. Klasse nichts übrig bleibt. Die Abschaffung der I. Klasse in Deutschland wird deshalb nicht einen Ausfall, sondern einen Vorteil für die Eisenbahnen bringen. Auf den Bahnen untergeordneter Bedeutung ist die I. Klasse übrigens schon jetzt vielfach weggefallen.

Diese Vereinheitlichung der Klassifikation im Personenverkehr durch Herabsetzung der Klassen auf zwei mufs aber verbunden werden mit einheitlicher Festsetzung und wesentlicher Ermäfsigung der Einheitssätze im Personenverkehr, wenn die Reform eine vollständige sein soll.

Was die Ermäfsigung der Personentarife betrifft, so ist schon in dem § 50 nachgewiesen, dafs und warum im Personenverkehr Tarifermäfsigungen nur in sehr geringem Mafse stattgefunden haben, und dafs eine Herabsetzung der Personentarife, um auch im Personenverkehr die Massennutzung herbeizuführen, welche im Güterverkehr schon erreicht ist, eine der wichtigsten Aufgaben einer gemeinwirtschaftlichen Tarifgestaltung ist. Die erhebliche Ermäfsigung der Selbstkosten, welche eine Beschränkung der Klassen im Personenverkehre auf zwei mit sich bringen würde, gestattet aber ohne zu grofse finanzielle Opfer diese Reform durchzuführen, und zwar würde natürlich schrittweise etwa folgendermafsen vorzugehen sein.

Zunächst wäre die erste Klasse in allen Personenzügen d. h. Nichtschnellzügen ohne Ersatz zu beseitigen. Dadurch werden für diese Züge in Norddeutschland die Klassen auf zwei bezw. drei, in Süddeutschland auf zwei beschränkt. Gleichzeitig wäre selbstverständlich die Beschaffung von I. Klassewagen und Coupés einzustellen und die vorhandenen bei Hauptreparaturen in II. Klasse umzubauen. Solange noch soviel Coupés I. Klasse vorhanden sind, dafs dieselben auch in Personenzügen laufen müssen, können dieselben als II. Klassecoupés benutzt werden, besonders als Damencoupés. Der zweite Schritt würde die Beseitigung der I. Klasse, dafür aber Einstellung der III. Klasse in allen Schnellzügen sein, unter Festhaltung höherer Preise für II. und III. Klasse in Schnellzügen. Der dritte und wichtigste Schritt endlich würde in der Beseitigung der IV. Klasse bestehen, bezw. in der Herabsetzung der Preise III. Klasse im Lokalverkehr in der in § 50 angegebenen Beschränkung auf den Preis IV. Klasse etwa 2 Pf. für das Personenkilometer und der II. Klasse auf etwa 4 Pf. das Personenkilometer. Damit wäre dann, wie im § 50 bereits ausgeführt, Aufhebung des Freigepäcks, der überflüssigen Ermäfsigungen für Rückfahrbillets, für Gesellschaften und Vereine etc.

und endlich einheitliche Feststellung der Einheitssätze und der noch bestehen bleibenden ermäfsigten Ausnahmetarife zu verbinden.

Eine Reform des Personentarifs mit Beschränkung der Zahl der Wagenklassen und Aufhebung des Freigepäcks wurde auch in der 5. Sitzung des preufsischen Landeseisenbahnrats vom 2. Juni 1885 angeregt, vgl. das Protokoll.

§ 84. *Tarifbestimmungen und Einheitssatze im Personenverkehr.*

Einheitliche Tarifbestimmungen für den Personenverkehr bestehen in Deutschland noch nicht, nicht einmal für die preufsischen Staatsbahnen sind dieselben ganz einheitlich festgestellt. Indes sind die Abweichungen materiell nicht sehr erheblich und folgen hier diejenigen Tarifbestimmungen, wie sie im allgemeinen bei den preufsischen Staatsbahnen im Anschlufs an die betreffenden Bestimmungen des Abschnitts II des Betriebsreglements für die Eisenbahnen Deutschlands in Geltung sind.

I. Beförderung von Personen.

Zu § 7 des Betriebsreglements.

1. Die Beförderung der Personen erfolgt in vier Wagenklassen. Welche Wagenklassen jedem Zuge beigegeben werden, ist aus dem Plakatfahrplane zu ersehen.

2. Nach welchen Orten und zu welchen Fahrpreisen Billets auf jeder einzelnen Verkaufsstelle zur Ausgabe kommen, geht aus den Tariftabellen hervor.

Zu § 8.

Fahrpreise.

A. Beförderung von Extrazügen, Salon-, Personen-, Kranken- und Gepäckwagen.

Für die Beförderung von Extrazügen, von Salon-, Personen-, Kranken- und besonderen Gepäckwagen sind die für das Gebiet des Vereins deutscher Eisenbahnverwaltungen vereinbarten allgemeinen Tarifbestimmungen vom 1. Januar 1881 und die dazu erschienenen bezw. noch erscheinenden Nachträge mafsgebend.

B. Beförderung gröfserer Gesellschaften.

1. Bei Fahrten gröfserer Gesellschaften, sei es in einem fahrplanmäfsigen Zuge oder in einem Extrazuge, kann der

tarifmäfsige Fahrpreis (d. i. bei einmaliger Fahrt der Preis für Einzelreisebillets, bei Hin- und Rückfahrt der doppelte Preis für Einzelreisebillets der betreffenden Wagenklasse) nach dem Ermessen der Verwaltung bis zu 50 Prozent ermäfsigt werden, wenn mindestens 30 Personen an der Fahrt teilnehmen. Es kommen indessen, wenn die Beförderung mittels auf Verlangen gestellten Extrazuges stattfindet, in minimo 4 Mark für das Tarifkilometer und 100 Mark im ganzen zur Erhebung.

2. Bei akademischen Exkursionen, welche unter Leitung eines Docenten zu wissenschaftlich belehrenden Zwecken unternommen werden, kann eine Ermäfsigung bis zu 50 Prozent schon bei einer Teilnehmerzahl von mindestens 10 Personen (einschliefslich der Docenten) gewährt werden.

3. Schüler-Gesellschaften (einschliefslich der begleitenden Lehrer) werden bei einer Teilnahme von mindestens 10 Schülern in III. Wagenklasse zu den Preisen der Militärbillets befördert. Bei Schulfahrten der unteren Klassen, deren Schüler im allgemeinen das zehnte Lebensjahr nicht überschritten haben, werden je zwei Schüler auf ein Militärbillet befördert.

C. Abonnementskarten.

Abonnementskarten werden auf die Dauer von einem bis zu zwölf vollen Monaten zur Fahrt in I., II. oder III. Wagenklasse unter folgenden Bedingungen ausgegeben:

1. Das Abonnement kann an jedem beliebigen Tage beginnen.

2. Die Abonnementskarten berechtigen zur beliebigen Fahrt auf den darin angegebenen Bahnstrecken mit allen fahrplanmäfsigen Zügen, welche die betreffende Wagenklasse führen.

3. Der Abonnementspreis wird nach den normalen Personenzugstaxen der Staatsbahnen derart ermittelt, dafs für die betreffende Strecke bei einem Abonnement

auf einen Monat	30	einfache	Fahrten,	
» zwei Monate	50	»	»	und
auf jeden folgenden Monat	15	»	»	mehr

in Ansatz gebracht werden.

Die so berechneten Preise werden bei Abonnements auf Entfernungen von mehr als 10 km um soviel Prozent — bis zu höchstens 50 Prozent — ermäfsigt, als die Entfernung in Kilometern diejenige von 10 km übersteigt.

4. Die Berechtigung zur Benutzung mehrerer zwischen den beiden Endstationen bestehenden preufsischen Staatseisenbahnrouten wird durch Zahlung des über die längste dieser Routen berechneten Abonnementspreises erworben und auf der Abonnementskarte ausdrücklich vermerkt.

5. Ein Abonnent, welcher für eine einzelne Fahrt oder einen Teil derselben eine höhere Wagenklasse benutzen will, als diejenige, auf welche seine Abonnementskarte lautet, hat für die betreffende Strecke ein Zusatzbillet nach Mafsgabe der tarifarischen Bestimmungen zu lösen.

6. In Begleitung von Abonnementskarteninhabern reisende Kinder unter 4 Jahren werden frei befördert, wenn sie ihren Platz auf den Plätzen der Abonnenten mitfinden, so dafs ein besonderer Platz für die Kinder nicht beansprucht wird.

Dagegen ist den Inhabern von Abonnementskarten, auch wenn sie eine niedrigere Wagenklasse, als für welche die Abonnementskarte lautet, benutzen wollen, nicht gestattet, auf Grund der letzteren Kinder über 4 Jahre unentgeltlich, d. h. ohne Lösung eines besonderen Fahrbillets für dieselben, mitzunehmen.

7. Auf Abonnementskarten wird Freigewicht an Reisegepäck nicht gewährt.

8. Die Bestellung einer Abonnementskarte geschieht schriftlich bei der Billetexpedition derjenigen Station, von welcher aus das Abonnement benutzt werden soll.

9. Die Abonnementskarte mufs am Tage nach dem Ablauf ihrer Gultigkeit, spätestens an dem darauf folgenden Tage, an die Billetexpedition zuruckgeliefert werden.

10. Der Abonnent hat zur Sicherheit für die rechtzeitige Rückgabe der Abonnementskarte nach Ablauf der Gültigkeitsdauer sowie als Kaution gegen etwaigen Mifsbrauch der Karte zehn Mark zu hinterlegen.

D. Schülerabonnementskarten.

Für Schulkinder — Knaben und Mädchen — werden Abonnementskarten zur Fahrt in II. und III. Wagenklasse unter Berechnung folgender Grundtaxen für das Kilometer auf vorherige schriftliche Bestellung ausgegeben:

	in III. Wagenklasse	in II. Wagenklasse
für 1 Kind	1,33 Pf.	2,00 Pf.
» 2 Kinder derselben Familie (Geschwister)	2,00 »	3,00 »
» 3 » » » »	2,66 »	4,00 »
» 4 » » » »	3,33 »	5,00 »
» 5 » » » »	4,00 »	6,00 »

Die Karten sind gültig auf eine bestimmte, auf der Karte angegebene Zeit für eine täglich einmalige Hin- und Rückfahrt, ausschliefslich der Sonntage und der gesetzlichen Feiertage, sowie der auf der Karte vermerkten Schulferientage. Der Berechnung des Preises wird für jeden Schultag (Sonn- und Festtage, sowie die vom Schulvorstande bescheinigten Ferientage bleiben aufser Betracht) eine Hin- und eine Rückfahrt zu Grunde gelegt. Die Karten gelten nur für die Personen, auf deren Namen sie lauten.

Der Bestellung mufs ein Attest der Schulbehörde, dafs das zu abonnierende Kind die betreffende Schule besucht, beigefügt werden. In diesem Atteste sind zugleich die Ferientage zu vermerken.

Schülerabonnementskarten können auch mit ausschliefslicher Gültigkeit für die Sonntage oder bestimmte einzelne Wochentage an solche Schüler und Schülerinnen (Konfirmanden, Zöglinge von Fortbildungsschulen oder Präparandenanstalten) verabfolgt werden, welche den Unterricht nur an den bezeichneten Tagen erhalten.

Das Abonnement mufs mindestens auf einen Monat genommen und kann an jedem Tage eines Monats begonnen werden. Für Schulkinder unter 10 Jahren werden hierneben weitere Begünstigungen nicht gewährt. Bei einem vollen Jahresabonnement wird der Preis für ein Schulkind auf der Grundlage von 1 Pf. (statt 1,33 Pf.) für die III. Klasse und von 1,5 Pf. (statt 2 Pf.) für die II. Klasse für jedes durchfahrene Kilometer berechnet.

Eine Rückvergütung von Fahrgeld für nicht ausgenutzte Schulerabonnementskarten, namentlich auch für ausgefallene Schultage, kann nicht beansprucht werden. Die Karten werden bei der letzten Fahrt, für welche sie gelten, abgenommen. Freigepäck wird nicht gewährt.

E. Arbeiterbillets.

Im Verkehr zwischen einzelnen, in den Tariftabellen bezeichneten Stationen werden ausgegeben:

a) Arbeiterrückfahrtbillets IV. Wagenklasse, welche zur Hinfahrt am Montag und zur Rückfahrt am Sonnabend oder zur Rückfahrt am Montag oder auch am Tage vor und nach einem Feiertag gelöst und benutzt werden können.

b) Arbeiterwochenbillets IV. Wagenklasse, welche während sechs Werktagen zu täglich einer Hin- und Rückfahrt mit bestimmten, auf den Billetausgabestationen bekannt gemachten Zügen berechtigen.

Das Abonnement auf Arbeiterwochenbillets (ad b) kann an jedem beliebigen Werktage begonnen werden.

Die Arbeiterbillets haben nur Gültigkeit für die Person, für welche solche gelöst sind, und müssen bei jeder Fahrt vorgezeigt werden. Der Preis der Billets wird nach dem Einheitssatze von $1^1/_3$ Pf. für das Kilometer berechnet. Freie Beförderung von Gepäck und Traglasten findet nicht statt; dagegen ist die Mitnahme von Handwerkszeug und Speisegeschirr in die Coupés gestattet. Die Billets können auch von Frauen gelöst und benutzt werden.

F. Benutzung der Güterzüge.

In dringenden Fällen kann ausnahmsweise einzelnen Personen die Benutzung der Güterzüge und nötigenfalls die Mitfahrt in den Kabrioletts der Packmeister gegen Zahlung des Personenzugfahrpreises I. Wagenklasse und eines festen Zuschlages von 3 Mark gestattet werden.

Die Entscheidung über die Zulassung zur Mitfahrt in einem Güterzuge steht dem Stationsvorsteher, bezw. dem diensthabenden Stationsbeamten zu.

Zu § 10.

Fahrbillets und Gültigkeit derselben. Fahrpreisermäfsigung für Kinder.

A. Rückfahrtbillets.

1. Rückfahrtbillets werden für die I., II. und III. Wagenklasse nach und von denjenigen Stationen ausgegeben, für welche solche Billets in den Tariftabellen vorgesehen sind.

Die Gültigkeitsdauer der Rückfahrtbillets beträgt zwei Tage für Entfernungen von 1 bis 100 km, drei Tage für Entfernungen von 101—200 km und für jede weiteren 100 km einen Tag mehr. Die Rückfahrtbillets mit längerer als zweitägiger Gültigkeitsdauer sind zur Rückreise nur gültig nach vorheriger Abstempelung durch die Billetexpedition der Station, von welcher aus die Rückreise angetreten wird.

Die Rückfahrtbillets berechtigen zur Benutzung aller fahrplanmäfsigen Züge, einschliefslich der Schnell-, Kurier- und Exprefszüge, soweit solche die betreffende Wagenklasse führen und nicht Ausnahmen durch den Plakatfahrplan bekannt gemacht sind.

Die Rückfahrtbillets mit zweitägiger Gültigkeitsdauer, welche Sonnabends oder am Tage vor einem der nachbenannten Feiertage:

»Neujahrstag, Charfreitag, Ostermontag, Bufs- und Bettag, Christi-Himmelfahrtstag, Pfingstmontag, Fronleichnamstag, Allerheiligen und zweiter Weihnachtstag«

gelöst sind, können noch am dritten Tage, den Tag der Lösung eingerechnet, zur Rückfahrt benutzt werden, ohne dafs es einer Abstempelung derselben hierzu bedarf.

Rückfahrtbillets mit zwei- bezw. dreitägiger Gültigkeitsdauer, welche am Tage vor dem ersten Oster-, Pfingst- oder Weihnachtsfeiertage gelöst werden, sind noch am vierten Tage — den Tag der Lösung eingerechnet — also noch am Tage nach dem zweiten Feiertage, zur Rückfahrt gültig.

2. Die Gültigkeitsdauer der Rückfahrtbillets mufs auf den Billets selbst angegeben sein. Der den Billets aufgedruckte Ausgabetag wird für die Berechnung der Gültigkeitsdauer stets als voller Tag angesehen mit der Mafsgabe, dafs bei Rückfahrtbillets, welche zu den um 12 Uhr nachts abgehenden Zügen ausgegeben werden, die Gültigkeitsdauer erst vom beginnenden Tage an zu rechnen ist. Über die Mitternacht des letzten Tages der den Billets aufgedruckten Benutzungsfrist hinaus erstreckt sich die Gültigkeitsdauer der Rückfahrtbillets nur insofern, als der Reisende sich zur Rückfahrt noch des letzten direkten Zuges bedienen kann, der fahrplanmäfsig spätestens um 12 Uhr mitternachts von der Bestimmungsstation — bei Fahrtunterbrechung von der Station, auf welcher die Fahrt unterbrochen ist — nach der Billetausgabestation abgeht oder unmittelbaren Anschlufs nach derselben hat. Als unmittelbarer Anschlufs ist, ohne Beschränkung auf ein bestimmtes Zeitmafs, stets der nächste von der Anschlufsstation in der Richtung nach der Billetausgabestation abgehende Zug zu betrachten.

3. Ein Rückfahrtbillet, mit welchem eine Fahrpreisermäfsigung verbunden ist, ist zur Rück- bezw. Weiterreise nur für diejenige Person gültig, welche mit demselben die Reise begonnen hat.

B. Fahrtunterbrechung.

Bei Benutzung eines einfachen Billets ist eine einmalige, bei Benutzung von Rückfahrtbillets je eine einmalige Unterbrechung der Fahrt auf der Hin- und Rückreise — unter Bestätigung auf dem Billet durch den Stationsvorstand — gestattet. Die einzelnen Coupons der Rundreisebillets werden in dieser Beziehung den einfachen Billets gleich geachtet, so dafs aufser auf den im Billet etwa bezeichneten Aufenthaltstationen noch eine einmalige Fahrtunterbrechung auf jeder Couponstrecke zugelassen ist. Inwieweit Fahrtunterbrechungen bei Benutzung anderweiter Billets gestattet sind, bestimmen die besonderen Vorschriften.

C. Fahrpreisermäfsigung für Kinder.

1. Kinder unter 4 Jahren werden frei befördert, wenn ein besonderer Platz fur dieselben nicht beansprucht wird.

2. Für Kinder im Alter von 10 Jahren und darüber wird keine Tarifermäfsigung gewährt.

3. Ein Kind im Alter von 4—10 Jahren wird in allen Wagenklassen und bei allen Zuggattungen zur Hälfte des Fahrpreises für Erwachsene befördert. Die Fahrpreise für Kinderbillets werden auf volle Zehnpfennig aufgerundet.

4. Zwei Kinder im Alter von 4—10 Jahren werden in allen Wagenklassen und Zuggattungen auf ein einfaches Billet der betreffenden Klasse — Billet für Erwachsene — befördert.

5. Soweit überhaupt Freigepäck gewährt wird, werden auf ein ganzes Billet 25 kg, auf ein Billet zum halben Fahrpreise 12 kg Freigepäck zugestanden.

6. Für einzelne Kinder im Alter von 4—10 Jahren werden gewöhnliche Billets ausgegeben, welche durch schräge Abtrennung eines Teiles an der rechten Seite des Billets für die einfache Fahrt und an der unteren Seite für die Rückfahrtbillets erkenntlich sind. Der abgetrennte Teil (Stammende) verbleibt auf der Billetausgabestelle.

7. Diese Bestimmungen (von 1—6) finden auch auf Rückfahrtbillets Anwendung.

Zu § 11.

Umtausch gelöster Fahrbillets.

(Übergang aus einer niederen in eine höhere Wagenklasse, bezw. aus einem Personenzuge in einen Schnell-, Kurier- oder Exprefszug.)

Beabsichtigt ein Reisender aus einer niederen in eine höhere Wagenklasse überzugehen oder ein nur für gewöhnliche Personenzüge gültiges Billet zur Fahrt mit einem Schnell-, Kurier- oder Exprefszuge zu benutzen, so hat derselbe für die in der höheren Wagenklasse, bezw. in dem Schnell-, Kurier- oder Exprefszuge zu durchfahrende Strecke Billets zuzulösen gemäfs nachstehender Tabelle:

Billet, mit dem der Reisende versehen		Wagenklasse und Zuggattung, welche der Reisende benutzen will		Nachzulösende Einzelreise-Billets		
Klasse	Zuggattung	Klasse	Zuggattung	Stückzahl	Klasse	Zuggattung
IV.	Personenzug	III.	Personenzug	1 Billet	IV.	Personenzug
		»	Schnellzug	1 u. 1/2 »	»	»
		II.	Personenzug	1 »	III.	»
		»	Schnellzug	1 »	»	Schnellzug
		I.	Personenzug	1 »	II.	Personenzug
		»	Schnellzug	1 »	I.	»
III.	Personenzug	III.	Schnellzug	1/2 Billet	IV.	Personenzug
		II.	Personenzug	1 »	»	»
		»	Schnellzug	1 u. 1/2 »	»	»
		I.	Personenzug	1 »	III.	»
		»	Schnellzug	1 »	II.	»
II.	Personenzug	II.	Schnellzug	1/2 Billet	IV.	Personenzug
		I.	Personenzug	1 »	»	»
		»	Schnellzug	1 u. 1/2 »	»	»
I.	Personenzug	I.	Schnellzug	1/2 Billet	IV.	Personenzug
III.	Schnellzug (oder Ruckfahrtbillet)	II.	Personenzug	1 Billet	IV.	Personenzug
		»	Schnellzug	1 »	»	»
		I.	Personenzug	1 »	III.	»
		»	Schnellzug	1 »	»	Schnellzug
II.	Schnellzug (oder Ruckfahrtbillet)	I.	Personenzug	1 Billet	IV.	Personenzug
		»	Schnellzug	1 u. 1/2 »	»	»

Beim Ubergang in einen Kurier- oder Exprefszug sind dieselben Billets zuzulösen, wie beim Übergang in einen Schnellzug.

Die zugelösten Billets sind stets nur für eine Reise gültig.

II. Beförderung von Reisegepäck.

Zu § 24.

Begriff des Reisegepäcks.

Gröfsere kaufmännisch verpackte Kisten, Tonnen, sowie andere nicht zu den Reisebedürfnissen zu rechnende Gegenstände, welche nach dem Ermessen des expedierenden Beamten zur Beförderung als Reisegepäck angenommen werden, werden in das Gepäckfreigewicht nicht eingerechnet. (Siehe Spezialbestimmung zu § 26.) Werden solche Güter zur Gepäckbeförderung bei gleichzeitiger Lösung eines Billets aufgegeben, so ist unter Ausschlufs der Gewährung von Freigewicht die gewöhnliche Gepäckfrachttaxe, mindestens der Betrag von 0,20 Mark, zu erheben

Zu den Reisebedürfnissen sind auch zu rechnen:

a) Fahr- und Rollstühle, welche ersichtlich Kranke oder Gelähmte mit sich führen, sowie Kinderwagen;

b) Tabak- und sonstige Warenproben (Muster), welche Geschäftsreisende in Ausübung ihres Geschäfts mit sich führen und welche nach der Verpackungsart als Proben erkennbar sind;

c) Musikinstrumente in Kasten, Futteralen oder sonstiger Umschliefsung;

d) Mefsinstrumente, welche Feldmesser und Bautechniker mit sich führen, desgleichen Handwerkszeug von Handwerkern, sofern diese Gegenstände unzweifelhaft zum persönlichen Gebrauche des Gepäckaufgebers dienen.

Zu § 26.

Einlieferung des Gepäcks.

Auf jedes Einzel- und Doppelreisebillet der ersten drei Wagenklassen werden 25 kg bezw. auf ein Billet zum halben Fahrpreise (Kinderbillet) 12 kg Reisegepäck unentgeltlich mitbefördert.

Es ist zulässig, dafs das Freigewicht an Reisegepäck, welches auf die Fahrbillets mehrerer zu einer Familie gehörenden Personen fällt und nach einem und demselben Bestimmungsorte zu befördern ist, zusammengerechnet und auf einen Gepäckschein expediert wird.

Für die Billets IV. Wagenklasse wird Freigepäck nicht gewährt, es ist vielmehr bei Aufgabe von Gepäck zum Expedieren die Fracht für das volle Gewicht zu entrichten. Dagegen ist den Reisenden in der IV. Wagenklasse die Mitnahme von Handwerkszeug, Tornistern,

Traglasten, Körben, Säcken und Kiepen, welche Fufsgänger bei sich führen, gestattet, wenn die Mitreisenden dadurch nicht belästigt werden, worüber in Zweifelsfällen der Stationsvorsteher zu entscheiden hat.

Die Gepäckfracht für das Übergewicht über 25 bezw. 12 kg für ein Billet ist für alle Züge gleich und wird nach den für je 10 kg angegebenen Sätzen erhoben, wobei Zwischenkilogramme für volle 10 kg angenommen und überschiefsende Markpfennig für volle Zehntel Mark gerechnet werden. Als Mindestbetrag werden 0,20 Mark erhoben.

Wenn Reisegepäck wegen Zeitmangels auf der Abgangsstation ausnahmsweise unexpediert mitgenommen wird, so dürfen bei der nachträglichen Expedition auf einer Unterwegs- oder auf der Bestimmungsstation nicht mehr als 25 bezw. 12 kg Freigewicht auf dasselbe in Anrechnung gebracht werden, auch wenn mehrere Fahrbillets vorgezeigt werden sollten, insofern nicht bei der Übernahme des Gepäcks durch die betreffenden Beamten konstatiert worden, dafs das Gepäck auf mehrere Billets anzurechnen ist.

Wenn Reisende auf einer Unterwegsstation zu schon vorhandenem, auf der Abgangsstation expediertem Gepäck weiteres Gepäck aufliefern, wird Freigewicht nicht gewahrt. In diesem Falle ist die Gepäckfracht für das volle Gewicht und mindestens die Fracht für 30 kg zu entrichten.

Gepäckstücke aller Art, sowie Güter, Hunde und sonstige kleine Tiere in Käfigen, welche sich zur Beförderung im Packwagen eignen, werden auch ohne Lösung von Fahrbillets zur tarifmäfsigen Gepäckfracht auf Gepäckschein befördert. Die Fracht ist für mindestens 20 kg bei Sendungen geringeren Gewichts zu berechnen. Als geringster Frachtbetrag wird 1 M. erhoben. Auf Sendungen, welche die deutsche Landesgrenze überschreiten, finden diese Bestimmungen keine Anwendung.

Nachstehend sind ferner die Einheitssätze verzeichnet, welche bei den grofseren deutschen Eisenbahnen für die Beförderung von Personen und Gepäck in Gültigkeit sind.

	für Person und Kilometer in Pfennigen							Gepäcktaxe für 10 kg und 1 km in Pfennigen	Bemerkungen
	in Schnellzügen			in Personenzügen					
	Wagenklassen								
	I.	II.	III.	I.	II.	III.	IV.		
I. Staatseisenbahnen.									
Preufsische Staatsbahnen	9,0	6,67	4,67	8,0	6,0	4,0	2,0	0,5	25 kg Freigepäck.
Bayerische Staatsbahnen	9,1	6,4	—	8,0	5,3	3,4	—	0,56	kein Freigepäck.
Sächsische Staatsbahnen	10,0	7,5	5,0	8,0	6,0	4,0	2,0	0,533	25 kg Freigepäck.
Württembergische Staatsbahnen	9,1	6,4	4,5	8,0	5,3	3,4	—	0,56	kein Freigepäck.
Badische Staatsbahnen	9,1	6,4	4,5	8,0	5,3	3,4	—	0,56	
Oldenburgische Staatsbahn	—	—	—	6,0	4,5	3,0	2,5	0,4	25 kg Freigepäck.
Main-Neckarbahn	8,4	5,6	4,0	7,0	4,6	3,0	—	0,56	kein Freigepäck.
Reichsbahnen in Elsafs-Lothringen	9,1	6,4	4,5	8,0	5,3	3,4	—	0,424	
II. Privateisenbahnen.									
Hessische Ludwigsbahn	9,1	6,4	4,5	8,0	5,3	3,4	2,0	0,56	kein Freigepäck.
Lübeck-Hamburg und Lübeck-Büchen	8,67	6,67	4,67	8,0	6,0	4,0	2,3	0,8	
Marienburg-Mlawka	—	—	—	8,0	6,0	4,0	2,33	0,8	25 kg Freigepäck.
Mecklenburgische Friedrich-Franz Bahn	9,0	6,33	4,67	9,0	6,33	4,67	2,33	0,45	
Nordhausen-Erfurt und Saale-Unstrut	—	—	—	8,0	6,0	4,0	—	0,55	
Ostpreufsische Südbahn	—	—	—	8,0	6,0	4,0	2,0	0,44	
Pfälzische Bahnen	9,1	6,4	—	8,0	5,3	3,4	—	0,56	kein Freigepäck.
Werra-Bahn	—	—	—	9,0	6,5	4,5	—	0,8	25 kg Freigepäck.

§ 85. *Tarife für Leichen, Fahrzeuge und lebende Tiere.*

Die Frachten für Leichen werden für Leiche und Kilometer mit einer Expeditionsgebühr berechnet und für Beförderung in Schnellzugen ein um 50 Prozent höherer Einheitssatz genommen. Die Fracht fur Lokomotiven und Tender wird für Tonne und Kilometer, für andere auf eigenen Rädern laufende Eisenbahnfahrzeuge für Achse und Kilometer unter Zuschlag einer Expeditionsgebühr berechnet. Bei den nicht auf eigenen Rädern laufenden Fahrzeugen wird unterschieden, ob sie bei den Gepäck- oder Güterexpeditionen aufgegeben, bezw. in Personen- oder Güterzügen befördert werden. Im ersten Fall zahlen diejenigen Fahrzeuge, welche in bedeckt gebauten Wagen mit andern Gütern verladen werden können, die Gepäckfracht, die andern für Wagen und Kilometer bestimmte Einheitssätze nebst einer Expeditionsgebühr. Bei Aufgabe bei der Güterexpedition zahlen diejenigen Fahrzeuge, welche in bedeckt gebauten Wagen mit andern Gütern verladen werden können, die Taxe für sperriges Gut, die andern unbeladen die Sätze des Spezialtarifs III bezw. der Klasse A 2, beladen die Satze der für das aufgeladene Gut geltenden Wagenladungsklasse.

Hunde, Pferde in Stallungswagen und einzelne Tiere zahlen für das Stück und Kilometer unter Zuschlag einer Expeditionsgebühr, Tiere in Wagenladungen dagegen für das Quadratmeter Ladefläche des verwendeten Wagens und das Kilometer unter Zuschlag einer Expeditionsgebühr. Das Nähere, sowie die Einheitssätze sind nachstehend aufgeführt, wobei noch bemerkt wird, dafs die Sätze unter 1—4 für alle deutschen Eisenbahnen mit Ausnahme einiger kleinen Bahnen örtlicher Bedeutung gelten.

1. Für Leichen.

Fur die Beförderung einer Leiche in einem gewöhnlichen Personenzuge 40 Pf., in einem Eilpersonenzuge 60 Pf. für das Kilometer, in beiden Fällen unter Zuschlag einer Expeditionsgebühr von 6 M. für den Wagen.

2. Für Eisenbahnfahrzeuge.

Für die Beförderung von Lokomotiven und Tendern, welche auf eigenen Rädern laufen oder auf Trucks oder Eisenbahnwagen von höchstens 20000 kg Tragfähigkeit zum Transport kommen, 3 Pf. für Tonne und Kilometer unter Zuschlag einer Expeditionsgebühr von 1 M. für die Tonne. Für die Beförderung anderer auf eigenen Rädern laufender Eisenbahnfahrzeuge 7 Pf. für Achse und Kilometer unter Zuschlag einer Expeditionsgebühr von 2 M. für die Achse.

3. Für nicht auf eigenen Rädern laufende Fahrzeuge.

Für die Beförderung unbeladener Fahrzeuge, welche in bedeckt gebauten Wagen mit anderen Gütern nicht zusammengeladen werden können und bei den Gepäckexpeditionen aufgegeben werden,

in gewöhnlichen Personenzügen . . 0,40 M.
in Eilpersonenzügen . . . . . . 0,60 »

für das Kilometer und den verwendeten Eisenbahnwagen, in beiden Fällen unter Zuschlag einer Expeditionsgebühr von 6 M. für den Eisenbahnwagen.

Für die Beförderung von Fahrzeugen, welche bei den Gepäckexpeditionen aufgegeben werden und in bedeckt gebauten Wagen verladen werden können, die Gepäcktaxe.

Für die Beförderung von Fahrzeugen, welche in bedeckt gebauten Wagen mit anderen Gütern nicht zusammengeladen werden können und bei den Güterexpeditionen aufgegeben werden,

unbeladen, die Sätze des Spezialtarifs III. oder der Klasse A. 2,
beladen, die Sätze der für das aufgeladene Gut treffenden Wagenladungsklasse;

wenn sie in bedeckt gebauten Wagen verladen werden können,

die Sätze für sperriges Gut nach B I 4 c der allgemeinen Tarifvorschriften.

4. Für lebende Tiere.

a) Für die Beförderung von Hunden 0,015 M. für Stück und Kilometer.

b) Für die Beförderung von Pferden im Stallungswagen für das Kilometer

für 1 Stück . . . . = 0,30 M.
» 2 » . . . . = 0,40 »
» 3 » . . . . = 0,50 »
» jedes weitere in demselben Wagen verladene Stück = 0,10 »

unter Zuschlag einer Expeditionsgebühr von 1 M. für das Stück.

5. Für die Beförderung von Tieren in gewöhnlichen Wagen in Einzelsendungen und in Wagenladungen sind folgende Sätze bei den gröfseren Bahnen in Kraft:

	Für Tiere in											
	a) in Einzelsendungen											
	für Pferde				für Ochsen, Kühe, Rinder, Fersen, Füllen, Esel, Ponys				für Kalber, Schafe, Schweine, Ziegen		für Ferkel und Lämmer	
	für 1 Stück und 1 km	für 2 Stück und 1 km	für 3 Stück und 1 km	Expeditions-gebühren für Stück	für 1 Stück und 1 km	für 2 Stück und 1 km	für 3 Stück und 1 km	Expeditions-gebühren für Stück	für Stück und Kilometer	Expeditions-gebühren für Stück	für Stück und Kilometer	Expeditions-gebühren für Stück
	M.	M.	M.	M.	M.	M.	M.	M.	M.	M.	M.	M.
I. Staatseisenbahnen.												
1. Preufsische Staatsbahnen	0,20	0,30	0,40	1,00	0,10	0,20	0,30	—	0,03	—	0,02	—
2. Bayerische Staatsbahnen 1) Nur für Ochsen. 2) Nur für Kühe od. Rinder. 3) Nur für ein Mastschwein.	0,20	0,232	0,348	—	1)0,06934 2)0,05394	1) 0,14 2) 0,11	1) 0,21 2) 0,16	—	0,01156 3)0,01540	—	0,01156	—
3. Sächsische Staatsbahnen	0,20	0,30	0,40	1,00	0,15	0,225	0,30	0,50	0,04	0,30	0,04	0,30
4. Württembergische Staatsbahnen . . . . 1) Einzelne Tiere (exkl. Pferde) werden zur Beförderung gegen Stücktaxe nur angenommen, sofern in dem betr. Zuge geeigneter Raum zur Verladung vorhanden ist; bei Einstellung eines besonderen Wagens wird die Fracht für eine halbe Wagenladung berechnet, dieselbe beträgt: für das km für einen Wagen unter 14 qm Ladefläche . 0,20 M. für einen Wagen mit 14 qm oder mehr Ladefläche . . . . . 0,25 » 2) Nur für Fersen, Füllen, Esel u. s. w. 3) Nur für Schweine.	für einzelne Pferde in gewöhnlichen Wagen kommen d. Wagenladungstaxen oder — sofern dies billiger — die Stücktaxen für Pferde in Stallungswagen zur Erhebung.				1)0,08 2)0,06	1) 0,16 2) 0,12	1) 0,24 2) 0,18	—	0,016 3)0,02	—	0,016	—
5. Badische Staatsbahnen	0,08	0,16	0,24	0,20	0,06	0,12	0,18	0,10	0,015	0,10	0,015	0,10
6. Reichsbahnen in Elsafs-Lothringen	wenn die Zahl der Stücke Vieh die als Norm für eine halbe Wagenladung festgesetzte Stückzahl nicht überschreitet, die Fracht für 9 qm, wenn mehr Stücke aufgegeben werden, die Fracht für eine ganze Wagenladung.											

gewöhnlichen Wagen							
b) in Wagenladungen							
für Pferde		für sonstiges Grofsvieh		für Kleinvieh			
				in gewöhnlichen Wagen		in mehrbodigen Wagen	
für 1 Quadratmeter der Ladefläche des verwendeten Wagens							
für das Kilometer	Expeditionsgebühren	für das Kilometer	Expeditionsgebuhren	für das Kilometer	Expeditionsgebühren	für das Kilometer	Expeditionsgebühren
M.	M.	M.	M.	M.	M.	M.	M.
0,030	0,40	0,02	0,40	0,02	0,40	wie in gewöhnlichen Wagen + 33 1/3 Prozent	
0,023	0,20	0,023	0,20	—	—	—	—
0,025	0,40	0,022	0,20	0,022	0,20	0,0293	0,2667
0,023	0,20	0,023	0,20	0,023	0,20	0,030	0,20
0,030	bei Entfernungen bis zu 40 km 0,10 von 40—100 km für je 2 km 0,01 mehr von 100 km und daruber 0,40	0,025	bei Entfernungen bis zu 40 km 0,10 von 40—100 km für je 2 km 0,01 mehr von 100 km und daruber 0,40	0,026	wie bei Grofsvieh	0,27	wie bei Grofsvieh
0,03	0,40	0,025	0,40	0,020	0,40	0,027	0,40

	Für Tiere in													
	a) in Einzelsendungen													
	für Pferde				für Ochsen, Kühe, Rinder, Fersen, Füllen, Esel, Ponys				für Kälber, Schafe, Schweine, Ziegen		für Ferkel und Lämmer	
	für 1 Stück und 1 km M.	für 2 Stück und 1 km M.	für 3 Stück und 1 km M.	Expeditions-gebühren für Stück M.	für 1 Stück und 1 km M.	für 2 Stück und 1 km M.	für 3 Stück und 1 km M.	Expeditions-gebühren für Stück M.	für Stück und Kilometer M.	Expeditions-gebühren für Stück M.	für Stück und Kilometer M.	Expeditions-gebühren für Stück M.
II. Privateisenbahnen.												
1. Hessische Ludwigsbahn .	0,20	0,30	0,40	1,00	0,10	0,20	0,30	—	0,03	—	0,02	—
2. Lübeck-Hamburger und Lübeck-Büchener Bahn .	0,20	0,30	0,40	1,00	0,10	0,20	0,30	—	0,03	—	0,02	—
3. Marienburg - Mlawkaer Bahn	0,20	0,30	0,40	1,00	0,10	0,20	0,30	—	0,03	—	0,02	—
4. Mecklenburgische Friedrich-Franz-Bahn	0,20	0,30	0,40	1,00	0,10	0,20	0,30	—	0,03	—	0,22	—
5. Nordhausen-Erfurter Bahn	0,20	0,30	0,40	1,00	0,10	0,20	0,30	—	0,03	—	0,02	—
6. Ostpreufsische Südbahn	wenn die Zahl der Stücke Vieh die als Norm für eine halbe Wagenladung festgesetzte Stückzahl nicht überschreitet, die Fracht für 9 qm, wenn mehr Stücke aufgegeben werden, die Fracht für eine ganze Wagenladung.											
7. Pfälzische Bahnen	0,20	0,30	0,40	—	0,10	0,20	0,30	—	0,03	—	0,02	—
8. Werra-Bahn	0,20	0,30	0,40	1,00	0,10	0,20	0,30	—	0,03	—	0,02	—

gewöhnlichen Wagen							
b) in Wagenladungen							
für Pferde		für sonstiges Grofsvieh		für Kleinvieh			
				in gewöhnlichen Wagen		in mehrbodigen Wagen	
für 1 Quadratmeter der Ladefläche							
für das Kilometer	Expeditionsgebühren	für das Kilometer	Expeditionsgebühren	für das Kilometer	Expeditionsgebühren	für das Kilometer	Expeditionsgebühren
M.	M.	M.	M.	M.	M.	M.	M.
0,030	bei Entfernungen bis 30 km 0,20 von 31—40 km 0,30 von 41—50 km 0,35 über 50 km 0,40	0,020	wie bei Pferden	0,020	wie bei Pferden	0,0266	wie bei Pferden
0,030	0,40	0,030	0,40	0,025	0,20	0,040	0,20
0,025	0,40	0,02 bis 100 km, 0,0175 von 101—200 km, 0,015 von 201—300 km. 0,01 für jedes weitere Kilometer	0,40	wie bei Grofsvieh		0,0266 bis 100 km, 0,0233 von 101—200 km, 0,020 von 201—300 km. 0,0133 für jedes weitere Kilometer	0,40
0,030	0,40	0,030	0,40	0,025	0,40	0,040	0,40
0,030	0,40	0,020	0,40	0,020	0,40	0,0266	0,40
0,030	0,40	0,025 bis 100 km, 0,020 von 101—200 km, 0,015 über 200 km	6,0 für den Wagen	wie bei Grofsvieh		0,0334 bis 100 km, 0,0266 von 101—200 km, 0,020 über 200 km	6,0 für den Wagen
0,030	0,20	0,02	0,20	0,020	0,20	0,0266	0,20
0,030	0,40	0,020	0,40	0,020	0,40	0,0266	0,40

FÜNFTER ABSCHNITT.

B. ÖSTERREICH-UNGARN.

§ 86. *Gesetzliche Bestimmungen bezüglich des Tarifwesens.*

Vgl. Dr. Lange von Burgenkron, Das Tarifwesen der österreichischen Privateisenbahnen, Wien 1882.

Die gesetzlichen Bestimmungen bezüglich des Tarifwesens finden sich:

1. In den allgemeinen Bestimmungen über das bei den Eisenbahnen zu beobachtende Konzessionssystem vom 29. Dezember 1837 und 18. Juni 1838 § 8e. Derselbe lautet:

»Die Unternehmung erhält das ausschliefsende Recht, auf ihrer Bahn Personen und Sachen aller Art mit Zugvieh oder anderer Kraft zu transportieren, die Preise nach Umständen festzusetzen; doch ist der diesfällige Preistarif öffentlich kund zu machen und bleibt es der Staatsverwaltung vorbehalten, dann, wenn die reinen Erträgnisse der Bahn 15 Prozent der Einlagen überschreiten, auf eine billige Herabsetzung der Preise einzuwirken.«

2. In der Eisenbahnbetriebsordnung vom 16. November 1851 §§ 4—7, 64—67, 77 und 91. Dieselben lauten:

»§ 4. Die Eisenbahnunternehmungen sind verpflichtet, folgende Bekanntmachungen zu erlassen:

2. Einen Fahrpreistarif für Personen und Sachen;
3. endlich die Bestimmungen über die Aufnahme der Personen . . . dann über die Auf- und Übernahme der zur Beförderung gehörigen Sachen.

Die Fahrpreis- und Frachtentarife und die Bestimmungen über den Personen- und Sachenverkehr sind überdies in allen Bahnhöfen und auf allen Aufnahmestationen zur allgemeinen Einsicht anzuheften..

§ 5. Die Fahrpreis- und Frachtentarife und die Bestimmungen über den Personen- und Sachenverkehr sind während der Zeit, für welche sie erlassen worden, sorgfältig zu beobachten.

§ 7. Anderungen der Tarife, sowie Änderungen in den Bestimmungen über den Personen- und Sachenverkehr sind vierzehn Tage früher, als sie in Wirksamkeit zu treten haben, zur öffentlichen Kenntnis zu bringen.

§ 64. Die Privateisenbahnunternehmungen sind verpflichtet, über alle Teile ihrer Administration genaue und deutliche Rechnung zu führen, hierin die ihnen aus öffentlichen Rücksichten von dem Handelsministerium zukommenden Weisungen zu befolgen, sowie jederzeit den hierzu speziell beauftragten Abgeordneten dieses Ministeriums die Einsicht in diese Rechnungen sowie in alle wie immer Namen habende Betriebsakten und Bücher zu gestatten, und alle von denselben etwa ausgesprochenen Ausweise zu liefern und Auskünfte zu erstatten.

§ 66. Die Privateisenbahnunternehmungen sind verpflichtet, die Tarife und Bestimmungen über den Personen- und Sachenverkehr (§ 4) vor ihrer Kundmachung, sowie jedesmal vor ihrer Abänderung der Staatsverwaltung vorzulegen.

Insbesondere bleibt der Staatsverwaltung mit Rücksicht auf die bestehenden Rechte die Befugnis, aus öffentlichen Rücksichten übertriebene Anforderungen in den Tarifsätzen zu mäfsigen.

§ 67. Was in dem § 66 von dem Tarife im allgemeinen angeordnet worden ist, gilt auch für die von den Privateisenbahnunternehmungen festzusetzenden Assekuranz- und sonstigen Nebengebühren.

§ 77. Die Generalinspektion ist verpflichtet, dafür zu sorgen, dafs die Tarife und die Bestimmungen über den Personen- und Sachenverkehr genau beobachtet und alle gegründeten Beschwerden in dieser Beziehung mit thunlichster Beschleunigung behoben werden.

§ 91. Den in diesem Gesetze enthaltenen Vorschriften und Verpflichtungen sind auch die bereits konzessionierten und privilegierten Eisenbahnunternehmungen von dem Tage, an welchem dieses Gesetz in Wirksamkeit tritt, unterworfen.«

3. In dem Eisenbahnkonzessionsgesetz vom 14. September 1854 §§ 9 und 10.

Dieselben lauten:

»§ 9, d. Die Unternehmung erlangt durch die Konzession das Recht, auf der erbauten Eisenbahn Personen und Sachen nach dem festgesetzten Tarife zu befördern, insofern der diesfällige Transport durch das Postregale nicht der Postanstalt ausschliefslich vorbehalten erscheint.

§ 10, e. Die festgesetzten, von drei zu drei Jahren einer Revision zu unterziehenden Tarife für den Personen- und Sachentransport und für die Nebengebühren sind dem Ministerium für Handel, Gewerbe und öffentliche Arbeiten im Einvernehmen mit dem Ministerium des Innern zur Genehmigung vorzulegen.

Von dem Einvernehmen mit dem Ministerium des Innern wurde in der Praxis Umgang genommen.

Bei der Festsetzung des Tarifes wird auf sämtliche obwaltende Verhältnisse, auf die Rentabilität der Bahn, auf die Tarife der Nachbarbahnen u. s. w. angemessene Rücksicht genommen.

Der Preistarif ist öffentlich kund zu machen und es bleibt der Staatsverwaltung vorbehalten, dann, wenn die reinen Erträgnisse der Bahn 15 Prozent der Einlagen überschreiten, auf eine billige Herabsetzung der Preise einzuwirken.

§ 10, g. Die Eisenbahnunternehmung hat sich mit den angrenzenden Eisenbahnen (dieselben mögen zur Zeit der Konzessionierung bereits errichtet sein oder erst in der Folge erbaut werden) überhaupt bezüglich der Ordnung der wechselseitigen Verkehrsverhältnisse einzuverstehen.

Sollte ein gütliches Übereinkommen nicht zustande kommen, oder die getroffene Verabredung den öffentlichen Interessen nicht entsprechen, so hat das Handelsministerium die erforderlichen Verfügungen von Amts wegen zu treffen, welchen Anordnungen sich sodann die Eisenbahnunternehmung zu fügen hat.«

4. Im Artikel VIII des für Österreich und Ungarn gleichlautenden Gesetzes vom 24. Dezember 1867 bezw. 27. Juni 1878 ist folgendes bestimmt:

»Die bestehenden Eisenbahnen sollen in beiden Ländergebieten nach gleichartigen Grundsätzen verwaltet und neu herzustellende Bahnen, insoweit es das Interesse des gegenseitigen Verkehrs erheischt, nach gleichartigen Bau- und Betriebsnormen eingerichtet werden. Insbesondere sollen die Eisenbahnbetriebsordnung vom 16. November 1851 samt zugehörigen Nachtragsbestimmungen und das am 10. Juni 1874 eingeführte Eisenbahnbetriebsreglement in beiden Ländergebieten unverändert beobachtet werden, insolange sie nicht in gegenseitigem Einvernehmen und in einer für beide Teile gleichartigen Weise abgeändert werden.

Die Regelung des Baues und des Betriebes von Lokalbahnen bleibt, insofern derartige Bahnen die Grenzen des Ländergebietes nicht überschreiten, jedem der beiden Ländergebiete selbständig vorbehalten.«

Ferner ist in dem provisorischen Übereinkommen in betreff der Eisenbahnen vom 29. Juli und 21. August 1868 für beide Staatsgebiete folgendes bezüglich des Tarifwesens festgesetzt:

»§ 7. Nach Artikel VIII des Zoll- und Handelsbündnisses sollen die bestehenden Eisenbahnen in beiden Ländergebieten nach gleichartigen Grundsätzen verwaltet und neu herzustellende Bahnen, insoweit es das Interesse des gegenseitigen Verkehrs erheischt, nach gleichartigen Bau- und Betriebsnormen eingerichtet werden.

Insbesondere sollen

a) die Eisenbahnbetriebsordnung vom 16. November 1851 und

b) das Eisenbahnbetriebsreglement vom 30. Juni 1863 (10. Juni 1874) in beiden Ländergebieten unverändert beobachtet werden, insolange sie nicht im gegenseitigen Einvernehmen und in einer für beide Teile gleichartigen Weise abgeändert sein werden.

Da die Notwendigkeit einer durchgreifenden Änderung der Betriebsordnung und des Betriebsreglements allseitig anerkannt wird, soll zur gemeinschaftlichen Ausarbeitung geeigneter Entwürfe sobald als möglich geschritten werden.

§ 8. Beide Regierungen vereinigen sich zu dem Zwecke, eine möglichste Ermäfsigung der Personen- und Frachtentarife im Interesse des Handels, der Industrie und der Landwirtschaft anzubahnen. Insbesondere soll für gemeinsame Bahnlinien auf die Aufstellung einheitlicher Tarifbestimmungen hingewirkt werden.«

Vgl. Röll Österreichische Eisenbahngesetze S. 2—4.

5. In dem Gesetz vom 15. Juli 1877 betreffend die Maximaltarife für die Personenbeförderung auf den Eisenbahnen. Dasselbe lautet:

»Art. I. Für die Regelung der Personentarife auf den innerhalb des Gebietes der im Reichsrate vertretenen Königreiche und Länder befindlichen Eisenbahnen haben nachstehende Bestimmungen zu gelten:

Als Maximaltarif für den Personentransport wird festgesetzt und zwar: für die I. Klasse 5 Kreuzer, für die II. Klasse 3,6 Kreuzer, für die III. Klasse 2,4 kr. ö. W. in Silber per Person und Kilometer.

Bei Eilzügen dürfen diese Tarifsätze um 20 Prozent erhöht werden, wenn dieselben nicht blofs Wagen erster Klasse führen und wofern die durchschnittliche Geschwindigkeit dieser Züge (inklusive der Aufenthalte in den Stationen) auf jenen Strecken, wo keine Steigungen von 15 pro mille und darüber vorkommen, mindestens 37 Kilometer, auf den Strecken mit Steigungen von 15 pro mille bis exkl. 25 pro mille aber mindestens 24 Kilometer per Zeitstunde beträgt. Auf Strecken mit noch stärkeren Steigungen ist die Geschwindigkeit der Schnellzüge von dem Handelsminister zu bestimmen.

Für gemischte Züge sind obige Tarife um 20 Prozent zu ermäfsigen. Der Handelsminister ist jedoch ermächtigt, diese Ermäfsigungen bei Bahnlinien, auf welchen nur gemischte Züge verkehren, nach Maſsgabe der Verkehrs- und sonstigen Verhältnisse der betreffenden Bahnunternehmung auſser Kraft zu setzen.

Sollte sich das Bedürfnis nach weitergehenden Ermäſsigungen herausstellen und sollten in diesem Falle die Bahnunternehmungen nicht in der Lage sein, entsprechende Erleichterungen in der dritten Wagenklasse zu gewähren, so sind dieselben gehalten, über Aufforderung des Handelsministers auf den von demselben bezeichneten Strecken eine vierte Klasse (Stehwagen) mit dem Tarifsatze von 1,5 Kreuzer ö. W. in Silber per Person und Kilometer einzuführen.

Auf Eisenbahnen, welche die Staatsgarantie in Anspruch nehmen, dürfen Freikarten, welche nur für einzelne Fahrten Gültigkeit haben, nur mit Genehmigung des Handelsministers ausgefolgt werden.

Diese Freikarten müssen auf einen bestimmten Namen oder auf eine bestimmte Diensteskategorie lauten.

Art. II. Die Tarifsätze für die mit dem Personentransporte im Zusammenhang stehende Beförderung von Gepäck, Fahrzeugen und lebenden Tieren, sowie sämtliche Nebenbestimmungen für die Beförderung von Personen sind durch den Handelsminister nach Anhörung der Bahnunternehmungen nach einheitlichen Grundsätzen festzustellen.

Für jedes ganze Fahrbillet wird ein Freigewicht von 25 kg und für jedes halbe Billet ein solches von 12 kg festgesetzt.

Art. III. Auf Bahnen mit Steigungsverhältnissen von 15 pro mille und darüber darf bei Berechnung der Tarifgebühren die anderthalbfache Länge der fraglichen starken Steigungen und Gefälle zu Grunde gelegt werden.

Art. IV. Die Eisenbahnverwaltungen sind verpflichtet, alle neuen Tarife, sowie jede Aufhebung und Abänderung der schon bestehenden Tarife mindestens 14 Tage vor dem Inslebentreten der bezüglichen Tarifmaſsnahmen nach den Anordnungen des Handelsministers öffentlich kund zu machen.

Art. V. Der Handelsminister wird ermächtigt, auf Grund der Bestimmungen dieses Gesetzes die erforderlichen Tarifveränderungen, insofern sie ihm geboten erscheinen, mit Berücksichtigung der besonderen Rechte einzelner Bahnunternehmungen durchzuführen und die Zeitpunkte für das Inslebentreten derselben festzusetzen.

Die Bestimmungen des Gesetzes vom 15. Juli 1877 sind auf Grund besonderer Protokollarvereinbarungen auf der Buschtehrader Eisenbahn, ersten ungarisch-galizischen Eisenbahn, Erzherzog-Albrechtbahn, Kaiser-Franz-Josefbahn, Kronprinz Rudolfbahn, Leoben-Vordernberger Eisenbahn, Mährischen Grenzbahn, Mährisch-Schlesischen Zentralbahn, Österreichischen Nordwestbahn, Eisenbahn Pilsen-Priesen (Komotau), Prag-Duxer Eisenbahn und Südnorddeutschen Verbindungsbahn zur Durchführung gebracht worden.

Art. VI. Die Bestimmungen für die Beförderung von Militärpersonen werden durch das gegenwärtige Gesetz nicht berührt.

Art. VII. Durch gegenwärtiges Gesetz werden alle entgegenstehenden Bestimmungen der betreffenden Spezialgesetze aufser Wirksamkeit gesetzt.

Art. VIII. Mit dem Vollzuge dieses Gesetzes, welches mit dem Tage der Kundmachung in Wirksamkeit tritt, ist der Handelsminister beauftragt.«

Durch Artikel IV des Gesetzes vom 25. Mai 1880 (R. G. Bl. Nr. 56; Z.Bl. Nr. 68), betreffend die Zugeständnisse und Begünstigungen für Lokalbahnen, gültig vom Tage der Kundmachung bis zum 31. Dezember 1882, wurde die Regierung ermächtigt, bei Festsetzung der Konzessionstarife für Lokalbahnen Ausnahmen von den Bestimmungen des obigen Gesetzes zu gewähren.

6. In dem Betriebsreglement vom 1. Juli 1874. Die aus dem Betriebsreglement, welches im wesentlichen mit dem deutschen Betriebsreglement übereinstimmt, für das Tarifwesen gültigen Bestimmungen sind bereits oben § 58 unter 3 näher aufgeführt und genügt daher hier eine Verweisung darauf.

§ 87. *Konzessionsmäfsige und Verwaltungsvorschriften.*

Vgl. Lange von Burgenkron, Das Tarifwesen der österreichischen Privateisenbahnen.

1. Ein staatliches Genehmigungs- und Revisionsrecht der Tarife ist schon durch § 66 der Betriebsordnung und § 10e des Eisenbahnkonzessionsgesetzes festgesetzt. Die Bestimmungen des § 10e gelten indes für einige früher konzessionierte Eisenbahnen nicht. Für die weitaus überwiegende Mehrzahl der übrigen Bahnen hat aber die Regierung in den Konzessionen Maximaltarife festgesetzt, innerhalb deren den Gesellschaften die Regelung der Fahr- und Frachtpreise freisteht, teils auf die ganze Konzessionsdauer, teils nur auf Zeit.

Ein Verzeichnis beider Arten von Konzessionen siehe Lange von Burgenkron a. a. O. S. 22—26.

Nach Ablauf dieser Frist gelten für die letzteren, ebenso wie für diejenigen meist Lokalbahnen, für welche keine Maximalsätze festgesetzt sind, lediglich die oben erwähnten gesetzlichen Bestimmungen. Auch bei Festsetzung von Maximalsätzen hat sich aber die Regierung in einzelnen Konzessionen die Genehmigung einer jeden Änderung der Tarife vorbehalten, in andern Konzessionen aber festgesetzt, dafs die Wiedererhöhung ermäfsigter Tarifsätze innerhalb der konzessionsmäfsigen Grenzen nur nach dreimonatlicher Anwendung der ermäfsigten Sätze stattfinden könne. Noch weitergehend findet sich in einer Anzahl Konzessionen die Bestimmung, dafs die Regelung der Fahr- und Frachttarife, bezw. der Fahr- und Frachttarifsbestimmungen der Gesetzgebung ausdrücklich und für jederzeit vorbehalten werde, so dafs die späteren Gesetze auf die betreffende Bahn volle Anwendung finden und die Unternehmung sich denselben zu unterwerfen hat.

2. Mit dem allgemeinen Revisionsrecht steht in engem Zusammenhang das Recht, eine Herabsetzung der Tarife anzuordnen, wie dies durch § 8e der allgemeinen Bestimmungen und durch § 10e dritter Absatz des Eisenbahnkonzessionsgesetzes vorbehalten ist. In den Konzessionen findet sich anstatt des 15prozentigen Reinerträgnisses vielfach nur ein 10,7, ja 5prozentiges Reinerträgnis oder ein bestimmter Rohertrag bezw. eine bestimmte Transportmenge festgesetzt, bei deren Vorhandensein der Staatsverwaltung das Recht zusteht, eine entsprechende Herabsetzung der Fahr- und Frachtpreise, sowie der Nebengebühren zu veranlassen oder anzuordnen. Aufserdem ist der Regierung rücksichtlich der weitaus überwiegenden Mehrzahl sämtlicher Eisenbahnen konzessionsmäfsig das Recht zur Einführung von Notstandstarifen in den Fällen aufserordentlicher Teuerung vorbehalten, und zwar Herabsetzung der Frachtpreise für Nahrungsgegenstände teils bis auf die Hälfte des festgesetzten Maximaltarifs, teils bis zur Höhe der Frachtsätze für die am geringsten tarifierten Artikel, teils bis zu einem festen Mindestbetrage, teils ohne Beschränkung durch eine Mindestgrenze.

3. Der Grundsatz der Öffentlichkeit der Tarife, bezw. die Vorschrift der rechtzeitigen vorherigen Veröffentlichung findet sich im § 8e der allgemeinen Bestimmungen, den §§ 4 und 7 der Eisenbahnbetriebsordnung und § 10e des Eisenbahnkonzessionsgesetzes und Art. IV des Personentarifgesetzes. Eine ausdrückliche Bestimmung, dafs alle Spezialtarife der öffentlichen Kundmachung zu unterziehen sind, ist aufserdem in einer grofsen Zahl von Konzessionen aufgenommen. Die Veröffentlichung hat zu erfolgen durch Anschlag in den Stationen bezw. durch Auflegung der Tarife in einem stets zugänglichen Bureau der Station zur Einsicht des Publikums, sowie durch Anzeigen in den öffentlichen Blättern längstens 14 Tage früher als die neuen Tarife in Wirksamkeit treten. Zu demselben Termine

sollen auch die betreffenden Tarife käuflich zu haben sein. Diese Bestimmungen beziehen sich nicht nur auf neue Tarife, sondern auch auf alle Tarifänderungen.

Vgl. Lange von Burgenkron a. a. O. S. 6—13; ferner Erlafs der Generalinspektion vom 10. Mai 1885, Zentralblatt für Eisenbahnen und Dampfschiffahrt 1885 S. 950.

Ferner ist durch Verordnung des österreichischen Handelsministeriums vom 16. November 1885 in Ergänzung des § 7 der Eisenbahnbetriebsordnung vom 16. November 1851 nachstehende Bestimmung getroffen: »Änderungen der Eisenbahngütertarife, welche eine Erhöhung bestehender Frachtsätze (Transport- und Manipulationsgebühren für Eilgut und gewöhnliches Frachtgut) in sich schliefsen, sind sechs Wochen früher, als sie in Wirksamkeit zu treten haben, zur öffentlichen Kenntnis zu bringen.« Eine gleichlautende Bestimmung ist auch für die Länder der ungarischen Krone erlassen.

Trotzdem war das Refaktienwesen bis auf die neueste Zeit in vollster Blüte und Übung, indem daraus, dafs die Refaktien in den vorstehend erwähnten gesetzlichen Bestimmungen nicht ausdrücklich verboten sind, deren Zulässigkeit gefolgert wurde. Dazu kommt, dafs in einer ganzen Zahl von Konzessionen den betreffenden Bahnen Refaktien ausdrücklich gestattet sind, mit der Bedingung, dafs die einem Versender gewährte Begünstigung allen Versendern zuzugestehen ist, welche die nämlichen Bedingungen eingehen. In einigen Konzessionen ist auch die Gewährung solcher Begünstigungen an die Genehmigung der Staatsregierung bezw. an die Veröffentlichung gebunden, und nur in wenigen Fällen sind Refaktien untersagt. Während früher die Refaktien fast durchgängig geheime waren, wurde aus Anlafs des Art. XV des Handelsvertrags mit Deutschland vom 15. Dezember 1878 durch Handelsministerialerlafs vom 12. März 1879 die Veröffentlichung aller Tarifbegünstigungen im Frachtenverkehr durch das Zentralblatt für Eisenbahnen und Dampfschiffahrt der österreichisch-ungarischen Monarchie angeordnet und zugleich allgemein bestimmt, dafs die einem Versender unter gewissen Bedingungen eingeräumten Begünstigungen jedem Versender, welcher die gleichen Bedingungen eingeht, und zwar rückwirkend auf alle von ihm in der dem ersten Begünstigten eingeräumten Periode etwa schon zur Aufgabe gebrachten Sendungen gewährt werden sollen. Durch Handelsministerialerlafs vom 31. Dezember 1879 wurde jedoch der Generalinspektion die Befugnis erteilt, in Fällen, wo nach ihrem Ermessen die Veröffentlichung einer Refaktie inländische Verkehrsanstalten gegenüber ausländischer Konkurrenz benachteiligen würde, hiervon zu dispensieren. Dieselben Bestimmungen gelten auch für Ungarn.

Näheres Lange a. a. O. S. 80—92.

4. Anordnungen hinsichtlich der Klassifikation der Güter, der Nebengebühren und der sonstigen Tarifbestimmungen finden sich in der Konzession der Österreichischen Staatseisenbahngesellschaft, welche bei Konzessionierung ihrer nördlichen und südöstlichen Linien, unter Festsetzung von drei Fahrklassen für Personen und ebenso von drei Klassen für Waren bei gewöhnlicher Geschwindigkeit, rücksichtlich der Frachtpreise der übrigen Gegenstände, sowie der Nebengebühren, der Warenklassifikation u. s. w. auf den Tarif der Betriebsdirektion der südöstlichen Staatseisenbahn vom 28. Januar 1852 verwiesen wurde. Ferner finden sich solche in der Konzession der Südbahn, welche zur Einhaltung eines im einzelnen festgesetzten Konzessionstarifs verpflichtet wurde. Bei den meisten übrigen Bahnen wurde bezüglich der Klassifikation, der Nebengebühren u. s. w. bestimmt, dafs sie nicht höher und lästiger sein dürften, als auf einer bestimmten andern bereits bestehenden Eisenbahn. Auf diese Weise wurden unmittelbar oder mittelbar für die Mehrzahl der Bahnen die Tarife der österreichischen Staatseisenbahngesellschaft mafsgebend und gelang es infolge dessen im Jahre 1876, ein einheitliches Tarifschema, einheitliche Klassifikation und Tarifvorschriften für die gesamten österreichisch-ungarischen Bahnen mit Ausnahme der Südbahn, welche an ihrem Konzessionstarif festhielt, zu vereinbaren. Diesem sog. Reformtarif wurde durch Handelsministerialerlafs vom 3. Juni 1876 die Genehmigung erteilt, so dafs derselbe nicht einseitig ohne Zustimmung des Ministeriums geändert werden kann.

Bezüglich der direkten Tarife mit ausländischen Bahnen wurde durch Handelsministerialerlafs vom 30. Juni 1875 folgendes bestimmt: »Insolange und insoweit es nicht thunlich ist, bei Etablierung von direkten Gütertarifen mit dem Auslande eine für den internen Verkehr der österreichischen Bahnverwaltungen gültige Güterklassifikation anzunehmen, bleibt es den österreichischen Bahnen freigestellt, jenen direkten Tarifen eine anderweitige, den Interessen des Handels und der Industrie im Inlande nicht nachteilige Güterklassifikation zu Grunde zu legen. In solchen Fällen wird auch gestattet, die Anteile für die einzelnen Klassen in den direkten Tarifen entweder auf Grund vereinbarter Verbandseinheitstaxen oder im Wege einer im Hinblick auf die Einreihung der Hauptartikel vorzunehmenden Durchschnittskombination mit den konzessionsmäfsigen Tarifsätzen festzustellen.«

Bezüglich des Personenverkehrs ist in den meisten Konzessionen bestimmt, dafs die Bahnverwaltungen verpflichtet sind, drei Personenklassen und bei Eilzügen wenigstens I. und II. Klasse zu führen. Aufserdem ist in einer grofsen Zahl von Konzessionen die Einführung einer IV. Klasse auferlegt, teils unbedingt, teils für den Fall sich ein Bedürfnis zu Ermäfsigungen herausstellt und die betr. Bahnen solche in der III. Klasse zu gewähren nicht in der Lage sind. Andererseits ist bei einigen Bahnen, namentlich Lokalbahnen, bezw. bei gemischten Zügen eine Herabsetzung auf zwei Klassen für zulässig erklärt.

5. Differentialtarife und Tarifdisparitäten. Differentialtarife sind nirgends verboten, in einer gröfsern Zahl von Konzessionen ist sogar ausdrücklich gestattet, »dafs die Preise für die Längeneinheit bei gröfseren Entfernungen abnehmen«. In andern Konzessionen sind rücksichtlich der ermäfsigten Klassen und Spezialtarife bezw. einiger Massenartikel solche Maximaltarife vorgeschrieben, welche mit gewissen Entfernungen skalamäfsig abnehmen. Andern Bahnen wieder ist es in den Konzessionen ausdrücklich gestattet, ermäfsigte Sätze nur nach einer Richtung einzuführen, z. B. für die Ausfuhr. Dagegen besteht infolge besonderer Vereinbarungen mit der Regierung für eine gröfsere Zahl von Bahnen die Verpflichtung, dafs auf einer und derselben Verkehrslinie in derselben Verkehrsrichtung und unter den gleichen Bedingungen die Gesamttransportkosten für eine näher gelegene Station nicht höher sein dürfen, als für eine entferntere.

6. Vorlage der Tarife an die Aufsichtsbehörde. Nach § 77 der Eisenbahnbetriebsordnung ist die Generalinspektion der österreichischen Eisenbahnen verpflichtet, dafür zu sorgen, dafs die Tarife und Bestimmungen über den Personen- und Sachenverkehr genau beobachtet und alle gegründeten Beschwerden in dieser Beziehung mit thunlichster Beschleunigung behoben werden. Durch Handelsministerialerlafs vom 13. Mai 1876 wurde die Beurteilung und Erledigung der Vorlagen in Tarif- und damit im Zusammenhange stehenden Transportangelegenheiten bezw. deren Genehmigung, wo dieselbe der Staatsverwaltung konzessionsmäfsig vor-

behalten ist, der Generalinspektion als erster Instanz übertragen, jedoch die Entscheidung über Fragen grundsätzlicher Natur dem Handelsministerium vorbehalten, und ebenso die Entscheidung über Beschwerden gegen Verfügungen der Generalinspektion.

Schon der § 66 der Eisenbahnbetriebsordnung und § 10[e] des Konzessionsgesetzes verpflichten die Eisenbahnverwaltungen zur Vorlage der Tarife für Personen- und Sachentransport, sowie der Nebengebühren. Diese, sowie auch Vorlage der Anteilstabellen, Konferenzprotokolle u. s. w. hat seitens der beteiligten Bahnen rechtzeitig zu erfolgen und zur Kontrolle ist seitens jeder Eisenbahnverwaltung monatlich eine Nachweisung der im vorhergegangenem Monate in ihrem Bereiche eingetretenen Tarifänderungen und neu aufgestellten Tarife an die Generalinspektion einzureichen.

§ 88. *Die Entwickelung der Gütertarifsysteme.*

Die Entwickelung der Gütertarifsysteme in Österreich-Ungarn war, wie in Deutschland, eine privatwirtschaftliche, und zwar auf Grund der Wertklassifikation. Die erste in Österreich zur Einführung gebrachte dreistufige Wertklassifikation war die der Kaiser-Ferdinands-Nordbahn. An sie schlofs sich der 1852 seitens der Betriebsdirektion der südöstlichen Staatsbahnen eingeführte Tarif an, welcher noch besondere ergänzende Bestimmungen für Eilgut, lebende Tiere und über Nebengebühren enthielt und, wie bereits im vorigen Paragraph erwähnt, zunächst für die österreichische Staatseisenbahngesellschaft und danach für die Mehrzahl der übrigen österreichischen Bahnen mafsgebend wurde. Eine Ausnahme hiervon machte aufser einigen kleineren Bahnen besonders die österreichische Südbahn, welche durch ihre Konzession zur Annahme eines abweichenden Wertklassifikationssystems verpflichtet wurde mit besonderen ermäfsigten Sätzen für gewisse überseeische Einfuhrartikel, denen seit dem Jahre 1867 infolge Vereinbarungen mit der Regierung noch eine ganze Reihe ermäfsigter Güterklassen angereiht worden ist.

Vgl. Schreiber, Das Tarifwesen der Eisenbahnen S. 123 ff.

Mit dem allmählichen Ausbau des Eisenbahnnetzes, mit der Bildung der direkten und Verbandstarife entstand eine immer gröfsere Mannigfaltigkeit in den Klassifikationen der einzelnen Bahnen und infolge dessen, ebenso wie in Deutschland, eine weitgehende Verwirrung und Unsicherheit der Tarife, eine ungleichmäfsige und vielfach höchst differentielle Gestaltung der Transportsätze, welche zu grofsen Unzuträglichkeiten und Beschwerden der Verkehrsinteressenten führte.

Der Ruf nach Reform des Tarifwesens erhob sich demgemäfs auch in Österreich-Ungarn früh. Schon 1864, dann 1868/69 fanden Verhandlungen wegen einer Tarifreform statt, ohne jedoch zu dem erwünschten Ziele zu führen. Im Jahre 1868 versuchte der österreichische Handelsminister auf dem Wege des Gesetzes eine Reform des Tarifwesens einzuführen und schlug folgendes Tarifsystem vor:

Eilgut,
Normalklasse,
ermäfsigte Stückgutklasse,
Wagenladungsklasse A,
» » » B,
» » » C.

Eilgut sollte die doppelte Fracht der Normalklasse zahlen. Zu dieser gehörten alle nicht benannten Güter, die Güter der ermäfsigten Stückgutklasse und der Wagenladungen waren besonders bezeichnet. Bedingung für die Anwendung der Wagenladungsklassen war die Aufgabe von mindestens 100 Zentnern. Die namhaft gemachten sperrigen Güter sollten die doppelte Fracht der ermäfsigten Stückgutklasse zahlen. Die Einführung dieses Tarifsystems scheiterte aber an dem Widerstande der sich auf ihre Konzessionen stützenden Privatbahnen, infolge dessen auch das Herrenhaus den vom Abgeordnetenhause bereits angenommenen Gesetzentwurf ablehnte.

Dagegen stellte die österreichische Staatseisenbahngesellschaft im Jahre 1870 bei Eröffnung ihres Ergänzungsnetzes einen neuen Tarif auf, welcher sich aus sechs Klassen zusammensetzte. Von diesen entsprachen die ersten drei Klassen den normalen Frachtsätzen des Konzessionstarifs, die drei anderen waren ermäfsigte Wagenladungsklassen. Daneben bestanden noch Ausnahmetarife für Kohlen u. s. w. Nach und nach nahm die Mehrzahl der österreichischen Eisenbahnen das gleiche Tarifsystem wenigstens in Bezug auf die Einteilung der Güterklassen an, jedoch wurde eine Einheitlichkeit weder in den Tarifvorschriften noch in Bezug auf die Warenklassifikation erreicht.

Dem gegenüber wurde in Ungarn ein Versuch mit dem Wagenraumsystem gemacht. Im Jahre 1874 führte die ungarische Staatsbahn einen dem elsafs-lothringischen nachgebildeten, jedoch in sehr wesentlichen Punkten davon abweichenden Wagenraumtarif ein. Derselbe bestand aus folgenden Klassen:

Eilgut,
Stückgut,
Allgemeine Wagenladungsklasse,

Spezialtarif I,
Spezialtarif II,
Spezialtarif III,
Spezialtarif IV.

Nach der allgemeinen Wagenladungsklasse wurden alle nicht in den Spezialtarifen aufgeführten Güter bei Verladung von mindestens hundert Zentnern in einen Wagen tarifiert, jedoch war das Zusammenladen verschiedenartiger Güter nicht gestattet, es mufsten vielmehr gleichnamige Güter sein. Spezialtarif I galt für bestimmt bezeichnete Güter bei Verladung von mindestens hundert Zentnern, die Spezialtarife II, III und IV ebenso für bestimmt bezeichnete Güter bei Verladung von zweihundert Zentnern in einen Wagen. Eilgut, Stückgut, sowie die Güter der allgemeinen Wagenladungsklasse und Spezialtarife I und II wurden in bedeckt gebauten, die Güter der Spezialtarife III und IV in offenen Wagen gefahren.

Obgleich dieser Tarif infolge seiner Einfachheit und zweckmäfsigen Bildung an sich viele Vorteile gewährte, konnte er sich doch nicht lange halten, weil es nicht gelang ihn auf weitere Bahnen auszudehnen, und die direkten Verkehrsbeziehungen mit den übrigen österreichisch-ungarischen Bahnen, welche das Wertklassifikationssystem in ihren Tarifen hatten, zu viel Schwierigkeiten, ja Nachteile für die Verkehrtreibenden wie für die ungarischen Staatsbahnen mit sich brachten.

Vgl. v. Saárossy-Kapeller, Die zehnjährige Thätigkeit der königl. ungarischen Staatseisenbahnen auf dem Gebiete der Volkswirtschaft S. 51.

In Österreich hatte inzwischen die Regierung, nachdem ihre Vorlage betr. Ordnung der Gütertarife nicht zustande gekommen war, mit den österreichischen Privatbahnen wegen Herbeiführung eines einheitlichen Tarifsystems und einheitlicher Güterklassifikation verhandelt und das Resultat dieser Verhandlungen war die im Jahre 1876 erfolgte Annahme des bereits in § 87 erwähnten Reformtarifs seitens der österreichisch-ungarischen Bahnen mit Ausnahme der österreichischen Südbahn, welche ihren Tarif von 1867 mit einigen Änderungen beibehielt. Auch die ungarischen Staatsbahnen gaben, um eine möglichste Einheitlichkeit in Bezug auf das Tarifsystem zu ermöglichen, den Wagenraumtarif auf und nahmen den Reformtarif an.

§ 89. *Der Reformtarif.*

Der Reformtarif erstreckt sich aufser auf Eil- und Frachtgüter auch auf lebende Tiere, Equipagen und Leichen. Ein Teil I in der neuesten Ausgabe vom 1. September 1883 enthält, wie der Teil I des deutschen Reformtarifs, die gemeinsamen Tarifbestimmungen für die am Reformtarif beteiligten Bahnen. Nachstehend sind die wichtigsten derselben wörtlich aufgeführt:

EILGÜTER UND FRACHTEN.

Allgemeine Bestimmungen.

Eilgüter.

Die Eilgüter werden behufs Berechnung der Transportgebühr in folgende Klassen eingeteilt:

a) Gewöhnliche Eilgüter. Hierher gehören alle jene als Eilgut zu befördernden Güter, welche in den sub b) und c) folgenden Klassen nicht angeführt sind.

b) Ermäfsigte Eilgüter, als: Butter, Eier, frische Fische und Krebse, sowie alle geniefsbaren Wasser-, Schal- und Muscheltiere, Grünzeug und Gemüse aller Art, Erdäpfel (Kartoffel) verpackt, frisches Obst, Obstbäume, Schmalz, Rohunschlitt, Milch, Topfen und Käse, Prefshefe, dann Schwarz- und Weifsgebäck, Fleisch frisches, geräuchert, gepökelt oder gesalzen, Fleischwaren wie Schinken, Würste u. s. w., totes Stechvieh, totes Geflügel und Wildbret, Nüsse, Haselnüsse, Kastanien, frische Beeren — letztere, wie selbe in der Warenklassifikation angeführt erscheinen.

c) Besonders ermäfsigte Eilgüter. Hierher gehören die zum Transport von Eil- und Frachtgütern benutzten, sowie bereits gebrauchten leeren Geschirre und Emballagen. (Leere gebrauchte Getreidesäcke werden als Eilgut zu den Frachtsätzen der Klasse II befördert.)

Die Gebühren für Eilgüter sind aus dem Gebührentarife der einzelnen Bahnen (Teil II) zu entnehmen.

Die Gebühr für Eilgüter wird derart berechnet, dafs Eilgutsendungen unter 5 kg für 5 kg und von den darüber hinausgehenden Gewichtsquantitäten je angefangene 5 kg für volle 5 kg angenommen werden.

Die geringste Transportgebühr, welche für eine Eilgutsendung einzuheben ist, beträgt einschliefslich der Manipulationsgebühr 20 kr. Noten für die öster. Bahnen, so auch auf der k. k. Militärbahn Banjaluka-Doberlin, und 21 kr. Noten für die ungar. Strecken, in welch' letzterem Satze die ungar. Transportsteuer bereits enthalten ist.

Wenn der Versender die Beförderung von Eilgütern ad a, b und c mit Schnell- oder Kurierzügen wünscht und diese Art der Beförderung mit Rücksicht auf die Verhältnisse des betreffenden Zuges überhaupt zulässig ist, wird aufser den Gebühren für die Beförderung als gewöhnliches Eilgut noch ein Zuschlag von 50 Prozent eingehoben, in welchem Falle die geringste Gebühr, welche für eine solche Eilgutsendung einzuheben ist, 30 kr. Noten für die österr. Bahnen, so auch für die k. k. Militärbahn Banjaluka-Doberlin, und 32 kr. Noten für die ungarischen Strecken beträgt, in welch' letzterem Satze die ungar. Transportsteuer bereits enthalten ist. Die Beförderung mit Kurier- oder Schnellzügen mufs auf den Frachtbriefen oberhalb der Adresse durch die Worte: »Mit Schnell- oder Kurierzug« vorgeschrieben werden.

Frachten.

Gebührenberechnung.

Bezüglich der Gebührenberechnung werden die Frachtgüter in folgende Klassen eingeteilt:

Klasse I (Normalklasse);

Klasse II;

Ermäfsigte Wagenladungsklassen A, B und C;

Spezialtarife 1 und 2;

Sperrige Güter und explodierbare Gegenstände.

Aufserdem bestehen bei den einzelnen Verwaltungen für gewisse Artikel und bei Erfüllung gewisser Bedingungen Ausnahmetarife, welch' letztere im Teile II enthalten sind.

Zu den Sätzen der Klasse I werden alle diejenigen Güter befördert, für welche laut Warenklassifikation nicht die Sätze der Klasse II oder der Wagenladungsklassen, bezw. Spezial- und Ausnahmetarife Anwendung finden und welche nicht unter die sperrigen oder explodierbaren Güter eingereiht sind.

Ebenso tarifieren Güter der Klassen II, A, B, C und der Spezialtarife, für welche in der Warenklassifikation eine bestimmte Verpackungsart vorgeschrieben ist, in anderer Verpackung zur Normalklasse I, soweit nicht in der Warenklassifikation bei dem betreffenden Artikel etwas anderes bestimmt ist.

Die Frachtdeklaration mufs daher genau dem Wortlaute der Warenklassifikation entsprechen, wenn die betreffende ermäfsigte Klasse angewendet werden soll. Wenn z. B. die zur Versendung kommenden ordinären Glaswaren ungeschliffen sind, so genügt es nicht, dieselben als »ordinäre Glaswaren« zu deklarieren, um sich die Taxen der Klasse A, bezw. II zu sichern, sondern es mufs vielmehr die Deklaration lauten: »Glaswaren ordinäre, ungeschliffen«, oder: »ungeschliffenes Tafelglas«.

Als sperrige Güter, d. h. solche, welche per Kubikmeter weniger als 150 kg wiegen, werden folgende Artikel behandelt:

a) Sperrige Güter, für welche keine Wagenladungssätze bestehen.

1. Bäume und Gesträuche, Pflanzen und Blumen, unverpackt oder nur in Stroh, Leinwand oder Matten verpackt. (Obstbäume tarifieren nach Klasse II.)

2. Bilder in Rahmen, Bilderrahmen und Spiegelrahmen (ausgenommen Metallrahmen).

3. Bottiche, d. h. hölzerne Hohlgefäfse mit nur einem Boden und von mindestens vier Hektoliter Gehalt, leere, nicht ineinander gesetzte.

4. Kartonnagen und hohle Pappwaren, exkl. Papierhülsen für Spinnereien.

5. Cigarrenkistchen, leere.

6. Emballagen aller Art, neue, als: Kisten und Koffer, wenn weniger als vier Stück ineinander gesteckt, Körbe und Schachteln (exkl. Zündhölzchenschachteln in Kisten und Satzschachteln, wenn mindestens vier Stück ineinander gesteckt, welche nach Normalklasse I tarifieren), siehe auch Fässer.

7. Fässer, neue, leere.

8. Figuren von Gips und Holz, unverpackt.

9. Flachs, roh (ungebrecht).

10. Glasballons, leere, verpackt (ungebraucht).

11. Hohlwaren aus Blech (nicht ineinander gesteckt).

12. Hüte von Filz, Seide und Stroh, nicht in verschnürten Ballen verpackt.

13. Kähne und Boote, nicht über eine Wagenlänge reichend (für derartige Artikel über eine Wagenlänge reichend gelten die Bestimmungen weiter unten).

14. Kinderwagen und Kinderwagengestelle, Krankenwagen und dergleichen leichteres Fuhrwerk.

15. Korbwaren, als: Körbe, leere, Korbgeflechte (einschliefslich neuer Packkörbe), Wagenkörbe und Korbmöbel.

16. Möbel und Möbelgestelle, auch Möbel aus gebogenem Holze, unverpackt oder nur in Stroh, Matten oder Leinwand verpackt (in Kisten oder in Fässern verpackt Normalklasse I).

17. Papierabfälle, Papierspäne, Prefsspäne, nicht verschnürt oder unverpackt.

18. Porzellan unverpackt, in Quantitäten unter 5000 kg pro Frachtbrief und Wagen.

19. Putzmacherwaren, künstliche Blumen und Schmuckfedern.

20. Rauhkarden und Weberdisteln.

21. Särge, hölzerne, leere, nicht ineinander gestellt.

22. Siebmacherwaren.

23. Spiegel in Rahmen, auch Rahmen unzerlegt.

24. Tiere, ausgestopft.

25. Theaterdekorationen.

26. Tonnenbände, hölzerne.

27. Wagenkasten.

28. Watte.

Für diese Güter wird bei Aufgabe beliebiger Quantitäten die für sperrige Güter im Teile II fixierte Gebühr erhoben.

b) Sperrige Güter, für welche Wagenladungssätze vorgesehen sind.

1. Schilf, Bast, Binsen und Rohr.

2. Borke und Lohe, unverpackt.

3. Heu.

4. Holzkohle.

5. Hopfen.

6. Spreu, verpackt.

7. Stroh, auch Raps- und Reisstroh.

8. Töpfer- und Steingutwaren, ordinäre, mit Ausnahme der in Kisten und Fässern verpackten.

9. Fafsreifen, hölzerne.

Wie diese Artikel in Wagenladungen und Einzelsendungen tarifieren, ist aus der Warenklassifikation zu entnehmen.

Die Einteilung der Artikel in die Klassen II, A, B, C und in die Spezialtarife 1 und 2 ist aus der Warenklassifikation zu ersehen.

Die Frachtsätze der Klassen I und II und jene für sperrige Güter finden Anwendung bei Aufgabe beliebiger Quantitäten.

Die Tarifsätze der Wagenladungsklassen A, B und C, dann der Spezialtarife 1 und 2 gelangen dann zur Anwendung, wenn von einem oder mehreren Artikeln, welche laut der Warenklassifikation in eine und dieselbe Wagenladungsklasse, bezw. in einen und denselben Spezialtarif rangieren, die nachstehend fixierten Quantitäten per Frachtbrief und Wagen aufgeliefert werden.

Auch können Wagenladungen aus Gütern verschiedener Wagenladungsklassen, der Spezial- und Ausnahmetarife gebildet werden.

Für Schäden, welche aus dem Zusammenladen verschiedener, als Wagenladung aufgegebener Waren entstehen — sofern das Zusammenladen gemäfs den reglementarischen Bestimmungen überhaupt zulässig ist — übernimmt die Bahnanstalt keine Haftung.

Die Frachtsätze der Wagenladungsklasse A finden Anwendung wenn von einem oder mehreren Artikeln dieser Klasse mindestens 5000 kg per Frachtbrief und Wagen zur Aufgabe gelangen, oder wenn die Fracht für 5000 kg per Frachtbrief und Wagen gezahlt wird. Quantitäten unter 5000 kg per Frachtbrief und Wagen werden nach Klasse II berechnet; stellt sich in diesem Falle die Gebühr nach Klasse II höher, als jene für 5000 kg nach Klasse A, so wird die Gebühr für 5000 kg nach Klasse A erhoben.

Jene Artikel der Klasse A, für welche auch in Quantitäten unter 5000 kg die Frachtsätze der Klasse A für das Effektivgewicht Anwendung finden, sind aus der Warenklassifikation zu ersehen.

Die Frachtsätze der Wagenladungsklassen B und C, sowie der Spezialtarife 1 und 2 gelangen nur dann zur Anwendung, wenn von einem oder mehreren Artikeln der betreffenden Wagenladungsklasse mindestens 10000 kg per Frachtbrief und Wagen zur Aufgabe gelangen, oder wenn die Fracht für dieses Gewicht per Frachtbrief und Wagen bezahlt wird.

Für die nachstehend angeführten Artikel in Wagenladungen wird jedoch die Fracht stets mindestens nach der Tragfähigkeit des verwendeten Wagens berechnet, und zwar für:

Eis, Erden gewöhnliche, Erze, Mauer- und Dachziegel, Zuckerrüben, Zuckerrübenabfälle, Rübenschnitze, Prefslinge, Futterrüben und mineralische Kohle.

Sendungen der in die Klassen B und C, sowie in die Spezialtarife 1 und 2 eingereihten Artikel im Gewichte unter 10000 kg, jedoch von mindestens 5000 kg per Frachtbrief und Wagen werden nach Klasse A — ohne Überschreitung der nach den Sätzen der Klassen B, bezw. C, oder der Spezialtarife 1 und 2 für 10000 kg entfallenden Gebühr — berechnet. Für Sendungen der gedachten Artikel in geringerem Gewichte als 5000 kg — sofern sie nicht unter die sperrigen Güter rangieren — finden die Frachtsätze der Klasse II, jedoch ohne Überschreitung der nach Klasse A für 5000 kg entfallenden Gebühr, Anwendung.

Eine Ausnahme in der Frachtberechnung tritt für jene Güter der Klassen B und C, sowie der Spezialtarife 1 und 2 in kleineren Quantitäten ein, für die in der Warenklassifikation eine besondere Tarifierung angegeben ist.

Wenn Wagenladungen aus Gütern verschiedener Wagenladungsklassen, Spezial- und Ausnahmetarife gebildet werden, so gelangt die Wagenladungstaxe des in der Ladung enthaltenen, höchst tarifierenden Artikels zur Anwendung, sofern — bei getrennter Gewichtsangabe — die Einzelberechnung sich nicht billiger stellt.

Auf Stellung von Wagen unter oder uber 10000 kg Tragfähigkeit haben die Versender keinen Anspruch.

Werden jedoch Wagen einer gröfseren Tragfähigkeit als 10000 kg beigestellt, so wird die Gebühr nach dem faktisch verladenen Gewichte, in minimo aber für 10000 kg pro Wagen berechnet.

Bei Stellung von Wagen mit geringerer Tragkraft als 10000 kg wird stets die Fracht nach der Tragkraftsziffer des verwendeten Wagens zu den Sätzen der betreffenden Wagenladungsklasse berechnet.

Bei gewöhnlichen Gütern werden Sendungen unter 30 kg fur 30 kg angenommen und die Gebühren hiernach berechnet. — Bei Sendungen von mehr als 30 kg wird das darüber hinausgehende Gewicht mit 10 kg derart steigend berechnet, dafs je angefangene 10 kg für voll angenommen werden.

Gehört das Gut von einer Sendung unter 30 kg zu mehreren Klassen, so wird die Gebühr für 30 kg nach der Klasse II berechnet, falls nicht für das wirkliche, nach den tarifmäfsigen Klassen auf 10 kg aufgerundete Gewicht eine höhere Gebühr entfällt.

Die geringste Transportgebühr, welche für eine Frachtsendung einzuheben ist, beträgt einschliefslich der Manipulationsgebühr 20 kr. Noten für die österreichischen Bahnen, sowie auf der k. k. Militärbahn Banjaluka-Doberlin, und 21 kr. Noten fur die ungarischen Strecken, in welch letzterem Satze die ungarische Transportsteuer bereits enthalten ist.

Auf- und Abladung (in die Eisenbahnwagen bezw von denselben).

Die Auf- und Abladung der in die Klassen I und II, unter die sperrigen und explodierbaren Güter, sowie in den Spezialtarif 1 eingereihten Artikel, dann die Abladung der in die Klassen A, B, C und in den Spezialtarif 2 eingereihten Artikel erfolgt durch die Bahnanstalt, soweit nicht durch das Betriebsreglement die Vollziehung dieser Verrichtungen den Parteien zugewiesen ist, wie z. B. bei Fäkalien, Stalldünger, Latrinenstoffen u. s. w. Kalktransporte in Wagenladungen sind durch die Partei innerhalb der normierten Abladefrist (unter Wahrung der im betr. Reglement zugestandenen Lagerfreiheit) bei sonstiger Aufrechnung der Wagenstrafmiete auf eigene Kosten abzuladen.

Die Verladung der in die Klassen A, B, C und in den Spezialtarif 2 eingereihten Artikel hat durch die Aufgeber auf eigene Kosten bewerkstelligt zu werden.

Bei Gütern der Klasse A steht es jedoch den Versendern frei, die Verladung durch die Bahnanstalt ohne besondere Entschädigung an die Bahn zu verlangen. Der Aufgeber hat jedoch im Frachtbriefe zu bestätigen, dafs die Verladung über seinen Wunsch durch die Bahnanstalt zu erfolgen hat, und dafs er die auf Grund der Verladungsweise der Bahn im Sinne der Tarifbestimmungen nach der faktisch erzielten Wagenausnützung vorzunehmende Gebührenbemessung anerkennt.

Für allfällige in einem Wagen nicht unterzubringende Teile der Sendung ist ein separater Frachtbrief vom Versender beizubringen.

Gegenstände, welche einzeln mehr als 750 kg wiegen, oder deren Dimensionen den Raum eines Wagens überschreiten, müssen durch die Partei selbst auf- und abgeladen werden. Wird das Auf- oder Abladen solcher Gegenstände über Verlangen der Partei durch die Bahnanstalt besorgt, so wird für jede dieser Leistungen eine von Fall zu Fall zu vereinbarende besondere, eventuell im Teile II normierte Gebühr, in minimo aber 3 kr. Noten per angefangene 100 kg erhoben. Eine Ausnahme hiervon bilden volle Fässer, welche ohne Aufrechnung einer besonderen Gebühr durch die Eisenbahnorgane auf- und abgeladen werden.

Bei Bestellung von Wagen zur Verladung solcher Güter, welche von dem Versender selbst zu verladen sind, ist seitens des Aufgebers ein Angeld von 4 fl. 80 kr. Noten für jeden bestellten Wagen zu erlegen; dieses Angeld verfällt zu Gunsten der Eisenbahn, falls die bestellten Wagen vom Versender nicht in Anspruch genommen werden.

Bei Sendungen, deren Auf- bezw. Abladung durch die Parteien zu effektuieren ist, sind dieselben verpflichtet, die Auf- bezw. Abladung binnen 12 Stunden nach Beistellung der Wagen zu besorgen. In diese Frist wird jedoch die Zeit, während welcher die Beladung oder Entladung durch Verschulden der Eisenbahn oder ihrer Organe verhindert oder unterbrochen wurde (Verschubdienst, Zugsverkehr u. s. w.) nicht eingerechnet.

Wird die Auf- bezw. Abladung innerhalb der festgesetzten Frist nicht beendigt, so gelangt eine Wagenverzögerungsgebühr von 20 kr. Noten für jede weitere Stunde und per Wagen zur Einhebung. Werden derartige Güter von seiten der Eisenbahn auf Kosten des Versenders bezw. Empfängers ausgeladen, so wird vom Zeitpunkte der erfolgten Ausladung das tarifmäfsige Lagergeld eingehoben.

In Ansehung jener Güter, deren Auf- und Abladen nach den Bestimmungen des Tarifes oder nach Vereinbarung mit dem Absender von diesem bezw. vom Empfänger besorgt wird, haftet der Absender bezw. der Empfänger für seine Leute und für andere Personen, deren er sich beim Auf- und Abladen bedient.

Verzeichnis jener Artikel, welche die Bahnanstalt in offene Wagen zu verladen befugt ist.

(Von Abdruck des Verzeichnisses ist abgesehen.)

Gehen Güter in unbedeckten Wagen von einer Anschlufsbahn über, so gilt die unbedeckte Beförderung auch für den weiteren Transport als vereinbart.

Belastung der Wagen.

In der Regel soll ein Wagen nicht über die Tragfähigkeit hinaus beladen werden; wird jedoch dieselbe überschritten, welche Überschreitung aber in keinem Falle mehr als 5 % der Tragfähigkeit betragen darf, so wird für das gesamte Quantum die Gebühr der betreffenden Wagenladungsklasse berechnet. Bei 5 % übersteigenden Überlastungen wird das Strafverfahren eingeleitet, wenn nicht die bahnämtliche Nachwage auf dem Frachtbriefe vorgeschrieben wurde. (siehe § 52 des Betriebsreglements und S. 8, Al. 2 der Tarifbestimmungen). Wenn bei Gütern der Wagenladungstarife in der Bestimmungsstation ein Übergewicht über die Tragkraftziffer des Wagens konstatiert wird, so ist zur Berechnung der Transportgebühr auf dieses Übergewicht der Tarif jener Klasse anzuwenden, nach welcher der übrige Teil der Sendung berechnet ist.

Bei einer Nachwage in einer Unterwegsstation ist bei Konstatierung eines Übergewichtes bis 5 % das Übergewicht auf dem Wagen zu belassen und auf dasselbe ebenfalls der Tarif der betreffenden

Wagenladungsklasse anzuwenden. Übersteigt bei der Nachwage in einer Unterwegsstation das Übergewicht 5 %, so ist das 5 % übersteigende Gewicht abzuladen und dem Versender zur Verfügung zu stellen. Die Gebühren für das ganze Übergewicht von der Versandstation bis zu der das Übergewicht konstatierenden Station, sowie die allfälligen Strafgebühren sind nach dem Tarife der betreffenden Wagenladungsklasse zu berechnen. Wird das abgeladene Übergewicht vom Versender weiterdirigiert, so ist bei der Weiterdirigierung die Sendung bezüglich der Tarifierung als Neuaufgabe zu behandeln.

Wenn bei Aufgabe von Brenn- und Nutzholzsendungen in Stationen, in welchen keine Brückenwage vorhanden ist, seitens des Versenders entweder die Angabe des Gewichtes unterlassen oder trotz der Angabe des Gewichtes durch eine vom Versender unterfertigte Notiz im Frachtbriefe die bahnämtliche Abwage verlangt wurde, so erfolgt die bahnämtliche Gewichtsermittlung gegen Anrechnung der tarifmäfsigen Waggebühr in jener auf dem Transportwege des Gutes nächstgelegenen Station, welche mit einer Brückenwage versehen ist.

Ein hiebei etwa vorgefundenes Übergewicht über 5 % der Tragfähigkeitsziffer des Wagens wird in dieser Unterwegsstation abgeladen und dem Versender sofort durch die Vermittlung der Aufgabestation schriftlich zur Verfügung gestellt. Die auf diese Weise abgeladenen Quantitäten geniefsen eine 30tägige Lagerfreiheit. Nach Ablauf dieser Frist werden dieselben, wenn der Versender bis dahin keine Verfügung getroffen hat, als unanbringliches Gut nach dem Betriebsreglement behandelt.

Gegenstände von mehr als 6,3 Meter Länge.

Die Berechnung der Transportgebühren fur Langholz und Langeisen von mehr als 6,3 m Länge, sowie für andere derartige Artikel, sofern sie zur Klasse A und B gehören, ferner für Turner- und Feuerleitern u. s. w. findet auf folgende Weise statt:

I. Bei Aufgabe in Einzelsendungen wird die anderthalbfache Normalfracht der Klasse I des Lokaltarifes für das Effektivgewicht der Sendung berechnet. Aufserdem wird für den zweiten und eventuell dritten Wagen, der zur Verladung nötig ist, oder auch nur als Schutzwagen eingeschoben wird, eine besondere Gebuhr eingehoben, und zwar acht Kreuzer Noten pro Wagen und Kilometer plus Transportsteuer für die ungarischen Strecken.

II. Die sub I angegebene Frachtbemessung findet bei gröfseren Quantitäten insolange Anwendung, als die Gebühr für das faktische

Gewicht der Sendung, in minimo aber für 10 000 kg für zwei Wagen nach Klasse A plus der für einen etwa als Schutzwagen eingestellten dritten oder vierten Wagen entfallenden Gebühr von acht Kreuzern Noten pro Wagen und Kilometer nicht billiger zu stehen kommt; anderenfalls wird die auf letztere Art ermittelte Gesamtgebühr in Ansatz zu bringen sein.

III. Wenn die Fracht nach der Tragkraftsziffer zweier Wagen, somit in minimo für 20 000 kg pro Sendung bezahlt wird, und zwar gleichviel ob nach Spezialtarif 2 (bei Langholz) oder nach Klasse A, bezw. B (bei Langeisen u. s. w.), so darf für den als Schutzwagen beigestellten dritten oder vierten Wagen eine weitere Gebühr nicht eingehoben werden.

Werden Wagen geringerer als von 10 000 kg Tragfähigkeit beigestellt, so hat die Frachtzahlung für die Tragfähigkeit der beladenen zwei Wagen zu erfolgen. Auf Beistellung anderer Wagen als solcher von 10 000 kg Tragfähigkeit hat indes die Partei keinen Anspruch.

IV. Vorstehende Bestimmungen finden auf Artikel von mehr als 19 m Länge, welche nur nach Übereinkunft zum Transporte angenommen werden, keine Anwendung.

Eisenbahnfahrzeuge.

Fahrzeuge, welche auf ihren eigenen Rädern laufen (Lokomotiven, Tender und andere Eisenbahnfahrzeuge), werden nur als gewöhnliches Frachtgut zur Beförderung angenommen. Andere Fahrzeuge werden nach Wahl des Versenders als gewöhnliches Frachtgut oder als Eilgut zu den bezüglichen Taxen befördert.

Den Lokomotiven und Tendern mufs vom Versender ein Begleiter beigegeben werden, welcher das Schmieren derselben zu besorgen hat und freie Fahrt erhält, sobald und solange er auf jenen seinen Platz einnimmt. Den Eisenbahnwagen kann ein Begleiter beigegeben, auch ein solcher seitens der Expedition gefordert werden, welcher freie Fahrt erhält, dann aber auch das Schmieren der Wagen auf Kosten des Versenders zu besorgen hat. Fehlt ein Begleiter, so übernehmen die Verwaltungen gegen Aufrechnung der Kosten die Sorge für das Schmieren der Wagen, jedoch ohne Verantwortlichkeit für etwaiges Warmlaufen der Achslager und dessen Folgen.

Eine Beladung der zum Transporte aufgegebenen Eisenbahnfahrzeuge wird nur nach zuvor bei der Eisenbahnverwaltung eingeholter Genehmigung und nur gegen Zahlung der tarifmäfsigen Fracht für die auf die Wagen geladenen Gegenstände zugelassen.

Eisenbahnfahrzeuge dürfen auf weniger Achsen, als wofür sie konstruiert sind, nicht laufen und werden zur Beförderung auf eigenen Rädern nur zugelassen, wenn sie von einer Eisenbahnverwaltung hinsichtlich ihrer Lauffähigkeit revidiert sind, darüber einen Revisionsvermerk tragen oder mit einem bezüglichen Atteste versehen sind.

Nicht auf eigenen Rädern laufenden Fahrzeugen können Begleiter nur bei Aufgabe zur Beförderung mit einem bestimmten Personenzuge beigegeben werden.

Bestimmungen über die Gebührenberechnung für die Beförderung von Booten, Kähnen u. s. w.

a) Bei Aufgabe als Eilgut.

Für die Beförderung von Booten, Kähnen und anderen Wasserfahrzeugen bei Aufgabe als Eilgut ist die anderthalbfache normale Eilguttaxe und aufserdem für einen, wenn auch nur als Schutzwagen eventuell beigestellten zweiten Wagen eine Gebühr von 16 kr per Kilometer und Wagen plus Transportsteuer für die ungarischen Strecken zu berechnen.

b) Bei Aufgabe als Frachtgut.

Fur die Beförderung von Booten, Kähnen und anderen Wasserfahrzeugen, über eine Wagenlänge reichend, ist bei Aufgabe als Frachtgut die anderthalbfache Taxe der Normalklasse I und aufserdem fur einen, wenn auch nur als Schutzwagen beigestellten zweiten Wagen eine Gebühr von 8 kr. per Kilometer und Wagen plus Transportsteuer für die ungarischen Strecken zu berechnen.

Explodierbare Gegenstände.

Für explodierbare Gegenstände, deren Transport behördlich im Zivilgüterverkehre gestattet ist, gelangt, insofern die einzelnen Bahnen die Beförderung dieser Gegenstände uberhaupt übernehmen, die doppelte Gebuhr der Klasse I zur Einhebung.

Diese Sendungen sind mindestens 24 Stunden vor der Aufgabe in der Güterexpedition anzumelden, wo die auf die Aufgabe bezüglichen weiteren Weisungen erteilt werden.

Mit Nachnahmen belastete derartige Sendungen werden zum Transporte nicht angenommen. Desgleichen ist die Versicherung der Lieferfrist nicht zulässig.

Für die Avisierung dieser Gegenstände wird die gleiche Gebühr wie für die Zustellung von Telegrammen erhoben.

Separatgüterzüge.

Für Separatgüterzüge wird die Frachtgebühr für 60 000 kg nach Klasse I als Minimum berechnet. Wenn nach der Beschaffenheit und Menge der Güter die Gesamtgebühr nach dem gewöhnlichen Tarife sich höher stellen sollte, als das vorbezeichnete Minimum, so wird die Gebühr nach dem gewöhnlichen Tarife eingehoben.

Separatgüterzüge sind 24 Stunden früher anzumelden.

Lebende Tiere. Pferde, Fohlen und Maultiere.

a) Als Eilgut.

Die für Pferde, Fohlen und Maultiere als Eilgut zur Einhebung gelangenden Gebühren sind aus dem Gebührentarife (Teil II) der einzelnen Bahnen zu entnehmen.

Wenn der Versender die Beförderung mit Kurier- oder Schnellzügen wünscht und diese Art der Beförderung mit Rücksicht auf die Verhältnisse des betreffenden Zuges überhaupt zulässig ist, wird außer den Gebühren für die Beförderung als Eilgut noch ein Zuschlag von fünfzig Prozent eingehoben.

Stallwagen werden nur beigestellt, soweit solche vorhanden sind.

b) Als Frachtgut.

Die Gebühren werden nach den nachstehend festgesetzten Normalgewichten zur Klasse II berechnet:

Für ein Pferd, Fohlen oder Maultier. . . . . 1400 kg.
Für zwei Pferde, Fohlen oder Maultiere und mehr per Stück 700 kg.

Für die als Fracht aufgegebenen Tiere dieser Gattung können in der Regel Stallwagen nicht beansprucht werden; auf ausdrückliches Verlangen der Versender jedoch wird die Bahnanstalt nach Thunlichkeit solche beistellen und ist in diesem Falle die 1½fache Frachtgebühr zu entrichten.

Kurs- und Rennpferde, edle Zuchtstuten und deren Begleiter.

Kurs- und Rennpferde, dann edle Zuchtstuten werden gegen Beibringung einer Legitimation von der Zentralkommission für Pferdezucht und Pferderennen in Wien, oder von den Pferderennkomités in

Budapest, Wien, Pardubitz, Lemberg und Klausenburg, ferner Pferde der k. k. und der königl. ung. Staats-Pferdezuchtanstalten gegen Beibringung von Zertifikaten dieser Anstalten zu den nachstehenden Taxen als Eilgut befördert:

bei Verladung in einem Wagen	1 Pferd	7,5	kr.	Noten	pr.	km
	2 Pferde	10,5	»	»	»	»
	mehr als zwei Pferde pr. Stück	4,5	»	»	»	»

Bei Beförderung als Frachtgut und wenn mindestens drei Stück per Wagen aufgegeben werden, wird an Transportgebühr pro Stück und Kilometer 2,64 kr. Noten und aufserdem 20 kr. pro Stück und Bahn als Auf- und Abladegebühr eingehoben. Sendungen unter drei Stück werden zu dem für Pferde bestehenden normalen Tarife befördert.

Die Manipulationsgebühr beträgt 7 kr. Noten pro Stuck und Bahn bei Beförderung, sowohl als Eil-, wie auch als Frachtgut.

Auf den ung. Strecken ist zu obigen auf Basis der Einheitssätze ermittelten Frachtgebühren noch die fur Eilgüter, bezw. gewöhnliche Frachtgüter festgestellte Transportsteuer hinzuzurechnen. Auf diesen ermäfsigten Tarif nimmt die Gattung des verwendeten Wagens bei Aufgabe als Eilgut keinen Einflufs. Für die als Fracht aufgegebenen Tiere dieser Gattung können in der Regel Stallwagen nicht beansprucht werden; auf ausdruckliches Verlangen der Versender jedoch wird die Bahnanstalt nach Thunlichkeit solche beistellen und ist in diesem Falle die 1½fache Frachtgebühr des vorstehenden Tarifes zu entrichten.

Hornvieh, Kälber und Zuchtvieh.

Die Gebühren für nachbenannte Tiere werden nach den nachfolgend festgesetzten Normalgewichten berechnet:

1 Mutterkalb	mit	60	kg
1 einjähriges Kalb	»	170	»
1 Stier, Ochs oder Kuh aufrecht im Wagen	»	840	»
2 Stiere, Ochsen oder Kühe » » »	»	1400	»
3 » » » » » » »	»	1680	»
4 oder 5 » » » » » » »	»	1960	»
Bei 6 oder mehr » » » » » » » per Stück	»	340	»
1 Stier, Ochs oder Kuh liegend » »	»	1680	»

Bei erhobenem Zweifel in Bezug auf die Klassifikation von Rindern ist die Abwage vorzunehmen und sind nur Tiere von und bis 170 kg als einjährige Kälber zu behandeln.

Bei Beförderung als Eilgut kommen die für gewöhnliche Eilgüter giltigen Sätze und bei Beförderung als Frachtgut die Sätze der Klasse II auf Grund obiger Normalgewichte zur Anwendung.

Für Zuchtvieh (Zuchtstiere, Zuchtkühe, Zuchtkälber, Zuchtschafe und Zuchtschweine), welches mittelst Attestes als solches zu legitimiren ist, werden bei Beförderung als Frachtgut ohne Rücksicht auf die zur Aufgabe gelangende Stückzahl an Transportgebühren per Stück und Kilometer folgende Gebühren erhoben:

a) für Zuchtstiere, Zuchtkühe und Zuchtkälber über 170 kg schwer	1,58	Kreuzer Noten
b) für Zuchtkälber, welche nicht mehr als 170 kg wiegen	0,79	
c) für Zuchtschafe und Zuchtschweine	0,26	

und ist in den vorbezeichneten Einheitssätzen die Manipulationsgebühr bereits inbegriffen.

Zu den auf Basis dieser Frachtsätze ermittelten Frachtgebühren ist rücksichtlich ungarischer Strecken auch die Transportsteuer hinzuzurechnen.

Die Nebengebühren sind dieselben, wie bei sonstigen Hornvieh-, bezw. bei Schaftransporten.

Die Eingangs erwähnten Atteste dürfen in den im Reichsrate vertretenen Königreichen und Ländern nur vom k. k. Ackerbauministerium, von den betreffenden autorisierten k. k. Bezirkshauptmannschaften, oder auch von Magistraten der mit eigenen Statuten versehenen Städte, in Ungarn blofs von dem königlich ungarischen Ministerium für Ackerbau, Gewerbe und Handel ausgestellt werden und müssen aufser der Fertigung der vorerwähnten Behörden noch die Bezeichnung des Aufgebers und Adressaten, sowie der Auf- und Abgabestation und die Anzahl, Rasse und Alter der Tiere enthalten.

Esel, Borstenvieh, Schafe, Ziegen und sonstiges Kleinvieh, sowie Hunde.

Folgende Viehgattungen werden bei Aufgabe in Trieben von oder über 20 Stück per Frachtbrief zu den nachfolgend festgesetzten Normalgewichten berechnet.

1 Stück Spanferkel	20 kg
1 » Frischling	30 »

1 mageres Schwein	60 kg
1 gemästetes Schwein	170 »
1 Lamm oder Kitze	30 »
Schafe, Widder, Hammel, Schöpse, Ziegen per Stück	40 »
1 Esel	170 »

Wenn mit einem Frachtbriefe weniger als 20 Stuck einer Tiergattung zur Aufgabe gelangen, so sind bei Beförderung als Frachtgut obige Normalgewichte so lange doppelt zu rechnen, bis die Gebühr für 20 Stück auf Grund der einfachen Normalgewichte sich nicht billiger stellt.

Werden mit einem Frachtbriefe weniger als 20 Stück von verschiedenen Tiergattungen zur Aufgabe gebracht, so sind obige Normalgewichte doppelt zu rechnen. Die Gebühr darf jedoch jene für 20 Stück der schwersten Gattung nach dem einfachen Normalgewichte nicht überschreiten.

Bei Beförderung als Eilgut sind die obigen Normalgewichte ohne Rücksicht auf die Anzahl und Gattung der zur Aufgabe gelangten Tiere stets nur einfach zu berechnen.

Auf Grund der auf diese Weise zu ermittelnden Rechnungsgewichte kommen bei Aufgabe als Eilgut die für gewöhnliche Eilgüter gültigen Sätze und bei Aufgabe als Frachtgut die Sätze der Klasse II zur Anwendung.

Werden in Bezug auf die Klassifikation des Borstenviehes Zweifel erhoben, so hat die Abwage stattzufinden und sind Tiere bis 20 kg als Spanferkel, über 20 bis 40 kg als Frischlinge, über 40 bis 90 kg als magere Schweine und über 90 kg als gemästete Schweine zu behandeln.

Das in Körben, Verschlägen, Kasten, Kisten, Säcken u. s. w. zur Aufgabe gelangende Kleinvieh, sowie auch Hunde in gleicher Verpackung werden nach dem Effektivgewichte zur Klasse I bei Beförderung als Frachtgut und zu den Sätzen für gewöhnliches Eilgut bei Beförderung als Eilgut berechnet.

Bei Aufgabe der obgenannten Viehgattungen in ganzen Wagenladungen siehe die diesbezuglichen Ausnahmetarife der einzelnen Bahnen (Teil II).

Geflügel.

a) Als Frachtgut.

Lebende Gänse und Truthühner, welche nicht in Steigen zur Aufgabe gelangen, werden nach Trieben von 400 Stuck zu dem

Normalgewichte von 2400 kg nach der Gebühr der Klasse II berechnet. Jede Anzahl unter 400 Stuck wird für einen ganzen Trieb gerechnet.

Bei Trieben über 400 Stück wird von 400 Stück aufwärts jedes Stück mit 6 kg berechnet, wenn die ganze zur Aufgabe gebrachte, zu einem Frachtbriefe gehörige Anzahl in einem und demselben Wagen verladen werden kann; ist hierzu jedoch ein zweiter Wagen erforderlich, so wird die 400 Stück ubersteigende Anzahl als ein neuer Trieb betrachtet und darnach berechnet.

Sonstiges zur Beförderung mittelst Güterzugen ledig zur Aufgabe gelangendes lebendes Geflügel, welches in Geflugelwagen oder Karren der Eisenbahn (falls solche zur Verfügung gestellt werden können) versendet wird, wird mit Zugrundelegung folgender Tara berechnet:

Für einen mobilen Geflügelkarren 250 kg,

Für je eine Abteilung eines Geflugelwagens das auf dem betr. Wagen verzeichnete Taragewicht der Abteilung.

Fur dieses Taragewicht und für das effektive Gewicht des Geflugels wird die Gebühr der Klasse I berechnet.

Das in Steigen, Verschlägen, Säcken, Körben u. s. w. zur Aufgabe gelangende lebende Geflügel wird nach dem Effektivgewichte zur Klasse I berechnet.

b) Als Eilgut.

Bei Beförderung als Eilgut werden nach dem oben festgestellten Normalgewichte, eventuell dem Eigengewichte und dem faktischen Gewichte die Frachtsätze fur gewöhnliche Eilgüter gerechnet.

Equipagen und sonstige Strafsenfahrzeuge.

Allgemeine Bestimmungen.

Equipagen und sonstige Strafsenfahrzeuge werden in zwei Serien geteilt.

In Serie I gehören: Viersitzige gedeckte Wagen, Gala- oder Staatswagen, beladene Equipagen, Güterwagen (leer und beladen), Omnibus, Panoramawagen (leer und beladen), Menageriewagen (leer), grofse Schlitten, Wagenfeuerspritzen, deren Fortbewegung auf dem Landwege durch Zugtiere erfolgt, sowie Dampffeuerspritzen.

In Serie II gehören: Alle Wagen ohne Thüren und ohne Reiserequisiten, kleine Fourgons, unvollendete Wagen, Wagen mit Thüren und zwei gedeckten Plätzen ohne Reiseeffekten, Jagdschlitten.

a) Als Eilgut.

Die entfallenden Gebühren sind aus dem Gebührentarife der einzelnen Bahnen (Teil II) zu entnehmen.

Gelangen Equipagen und sonstige Strafsenfahrzeuge zerlegt, d. i. mit abgenommenen Rädern und Deichseln zur Aufgabe, so hat, wenn die Kasten der Equipagen und sonstigen Strafsenfahrzeuge unverpackt und nicht umhüllt sind, die Frachtberechnung auf Grund des Effektivgewichtes nach der Eilgutklasse zu erfolgen. Für zerlegte Equipagen und sonstige Strafsenfahrzeuge, deren Kasten verpackt oder umhüllt sind, erfolgt die Frachtberechnung wie für Equipagen und sonstige Strafsenfahrzeuge in nicht zerlegtem Zustande.

Für Equipagen und sonstige Strafsenfahrzeuge in zerlegtem Zustande, deren Kasten und übrige Bestandteile in gedeckt gebauten Eisenbahnwagen gewöhnlicher Art durch die Seitenthüren verladen werden können, erfolgt die Frachtberechnung für die einzelnen Bestandteile — ohne Rücksicht darauf, ob die Kasten der Equipage verpackt oder umhüllt sind oder nicht — auf Grund des Effektivgewichtes nach der Eilgutklasse.

Wenn der Versender die Beförderung mit Kurier- oder Schnellzügen wünscht, und diese Art der Beförderung mit Rücksicht auf die Verhältnisse des betreffenden Zuges überhaupt statthaft ist, wird aufser den normalmäfsigen Gebühren noch ein Zuschlag von fünfzig Prozent eingehoben.

In Hauptstationen mussen Equipagen und andere Fahrzeuge zwei Stunden vor Abgang des Zuges, mit welchem sie befördert werden sollen, angemeldet und spätestens eine Stunde vor Abgang des Zuges zur Expedition aufgeliefert werden.

In Zwischenstationen kann auf eine sichere Beförderung von Equipagen oder anderen Fahrzeugen mit dem vom Versender gewünschten Zuge nur dann gerechnet werden, wenn sie 24 Stunden vorher angemeldet sind.

b) Als Frachtgut.

Für Equipagen und sonstige Strafsenfahrzeuge werden die Gebühren für das Effektivgewicht, in minimo aber für die nachfolgend festgesetzten Normalgewichte nach der Klasse I berechnet.

Serie I.	Serie II.
2500 Kilogramm.	1500 Kilogramm.

Gelangen Equipagen und sonstige Strafsenfahrzeuge zerlegt, d. i. mit abgenommenen Rädern und Deichseln zur Aufgabe, so hat, wenn die Kasten der Equipagen und sonstigen Strafsenfahrzeuge unverpackt und nicht umhüllt sind, die Frachtberechnung für die einzelnen Bestandteile auf Grund des Effektivgewichtes nach jener Tarifklasse zu erfolgen, in welche die einzelnen Teile im Sinne der Warenklassifikation rangieren. (Wagenkasten anbelangend siehe sperrige Güter.)

Für zerlegte Equipagen und sonstige Strafsenfahrzeuge, deren Kasten verpackt oder umhüllt sind, erfolgt die Frachtberechnung, wie für Equipagen und sonstige Strafsenfahrzeuge in nicht zerlegtem Zustande.

Für Equipagen und sonstige Strafsenfahrzeuge in zerlegtem Zustande, deren Kasten und übrige Bestandteile in gedeckt gebauten Eisenbahnwagen gewöhnlicher Art durch die Seitenthüren verladen werden können, erfolgt die Frachtberechnung für die einzelnen Bestandteile — ohne Rücksicht darauf, ob die Kasten der Equipage verpackt oder umhüllt sind oder nicht — auf Grund des Effektivgewichtes nach jener Tarifklasse, in welche die einzelnen Teile im Sinne der Warenklassifikation rangieren.

Leichen.

Die Gebühr für eine Leiche wird nach dem Normalgewichte von 4000 kg berechnet, und zwar:

1. Bei Beförderung als Eilgut auf Grund der für gewöhnliche Eilgüter gültigen Gebühren;
2. als Frachtgut auf Grund der Frachtsätze der Klasse II.

Für die als Eilgut aufgegebenen Leichen bei Beförderung mit Kurier- oder Eilzügen wird, wenn diese Art der Beförderung mit Rücksicht auf die Verhältnisse des betreffenden Zuges überhaupt zulässig ist, aufser den Eilgutsätzen noch ein Zuschlag von 50 % eingehoben.

Die Gebühren für Leichentransporte werden im voraus entrichtet und sind auch dann dieselben, wenn die Leiche samt dem Leichenwagen befördert wird.

Die Beförderung eines Leichnams findet nur gegen Beibringung des gesetzlich vorgeschriebenen Leichenpasses statt, und hat die Anmeldung zum Transporte in den Ausgangsstationen des Zuges wenigstens sechs Stunden und in den Zwischenstationen wenigstens 12 Stunden früher zu erfolgen.

Den Leichen mufs ein Begleiter beigegeben werden, welcher die in dem Gebührentarife der einzelnen Bahnen enthaltenen Fahrgebühren zu entrichten hat. (Siehe übrigens Betriebsreglement § 34.)

§ 90. *Kennzeichnung des österreichisch-ungarischen Reformtarifs und die neuesten Reformbestrebungen bezüglich des Tarifsystems.*

Der Reformtarif ist folgendermafsen zusammengesetzt:

1. Eilgut.
   a) normal,
   b) ermäfsigt für bestimmte Artikel, hauptsächlich Lebensmittel,
   c) ermäfsigt für gebrauchte Emballagen.
2. Frachtgut.
   I. Stückgutklasse (Normalklasse)
   II. Stückgutklasse.
   Ermäfsigte Wagenladungsklassen: A.
   » » » B.
   » » » C.
   Spezialtarif 1
   » 2
   Sperrige Güter und explodierbare Gegenstände.

Aufserdem bestehen bei den einzelnen Verwaltungen für bestimmte Artikel und Verkehrsbeziehungen zahlreiche Ausnahmetarife.

Der Reformtarif stellt sich im wesentlichen dar als ein Wertklassifikationstarif, der indes in einigen Punkten Grundsätze des Wagenraumsystems angenommen hat. Insbesondere zeigt sich dies durch die Forderung der Aufgabe von 10 000 kg für einen Frachtbrief und Wagen bei den Wagenladungsklassen B. C. und den Spezialtarifen, sowie durch die Möglichkeit des Zusammenladens verschiedener Wagenladungsgüter. Die in dem deutschen Reformtarif aufgenommenen allgemeinen Wagenladungsklassen und die Möglichkeit der Aufgabe von Stückgütern als Wagenladungen fehlt dagegen und die Klassifikation ist auch bei Eil- und Stückgut aufrecht erhalten.

Wenn auch durch den Reformtarif für den gröfsten Teil der österreichisch-ungarischen Bahnen eine formelle Tarifeinheit erreicht war, so waren doch die Wünsche der Verkehrsinteressenten hiermit durchaus nicht befriedigt. In der österreichischen Eisenbahntarifenquête 1882/83 wurde die Frage einer Reform des Tarifsystems eingehend erörtert und die Neugestaltung und Vereinheitlichung der in Österreich für Eisenbahnfrachtgüter bestehenden Klassifikationssysteme für eine dringend notwendige unabweisliche Mafsregel erklärt, von der jedoch nur dann der gewünschte Erfolg zu erwarten sei, wenn von den bisher vorherrschenden Grundsätzen der Wertklassifikation teilweise zu Gunsten des Raumsystems abgegangen und das sog. gemischte System zur Grundlage des österreichischen Eisenbahngütertarifs genommen werde.

Vgl. Österreichische Eisenbahntarifenquête 1882—1883 Teil I S. 37, 526—534.

Demgemäfs wurde die Annahme des deutschen Reformtarifs mit zwei Stückgutklassen für sämtliche österreichische Eisenbahnen empfohlen und die Beteiligung von Vertretern der Frachtgeber bei Festsetzung der Klassifikation verlangt. Als vorläufige Mafsregel wurde die Annahme der vom Staatseisenbahnrate beschlossenen Anderungen des Reformtarifs befürwortet. Diese betrafen aufser der Deklassifikation einer Anzahl Artikel namentlich die Zulassung der Bildung von Wagenladungen aus Gütern der verschiedenen Wagenladungsklassen in der Weise, wie dies oben bereits angegeben ist, während früher nur das Zusammenladen von Gütern derselben Wagenladungsklasse gestattet war. Diese Anträge sind bereits berücksichtigt worden, wogegen über die Annahme des deutschen Reformtarifs mit zwei Stückgutklassen noch nicht entschieden ist. Es würde durch Annahme dieses Antrags nicht nur ein Fortschritt nach einer gemeinwirtschaftlichen Tarifgestaltung gemacht, sondern auch für den gemeinsamen deutsch-österreichischen Verkehr eine bedeutende Erleichterung erreicht und ein mitteleuropäisches Tarifsystem geschaffen werden. Nachdem bereits die schweizerischen Eisenbahnen den deutschen Reformtarif angenommen haben, ferner die niederländischen Bahnen mindestens in den direkten Verkehren mit Deutschland, würde der Hinzutritt der österreichisch-ungarischen Bahnen wahrscheinlich auch für die Eisenbahnen der Balkanländer entscheidend sein. Möglicherweise würden dann noch die belgischen Bahnen sich anschliefsen, und so für ganz Mittel- und Südosteuropa zum grofsen Vorteil der direkten Verkehrsbeziehungen ein einheitliches Tarifsystem, eine formelle Tarifeinheit hergestellt werden. Leider scheint zunächst wenig Aussicht hierfür zu sein, da die österreichischen Privatbahnen neuerdings sich gegen den Antrag erklärt haben.

Vgl. Zeitung des Vereins deutscher Eisenbahnen Jahrg. 1885 S. 957.

§ 91. *Der deutsch-österreichische Tarif.*

Für die direkten und Verbandstarife zwischen Deutschland und Österreich-Ungarn sind ein gemeinsames Tarifschema und gemeinsame Tarifbestimmungen vereinbart worden. Das Schema des Tarifs enthält:

eine Eilgutklasse,
zwei Stückgutklassen I und II,
vier Wagenladungsklassen A 1, B, C 1, C 2,
vier Spezialtarife A 2, I, II, III.

Dasselbe ist gebildet durch Verschmelzung des Tarifschemas des deutschen Reformtarifs mit demjenigen des österreichischen Reformtarifs.

Es sind zusammengesetzt:

aus dem Schema des deutschen Tarifs	aus dem Schema des österreichischen Tarifs	Die Klassen des deutsch-österreichischen Tarifs
Eilgut	Eilgut	Eilgut
Stückgut	Stuckgut I	Stückgut I
»	» II	» II
Wagenladungsklasse A 1	Wagenladungsklasse A	Wagenladungsklasse A 1
» B	» A	» B
» A 1	Stückgut II	» C 1
» B	» II	» C 2
Spezialtarif A 2	Wagenladungsklasse A	Spezialtarif A 2
» I	» A	» I
» II	» B	» II
» III	» C	» III

Aus dem österreichischen Spezialtarif I für Getreide und Mehl ist mit dem deutschen Spezialtarif I, und aus dem österreichischen Spezialtarif II für Nutzholz mit den deutschen Spezialtarifen II und III je ein Ausnahmetarif gebildet worden. Von einer Verbindung der österreichischen Stückgutklasse I mit den allgemeinen deutschen Wagenladungsklassen A 1 und B hat man abgesehen, weil Güter der Stückgutklasse I erfahrungsmäſsig nur selten in Wagenladungen vorkommen.

Welche Güter zu den Sätzen der Stückgutklasse I und II, zu den Wagenladungsklassen A 1, B, C 1, C 2 und den Spezialtarifen A 2, I, II und III befördert werden, ist in der Klassifikation angegeben. Die Wagenladungsklassen A 1, C 1, und der Spezialtarif A 2 kommen bei Aufgabe von mindestens 5000, die Wagenladungsklassen B und C 2, sowie die Spezialtarife I, II und III und die Ausnahmetarife bei Aufgabe von 10 000 kg für einen Wagen und einen Frachtbrief zur Anwendung.

Dafs dieser Tarif ein Notbehelf und nicht nur verwickelter, als der deutsche, sondern auch als der österreichische Reformtarif ist, bedarf keiner weiteren Darlegung. Ebendeshalb würde die Annahme des Antrags der Tarifenquêtekommission seitens der österreichisch-ungarischen Bahnen auch für den deutsch-österreichischen Verkehr von grofsem Vorteil sein.

§ 92. *Die materielle Tarifgestaltung.*

Die Entwickelung der materiellen Tarifgestaltung in Österreich-Ungarn war wie die der Tarifsysteme eine durchaus privatwirtschaftliche, es bildete sich von vornherein eine grofse Verschiedenheit in den Einheitssätzen und Nebengebühren der einzelnen Eisenbahnen nicht nur im Lokal-, sondern auch in den direkten und Verbandsverkehren. Das Verbandswesen entwickelte sich im wesentlichen wie das der deutschen Bahnen, mit welchen die österreichisch-ungarischen Eisenbahnen auf das engste verbunden waren und viele Eisenbahnverbände gemeinsam hatten. Auch in Österreich-Ungarn führten die Verbandstarife sowie die beim Ausbau des Eisenbahnnetzes auftretende Konkurrenz in den Knotenpunkten dahin, die Verwirrung und Ungleichheit im Tarifwesen noch erheblich zu vermehren. Verschärft wurden diese Verhältnisse noch durch die ganz allgemeine und ausgedehnte Anwendung der geheimen Refaktien, welche schon oben erwähnt wurde. Klagen über das Refaktienwesen, die Verwirrung und Unstetigkeit der Tarife waren infolge dessen schon seit Jahrzehnten in Österreich-Ungarn an der Tagesordnung und noch in der neuesten Tarifenquête von 1882/83 erschallen sie laut von allen Teilen des Landes, allen Interessenten des Handels und der verschiedenen Gewerbszweige.

Die grofse Zahl der Tarife und die Verwirrung des Tarifwesens ergiebt sich daraus, »dafs am 1. April 1882 für 39 Bahnen, welche das österreichische Gebiet befahren, 46 Lokaltarife mit zusammen 136 Nachträgen und 14 Spezial- und Ausnahmetarife bestanden. Der interne Verbandsverkehr absorbierte 75 verschiedene Gutertarife mit 55 Nachträgen, 20 Getreidetarife mit drei Nachträgen und 36 Kohlentarife mit 27 Nachträgen, während der ausländische Verbandsverkehr 186 verschiedene Gütertarife mit 441 Nachträgen, 65 Getreidetarife mit 69 Nachträgen und 69 Kohlentarife mit 97 Nachträgen umfafste, zusammen also 511 Tarife mit 828 Nachträgen. Hierin sind die im Jahre 1881 gewährten 2859 Refaktien mit einer Anzahl von Tarifposten, sowie die Tarife, Nachträge und Ausnahmetarife der ungarischen Bahnen nicht einbezogen. Diese Ziffern sprechen deutlicher als alles andere dafür, dafs es mit der Reform des Teils I der Tarifbestimmungen und der Klassifikation nicht abgethan sein kann, sondern dafs auch der II. Teil der Gütertarife in Bezug auf die Einheit der Tarifsätze dringend einer Reform bedarf.«

Vgl. Osterreichische Eisenbahntarifenquête 1882/1883 Teil I S. 127. Eine Übersicht der Eisenbahntarife, auf welche sich die Verhandlungen der Tarifenquête beziehen und welche am 1. April 1882 in Kraft gewesen sind, findet sich Teil II S. 3—21. Dafs ferner die österreichisch-ungarischen Bahnen von einer materiellen Tarifeinheit, einer Gleichheit der Einheitssätze weit entfernt sind, zeigt die übersichtliche Darstellung der Einheitstaxen, welche S. 23 des Teil II der österreich. Eisenbahntarifenquête 1882/83 aufgenommen ist.

Allgemein üblich bei den österreichischen Eisenbahnen ist die Bildung der Tarife nach dem Staffelsystem. Aber wie bei den Einheitssätzen jede Bahn ihre eigenen von denen der andern Bahnen verschiedenen Sätze einrechnet, so folgt auch bei Bildung der Staffeln jede Bahn ihren besonderen Ansichten und Interessen. »Die Längenausdehnung der ersten Tarifstaffel wechselt beispielsweise bei den verschiedenen österreichischen Bahnen zwischen 1—30 km, 1—40 km, 1—50 km, 1—75 km, 1—76 km und zeigen die weiteren Zonen ähnliche Längenvariationen. Manche Eisenbahnverwaltungen, zu welchen auch der k. k. Staatseisenbahnbetrieb gehört, lassen auch noch zwischen den einzelnen Tarifklassen verschiedene Längenabstufungen eintreten, und verhindern dadurch in noch erhöhterem Grade jeden übersichtlichen Vergleich der von den verschiedenen Bahnen aufgestellten Tarifierungsnormen.«

Vgl. Tarifenquête 1882—1883 Teil I S. 683.

Auch in den direkten Tarifen wird nicht etwa nach einem einheitlichen Staffelsystem durchgerechnet, sondern jede Bahn berechnet ihren Frachtanteil nach derjenigen Staffel, welche sich nach der Länge ihrer eigenen Strecken ergiebt, so dafs, wenn eine gröfsere Zahl von Bahnen, jedoch jede mit kurzen innerhalb der ersten Staffel fallenden Entfernungen an einem Transporte beteiligt sind, für die ganze Entfernung die hohen Sätze der ersten Staffeln zur Einrechnung gelangen. Deshalb wurde in der Tarifenquête 1882/83 (T. I S. 37 und 44) beschlossen:

»Die hohe Regierung sei auf das dringendste zu ersuchen, alle ihr zu Gebote stehenden Mittel anzuwenden, um:

1. Auf Basis des Prinzipes des Zonensystems eine einheitliche Tarifgrundlage (Gleichartigkeit der Zonen) auf allen österreichischen Eisenbahnen einzuführen, um die Basis der Tarifbildung in eine allgemein verständliche, gerechte, den begründeten Forderungen der Frachtgeber möglichst entsprechende Form zu bringen.

2. Bei der Aufstellung dieses Systems sei darauf Bedacht zu nehmen, dafs die gegenwärtig allgemein beklagten Härten unseres Tarifsystems, welche dadurch entstehen, dafs auch bei direkter Aufgabe jede der an dem Verkehre beteiligten Eisenbahnlinien die Ausrechnung des Tarifes mit Zugrundelegung der teueren Zone beginnt, beseitigt werde.

3. Auf Grund der nach Antrag 1 zu reformierenden Tarifbasis seien unter möglichst voller Berucksichtigung der in der Enquête von den Vertretern der Frachtgeber zum Ausdrucke gelangten Wünsche einheitliche Tarifeinheitssätze anzustreben.«

Zu diesen Verschiedenheiten der Einheitssätze und Staffeln kommen noch die zahlreichen Refaktien, deren vollständige Beseitigung und Ersatz durch Ausnahmetarife in erster Linie von der Enquêtekommission verlangt wird. Nicht minder geben Veranlassung zu Klagen die zahllosen Differentialtarife, besonders diejenigen, welche den ausländischen Verkehr zum Nachteil des inländischen begünstigen. Die Enquêtekommission verlangte die Gewährung gleicher Begünstigungen auch für den inländischen Verkehr und Genehmigung aller Verbandstarife seitens der Staatsregierung.

Vgl. a. a. O. Teil I S. 41, 48 und S. 606—672.

Dementsprechend bestimmte der Handelsminister durch Erlafs vom 11. Mai 1883:

»Ich will diesbezüglich nur bemerken, dafs ich es für eine ernste und unabweisliche Pflicht aller inländischen Transportunternehmungen betrachte, der einheimischen Produktion und Industrie mindestens keine ungünstigeren Verfrachtungsbedingungen zu bieten, als den konkurrierenden Faktoren des Auslandes, und dafs ich den durchgreifendsten Mafsregeln in der Richtung entgegen sehe, damit die bedauernswerten Anomalien, welche derzeit in Folge von mancherlei Mifsverhältnissen zwischen den verschiedenen internen und externen Tarifen zum Nachteil des Inlandes bestehen, ehestens beseitigt werden.

Es wird sonach die Aufgabe aller österreichischen Eisenbahnunternehmungen sein, sowohl ihre Lokaltarife, als auch sämtliche Anschlufs- und Verbandstarife, an welchen sie beteiligt sind, rücksichtlich der wichtigsten Verkehrsartikel und der mafsgebenden Relationen in diesem Sinne einer genauen Prüfung zu unterziehen und jene Änderungen, bezw. jene Erweiterungen und Ergänzungen durchzuführen, welche das angedeutete Ziel erfordert.«

Ebenso sind auch die Nebengebühren, insbesondere die Manipulations- (Expeditions-) Gebühren sehr verschieden und zwar nicht nur bei den verschiedenen Bahnen, sondern oft auch innerhalb der Linien derselben Eisenbahnverwaltung, und dieselben werden nicht nur einmal im direkten Verkehre berechnet, wie in Deutschland, sondern bei jedem Übergang von Bahn zu Bahn, sogar hier und da auf derselben Bahn beim Übergang von einer Linie auf die andere.

Vgl. Österreichische Tarifenquête Teil I S. 104, 147 und 188, ferner 673—679, wo sich auch eine Aufzählung der einzelnen Nebengebühren findet. Die Enquêtekommission beantragte eine einheitliche Festsetzung der Nebengebühren und nur einmalige Berechnung, insbesondere der Manipulationsgebühr, vgl. S. 42 und 43.

Nicht minder werden von allen Seiten Klagen über die Höhe der Tarife laut. Die in dem Beilagenband (Teil II) der Tarifenquête S. 30 enthaltene vergleichende Übersicht der Frachtsätze für eine gröfsere Zahl wichtigster Artikel auf den österreichischen Eisenbahnen, der ungarischen Staatsbahn und der bayerischen Staatsbahn erweist in der That namentlich bei den Wagenladungen zu 10 000 kg erheblich billigere Sätze der bayerischen Staatsbahn, obwohl dieselbe in Deutschland mit die höchsten Tarife, erheblich höhere als die preufsischen Staatsbahnen hat. Bezeichnenderweise wird von den Verkehrsinteressenten die Hauptschuld an den zu hohen Tarifen den Kartellen zur Last gelegt, wodurch die Eisenbahnen die Konkurrenz in den Knotenpunkten ausschliefsen, und deshalb nicht nur staatliche Genehmigung der Kartelle, sondern weiter auch folgendes verlangt:

»a) Die inländische Produktion und der inländische Verkehr sollen nicht zu Gunsten des Auslandes benachteiligt werden.

b) Bestehende Frachtsätze, sei es, dafs es sich um Tarife im engeren Sinne, sei es, dafs es sich um allgemein zugängliche Tarifbegünstigungen im Interesse der Produzenten und Konsumenten handelt, insbesondere rücksichtlich des die inländischen wirtschaftlichen Interessen berührenden Verkehrs, sollen durch Kartelle nicht erhöht werden.

c) Dafs bei Schliefsung von Kartellen die auf Grund derselben zu vereinbarenden Gemeinschaftstarife stets nur auf Basis der kürzesten Route und der billigsten Einheitssätze der an denselben beteiligten Eisenbahnen konstruiert werden dürfen.

d) Dafs das Verbot der Routenvorschrift in derartigen Gemeinschaftstarifen nicht das leitende Prinzip bilde.«

Durch Erlafs vom 4. März 1883 (Tarifenquête 1882—1883 T. I S. 47) hat der Handelsminister den österreichischen Eisenbahnen die Beobachtung dieser Grundsätze zur Pflicht gemacht. Es scheint also, dafs man in Österreich sowohl in den Kreisen der Verkehrsinteressenten als der Regierung noch glaubt durch Konkurrenz die Schäden des Tarifwesens heilen zu können und den Kartellverträgen wenig freundlich gegenübersteht. Es mufs aber mit Recht bezweifelt werden, dafs es gelingen wird, die Bahnen an dem Abschlufs von Kartellen zu verhindern bezw. dafs wesentliches betreffs Ermäfsigung der Tarife durch diese Vorschriften erreicht wird.

Mögen die in der Tarifenquête vorgebrachten Beschwerden auch nicht überall begründet und vielfach übertrieben sein, so bleibt doch soviel erwiesen, dafs auch in Österreich die privatwirtschaftliche Eisenbahnverwaltung ihrer Natur entsprechend die Tarife so gestaltet hat, wie es ihrem privaten Vorteile entspricht, auch wenn dadurch die Allgemeinheit und die wirtschaftlichen Verhältnisse geschädigt, das Ausland zum Nachteil des Inlands begünstigt wird.

§ 93. *Anfange einer gemeinwirtschaftlichen Tarifgestaltung.*

Wie in Deutschland zeigen sich auch in Österreich-Ungarn die Anfänge einer gemeinwirtschaftlichen Tarifgestaltung bei den Staatsbahnen bezw. mit der Verstaatlichung des Eisenbahnwesens. Zunächst auch hier darin, dafs den Verkehrtreibenden ein gewisser Einflufs auf die Tarifgestaltung eingeräumt wird. In dieser Richtung ist folgendes zu bemerken:

In der Organisation der Staatseisenbahnverwaltung in den im Reichsrate vertretenen Königreichen und Ländern vom 8. Juni 1884, in Kraft getreten seit dem 1. August 1884, ist ein Staatseisenbahnrat eingesetzt. Nach § 17 besteht derselbe aus dem Vorsitzenden und 50 Mitgliedern, welche vom Handelsminister auf die Dauer von drei Jahren ernannt werden. Von den-·lben werden:

Mitglieder vom Handelsminister nach freiem Ermessen aus-

und 5 Mitglieder in der Weise ernannt, dafs der Finanzminister und der Ackerbauminister je zwei und der Reichskriegsminister eine der zu ernennenden Persönlichkeiten bezeichnet.

b) 24 Mitglieder werden auf Vorschlag von Handels- und Gewerbekammern und

c) 12 Mitglieder auf Vorschlag von Landeskulturräten und sonstigen landwirtschaftlichen Fachkorporationen ernannt.

Nach § 19 ist der Staatseisenbahnrat berufen und verpflichtet, in wichtigen, die Interessen des Handels, der Industrie, der Land- und Forstwirtschaft berührenden Fragen des Eisenbahnverkehrswesens sein Gutachten abzugeben. Der Begutachtung des Staatseisenbahnrates unterliegen, soweit es sich um die vom Staate betriebenen Eisenbahnen handelt, insbesondere:

a) alle wichtigen Anträge bezüglich des Tarifwesens, namentlich jene, welche die Festsetzung der Normaltarife für Personen und Güter, dann die Grundsätze für die Anwendung von Ausnahme- und Differentialtarifen zum Gegenstande haben;

b) die jährlich zweimal (für die Sommer- und Wintermonate) festzustellenden Fahrpläne;

c) Anträge auf Abänderung der reglementarischen Bestimmungen, soweit es sich nicht um technische Bestimmungen handelt, dann der Tarifbestimmungen, insoweit dieselben nicht lediglich vorübergehende Ausnahmeverhältnisse betreffen.

Aufserdem bestimmt der § 14: Dem Präsidenten der Generaldirektion wird für die finanzielle und kommerzielle Betriebsgebahrung ein ständiger Beirat beigegeben. Die fünf Mitglieder desselben werden vom Handelsminister aus dem Kreise der Mitglieder des Staatseisenbahnrates und für die Zeit der Funktionsdauer dieses letzteren ernannt. Dem ständigen Beirate sind alle wichtigeren Fragen des finanziellen und kommerziellen Dienstes zur Begutachtung vorzulegen, insbesondere die Anträge auf Erteilung von Tarifermäfsigungen im Personen- und Güterverkehr.

Bezüglich der Zuständigkeit in Tarifangelegenheiten ist in der erwähnten Organisation ferner folgendes bestimmt:

Dem Handelsminister bleibt vorbehalten, jene dem Wirkungskreise der Generaldirektion zugewiesenen Angelegenheiten (§ 13) zu bestimmen, welche ihm selbst zur Entscheidung, bezw. Genehmigung vorzulegen sind. Insbesondere sind dem Handelsminister vorbehalten:

Die Genehmigung der Grundlagen für die zur Anwendung zu bringenden Tarife für den Personen- und Güterverkehr.

Der § 13 bestimmt: Der Generaldirektion bezw. dem Handelsminister sind in Ansehung des Betriebes der im § 1 bezeichneten Bahnen alle jene Agenden vorbehalten, welche nicht zum Wirkungskreise der zu errichtenden Eisenbahnbetriebsdirektionen gehören (§ 28).

Der Wirkungskreis der Generaldirektion umfaſst, unbeschadet der für einzelne Angelegenheiten erforderlichen höheren Genehmigung, insbesondere auch:

Die Festsetzung und Abänderung der Tarife im Personen- und Güterverkehr, die Bewilligung von Freikarten, von Fahrpreisermäſsigungen und von Frachtermäſsigungen, die Regelung der Verkehrsverhältnisse gegenüber anderen Transportanstalten, einschlieſslich der zu diesem Zwecke eventuell erforderlichen Vereinbarungen, dann die Einnahmenkontrolle mit Ausnahme der den Betriebsdirektionen zugewiesenen Kontrolle der Einnahmen aus dem Lokalverkehre.

Nach § 28 umfaſst der Wirkungskreis der Eisenbahnbetriebsdirektionen die Vollziehung und Überwachung des lokalen Betriebsdienstes innerhalb des eigenen Bezirkes, als:

Die Antragstellung bezüglich der Festsetzung der Tarife im Personen- und Güterverkehre;

die Bewilligung von Freifahrten und ermäſsigten Fahrten in einzelnen Fällen, dann von lokalen Tarifermäſsigungen im Güterverkehr, beides in Gemäſsheit der besonderen Instruktionen, sowie die Antragstellung für in den Instruktionen nicht vorgesehene Fälle.

Auch bei den ungarischen Staatsbahnen ist mit der am 1. April 1884 eingetretenen Neuorganisation der Verwaltung ein Staatseisenbahnrat eingesetzt. Es ist ferner im Kommunikationsministerium unter dem Vorsitze des Staatssekretärs eine besondere Tarifkommission gebildet, welcher der Präsident und der Generaldirektor der Staatsbahnen, sowie der Fachreferent derselben, ferner Vertreter des Handels-, des Finanz- und des Kommunikationsministeriums, sowie zwei Mitglieder des Eisenbahnrates angehören. Von dieser Tarifkommission werden alle wichtigen Tariffragen verhandelt und entschieden.

Abgesehen von dieser formellen Beteiligung der Frachtgeber an der Tarifgestaltung ist aber sowohl bei den österreichischen wie bei den ungarischen Staatsbahnen als materieller Zweck der Tarifgestaltung nicht mehr in erster Linie die Erzielung eines möglichst hohen Reinertrags des Anlagekapitals, sondern die Befriedigung der nationalen und wirtschaftlichen Bedürfnisse der Gesamtheit und des Staates hingestellt. Demgemäfs zeigt auch die Gestaltung der Gütertarife sowohl der österreichischen als der ungarischen Staatsbahnen den Übergang von dem privatwirtschaftlichen zum gemeinwirtschaftlichen System. Die Gütertarife beider Bahnen sind gleichmäfsiger und einfacher als die der österreichisch-ungarischen Privatbahnen auf Grund gleicher Einheitssätze nach fallender Skala aufgestellt, die Refaktien sind durch ermäfsigte Ausnahmetarife, welche allen Verfrachtern zu Gute kommen, ersetzt und es sind erhebliche Ermäfsigungen in den Tarifsätzen gegenüber den Tarifen der Privatbahnen erfolgt. Die Interessen der nationalen Erzeugung, des nationalen Handels finden eine bessere Würdigung und Unterstützung als bei den Privatbahnen. Bereits hat auch die Tarifpolitik der Staatsbahnen auf die Tarifgestaltung der Privatbahnen einen günstigen Einflufs gehabt, wie die oben erwähnte Annahme der von den österreichischen Staatsbahnen zuerst eingeführten Änderung der Tarifvorschriften in Bezug auf das Zusammenladen der Güter und zahlreicher Deklassifikationen beweist. Auch sind die Tarifeinheitssätze der österreichischen Staatsbahnen bereits von einigen Privatbahnen, insbesondere der Lemberg-Czernowitz-Jassy-Eisenbahn und Kaiser-Ferdinands-Nordbahn angenommen worden.

Die Tarifeinheitssätze der österreichischen und ungarischen Staatsbahnen für den Lokalgütertarif sind folgende:

	Österreichische Staatsbahnen	Ungarische Staatsbahnen
	Kreuzer	Kreuzer
1. Streckensätze für 100 kg und 1 km:		
Stückgutklasse I	0,59	0,60
Stückgutklasse II		
von 1—300 km	0,50	0,44
fur jedes weitere Kilometer	0,30	0,44

	Österreichische Staatsbahnen Kreuzer	Ungarische Staatsbahnen Kreuzer
1. Streckensätze fur 100 kg und 1 km:		
Wagenladungsklasse A:		
von 1—100 km	0,36	0,35
» 101—200 »	0,34	0,30
» 201—300 »	0,32	0,25
» 301—400 »	0,26	0,20
für jedes weitere Kilometer	0,20	0,20
Wagenladungsklasse B:		
von 1—100 km	0,28	0,26
» 101—200 »	0,26	0,22
» 201—300 »	0,24	0,18
» 301—400 »	0,20	0,14
für jedes weitere Kilometer	0,16	0,14
Wagenladungsklasse C:		
von 1—50 km	0,26	0,21
» 51—100 »	0,16	0,21
» 101—200 »	0,12	0,16
» 201—300 »	0,10	0,14
für jedes weitere Kilometer	0,10	0,13
Spezialtarif I:		
von 1—50 km	0,28	0,32
» 51—100 »	0,24	0,28
» 101—150 »	0,22	0,24
» 151—200 »	0,20	0,24
» 201—300 »	0,20	0,20
» 301—400 »	0,18	0,16
fur jedes weitere Kilometer	0,16	0,16
Spezialtarif II:		
von 1—50 km	0,26	0,20
» 51—100 »	0,20	0,17
» 101—200 »	0,16	0,14
» 201—400 »	0,12	0,11
für jedes weitere Kilometer	0,12	0,13
Ausnahmetarif I (für Kohlen, Coaks, Erze etc.):		
von 1—50 km	0,22	0,20
» 51—100 »	0,14	0,15
» 101—200 »	0,12	0,13
» 201—300 »	0,08	0,09
für jedes weitere Kilometer	0,08	0,03

	Österreichische Staatsbahnen	Ungarische Staatsbahnen
	Kreuzer	Kreuzer
2. Manipulationsgebühr für 100 kg:		
für die beiden Stückgutklassen und die Wagenladungsklasse A	4,0	5,0
für Wagenladungsklasse B	4,0	4,0
» » C	3,5	4,0
» Spezialtarif I	4,0	5,0
» » II	4,0	4,0
» Ausnahmetarif I	3,0	2,0

§ 94. *Personenverkehr.*

Im Personenverkehr bestehen in Österreich-Ungarn in der Regel drei, bei einer gröfseren Anzahl Bahnen auch vier Klassen, bei einigen Lokalbahnen nur eine bezw. zwei Klassen. Die Schnellzüge werden in der Regel nur mit I. und II. Klasse gefahren. Die Fahrpreise sind bei den verschiedenen Bahnen verschieden, im allgemeinen höher als in Deutschland. Nur diejenigen Bahnen, auf welche das Personentarifgesetz vom 15. Juli 1877 Anwendung findet, haben mäfsige den norddeutschen entsprechende Einheitssätze. Die Fahrpreise für Schnellzüge stellen sich in der Regel 20 Prozent höher, als die der Personenzüge, die der gemischten Züge 20 Prozent niedriger.

Neuerdings sind die österreichischen Staatsbahnen mit einer wesentlichen Ermäfsigung der Personenfahrpreise vorgegangen, indem seit dem 1. Juni 1882 die Einheitssätze I. Klasse auf 4 kr. (6,7 Pf.), II. Klasse 3 kr. (5 Pf.), III. Klasse 2 kr. (3,3 Pf.) festgesetzt wurden. Für Schnellzüge wird 1 kr. Zuschlag für jede Klasse erhoben, für gemischte Züge 2,25 kr. (3,75 Pf.) für die II. und 1,50 kr. (2,5 Pf.) für die III. Klasse. Das Ergebnis dieser Mafsregel war ein überraschend günstiges. Der Verkehr stieg von 6071456 Personen in 1881 auf 7562533 in 1882 und 9457361 in 1883, die Einnahme aus dem Personenverkehr von 5764057 fl. in 1881 auf 5806733 fl. in 1882 und 6069754 fl. in 1883, die erhebliche Ermäfsigung der Fahrpreise hatte also bereits im ersten Jahr Mehreinnahmen anstatt Ausfälle zur Folge. Bemerkenswert ist, dafs die Erhöhung des Personenverkehrs und der Einnahmen zum weitaus gröfsten Teil auf den örtlichen Verkehr entfällt, welcher sich um Wien, Linz, Salzburg, Steyr, Villach und andere bedeutendere Orte des Netzes bewegt, wogegen der inländische Anschlufsverkehr im Jahr 1883 zwar eine gröfsere Personenzahl, jedoch eine geringere Einnahme aufweist und der Personenverkehr mit dem Ausland in dem Umfang ständig geblieben, in den Einnahmen zurückgegangen ist. Es hat sich also gezeigt, dafs die Ermäfsigung der Fahrpreise in erster Linie dort stark wirkt, wo letztere einen verhältnismäfsig hohen Teil der Reisekosten bilden. Die Ergebnisse des Jahres 1884 haben die im Jahre 1883 gemachten Erfahrungen bestätigt und eine weitere günstige Entwickelung des Personenverkehrs in Bezug auf Personenzahl und Einnahme gezeigt.

Vgl. Jahresbericht über die Verwaltung der westlichen Staatsbahnen von 1883 S. I und II, sowie Jahresbericht der k. k. österreichischen Staatsbahnen 1884.

Die Einheitssätze der ungarischen Staatsbahn betragen bei Eil- und Personenzügen I. Klasse 5 kr. (8,4 Pf.), II. Klasse 3,5 kr. (5,9 Pf.), III. Klasse 2,5 kr. (4,2 Pf.), bei gemischten Zügen und Lastzügen mit Personenbeförderung I. Klasse 4,5 kr. (7,6 Pf.), II. Klasse 3 kr. (5 Pf.), III. Klasse 1,5 kr. (2,5 Pf.). Die früher vorhandene IV. Klasse ist seit dem 1. Februar 1881 aufgehoben worden, indem man die Preise derselben auf die III. Klasse der gemischten Züge übertrug. Es hatte dies auch eine bessere Ausnutzung der I. und II. Klasse zur Folge.

Vgl. Saárossy-Kapeller, Die zehnjährige Thätigkeit der königl. ungarischen Staatseisenbahnen auf dem Gebiete der Volkswirtschaft S. 18.

Bei den meisten Bahnen bestehen Rückfahrtbillets mit einer Ermäfsigung von 15—30 Prozent, Abonnementskarten für einen Monat bis ein Jahr mit einem Nachlafs von 25—70 Prozent, Saisonkarten für eine bestimmte Anzahl von Fahrten mit einer Ermäfsigung von 30—40 Prozent. Schüler- und Arbeiterkarten gelten für eine bestimmte Zeitdauer oder eine bestimmte Anzahl von Fahrten und gewähren 50—75 Prozent Ermäfsigung. Endlich giebt es Rundreisebillets für eine bestimmte Zeitdauer mit Ermäfsigung von 25—40 Prozent und kombinirbare Rundreisebillets auf Grund der vom Verein deutscher Eisenbahnen getroffenen Bestimmungen.

§ 95. *Gemeinschaftliche Abrechnungsstelle.*

Für den Abrechnungsdienst aus dem direkten Verkehr der österreichisch-ungarischen Eisenbahnen besteht seit dem Jahre 1872 ein gemeinsames Zentralabrechnungsbureau. Diese Einrichtung, die aus den Vorschlägen der österreichischen Staatseisenbahngesellschaft hervorging und sich der nachhaltigsten Unterstützung von seiten der Eisenbahnverwaltungen erfreut, ist ein bedeutender Fortschritt gegen das vormals bestandene Abrechnungsverfahren, indem früher die Abrechnung auch aus dem direkten oder Anschlufsverkehr in ebensoviele Spezialabrechnungsstellen zersplittert war, als Bahnen an dem direkten Verkehr sich beteiligten.

Während der Abrechnungsprozefs vor dem Bestande des Zentralabrechnungsbureaus 5—6 Monate erforderte, ist heute die Abrechnung aus dem so wesentlich gestiegenen Verkehr in zwei Monaten festgestellt und durch die Saldierungsstellen ausgeglichen.

Der Lokalverkehr wird von den Spezialkontrollen der einzelnen Bahnen, der internationale Verkehr innerhalb der einzelnen Verbände abgerechnet.

Seit dem 1. Mai 1884 wurde von den ungarischen Bahnen ein zweites Abrechnungsbureau eingerichtet, welches namentlich den gesamten Verkehr der ungarischen Eisenbahnen unter sich, sowie der Donaudampfschiffahrtsgesellschaft und der serbischen Bahnen abrechnet, und den Geschäftsumfang des Zentralabrechnungsbureaus entsprechend verminderte. Daneben besteht als gemeinsame Einrichtung der österreichisch-ungarischen Bahnen eine Zentralsaldierungsstelle in Wien, welche den Geldausgleich auf Grund der festgestellten Ergebnisse der Abrechnungsbureaus besorgt.

SECHSTER ABSCHNITT.

C. SCHWEIZ.

§ 96. *Die gesetzlichen Bestimmungen betreffend das Tarifwesen.*

Die gesetzlichen Bestimmungen betreffend das Tarifwesen finden sich in dem Bundesgesetz über den Bau und Betrieb der Eisenbahnen auf dem Gebiete der Schweizerischen Eidgenossenschaft vom 23. Dezember 1872 und in dem Transportreglement der Schweizerischen Eisenbahnen genehmigt durch Bundesratsbeschlufs vom 9. Juni 1876. In dem erstgenannten Gesetz ist in den Art. 35 und 36 folgendes bestimmt:

»Art. 35. Dem Bunde steht die Kontrolle über das Tarifwesen zu. Er hat das Recht der Einsichtnahme von sämtlichen hierauf bezüglichen Akten und Verträgen der Bahnverwaltungen. Bei dieser Kontrolle sind namentlich folgende Punkte zu berücksichtigen:

1. Die Tarife müssen sich innerhalb der in den Konzessionen bezeichneten Schranken bewegen.

2. Es darf keine in den Konzessionen nicht vorgesehene Taxe für die den Bahngesellschaften konzessionsgemäfs obliegenden Verrichtungen bezogen werden, welche nicht vom Bundesrate ausdrücklich genehmigt und von der Bahnverwaltung öffentlich bekannt gemacht worden ist.

3. Die Taxen sollen überall und für jedermann gleichmäfsig berechnet werden. Die Eisenbahnverwaltungen dürfen niemandem einen Vorzug in irgend welcher Form einräumen, den sie nicht unter gleichen Umständen allen andern gestatten.

4. Die Eisenbahnverwaltungen haben einer ihnen zu bezeichnenden Bundesstelle von allen allgemeinen und speziellen Tarifänderungen, sowie von Rückvergütungen rechtzeitig Kenntnis zu geben. Dem Bundesrate steht von sich aus oder auf Beschwerde von Beteiligten, nach vorheriger Anhörung der betreffenden Bahngesellschaften, die Berechtigung zu, die Aufhebung oder Modifikation solcher Differentialtarife oder Rückvergütungsversprechen zu verlangen, welche dem in Ziffer 3 dieses Artikels enthaltenen Grundsatze der Gleichberechtigung zuwider laufen.

5. Jede Anderung am Tarif oder an den Transportreglementen soll gehörige Veröffentlichung bekommen, erstere in der Regel mindestens 14 Tage vor ihrem Inkrafttreten. Wenn die Gesellschaft es für angemessen erachtet, ihre Taxen herabzusetzen, so soll diese Herabsetzung in Kraft bleiben mindestens drei Monate für die Personen und ein Jahr für die Waren. Jede Erhöhung von Taxen soll wenigstens drei Monate vor ihrem Inkrafttreten publiziert werden. In Fällen, wo von einer Gesellschaft ein aus Herabsetzungen und Erhöhungen gemischtes Tarifsystem neu eingeführt werden will, kann der Bundesrat diese Fristen verkürzen. Diese Fristen finden keine Anwendung auf sogenannte Vergnügungszüge oder ausnahmsweise Vergünstigungen bei besonderen Anlässen.

Der Bundesrat wird Anordnungen treffen, um die Beachtung obiger, in den Ziffern 1—5 bezeichneten Grundsätze bei Aufstellung der Tarife und deren Anwendung sorgfältig kontrollieren zu lassen.

Art. 36. Der Bundesrat wird dahin wirken, dafs auf den schweizerischen Eisenbahnen möglichst übereinstimmende Verkehrs- bezw. Transportreglemente eingeführt werden, deren Genehmigung ihm zusteht. Sofern es sich in der Folge als wünschenswert herausstellen sollte, ist der Bundesrat berechtigt, nach Anhörung der Bahngesellschaften ein einheitliches Verkehrs- bezw. Transportreglement in der Weise aufzustellen, dafs darin gewisse Hauptbestimmungen fixirt werden, welche jede schweizerische Eisenbahnverwaltung dem Publikum als Minimum gewähren mufs.«

In dem Transportreglement vom 9. Juni 1876 beziehen sich auf die Tarife § 7 Berechnung für Extrazüge, § 8 Berechnung der Taxen, § 9 Einrichtung der Billette und Aushang der Personentarife, § 10 ermäfsigte Fahrtaxen für Kinder, § 26 Gepäcktaxe, § 29 Freigepäck, § 30 Landwirtschaftliche Traglasten, § 44 Beförderung von Leichen, §§ 46—49 und § 51 Transport von Fahrzeugen und Equipagen, § 52 aufsergewöhnliche Gegenstände, §§ 53—64 Transport lebender Tiere, §§ 72—78 Art der Beförderung von Gütern, § 79 Wiegegebühren, § 80 Auf- und Abladen, § 81 Zu- und Abfuhr der Güter, § 83 von der Beförderung ausgeschlossene, §§ 84—87 bedingungsweise zur Beförderung zugelassene Gegenstände, §§ 96 und 97 Zahlung der Fracht, §§ 110—113 Lagergeld und Wagenmiete, § 124e und f verminderte Haftpflicht der Bahnen bei Transport in offenen Wagen und zu ermäfsigten Frachtsätzen, sowie bei Auf- und Abladen seitens der Absender bezw. Empfänger.

§ 97. *Bestimmungen der Eisenbahnkonzessionen über das Tarifwesen.*

Bis zum Jahre 1872 wurden die Konzessionen der schweizerischen Privatbahnen — Staatsbahnen giebt es bekanntlich in der Schweiz nicht, jedoch haben sich vielfach die von den Bahnen durchzogenen Kantone an der Aufbringung des Anlagekapitals beteiligt — von den einzelnen Kantonen erteilt. Die Bundesregierung hatte nur das Genehmigungsrecht, welches in beschränktem Mafse ausgeübt wurde. Infolge dessen lauteten die Bestimmungen der einzelnen Konzessionen insbesondere auch bezüglich des Tarifwesens sehr verschieden und zwar nicht nur bei verschiedenen Bahnen, sondern auch bei derselben Bahn, wenn sie verschiedene Konzessionen zu verschiedenen Linien erhalten hatte.

Eine vollständige Übersicht der konzessionsmäfsigen Bestimmungen betreffend das Tarifwesen findet sich in der Beilage zu dem Bericht des Bundesrats an die Bundesversammlung betreffend das Tarifwesen der schweizerischen Eisenbahnen vom 23. November 1883.

Durch Art. 1 des oben erwähnten Bundesgesetzes vom 23. Dezember 1872 wurde die Erteilung der Konzessionen, sowie die Erneuerung von solchen, die bisher von den Kantonen erteilt worden waren, dem Bunde übertragen, jedoch unter Mitwirkung der beteiligten Kantone bei den vorbereitenden Verhandlungen. Die Bundesregierung setzte sodann eine Normalkonzession fest, nach welcher alle neueren Konzessionen aufgestellt wurden. In Artikel 15—25 dieser Normalkonzession ist folgendes über die Tarife bestimmt:

»Art. 15. Die Gesellschaft wird ermächtigt, für den Transport von Personen Taxen bis auf den Betrag folgender Ansätze zu beziehen:

in der ersten Wagenklasse 10 Rappen,
in der zweiten Wagenklasse 7 Rappen,
in der dritten Wagenklasse 5 Rappen

per Kilometer der Bahnlänge. Die Taxen für die mit Warenzügen beförderten Personen sollen um mindestens 20 Prozent niedriger gestellt werden. Für Kinder unter drei Jahren, sofern für solche kein besonderer Sitzplatz beansprucht wird, ist nichts, für solche zwischen dem dritten und dem zurückgelegten zehnten Altersjahre die Hälfte der Taxe in allen Wagenklassen zu zahlen.

Zehn Kilogramm des Reisendengepäcks sind frei, sofern es ohne Belästigung der Mitreisenden im Personenwagen untergebracht werden kann. Für das übrige Gepäck der Reisenden kann eine Taxe von höchstens 2½ Rappen per 50 Kilogramm und per Kilometer bezogen werden. Für Hin- und Rückfahrt am gleichen oder folgenden Tage sind die Personentaxen mindestens 20 Prozent niedriger anzusetzen, als für einfache und einmalige Fahrten. Für Abonnementsbillets zu einer mindestens zwölfmaligen Benutzung der gleichen Bahnstrecke für Hin- und Rückfahrt während drei Monaten wird die Gesellschaft einen weiteren Rabatt bewilligen.

Art. 16. Arme, welche als solche durch Zeugnis zuständiger Behörde sich für die Fahrt legitimieren, sind zur Hälfte der Personentaxe zu befördern. Auf Anordnung eidgenössischer oder kantonaler Polizeistellen sind auch Arrestanten mit der Eisenbahn zu spedieren. Ein vom Bundesrate zu erlassendes Reglement wird hierüber die näheren Bestimmungen aufstellen.

Art. 17. Für den Transport von Vieh mit Warenzügen dürfen Taxen bis auf den Betrag folgender Ansätze bezogen werden:

per Stück und per Kilometer.

Pferde, Maultiere und über ein Jahr alte Fohlen . . . . 16 Rappen;
Stiere, Ochsen, Kühe, Rinder, Esel und kleine Fohlen . 8 »
Kälber, Schweine, Schafe, Ziegen und Hunde . . . . . 3 »

Für die Ladung ganzer Transportwagen sind die Taxen um mindestens 20 Prozent zu ermäfsigen.

Art. 18. Im Tarif für den Transport von Waren sind Klassen aufzustellen, wovon die höchste nicht über 1 Rappen, die niedrigste nicht über 5/10 Rappen per 50 kg und per km betragen soll. Eine ganze Wagenladung (d. h. mindestens 5000 kg oder 5 Tonnen) von Waren hat gegenüber den Stücksendungen Anspruch auf Rabatt. Die der Landwirtschaft und Industrie hauptsächlich zu dienenden Rohstoffe, wie fossile Kohlen, Holz, Erze, Eisen, Salz, Steine, Düngungsmittel u. s. w. in Wagenladungen sollen möglichst niedrig taxiert werden.

Für den Transport von barem Gelde und von Kostbarkeiten mit deklariertem Werte soll die Taxe so berechnet werden, dafs für 1000 Fr. per km höchstens 1 Rappen zu bezahlen ist.

Wenn Vieh und Waren in Eilfracht transportiert werden sollen, so darf die Taxe für Vieh um 40 % und diejenige für Waren um 100 % des gewöhnlichen Ansatzes erhöht werden.

Traglasten mit landwirtschaftlichen Erzeugnissen, welche in Begleitung der Träger, wenn auch in besondern Wagen, mit den Personenzügen transportiert und am Bestimmungsort sogleich wieder in Empfang genommen werden, sind, soweit sie das Gewicht von 25 kg nicht übersteigen, frachtfrei. Für das Mehrgewicht ist die Taxe für Waren in gewöhnlicher Fracht zu bezahlen.

Die Gesellschaft ist berechtigt zu bestimmen, dafs Warensendungen bis auf 25 kg Gewicht stets in Eilfracht befördert werden sollen, ebenso für den Transport von Fahrzeugen aller Art und aufsergewöhnlichen Gegenständen Taxen nach eigenem Ermessen festzusetzen. Das Minimum der Transporttaxe eines einzelnen Stückes kann auf 40 Rappen festgesetzt werden.

Art. 19. Bei eintretenden Notständen, insbesondere bei ungewöhnlicher Teuerung der Lebensmittel, ist die Gesellschaft verpflichtet, für den Transport von Getreide, Mehl, Hülsenfrüchten, Kartoffeln u. s. w. zeitweise einen niedrigern Spezialtarif einzuführen, dessen Bedingungen vom Bundesrate nach Anhörung der Bahnverwaltung festgesetzt werden.

Art. 20. Bei Festsetzung der Taxen werden Bruchteile eines Kilometers für einen ganzen Kilometer gerechnet. In Betreff des Gewichtes gelten Sendungen bis auf 25 kg für volle 25 kg; bei Waren in gewöhnlicher Fracht, Sendungen zwischen 25 und 50 kg für volle 50 kg. Das Mehrgewicht (bei Reisendengepäck und Eilgut über 25, bei Waren in gewöhnlicher Fracht über 50 kg) wird nach Einheiten von je 5 kg berechnet, wobei jeder Bruchteil von 5 kg für eine ganze Einheit gilt. Bei Geld- und Wertsendungen repräsentieren Bruchteile von Franken 500 volle Fr. 500. Ist die genaue Ziffer der so berechneten Taxe keine durch 5 ohne Rest teilbare Zahl, so darf eine Abrundung nach oben auf die nächstliegende Zahl, welche diese Eigenschaft besitzt, erfolgen.

Art. 21. Die in den Artikeln 15, 17 und 18 aufgestellten Taxbestimmungen beschlagen blofs den Transport von Station zu Station. Die Waren sind von den Aufgebern an die Stationsladeplätze abzuliefern und vom Adressaten auf der Bestimmungsstation abzuholen. Auf den Hauptstationen hat jedoch die Gesellschaft von sich aus die gehörigen Einrichtungen für das Abholen und die Ablieferung der Güter im Domizil des Aufgebers bezw. des Adressaten zu treffen. Das Auf- und Abladen der Waren ist Sache der Gesellschaft, und es darf eine besondere Taxe dafür in der Regel nicht erhoben werden. Ausnahmen hiervon sind nur unter Zustimmung des Bundesrates zulässig für einzelne Klassen von Wagenladungsgütern, für lebende Tiere und andere Gegenstände, deren Verladung mit besonderen Schwierigkeiten verbunden ist.

Art. 22. Für die Einzelheiten des Transportdienstes sind besondere Reglemente und Tarife aufzustellen.

Art. 23. Die sämtlichen Tarife sind mindestens sechs Wochen, ehe die Eisenbahn dem Verkehr übergeben wird, dem Bundesrate zur Genehmigung vorzulegen.

Art. 24. Wenn die Bahnunternehmung drei Jahre nach einander einen 8 Prozent übersteigenden Reinertrag abwirft, so ist das nach gegenwärtiger Konzession zulässige Maximum der Transporttaxen verhältnismäfsig herabzusetzen. Kann diesfalls eine Verständigung zwischen dem Bundesrate und der Gesellschaft nicht erzielt werden, so entscheidet darüber die Bundesversammlung.

Reicht der Ertrag des Unternehmens nicht hin, die Betriebskosten, einschliefslich die Verzinsung des Obligationenkapitals zu decken, so kann der Bundesrat eine angemessene Erhöhung obiger

Tarifansätze gestatten. Solche Beschlüsse sind jedoch der Bundesversammlung zur Genehmigung vorzulegen.

Art. 25. Sofern die Gesellschaft eine grundsätzliche Änderung der Tarife vorzunehmen beabsichtigen sollte, so hat sie ihr daheriges Projekt samt dem neuen Tarif der Bundesversammlung zur Genehmigung vorzulegen.

§ 98. *Bestimmungen der Aufsichtsbehörde.*

Die Befugnisse der Bundesregierung als Aufsichtsbehörde bezüglich des Tarifwesens sind naturgemäfs mehr verbietender als gebietender Art. Dieselbe hat insbesondere das Recht, gesetzwidrige Tarife und Tarifmafsnahmen zu verbieten bezw. deren Aufhebung oder Abänderung zu verlangen. Eine positive Wirksamkeit kann sie eigentlich nur auf Grund des Art. 35, 2 des Bundesgesetzes vom 23. Dezember 1872 ausüben, wodurch ihr die Genehmigung der nicht in den Konzessionen vorgesehenen Taxen vorbehalten ist. Auf Grund dieser Bestimmung hat der Bundesrat neuerdings verschiedentlich einzelnen Bahnverwaltungen über den Höchstbetrag der Konzessionen hinausgehende Gebühren, namentlich Expeditionsgebühren, bewilligt, welche in den Konzessionen nicht vorgesehen sind und auch bis dahin von den schweizerischen Bahnen nicht erhoben wurden. Es wurde dabei davon ausgegangen, dafs die in den Konzessionen festgesetzten Sätze nur den Transport von Station zu Station betreffen, nicht aber die auf den Stationen erfolgende Expedition der Güter.

Vgl. den bundesrätlichen Bericht an die Bundesversammlung vom 23. November 1883, Bundesblatt 1883 IV. Band S. 462 ff.

Andererseits hat aber die Bundesregierung aus dem ihr zustehenden Recht des Verbotes ungesetzlicher Tarifmafsnahmen Veranlassung genommen, gewisse Bestimmungen betreffs der Differentialtarife zu treffen.

Zunächst hat bezüglich der Staffeltarife der Bundesrat unter dem 5. September 1882 folgenden Beschlufs gefafst:

»1. Die Berechnung der Taxen nach Entfernungsstufen einer Transportstrecke, wobei für die entferntern Stufen geringere Taxen berechnet werden als für die nähern (Staffeltarif), darf in dem Verkehr der schweizerischen Bahnen unter sich (direkter und Transitverkehr) nur in der Weise zur Anwendung kommen, dafs die auf den einzelnen Bahnen durchlaufenen Strecken zusammen als nur eine Transportstrecke angesehen werden. Es ist somit nicht zulässig, bei der Bildung von direkten und Transittarifen Staffeltarife an proportional gerechnete Tarife anzustofsen oder zwei oder mehrere Staffeln zu kumulieren.

2. Die Tarife für den internen Verkehr sind nach den für den direkten schweizerischen Verkehr angenommenen Grundsätzen zu berechnen.«

Die Folge hiervon war, dafs eine Anzahl schweizerischer Bahnen, namentlich die ostschweizerischen, welche ihre Tarife als Staffeltarife aufgestellt hatten, dieselben aufheben mufsten.

Bezüglich der relativen Differentialtarife stellte die Bundesregierung aus Anlafs eines im Jahr 1878 von der schweizerischen Centralbahn, Jura-Bern-Luzern-Bahn und schweizerischen Westbahn einerseits und der französischen Mittelmeerbahn andererseits in Kraft gesetzten Differentialtarifs (Tarif Nr. 442) wichtige Grundsätze auf. Dieser Tarif gewährte für eine Anzahl Artikel, wie Baumwolle, Kaffee, Zucker und andere Kolonialwaren im Verkehr zwischen den Stationen Marseille, Arles, la Ciotat, Toulon und Cette einerseits und Basel, Aarau und Luzern andererseits Ermäfsigungen von über 60 Prozent gegen die Sätze der allgemeinen Tarife. Weitere Stationen waren in den Tarif nicht aufgenommen, aber bestimmt, dafs die an den Instradierungslinien vorgelegenen Stationen die Sätze der betreffenden Endstationen und die an den Seitenlinien der Instradierungslinien gelegenen Stationen die Sätze der betreffenden Endpunkte zuzüglich der normalen Fracht der Seitenlinien anwenden könnten, sofern dies vorteilhafter als der allgemeine Tarif war. Die Bundesregierung verlangte darauf, »dafs Güter nach und von zwischenliegenden, im Tarif nicht benannten Stationen zu denselben Taxen befördert werden, wie sie für die nächstgelegene, im Tarif benannte Station normiert sind, insofern diese letzteren niedriger sind als diejenigen der gewöhnlichen Tarife«, dafs also auch die Stationen der Seitenlinien die Sätze der Endstationen ohne Zuschlag genössen. Als die betreffenden Bahnen dies weigerten, wurde durch Beschlufs des Bundesrats vom 3. November 1882 der betreffende Tarif aufgehoben. Dabei stellte der Bundesrat folgende Grundsätze auf:

»a) Wenn die schweizerischen Bahnen für sich allein oder in Verbindung mit ausländischen Bahnen dem Publikum möglichst niedrige Tarife gewähren, um gewisse Verkehre zu entwickeln, oder solche, denen verschiedene Routen zur Verfügung stehen (z. B. Marseille-Genf, Genua-Gotthard, Triest und Venedig-Brenner bezüglich des Verkehrs mit Italien bezw. den Häfen des mittelländischen und adriatischen Meeres), so wird damit nicht blofs dem schweizerischen Handel, sondern auch der konsumierenden Bevölkerung ein Dienst erwiesen, und von diesem Standpunkt aus kann es nicht in der Aufgabe der Staatsbehörden liegen, solchen Verhältnissen entgegenzutreten.

b) Solche Tarifreduktionen dürfen in der Weise ins Werk gesetzt werden, dafs der für die Endstationen (in obigem Falle für Basel, Aarau und Luzern) entfallende Taxbetrag in der gleichen Höhe auch für alle rückwärts liegenden Stationen zur Anwendung kommt, und es wäre das Begehren ein unbegründetes, dafs für jeden Transport die kilometrische Taxe dieselbe und der Gesamtpreis den Distanzen proportional sei. Das Gesetz fordert in diesem Falle eine solche Taxation nicht, indem Art. 35 die »gleichmäfsige« Berechnung der Taxen ausdrücklich in der Weise erläutert, dafs die Eisenbahnverwaltungen niemandem einen Vorzug in irgend welcher Form einräumen dürfen, den sie nicht unter gleichen Umständen allen andern gestatten. Nach dieser Seite hin leisten die Tarife, welche nach der Art des Tarifes Nr. 442 erstellt sind, dem Gesetze völlig Genüge, indem sie dieselben Vorteile, welche für die Endstationen geschaffen werden, auch auf die rückwärts liegenden anwenden.

c) Die Ungleichheit der Umstände kann nur in der Verschiedenheit äufserer faktischer Verhältnisse liegen; die Vorschrift, dafs nur die Stationen, welche an einer bestimmten, in einer Endstation ausmündenden Zufahrtslinie liegen, an den niedrigen Taxen teilnehmen, ist eine durch das Gutfinden der Gesellschaften selbst geschaffene, keine in der Natur der Sache liegende Verschiedenheit und fällt deshalb dem Gesetz gegenüber dahin.«

Diese Grundsätze sollen jedoch nicht mafsgebend sein, sobald es sich um den Wettbewerb zwischen schweizerischen und ausländischen Bahnen handelt, in diesem Fall vielmehr von der Forderung, dafs alle zwischenliegenden Stationen die Sätze der weitergelegenen Stationen erhalten, abgesehen werden.

Vgl. Bericht des Bundesrates an die Bundesversammlung vom 23. November 1883, betreffend das Tarifwesen der schweizerischen Eisenbahnen.

In Bezug auf die Durchgangstarife unterscheidet die Bundesregierung zwischen solchen, wo ein Wettbewerb anderer Verkehrswege vorliegt, und wo dies nicht der Fall ist. Im erstern Fall läfst sie den schweizerischen Eisenbahnen volle Freiheit in der Tarifstellung, nicht aber im letzteren. Bezüglich der Transittarife sagt der vorgenannte Bericht vom 23. November 1883 folgendes:

»Nur wo der Transitverkehr auch ein Konkurrenzverkehr ist, ist es gegenüber den Grundsätzen des schweizerischen Eisenbahngesetzes gestattet, die Transittaxen niedriger zu halten, als die Taxen nach näher gelegenen schweizerischen Stationen.

Ist dagegen der schweizerische Transit nicht durch fremde Bahnen konkurrenziert, so besteht durchaus kein Grund, die ausländischen Stationen besser zu halten, als die inländischen, und es mufs daher mindestens verlangt werden, dafs die letzteren keine höheren Gesamtfrachten bezahlen, als die erstern. Diesem Grundsatze ist auch der über die Schweiz transitierende deutsch-italienische Verkehr unterworfen, indem dabei als Regel angenommen worden ist, dafs die Taxen der schweizerischen Grenzstationen auf die fremden Stationen so lange vorgetragen werden, bis die Normaltaxe der letztern höher ist, mit andern Worten, es darf der absolute Betrag einer schweizerisch-deutschen oder schweizerisch-italienischen Fracht sich nicht höher belaufen, als der entsprechende Gesamtbetrag der ganzen schweizerischen Transitstrecke.«

§ 99. *Die Entwickelung des Gütertarifwesens in der Schweiz.*

Die ersten Gütertarife waren entsprechend den durchaus verschiedenen Bestimmungen der Konzessionen aufserordentlich verschiedenartig, im allgemeinen jedoch einfach und mit hohen Sätzen. Verhältnismäfsig früh, schon im Jahr 1863, vereinbarten die schweizerischen Bahnen ein gemeinsames Tarifsystem und eine gemeinsame Klassifikation, welche bis zum Jahr 1872 auf allen schweizerischen Bahnen in Geltung blieben. Dieser Tarif unterschied drei Stückgut- und drei Wagenladungsklassen. Die eine Stückgutklasse enthielt nur drei unbedeutende Artikel und kann deshalb kaum als besondere Klasse gerechnet werden. Für die Güter der zwei ersten Stückgutklassen gab es keine Ermäfsigungen bei Aufgabe in Wagenladungen, sondern nur für die Güter der dritten Stückgutklasse, wenn sie in Mengen von zuerst mindestens 4000, später 5000 kg von einem Versender an einen Empfänger aufgegeben wurden. Die Wagenladungen zerfielen in drei Klassen A, B, C, in welche die Güter nach dem verschiedenen Wert verteilt waren. Der Tarif von 1863 war also ein Wertklassifikationstarif.

Am 1. Juni 1872 führten die Nordostbahn und die Vereinigten Schweizerbahnen für ihren örtlichen und gemeinschaftlichen Verkehr die Klassifikation der süddeutschen Bahnen ein, und vereinbarten zum gleichen Zeitpunkt die Annahme dieser Klassifikation auch für den direkten Verkehr der Nordostbahn und der Vereinigten Schweizerbahnen einerseits und der Centralbahn und der westschweizerischen Bahnen andererseits. Diese Klassifikation unterschied: Eilgut, zwei Stückgutklassen I und II; für Wagenladungen von mindestens 5000 kg drei Klassen A, B und C; für Wagenladungen von 10000 kg zwei Klassen D und E.

Die beiden Klassifikationen hatten nunmehr nebeneinander Gültigkeit und zwar galt für die ostschweizerischen Bahnen sowohl im örtlichen als im direkten Verkehr die Klassifikation von 1872, für die Central- und westschweizerischen Bahnen im örtlichen und direkten Verkehr dieser Bahnen unter sich die Klassifikation vom 15. Oktober 1863, im direkten Verkehr mit den ostschweizerischen Bahnen die Klassifikation vom 1. Juni 1872.

Es bestand aber ein Unterschied zwischen den einzelnen Bahnen nicht blofs in Bezug auf die Warenklassifikation, sondern auch in Bezug auf die Einheitssätze, die Art der Berechnung und die Entfernungseinheit. So finden wir bei den sechs Hauptbahnen nicht nur 20 verschiedene Frachttabellen, sondern als Grundlage der Taxberechnung neben der einfachen Streckentaxe ohne Expeditionsgebühr, wobei jeder durchlaufene Kilometer bezw. jede halbe Stunde den gleichen Satz bezahlt, zwei weitere Systeme. Die Nordostbahn, die Bötzbergbahn, die Aargauische Südbahn und die Gotthardbahn hatten Staffeltarife, und zwar jede der genannten Bahnen mit verschiedenen, im ganzen vier verschiedenen Abstufungen. Sodann wurden auf den Stammlinien der schweizerischen Westbahnen und der Linie Bern-Biel-Neuenstadt, sowie in beschränkterem Umfange auch auf der Centralbahn und den Vereinigten Schweizerbahnen neben den einheitlichen Streckentaxen Expeditionsgebühren bezw. feste Zuschläge erhoben.

Die sich aus diesen Verschiedenheiten sowohl für den Verkehr als die Eisenbahnen ergebenden Übelstände führten bald zu Bestrebungen sowohl seitens der Verkehrsinteressenten als der Eisenbahnverwaltungen und des Bundes, eine gröfsere Einheit im Tarifwesen zu schaffen. Im Jahr 1876 brachten die schweizerischen Bahnverwaltungen in einer Eingabe an den Bundesrat die Herbeiführung einer gröfseren Einheit im Tarifwesen in Anregung, indem sie darauf verwiesen, dafs bei genauer Beobachtung der buntscheckigen Bestimmungen der verschiedenen Konzessionen ein direkter Verkehr zwischen den einzelnen schweizerischen Bahnen, ja oft zwischen den

Teilstücken einer und derselben Bahn eine Unmöglichkeit wäre. Die Verwaltungen glaubten das einzige Mittel, diesem Mifsstande ein Ende zu machen, darin zu finden, dafs die Bahnen freiwillig die wesentlichsten Bestimmungen der oben aufgeführten Normalkonzession über die Tarifverhältnisse auch für ihre älteren, unter der Herrschaft der Kantonalgesetzgebung konzessionierten Bahnstrecken annähmen, wogegen ihnen durch die Erhöhung einzelner kilometrischer Einheitssätze eine Entschädigung für die gebrachten Opfer geboten werden sollte. Von Seiten der Bundesbehörden wurde als Zielpunkt fur die Entwickelung die einheitliche Gestaltung der Gütertarife für die ganze Schweiz aufgestellt, und es begannen sehr eingehende Unterhandlungen, denen das deutsche Tarifsystem zu Grunde gelegt wurde, unter Scheidung der Transportpreise in Expeditionsgebühren und Streckentaxen. Wesentliche Meinungsverschiedenheiten zeigten sich in Bezug auf die Einrichtung einer zweiten Stückgutklasse und die Tarife für landwirtschaftliche Erzeugnisse, sowie über die Frage, ob gleiche Einheitssätze für sämtliche schweizerische Bahnen festzusetzen seien oder nur Maximalsätze, unterhalb deren die Bahnen ihre Einheitssätze nach Gutdünken aufzustellen hätten. Während in Bezug auf den letzteren Punkt die Bundesregierung und sämtliche übrigen Bahnen aufser der Nordostbahn die Einführung gleicher Einheitssätze befürworteten, hielt die letztere an Maximalsätzen fest. Die Verhandlungen kamen auf diese Weise zu keinem Ergebnis, wurden vielmehr 1880 abgebrochen.

Indes bot bald darauf die bevorstehende Eröffnung der Gotthardbahn und die dadurch notwendige Aufstellung gemeinsamer deutsch-schweizerisch-italienischer Tarife den Anlafs, den Übergang der schweizerischen Bahnen zu dem deutschen Reformtarifsystem herbeizuführen. Die Nordostbahn, welche wegen ihrer geographischen Lage und Verkehrsbeziehungen ein grofses Interesse daran hatte, ein den benachbarten deutschen Bahnen gleiches Tarifsystem zu haben, ging im Jahre 1881 mit der Erklärung voran, das deutsche Reformtarifsystem in ihren örtlichen wie direkten Verkehren einführen zu wollen. Unterstützt wurde dies Vorgehen dadurch, dafs für die Bildung brauchbarer Tarife über die ihrer Vollendung entgegengehende Gotthardbahn die Annahme jenes Systems sich als notwendig herausgestellt hatte, und dafs zum voraus feststand, dafs die Direktion der Gotthardbahn dem Schritte der Nordostbahn folgen werde. Aufser der Gotthardbahn folgten sofort auch noch die Vereinigten Schweizerbahnen dem Beispiel der Nordostbahn, im Jahre 1882 dann die schweizerische Centralbahn, die Jura-Bern-Luzernbahn und die Emmenthalbahn. Zur Zeit haben von den Bahnen allgemeiner Bedeutung nur noch die schweizerischen Westbahnen das deutsche Reformtarifsystem nicht eingeführt. Jedoch steht dies in nächster Zeit in Aussicht und wird damit in der Schweiz bezüglich der Gütertarife eine formelle Einheit auf Grundlage des deutschen Reformtarifs herbeigeführt sein.

Diese mit einigen noch später zu besprechenden Änderungen erfolgte Annahme des deutschen Tarifsystems seitens der schweizerischen Eisenbahnen ist ein Ereignis von nicht zu unterschätzender Tragweite, vgl. § 90 am Schlufs.

Eine materielle Einheit in Bezug auf die Einheitssätze ist dagegen noch nicht erreicht, wird aber von der Bundesregierung angestrebt.

Der oben erwähnte Bericht des Bundesrates vom 23. November 1883, betreffend das Tarifwesen, sagt in dieser Richtung am Schlusse folgendes: »Ein einheitliches Tarifwesen setzt aber nicht blofs eine allgemein gültige Warenklassifikation, sondern auch einheitliche Taxen voraus. Um zu dieser Einheit zu gelangen, fehlen den Bundesbehörden alle rechtlichen Mittel. Die den Gesellschaften erteilten Konzessionen geben jeder einzelnen Verwaltung die Befugnis, ihre Taxen innerhalb den konzessionsgemäfsen Grenzen nach Gutfinden für jede Linie festzustellen und in den gesetzlich vorgesehenen Formen und Fristen wieder beliebig abzuändern. Der Bund hat ausschliefslich das Recht zu verhindern, dafs höhere als die konzessionsmäfsigen Taxen bezogen werden.

Im Vergleich mit der konzessionsgemäfsen, fruher bestandenen Mannigfaltigkeit der Taxen ist der jetzige unter Zustimmung der Gesellschaften geschaffene Zustand ein verhältnismäfsig günstiger, aber die Dauer desselben hängt von dem Willen der einzelnen Verwaltungen ab. Eine gesetzliche Änderung dieses Verhältnisses, welches als der wesentlichste Mifsstand bezeichnet werden mufs, ist gegenüber den Zusagen, welche der Bund in den Konzessionen gemacht hat, nicht zulässig und die völlige Einheit im Tarifwesen erscheint nur auf dem Wege der Übernahme der Bahnen durch den Bund erreichbar.«

§ 100. *Die heutigen Gütertarife.*

Die schweizerischen Bahnen haben den deutschen Reformtarif nicht rein übernommen, sondern mit folgenden Abänderungen:

1. Es ist eine zweite ermäfsigte Stückgutklasse eingeführt, in welcher sich die Güter der Spezialtarife und die sperrigen Güter bei Aufgabe als Stückgut befinden.

2. Das Auf- und Abladen der Güter der allgemeinen Wagenladungsklassen erfolgt kostenlos seitens der Bahnverwaltungen.

3. Bei Aufgabe von 5000 kg der Spezialtarife wird nicht, wie im deutschen Tarif, eine Klasse A 2 angewendet, sondern es besteht für jeden Spezialtarif ein besonderer Satz für 5000 kg.

4. In der Klassifikation gehört frisches Obst nicht in die allgemeinen Wagenladungsklassen, sondern in Spezialtarif II, Bau- und Werkholz nicht in Spezialtarif II, sondern in Spezialtarif III, dagegen Kochsalz nicht in Spezialtarif III, sondern in Spezialtarif I.

Ähnlich wie in Deutschland sind die allgemeinen Tarifvorschriften nebst Güterklassifikation in einem gemeinsamen Heft für die beteiligten Bahnen dreisprachig (deutsch, französisch, italienisch) herausgegeben worden, die neueste Auflage ist vom 1. April 1885.

Wohin die von den Verkehrsinteressenten und der Bundesregierung angestrebten weiteren Änderungen gehen, erhellt aus Art. 2 des Bundesbeschlusses vom 19. Dezember 1884. Derselbe lautet:

»Art. 2. Der Bundesrat wird eingeladen, dahin zu wirken, dafs:

a) das sog. Reformtarifsystem auch bei der Suisse-Occidentale-Simplon angenommen werde;

b) die noch ausstehenden direkten Tarife möglichst schnell zur Ausführung gebracht werden;

c) die II. Stückgutklasse erweitert und einzelne als Sperrgüter klassifizierte Gegenstände deklassifiziert werden;

d) für Eilgut nicht mehr die ganze doppelte Expeditionsgebühr berechnet und überhaupt die Expeditionsgebühren nicht schon bei 30 km, sondern erst bei 40 km voll bezogen werden;

e) die Taxen für den Export schweizerischer Erzeugnisse annähernd oder voll den Transporttaxen für diejenigen durch die Schweiz transitierenden ausländischen Güter gleichgestellt werden, mit welchen die einheimische Produktion auf fremdem Gebiete zu konkurrieren hat;

f) eine Verkürzung der gegenwärtig bestehenden Lieferfristen eintrete;

g) die Taxen für den Warentransport stets auf Grundlage der wohlfeilsten Bahnrichtung und unter Anwendung der günstigsten General- und Spezialtarife berechnet werden, selbst für den Fall, dafs der Versender keinerlei hierauf bezügliche Bestimmungen getroffen hätte;

h) jede Abänderung bestehender Tarife, sowie jeder neue Tarif in genügender Weise veröffentlicht werde und dafs dieselben auch wirklich den Interessenten gegen billige Entschädigung zur Verfügung stehen;

i) bei Aufgabe von wenigstens 10 000 kg auch dann der bezügliche Tarif zur Berechnung komme, wenn momentan kein entsprechender, einen Minimalladeraum von 40 m haltender Wagen zur Hand ist und zu zwei Wagen mit je 5000 kg Tragkraft Zuflucht genommen werden mufs.«

Nachdem die schweizerischen Bahnen auf einige dieser Punkte eine zustimmende Erklärung abgegeben haben, hat der Bundesrat neuerdings (1885) beschlossen:

»1. Der Bundesrat behaftet die dem Reformtarif angehörenden Eisenbahngesellschaften bei der Erklärung, dafs folgende Güter, wenn sie als Stückgut aufgegeben werden, künftig zur Taxe der II. Stückgutklasse gefahren werden: Obstwein (Most) in Fässern; Wein (in Fässern); Butter; Käse in Kübeln, Fässern u. s. w. verpackt; Gemüse; efsbare Kastanien, frische Trauben; gedörrtes Obst.

Die Eisenbahngesellschaften werden diese Deklassifikation durch einen Ausnahmetarif zum Ausdruck bringen.

2. Der Bundesrat behaftet die Gesellschaften ferner dabei, dafs die Erleichterungen, welche durch die Beschlüsse der 90. Eisenbahnkonferenz dem Personenverkehr gewährt sind, von allen der Eisenbahnkonferenz zugehörenden Verwaltungen gleichmäfsig werden in Kraft gesetzt werden.

3. Der Bundesrat gestattet dagegen, dafs die dem Reformtarif angehörenden Eisenbahngesellschaften: a) eine Einschreibegebühr von 10 Cts. auf Vieh und Gepäcksendungen auch da erheben mögen, wo eine solche Gebühr bisher nicht erhoben wurde; b) bei Berechnung der Taxe für Gepäcksendungen ein Minimalgewicht von 20 kg und die Aufrundung von 10 zu 10 kg zu Grunde legen mögen, in der Meinung, dafs, wo die Konzessionen die Anrechnung eines höheren Minimalgewichtes gestatten, die Eisenbahngesellschaften auf die Geltendmachung dieses Rechtes verzichten.

4. So weit die Bestimmungen des Transportreglements vom 1. Juli 1876 sich hiermit im Widerspruch befinden, werden sie für die betreffenden Bahnen als aufgehoben erklärt.

5. Die von den Eisenbahngesellschaften gewährten Taxerleichterungen, sowie die vom Bundesrate bewilligte Einschreibegebühr und die Anderung in der Taxberechnung im Gepäckverkehr sollen gleichzeitig, und zwar spätestens auf den 1. Januar 1886, in Kraft gesetzt werden.«

Was die Einheitssätze betrifft, so sind die Expeditionsgebühren, welche bei der grofsen Mehrzahl der schweizerischen Bahnen früher nicht bestanden und erst mit dem Reformtarifsystem eingeführt sind, einheitlich für alle Bahnen festgesetzt. Sie betragen:

	Eilgut	Stückgut	Allgem. Wagenladungsklassen A und B	Spezialtarife I	Spezialtarife II	Spezialtarife III
	in Centimes für 100 kg					
1. Im Lokalverkehr:						
bei einer Entfernung von 1—20 km.	20,0	10,0	7,5	6,0	6,0	6,0
von 21—30 km je	1,0	0,5	0,75	0,4	0,4	0,4
31 und mehr Kilometer	15,0	15,0	15,0	10,0	10,0	10,0
2. Im direkten Verkehr:						
auf alle Entfernungen	10,0	10,0	7,5	5,0	5,0	5,0

Im schweizerischen Durchgangsverkehr wird von den Durchgangsbahnen keine Expeditionsgebühr erhoben, im internationalen Durchgangsverkehr die Expeditionsgebühr für den direkten Verkehr.

Die Streckentaxen dagegen betragen fur 100 kg und das km in Centimes:

	Stückgut		Allgemeine Wagenladungsklassen		Spezialtarife					
					I		II		III	
	I	II	A	B	5000 kg	10000 kg	5000 kg	10000 kg	5000 kg	10000 kg
bei der Nordostbahn . . .	1,7	1,35	1,25	1,1	0,95	0,8	0,85	0,7	0,75	0,42
bei der Gotthardbahn . . .	1,7	1,35	1,26	1,13	0,94	0,84	0,84	0,66	0,66	0,42
bei den ubrigen Bahnen. .	1,7	1,35	1,35	1,25	1,1	0,95	0,95	0,8	0,8	0,5

Aufserdem haben die schweizerischen Bahnen gemeinsame Ausnahmetarife mit einheitlichen Grundtaxen für folgende Artikel aufgestellt:

	für die Tonne
1. Bier in Eilbeförderung:	
Expeditionsgebühr	120 cts.
Streckentaxe: Stückgut für das Kilometer	14 »
Wagenladung von 5 t » » »	10 »
2. Lebensmittel in Eilbeförderung:	
Expeditionsgebühr	200 »
Streckentaxe: Stückgut für das Kilometer	25 »
Wagenladung von 5 t » » »	15 »
» » 10 » » » »	10 »

3. Lokomotiven:	für die Tonne	
Expeditionsgebühr	100	cts.
Streckentaxe: für das Kilometer	6,0	»
4. Eisenbahnwagen:		
für das Achskilometer	12,5	»
5. Unverpackter Käse:		
bis 2500 kg für den Wagen	Klasse A	
6. Getreide (aber nicht Mehl):		
Expeditionsgebühr	100	cts.
Streckentaxe für das Kilometer:		
1—100 km	8	»
101—150 »	6	»
151—200 »	3,5	»
201—300 »	2,5	»
301 und folgende	2	»
7. Eis:		
Expeditionsgebühr	100	»
Streckentaxe für das Kilometer	3,5	»

Daneben bestehen noch ermäfsigte Taxen für einzelne Artikel, insbesondere Bruchsteine und gebrannte Steine, die aber bei den einzelnen Bahnen verschieden sind.

§ 101. *Die Entwickelung der Personentarife.*

Der Personenverkehr hat auch in der Schweiz eine viel ruhigere und stetigere Entwickelung gehabt, als die Gütertarife. Es bestanden von vornherein drei Klassen, die Einheitssätze sind in den älteren Konzessionen nach Stunden, in den neueren nach Kilometern festgesetzt. Im allgemeinen haben die Bahnen die durch die Konzessionen festgesetzten Maximalsätze erhoben und erheben sie gröfstenteils noch jetzt. Die Entwickelung des Personentarifwesens und damit verbunden eine Ermäfsigung der Taxen hat sich vorwiegend im Wege der Rückfahrtbillets, der Rundreise- und Abonnementsbillets, der Ermäfsigungen für gröfsere Gesellschaften und Schulen vollzogen, wobei die Bahnen zum Teil erheblich unter ihre konzessionsmäfsigen Taxen gegangen sind. Freigepäck aufser für in den Eisenbahnwagen mitgenommenes Handgepäck bis zu 10 kg besteht nicht.

Neuerdings sind in Gemäfsheit des im vorigen Paragraphen aufgeführten Bundesratsbeschlusses vom Jahr 1885 folgende Bestimmungen für den Personenverkehr eingeführt worden:

»a) Die Personenbillette für einfache Fahrt haben mit den nachstehend verzeichneten Ausnahmen nur für den Tag ihrer Ausgabe Gültigkeit; die Abgabe solcher Billette darf daher in der Regel nur nach solchen Stationen erfolgen, welche noch am gleichen Tage (bis Mitternacht) erreicht werden können.

Eine Ausnahme hiervon machen Billette nach Stationen, welche mehr als 200 km von der Ausgabestation entfernt sind; diese Billette haben Gültigkeit für den Tag der Ausgabe und bis Mitternacht des folgenden Tages.

b) Neben den einfachen Billetten werden, soweit das Bedürfnis dafür vorliegt, auch direkte Billette für Hin- und Rückfahrt (Retourbillette) ausgegeben. Diese Billette haben folgende Gültigkeitsdauer: für Distanzen von 1—100 km 2 Tage, von 101—200 3 Tage, von 201—300 km 4 Tage, von 301 und mehr km 5 Tage.

Die Distanz wird nach der einfachen Entfernung von der Ausgabe- zur Bestimmungsstation gerechnet. Der Tag der Ausgabe ist als erster ganzer Tag in der Gültigkeitsdauer inbegriffen. Dieselbe erlischt also um Mitternacht des darauffolgenden ersten bezw. zweiten, dritten, vierten Tages.

c) Hin- und Rückfahrtsbillette, welche am Tage vor Sonn- und Festtagen gelöst werden, haben in allen Fällen auch am nächstfolgenden Werktage Gültigkeit. Dies gilt auch dann, wenn ein Sonntag und ein Festtag unmittelbar aufeinander folgen. Als Festtage gelten Neujahrstag, Karfreitag, Himmelfahrtstag und Christtag.

d) Wird ein einfaches Billet auf einen Nachtzug gelöst, oder mit einem Retourbillet die Rückreise mit einem Nachtzuge angetreten, oder wird innerhalb der Gültigkeitsdauer der einfachen oder Retourbillette die Reise mit einem Nachtzuge fortgesetzt, ohne dafs die Bestimmungsstation vor Mitternacht des letzten Tages erreicht werden kann, so ist das Billet zur direkten und ununterbrochenen Fortsetzung der Reise über Mitternacht hinaus im betreffenden Nachtzuge und für die anschliefsenden Züge gültig, welche die unmittelbare Fortsetzung desselben bilden.

e) Auf den Billetten, welche nicht nur für den Tag ihrer Ausgabe Gültigkeit haben, ist die Zahl der Tage anzugeben, für welche sie gültig sind. Hierbei ist auf die unter c und d bezeichneten Ausnahmen nicht Rücksicht zu nehmen.«

Ferner haben die schweizerischen Bahnen sich mit der Verausgabung von kombinierbaren Rundreisebillets im Anschlufs an die für den Verein deutscher Eisenbahnen gültigen Billette unter gleichen

Bedingungen einverstanden erklärt. Jedoch unterliegt die Zusammenstellung schweizerischer Couponshefte für Touren, welche mit der gleichen Station schliefsen, mit welcher sie begonnen haben, der Bedingung, dafs die darin einbezogenen Strecken eine Länge von mindestens 200 km haben; wenn dagegen die Tour in der Schweiz auf einer anderen Grenzstation schliefst, als von der sie ausgegangen ist, so wird von der Bedingung einer Mindestentfernung abgesehen.

Vgl. Zeitung des Vereins deutscher Eisenbahnen Jahrg. 1885 S. 1198.

Nachstehend sind die gegenwärtigen Einheitssätze für die Personen- und Gepäcktarife der schweizerischen Bahnen aufgeführt:

Bezeichnung der Bahn	Taxe für das Personenkilometer					
	Einfache Fahrt			Hin- u. Rückfahrt		
	I. Kl. cts.	II. Kl. cts.	III. Kl. cts.	I. Kl. cts.	II. Kl. cts.	III. Kl. cts.
I. Allgemeine Personentarife.						
1. Schweizerische Nordostbahn:						
Personenzüge (einschl. Schnellzüge)	10,4	7,3	5,2	—	—	—
Gemischte (Personen- und Güter-) Züge	—	5,84	4,16	—	—	—
Alle Züge: 1—12 km	—	—	—	16,64	11,68	8,32
Alle Züge: 13 und folgende Kilometer	—	—	—	15,6	10,4	7,3
2. Bötzbergbahn und Aargauische Südbahn:						
Personenzüge (einschl. Schnellzüge)	10,4	7,3	5,2	—	—	—
Gemischte (Personen- und Güter-) Züge	—	5,84	4,16	—	—	—
Alle Züge	—	—	—	16,64	11,68	8,32
3. Vereinigte Schweizerbahnen	10,4	7,3	5,2	16,64	11,68	8,32
4. Gotthardbahn	10,4	7,3	5,2	16,64	11,68	8,32
5. Schweizerische Zentralbahn	10,75	7,5	5,375	16,125	11,25	8,0625
6. Jura-Bern-Luzernbahn	10,4	7,3	5,2	16,64	11,68	8,32
Section: Neuchâtel - Convers - Col des Roches (frontière)	12,5	9,0	7,0	20,0	14,4	11,2

Bei den westschweizerischen Bahnen gelten auf den verschiedenen Linien mehr als ein halb Dutzend verschiedener Einheitssätze, von deren Aufführung hier abgesehen ist.

		Einheitstaxe für das Personenkilometer							
		16—60 Personen		61—120 Personen		121—180 Personen		über 180 Personen	
		II. Klasse	III. Klasse	II. Klasse	III. Klasse	II. Klasse	III. Klasse	II. Klasse	III. Klasse
		cts.	cts.	cts.	cts.	cts.	cts.	cts.	cts.
II. Einheitlicher Tarif für die Beförderung von Gesellschaften und Schulen.									
a) Gesellschaftsfahrten.									
Einfache Fahrt	für jedes d. ersten 40 km	6,5	4,5	6,0	4,0	5,5	4,0	5,0	3,5
	für jedes weitere Kilom.	5,0	3,5	4,5	3,5	4,0	3,0	4,0	3,0
Hin- u. Rückfahrt	für jedes d. ersten 40 km	9,5	7,0	9,0	6,5	8,0	6,0	7,5	5,5
	für jedes weitere Kilom.	7,5	5,0	6,5	5,0	6,0	4,5	5,5	4,0
b) Schulfahrten.									
1. Primar- und Armenschulen.									
Einfache Fahrt	für jedes d. ersten 40 km	3,5	2,5	3,0	2,0	3,0	2,0	2,5	2,0
	für jedes weitere Kilom.	2,5	2,0	2,5	1,5	2,5	1,5	2,0	1,5
Hin- u. Rückfahrt	für jedes d. ersten 40 km	5,0	3,5	4,5	3,5	4,0	3,0	4,0	3,0
	für jedes weitere Kilom.	3,5	2,5	3,5	2,5	3,0	2,5	3,0	2,0
2. Mittelschulen.									
Einfache Fahrt	für jedes d. ersten 40 km	4,5	3,0	4,0	3,0	4,0	2,5	3,5	2,5
	für jedes weitere Kilom.	3,5	2,5	3,0	2,0	3,0	2,0	2,5	2,0
Hin- u. Rückfahrt	für jedes d. ersten 40 km	6,5	4,5	6,0	4,0	5,5	4,0	5,0	3,5
	für jedes weitere Kilom.	5,0	3,5	4,5	3,0	4,0	3,0	4,0	2,5
3. Hochschulen.									
Einfache Fahrt	für jedes d. ersten 40 km	5,5	4,0	5,0	4,0	5,0	3,5	4,5	3,5
	für jedes weitere Kilom.	4,0	3,0	4,0	3,0	4,0	2,5	3,5	2,5
Hin- u. Rückfahrt	für jedes d. ersten 40 km	8,5	6,0	7,5	5,5	7,0	5,0	6,5	5,0
	für jedes weitere Kilom.	6,5	4,5	6,0	4,0	5,5	4,0	5,0	4,0

Aufserdem giebt es noch Abonnementsbillets, die aber verschiedene Ermäfsigungen auf den verschiedenen Bahnen gewähren.

Für Gepäck besteht ein einheitlicher Satz von 5 cts. für 100 kg und für das Kilometer, ausgenommen auf der Aargauisch-Luzernischen Seethalbahn, welche 6 cts. berechnet.

§ 102. *Die Regelung der direkten Verkehrsbeziehungen und des Wettbewerbs im Güterverkehr.*

Unter den schweizerischen Eisenbahnen allgemeiner Bedeutung mit Ausnahme der Gotthardbahn ist eine Regelung der direkten Verkehrsbeziehungen und des Wettbewerbs im Güterverkehr durch Vertrag vom 8. Januar 1879 in der Weise erfolgt, dafs nicht nur jeder unwirtschaftliche Wettbewerb vollständig ausgeschlossen, sondern auch das nationale Interesse der schweizerischen Eisenbahnen als Gesamtheit gegenüber den ausländischen Eisenbahnen in musterhafter Weise gewahrt ist. Die Bestimmungen des genannten Vertrags lauten folgendermafsen:

Art. 1. Es wird unter Vorbehalt der im Art. 2 vorgesehenen Fälle vereinbart, dafs die beteiligten Bahnen das Frachtaufkommen aus dem gemeinsamen Güter- und Eilgutverkehr entsprechend den auf ihren Linien von den Transporten durchlaufenen wirklichen Kilometerentfernungen teilen. Unter Eil- und Frachtgutverkehr ist auch inbegriffen der Viehverkehr, ferner Fahrzeuge und aufsergewöhnliche Gegenstände, dagegen nicht Gepäck und eingeschriebene Pakete. Diese Verteilung erfolgt nach Abzug einer noch zu bestimmenden festen Taxe, welche je zur Hälfte an die Versand- und Empfangsbahn zur Deckung der Expeditionskosten überwiesen wird. Jedoch kann der Anteil einer Bahn einschliefslich der Expeditionsgebühr niemals den Frachtsatz ihres regelmäfsigen örtlichen Tarifs für die gleiche Strecke überschreiten. In dem internationalen Durchgangsverkehr werden die Grenzübergangsbahnhöfe als Versand- bezw. Empfangsbahnhöfe betrachtet. Wenn die Verteilung auf Grund bestehender Tarife erfolgt, welche eine Expeditionsgebühr vorsehen, wird eine solche nicht aufserdem zu Gunsten der Versand- und Empfangsbahn ausgeschieden.

Art. 2. Wenn ein gemeinsamer Tarif zwischen zwei oder mehreren der vertragschliefsenden Eisenbahnen durch einfaches Aneinanderstofsen der Frachtsätze der regelmäfsigen örtlichen Tarife gebildet wird, erfolgt keine kilometrische Verteilung des Frachtaufkommens, sondern jede Bahn bezieht ihre regelmäfsigen Anteile.

Art. 3. Die vertragschliefsenden Bahnen können ihre gegenwärtigen gemeinsamen Tarife, welche dieser Vereinbarung entsprechen, nicht kündigen oder abändern, ohne die Zustimmung aller an diesen Tarifen beteiligten Vertragsbahnen. Die anderen Vertragsbahnen sind von einer Kündigung zur rechten Zeit zu verständigen.

Keine der Vertragsbahnen kann die Bildung neuer gemeinsamer Tarife verweigern, wenn ihr solche von einer oder mehreren der anderen Bahnen vorgeschlagen werden, insoweit dieselben auf Grund bestehender gemeinsamer schweizerischer oder internationaler Tarife aufgestellt sind und den Vorschriften gegenwärtiger Vereinbarung entsprechen.

Wenn es sich um einen gemeinsamen Tarif für einen Verkehr handelt, für welchen noch kein direkter Tarif besteht, hat jede Bahn das Recht, insoweit Ermäſsigungen zu verlangen, als solche durch den Wettbewerb geboten sind. Doch bedarf es der Zustimmung aller beteiligten Vertragsbahnen, wenn unter eine noch festzusetzende Mindesttaxe herabgegangen werden soll.

Art. 4. Vorstehende Bestimmungen sind nicht anwendbar auf

1. die Dampfschiffe des Züricher und Bodensees,
2. die Verbindungsbahn zu Basel,
3. die Linien Neuchâtel-Chaux-de-Fonds-Locle und Biel-Tavannes-Convers, bis diese Linien mit dem französischen Netz über Morteau verbunden sind; die Linie Biel-Tavannes fällt sonst unter den gegenwärtigen Vertrag für den Verkehr zwischen Biel und Basel.

Art. 5. Die Vertragsbahnen verpflichten sich, in dem direkten schweizerischen Verkehr den Grundsatz der Leitung der Güter auf dem kürzesten Wege zwischen den wirklichen Versand- und Empfangspunkten anzuwenden. Die Station, wo der Frachtbrief durch den Versender übergeben wird, gilt als wirklicher Versandort, vorausgesetzt, daſs derselbe Frachtbrief bis zum endgültigen Bestimmungsorte geht.

Art. 6. Im internationalen Verkehr wird der im vorigen Artikel vorgeschriebene Grundsatz der Verkehrsleitung auf dem kürzesten Wege in dem Sinne angenommen, daſs der längere Weg für die schweizerischen Strecken keine ermäſsigten Frachtsätze bewilligen darf und für die ihm zugefallenen Transporte den kürzeren Weg mit dem Frachtertrage nach Abzug der Zugkosten entschädigen muſs. Jedoch kann diese dem kürzesten Weg zu zahlende Entschädigung nie den für die betr. Transporte auf diesem gültigen Frachtsatz nach Abzug der ersparten Zugkosten übersteigen. Wenn dieselbe Bahn sowohl an einem längeren als an dem kürzesten Wege beteiligt ist, kann sie an der Verteilung des nach Abzug der Zugkosten und der Entschädigung für den kürzesten Weg verbleibenden Restes nur teilnehmen mit dem Unterschied zwischen dem zu ihrem Netz gehörigen Teil des längeren und kürzesten Weges.

Art. 7. Falls jedoch der längere Weg eine längere Transportstrecke auf schweizerischem Gebiet gewährt, als der kürzeste, soll der erstere ermäfsigte Frachtsätze zugestehen können unter Entschädigung des letzteren in Gemäfsheit des Art. 6. Die beteiligten Vertragsbahnen werden sich in jedem derartigen Falle vorher über Anwendung dieser Bestimmung verständigen.

Art. 8. Wenn für den internationalen Verkehr gewisser Güter, welche in die Schweiz durch entgegengesetzte Grenzbahnhöfe eintreten, zwei Wege innerhalb der Netze der Vertragsbahnen in Wettbewerb stehen, werden die beteiligten Bahnen die Möglichkeit der Beseitigung dieses Wettbewerbs in Erwägung ziehen, sei es durch Schaffung einer Einnahmengemeinschaft für die Gesamtheit der betr. Transporte, sei es durch entsprechende Teilung des Frachtertrags dieses Verkehrs.

Art. 9. Jede Bahn behält volle Freiheit für den Verkehr ihrer eigenen Stationen. Als solcher wird auch betrachtet der Verkehr zwischen einem gemeinschaftlichen Bahnhof und einer Station derjenigen Bahn, welche denselben mitbesitzt, und umgekehrt. Der Verkehr zwischen zwei denselben Bahnen gemeinsamen Bahnhöfen ist nach dem Grundsatz des kürzesten Weges zu leiten.

Art. 10. Wenn die Entfernung zwischen zwei Stationen über zwei verschiedene Linien verschiedener Vertragsbahnen dieselbe ist, wird der Frachtsatz bezw. der Frachtertrag zwischen den beteiligten Bahnen geteilt und werden sich dieselben über die Verkehrsleitung und Art der Ausführung im näheren verständigen.

Art. 11. Die Vertragsbahnen verpflichten sich gegenseitig, von jeder Mafsnahme abzusehen, welche geeignet wäre, die Ausführung der gegenwärtigen Vereinbarung zu vereiteln, insbesondere von jeder Mafsregel, welche die Ablenkung der Güter vermittelst Umexpedition zum Ergebnis haben könnte. Die Vertragsbahnen verpflichten sich aufserdem, sich gegenseitig jede mögliche Unterstützung zu gewähren und besonders sich gegenseitig alle Transporte, über welche sie verfügen, zuzuweisen, sofern sie dies ohne Schädigung eigener Interessen vermögen.

Art. 12. Sobald als möglich und spätestens 6 Monate nach Genehmigung dieser Vereinbarung werden die Vertragsbahnen auf ihren Übergangsbahnhöfen mit den ausländischen Bahnverwaltungen eine Abrechnung über den Umexpeditionsverkehr einrichten nach dem Muster der zu Genf, Pontarlier und Delle bestehenden.

Art. 13. Die Frage der Errichtung einer Centralabrechnungsstelle für den gemeinsamen Verkehr wird so rasch als möglich geprüft werden.

Art. 14. Die Vertreter der Vertragsbahnen werden in regelmäfsigen Zusammenkünften zur Besprechung der gemeinsamen Angelegenheiten sich vereinigen.

Art. 15. Die gegenwartige Vereinbarung wird sofort nach Genehmigung durch die Verwaltungsräte der Vertragsbahnen in Kraft treten und bis zum 31. Dezember 1895 in Geltung bleiben.

Art. 16. Alle Bestimmungen und Vereinbarungen einschliefslich der gemeinsamen Tarife, sei es dafs sie zwischen den Vertragsbahnen oder mit dritten Bahnen bestehen, welche in Widerspruch sind mit der gegenwärtigen Vereinbarung bezuglich der Frachtverteilung oder Verkehrsleitung, sollen ohne Verzug mit den oben getroffenen Festsetzungen in Einklang gesetzt werden.

Art. 17. Streitigkeiten, welche bezüglich der Ausführung des gegenwärtigen Vertrags entstehen, sollen vor allem der Vereinigung der Vertragsbahnen unterbreitet werden. Wenn sie durch dieselbe nicht auf freundschaftlichem Wege geschlichtet werden können, soll die Entscheidung durch einen von den Vertragsbahnen zu benennenden Schiedsrichter erfolgen. Im Falle eine Einigung über die Wahl dieses Schiedsrichters nicht zustande kommt, soll er durch den Präsidenten des Bundesgerichts bezeichnet werden.

SIEBENTER ABSCHNITT.

D. ITALIEN.

§ 103. *Gesetzliche und konzessionsmafsige Bestimmungen betreffend das Tarifwesen.*

In Italien hat bekanntlich die nationale Regierung die zersplitterten Privatbahnen der früheren Kleinstaaten zusammengekauft, dieselben in drei Netze, das Mittelmeernetz, das adriatische und sicilische Netz geteilt und den Betrieb dieser drei Netze an drei verschiedene Gesellschaften verpachtet. In dem Gesetz vom 27. April 1885, betr. die Genehmigung der mit diesen Gesellschaften abgeschlossenen Pachtverträge, ist bezüglich der Tarife folgendes bestimmt:

»Artikel 6. Die im ersten Teile des Artikels 44 der Konzessionen der Eisenbahnnetze des Mittelmeers und der Adria und in Artikel 40 der Konzession des sicilischen Netzes vorgesehenen Tarifermäfsigungen sollen durch königl. Verordnungen bestimmt werden, die dem Parlamente vorzulegen sind, um sie in Gesetze zu verwandeln.

Artikel 7. Mit dem Beginn des ersten Betriebsjahres steht der Regierung die Befugnis zu, Tarifermäfsigungen für den Verkehr im Innern innerhalb solcher Grenzen anzuordnen, dafs die Last für den Staat im ganzen nicht $^1/_2$ Prozent der Anfangseinnahme der drei Netze überschreiten darf.

Artikel 8. Durch königl. Verordnung wird nach vorheriger Genehmigung des Ministerrats und nach Anhörung des Staatsrats eine Behörde zur Prüfung der Eisenbahntarife und der Abänderungen derselben, deren Einführung für nützlich gehalten wird, eingesetzt werden. Durch dieselbe königl. Verordnung wird das Reglement für die Gehälter der Tarifbehörde festgestellt werden.

Artikel 9. Die königl. Verordnung für Errichtung der Eisenbahntarifbehörde wird nach zwei Jahren dem Parlament vorgelegt werden, um in ein Gesetz verwandelt zu werden.«

Durch königl. Verordnung vom 22. Oktober 1885 ist eine Generalinspektion der Eisenbahnen eingesetzt, bei welcher in Gemäfsheit des vorstehenden Art. 8 ein Tarifrat die Aufsicht über die Eisenbahntarife führt, und unter welcher eine Anzahl Kreisinspektionen stehen.

In den Pachtverträgen selbst ist bezüglich der Tarife nachstehendes vorgesehen:

»Artikel 16. Die Tarife und allgemeinen Bedingungen für Beförderung von Personen, Eil- und Frachtgut sind in besonderen Anlagen (mit D und E bezeichnet, und zwar D nur durch Gesetz veränderliche, E mittelst königl. Verordnung zu ändernde Tarife) enthalten. Alle Änderungen in den Tarifen beider Arten bedürfen der Genehmigung der Regierung und sind rechtzeitig zu veröffentlichen: ebenso sind geeignet erscheinende Tarife für den Lokal- und internationalen Verkehr, jedoch auf der Grundlage der vorerwähnten Tarife der regierungsseitigen Genehmigung zu unterbreiten, inzwischen aber die bisherigen Sätze beizubehalten. Die Regierung hat das Recht, die Gesellschaft zur Einführung von Ermäfsigungen, soweit dies in den Konzessionen vorgesehen ist, zu veranlassen. Falls der Staat die gegenwärtigen Transportsteuern erhöht oder neue einführt, ist die Gesellschaft fur diesen Ausfall zu entschädigen.

Artikel 17. Die internationalen Tarife sind von beiden betriebsführenden Gesellschaften (für das Mittelmeer- und Adrianetz) der Regierung zur Genehmigung vorzulegen, und auf den bezüglichen Konferenzen können beide Gesellschaften Vertreter haben. Bei Meinungsverschiedenheiten entscheidet die Regierung.«

Auf Grund der nach Artikel 16 den Verträgen beigefügten Tarife sind am 1. Juli 1885 von den Betriebsgesellschaften neue Tarife für das Mittelmeer- und adriatische Netz und für deren direkten Verkehr mit einander und dem sicilischen Netz eingeführt worden, welche in den folgenden Paragraphen näher behandelt werden sollen.

§ 104. *Allgemeine Tarife und Bestimmungen für die Eisenbahntransporte.*

Nachstehend werden die allgemeinen Tarife und die für das Tarifwesen in Betracht kommenden Bestimmungen wörtlich aufgeführt:

Kapitel I.

Allgemeine Transportbedingungen.

Artikel 1. Obliegenheiten des Publikums. Das sich der Eisenbahn bedienende Publikum ist zur Beobachtung aller Vorschriften verbunden, welche sich auf den Betriebsdienst und dessen Handhabung beziehen, und hat sich nach den Weisungen des Dienstpersonals zu richten. Zuwiderhandelnde sind für die Folgen verantwortlich.

Artikel 2. Obliegenheiten der Verwaltung. Die Verwaltung ist verbunden, auf den eigenen Linien die Personen- und Güterbeförderung nach den in Kraft befindlichen Tarifen und Bedingungen zu bewirken, soweit sie dabei mit den entsprechenden Mitteln den gewöhnlich vorauszusehenden Bedürfnissen genügen kann und ferner keine aufserordentlichen Hindernisse und höhere Gewalt entgegenstehen. Die Verwaltung haftet für Schäden, welche aus der Nichterfüllung dieser ihrer Obliegenheiten hervorgehen.

Artikel 3. Verbindlichkeit der Tarife und der bezüglichen Bedingungen. Die vorschriftsmäfsig von der Aufsichtsbehörde genehmigten allgemeinen und besonderen Tarife und die bezüglichen Bedingungen sind in jeder Hinsicht streng anzuwenden. Jede Abweichung ist ohne rechtliche Wirkung und jeder Irrtum, gereiche derselbe zum Schaden des Publikums oder der Verwaltung, ist zu berichtigen.

Die Verwaltung kann besondere Tarifnachlässe oder andere Erleichterungen gewähren, wenn nur eine gleichmäfsige Anwendung derselben für jeden Interessenten stattfindet und bei gleichartigen Verhältnissen einem jeden gleiche Vorteile geboten werden. Dergleichen Nachlässe unterliegen der Genehmigung der Aufsichtsbehörde, welche dieselben aufheben und widerrufen kann. Die Nachlässe selbst werden periodisch veröffentlicht werden.

Artikel 4. Ausführung der Transporte. Die Personenbeförderung findet mittelst der Züge statt, welche in den veröffentlichten Fahrplänen zur Kenntnis des Publikums gebracht sind.

Die Beförderung von Gütern, Fahrzeugen und Tieren erfolgt nach den entsprechend getroffenen Bestimmungen unter Beobachtung der festgesetzten Lieferfristen.

Reisegepäck, Hunde, bares Geld, Wertpapiere, Pretiosen, lebende Kokons und Bücher werden ausschliefslich in Eilfracht befördert.

Die Fahrpläne enthalten die Zahl, den Durchlauf, die Aufenthalte und den Bestimmungsort der Züge, die Stationen, nach und von welchen die Ausgabe der Billets zugelassen ist und alle andern Bestimmungen und bezüglichen Nachrichten. Die Fahrpläne sind nach römischer Zeit aufgestellt.

Artikel 5. Bestimmung und Bezahlung der Transportgebühren. Bei Berechnung der Transportgebühren wird das angefangene Kilometer für voll gerechnet. Die Berechnung der Gebühren erfolgt nach den wirklichen Entfernungen.

Die Gewichtsberechnung geschieht unter Abrundung von 10 zu 10 kg, vorbehaltlich der bei den Spezialtarifen festgesetzten Ausnahmen. Die Berechnung der Frachtgebühren bei Beförderung von barem Gelde, Wertpapieren und Pretiosen erfolgt nach dem Werte von je auch nur angefangenen 500 Lire. Bruchteile unter 5 Centesimi werden für 5 Centesimi gerechnet, in keinem Falle kann der Gebührensatz niedriger sein als der entsprechende geringste Satz, der bei Spezialtarifen festgesetzt ist.

Die Zahlung der Transport- und Nebengebühren findet auf der Abgangs- oder der Ankunftsstation statt.

Auf der Abgangsstation mufs die Zahlung stattfinden:

a) für Reisende, Gepäck und Leichen,
b) für Grofsvieh, Hunde und andere Tiere,

c) für leicht entzündliche, explosionsfähige oder sonst gefährliche Güter, je nach den Bestimmungen und Bedingungen der betreffenden Tarife,
d) für Warenmuster und solche Waren, deren Wert geringer ist als die Frachtkosten,
e) für Güter, welche während des Transports dem Schwinden oder dem völligen Wertverlust durch Verderben ausgesetzt sind,
f) für Güter und Gegenstände, deren Beförderung nur auf Gefahr des Versenders stattfindet.

Wenn bei der Abfertigung die volle Transportgebühr nicht angegeben werden kann, ist die Aufgabestation berechtigt, die Hinterlegung einer Summe zu verlangen, welche den Frachtbetrag annähernd deckt.

Die nach Entfernungen abgestaffelten Spezialtarife werden derartig angewendet, dafs für jede Staffel die angegebene Gebuhr entrichtet wird. Auf den sämtlichen vom Staate verpachteten Bahnlinien findet eine gleichmäfsige Durchrechnung der Staffelspezialtarife statt, ohne Unterschied, welche einzelnen Bahnlinien die Güter durchlaufen. Bei den staffelförmigen Spezialtarifen mufs stets der kilometrische Einheitssatz und die Berechnungsweise ersichtlich sein.

Artikel 6. Extrazüge. Extrazüge können sowohl beim Personen- als beim Güterverkehr gestellt werden. Die Bestellung von Extrazügen mufs schriftlich unter gleichzeitiger Hinterlegung von 40 L. erfolgen.

Die Extrazugsgebühr beträgt 6,78 L. für das Kilometer unter Zuschlag einer festen Gebühr von 45,20 L. Die Mindestgebühr beträgt 67,80 L. aufser der vorerwähnten festen Gebühr. Würde übrigens bei Anwendung der bezüglichen Tarife für Personen, Gepäck- und sonstige Gegenstände unter Aufschlag von 10 Prozent ein höherer Betrag sich ergeben, so tritt diese statt der ersteren Frachtberechnung ein. Für den Rücklauf des Zuges, falls derselbe innerhalb 12 Stunden nach der Abfahrt vollendet wird und bei der Abfahrt gleich verlangt war, wird die Gebühr nach den angegebenen Grundtaxen berechnet, und zwar mit einer Ermäfsigung von 20 Prozent und unter Wegfall der festen Gebühr, stets aber unter Aufrechterhaltung des Mindestsatzes von 67,80 L.

Wenn aus irgend einer Ursache die Abfahrt des Zuges an dem festgesetzten Tage und zu der bestimmten Tageszeit unterbleibt, hat die Verwaltung das Recht, den Zug überhaupt nicht mehr abzulassen und die hinterlegte Summe einzubehalten.

Wird bei Gelegenheit von Festen, Feiertagen, Versammlungen und dergl. von städtischen Behörden, von Komités oder sonst beauftragten Personen ein Extrazug verlangt, um eine frühere Abfahrtszeit oder eine spätere Wiederankunft zu erlangen, so wird eine Gebühr von 3,955 L. für das Kilometer aufser der festen Gebühr erhoben, abgesehen von der erforderlichen Lösung des Billets, mit welchem jeder Reisende versehen sein mufs. Wenn der Zug sowohl für die Hin- als die Rückfahrt verlangt wird, tritt eine Ermäfsigung der Gebühr auf 3,39 L. für das Kilometer ein und es gelangt die feste Gebühr nur einmal zur Erhebung.

Die Verwaltung kann die Gestellung von Extrazügen verweigern, sobald deren Ablassung mit der Sicherheit und Regelmäfsigkeit des sonstigen Betriebsdienstes unvereinbar ist.

Artikel 7. Dienststunden, Veröffentlichungen. Die für die Billetausgabe, für die Abfertigung und Aushändigung von Reisegepäck und Hunden bestimmte Dienstzeit richtet sich nach dem Gange der Züge. Die Dienststunden für die Annahme und Aushändigung der Eil- und Frachtgüter werden auf jeder Station nach deren Bedeutung unter Genehmigung seitens der Aufsichtsbehörde festgesetzt.

Die Verwaltung ist verpflichtet, die Fahrpläne, Tarife, Ankündigungen und Regulative, welche das Publikum interessieren, zu veröffentlichen und auf den Stationen auszuhängen.

Kapitel II.

Personenverkehr.

Artikel 13. Die Grundtaxen. Die Grundtaxen für die Personenbeförderung in der I., II. und III. Wagenklasse sind folgende:

Züge	Preis für die Person und das Kilometer		
	I. Klasse L.	II. Klasse L.	III. Klasse L.
Schnellzüge	0,1243	0,0871	0,0565
Personen- und gemischte Züge	0,1130	0,0791	0,0 09

a) Werden sehr schnelle Züge mit gröfserer Geschwindigkeit als derjenigen der Schnellzüge mit nur I. Wagenklasse eingerichtet, so wird ein Satz von 0,1356 Lire für 1 Person und Kilometer erhoben. b) Die Preise der Rundreise- und anderer Billets zu ermäfsigten Preisen und die bezüglichen prozentualen Ermäfsigungen (abgesehen von den besonderen Bestimmungen über die Rückfahrtbillets) werden nach dem Durchschnitt der oben für jede Wagenklasse angegebenen Preise berechnet und können die Reisenden nach Belieben die Schnell-, Personen- oder gemischten Züge auf denjenigen Strecken benutzen, für welche die Billets Gültigkeit haben.

Für Entfernungen unter 2 km wird der Preis für 2 km berechnet. Die Schnellzüge müssen auf den Linien mit Neigungen unter 8 auf tausend und mit Kurven von Radien über 400 m mit einer reinen Fahrgeschwindigkeit von 55—60 km fahren. Auf den Linien mit gröfseren Neigungen und Kurven von kleineren Radien wird die Fahrgeschwindigkeit der Schnellzüge von der Aufsichtsbehörde nach Vorschlag der Verwaltung bestimmt. Es wird dabei den Steigungsverhältnissen der Linien Rechnung getragen werden. Die Aufenthalte auf den Stationen und die Zuschläge zur Fahrzeit beim Durchfahren der Stationen aus Anlafs der Betriebssicherheit werden je nach der Länge der Bahnstrecken auf den Vorschlag der Verwaltung von der Aufsichtsbehörde allein festgesetzt.

Die Personenbeförderung in der III. Wagenklasse findet nur in denjenigen Schnellzügen statt, welche in den offiziellen Fahrplänen zu den darin angegebenen Bedingungen besonders bezeichnet sind.

Artikel 17. Kinder. Kinder unter drei Jahren werden frei befördert, wenn dieselben in Begleitung eines Erwachsenen sind und kein besonderer Platz für sie verlangt wird. Kinder im Alter von 3—7 Jahren können einen besonderen Platz beanspruchen und bezahlen die Hälfte des gewöhnlichen Fahrpreises nach den Bestimmungen des Art. 13. Diese Preisermäfsigungen erstrecken sich nicht auf Rückfahrts-, Rundreise- und Abonnementsbillets, ebensowenig auf Benutzung von Coupé- oder sonstigen besonderen Plätzen, bezüglich deren Bestimmungen in den Artikeln 20, 25, 26 und 27 getroffen sind.

Artikel 18. Salonwagen der Verwaltung. Unter Berücksichtigung der Bestimmungen im Art. 21 beträgt die Gebühr für die Benutzung eines Salonwagens oder eines Saloncoupés in Gröfse der Hälfte eines Wagens:

Züge	Preis für Person und Kilometer	Mindestpreis für das Kilometer		Mindestpreise für jede Benutzung	
		für einen Salonwagen	für ein Saloncoupé	eines Salonwagens	eines Saloncoupés
	L.	L.	L.	L.	L.
Schnellzüge	0,1582	1,5820	1,0170	56,50	33,90
Personen- und gemischte Züge	0,1356	1,3560	0,9040	50,85	28,25

Anforderungen von Salonwagen und Saloncoupés haben schriftlich unter gleichzeitiger Hinterlegung der Hälfte des für jede Benutzung festgesetzten Mindestpreises zu geschehen, andernfalls unter Erhöhung der Transportgebühr nach den Bestimmungen des Art. 21.

Sofern der Besteller den Wagen zu dem bestimmten Tage und zu dem festgesetzten Zuge nicht benutzt, verfällt die hinterlegte Summe zu Gunsten der Verwaltung.

Artikel 19. Ganze Coupés. Die Reisenden, welche zu ihrer Verfügung ein ganzes Coupé in einem gewöhnlichen Wagen I. oder II. Klasse zu haben wünschen, haben den tarifmäfsigen Preis für 6 Billets bei einem Coupé von 8 Plätzen und von 8 Billets bei einem Coupé von 10 Plätzen zu zahlen. Reisende in gröfserer Anzahl haben noch besondere Billets zu lösen.

Artikel 20. Schlaf- und andere besondere Coupéplätze. Für die Benutzung eines jeden solcher Plätze ist aufser dem Billetpreis der I. Wagenklasse ein Zuschlag zu zahlen, dessen Höhe in den offiziellen Fahrplänen unter einheitlichen Bedingungen veröffentlicht wird. Wer dergleichen Plätze auf Bahnstrecken oder zu Zügen wünscht, welche mit passenden Wagen nicht ausgerüstet sind, hat so viele Billets und Zuschläge zu zahlen, als besondere Plätze in dem Wagen sich befinden, welcher zu diesem Zwecke dem Zuge besonders beigegeben wird.

Artikel 21. Gemeinsame Vorschriften für die Benutzung von Salonwagen, ganzer Coupés und besonderer Plätze. Die Bestellung von Salonwagen, ganzen Coupés und besonderen Plätzen in den Wagen der Verwaltung mufs mit den Betriebseinrichtungen vereinbar sein. Wenn die Verwaltung, um den Anforderungen zu genügen, genötigt ist, Salonwagen oder andere Wagen mit besonderen Plätzen oder Coupés zur Abfahrtsstation besonders hinzuschaffen oder auf Zwischenstationen anzuhalten oder sich der Wagen einer anderen Verwaltung zu bedienen, so ist zuzüglich der in den Art. 18, 19 und 20 festgesetzten Preise und Zuschläge zu zahlen:

11,30 L. für jeden Zwischenaufenthalt und je 24 Stunden Benutzungszeit,

0,339 L. für jeden Wagen und jedes Kilometer Fahrt aufser der Vergütung, welche für die Hergabe des Wagens an die fremde Verwaltung zu entrichten ist.

Artikel 22. Salonwagen Privater. Salonwagen Privater werden auf den Eisenbahnen zugelassen, sofern dieselben den Vorschriften für den Lauf des Eisenbahnwagenmaterials entsprechen. Die Verwendung dieser Wagen mufs mit den Betriebseinrichtungen vereinbar sein.

Die Gebühr für jeden besetzten Salonwagen beträgt bei Schnellzügen 1,13 L. für das Kilometer, bei Personen- oder gemischten Zügen 0,8475 L. für das Kilometer. In jedem Wagen können acht Reisende ohne Preiszuschlag Platz nehmen, jeder Reisende mehr zahlt ein Billet I. Klasse, jedes Kind von 3—7 Jahren die Hälfte, jeder Bediente ein Billet II. Klasse. Auf Reisegepäck, Hunde u. s. w. finden die allgemeinen Transportbestimmungen Anwendung. Auf den Leertransport findet die Gebühr für die Beförderung von Eisenbahnfahrzeugen, die auf eigenen Rädern laufen, Anwendung.

Für das Stillliegen eines jeden Salonwagens auf den Stationen ist zu zahlen:

2 L. für den Tag die ersten 10 Tage,

1 L. für den Tag die folgenden Tage, höchstens 300 L. das Jahr.

Die dauernde Aufstellung solcher Salonwagen auf dazu geeigneten Stationen hängt von besonderer Vereinbarung ab, die Kosten der Unterhaltung, Reparatur und die Versicherungskosten fallen dem Eigentümer zur Last.

Artikel 23. Transport von Reisenden in eigenen auf die Eisenbahnwagen verladenen Equipagen. Neben den festgesetzten Gebühren für den Transport der Equipagen und des Reisegepäcks hat jeder Reisende ein Billet I. Klasse, jeder Bediente ein Billet II. Klasse zu zahlen. Die für Kinder gewährten Ermäfsigungen finden auch hier statt.

Artikel 24. Kranke. Kranke und Leidende, welche für die Mitreisenden Unbequemlichkeit oder Ekel verursachen, sind in besonderen Coupés unter den im Art. 19 festgesetzten Bedingungen zu befördern, oder es wird denselben ein Eisenbahnwagen behufs Beförderung im eigenen Bette gegen Zahlung von 0,565 L. für das Wagenkilometer bei einer Mindestgebühr von 11,30 L. gestellt. Zwei Begleiter werden in diesem Wagen unentgeltlich befördert, jede weitere Person zahlt ein Billet III. Klasse.

Wahnsinnige werden nur in besonderen Coupés in den Wagenklassen und zu den Sätzen befördert, welche im Art. 19 festgesetzt sind, und müssen stets begleitet sein.

Artikel 25. Rückfahrtbillets. Die Verwaltung hat zwischen von Fall zu Fall zu bestimmenden Stationen in einem Umkreise von wenigstens 150 km Rückfahrtbillets einzuführen. Die Preisermäſsigung für Rückfahrtbillets wird 20—35 Prozent der im Art. 13 festgesetzten Billetpreise nach Maſsgabe der Entfernungen und der längeren oder kürzeren Gültigkeitsdauer betragen.

Wenn solche Billets für Schnell- und Personenzüge Gültigkeit haben, findet die Preisberechnung nach dem Durchschnitt der Grundtaxen für beide Gattungen von Zügen statt. Sofern bei Gelegenheit von Festen, Feiertagen, Märkten für den auſserordentlichen Verkehr Plätze der betreffenden Billetklasse nicht zur Verfügung stehen und die Möglichkeit oder Zeit zum Anhängen von Wagen fehlt, so haben die mit Rückfahrtbillets versehenen Reisenden in der niedrigeren Wagenklasse Platz zu nehmen, ohne Anspruch auf eine Rückvergütung.

Jegliche Ubertragung von Rückfahrtbillets auf eine andere Person ist verboten und hat die Ungültigkeit des Billets und die Anwendung der für diese Fälle festgesetzten Strafen zur Folge. Die Verwaltung wird die sämtlichen Bestimmungen und Vorschriften für die Benutzung und die Gültigkeitsdauer der Rückfahrtbillets bekannt geben; der einfache Erwerb solcher Billets veranlaſst die volle Anwendbarkeit der Bestimmungen und bezüglichen Benutzungsvorschriften.

Rückfahrtbillets können für bestimmte Verkehrsbeziehungen unter Genehmigung der Aufsichtsbehörde eingezogen werden, wenn sich eine Abnahme des Reinerträgnisses herausstellt.

Artikel 26. Rundreisebillets. Die Verwaltung kann Rundreisebillets mit Ermäſsigung von 20—35 Prozent der im Art. 13 Anmerkung b festgesetzten Preise nach Verhältnis der Entfernungen einführen.

Die Reiserouten, die Preise der Rundreisebillets, die Bestimmungen über den Kauf und die Benutzung dieser Billets werden besonders bekannt gegeben.

Die Rundreisebillets sind nicht übertragbar. Die bezüglichen Bestimmungen und Vorschriften wird die Verwaltung veröffentlichen und gelten dieselben mit dem einfachen Erwerb der Billets als angenommen.

Artikel 27. Abonnementsbillets. Für Abonnementsbillets, welche die Verwaltung einrichten kann unter Beschränkung auf bestimmte Linien, sind verschiedene Preise zu zahlen, je nachdem es sich um jährliche, halbjährliche, vierteljährliche und monatliche Abonnements handelt. Für die Benutzung der mit Schnellzügen versehenen Linien tritt zu diesen Billets ein Aufschlag von 5 Prozent hinzu.

Die Abonnementsbillets sind persönlich und nicht übertragbar. Die Verwaltung wird die Vorschriften für die Benutzung derselben festsetzen. Diese Vorschriften gelten mit dem einfachen Erwerb des Billets als angenommen.

Dem Abonnenten erwächst, aufser den im Art. 127 vorgesehenen Fällen, kein Anspruch auf Erstattung des Abonnementspreises durch Behinderungen oder Aufenthalte im Zugverkehr, durch Betriebswechsel oder durch zeitweilige Unfahrbarkeit der Strecke oder durch Verminderung der Züge; ebensowenig tritt eine ganze oder teilweise Rückgewähr des Abonnementspreises bei Tod, Krankheit, Abwesenheit oder anderen Hinderungsgründen in der Person des Abonnenten ein.

Demjenigen Abonnenten, welcher Wertgegenstände und Pretiosen, welche dem Tarife für den Transport von barem Gelde unterliegen, mit sich führt oder zur Beförderung als Gepäck aufgiebt, oder das Zusammenpacken von Waren zum Schaden der Eisenbahn betreibt, wird das Abonnementsbillet entzogen und erleidet derselbe die Anwendung der Bestimmungen im Art. 10.

Artikel 28. Wechsel der Wagenklasse. Behufs Überganges aus der II. und III. Wagenklasse in eine höhere haben die Reisenden dem Eisenbahndienstpersonal Mitteilung zu machen unter gleichzeitiger Zahlung des Preisunterschieds von der Übergangs- bis zur Bestimmungsstation. Für Rückfahrt-, Rundreise- und Abonnementsbillets wird der Unterschied zwischen dem gewöhnlichen Preise der von dem Reisenden benutzten Wagenklasse und der höheren Wagenklasse, in welche der Reisende übergehen will, berechnet.

Kapitel III.

Die Beförderung von Reisegepäck und Hunden.

Artikel 43. Was unter Reisegepäck zu verstehen ist. Als Reisegepäck werden nur diejenigen Sachen angesehen und zugelassen, welche dem eigenen Gebrauch des Reisenden und seiner Familie dienen und gewöhnlich in Koffern, Felleisen, Reisesäcken, Hutschachteln, Kistchen und ähnlichen Behältern sich befinden, ebenso Warenmuster, sofern dieselben zu den in Art. 48 erwähnten Gegenständen, für welche die Gebühr für die Beförderung von Geldsendungen und Pretiosen neben der Gepäcktaxe erhoben wird, gehören. Andernfalls werden Warenmuster nur wie gewöhnliche andere Güter unter Beobachtung der Bestimmung des Artikels 101 befördert.

Gefährliche, entzundliche, explosive Gegenstände, welche das Betriebsmaterial der Eisenbahn beschädigen können, sind von der Gepäckbeförderung ausgeschlossen, auch darf der Reisende derartige Gegenstände nicht mit sich führen, ist vielmehr gehalten, dieselben mit genauer Bezeichnung und getrennt nach der Vorschrift des Art. 102 zur Aufgabe zu bringen. Gleichfalls ausgeschlossen sind Geld, Kostbarkeiten und ähnliche Wertgegenstände, deren Beförderung sich nach den Bestimmungen der bezüglichen Tarife richtet.

Artikel 44. Zulassung des Reisegepäcks als Handgepäck. Jeder Reisende kann unentgeltlich im Eisenbahnwagen kleine Reisebedürfnisse, als Felleisen, Reisesäcke, Hutschachteln u. s. w. mit sich führen, sofern dieselben nicht mehr als 20 kg wiegen, keinen gröfseren Umfang als 0,50 × 0,25 × 0,30 m haben und ohne Belästigung der Mitreisenden unter den Sitzen oder in den Netzen untergebracht werden können. Dieses Gepäck ist lediglich der Fürsorge des Reisenden ohne jede Verantwortlichkeit der Verwaltung überlassen.

Feuerwaffen dürfen nur in die Wagen mitgenommen werden, wenn eine Prüfung durch das Stationspersonal ergeben hat, dafs die Waffen ungeladen sind. Holzkoffer mit scharfen und metallbeschlagenen Ecken sind von der Mitnahme in die erste Wagenklasse ausgeschlossen, wenn dieselben die Polsterbezüge beschädigen können.

Uberhaupt ausgenommen von der Mitnahme in die Wagen sind:

a) Reisegepäck, welches für die Mitreisenden lästige oder unangenehme Gegenstände enthält,

b) Tiere, mit Ausnahme von Vögeln in Käfigen von nicht gröfserem Umfange als 0,20 × 0,20 × 0,25 m und kleine Hunde, vorausgesetzt, dafs der Reisende sich bezüglich der letzteren den bestehenden Bestimmungen unterwirft.

Zuwiderhandlungen gegen die Bestimmungen dieses Artikels verpflichten zum Ersatze des etwa entstandenen Schadens, abgesehen von denjenigen Strafen, welche nach den bestehenden Gesetzen und Verordnungen eintreten.

Artikel 45. Allgemeine Gebührentaxen für die Gepäckbeförderung. Die allgemeine Gebührentaxe für die Gepäckbeförderung beträgt 0,452 L. für Tonne und Kilometer. Bei Beförderung von Affen, Katzen und Vögeln in Käfigen als Reisegepäck tritt ein Zuschlag von 5 Prozent ein.

Der Mindestsatz für jede Sendung ist 0,70 L.

Artikel 46. Hunde. Die allgemeine Gebührentaxe für die Beförderung von Hunden beträgt 0,0226 L. für jeden Hund und jedes Kilometer, mindestens 0,70 L. für jede Sendung.

Hunde werden in den Gepäckwagen befördert und nur in vollständig verschlossenen Käfigen zum Transporte zugelassen. Ausnahmsweise und widerruflich können unter Zustimmung der Mitreisenden Schofshunde in die Wagen mitgenommen werden.

Kapitel IV.

Die Eilgutbeförderung.

Artikel 55. Allgemeine Gebührensätze. Die allgemeinen Gebührensätze für die eilgutmäfsige Beförderung von Gütern, Kokons, barem Gelde, Wertpapieren und Pretiosen u. s. w. und die diesbezüglichen Bedingungen sind folgende:

Waren, Kunstgegenstände, Gegenstände aus Sammlungen, Spitzen u. s. w. 0,452 L. für Tonne und Kilometer, mindestens für jede Sendung 0,70 L.

Kokons 0,565 L. fur Tonne und Kilometer mit einer festen Gebühr von 2,25 L. für die Tonne für das Auf- und Abladen und für die Abfertigung. Wenn die Sendung auf die Linien von 3 oder mehr Verwaltungen übergeht, kommt aufserdem noch ein Zuschlag von 0,339 L. für die Tonne und jede Zwischenverwaltung in Ansatz. Die Mindestfracht für jede Sendung beträgt 0,70 L.

Bares Geld, Wertpapiere und Pretiosen 0,0017 L. für das Kilometer und je 500 L. Wert. Die Mindestfracht für jede Sendung beträgt 0,70 L. Wenn das Gewicht des Geldes, der Wertpapiere und Pretiosen 3 kg für je 150 L. des angegebenen Wertes übersteigt, so ist für das überschiefsende Gewicht, neben den vorhin festgesetzten Gebühren, der Satz für gewöhnliches Eilgut zu zahlen.

a) Unter diese Tarifbestimmung fallen Gold und Silber in Barren, gemünztes Geld, Gold- und Silberplatten, Platina, Juwelen, Perlen und Edelsteine, bearbeitete Korallen, Lava-, Mosaikgegenstände, goldene und silberne Taschenuhren, Bankbillets, Staatsschuldscheine, gestempeltes Papier, Postkarten, Freimarken und ähnliche geldwerte Papiere.

b) Bares Geld, Wertpapiere und Kostbarkeiten können nicht als gewöhnliche Kaufmannsware angesehen werden.

Artikel 56. Mindestfracht für eine Wagenladung. Wenn die Beförderung eines Stücks nach Form oder Ausdehnung die Gestellung eines besonderen Wagens erfordert, oder wenn das Gut nach seiner natürlichen Beschaffenheit die Beiladung anderer Güter nicht zuläfst und ein besonderer Wagen verwendet werden mufs, so beträgt die Mindestfracht 0,9040 L. für Kilometer und Wagen bis zu einer Tragkraft von 8 t. Wenn die Gestellung eines Wagens von höherer Tragkraft erforderlich ist oder verlangt wird, erhöht sich diese Gebühr um 1/8 für jede Tonne der höheren Tragkraft.

Die Mindestfracht wird nur in dem Falle erhoben, in welchem das Gewicht des zu befördernden Gutes multipliziert mit der kilometrischen Gebühr fur das Wagenkilometer einen geringeren Frachtsatz ergiebt, als die vorangegebene Mindestfracht; folglich gelangt, wenn die Frachtberechnung nach dem Gewichte des Gutes eine hohere wird, diese Berechnung und nicht der Mindestfrachtsatz zur Erhebung.

Wenn fur Güter, welche eine Beiladung anderer Güter gestatten, der Versender einen besonderen Wagen gestellt verlangt, so wird die nach vorstehenden Satzen zu berechnende Fracht um 10% erhöht.

Artikel 59. Verladung und Entladung der Güter. In der Regel besorgt die Verwaltung die Verladung und Entladung der Eilguter. Sie kann die Besorgung dieser Arbeiten den Versendern oder Empfängern bei Gütern der Spezialtarife überlassen.

In beiden Fällen sind die betreffenden Bestimmungen des Art. 69 anwendbar.

Kapitel V.

Die Beförderung von Frachtgütern.

Artikel 62. Klassifikation der Güter. Die Frachtgüter werden in acht Klassen gemäfs der in dem angehefteten Namensverzeichnisse festgesetzten Klassifikation eingeteilt. Ein nicht in dem Namensverzeichnis und der Klassifikation aufgeführtes Gut wird derjenigen Klasse zugeteilt, in welche ähnliche andere Güter aufgenommen sind. Anderenfalls kommen die »für nicht benannte und den benannten nicht zuzurechnende Güter« festgesetzten Frachtsätze zur Anwendung.

Artikel 63. Allgemeine Grundtaxen. Die allgemeinen Grundtaxen für die Beförderung von Frachtgütern sind folgende:

Handelswaren:

Taxen	Klassen							
	1. L.	2. L.	3. L.	4. L.	5. L.	6. L.	7. L.	8. L.
für das Tonnenkilometer	0,1632	0,1428	0,1224	0,1020	0,0816	0,0714	0,0612	0,0510
Expeditionsgebühr fur die Tonne	2,040	2,040	2,040	2,040	2,040	1,224	1,224	1,224

a) Die Expeditionsgebühr umfafst das Beladen, Entladen und die Stationskosten. Wenn die Beförderung sich über die Linien von drei oder mehreren Verwaltungen erstreckt, so tritt der Expeditionsgebühr für eine jede Zwischenverwaltung ein Zuschlag von 0,306 L. für die Tonne hinzu, sofern es sich um Güter der ersten fünf Klassen, und von 0,153 L. für die Tonne, sofern es sich um Güter der 6., 7. und 8. Klasse handelt.

b) Die Mindestfracht für jede Sendung beträgt 0,50 L.

c) Wenn die Verwaltung, wozu dieselbe bei Wagenladungsgütern befugt ist, das Beladen und Entladen der Güter den Absendern und Empfängern überläfst, beträgt die Expeditionsgebühr 1,224 L. für die Tonne. Von dieser Befugnis kann vorläufig auf denjenigen Stationen kein Gebrauch gemacht werden, auf welchen zur Zeit besondere Verträge mit Ladeunternehmern bestehen.

Tote Kokons 0,306 L. für das Tonnenkilometer.

Expeditionsgebühr einschliefslich der Beladung, Entladung und Stationskosten: 2,04 L. für die Tonne. Wenn die Beförderung über die Linien von drei oder mehreren Verwaltungen sich erstreckt, so tritt der Expeditionsgebühr ein Zuschlag von 0,306 L. für die Tonne für jede Zwischenverwaltung hinzu.

Die Mindestfracht beträgt 0,50 L. für jede Sendung.

Artikel 64. Verkehr nach und zu den Wasserstrafsen. Auf den Umschlagsverkehr finden die bezüglichen besonderen Tarife und Bedingungen Anwendung.

Artikel 65. Sendungen, welche Güter verschiedener Klassen enthalten. Für verpackte Stücke, welche nach der Frachtbriefdeklaration Güter verschiedener Klassen enthalten, wird die Fracht nach den höchst tarifierten Gütern berechnet. In gleicher Weise werden diejenigen Sendungen behandelt, welche aus verschiedenen Stücken mit verschieden klassifizierten Gütern bestehen, wenn bei denselben das Gewicht nicht besonders angegeben ist.

Artikel 66. Geringstes zur Berechnung zu ziehendes Gewicht. Das geringste bei Frachtgut zur Berechnung zu ziehende Gewicht wird auf 50 kg für jede Sendung festgesetzt.

Bei Sendungen von weniger als 50 kg Gewicht, welche aus verschieden klassifizierten Gütern zusammengesetzt sind, wird für jede Klasse das wirkliche Gewicht unter Aufrundung von 10 zu 10 kg zur Berechnung gezogen und dem Gewicht des höchstklassifizierten Gutes die Gewichtsdifferenz hinzugerechnet, welche an dem vorgeschriebenen Mindestgewicht von 50 kg fehlt.

Bei sperrigen Gütern wird die Fracht nach dem um die Hälfte erhöhten wirklichen Gewicht berechnet bezw. nach dem Mindestgewicht von 50 kg, sofern das um die Hälfte erhohte wirkliche Gewicht geringer sein sollte.

Artikel 67. Geringste Fracht für den Wagen. Wenn der Transport eines Stückes wegen dessen Form oder Umfanges die Verwendung eines Wagens erforderlich macht, oder es sich um ein Gut handelt, welches zufolge seiner Beschaffenheit die Zusammenladung mit anderen nicht gestattet und deshalb die Verwendung eines besonderen Wagens notwendig macht, so wird aufser der nach dem wirklichen Gewicht berechneten Fracht eine Mindestgebühr von 0,306 L. für jedes Kilometer und für jeden Wagen bis zu einer Tragfähigkeit von acht Tonnen erhoben; falls zu der Sendung ein Wagen von grofserer Tragfähigkeit verlangt oder erforderlich sein sollte, wird die gedachte Gebühr um 1/8 für jede Tonne gröfserer Tragfähigkeit erhöht.

Diese Mindestgebühren kommen nicht zur Anwendung bei Sendungen der Körbe für Kokons oder von anderen leer zurückgehenden Gefäfsen, bezüglich deren der folgende Artikel Bestimmungen trifft.

Sofern für den Transport eines Gutes die Verwendung von zwei oder mehr verbundenen Wagen (100) nötig sein sollte, beträgt die Mindestgebühr 0,357 L. für das Kilometer und für jeden Wagen mit einer Tragfähigkeit von acht Tonnen, unter Hinzurechnung der festen Gebühr nach dem wirklichen Gewicht.

Falls zu der Sendung Wagen von gröfserer Tragfähigkeit verlangt oder erforderlich sein sollten, wird die gedachte Gebühr um 1/8 für jede Tonne gröfserer Tragfähigkeit erhöht.

Den für zwei Kuppelwagen aufgestellten Tarifen und Bedingungen sind auch diejenigen Güter unterworfen, welche in Wagen von mehr als 6,50 m Länge verladen werden, sofern der Umfang der Güter selbst die Verwendung solcher besonders langen Wagen erforderlich macht.

Der Versender kann auf seine Gefahr und unter Berücksichtigung der Betriebssicherheit und der Erhaltung des Eisenbahnmaterials die Ladung von Kuppelwagen durch andere nach derselben Bestimmungsstation gehende Güter vervollständigen.

Alle vorgedachten Mindestgebühren kommen nur dann zur Erhebung, wenn das Gewicht des zu befördernden Gutes, vervielfältigt mit der kilometrischen Gebühr für diejenige Klasse, zu welcher die Güter gehören, einen niedrigeren Satz ergiebt, als die gedachten Mindestgebühren für Wagen und Kilometer; falls die nach dem Gewicht zu berechnende Gebühr sich höher stellt, so kommt diese letztere anstatt jener Mindestgebühr zur Erhebung.

Falls der Versender für den Transport eines Gutes, welches die Zusammenladung mit anderen gestattet, die Verwendung eines besonderen Wagens zu ausschliefslicher Benutzung verlangt, so erhöht sich die nach den oben gegebenen Vorschriften berechnete Fracht um 10 Prozent.

Artikel 68. Rücktransport leerer Gefäfse. Bei solchen als Frachtgut beförderten leeren Gefäfsen, welche in den letzten vier Monaten zum Eil- oder Frachtguttransport auf der Eisenbahn verwendet worden sind, wird — unter Beobachtung der von der Eisenbahnverwaltung zu gebenden besonderen Vorschriften — die Fracht von Gütern der 6. Klasse für leere Säcke und die Fracht von Gütern der 4. Klasse (Frachtgut) für andere Gefäfse berechnet, ohne Rücksicht auf die Bestimmungen der Artikel 67 und 97, sofern der Rücktransport auf dem Wege des Hintransportes erfolgt und die Sendung an den ursprünglichen Versender der vollen Gefäfse gerichtet ist.

Gefäfse, welchen die Berechnung nach der 4. Klasse zu Gute kommt, sind: Weinfässer, kleine und grofse Kubel, Fässer, Kisten, grofse Seidenkisten, Fäfschen, Zuber, Tonnen, Bottiche, Butterfässer, alle Arten Körbe, Vogelbauer, Körbe und andere Gefäfse aus Weiden, Zinngefäfse, grofse Flaschen, mit Stroh umwickelte Glasgefäfse, letztere sofern sie in Kisten oder Körben verpackt sind und bei Wagenladungen auch unverpackt.

Die mit leeren Weinfässern und Weinflaschen, welche innerhalb eines Zeitraumes von vier Monaten zurückgesendet werden, beladenen Privatwagen geniefsen die Fracht der 4. Klasse und werden mit den auf ihnen verladenen Gefäfsen zur Berechnung gezogen.

Leere, als Frachtgut nach den betreffenden Erzeugungsorten zur Fullung mit Branntwein, Alkohol, Ol, Wein, Mehl, frischen Weinbeeren und Essig gehende Gefafse, Körbe für Kokons, Schwefelsäureballons, Flaschen für Wein und Mineralwasser werden auf Grund der bezüglichen Tarife zur Frachtberechnung herangezogen; sofern sie aber innerhalb eines Monats, mit den obengedachten Gütern angefüllt, zur ursprünglichen Versandstation zurückkehren, wird für sie — im Erstattungswege — der Frachtsatz für leer zurückgehende Gefäfse zugestanden.

Die Erstattung erfolgt unter Abrechnung des Betrages der Fracht für diejenige Sendung, mit welcher die Gefäfse voll zurückkommen.

Artikel 69. Be- und Entladung. Die Be- und Entladung der Güter aller Klassen wird in der Regel durch die Verwaltung ausgeführt. Die Beladung umfafst die Fortschaffung der Güter von dem Ort, wohin sie der Versender zufolge Anordnung des Stationsvorstandes bringen mufs, und das Verladen derselben in die Wagen; die Entladung umfafst die Entfernung der Güter aus den Wagen und die Beförderung derselben nach denjenigen Raumen oder Orten, wo die Übergabe an die Empfänger stattfindet.

Sofern die Verwaltung zur Erleichterung der Be- oder Entladung vorschreiben sollte, dafs die Privatwagen oder Karren, auf welchen die Güter nach oder von der Station geschafft werden, bis unmittelbar an die Eisenbahnwagen gefahren werden, so erfolgen die gedachten Arbeiten von den Wagen und Karren in die Waggons und umgekehrt. Die zur Verstauung und ordnungsmäfsigen Verteilung der Güter auf die Privatwagen und Karren erforderlichen Arbeiten sind stets Sache des Empfängers.

Der Verwaltung bleibt es überlassen, zu bestimmen, in welchem Umfange und wo die Be- und Entladung auf Gefahr und Kosten der Versender und Empfänger erfolgen kann oder mufs; in diesen Fällen, sowie in den in der Anmerkung c zum Art. 63 vorgesehenen vermindert sich die im Tarif bestimmte feste Gebühr um 0,51 L. für die Tonne und jede Be- oder Entladung.

Die Verpflichtung der Verwaltung ist erfüllt, sobald die Wagen auf einen Platz gestellt sind, zu welchem man gelangen und wo die Be- oder Entladung ausgeführt werden kann.

Für die Be- oder Entladung der Güter auf Gefahr und Kosten der Versender oder Empfänger gelten folgende Vorschriften:

a) fur den Versand: die Wagen müssen innerhalb 24 Stunden nach ihrer Laderechtstellung vollständig beladen sein;

b) für den Empfang: die Wagen müssen innerhalb der für die Abholung der Güter festgesetzten Frist vollständig entladen sein;

c) sofern der Versender oder Empfänger nicht rechtzeitig die vollständige Auf- oder Entladung der Güter besorgt, ist die Verwaltung berechtigt, die Wagen durch eigene Bedienstete entleeren zu lassen und für die Verladung der Güter die bezügliche Gebühr von 0,51 L. für jede Tonne und jede Be- und Entladung sowie aufserdem noch Lagergelder (117) zu erheben;

d) der Versender wie der Empfänger müssen sich allen Anordnungen und Vorsichtsmafsregeln unterwerfen, welche der Stationsvorstand im Interesse des Betriebes und der Erhaltung des Materials trifft.

Die Ausführung der Be- oder Entladung durch den Versender oder Empfänger mufs aus dem Frachtbrief ersichtlich sein.

Kapitel VI.

Beförderung von Fahrzeugen.

Artikel 72. Allgemeine Grundtaxen. Die allgemeinen Grundtaxen für die Beförderung der auf Rädern gebauten Fahrzeuge sind folgende:

Bezeichnung		Eilgut: Einheitssätze für Wagen und Kilometer L.	Eilgut: feste Gebühr für das Fahrzeug L.	Frachtgut: Gebühr für Wagen und Kilometer L.	Frachtgut: feste Gebühr für das Fahrzeug L.
Pferdebahnwagen, Omnibus, Postwagen, Breaks und ähnliche schwerfällige Fuhrwerke mit mehr als 2 Sitzen aufser dem Kutschersitz		0,6780	3,39	0,4080	2,04
Vierrädrige Kutschen mit einem oder zwei Sitzen aufser dem Kutschersitz, Fouragewagen mit Coupé und Leichenwagen	für 1 Fahrzeug	0,5045	3,39	0,3570	2,04
	für 2 in demselben Wagen verladene Fahrzeuge	0,3955	3,39	0,2550	2,04
	für 3 in demselben Wagen verladene Fahrzeuge	0,3390	3,39	0,2040	2,04
Zweirädrige Kutschen mit einem oder zwei Sitzen	für 1 Fahrzeug	0,4520	3,39	0,3060	2,04
	für 2 in demselben Wagen verladene Fahrzeuge	0,3390	3,39	0,2040	2,04
	für 3 in demselben Wagen verladene Fahrzeuge	0,2825	3,39	0,1530	2,04
Fouragewagen ohne Coupé, vierrädrige Karren zum Strafsen- und Landgebrauch, Thorwagen	für 1 Fahrzeug	0,4520	2,26	0,3060	1,53
	für 2 in demselben Wagen verladene Fahrzeuge	0,3390	2,26	0,2040	1,53
	für 3 in demselben Wagen verladene Fahrzeuge	0,2825	2,26	0,1530	1,53
Last-, Arbeits-, Erdwagen und zweirädrige Karren zum Strafsen- und Landgebrauch	für 1 Fahrzeug	0,3955	2,26	0,2550	1,53
	für 2 in demselben Wagen verladene Fahrzeuge	0,2825	2,26	0,1530	1,53
	für 3 in demselben Wagen verladene Fahrzeuge	0,2260	2,26	0,1224	1,53
Auf eigenen Rädern rollende Fahrzeuge:					
Eisenbahn- und Pferdebahnwagen		0,3390	—	0,2040	—
Lokomotiven bis zu 24 t		1,2430	—	0,9180	—
Lokomotiven über 24 t		1,9210	—	0,4280	—
Besondere Tender		0,7910	—	0,5100	—

a) Die feste Gebühr umfafst Beladung, Entladung und die Gebühren der Station. Wenn die Sendung über die Linien von drei oder mehr Verwaltungen gehen mufs, so wird ein Zuschlag für das Fahrzeug und für jede Zwischenverwaltung von 0,565 L. für Eilgutsendungen und von 0,51 L. für Frachtgutsendungen erhoben.

b) Das erste Schmieren der Lokomotiven, Tender, Personen- und Guterwagen erfolgt auf Gefahr und Kosten des Versenders; es kann auch bei der Abfahrt seitens der Verwaltung gegen Erlegung der bezüglichen Gebühr erfolgen.

c) Lokomotiven, auf Wagen verladen, werden als Eilgut befördert nach den allgemeinen Warentarifsätzen und als Frachtgut wie Maschinen und mechanische Vorrichtungen.

Wenn für den Transport eines Fahrzeuges die Verwendung von zwei Kuppelwagen nötig werden sollte, so kommt der Einheitssatz zweimal und die feste Gebühr einmal zur Erhebung.

Die in den Fahrzeugen enthaltenen Güter werden nach dem Gewicht auf Grund der bezüglichen Tarife, je nachdem die Beförderung als Eilgut oder Frachtgut erfolgt, der Berechnung unterworfen.

Artikel 73. Besondere Vorschriften für die Beförderung von Lokomotiven, Tendern und andern auf eigenen Rädern laufenden Fahrzeugen. — Der Versender von rollendem Material (Lokomotiven, Tendern, Personen- und Güterwagen) mufs es auf den Gleisen aufliefern und es unmittelbar nach der Ankunft am Bestimmungsorte abnehmen.

Rollendes Material mit einer geringeren Anzahl von Achsen als der durch seine Konstruktion gebotenen wird nicht befördert.

Den Lokomotiven mufs seitens des Versenders ein Begleiter beigegeben werden, welcher für das Schmieren der Räder zu sorgen und von Zeit zu Zeit den Zustand der Achsen und der übrigen mechanischen Teile zu prüfen hat. Lokomotiven und Wagen werden zur Beförderung nur zugelassen, sofern sie in den Zügen laufen können; Lokomotiven und Wagen, welche nach ihrer Bauart nur langsam fahren können, werden zur Eilgutbeförderung nicht zugelassen. Die Beförderung von Lokomotiven und Tendern, welche für die Achse ein Gewicht von mehr als 12 Tonnen haben, werden zur Beförderung nur nach vorgängiger Verständigung mit der Verwaltung zugelassen.

Auf der Hin- wie auf der Rückreise hat der Begleiter nur die Hälfte des Preises für ein Billet III. Klasse zu zahlen.

Artikel 74. Auseinandergenommene Fahrzeuge. Wenn die im Artikel 72 erwähnten Fahrzeuge auseinandergenommen sind und in bedeckte Wagen verladen werden können, so tarifieren sie wie Eil- und Frachtgüter (1. Klasse) je nach der verlangten Beförderungsart, unbeschadet der zutreffenden Falles erfolgenden Anwendung der Vorschrift der Art. 56, 67 und 97. Diese Fahrzeuge müssen verpackt sein, mit Ausnahme der Fouragewagen, Erdwagen, der zwei- und vierrädrigen Karren zum Strafsen- und ländlichen Gebrauch u. s. w., welche unverpackt angenommen werden.

Fahrzeuge, welche trotz Auseinandernehmens und Verpackung einen solchen Umfang haben, dafs sie nicht in bedeckte Wagen verladen werden können, werden wie fertige Fahrzeuge zur Berechnung gezogen.

Vollständig zerlegte Lastwagen aller Art (und als solche gelten sie, sobald sie derartig auseinander gelegt sind, dafs sie als einfache Wagenteile gelten können) werden nach dem Gewicht auf Grund der Tarife für Eil- und Frachtgüter (Klasse 4 a) wie grob bearbeitete Hölzer zur Berechnung gezogen.

Artikel 75. Schubkarren. Schubkarren werden nach dem Gewicht auf Grund der Tarife für Eil- und Frachtgüter (Klasse 4) je nach der verlangten Beförderungsart zur Berechnung herangezogen.

Artikel 76. Velocipede, Velocimane und Kinderwagen. Zweirädrige Velocipede und Velocimane werden nach dem Gewicht auf Grund der bezüglichen Tarife für Eil- oder Frachtgüter (1. Klasse) berechnet; drei- oder vierrädrige, sowie Kinderwagen werden nach denselben Tarifen berechnet, aber unter Erhöhung um die Hälfte, wie dies für sperrige Güter vorgeschrieben ist (97).

Kapitel VII.

Beförderung von Leichen und Totenasche.

Artikel 78. Allgemeine Grundtaxen. Die allgemeinen Grundtaxen für die Beförderung von Leichen, Totenasche und Leichenteilen sind folgende:

Bezeichnung	Einheitssatz fur das Kilometer L.	Feste Gebühr L.
Totenbahren:		
für die Totenbahre	0,452	3,39
Totenbahre auf besonderen Leichenwagen:		
für den Wagen	0,678	3,39
Totenasche, Gebeine und Leichenteile, welche sich in verpackten Krugen oder Urnen befinden:		
für das Gefäfs	0,113	1,13

a) Wenn die Sendung über die Linien von drei oder mehr Verwaltungen laufen mufs, so wird zu der festen Gebühr eine Zuschlaggebühr von 0,565 L. für jede Totenbahre, Wagen oder Gefäfs und für jede Zwischenverwaltung erhoben.

b) Sofern die Beforderung ausnahmsweise mit Schnellzügen zugelassen werden sollte, erhohen sich die vorgedachten Gebühren um 50 Prozent.

Bedingungen. Die Beförderung von Leichen erfolgt in besonderen Wagen und gegen Vorzeigung eines den bestehenden gesetzlichen und reglementarischen Bestimmungen entsprechenden Leichenpasses. Der Pafs ist auch erforderlich zur Beförderung von Totenasche und Leichenteilen.

Die Vorschriften der Artikel 57, 58 und 60 gelten auch fur diese Transporte.

Kapitel VIII.

Beförderung von Vieh und anderen Tieren.

Artikel 79. Einteilung des Viehes. Das Vieh zerfällt in folgende Abteilungen:

Pferdevieh.

1. Klasse: Pferde, starke Füllen, Maulesel,
2. » Esel, kleine Maulesel und Füllen.

Rind-, Schweine- und Schafvieh.

1. Klasse: Ochsen, Stiere, grofse Kühe;
2. » kleine Kühe, grofse Kälber, grofse Schweine;
3. » mittelgrofse Kälber, » Schweine;
4. » Milchkälber, kleine Schweine;
5. » Schafböcke, Ziegen, Schafe, Zickel, Lämmer, Milchschweine.

Hinsichtlich der Anwendung des Tarifes gilt Rindvieh als gehörig zu:

1. Klasse: wenn das Gewicht jedes Hauptes 400 kg übersteigt,
2. » wenn das Gewicht jedes Hauptes zwischen 201 und 400 kg,
3. » wenn das Gewicht jedes Hauptes zwischen 101 und 200 kg,
4. » wenn das Gewicht jedes Hauptes bis zu 100 kg beträgt;

Schweinevieh als gehörig zu:

2. Klasse: wenn das Gewicht jedes Hauptes 200 kg übersteigt,
3. » wenn das Gewicht jedes Hauptes zwischen 101 und 200 kg,
4. » wenn das Gewicht jedes Hauptes zwischen 21 und 100 kg,
5. » wenn das Gewicht jedes Hauptes bis zu 20 kg beträgt.

Kleinere Maulesel und Füllen werden zur 2. Klasse gerechnet, wenn sie — vom Boden bis zur Schulterhöhe gemessen — weniger als 1,40 m hoch sind.

Artikel 80. Allgemeine Grundtaxen. Die allgemeinen Grundtaxen für das als beschleunigtes Frachtgut beförderte Vieh sind folgende:

Klassen		Pferdevieh	Rind-, Schweine- und Schafvieh
		Preis für Kopf und Kilometer	
		L.	L.
1. Klasse	Sendung von 1 Haupt	0,1530	0,1326
	» » 2 Häuptern	0,0918	0,0765
	» » 3 »	0,0816	0,0714
	» » 4 »	0,0765	0,0663
	» » 5 »	0,0714	0,0612
	» » 6 und mehr Häuptern	0,0663	0,0561
2. Klasse	Sendung von 1 Haupt	0,1530	0,1326
	» » 2 Häuptern	0,0816	0,0714
	» » 3 »	0,0663	0,0612
	» » 4 »	0,0612	0,0561
	» » 5 »	0,0561	0,0510
	» » 6 und mehr Häuptern	0,0510	0,0459
3. Klasse		—	0,02244
4. Klasse		—	0,01224
5. Klasse		—	0,00612

a) Für das in Stallungswagen beforderte Pferdevieh werden die im Art. 81 festgesetzten Gebühren erhoben.

b) Die aus Vieh 1. und 2. Klasse zusammengesetzten Sendungen werden zu den Sätzen der bezüglichen Klasse befördert, welche der Gesamtsumme der die einzelnen Sendungen bildenden Häupter entspricht.

c) Die Mindestgebühr für jede, auch zusammengesetzte, Sendung Vieh 3., 4. und 5. Klasse beträgt 0,1362 L. für das Kilometer, diese Gebühr kommt für Sendungen, denen Vieh der ersten beiden Klassen beigegeben ist, nicht zur Anwendung.

Sofern für die Viehbeförderung vom Versender die ausschliefsliche Benutzung eines Wagens verlangt wird, so wird die Gebühr für das Haupt erhoben, jedoch darf der Preis nicht geringer sein, als folgende Mindestsätze:

Beförderung	
eines Hauptes Vieh	zweier oder mehrerer in demselben Wagen verladenen Häupter Vieh
Mindestpreis für den Wagen und Kilometer	
0,2550	Sofern es sich um Pferdevieh handelt, die im Spezialtarif 52, sofern es sich um Rind-, Schweine- und Schafvieh handelt, die im Spezialtarif 53 festgestellten Sätze.

Für jede Sendung oder Wagen wird aufserdem die feste Gebühr von 1,02 L. erhoben. Sofern die Sendung über die Linien von drei oder mehr Verwaltungen laufen mufs, wird noch ein fester Zuschlag von 61 Centesimi für jeden Wagen und jede Zwischenverwaltung erhoben.

Artikel 81. Pferde in Stallungswagen. Die Beförderung von Pferden in Stallungswagen erfolgt nur in den Eilgutzügen zu folgenden Sätzen und zu den im Art. 58 § 6 bestimmten Lieferfristen:

Beförderung		
eines Pferdes	zweier	3 oder 4
	in demselben Wagen verladenen Pferde	
Preis für das Haupt und Kilometer		
0,3164 L.	0,2486 L.	0,2034 L.

a) Sofern in Ausnahmefällen und soweit die Betriebsrücksichten es gestatten, die Beförderung von Pferden in Stallwagen mit Schnellzügen erfolgen sollte, so wird für ein Pferd das Doppelte der Gebühr, für jedes fernere die Hälfte mehr erhoben.

b) Für jede Sendung und Wagen wird die feste Gebühr von 1,13 L. erhoben.

Sofern die Sendung über die Linien von drei oder mehr Verwaltungen laufen mufs, wird noch ein fester Zuschlag von 0,565 L. für jede Sendung oder Wagen und für jede Zwischenverwaltung erhoben.

Die Verwaltung liefert die Stallwagen in den durch das Verkehrsbedürfnis gebotenen Grenzen.

Artikel 82. Kleinvieh und kleine Tiere in Käfigen und Körben. Damwild, Hirsche, Hirschkälber, Gazellen, Steinböcke, Gemsböcke u. dergl., sowie Katzen, Affen, Vögel und andere derartige kleine Tiere, welche in geschlossenen Käfigen oder in Körben und mit Netzen versehenen Behältern untergebracht sind, werden mit schnell fahrenden Zügen zu den in den Tarifen für Poststücke und Güter festgesetzten Gebühren unter Zuschlag von 50 Prozent befördert.

Die einzelnen Käfige, Kasten oder Korbe dürfen nicht schwerer als 60 kg sein; entgegenstehenden Falles wird die doppelte Beförderungsgebühr erhoben.

Lebendiges Kleinvieh in Käfigen oder Körben, wie Lämmer, Zicken, Ferkel und Milchkälber, wird gleichfalls mit schnellfahrenden Zügen befordert unter Erhebung der im allgemeinen Tarif für Poststücke und Güter festgesetzten oder auf Verlangen des Versenders der im Spezialtarif fur Lebensmittel festgesetzten Gebuhren.

Artikel 90. Wilde Tiere. Wilde Tiere werden zur Beförderung zugelassen, sofern sie in feste Eisenkäfige eingeschlossen und von ihren Eigentümern oder Wärtern begleitet werden, gegen Vorzeigung des betreffenden, von der öffentlichen Sicherheitsbehörde ausgestellten Erlaubnisscheins auf der Versandstation.

Die Beforderung erfolgt auf Gefahr des Versenders, in der Regel mit Güterzügen und nur ausnahmsweise auf solchen Linien, auf welchen Guterzüge nicht verkehren, mit gemischten Zügen. Der Versender mufs Stricke, Ketten und alles andere liefern, was zur Befestigung der die wilden Tiere enthaltenden Kafige oder Fahrzeuge auf den Eisenbahnwagen nötig ist.

Sendungen wilder Tiere werden zur Berechnung gezogen auf Grund des Spezialtarifs für die Beförderung von Rindvieh in Wagenladungen zu den dort vorgesehenen Bestimmungen.

Kapitel IX.

Allgemeine Bestimmungen für die Beförderung von Gütern, Fahrzeugen, Leichen und Tieren.

Artikel 97. Sperrige Güter. Als sperrig gelten:

a) Güter, welche nicht zusammengedrückt werden können, sobald ihr Gewicht weniger beträgt als 150 kg für das Kubikmeter;

b) Güter, welche zusammengedrückt werden können, sobald ihr Gewicht weniger betragt als 200 kg fur das Kubikmeter.

Diese Güter kommen zur Berechnung mit einem Aufschlag von 50 Prozent auf die Preise der bezuglichen Eil- oder Frachtguttarife, ausgenommen, wenn auf dem Frachtbrief der Umfang und die für die Abmessung zu Grunde gelegten Mafse angegeben sind; in letzterem Falle wird, nach vorheriger Prufung der gemachten Angaben der

Preis nach dem auf 150 bezw. 200 kg für das Kubikmeter umgegerechneten Gewicht erhoben, sofern diese Berechnungsart für den Versender günstiger ist

Im allgemeinen sind dem Aufschlag von 50 Prozent unterworfen die Eil- oder Frachtgutsendungen von Gütern, welche in dem Namenverzeichnis mit v bezeichnet sind, sofern ihr Gewicht weniger als 150 kg fur das Kubikmeter betragt, und welche mit einem Doppel-w bezeichnet sind, sofern ihr Gewicht weniger als 200 kg für das Kubikmeter beträgt; wenn jedoch der Versender auf dem Frachtbrief die Grundlagen der Vermessung angiebt, so wird der Preis berechnet in der fur ihn günstigeren Weise entweder nach der Bestimmung des vorigen Absatzes oder nach dem wirklichen Gewicht, wenn dieses mehr als 150 bezw. 200 kg für das Kubikmeter beträgt.

Die nach Mafsgabe dieses Artikels zu erhebende Gebühr für sperrige Güter, welche einen Wagen nicht vollständig ausfüllen, darf nicht höher sein als diejenige, welche nach Art. 56 und 67 zu erheben wäre, wenn die Guter selbst eine volle Wagenladung ausmachten.

Die vorhergehenden Bestimmungen finden keine Anwendung auf leere, als Frachtgut beförderte Gefäfse, welche nach Art. 68 zu berechnen sind, oder auf leere, wenn auch als Eilgut beförderte Körbe fur Kokons.

Die Verwaltung kann in dem Namenverzeichnis auch noch andere Güter als sperrig bezeichnen, sofern dies behufs richtiger Anwendung der Tarife nötig sein sollte.

Artikel 98. Guter, welche besondere Sorgfalt während der Beförderung erfordern. Für Güter, welche besondere Sorgfalt während der Beförderung erfordern, wie z. B. entzündbare oder explosible, Mineralsäuren, Flüssigkeiten in unverpackten Glasgefäfsen u. s. w., kann die Verwaltung mit Zustimmung der Aufsichtsbehörde die Gebühren um 50 Prozent erhöhen, sofern nicht etwa in den einzelnen Tarifen schon anderweite Bestimmungen getroffen sind. Die Verwaltung giebt dem Publikum durch Anzeigen bekannt, auf welche Güter eine derartige Vorschrift Anwendung findet.

Artikel 99. In Spezialwagen beförderte Güter und Fahrzeuge. Güter, Möbel, Gemälde, Bildwerke, Kunstgegenstände u. s. w., sowie Fahrzeuge, welche auf schriftliches, im Frachtbriefe ausgedrücktes Verlangen des Versenders in passenden bedeckten Wagen von besonderer Bauart befördert werden, unterliegen einem Zuschlag von 10 Prozent auf die bezüglichen Tarifsätze.

Falls solche Spezialwagen auf der Versandstation nicht vorhanden sind und von einer andern Station herbeigeschafft werden müssen, so erhebt die Verwaltung für diesen Leertransport einen Preis von 0,113 L. für Wagen und Kilometer, höchstens aber von 11,30 L. für den Wagen bei Eilgut, und von 0,102 L. für Wagen und Kilometer, höchstens von 10,20 L. bei Frachtgut.

Die Gebühr für den Leertransport des Wagens ist im voraus zu zahlen und verfällt zu Gunsten der Verwaltung, wenn der Spezialwagen durch Schuld des Versenders nicht verwendet wird.

Artikel 100. Gegenstände von aufsergewöhnlichem Gewicht oder Umfang. Die Beförderung von unzerlegbaren Frachtstücken mit einem Gewicht von 5--10 000 kg erfolgt nur als Frachtgut und unter der Bedingung, dafs die Ladung gleichmäfsig auf die Räder des Wagens verteilt werden kann und dafs der Versender für Stricke, Ketten und alles sonst zur Befestigung der Frachtstücke auf den Wagen Erforderliche sorgt.

Die vorgedachten Güter, für welche in dem Namenverzeichnis die anzuwendende Klasse oder der Tarif nicht angegeben ist, werden nach den für die bezüglichen Güter festgesetzten Gebühren mit einem Zuschlag von 20 Prozent zur Berechnung gezogen.

Sofern besondere Betriebseinrichtungen erforderlich werden, kann die Verwaltung die im Art. 70 festgesetzten Lieferungsfristen um 5 Tage verlängern.

Unzerlegbare Frachtstücke mit einem Gewicht von mehr als 10 000 kg und solche, deren Umfang über die Länge von drei Wagen hinausgeht, können nur nach vorgängigem Benehmen mit der Verwaltung befördert werden. Letzterer steht es frei, die Beförderung zurückzuweisen, sofern dieselbe mit der Sicherheit des Betriebes unvereinbar ist.

Auf Stationen, wo die zur Auf- bezw. Entladung unzerlegbarer, mehr als 3000 kg schwerer Frachtstücke erforderlichen Vorrichtungen nicht vorhanden sind, kann die Verwaltung verlangen, dafs die bezüglichen Arbeiten seitens der Versender bezw. Empfänger auf deren Kosten erfolgen.

Artikel 107. Benutzung der Wagen. Die Wagen dürfen in keinem Falle über ihre Tragfähigkeit beladen werden.

Bei Sendungen in Wagenladungen mufs der Versender auf dem Frachtbriefe stets die erforderliche Tragfähigkeit des Wagens angeben.

Die Verwaltung sorgt dafür, dafs dem Versender Wagen der bestellten Art und Tragfähigkeit zur Verfugung gestellt werden; wenn aber die angebotenen den verlangten nicht entsprechen sollten, so kann der Versender — vorbehaltlich des Rechts auf Rückgewähr der Bestellgebühr — auf den Transport verzichten. Wenn die angewiesenen Wagen eine gröfsere als die verlangte Tragfähigkeit haben, kann der Versender dieselben benutzen; er hat alsdann nur die Transportgebühr zu entrichten, als wenn der Wagen die verlangte Tragfähigkeit hätte, doch darf der Umfang der Güter nur ein solcher sein, dafs dieselben auf dem bestellten Wagen hätten untergebracht werden können.

Sofern der Umfang des Gutes die Verwendung eines Wagens von gröfserer Tragfähigkeit als der bestellten erfordert, kommen die Bestimmungen der Art. 56 und 57 zur Anwendung.

Hinsichtlich der Güter, welche einer Gewichtsvermehrung infolge atmosphärischer Einflüsse ausgesetzt sind, kann die Verwaltung bestimmen, dafs die Beladung derart beschränkt wird, dafs eine Überschreitung der Tragfähigkeit des Wagens in keinem Falle eintreten kann.

Die Güter, welche die Verwaltung in unbedeckten Wagen befördern darf, sind in dem von der Aufsichtsbehörde zu genehmigenden Verzeichnis aufgeführt. Wenn der Versender die Verwendung von bedeckten Wagen verlangt, hat er die bezügliche Gebühr zu zahlen (115).

Für die Desinfektion der Wagen, in welchen Vieh oder Dünger oder von Fett schmutzige Federn lose befördert werden, wird eine Gebühr von 1 L. für jede Sendung und jeden Wagen erhoben. Diese Gebühr kann auch auf andere Güter ausgedehnt werden, für welche die Desinfektion der Wagen als notwendig erachtet werden sollte.

Wenn die vom Versender ausgeführte Beladung die Tragfähigkeit des verwendeten Wagens überschreiten sollte, ist die Verwaltung berechtigt, das Übergewicht auf Kosten des Versenders zu entladen und die Sendung mit der betreffenden Umladegebühr zu belasten, welche 1,13 L. für die Tonne bei Eilgutsendungen und 1,02 L. für Frachtgutsendungen beträgt; für die auf einen anderen Wagen umgeladene Menge finden die betreffenden General- oder Spezialtarife Anwendung — unbeschadet der Erhebung des im Art. 105 festgesetzten Strafzuschlages.

Artikel 108. Besondere Bestimmungen für die Anwendung der Tarife. — Abgesehen von den in den Tarifen erwähnten Ausnahmefällen sind die vom Versender auf einer Station zur Beförderung über eine andere hinaus oder von Eisenbahn zu

Eisenbahn aufgegebenen Transporte einer festen Umexpeditionsgebühr zugleich unterworfen, auch wenn eine Umladung nicht stattfindet.

Die Spezialtarife gelangen nur auf den vom Versender im Frachtbriefe gestellten Antrag zur Anwendung, wobei die einfache Erwähnung des Spezialtarifes auch als Annahme aller besonderen Bedingungen desselben gilt.

Die Bedingungen hinsichtlich des Versandortes, des Eisenbahnwegs oder des Bestimmungsortes, von welchen die Anwendung der Spezialortstarife abhängig gemacht ist, sind unveränderlich. Deshalb können solche Tarife niemals angewendet werden auf Transporte oder Rücktransporte von Gütern, welche aus andern Orten kommen oder nach andern bestimmt sind, als welche in den Tarifen selbst aufgeführt sind.

§ 105. *Einteilung der Gütertarife und die Spezial- und Ausnahmetarife.*

Die Gütertarife zerfallen in allgemeine Tarife, allgemeine Spezialtarife und Ausnahmetarife für gewisse Verkehrsbeziehungen.

I. Die allgemeinen Tarife gelten für sämtliche drei Netze, das mittelländische, adriatische und sizilische Netz. Man unterscheidet Eilgüter und Frachtgüter. Das Eilgut zerfällt in 3 Klassen, das Frachtgut in 8 Klassen mit einheitlichen Grundtaxen und Expeditionsgebühren. Die wesentlichsten Bestimmungen, sowie die Einheitssätze der allgemeinen Taiife sind in § 104 aufgefuhrt.

II. Die allgemeinen Spezialtarife gelten gleichfalls für alle drei Netze, aber nicht für alle Güter, sondern nur für bestimmte Artikel oder bestimmte Mengen und unter besonderen Bedingungen. Während die Einheitssätze der allgemeinen Tarife für alle Entfernungen dieselben bleiben, sind die Spezialtarife durchweg nach staffelförmigen, übrigens für alle drei Netze gleichen Grundtaxen gebildet. Und zwar gilt für jede Staffel ein besonderer Einheitssatz, welcher zu dem Satz der anderen Staffel, sobald die betr. Entfernung erreicht ist, zugerechnet wird, wobei es gleichgültig ist, ob der Transport innerhalb desselben Netzes oder über Linien verschiedener Netze ausgeführt wird. Die wesentlichsten Bedingungen für Anwendung der Spezialtarife sind folgende:

1. Die Spezialtarife werden nur auf von dem Versender in dem Beförderungsscheine ausgedrücktes Verlangen angewendet: mangels solchen Verlangens wird der betr. Transport nach den Frachtsätzen und Bedingungen der allgemeinen Tarife abgefertigt.

2. Falls mehrere für denselben Transport anwendbare Spezialtarife vorhanden sind und in dem Verlangen um Anwendung des Spezialtarifs einer derselben nicht besonders angeführt worden ist, so hat die Verwaltung die Verpflichtung, denjenigen zu wählen, welcher in Gemäfsheit des Frachtsatzes für den Versender vorteilhafter ist. Für Sendungen mit Gewichtsbedingung werden zutreffenden Falls die Frachtsätze für das durch den betr. Spezialtarif festgesetzte Mindestgewicht berechnet, wenn das wirkliche Gewicht der Sendung niedriger sein sollte.

3. Die in den einzelnen Spezialtarifen festgesetzte feste Gebühr (Diritto fisso) enthält die Kosten für Auf- und Abladen und die Bahnhofskosten; sie wird auf Grundlage des Taxgewichts berechnet. Wenn der Transport die Linien von drei oder mehr Verwaltungen zu durchlaufen hat, so wird für jede Zwischenverwaltung eine Zuschlagsgebühr nach folgendem Mafsstabe angesetzt:

Tote Kokons	in Eilfracht	33,9	cts. für die t
	in gewöhnlicher Fracht	30,6	» » » »
Waren der ersten 5 Frachtklassen		30,6	» » » »
Waren der 6. 7. und 8. Klasse		15,3	» » » »
Vieh aller Art		51,0	» f. d. Wagen.

4. Das als Bedingung für die Benutzung eines Spezialtarifs festgestellte Mindestgewicht für den Wagen wird bei der Frachtberechnung als in einem Wagen von 8 t Tragkraft verladbar angesehen. Wenn zur Verladung des bezeichneten Mindestgewichts ein zweiter Wagen erforderlich wird, so ist die in dem ersten Wagen verladene Menge nach dem Frachtsatze des Spezialtarifs für das vorgeschriebene Mindestgewicht zu berechnen. Für den in dem zweiten Wagen zu verladenden Rest kommt der betreffende Spezialtarif für Waren ohne Gewichtsbedingung zur Anwendung (vorbehaltlich der Bestimmung des Art. 97, falls es sich um sperrige Güter handelt), oder es wird der Spezialtarif mit Gewichtsbedingung für das Mindestgewicht berechnet, wenn sich dies für den Versender vorteilhafter stellt.

5. Sendungen von höherem als dem in jedem Spezialtarife festgesetzten Mindestgewicht für den Wagen sind nach den Frachtsätzen desselben Tarifs für die ganze zu befördernde Warenmenge in folgenden Fällen zu berechnen:

a) wenn zur Beförderung nur ein Wagen beliebiger Tragkraft verwendet wird, so berechnet sich die Fracht nach dem verladenen wirklichen Gewicht der Ware;

b) wenn statt dessen zur Beförderung mehrere Wagen verwendet werden, so mufs die Beladung jedes Wagens wenigstens dem durch den Spezialtarif vorgeschriebenen Mindestgewicht entsprechen, oder es mufs die Fracht für jeden Wagen auf Grundlage dieses Mindestgewichts bezahlt werden; wenn das verwendete Material von höherer Tragkraft als 8 t ist, so ist das bezeichnete Mindestgewicht um ein Achtel für jede Tonne der höheren Tragkraft zu erhöhen. Der Überschufs der in einem ferneren Wagen zu verladenden Ware wird nach dem Spezialtarif und dem wirklichen Gewichte berechnet, vorbehaltlich der Bestimmung des Artikels 97, wenn es sich um sperrige Güter handelt.

Die Vorschrift des gegenwärtigen Artikels ist auf die dem Spezialtarif Nr. 50 unterworfenen Transporte nicht anwendbar.

6. Zur Herstellung des durch die Spezialtarife geforderten Mindestgewichts für den Wagen wird — auf volle Gefahr des Versenders — zugelassen, verschiedene derselben Serie des einzelnen Spezialtarifs angehörigen Waren gemischt zu verladen, vorausgesetzt, dafs die Beschaffenheit und das bezügliche Gewicht jeder einzelnen besonders angegeben wird, und dafs sie von demselben Versender ausgeliefert und an einen Empfänger adressiert werden. Die gemischte Verladung darf auch mit Gütern verschiedener Serien eines und desselben Spezialtarifs bewirkt werden, wenn dies nach den besonderen Bestimmungen dieser Spezialtarife zugelassen ist.

7. Die Bestimmungen der Artikel 67 und 97 der Tarife und Transportbedingungen sind nicht auf diejenigen Sendungen anwendbar, welche nach Mafsgabe eines Mindestgewichts für den Wagen berechnet werden; Artikel 97 jedoch vorbehaltlich der bezüglich der Ladeüberschüsse durch die vorstehenden Bestimmungen gemachten Ausnahme.

8. Alle Vorschriften und Bedingungen, welche auf die allgemeinen Tarife anwendbar sind, einschliefslich der in dem Namensverzeichnis und der Warenklassifikation festgesetzten, werden auch auf die Spezialtarife ausgedehnt, insoweit sie nicht durch die vorstehenden und die übrigen besonderen, in diesen Spezialtarifen eingefügten Bedingungen geändert sind.

An Spezialtarifen giebt es 9 Eilgut-Spezialtarife, nämlich:

Nr. 1. Für Sendungen von geringem Gewicht bis 10 kg mit 4 Serien.

Nr. 2. Für Waren aller Art im Gewicht von über 10 kg in 3 Serien.

Nr. 3. Für Lebensmittel und Gartenerzeugnisse im Gewicht über 10 kg in 2 Serien.

Nr. 4. Für tote Kokons im Gewicht über 100 kg in 2 Serien.

Nr. 5. Für leere Verpackungsgegenstände im Gewicht über 10 kg in 2 Serien.

Nr. 6. Für Eis und Schnee im Gewicht über 10 kg in 2 Serien.

Nr. 7. Für Bier in Tonnen oder Fässern im Gewicht über 10 kg in 2 Serien.

Nr. 8. Für Maulbeerbaumblätter im Gewicht über 10 kg in 2 Serien.

Nr. 9. Für Zeitungen in verschnürten Packen bis 20 kg zum Satz von 0,1469 Lire ohne Rücksicht auf die Entfernung.

Sodann folgen 5 Spezialtarife mit beschleunigter Güterbeförderung:

Nr. 50. Für Lebensmittel in vollen Wagenladungen.

Nr. 51. Für einheimische Weine in Flaschen in vollen Wagenladungen in 2 Serien.

Nr. 52. Für Pferdevieh in vollen Wagenladungen in 2 Serien.

Nr. 53. Für Rind-, Schweine- und Schafvieh in vollen Wagenladungen in 2 Serien.

Nr. 54. Für einheimische Weine in Tonnen oder Fässern in vollen Wagenladungen in 2 Serien.

Endlich bestehen noch 25 Frachtgut-Spezialtarife:

Nr. 75. Für Waren im allgemeinen ohne Gewichtsbedingung in 8 Klassen.

Nr. 76. Für tote Kokons, ebenfalls ohne Gewichtsbedingung.

Alle übrigen Spezialtarife werden nur bei Aufgabe eines gewissen, verschieden bestimmten Gewichts angewendet.

Nr. 101. Für Getreide, Hülsenfrüchte und Mehl mit verschiedenen Einheitssätzen je bei Aufgabe von 8 t in einem Wagen oder bei Aufgabe von 50 t.

Nr. 102. Für Lebensmittel in 6 Serien bei Aufgabe von mindestens 5—8 t in einem Wagen.

Nr. 103. Für Obst, Gartenfrüchte und Gemüse in 4 Serien bei Aufgabe von mindestens 5—8 t in einem Wagen.

Nr. 104. Für Wasser, Getränke, Spirituosen und Wein in 7 Serien bei Aufgabe von mindestens 5—6 t in einem Wagen.

Nr. 105. Für Kolonialwaren und Droguen in 4 Serien bei Aufgabe von mindestens 5—8 t in einem Wagen.

Nr. 106. Für vegetabilische Öle und Fette in 4 Serien bei Aufgabe von mindestens 5—6 t in einem Wagen.

Nr. 107. Für rohe Textilstoffe, Garne und Gewebe in 10 Serien bei Aufgabe von mindestens 4—6 t in einem Wagen.

Nr. 108. Für Wurzeln, Sämereien, Pflanzen, Futterkräuter und andere vegetabilische Erzeugnisse in 7 Serien bei Aufgabe von mindestens 4—8 t in einem Wagen.

Nr. 109. Für chemische Erzeugnisse sowohl gewerblicher Art als Arzneiwaren in 7 Serien bei Aufgabe von mindestens 1—8 t in einem Wagen.

Nr. 110. Für Farb- und Gerbstoffe in 5 Serien bei Aufgabe von mindestens 5—8 t in einem Wagen.

Nr. 111. Für Kurz-, Galanterie- und Parfümeriewaren und verschiedene Gegenstände in 5 Serien bei Aufgabe von mindestens 3—5 t in einem Wagen.

Nr. 112. Für Drucksachen, Papier und Schreibmaterialien in 4 Serien bei Aufgabe von mindestens 5—8 t in einem Wagen.

Nr. 113. Für keramische Erzeugnisse und Glaswaren in 5 Serien bei Aufgabe von mindestens 6 t in einem Wagen.

Nr. 114. Für tierische Erzeugnisse in 5 Serien bei Aufgabe von mindestens 5—6 t in einem Wagen.

Nr. 115. Für metallische Mineralien und rohe Metalle in 6 Serien bei Aufgabe von mindestens 5—8 t in einem Wagen.

Nr. 116. Für metallurgische Erzeugnisse in 7 Serien bei Aufgabe von mindestens 5—8 t in einem Wagen.

Nr. 117. Für Maschinen und Triebwerke in 4 Serien bei Aufgabe von mindestens 5—8 t in einem Wagen.

Nr. 118. Für rohes Holz und Holzwaren in 6 Serien bei Aufgabe von mindestens 4—8 t in einem Wagen.

Nr. 119. Für erdpechhaltige und harzige Erzeugnisse und Mineralöle in 4 Serien bei Aufgabe von mindestens 6—8 t in einem Wagen.

Nr. 120. Für Erden und andere nicht metallhaltige Mineralien in 7 Serien bei Aufgabe von mindestens 5—8 t in einem Wagen.

Nr. 121. Für Marmor, Steine und anderes Baumaterial in 9 Serien bei Aufgabe von mindestens 5—8 t in einem Wagen.

Nr. 122. Für Brennmaterialien in 4 Serien bei Aufgabe von mindestens 6—8 t in einem Wagen.

Nr. 123. Für Abfälle, Rückstände und Dungmittel in 6 Serien bei Aufgabe von mindestens 5—6 t in einem Wagen.

Nr. 124. Für Güter von aufsergewöhnlichem Umfang, welche die Länge eines Wagens überragen.

III. Die Ausnahmetarife gelten nur für bestimmte Verkehrsbeziehungen und Güter, sowie unter gewissen in denselben näher bezeichneten Bedingungen, wobei in der Regel auch Aufgabe eines Mindestgewichts für einen Wagen gefordert wird. Sie sind gemeinsame (direkte) zwischen Stationen verschiedener Netze, oder örtliche zwischen Stationen desselben Netzes. Von ersteren giebt es 21, von letzteren für das adriatische Netz 3, für das mittelländische Netz 6.

Nach vorstehendem stellt sich der Gütertarif als eine ausgebildete und verwickelte Wertklassifikation dar. Ahnlich wie bei den französischen Gütertarifen liegt der Schwerpunkt des Verkehrs nicht in den allgemeinen Tarifen, sondern in den Spezial- und Ausnahmetarifen. Bei den allgemeinen Tarifen wird zwischen Stückgut und Wagenladungen nicht unterschieden, während die grofse Mehrzahl der Spezial- und Ausnahmetarife die Aufgabe eines verschieden bestimmten Mindestgewichts in einem Wagen zur Bedingung macht. Für die allgemeinen Tarife und die Spezialtarife besteht nicht nur eine formelle Tarifeinheit in den Tarifvorschriften und der Klassifikation, sondern auch materielle Tarifeinheit in den Einheitssätzen für die drei vom Staat verpachteten Netze. Nimmt man dazu, dafs durch die Artikel 3 und 7 der allgemeinen Transportvorschriften die gleichmäfsige Behandlung aller und die volle Öffentlichkeit der Tarife festgesetzt ist, und dafs der Staat sich vertragsmäfsig nicht nur ein sehr weitgehendes Aufsichtsrecht, sondern auch eine unmittelbare Einwirkung auf die Festsetzung, bezw. Abänderung der Tarife vorbehalten hat, so läfst sich nicht leugnen, dafs alles gethan ist, um das Land vor den Mängeln und Nachteilen des privaten Betriebs bezüglich der Tarifgestaltung zu schützen. Die Zukunft mufs lehren, ob dieser Versuch gelingen wird, oder ob sich die naturgemäfs gegenteiligen Bestrebungen der privatwirtschaftlichen Betriebsverwaltung stärker erweisen werden.

Für die Tarifierung von Leichen, Fahrzeugen und Vieh sind die in § 104 aufgeführten Bestimmungen der allgemeinen Tarife mafsgebend. Nur für Vieh giebt es einige Spezialtarife (Nr. 52 und 53). Auch für diese Tarife besteht formelle und materielle Tarifeinheit für die drei Netze.

§ 106. *Ergänzende Bemerkungen zu den Personentarifen.*

Für Personen, Gepäck und Hunde sind die in § 104 aufgeführten allgemeinen Tarife auf allen drei Netzen in Kraft. Im Personenverkehr bestehen sonach 3 Klassen, nur auf 2 Strecken, Benevento-Neapel und Neapel-Kastellamare di Rubia, verkehren in gewissen Zügen auch Wagen vierter Klasse zu einem Satz von 3,39 Cts. für das Personenkilometer. Aufserdem sind noch besondere Bestimmungen festgesetzt für Benutzung der Bett-Coupéplätze, für Rückfahrtbillets, Rundreise- und Abonnementsbillets. Im allgemeinen sind die Bedingungen erschwerender Natur.

Rückfahrtbillets werden nicht allgemein, sondern nur für bestimmte Stationen ausgegeben. Sie berechtigen zur Ausführung der Hinfahrt an dem Tage und mit dem Zuge, für welchen sie ausgegeben sind, und zur Ausführung der Rückfahrt mit jedem Zuge an demselben Tage, auch wenn derselbe erst am Vormittage des folgenden Tages an der Bestimmungsstation ankäme. Nur die an dem einen Festtag vorhergehenden Tage oder dem Festtag selbst ausgegebenen Rückfahrtbillets gelten zur Rückfahrt während des vollen, dem Festtage folgenden Tages mit jedem Zuge, welcher auf der Bestimmungsstation nicht später als Mitternacht dieses Tages fahrplanmäfsig ankommt. Die Rückfahrtbillets sind nicht übertragbar und ist die Zuwiderhandlung mit Strafe bedroht.

Das italienische Bahnpolizeireglement vom 31. Oktober 1873 bestimmt in dieser Beziehung folgendes:

»Art. 56. Die Billets mit ermäfsigten Preisen für Fahrten auf öffentlichen Eisenbahnen, sowie diejenigen Billets, welche mit Nachlafs auf die Preise der allgemeinen Tarife überlassen werden, sind nicht übertragbar. Es ist daher verboten, den Gebrauch des Teiles eines Rückfahrtbillets, welcher zur Rückfahrt dient, sowie andere nicht übertragbare Billets abzutreten, um dadurch andere als diejenige Person, welcher das Billet ausgefolgt war, zur Reise auf den öffentlichen Bahnen zu berechtigen. Niemand darf unter Benutzung des zweiten Teils eines Rückfahrtbillets oder eines andern nicht ermäfsigten Billets, welches er in Übertretung der beiden vorstehenden Absätze erworben, reisen oder zu reisen versuchen. Es ist verboten, den An- oder Verkauf der im ersten Absatz erwähnten Billets zu vermitteln oder zu betreiben und dadurch zu versuchen, Personen, von welchen der Preis für eine gewöhnliche Fahrt nach dem allgemeinen Tarife zu entrichten ist, die Reise auf den öffentlichen Eisenbahnen zu ermäfsigten Preisen zu verschaffen.

Art. 65. Wer die Bestimmungen der Sätze 2 und 3 des Art. 56 übertritt, wird mit Geldstrafe bis zu 100 Lire bestraft. Diejenigen, welche der Bestimmung des Satzes 4 des erwähnten Art. 56 zuwiderhandeln, verfallen in eine Geldstrafe bis zu 500 Lire.«

ACHTER ABSCHNITT.

E. FRANKREICH.

Vgl. meinen Aufsatz über französisches Eisenbahntarifwesen im Archiv für Eisenbahnwesen Jahrg. 1885 Seite 525—569.

§ 107. *Die gesetzlichen, konzessionsmäfsigen und von den Aufsichtsbehörden getroffenen Bestimmungen über das Eisenbahntarifwesen.*

Vgl. Picard, Les chemins de fer français, Bd. IV.

In Frankreich besteht ein weitgehendes staatliches Aufsichtsrecht über die Privatbahnen auch in Bezug auf die Tarife. Dasselbe wird gewöhnlich darin zusammengefafst, dafs dem Staat die Homologation der Tarife zustehe. Homologation bedeutet Bestätigung und ist der Gerichtssprache entnommen. Was hierunter bezüglich der Tarife zu verstehen ist, war lange zweifelhaft und ist, obgleich man durch die den französischen Eisenbahnen seit 1857 auferlegten Konzessionsbedingungen (cahiers des charges) sich bemüht hat, alle Unklarheiten zu beseitigen, noch keineswegs unbestritten.

Léon Aucoc (Les tarifs des chemins de fer et l'autorité de l'État, S. 15) fafst die Bedeutung der staatlichen Homologation der Tarife in folgendem zusammen:

»Den Privateisenbahnen steht die Initiative zu, der Regierung ein Veto. Die Initiative in den Händen der Gesellschaften erlaubt ihnen, die für sie einträglichste und gleichzeitig für die Masse der beteiligten Interessen zufriedenstellendste Tarifgestaltung zu suchen. Das Veto in den Händen der Regierung erlaubt ihr, mifsbräuchliche, das öffentliche Interesse und die Gleichheit verletzende Tarifbildungen zu verhindern.«

Es beruht die Homologation auf Artikel 44—49 der Verordnung vom 15. November 1846, welche zugleich das Verfahren für Einführung neuer und Abänderung bestehender Tarife festsetzte und durch verschiedene Ministerialerlasse ergänzt wurde.

Nach Artikel 44 der genannten Verordnung darf keine Taxe ohne vorgängige Homologation erhoben werden. Nach den Artikeln 45 und 49 hat die Eisenbahngesellschaft alle Tarife und alle Tarifänderungen im Entwurf dem Minister, den Präfekten derjenigen Departements, welche von den betreffenden Eisenbahnlinien durchschnitten werden, den Generalinspektoren der Staatskontrolle und gleichzeitig durch Aushang auf den Stationen dem Publikum mitzuteilen. Dem Minister ist zugleich mit dem Entwurf ein denselben begründender Bericht vorzulegen.

Vgl. auch Ministerial-Cirkulare vom 30. Juli 1859 und 9. Oktober 1878.

Nach dem Ministerialcirkular vom 15. Februar 1862 haben die Präfekten ein Exemplar des Entwurfs den an demselben interessierten Handelskammern ihres Departements mitzuteilen.

Aufserdem wird von der Zentralverwaltung wöchentlich ein Verzeichnifs der dem Minister vorgelegten Tarife veröffentlicht und dasselbe allen Handelskammern zugesandt, welche innerhalb eines Monats von Aushang der Tarife ab ihre Bedenken äufsern können.

Vgl. Ministerial-Cirkular vom 23. Januar 1880.

Die Prüfung der Tarifentwürfe, welche der Homologation vorausgeht, ist in neuerer Zeit eine gründlichere geworden infolge der vielfachen Beschwerden gegen die Tarifgestaltung der französischen Privateisenbahnen, während sie früher häufig nur eine oberflächliche, rein formelle war. Durch Erlafs vom 16. Juli 1880 sind die Generalinspektoren, welche mit der Staatskontrolle über den Betrieb der verschiedenen Eisenbahnen betraut sind, mit der eingehendsten Prüfung der Tarifvorschläge nach jeder Richtung beauftragt, insbesondere auch bezüglich ihrer Wirkung auf den Wettbewerb der verschiedenen Industrie- und Handelsbezirke. Das gesamte Material wird dann dem Comité consultatif des chemins de fer vorgelegt, welches in Gemeinschaft mit der Direction générale des chemins de fer beim Minister die Anträge auf Genehmigung, Abänderung oder Nichtgenehmigung stellt.

Vgl. Erlafs vom 24. November 1880.

Erteilt der Minister die Homologation, so treten die Tarife, jedoch frühestens einen Monat nach erfolgtem Aushang, in Kraft. Verlangt der Minister Änderungen, so hat die Eisenbahngesellschaft die Wahl, die vorgeschlagenen Tarife zurückzuziehen oder die Änderungen anzunehmen. In letzterem Falle müssen die Tarife nochmals einen Monat angeschlagen werden, ehe sie in Kraft treten können.

Nach Art. 47 der Verordnung vom 15. November 1846 unterliegen auch die Nebengebühren der Genehmigung des Ministers der öffentlichen Arbeiten. Nach Artikel 48 der genannten Verordnung sind die in Kraft getretenen Tarife an sichtbaren Stellen der Stationen auszuhängen. Aufserdem werden sie von den Präfekten den Handelskammern mitgeteilt. Für die Spezialtarife erteilt seit lange der Minister nur eine provisorische Homologation, um sich auf diese Weise das Recht zur Zurückziehung derselben erforderlichenfalls zu sichern. Dies Vorgehen war früher seitens der grofsen Eisenbahngesellschaften als ungesetzlich bestritten, seit 1880 haben sie indes auf ihren Widerspruch verzichtet, nachdem der Minister erklärt hatte, bei Zurückziehung dieser provisorischen Homologation dieselben Förmlichkeiten beobachten zu wollen, wie bei der Homologation selbst.

Unter vorstehende Bestimmungen betreffs der Homologation fallen jedoch nicht die Durchgangs- und Ausfuhrtarife. Nach Verordnung vom 26. April 1862 kann der Minister der öffentlichen Arbeiten die Eisenbahnen ermächtigen, für den Durchgangsverkehr die Preise und Bedingungen festzusetzen, welche sie für geeignet halten, um den ausländischen Wettbewerb zu besiegen. Sie sind für die Einführung und Wiedererhöhung der Durchgangstarife an keine vorausgegangene Veröffentlichung oder Frist gebunden, müssen sie nur am Tage vor der Einführung in den im Tarif genannten Stationen aushängen und dem Minister mitteilen, welchem das Recht zusteht, deren Anwendung jederzeit zu verbieten.

Ausfuhrtarife zu ermäfsigten Sätzen können ohne vorherige Veröffentlichung eingeführt werden, wenn sie dem Minister mitgeteilt sind und dieser binnen 5 Tagen keinen Widerspruch erhoben hat. Auch können sie nach 3 Monaten, jedoch unter Beobachtung der für die regelmäfsigen Tarife vorgeschriebenen Förmlichkeiten, wieder erhöht werden. Dem Publikum werden sie durch Aushang an den Stationen bekannt gegeben. Durch Erlafs vom 1. August 1864 sind die sämtlichen französischen Häfen in mehrere Gruppen eingeteilt, innerhalb deren dieselben Sätze von demselben Eisenbahnnetz für die Ausfuhr über die verschiedenen Häfen bestehen.

In Artikel 50 der Verordnung vom 15. November 1846 ist ferner bestimmt, dafs die Transporte ohne jede Begünstigung Einzelner ausgeführt werden sollen.

Sehr bemerkenswert insbesondere wegen der klaren Auffassung über die Notwendigkeit dieser Bestimmung ist die Begründung dieses Artikels in dem die Verordnung vom 15. Nov. 1846 rechtfertigenden Bericht an den König, abgedruckt Picard a. a. O. S. 37 ff. Es heifst hier: »Der Art. 50 schreibt die nötigen Mafsregeln vor, um den Versendern Gleichheit in der Anwendung der Tarife zu sichern. Diese Gleichheit ist eine der hauptsächlichsten Vorschriften der Konzessionsbedingungen. Die Eisenbahnen sind Monopolwege; jede Konkurrenz mit ihnen ist im allgemeinen unmöglich und daher Gleichheit in der Anwendung der Tarife die unentbehrlichste Verpflichtung der Gesellschaften, welche sie betreiben. Ohne diese Gleichheit giebt es keine Sicherheit für Handel und Industrie, keine feste Grundlage für Geschäfte. Die Staatsverwaltung mufs daher, soweit es an ihr liegt, über die treue Beobachtung obiger Regeln wachen; und die im Art. 50 getroffenen Bestimmungen gewähren in dieser Beziehung jede Sicherheit.

Aufserdem ist durch die Artikel 48 und 53 der Bedingnishefte von 1857 und 1859 vorgeschrieben, dafs alle Taxen ohne Unterschied und ohne Begünstigung einzelner erhoben werden. Demgemäfs sind sowohl die früher üblichen traités particuliers, besondere Vergünstigungen für einzelne gröfsere Verfrachter, als auch die sog. Abonnementstarife verboten, d. h. ermäfsigte Tarife für diejenigen Verfrachter, welche sich verpflichteten, ihre gesamten Transporte der betreffenden Eisenbahn mit Ausschlufs jedes anderen konkurrierenden Beförderungsmittels zu übergeben.

Die erwähnten, für alle Hauptbahnen gültigen Bedingnishefte enthalten im Titel IV, abgesehen von der Verordnung vom 15. Nov. 1846, die wesentlichsten Bestimmungen über das Tarifwesen.

Diese Bedingnishefte finden sich Picard a. a. O. S. 51 ff. abgedruckt.

Insbesondere sind in denselben auch Maximaltarife festgesetzt, und zwar ist unterschieden zwischen droits de péage und prix de transport. Die ersteren sind anwendbar als Vergütung für Benutzung der Bahn durch dritte, beide, wenn die Eisenbahn selbst transportiert.

Es wird ferner unterschieden zwischen grande vitesse, worunter Personen-, Gepäck- und Eilgutverkehr verstanden wird, und petite vitesse, Frachtgutverkehr. Im Fall die Eisenbahn selbst befördert, dürfen erhoben werden:

I.	Klasse	10	Centimes	für das	Personenkilometer,
II.	»	7,5	»	» »	»
III.	»	5,5	»	» »	»

Kinder unter 3 Jahren sind frei, von 3—7 Jahren zahlen sie die Hälfte; das Freigepäck beträgt 30 kg für Erwachsene, 20 kg für Kinder von 3—7 Jahren.

Grofsvieh zahlt im Höchstbetrage 10 Cent., Kälber und Schweine 4 Cent., Hammel, Schafe und Ziegen 2 Cent. für das Stück und Kilometer.

Für Eilgut und Gepäck beläuft sich der Höchstbetrag auf 36 Cent. das Tonnenkilometer.

Für Frachtgut waren in den Bedingnisheften von 1857 und 1859 nur 3 Klassen unterschieden, in späteren Konzessionen aus den 60er Jahren wurden jedoch 4 Klassen festgesetzt, in welchen 72 Güter aufgezählt sind.

Vgl. Picard a. a. O. S. 85, 111, 138, 165, 193, 217, 248.

Die übrigen Güter werden von den Gesellschaften mit Genehmigung der Regierung denjenigen Klassen zugeteilt, deren Güter ihnen am meisten gleichartig sind.

Die Sätze der drei ersten Klassen sind kilometrische Einheitssätze von 16, 14, 10 Cent. für das Tonnenkilometer. Zu der vierten Klasse gehört eine geringe Zahl schwerer Massengüter, wie Kohlen, Kalk, Mineralien, für welche ein Tarif mit fallender Skala, 8 Cent. für das Tonnenkilometer bis 100 km, 5 Cent. für 101—300 km, 4 Cent. für weitere Entfernungen festgesetzt ist.

Differentialtarife werden zugelassen, jedoch mit der Klausel der stations non dénommées, d. h. die an derselben Linie vorgelegenen nicht in den Tarif aufgenommenen Stationen geniefsen den Satz der nächstfolgenden in den Tarif aufgenommenen Station. Ermäfsigte Personentarife können erst nach 3 Monaten, ermäfsigte Gütertarife erst nach einem Jahr wieder erhöht werden, eine sehr wesentliche Garantie für die Verkehrtreibenden. Die Expeditionsfristen, Transport- und Lieferfristen sind festgesetzt durch die Ministerialerlasse vom 12. Juni 1866, 15. März 1877, 6. Dezember 1878 und 3. November 1879, die Nebengebühren durch Ministerialerlasse vom 30. November 1876 und 27. Mai 1878.

Dieselben finden sich Picard a. a. O. S. 596—614.

Was die Tarife der Lokalbahnen und Trambahnen betrifft, so unterliegen sie nach Art. 5 des Gesetzes vom 11. Juni 1880 der Homologation durch den Minister der öffentlichen Arbeiten, wenn die Bahn mehr als ein Departement berührt oder es sich um direkte Tarife mit andern Bahnen handelt, sonst erteilt der zuständige Präfekt die Homologation. Im übrigen sind die Vorschriften über die Tarifgestaltung und die Maximaltarife, wie sie in den Normalbedingnisheften vom 6. August 1881 festgesetzt sind, im wesentlichen dieselben, wie für die Hauptbahnen, nur dafs für Waren aller

Klassen in vollen Wagenladungen ein Spezialtarif zum Satz von 6 Cent. für das Tonnenkilometer eingeführt ist.

Picard a. a. O. S. 646, 678—719.

Wenn schon diese staatlichen Aufsichtsrechte anscheinend weitgehend sind und in manchen Richtungen die Willkür der Privateisenbahnen wirksam beschränken, so hat doch die Erfahrung gezeigt, dafs sie nicht ausreichen, um eine den Verkehr zufriedenstellende und die öffentlichen Interessen wahrende Gestaltung des Tarifwesens zu bewirken. Vor allem fehlt der Regierung das Recht der Initiative, sie hat keine Macht, die Privateisenbahnen zu den für Handel und Verkehr nötigen Ermäfsigungen der hohen, ihnen konzessionsmäfsig gewährten Einheitssätze zu zwingen oder sie zu veranlassen, zu Gunsten der inländischen Industrie ermäfsigte Tarife zu gewähren. Nur bei Notständen, wenn der Preis des Hektoliter Getreide sich auf 20 Francs und mehr erhöht, kann sie verlangen, dafs der Tarif für Getreide aller Art und Reis auf 0,07 Francs das Tonnenkilometer herabgesetzt werde.

§ 108. *Die Entwickelung des französischen Eisenbahn-Tarifwesens im allgemeinen.*

Die gesetzlichen und konzessionsmäfsigen Bestimmungen und das durch dieselben geschaffene staatliche Aufsichtsrecht haben nicht vermocht, die rein privatwirtschaftliche Entwickelung des französischen Eisenbahn-Tarifwesens zu hindern. Zwar bestanden seit 1857 bereits mit Ausnahme einiger nicht in Betracht kommender Lokalbahnen nur sechs grofse Eisenbahnnetze in Frankreich, zu welchen im Jahre 1878 als siebentes das aus einer Anzahl zahlungsunfähiger kleiner Bahnen zusammengekaufte Staatsbahnnetz trat. Infolge dessen machten sich die Nachteile der Zersplitterung im Eisenbahntarifwesen weniger geltend, als in Deutschland, zumal die französischen Bahnen in richtiger Erkenntnis ihres Vorteils durch Vereinbarungen jeden Wettbewerb unter sich ausschlossen. Um so eher waren aber die französischen Privatbahnen in der Lage, ihre hohen Tarife aufrecht zu erhalten und ihr Monopol unbekümmert um die wirtschaftlichen Interessen der Bevölkerung auszubeuten. Nur in verhaltnismäfsig nicht erheblichem Mafse beschränkte der Wettbewerb der Wasserwege diese allmächtige Stellung der Eisenbahnen.

Unter diesen Verhältnissen ist es nicht zu verwundern, dafs auch in Frankreich eine weit verbreitete Unzufriedenheit mit den Tarifverhältnissen sich bildete und die Frage der Tarifreform schon lange auf der Tagesordnung steht.

Schon im Jahre 1863 verlangte eine von der Regierung eingesetzte Kommission durch den Mund ihres Berichterstatters M. Chevalier gewisse Änderungen der Personen- und Gütertarife. 1870 begann eine neue Untersuchung, welche nach dem Krieg fortgesetzt wurde. 1876 war die Eisenbahntariffrage gleichfalls Gegenstand der Verhandlung der Kammern bei Gelegenheit der Beratungen über den Erwerb der notleidenden Lokalbahnen durch die Orléansbahn. Demnächst beauftragte die Eisenbahnkommission des Senats eine Unterkommission mit Untersuchung der Tariffrage, deren Ergebnisse in einem Bericht des Senators George dem Senat am 13. Dezember 1878 vorgelegt wurden. Im Jahre 1879 wurde die Eisenbahnreform von neuem in den Kammern angeregt und ein Ausschufs von 33 Mitgliedern mit der Berichterstattung beauftragt, von dem der Abgeordnete Waddington mit der Berichterstattung wegen der Tariffrage betraut wurde. Aus dem interessanten Bericht Waddingtons, abgedruckt in dem Archiv für Eisenbahnwesen, Jahrg. 1880 S. 150, ergiebt sich zur Genüge, wie wenig das französische Eisenbahntarifwesen den Bedürfnissen der Allgemeinheit und des Verkehrs entspricht. Der damalige Zustand des französischen Tarifwesens, welcher mit Ausnahme der in dem folgenden Paragraphen erörterten Reformmafsregeln auch heute noch besteht, war im wesentlichen folgender:

Bei den Gütertarifen, welche auf einer ausgedehnten und verwickelten Wertklassifikation beruhen, sind zu unterscheiden die gesetzlichen, oben erwähnten Maximaltarife, die allgemeinen Tarife und die Spezialtarife.

Die allgemeinen Tarife oder Normaltarife bewegen sich in der Regel unter den Maximalsätzen, sind aber verhältnismäfsig noch sehr hoch. Eine gemeinsame Klassifikation besteht für dieselben nicht. Zwar waren die 1500 verschiedenen Güter in übereinstimmender Weise unter die 72 Warengattungen der vier Klassen der Bedingnishefte verteilt. Aber es war den Eisenbahnen gestattet, für die Frachtberechnung die Güter in eine beliebige Zahl von Klassen zu zerlegen, wenn sie nur für das einzelne Gut den Maximalsatz der Bedingnishefte nicht überschritten. Hiervon haben die Eisenbahnen auch Gebrauch gemacht und jede für sich eine besondere Wertklassifikation aufgestellt. Diese Wertklassifikationen enthalten aufser Eilgut, welches in verschiedene Klassen zerfällt, insbesondere gewöhnliches Eilgut, ermäfsigtes Eilgut und Lebensmittel, bei der Orléansbahn 4, bei der Ost- und Südbahn 5, bei der Westbahn 6 und bei der Nord- und Mittelmeerbahn 7 Frachtgutklassen oder Serien. Die Einheitssätze der verschiedenen Bahnen sind ebenso verschieden, wie die Klassifikationen, insoweit überhaupt bestimmte Einheitssätze eingerechnet sind. Dies ist nämlich nur der Fall bei der Nordbahn, West- und Ostbahn. Bei den übrigen Bahnen bestehen die allgemeinen Tarife aus festen, jedoch für die einzelnen Strecken desselben Netzes ganz und gar verschiedenen Sätzen, die ohne erkennbare Grundsätze festgesetzt sind.

Der erwähnte Bericht Waddingtons sagt hierüber: »An die Stelle der vier in die Bedingnishefte aufgenommenen Abteilungen treten Klassen, deren Zahl bei jeder Gesellschaft verschieden ist; dieselbe Ware steht also bei der einen Gesellschaft in dieser, bei der andern in jener Klasse. Zuweilen haben die Gesellschaften für den Wechselverkehr zwischen ihren Linien eine Art von regelmäfsigem Tarif mit neuer Klasseneinteilung aufgestellt, welche wiederum mit der Einteilung derselben Linien für ihren Lokalverkehr nicht übereinstimmt. Dazu kommt, dafs die Gesellschaften mit Ausnahme der Ostbahn, für die Berechnung der Einheitssätze ihres regelmäfsigen Tarifs Grundlagen angenommen haben, welche sie wohlweislich dem Publikum verheimlichen, ja die sie selbst nicht einmal kennen. Bald gleichmäfsig, bald differentiell wachsen die Sätze mehr oder weniger schnell je nach der Strecke, für welche sie gelten, bald ist, wenn statt der wirklichen willkürliche Entfernungen zu Grunde gelegt werden, die Abnahme der kilometrischen Einheitssätze eine schleunige, fast plötzliche, bald eine langsame, allmählich fortschreitende.«

Spezialtarife bestehen zwischen Stationen desselben Netzes sowie für den direkten Verkehr. Sie stellen sich durchweg als Ausnahmetarife oder Differentialtarife dar, und ihre Arten sind sehr mannigfaltig. Für die Anwendung der Spezialtarife werden oft Bedingungen verschiedener Art aufgestellt, z. B. die Auflieferung bedeutender Mengen, Verlängerung der Lieferfristen, Nichthaftung der Bahn für Beschädigungen, das Verlangen eines besonderen Vertragsabschlusses zwischen dem Versender und der Eisenbahn.

»Wenn es schon schwierig war,« sagt Waddington, »die Grundlagen ausfindig zu machen, auf welchen die regelmäfsigen Tarife aufgestellt sind, so würde es eine geradezu unnötige Mühe sein, nach rechnungsmäfsigen Grundlagen für die grofse Mehrzahl der Spezialtarife zu forschen. Diese Tarife sind lediglich nach kaufmännischen Gesichtspunkten gebildet, welche ganz selbstverständlich je nach den Plätzen, für welche sie Anwendung finden, wechseln. Als tüchtige Kaufleute haben die Leiter der Eisenbahngesellschaften die Frachtsätze nach dem Gesetz von Angebot und Nachfrage gebildet. Handelte es sich um ein von einem Kanal, einem Flufs, einer Lokalbahn durchzogenes Gebiet, um Hafenplätze, welche durch die Seeschiffahrt miteinander in Verbindung standen, so wurde ein Tarif zur Genehmigung vorgelegt, welcher den Wettkampf mit dem andern Verkehrsmittel ermöglichte, meistenteils bestimmt war, den Konkurrenten zu vernichten. Kam hingegen ein weniger begünstigtes Departement in Frage, in welchem die Gesellschaft ein Monopol für den Lokalverkehr hatte, so erachtete man eine Ermäfsigung der Frachtsätze für unnötig, die Anwendung der allgemeinen Tarife den Bedürfnissen dieses Gebiets vollkommen entsprechend.

Die praktischen Folgen solcher von den grofsen Gesellschaften aufgestellten und verteidigten Grundsätze sind die auffallendsten Ungleichheiten in den Frachtsätzen. Die verschiedenartigen Spezialtarife begünstigen einen Hafen, ein Gewerbe, einen Fabrikort, ja oft einen einzelnen Gewerbetreibenden notwendigerweise auf Kosten anderer Orte, anderer Personen. Oft wird der ausländische Produzent auf Kosten seines französischen Konkurrenten bevorzugt.«

Vgl. auch den Bericht des Abgeordneten Baïhaut, »Archiv für Eisenbahnwesen« Jahrgang 1880 S. 19; ferner die im Jahrgang 1881 abgedruckten Artikel aus »La République française« S. 34—36.

Die Tarife aller französischen Bahnen sind in einer Tarifsammlung zusammengestellt und veröffentlicht, welche vierteljährlich erscheint und nach dem Verleger das Livret Chaix heifst. Schon das Format und der Umfang dieses Buches zeigt die grofse Zahl und Mannigfaltigkeit der Gütertarife. Die Tarife für grande vitesse sind in einem besonderen, ebenfalls sehr umfangreichen Band aufgenommen.

Nach dem Buche von Chaix belief sich 1879 die Zahl der Spezialtarife auf

1063	Lokalspezialtarife,
456	Verbandspezialtarife,
33	Exporttarife,
302	internationale Spezialtarife,
1854	Spezialtarife zusammen.

Diese Spezialtarife sind wichtiger, als die allgemeinen Tarife, was sich schon daraus ergiebt, dafs auf dieselben die Hälfte aller Transporte und 4/5 der Gesamteinnahme aller Verkehre entfallen.

Auch über die französischen Personentarife wird lebhaft geklagt, insbesondere wird in dem Waddingtonschen Bericht nachgewiesen, dafs dieselben mit zu den teuersten in Europa gehören. Man hat in Frankreich 3 Klassen, aufserdem Ermäfsigungen für Militärbillets, Auswandererbillets, Arbeiterbillets, Rückfahrts- und Rundreisebillets, Abonnementsbillets. Die Schnellzüge führen fast ausschliefslich nur I., oder I. und II. Klasse, die Personenzüge fahren im allgemeinen sehr langsam, die Einrichtungen der Personenwagen, insbesondere der II. und III. Klasse sind schlechter, als in Deutschland.

Die Tarife für Eilgut sind ebenfalls sehr hohe, nur für kleine Pakete bis zu 5 kg haben die französischen Bahnen seit 1880 einen verhältnismäfsig billigen Tarif auf einheitlichen Grundlagen für ganz Frankreich eingerichtet. Hiernach kosten Pakete bis zu 3 kg Gewicht ohne Wertdeklaration 60 cts., mit Wertdeklaration, aber höchstens bis zu 100 fr., bis 3 kg 1 fr., bis 5 kg 1,20 fr.

Der Tarif ist abgedruckt Picard a. a. O. S. 593—595.

§ 109. *Die neuesten Reformen im französischen Tarifwesen.*

Unter dem Druck der allgemeinen Beschwerden, der Kammerverhandlungen und der Regierung hatten die französischen Privatbahnen sich 1879 über eine übereinstimmende Güterklassifikation, welche sämtliche Güter in 6 Klassen verteilt, geeinigt, und diese auch die vorläufige Genehmigung der Regierung gefunden. Allein der Entwurf eines für die sechs Gesellschaften auf dieser Grundlage einzuführenden allgemeinen Verbandstarifs mit einheitlichen Grundtaxen, welcher im Juli 1880 dem Minister von den Eisenbahnen vorgelegt wurde, konnte nicht genehmigt werden, weil die nach diesem Entwurf sich ergebenden Frachten nicht nur vielfach Erhöhungen der bestehenden Tarife, sondern auch teilweise eine Überschreitung der gesetzlichen Maximalsätze mit sich gebracht haben würden. Der Minister gab diesen Tarifentwurf zur völligen Umarbeitung zurück und verlangte Ausdehnung desselben auf den Lokalverkehr, sowie eine Reform der Spezialtarife.

Über die sehr interessanten Einzelheiten vgl. Archiv für Eisenbahnwesen, Jahrg. 1882 S. 135 ff.

Hierauf ruhte die Frage der Tarifreform vorläufig. Nur auf dem Staatsbahnnetz wurde im November 1880 ein Lokaltarif eingeführt, welcher sehr vereinfacht und mit sehr ermäfsigten Sätzen gewissermafsen als Muster den Privatbahnen hingestellt wurde.

Vgl. über denselben Archiv für Eisenbahnwesen Jahrg. 1882 S. 1—23.

Inzwischen trat ein grofser Umschwung in der französischen Eisenbahnpolitik ein, indem die Regierung hauptsächlich aus finanziellen Gründen sich entschlofs, die seit Mitte der siebziger Jahre schwebende Frage der Verstaatlichung der französischen Privatbahnen fallen zu lassen, und mit letzteren neue Verträge abzuschliefsen, wonach dieselben den Betrieb der vom Staat gebauten und den Ausbau der durch das Gesetz vom 17. Juli 1879 festgesetzten Bahnlinien gegen wertvolle Zugeständnisse seitens der Regierung übernahmen.

Über diese Verträge vgl. von der Leyen in Schmollers Jahrbuch für Gesetzgebung, Verwaltung und Volkswirtschaft 8. Jahrgang 4. Heft S. 149—190.

Im Anschlufs an diese durch das Gesetz vom 20. November 1883 genehmigten Verträge mit den sechs grofsen Privatbahnen ist auch die Frage der Tarifreform wieder in Flufs gekommen. In diesen Verträgen selbst ist im Artikel 14 bestimmt, dafs wenn der Staat die durch Gesetz vom 16. September 1871 erfolgte Erhöhung der Abgabe auf die grande vitesse d. h. Personen-, Gepäck- und Eilgutverkehr aufheben würde, die Privatbahnen im Personenverkehr den Tarif der zweiten Klasse um 10, den der dritten Klasse um 20 Prozent ermäfsigen sollen.

Es wurde durch dies Gesetz ein zweites Zehntel zu der schon in die Einheitssätze eingerechneten Staatssteuer von 10 Prozent in der Weise hinzugefügt, dafs jeder Frachtsatz von 50 cts. und mehr um 10 Prozent erhöht wird.

Würde aber der Staat die Abgabe auf grande vitesse noch weiter vermindern (nach Aufhebung der gedachten Erhöhung bleibt die früher schon bestandene Abgabe von 10 Prozent), so sind die Privatbahnen verbunden, eine weitere entsprechende Ermäfsigung der Personentarife eintreten zu lassen, jedoch erst dann, wenn sie dieselbe Reineinnahme aus der grande vitesse haben, wie vor der ersterwähnten Ermäfsigung. Aufser diesen vertraglichen Bestimmungen, welche bis jetzt nicht wirksam geworden sind, haben aber die Privatbahnen durch besondere Schreiben an den Minister der öffentlichen Arbeiten sich zu weitergehenden Reformen im Tarifwesen verpflichtet. Im wesentlichen betreffen dieselben folgende Punkte:

Über das Nähere und die bei den verschiedenen Bahnen verschiedenen Einzelheiten ist zu vergleichen: Picard, les chemins de fer français Band 6 S. 358 ff., 369 ff., 386 ff., 398 ff., 411 ff., 421 ff.

1. Eine Ausdehnung der Rückfahrtbillets, bezw. gröfsere Ermäfsigungen und längere Gültigkeitsdauer derselben. Die betr. Bestimmungen sind bei den französischen Bahnen sehr verschieden, auch bestehen Rückfahrtbillets bei weitem nicht zwischen allen Stationen desselben Netzes, sondern nur in geringem Umfang und mit vielerlei Beschränkungen; auch jetzt ist deren allgemeine Einführung nicht versprochen, sondern nur eine Ausdehnung nach Mafsgabe des Verkehrs und Bedürfnisses.

2. Eine Ermäfsigung der Eilgut- und Viehtarife bei der Paris-Lyon-Mittelmeer- und Ostbahn.

3. Für Frachtgut soll die Klassifikation von 1879 allgemein angenommen werden. Demnach werden die allgemeinen Tarife in sechs Klassen zerfallen und ist ferner in Absicht, für diese Klassen für alle Bahnen gleiche, nach der Entfernung staffelförmig ermäfsigte Einheitssätze einzurechnen. Auch sollen Frachtermäfsigungen für gewisse Artikel eintreten.

4. Ferner sollen bei den Spezialtarifen die festen, systemlos gebildeten Sätze, soweit möglich, beseitigt werden und an deren Stelle eine Reihe von Spezialtarifen für bestimmte Artikel gültig für das ganze Netz mit nach der Entfernung staffelförmig ermäfsigten Einheitssätzen treten. Daneben werden jedoch eine Anzahl der festen Sätze als Ausnahmetarife, beschränkt auf bestimmte Stationen und Verkehrsbeziehungen, bestehen bleiben.

5. Bezüglich der internationalen Tarife verpflichten sich die Privatbahnen:

a) solche Einfuhrtarife für fremde Güter, welche den wirtschaftlichen Bedingungen des Zollsystems entgegenwirken, nach Wunsch der Regierung zu ändern, sofern nicht auf einem konkurrierenden Transportweg diese Güter zu niedrigeren Frachtpreisen eingeführt werden.

b) Betreffs der Durchfuhrtarife sind die Bahnen der Ansicht, dafs kein Grund vorliege, an den oben aufgeführten Bestimmungen vom 26. April 1862 und 1. August 1864 etwas zu ändern. Dank der durch dieselben gewährten Freiheit im Konkurrenzkampf gegen die auswärtigen, in ihrer Bewegung freieren (?) Bahnen sei es möglich gewesen, auf die französischen Linien erhebliche Durchgangstransporte zu ziehen. Niemand in den letzten 20 Jahren, weder die Regierung noch die Verkehrs-Interessenten hätten Änderungen gewünscht. Wenn trotzdem künftig die Regierung neue Mafsregeln zu Gunsten der französischen Häfen oder Bahnen für nützlich erklären sollte, würden die Bahnen nicht anstehen, ihre Mitwirkung zuzusagen.

c) Was die Ausfuhrtarife betrifft, so verpflichten sich die Bahnen, den erhobenen Beschwerden dadurch gerecht zu werden, dafs sie die in den Durchfuhrtarifen festgesetzten Frachtsätze als Ausfuhrsätze gewähren für alle zwischen den Eingangs- und Ausgangsstationen der Durchfuhrtarife auf derselben Linie oder in einer Entfernung von 50 km seitwärts gelegenen Stationen, deren Entfernung bis zur Ausgangsstation geringer ist, als die Entfernung zwischen der Ein- und Ausgangsstation der Durchfuhrtarife.

Auf Grund der vorerwähnten Vereinbarungen und Versprechungen sind die französischen Privatbahnen im Begriff, ihre Tarife umzugestalten. Allerdings scheinen die Verhandlungen der Privatbahnen mit der Regierung über die Einführung der neuen Tarife nicht gerade sehr rasch zu verlaufen. Erst zwei Reformtarife, die Lokaltarife der Ostbahn und der Paris-Lyon-Mittelmeerbahn sind zur Einführung gelangt, während über die Lokaltarife der übrigen Bahnen noch zwischen der Regierung und den Privatbahnen verhandelt wird. Was die Einfuhr-, Ausfuhr- und Durchgangstarife betrifft, so kann an die Regelung derselben erst nach Festsetzung aller Lokaltarife gegangen werden. Es dürfte deshalb noch längere Zeit verlaufen, ehe die Tarifreform zur Durchführung gelangt ist.

Über das Nähere vgl. die in der Zeitung des Vereins deutscher Eisenbahnverwaltungen Jahrg. 1885 S. 661—663 wiedergegebenen Verhandlungen des französischen Abgeordnetenhauses.

Wenn dieselbe in der beabsichtigten Weise erfolgt ist, so wird für die allgemeinen Tarife nicht nur eine formelle Tarifeinheit, d. h. ein einheitliches Tarifsystem und eine einheitliche Klassifikation, sondern auch eine materielle Tarifeinheit insoweit bestehen, als dieselben Einheitssätze für die allgemeinen Tarife der sechs grofsen Privatbahnen zur Einrechnung gelangen werden.

Dagegen ist die beabsichtigte Reform der Spezialtarife, welche, wie oben erwähnt, weit wichtiger, als die allgemeinen Tarife sind, nur eine sehr beschränkte. Sie bezieht sich wesentlich darauf, dafs dieselben der Zahl nach vermindert werden und an Stelle eines Teils der vielen systemlos und ungleichartig gebildeten festen Sätze für einzelne

Stationen und Verkehrsbeziehungen Tarife nach fallender Skala für bestimmte Artikel treten, welche zum grofsen Teil für das ganze Bahngebiet gelten. So erwähnt die Ostbahn in ihrem Schreiben an den Minister, dafs an Stelle der bestehenden 72 Spezialtarife 28 neue treten, von denen die Hälfte für das ganze Netz ohne Ausnahmen gültig; die Nordbahn, dafs an Stelle von 45 Spezialtarifen sechs neue Spezialtarife nach fallender Skala und 19 Ausnahmetarife mit festen Sätzen treten. Irgend eine Einheitlichkeit in den Spezialtarifen der verschiedenen Bahnen, sei es bezüglich der Artikel, sei es bezüglich der Einheitssätze herbeizuführen, scheint dagegen nicht beabsichtigt zu sein.

Am 1. September 1884 ist der erste Reformtarif in Kraft getreten, der Lokaltarif der französischen Ostbahn. Da derselbe das Vorbild der zu erwartenden übrigen Tarife ist, müssen wir denselben etwas genauer betrachten.

§ 110. *Der Lokaltarif der französischen Ostbahn vom 1. September 1884.*

Zur allgemeinen Kennzeichnung wird folgendes vorausgeschickt:

Im Personentarif bestehen drei Klassen, daneben Ermäfsigungen in den Personenausnahmetarifen (Rückfahrt-, Rundreise-, Abonnements-, Schüler-, Arbeiterbillets u. s. w.).

Was den Gütertarif betrifft, so stellt sich der französische Reformtarif auf den ersten Blick als ein Wertklassifikationstarif vom reinsten Wasser dar. Schon für Eilgut finden wir eine ganze Zahl Klassen, nämlich:

1. den allgemeinen Eilguttarif für Warenkolli aller Art, ausgenommen
2. Gold und Silber, Wertsachen und Kunstgegenstände u. s. w. mit einem erhöhten Satz;
3. einen ermäfsigten Ausnahmetarif für Lebensmittel und Milch, der wieder aus vier Abteilungen besteht;
4. einen ermäfsigten Ausnahmetarif für Eilgüter mit Ausnahme der unter 2 und 3 erwähnten und von Gegenständen im Gewicht von mehr als 3000 kg im Verkehr von und nach Paris;
5. besondere Sätze für Rententitel und Wertpapiere.

Für Frachtgut giebt es im allgemeinen Tarif:

1. sechs Serien mit durchgebildeter Klassifikation;
2. erhöhte (anderthalbfache) Sätze für Sperrgüter, gold- und silberplattierte Waren, Kunstgegenstände u. s. w., ferner entzündliche und explosible Stoffe;

3. ebenfalls erhöhte Sätze für unteilbare Massen von 3000—5000 und 5000—22 000 kg.

Sodann giebt es 26 Spezialtarife fur Artikel der verschiedensten Art mit besonderen Sätzen, von welchen die meisten noch in mehrere Abteilungen mit unter sich verschiedenen Sätzen sowie Transportbedingungen zerfallen.

Endlich besteht eine Zahl Ausnahmetarife (feste Sätze) zwischen einzelnen Stationen für einzelne Artikel.

Entsprechend seinem Charakter als reiner Wertklassifikationstarif ist der fast gänzliche Mangel einer Unterscheidung zwischen Stückgut und Wagenladung. In den allgemeinen Tarifen wird zwischen Stückgut und Wagenladungen überhaupt nicht unterschieden, bei den Spezialtarifen wird allerdings häufig Aufgabe oder Zahlung eines bestimmten Gewichts oder Aufgabe einer Wagenladung oder Zahlung eines Mindestgewichts für den Wagen verlangt. Aber meist handelt es sich nur um 2, 3, 4 oder 5 t, hier und da werden auch 6, 7 und 8 t, nur bei den Artikeln Kohlen, Steinkohlen, auch zerstofsen, Anthracit, Braunkohlen, Boghead wird Beladung des Wagens mit 10 t oder Zahlung für dieses Gewicht verlangt.

Der Tarif selbst zerfällt in folgende Hefte:

1. Allgemeine Tarife } für die Personen-, Gepäck- und Eil-
2. Spezialtarife } gutbeförderung (grande vitesse).
3. Allgemeine Tarife } für die Beförderung in gewöhnlicher
4. Spezialtarife } Fracht (petite vitesse).
5. Den Kilometerzeiger.

Die Beförderungspreise werden, mit Ausnahme weniger für bestimmte Verkehrsbeziehungen bestehender fester Sätze, auf Grund des Kilometerzeigers berechnet.

Den allgemeinen Tarifen (1. und 3. Heft) geht eine alphabetische Übersicht der Bahnhöfe und Haltestellen voraus, bei deren Namen durch Buchstaben und Zahlen ersichtlich gemacht ist, welche Stationen nur für den Verkehr von Reisenden, von Eilgut, von Frachtgut oder für Beförderung von Vieh u. s. w. geöffnet sind.

Nachstehend sind die wesentlichsten Bestimmungen dieses Tarifs, der sich auf den Lokal-, Personen-, Gepäck-, Fahrzeug-, Leichen-, Vieh- und Güterverkehr der Ostbahn erstreckt, zusammengestellt.

1. Allgemeine Tarife für grande vitesse.

Dieselben umfassen die Beförderung von Reisenden, Gepäck, sowie die eilgutmäfsige Beförderung von Waren, Lebensmitteln, Milch, Geld, Wertsachen, Kunstgegenständen, Hunden, Fuhrwerken, Leichen und Tieren.

Die Einheitssätze für Personenbeförderung betragen

	für das Kilometer		
für die 1. Klasse	11,2 cts.	bezw.	9,856 Pf.
» » 2. »	8,4 »	»	7,392 »
» » 3. »	6,16 »	»	5,421 »

einschliefslich der französischen Staatssteuer von 10 Prozent gemäfs Gesetz vom 16. September 1871.

Die französischen Einheitssätze in Franks sind durchweg nach dem Parikurse in Mark umgerechnet; genauere Berechnungen sind nach dem inneren Metallwerte von 1 Fr. = 0,81 M. anzustellen, daher den in Markwährung angegebenen Taxen behufs absolut richtiger Darstellung 1,25 Proz. zuzusetzen.

Kinder unter drei Jahren sind frei, wenn sie auf dem Schofs ihrer Begleiter getragen werden, für Kinder von drei bis sieben Jahren wird die Hälfte der gewöhnlichen Fahrpreise, für Kinder von mehr als sieben Jahren der volle Fahrpreis bezahlt.

Das Gepäckfreigewicht beträgt 30 kg, für Kinder von drei bis sieben Jahren 20 kg. Die Fracht für das Übergewicht beträgt für die Tonne und 1 km bis zu 40 kg einschliefslich 50 cts. (44 Pf.), über 40 kg 40 cts. (35,2 Pf.) einschliefslich des Steuerzuschlags von 10 Prozent.

Warenstücke als Eilgut ohne Unterschied, insofern sie nicht Geld, Wertsachen oder Kunstgegenstände enthalten, werden nach folgenden Einheitssätzen tarifiert:

für Entfernungen bis 200 km 40 cts. (35,2 Pf.) für das Tonnenkilometer,

von 200—300 km	38 cts.	(33,44 Pf.)	für jedes	Kilometer	mehr,
» 300—400 »	35,8 »	(31,504 »)	»	»	»
über 400 »	33,6 »	(29,568 »)	»	»	»

einschliefslich des Steuerzuschlages von 10 Prozent.

Die geringste Erhebung beträgt für die Sendung, Auf- und Abladekosten inbegriffen: 40 cts. (32 Pf.).

Für Lebensmittel und Milch bestehen ermäfsigte Ausnahmetarife.

Für Gold und Silber in Barren, gemünzt oder bearbeitet, gold- und silberplattierte Waren, Quecksilber, Platina, ferner Juwelen, Spitzen, Stickereien, Edelsteine, Kunstgegenstände (Statuen, Gemälde, Kunstbronzen) und andere Wertsachen wird die Fracht nach dem Werte, und zwar 0,2772 Cts. für angefangene 1000 Franks Wert (0,22176 Pf. für 800 M.) erhoben, wenn die gewöhnliche Eilgutfracht nicht höher ist.

Für Waren, welche nicht 200 kg das Kubikmeter wiegen, wird die anderthalbfache Fracht gerechnet, jedenfalls aber nicht mehr, als für das beanspruchte Kubikmeter Raum die einfache Fracht für 200 kg.

Für Fuhrwerke werden bei der Beförderung in Personenzügen je nach ihrer Gröfse und der Zahl der Sitze für das Stück und Kilometer 56 bezw. 71,68 cts. (54,28 oder 63,0784 Pf.) berechnet, 10 Prozent Steuerzuschlag inbegriffen.

Leichenwagen mit einem oder mehreren Särgen werden nach der höheren Taxe für Fuhrwerke tarifiert.

Einzelne Särge werden in getrennten Wagenabteilungen abgefertigt, bei Abfertigung in Schnellzügen in besonderen Wagen auf Trucks oder besonderen Gepäckwagen. Einzelne Särge tarifieren: in gewöhnlichen Zügen zum Frachtsatze von 33,6 cts. (29,568 Pf.) für den Sarg und das Kilometer, in Schnellzügen zu 1,12 Fr. (98,56 Pf.) für den Wagen und das Kilometer. Begleiter nehmen in den Personenwagen gegen Zahlung der betreffenden Billetpreise Platz.

Für lebende Tiere, welche in Personenzügen befördert werden, sind zu entrichten:

	für den Kopf und das Kilometer			
für Ochsen, Kühe, Stiere, Pferde, Esel, Maulesel, Füllen, Zugvieh	22,4	cts. bezw.	19,712	Pf.
» Kälber und Schweine	8,96	» »	7,8848	»
» Hammel, Schafe, Lämmer, Ziegen	4,48	» »	3,9424	»

10 Prozent Steuerzuschlag inbegriffen.

Begleiter haben in den Personenwagen gegen Zahlung der betreffenden Billetpreise Platz zu nehmen.

Kleines Vieh, wie Hunde, Katzen, Ferkel, Meerschweinchen, Kaninchen, Affen, Eichhörnchen, Geflügel, in Käfigen oder Körben, wird nach dem doppelten Gewicht — das Gewicht der Tiere mit der Verpackung — wie Warenstücke tarifiert.

Die Beförderung von entzündlichen oder explosiblen Stoffen, gefährlichen Tieren und gefährlichen Gegenständen als Eilgut ist durch besondere behördliche Verfügungen geregelt.

2. Spezialtarife für grande vitesse.

Bei Anwendung der verschiedenen Warenspezialtarife haftet die Bahn nicht für Abgänge und Beschädigungen während der Fahrt. In den Frachtsätzen und Grundtaxen dieser Tarifabteilung ist eine Staatssteuer von 23,2 Prozent enthalten.

Als Spezialtarife sind aufgeführt:

Spezialtarif 1 für Reisende auf gewissen Strecken ist örtlicher Natur.

Spezialtarif 2 für Luxusplätze.

Unter Luxusplätze gehören Schlafcoupés (Coupés-Lits), fur welche die um ein Drittel erhöhten Fahrpreise der 1. Klasse zu entrichten sind, und Salonabteilungen (Compartiments-Salons), enthaltend drei Bettsessel, zwei gewöhnliche Sessel und ein Waterkloset, im Verkehr zwischen Paris und Stationen von wenigstens 250 km von Paris. Für Salonabteilungen wird entrichtet:

bei Benutzung durch	1	Reisenden:	1½	Billets	1. Klasse
»	2	»	3	»	»
»	3	»	4	»	»
»	4	»	5	»	»
»	5	»	6	»	»

Spezialtarif 3 für Extrazüge. Diese müssen, wenn irgend möglich, 24 Stunden vorher bestellt werden. Die Reisenden haben den um 10 Prozent erhöhten Fahrpreis der 1. Klasse zu entrichten. Gepäck, Pferde, Hunde, Equipagen werden nach den normalen Taxen berechnet. Der Mindestsatz beträgt 6,16 Fr. (4,928 M.) für jedes wirklich durchlaufene Kilometer.

Spezialtarif 4 für Rückfahrtbillets. Solche werden von und nach allen Stationen ausgegeben; sie enthalten 25 Prozent Ermäſsigung auf die um das Doppelte erhöhten einfachen Billets, nämlich:

in 1. Klasse	18,48	cts. bezw.	14,784	Pf.	für das Kilometer
» 2. »	13,86	» »	11,068	»	» » »
» 3. »	10,164	» »	8,1312	»	» » »

Die Gültigkeitsdauer der Rückfahrtbillets beträgt:

1. Zone bei Entfernungen	bis 200 km	. 2 Tage	Hin- und Rückfahrt inbegriffen.
2. » » »	» 300 »	. 3 »	
3. » » »	» 400 »	. 4 »	
4. » » »	über 400 »	. 5 »	

Rückfahrtbillets, welche Sonnabends oder an dem Tage vor den gesetzlichen Feiertagen gelöst werden, sind in der 1. Zone am Tage der Ausgabe und den beiden folgenden Tagen gültig. Folgen sich ein Sonn- und ein Festtag oder umgekehrt, so sind die Rückfahrtbillets in der 1. und 2. Zone gültig: von Sonnabend bis Dienstag, wenn der Festtag ein Montag ist, von Freitag bis Montag, wenn der Festtag ein Sonnabend ist.

Spezialtarif 5. Abonnementskarten werden für jede Entfernung, aber nur für 1/4 Jahr, 1/2 Jahr und 1 Jahr zu einheitlichen, nach der Entfernung abgestuften Preisen ausgegeben.

Spezialtarif 6. Schüler-Abonnements für Schüler unter 15 Jahren werden auf dem ganzen Netz ohne kilometrische Berechnung ausgegeben. Es beträgt der Fahrpreis in

	1. Klasse	2. Klasse	3. Klasse
von einer nach der andern Station	12 Fr. (9,60 M.)	8 Fr. (6,40 M.)	5 Fr. (4 M.)
» » » » zweiten »	16 » (12,80 »)	12 » (9,60 »)	8 » (6,40 »)
» » » » dritten »	20 » (16 »)	15 » (12 »)	10 » (8 »)

Spezialtarif 7. Arbeiter-Abonnements, welche zwischen Paris und Pantin-Nogent-Bry, sowie Paris-Bastille nach Paris (Reuilly), La Varenne-Chennevières und von verschiedenen Gewerbezentren nach den Arbeiterwohnorten und zurück durch die Stationsvorstände ausgegeben werden, sind örtlicher Natur. Die Abonnements sind wöchentlich.

Spezialtarif 8 für Kolonisten. Kolonisten nach Algier über Is sur Tille, Gray und Vesoul genießen 50 Prozent Ermäßigung auf die Fahrpreise in 3. Klasse und haben 100 kg Gepäckfreigewicht, Kinder von 3 bis 7 Jahren zahlen 1/4 des Preises der Plätze 3. Klasse und haben 50 kg Freigepäck, Kinder unter 3 Jahren sind frei, haben aber kein Gepäck frei.

Spezialtarif 9. Tiere in vollen Wagenladungen zahlen folgende Frachtpreise:

a) Grofsvieh (Esel, Farsen, Füllen, Kälber, Kühe, Maulesel, Ochsen, Pferde, Schweine über 20 kg und Stiere):

bis 50 km . .	95 cts.	(76 Pf.)	für den Wagen und das Kilom.,
von 50—200 km	65 »	(52 »)	» jedes Kilometer mehr
über 200 km .	55 »	(44 »)	» » » »

b) Kleinvieh (Ferkel, Hammel, Lämmer, Schafe, Schweine unter 20 kg, Widder, Zickchen, Ziegen):

4 cts. (3,2 Pf.) für das Quadratmeter Ladefläche und das Kilometer, mindestens 45 cts. (36 Pf.) für das Wagenkilometer,

c) Pferde, Füllen und Maulesel in Stallwagen:
bis 100 km 48 cts. (38,4 Pf.) für den Wagen und das Kilom.,
über 100 km 30 » (24 ») für jedes Kilom. mehr,

d) Rennpferde und Hengste des Landgestüts:
12,23 cts. (9,856 Pf.) für das Stück und km.

Spezialtarif 10 für Lebensmittel in drei Abteilungen mit verschiedenen Einheitssätzen.

Spezialtarif 11 für Milch und zwar für Sendungen von mindestens:

	50 kg		500 kg		2000 kg		
	cts.	Pf.	cts.	Pf.	cts.	Pf.	
bis 25 km	30,8	24,64	25	20	25	20	für die Tonne und das Kilometer
von 25— 50 »	30,8	24,64	13	10,4	13	10,4	» jedes Kilometer mehr,
» 50—100 »	30,8	22,64	13	10,4	9	7,2	» » » »
» 100—200 »	29,5	23,6					
» 200—300 »	28,3	22,64	6	4,8	5	4	» » » »
» 300—400 »	27,1	21,68					
über 400 »	25,8	20,64					

Das Liter Milch einschl. Gefäfs wird zu 1350 g angenommen, die Taxen enthalten die frachtfreie Rückbeförderung der leeren Gefäfse.

Spezialtarif 12 für Waren im allgemeinen von und nach Paris. Dieselben zahlen 27,5 cts. (22 Pf.) für die Tonne und das Kilometer und 1,76 Fr. (1,41 M.) für die Tonne für Auf- und Abladen. Ausgenommen sind Geld, Wertsachen, Gegenstände von mehr als 3000 kg Gewicht, Lebensmittel, Kunstgegenstände, Gemälde, Feuerwerk, Pulver, Aether, Phosphor und Pakete von 20 kg Gewicht und weniger. Für diesen Tarif sind die Lieferfristen auf 1 Tag für Entfernungen bis zu 250 km, und auf 2 Tage für Entfernungen über 250 km festgesetzt.

Spezialtarif 13 für Gepäck, Hunde, Waren, Geld, Fuhrwerke und Tiere ist örtlicher Natur.

Spezialtarif 14. Die Zuggebühren für Privatwagen und die Laufentschädigung für Salonwagen der Gesellschaft betragen:

bis 100 km 2,20 Fr. (1,76 M.) für den Wagen u. das Kilometer,
von 100—300 » 1,50 » (1,20 ») » jedes Kilometer mehr,
über 300 » 1,40 » (1,12 ») » » » »

Spezialtarif 15. Rententitel und Wertpapiere mit Beschränkung der Haftpflicht sind unterworfen:

a) dem Eilgutfrachtsatze auf Grund des zehnfachen Gewichts,

b) dem Wertfrachtsatze nach Mafsgabe der vom Versender angegebenen Summe.

Spezialtarif 16. Ausstellungsgegenstände (auch Tiere) für landwirtschaftliche, Gewerbe- und Industrie-Ausstellungen werden gegen Bezahlung der Einschreibe- und Stempelgebühr und der Ladekosten frachtfrei zurückbefördert, vorausgesetzt, dafs die Bahnverwaltung schon für die Hinbeförderung von jeder Haftpflicht ausdrücklich entbunden und die Zulassung zur Ausstellung nachgewiesen ist.

Spezialtarif 17 betrifft Zollabfertigungsgebühren.

3. Allgemeine Tarife für gewöhnliche Beförderung.

Die allgemeinen Tarife für gewöhnliche Beförderung zerfallen in die Tarife für Waren im allgemeinen, für Fahrzeuge und Tiere, für rollendes Material — bei Beförderung in Güterzügen:

a) Tarif für Waren im allgemeinen.

Die sämtlichen Waren sind in sechs Serien eingeteilt. Für Güter aller Art im Gewichte unter 40 kg werden, welcher der sechs Serien sie auch angehören mögen, 25 cts. (20 Pf.) für das tkm berechnet, jedoch nicht mehr als für 40 kg der betreffenden Serie. Der gewöhnliche Frachtguttarif wird auch auf alle Stücke angewendet, wenn dieselben — obgleich besonders verpackt — den Teil einer mehr als 40 kg wiegenden Sendung einer Person an eine und dieselbe Person ausmachen. Fuhr- und Rollfuhrunternehmer und andere Transportvermittler geniefsen diese Begünstigung nur, wenn die von ihnen verschickten Gegenstände in einem Stück vereinigt sind. Stücke von mehr als 40 kg, welche Waren verschiedener Serien enthalten, unterliegen dem Frachtsatz der höchsten Serie, wenn die einzelnen Waren nicht besonders deklariert sind.

Die Mindestgebühr beträgt 40 cts. (32 Pf.) für die Sendung, Auf- und Abladekosten inbegriffen.

Die Einheitstaxen der sechs Serien betragen:

	1. Serie		2. Serie		3. Serie		4. Serie		5. Serie		6. Serie		
	cts.	Pf.	cts.	Pf.	cts.	Pf.	cts.	Pf.	cts.	Pf.	cts.	Pf.	
bis 25 km . . .	16	12,8	14	11,2	11	8,8	10	8	8	6,4	8	6,4	fur das tkm
von 25—100 km	16	12,8	14	11,2	11	8,8	10	8	8	6,4	4	3,2	fur jed. km mehr
» 100—150 »	15	12	13	10,4	10	8	9	7,2	8	6,4	3,5	2,8	»
» 150—200 »	15	12	13	10,4	10	8	9	7,2	7	5,6	3,5	2,8	»
» 200—300 »	15	12	13	10,4	10	8	9	7,2	4	3,2	3,5	2,8	»
über 300 »	14	11,2	12	9,6	9	7,2	8	6,4	4	3,2	3	2,4	»

Gold- und silberplattierte Waren, Stickereien, Spitzen und Kunstgegenstände (Statuen, Gemälde, Kunstbronzen), sowie entzündliche und explosible Stoffe unterliegen dem anderthalbfachen Frachtsatze der Serie 1.

Sperrige Güter, welche nicht 200 kg für das Kubikmeter wiegen, sind in der Warenklassifikation besonders aufgeführt und unterliegen dem anderthalbfachen Frachtsatze ihrer Serie.

Unteilbare Massen von 3000—5000 kg zahlen den betreffenden Frachtsatz anderthalbfach, von über 5000—22 000 kg aber doppelt, mindestens 25 cts. (20 Pf.) für das Tonnenkilometer.

b) Tarif für Fahrzeuge und Tiere.

Fuhrwerke, je nach der Anzahl der Sitzplätze, tarifieren zu 25 cts. (20 Pf.) und 32 cts. (25,6 Pf.) für das Wagenkilometer, leere Möbelwagen zu 20 cts. (16 Pf.) für das Wagenkilometer, für beladene Möbelwagen werden noch 14 cts. (11,2 Pf.) für das Tonnenkilometer hinzugerechnet.

Grofsvieh (Ochsen, Kühe, Stiere, Pferde, Maultiere, Esel, Füllen, Zugvieh)	10 cts.	(8 Pf.)	für den Kopf und das Kilom.
Kleinvieh Kälber und Schweine	4 »	(3,2 »)	
Hammel, Schafe, Lämmer, Ziegen	2 »	(1,6 »)	

Gefährliche Tiere zahlen 25 cts. (20 Pf.) für den Wagen mit einem Tier und für das Kilometer, mit der Berechtigung für den Besitzer, mehrere Tiere getrennt in festen Käfigen in demselben Wagen zu verladen. In diesem Falle ist der Frachtsatz für Grofsvieh anderthalbfach zu entrichten.

Kleines Vieh in Käfigen oder Körben (Katzen, Ferkel, Meerschweinchen, Kaninchen, Affen, Eichhörnchen, Vögel) wird zu den Frachtsätzen der Serie 1, unter Berechnung nach dem doppelten wirklichen Gewichte, zuzüglich des Gewichtes der Käfige oder Körbe, berechnet. Hunde, selbst in Käfigen aufgegeben, werden nur in Eilfracht befördert.

c) Tarif für rollendes Material. (Vgl. Spez.-T. 24.)

Es werden berechnet:

Für Personen- und Güterwagen von 3—6 t Tragkraft	15 cts.	(12 Pf.)	für das Stück und das Kilometer.
» desgl. von mehr als 6 t . . .	20 »	(16 »)	
» Lokomotiven von 12—18 t Tragkraft	3 Fr.	(2,40 M.)	
» desgl. über 18 t	3,75 »	(3,00 »)	
» Tender von 7—10 t	1,50 »	(1,20 »)	
» » » mehr als 10 t . .	2,25 »	(1,80 »)	

4. Spezialtarife für gewöhnliche Beförderung.

Die besonderen Bestimmungen für Anwendung der Spezialtarife sind den einzelnen 28 Tarifen nachgedruckt; im allgemeinen sind die folgenden wesentlichen Vorschriften hervorzuheben:

a) Die Anwendung des Spezialtarifs ist vom Versender in der Aufgabenote vorzuschreiben. Es genügt der Vermerk: Spezialtarif, Ermäfsigter Tarif, Billigster Tarif. Mangels dieser Vorschrift wird der allgemeine Tarif angewendet.

b) Die Eisenbahn ist berechtigt, die Lieferfrist um 5 Tage zu überschreiten.

c) Die Eisenbahn haftet nicht für Abgang und Beschädigungen während des Transports.

d) Bei Anwendung der Spezialtarife findet die Berechnung eines Sperrigkeitszuschlags für Waren, welche nicht 200 kg das Kubikmeter wiegen, nicht statt.

Eine Ausnahme hiervon machen nur leichte Hüte von Palmblättern und Palmen in Kisten, sowie Ackerbaugeräte (Spezialtarif 27), welche dementgegen dem Sperrigkeitszuschlage unterliegen.

Soweit nicht für einzelne Abteilungen der Spezialtarife die Sätze billigerer Serien des allgemeinen Tarifs oder für vereinzelte Artikel besondere Einheitssätze zur Anwendung gelangen, sind die Frachtsätze nach den nachstehenden Tabellen zu berechnen. (Barèmes A bis J.) Welche der Tabellen zur Anwendung gelangt, ist in den einzelnen Spezialtarifen bestimmt.

	A	B	C	D	E	F	G	H	J		
Bis 25 km . . .	8	6,4	6,4	6,4	6,4	5,6	5,6	4,8	3,2	Pf. f. d. Tonnenkm.	
von 26—50 km	8	6,4	6,4	4,8	4	3,2	3,2	2,4	2,4	»	für jedes Kilometer mehr.
» 51—100 »	8	6,4	6,4	4,8	3,2	3,2	3,2	2,4	2	»	
» 101—200 »	6,4	4,8	3,2	3,2	3,2	2,4	1,8	1,8	1,6	»	
» 201—300 »	4,8	3,2	3,2	3,2	2	2	1,6	1,6	1,6	»	
» 301—400 »	4,8	3,2	3,2	2,4	2	2	1,6	1,6	1,6	»	
uber 400 »	4,8	3,2	3,2	2,4	1,6	1,6	1,6	1,6	1,6	»	

Neben diesen Barèmes und besonderen Grundtaxen bestehen noch einzelne auf gewisse Stationen beschränkte feste Gesamtfrachtsätze, welche teils wegen der in denselben betriebenen Gewerbe, teils zur Begünstigung längerer Linien des Netzes eingestellt sind.

Es bestehen folgende 28 Spezialtarife:

Spezialtarif 1. Tiere in Wagenladungen mit folgenden Einheitssätzen:

Grofsvieh bis 50 km . .	50 cts.	(40 Pf.)	für das Wagenkilom.,
» von 51—200 km	35 »	(28 »)	für jedes Kilom. mehr,
» über 200 km .	30 »	(24 »)	» » » »
Kleinvieh	2 »	(1,6 »)	für das Kilometer u. Quadratm. Ladefläche
mindestens	24 »	(19,2 »)	für das Wagenkilom.

Die Bestimmung, dafs die Lieferfrist um 5 Tage überschritten werden darf, findet hier keine Anwendung.

Spezialtarif 2. Getreide, Mehl, Stärke, Sämereien, Hülsenfrüchte, Teigwaren, Kartoffeln etc. (Nahrungskonserven mit den Sätzen der 2. Serie, Teigwaren mit den Sätzen der 3. Serie, Brot mit den Sätzen der 4. Serie des allgemeinen Tarifs; Getreide, Stärke etc. nach Barème E), Ladebedingung nur bei lose verladenen Kartoffeln 5000 kg für den Wagen.

Spezialtarif 3. Markthallen-Lebensmittel, Obst, frische Gemüse (getrocknetes Obst 2. Serie des allgemeinen Tarifs; Obst und Gemüse Barème A mit Ladebedingung nur bei lose verladenen Äpfeln und Birnen 5000 kg, bei lose verladenen Zitronen und Orangen 4000 kg für den Wagen; Eicheln, Kastanien und frische Gemüse bei Ladebedingung von 5000 kg für den Wagen Barème E).

Spezialtarif 4. Stein- und Seesalz ohne Ladebedingung Barème G.

Spezialtarif 5. Zuckerrüben, Zucker u. s. w. (Kandiszucker und raffinierter Zucker 5. Serie des allgemeinen Tarifs; der letztere, wenn lose verladen, mit Ladebedingung von 5000 kg für den Wagen; Dextrin, Stärkezucker, Traubenzucker, Farin- und Rohzucker Barème D, die letzteren beiden Artikel mit Ladebedingung von 5000 kg für den Wagen; Melasse bei Aufgabe von 500 kg Barème E; Zuckerrüben mit Ladebedingung von 5000 kg für den Wagen Barème H).

Spezialtarif 6. Getränke (Liqueure, Most, Sprit, Spirituosen 4. Serie des allgemeinen Tarifs; Bier, Brauselimonade und Mineralwasser 5. Serie des allgemeinen Tarifs, letzteres, wenn lose verladen, mit Ladebedingung von 5000 kg für den Wagen; Eis mit derselben Ladebedingung Barème E).

Spezialtarif 7. Anthracit, Kohlen, Coaks, Braunkohlen, Torf (Barème G mit Ladebedingung von 10 t für den Wagen, ausgenommen Kohlenlösche, Coaks, Steinkohlenstaub und Torf mit 6 t für den Wagen).

Spezialtarif 8. Brennholz, Holzkohlen (Holzkohlen Barème C mit Ladebedingung von 3000 kg für den Wagen, Holzkohlenstaub Barème F mit 5000 kg für den Wagen, und das sonstige vegetabilische Brennmaterial Barème G mit 5000 kg Ladebedingung für den Wagen, ausschliefslich Reiserbündel mit 4000 kg für den Wagen).

Spezialtarif 9. Holz (ausschliefslich Brennholz), Rinde, Gerberlohe (Wagnerarbeiten 2. Serie des allgemeinen Tarifs; Bautischlerwaren Barème A; Holz für Pfeifen, aufsereuropäisches, Siebholz, zu Bürsten, Stöcken, Schirmen, Stühlen, Holzdraht, für Kunsttischler und Wagner, sämtlich mit Ladebedingung von 5000 kg für den Wagen, 5. Serie des allgemeinen Tarifs; Gerberrinde Barème E mit Ladebedingung von 4000 kg, wenn nicht in Säcken, und von 5000 kg für den Wagen in Säcken; Bau- und Schnittnutzholz, Lohe, Weiden und Zuber, sämtlich mit Ladebedingung von 5000 kg für den Wagen Barème G).

Spezialtarif 10. Kalk, Zement, Gips (Barème H mit Ladebedingung von 5000 kg für den Wagen).

Spezialtarif 11. Kalkstein, Marmor, Mühlsteine, Sandsteine, Pflastersteine, Steine. (Mühlsteine Barème C; Bruch-Quader, Schleifsteine Barème E; Alabaster, Baryt, Granit u. s. w. Barème H; sämtliche Artikel dieses Spezialtarifs mit Ladebedingung von 5000 kg für den Wagen; Marmor hat nur Ermäfsigungen in einigen Verkehrsbeziehungen.)

Spezialtarif 12. Schiefer, Thon, Mauersteine, Dachziegeln, Sand, Erde (Barème H mit Ladebedingung von 5000 kg für den Wagen).

Spezialtarif 13. Erze (Barème J mit Ladebedingung von 5000 kg für den Wagen).

Spezialtarif 14. Stahl, Eisen, Gufseisen, Metalle. (Dieser Spezialtarif teilt die metallurgischen Erzeugnisse in 5 Serien mit Sätzen nach Barème A, B, C, E und G; im Verkehr mit Paris und Stationen wenigstens 200 km von Paris entfernt in 3 Serien zu 6, 5 und 4 cts. (4,8, 4 und 3,2 Pf.) für das tkm. Ladebedingungen gelten nur wie folgt: für grobe Kurzwaren 300 kg, eiserne Bettstellen 2500 kg und lose verladene Eisenschmiedewaren 5000 kg Gewicht für die Sendung; für lose verladenen Eisengufs, lose verladenes Gufseisengeschirr und -Verzierungen — nicht aber im Verkehr mit Paris — 5000 kg für den Wagen.)

Spezialtarif 15. Asphalt, Erdpech, Boghead, fester Steinkohlenteer, Teer (Teer- und Erdharz in flüssigem Zustande 5. Serie des allgemeinen Tarifs; Paraffin und Schiffsteer Barème E; Asphalt u. s. w. Barème G, sämtliche Artikel dieses Spezialtarifs mit Ladebedingung von 5000 kg für den Wagen).

Spezialtarif 16. Fette, Öle, Seife. (Lichte 3. Serie des allgemeinen Tarifs; im übrigen Barème C. Ladebedingung von 5000 kg für den Wagen nur für flüssiges Boghead, Lucilin, Naphtha, Petroleum, Schieferöl, Steinkohlenöl, Talg in Broten und Teeröl.)

Spezialtarif 17. Harzhaltige Stoffe, Farbstoffe. (Umbra 3. Serie des allgemeinen Tarifs ohne Ladebedingung; Gerb- und Farbstoffe, Barème C; Berberitzwurzeln, Sumach, Farbholz Barème E, Aufgabe 5000 kg für die Sendung, mit Ausnahme von Farbextrakt, Kastanienholzextrakt und -Saft, sowie Orseille, für welche keine Aufgabebedingung besteht.)

Spezialtarif 18. Chemische Erzeugnisse. (Hierfür bestehen 3 Abteilungen nach Serie 2 des allgemeinen Tarifs, Barème C und E. Ladebedingung von 5000 kg für den Wagen besteht für die Artikel des Barème E, nämlich lose verladenen Alaun, Eisen-, Kupfervitriol und Soda, in Krügen verladenes flüchtiges Laugensalz, flüssiges Ammoniak, Bleichwasser, Chlorwasserstoffsäure, Essigsäure, kieselsaures Kali und Natron, Chlornatron, Scheidewasser und Schwefelsäure.)

Spezialtarif 19. Lumpen, Papier. (Pappe, glatte und durchbrochene 3. Serie, Holzpappe 5. Serie des allgemeinen Tarifs; Papierstoffe mit Ladebedingung von 5000 kg für den Wagen Barème E und Holzpapierstoff mit der gleichen Ladebedingung Barème G.)

Spezialtarif 20. Hanf, Baumwolle, Wolle, Flachs, Gewebe. (Baumwollgewebe 2., Baumwollgarn und Wollgarn 3., Textilstoffe und lose verladene rohe Baumwollgewebe 4., Textilstoffabfälle 5. Serie des allgemeinen Tarifs; Flachs sowie Hanf in Stengeln mit Ladebedingung von 5000 kg für den Wagen zum Einheitssatze von 5 cts. (4 Pf.) für das Tonnenkilometer.)

Spezialtarif 21. Krystall, Glas, Fayence, Töpferwaren. (Porzellan und feine Töpferwaren 2., Öfen von Steingut, ferner Spiegelglas bei Aufgabe von 3000 kg für die Sendung, feine Glaswaren bei Aufgabe von 3000 kg und Krystallglas bei Aufgabe von 2500 kg für die Sendung 3. Serie des allgemeinen Tarifs; gewöhnliche Glas-, Steingut- und Töpferwaren Barème A, jedoch mit Bedingung der Aufgabe bei Glaszylindern und Gartenglocken von 2500 kg für die Sendung und mit Ladebedingung von 5000 kg für den Wagen bei lose verladenen Glas-, Steingut- und Töpferwaren; Hohlglaswaren, Rohglas, Steingutplatten u. s. w. Barème C mit Ladebedingung von 5000 kg für den Wagen für lose verladene Flaschen, Glasballons, Thonballons, Kruken, Porzellanausschufs und Steingutplatten; Drainröhren, Fliesen und Würfel von Terrakotta und Glasbruch Barème E mit Bedingung von 5000 kg für den Wagen.)

Spezialtarif 22. Schlamm, Mist, Guano, Mergeldünger, phosphorsaurer Kalk, Ölkuchen (künstliche Dünger bei Aufgabe von 1000 kg für die Sendung, mit Ausnahme von phosphorsaurem Kalk und Kotpulver, welche eine Ladebedingung von 5000 kg für den Wagen haben, Barème H; natürliche Dünger, Mist, Zuckerschaum mit derselben Ladebedingung für den Wagen Barème J).

Spezialtarif 23. Futter und Stroh (Barème G mit Ladebedingung von 5000 kg für den Wagen).

Die Spezialtarife 9 bis 13, 22 und 23 berechtigen die Eisenbahn zum Überschreiten der Lieferzeit um 8 Tage.

Spezialtarif 24. Eisenbahnfahrzeuge.

Lokomotiven und Tender bei wenigstens 200 km Durchlauf 6 cts. (4,8 Pf.) für das Tonnenkilometer.

Wagen zum Gütertransport bei wenigstens 200 km Durchlauf 10 cts. (8 Pf.) für das Stück und Kilometer.

Wagen zum Erdtransport u. s. w. mit Ladebedingung von 5000 kg Barème E.

Spezialtarif 25. Leere Fässer (ohne Ladebedingung bis 100 km 15 cts. (12 Pf.) für das tkm, über 100 km 7,5 cts. (6 Pf.) für jeden km mehr, mit Ladebedingung von 5000 kg für den Wagen Barème G).

Spezialtarif 26. Verpackungsgegenstände auf demselben Eisenbahnwege und nach derselben Station leer zurückbeförderte (ohne Ladebedingung 5 cts. (4 Pf.) für das tkm für eiserne Fässer, Mineralwasserflaschen, grofse Flaschen und Krüge, Harrassen und Rahmen; 50 cts. (40 Pf.) für das Hektoliter für hölzerne Fässer und Kisten; freie Beförderung für Packdecken, Packleinen, leere Säcke und auseinander genommene Fässer, Kisten, Harrassen und Rahmen, jedoch 80 cts. (64 Pf.) für Einschreibe- und Stempelgebühren.

Spezialtarif 27. Verschiedene Waren (hauptsächlich Butter, Lokomobilen und unverpackte Maschinen und Werkzeuge 2., Besen, Schinken und Speck 3., leere Büchsen, gegerbte Häute, trockene Käse, Möbel, Lithographiesteine, Korbmacherwaren, Schusser von Achat, Ultramarin — für Korbmacherwaren und Möbel mit Ladebedingung von 4000 kg für den Wagen, Ultramarin in Kisten 5000 kg für den Wagen — 4. Serie des allgemeinen Tarifs; gesalzene und trocken behaarte sowie grüne Häute Barème A; Cichorien in Samenschoten und Wurzeln, rohe Hörner, kondensierte Milch, mit Ladebedingung von 5000 kg für den Wagen, ferner Schusser von Steingut und von Marmor, sowie Sauerkraut ohne Ladebedingung 5. Serie des allgemeinen Tarifs; verschiedene Abfälle, wie Biersatz, Weinhefe, Abfälle von der Gerberei, Häuten, Hörnern, Klauen, Leder u. s. w., mit Ladebedingung von 5000 kg für den Wagen Barème E; leere Körbe mit derselben Ladebedingung Barème G; Prefsrückstände und Trebern mit derselben Ladebedingung Barème H).

Spezialtarif 28. Verschiedene Tarife.

I. a) Unteilbare Massen nicht über 6,5 m lang. Im Gewichte von 3 bis 5 t ohne Erhöhung, von 5 bis 10 t der betreffende Spezialtarif mit 50 Prozent Zuschlag, über 10 t nach vorheriger Vereinbarung.

b) Gegenstände über 6,5 bis 20 m lang, nicht über 10 000 kg schwer, nach dem zutreffenden Tarife, mindestens 20 cts. (16 Pf.) für den Wagen und das km.

Für Gegenstände von 6,5 bis 13 m Länge werden 2 Wagen, für solche von mehr als 13 bis 20 m Länge 3 Wagen verwendet.

c) Boote mit oder ohne Ausrustung und Leitern von 6,5 bis 26 m Länge 1. Serie des allgemeinen Tarifs, mindestens aber 20 cts. (16 Pf.) fur Wagen und km.

II. Laufentschädigung für Material, welches auf Privatanschlufsgeleise übergeht, und Taxberechnung fur Waren von oder nach denselben.

III. Kesselwagen (für die beladenen Wagen der betreffende Tarif mit Ladebedingung von 10 000 kg für Ammoniakwasser, Teer, Wein; 9000 kg für Ole; 8000 kg für Bier, Säuren und Spirituosen; für die leeren Kesselwagen 10 cts. (8 Pf.) für Wagen und km, auch bei leerem Rücktransport. Das Gewicht der Kesselwagen uber 7500 kg, wenn dieselben mit Hebelbremse versehen sind, über 8000 kg, wenn sie mit Schraubenbremse versehen sind, wird mit 5 cts. (4 Pf.) für das tkm berechnet.

IV. Tiere, Erzeugnisse und Werkzeuge zu landwirtschaftlichen, Gartenbau- und Gewerbeausstellungen, wenn auf dem Hintransport der allgemeine Tarif unter Entbindung der Eisenbahn von jeder Haftpflicht bezahlt wurde, werden frei zurückbefördert.

V. Festgeräte, Menagerieen, Schaubuden, Theater, fertige oder auseinandergenommene Wagen, verladen auf 1 Wagen, zahlen 50 cts. (40 Pf.) für km und Wagen bei höchstens 5000 kg Ladung, für das Gewicht über 5000 kg werden 8 cts. (6,4 Pf.) für das tkm entrichtet.

VI. Übersicht der Zollabfertigungsgebühren.

VII. Laufmiete für Privatwagen. Die Fracht wird in gewöhnlicher Weise berechnet; der Eigentümer erhält 2 cts. (1,6 Pf.) für jeden zurückgelegten Wagenkilometer.

Bei Leertransport kann die Eisenbahnverwaltung die Wagen auf demselben Weg benutzen.

VIII. Bestimmungen über die Anwendung der allgemeinen und Spezialtarife bei demselben Transport. Dies ist zulässig und es kann vom Versender, wenn es ihm vorteilhaft ist, vorgeschrieben werden, dafs auf einem Teil der Transportstrecke der allgemeine, auf dem andern

Teil ein oder nacheinander mehrere Spezialtarife angewendet werden. Es mufs aber für jeden Teil der Transportstrecke der gewünschte Tarif genau bezeichnet werden.

5. Nebengebühren.

Aufser der Streckenfracht werden an Nebengebühren erhoben:

1. Einschreibegebühren: 10 cts. (8 Pf.) für jede Sendung ohne Unterschied der Art der Beförderung und des Frachtgegenstandes.

2. Abfertigungsgebühren:

für Eilgut 1,60 Fr. (1,28 M.) für die t.

Sendungen im Gewichte bis zu 40 kg und nach dem Werttarif unterliegen nicht der Abfertigungsgebühr.

für Frachtgut

Stückgüter 1,50 Fr. (1,20 M.) für die t.

Wagenladungen 1 Fr. (0,80 M.) für die t.

Die Gebühren setzen sich wie folgt zusammen:

	Waren im allgemeinen	Wagenladungen
Aufladen	40 cts. (32 Pf.)	30 cts. (24 Pf.)
Abladen	40 » (32 »)	30 » (24 »)
Bahnhofsgebühr, Versand	35 » (28 »)	20 » (16 »)
Desgl. Empfang	35 » (28 »)	20 » (16 »)
Summa	1,50 Fr. (1,20 M.)	1 Fr. (0,80 M.)

Das Auf- und Abladen von Wagenladungen ist für eine gröfsere Anzahl von Waren dem Versender und Empfänger überlassen, im allgemeinen wird aber diese Verrichtung durch die Eisenbahn bewirkt. Wenn in den Frachtsätzen das Auf- und Abladegeld eingerechnet ist, so wird dasselbe, wenn die Partei zum Auf- und Abladen berechtigt ist und dies von ihr ausgeführt wird, zurückgewährt.

Ferner wird noch eine Übergangsgebühr für den Verkehr von einer zur andern französischen Eisenbahn erhoben, welche für jede Verwaltung 20 cts. (16 Pf.) für die Tonne beträgt.

Für Fuhrwerke und Leichen (im Eilgutverkehr) für das Stück (einschliefslich Auf- und Abladen) 2,20 Fr. (1,76 M.),

für Fuhrwerke (im Frachtgutverkehr) 2 Fr. (1,60 M.) für das Stück,

für Grofsvieh

im Eilgutverkehr 1,10 Fr. (0,88 M.) für den Kopf,

im Frachtgutverkehr 1 Fr. (0,80 M.) für den Kopf.

für Kälber und Schweine desgleichen 45 und 40 cts. (0,35 und 0,32 M.) für den Kopf,

für Schafe, Ziegen desgl. 22,5 und 20 cts. (0,18 und 0,16 M.) für den Kopf,

für Eisenbahnfahrzeuge: Die Parteien haben das rollende Material von den Wagen abzuladen und auf die Schienen zu setzen oder auf die Wagen zu laden, um es abzufuhren. Bahnhofsgebühr wird nicht erhoben.

6. Allgemeine Bestimmungen.

1. Der Kilometerzeiger giebt die zu Grunde zu legenden Entfernungen an, unter 6 km wird fur 6 km zur Berechnung gezogen.

2. Gewichtsberechnung. Die Gewichtsabrundung erfolgt bei Eilgut von 0—5 kg, von 5—10 kg und über 10 kg werden auf je 10 kg abgerundet; bei Frachtgütern (Mindestgewicht 40 kg) werden angefangene 10 kg auf volle 10 kg aufgerundet.

3. Die Frachtabrundung wird so vorgenommen, dafs Bruchteile unter 2,5 cts. fallen gelassen, von 2,5—5 cts. für volle 5 cts. gerechnet werden.

§ 111. *Der Lokaltarif der Paris-Lyon-Mittelmeerbahn vom 20. September 1885.*

Vgl. Revue générale des chemins de fer 1885 No. 5 S. 271.

Am 20. September 1885 ist der zweite Reformtarif, der der Paris-Lyon-Mittelmeerbahn, zur Einführung gelangt, nachdem der anfänglich dem Minister vorgelegte Tarifentwurf, welcher eine grofse Zahl von Erhöhungen enthielt, von der Gesellschaft den Wünschen des Ministers entsprechend abgeändert war. Der Tarif schliefst sich in der äufsern Form und Anordnung dem Ostbahntarif an. Im einzelnen ist folgendes über denselben zu bemerken:

1. Die bisherigen allgemeinen Eilgut-, Gepäck- und Personentarife sind nicht verändert, die Gesellschaft wird ermäfsigte Tarife erst dann einführen, wenn sie die dem Staat schuldigen Garantiebeträge zurückgezahlt hat. Bezüglich der Spezialtarife für grande vitesse ist eine wesentliche Vermehrung der Rückfahrtbillets mit 25 Prozent Ermäfsigung auf den Preis zweier einfacher Billets erfolgt, aufserdem sind Erleichterungen für Arbeiterabonnementsbillets, Ermäfsigungen für Früchte und Lebensmittel, sowie für Pferde, Vieh und Geldsendungen gewährt.

2. In dem Frachtguttarife hat die Gesellschaft die Klassifikation von 1879 angenommen. Um die hierdurch für eine grofse Zahl von Artikeln entstehenden Erhöhungen zu mildern, ist zunächst diese Klassifikation selbst im Einvernehmen mit den andern Bahnen für eine kleine Zahl von Artikeln abgeändert worden. Aufserdem aber sind für eine gröfsere Zahl von Artikeln durch Einführung von Spezialtarifen ohne Bedingung der Aufgabe eines höheren Gewichts diese Erhöhungen vermieden worden. Trotzdem ergaben sich für eine Anzahl Artikel und darunter recht wichtige, für welche die Einführung von Spezialtarifen nicht erfolgt ist, erhebliche Erhöhungen. Ein Teil derselben ist auf Beschwerden der Beteiligten im Wege eines Nachtrags beseitigt worden; indes, wie es scheint, sind dadurch die Beschwerden nur zum kleinsten Teil gehoben. Dieselben haben vielmehr in jungster Zeit zu Interpellationen in den Kammern und heftigen Angriffen auf die Eisenbahnpolitik der Regierung geführt.

Fur die allgemeinen Gütertarife sind folgende Einheitssätze für das tk in Centimen festgesetzt:

	Serie					
	1	2	3	4	5	6
Bis 25 km.	16	14	12	10	8	8
Von 26—100 km	16	14	12	10	8	4
» 101—150 »	15	13	11	9	8	3,5
» 151—200 »	15	13	11	9	7	3,5
» 201—300 »	15	13	11	9	4	3,5
» 301—500 »	14	12	10	8	4	3
» 501—600 »	13	11	9	7	4	3
» 601—700 »	12	10	8	6	4	2,5
» 701—800 »	11	9	7	5	4	2,5
» 801—900 »	10	8	6	4	4	2,5
» 901—1000 »	9	7	5	4	4	2
» 1001—1100 »	8	6	5	4	4	2

Dieselben stimmen mit Ausnahme der dritten Serie mit den Einheitssätzen der Ostbahn überein. Bezüglich der dritten Serie fürchtete die Paris-Lyon-Mittelmeerbahn durch Annahme der niedrigeren Ostbahntaxen zu erhebliche Ausfälle zu erleiden. Sie hat sich indes verpflichtet, auch für diese Serie die Ostbahneinheitssätze anzunehmen, sobald auch die übrigen Bahnen das Reformsystem mit den Ostbahneinheitssätzen angenommen haben, um auf diese Weise die

Einheitlichkeit in den Grundtaxen für die allgemeinen Frachtguttarife herzustellen. Auch jetzt schon ist unverkennbar durch die neuen Tarife für das ausgedehnte Gebiet der Paris-Lyon-Mittelmeerbahn gegen die früheren Tarifzustände ein wesentlicher Fortschritt eingetreten. Die früheren Tarife verteilten die gesamten Güter in 7 Serien, aber ohne bestimmte Einheitssätze. Vielmehr hatte man das gesamte Netz in 101 Abteilungen geteilt, für welche die Taxen auf 16 verschiedene Arten gebildet waren, so dafs schon die allgemeinen Tarife lauter feste, ohne jedes System gebildete Sätze enthielten und für den Uneingeweihten ein völliges Chaos darstellten.

Was die Spezialtarife für Frachtgut angeht, so ist hier besonders eine weitgehende Reform eingetreten. Es bestanden deren bisher 96 mit unzähligen festen Sätzen, an deren Stelle 41 neue mit staffelmäfsig fallenden Einheitssätzen eingeführt sind. Durch dieselben sind zugleich wesentliche Ermäfsigungen gegen die bisherigen Tarife eingetreten, insbesondere für Kohlen, metallurgische Erzeugnisse, Zucker, Salz, Töpferwaren, Erzeugnisse der Glasindustrie, Weine, Getreide und andere landwirtschaftliche Erzeugnisse. Allein die Ermäfsigungen für Kohlen sollen 2 Millionen Francs jährlich betragen. Doch sind auch hier andererseits nicht unwesentliche Erhöhungen gegen früher eingetreten.

NEUNTER ABSCHNITT.

F. BELGIEN.

§ 112. *Gesetzliche, konzessionsmäfsige und Verwaltungsvorschriften betr. das Tarifwesen.*

In Belgien wurde bekanntlich mit dem Staatseisenbahnbau nach einem umfassenden Plane begonnen, welcher im Gesetz vom 1. Mai 1834 festgesetzt wurde. In Artikel 5 dieses Gesetzes wurde auch ausgesprochen, dafs die péages (Bahngelder) jährlich durch Gesetz zu regeln seien. Durch Gesetz vom 12. April 1835 Art. 1 wurde indes vorläufig bis zum 1. Juli 1836 die Festsetzung der Bahngelder durch königliche Verordnung bestimmt. Hierbei ist es bis heute verblieben, indem diese Bestimmung im Wege des Gesetzes immer von neuem verlängert wurde. Durch Gesetz vom 1. Juli 1865 wurde das Gesetz vom 12. April 1835 auch auf die Tarife für den Personen- und Gepäckverkehr ausgedehnt, auf welche es bis dahin sich nicht erstreckt hatte. Durch königliche Verordnung vom 2. September 1840 wurde ferner der Minister der öffentlichen Arbeiten ermächtigt, unter gewissen Bedingungen Anderungen der Tarife vorzunehmen, und auf Grund dessen werden thatsächlich von diesem die Tarife festgesetzt. Diese Festsetzung erfolgt auf Grund von Berichten der Generaldirektion der Staatsbahnen, in welchen die finanziellen und wirtschaftlichen Folgen der Änderungen geeignetenfalls nach Anhörung der beteiligten Interessentenkreise dargelegt werden.

Was die Privatbahnen angeht, so wurden ihnen durch die Konzessionen gewisse Auflagen bezüglich der Tarifgestaltung gemacht, die im wesentlichen darauf hinausgingen, dafs sie dieselben Tarife anzuwenden hätten wie die Staatsbahnen.

Vgl. z. B. die Konzession der Eisenbahnen von Tournay nach Jurbise und von Landes nach Hasselt vom 16. Mai 1845 Art. 5: »Der Tarif der Bahngelder wird während der Dauer der Konzession nach den Grundlagen des gegenwärtig auf den Staatseisenbahnen gültigen Tarifs aufgestellt, vorvorbehaltlich etwaiger, nach Vereinbarung zu treffender Anderungen. Die Ermäfsigungen und Ausnahmetaxen, welche gegenwärtig auf den Staatsbahnen zu Gunsten des Postdienstes, der Militär-, Vagabunden-, Gefangenentransporte, der Zoll- und Staatseisenbahnbeamten bestehen, sollen auch auf den konzessionierten Linien zur Anwendung gelangen.«

Während man sich in einigen, namentlich älteren Konzessionen damit begnügte, dies auszusprechen, wurden in andern Konzessionen diese Vorschriften im einzelnen aufgenommen und in manchen Beziehungen erweitert. Später wurden dieselben vom Minister der öffentlichen Arbeiten zusammengefafst in einem allgemeinen Lasten- und Bedingnisheft für den Bau und Betrieb der in Belgien konzessionierten Eisenbahnen vom 20. Februar 1866, welches für die späteren Konzessionen als Grundlage diente, bezw. denselben als dazu gehörig beigefügt wurde. Aus demselben ist besonders bezüglich der Tarife zu erwähnen:

»Artikel 36. Die im Artikel 34 erwähnten Bahngeldtarife sollen nach denselben Grundlagen aufgestellt werden, wie die zur Zeit der Konzessionserteilung gültigen Staatsbahntarife.

Artikel 37. Die direkten Tarife, welche die Konzessionäre mit den Staatsbahnen oder andern Privatbahnen vereinbaren, sollen für alle Tarife und Klassen auf den Grundlagen der zur Zeit der Konzessionserteilung gültigen Staatsbahntarife gebildet werden ohne Zuschlag von festen oder Nebengebühren, lediglich nach der Entfernung vom Abgangs- bis zum Bestimmungspunkt.

Art. 39. Die Konzessionäre sind berechtigt, alle Arten von Transporten ohne Ausnahme zu niedrigeren Preisen als den nach Vereinbarung mit der Verwaltung der öffentlichen Arbeiten festgesetzten zu fahren, vorausgesetzt, dafs dies allgemein und ohne Ausnahme, sei es zum Schaden, sei es zum Vorteil der Beteiligten geschieht. Diese Preisermäfsigungen können jedoch nur erfolgen nach eingeholter Entscheidung des Ministers der öffentlichen Arbeiten und unter der Bedingung, dafs das Publikum 14 Tage vorher durch Anschlag in den Wartesälen der Stationen und Haltestellen und durch Veröffentlichung in den Zeitungen davon benachrichtigt werde. Die Verwaltung der öffentlichen Arbeiten kann die Zeitungen bezeichnen, in welchen diese Benachrichtigungen einzurücken sind. Wenn die Konzessionäre Transporte zu niedrigeren als den auf Grund der Vereinbarung mit der Verwaltung der öffentlichen Arbeiten festgesetzten Preisen fahren, ohne vorher den vorstehend bezeichneten Bedingungen Genüge geleistet zu haben, kann der Minister der öffentlichen Arbeiten von Amts wegen diese Preisermäfsigungen gültig erklären für alle Transporte derselben Art, d. h. derselben Tarifklasse, und die so ermäfsigten Preise können, wie bei Ermäfsigungen, welche auf Veranlassung der Verwaltung der öffentlichen Arbeiten eingeführt sind, nur auf Grund ausdrücklicher Ermächtigung dieser Verwaltung und unter der Bedingung wieder erhöht werden, dafs das Publikum davon einen Monat vorher durch Anschläge und Bekanntmachungen benachrichtigt werde, wie dies oben bei Tarifermäfsigungen festgesetzt ist.

Ermäfsigungen oder Nachlässe für Arme fallen jedoch nicht unter die vorhergehenden Bestimmungen.«

Auf Grund dieser Vorschriften sind die Privatbahnen gehalten, dem Minister der öffentlichen Arbeiten jede Tarifänderung zur Genehmigung vorzulegen. Die Prüfung derselben erfolgt durch eine besondere Abteilung des Ministeriums, welche von der die Verwaltung der Staatsbahnen leitenden Abteilung unabhängig ist. Jedoch wird in der Regel auch das Gutachten der letzteren über die beabsichtigten Tarifänderungen eingezogen.

§ 113. *Geschichtliche Entwickelung des Tarifwesens in Belgien.*

Die Zahlen und Daten sind gröfstenteils einer offiziellen Zusammenstellung der Tarifgrundlagen der belgischen Staatsbahnen von 1835—1883 entnommen; vgl. ferner: Annuaire spécial des chemins de fer belges par F. Loisel 1867 Bd. I S. 139—146.

Die Entwickelung des belgischen Tarifwesens, welche in vielfacher Beziehung Interesse bietet, läfst sich am besten erkennen aus den Tarifen der belgischen Staatsbahnen, weil diese nicht nur das älteste und bedeutendste belgische Bahnnetz bilden, sondern ihre Tarife auch, wie im vorhergehenden Paragraphen erwähnt, mafsgebend waren für die Tarife der belgischen Privatbahnen. Es wird deshalb in nachstehendem die Tarifentwickelung auf den belgischen Staatsbahnen näher dargestellt werden.

Im Gütertarif unterschied man bis zum Jahre 1848 zwei Hauptklassen, die petites marchandises, kleinen Sendungen, deren Gewicht 500 kg nicht überstieg und grosses marchandises, grofsen Sendungen über 500 kg. Die ersteren waren erheblich höher als die letzteren tarifiert und zwar nach verschiedenen Einheitssätzen, welche sich mit der Zunahme des Gewichts ermäfsigten. Für die grofsen Sendungen hatte man zuerst auf Grund einer königlichen Verordnung vom 20. Juni 1837 lediglich die Wagen vermietet und zwar nicht nach einem festen Satz, sondern nach Vereinbarung, bezw. an den Meistbietenden. Allein die schlechten Erfahrungen, welche man mit diesem System machte, veranlafsten schon nach einem Jahre dasselbe aufzugeben und Einheitssätze für die Tonne und Lieue (5 Kilometer) einzuführen und zwar einen Satz für alle Güter und einen Spezialtarif mit 10 Prozent Ermäfsigung für fünf besonders benannte Güter — der Anfang einer Wertklassifikation. Diese Klassifikation dehnte sich allmählich weiter aus und wurde verwickelter, so dafs sich bereits Mitte der vierziger Jahre 47 verschiedene Klassen und Spezialtarife finden und sich Klagen erhoben über die Unübersichtlichkeit der Tarife.

Infolgedessen fand im Jahre 1848 eine Reform des Tarifwesens statt, wobei man von der Absicht ausging, die Transporte den Selbstkosten entsprechend zu tarifieren. Demgemäfs unterschied der Tarif vom 1. September 1848 lediglich transports à grande vitesse und à petite vitesse, Eilgut und Frachtgut.

Das erstere wurde mit Personenzügen befördert und höher tarifiert, das letztere mit Güterzügen. Auch unterschied man in den Tarifsätzen nunmehr durchgehend zwei verschiedene Teile, die frais fixes,

Expeditionsgebuhr, und frais variables, Transportgebühr. Unter den frais fixes, die nach dem Gewicht ohne Rücksicht auf die Entfernung berechnet wurden, wurde aufser der eigentlichen Abfertigung der Güter auch Auf- und Abladen, sowie die Ab- und Zufuhr begriffen. Jedoch war bei gewissen Massengütern den Versendern, bezw. Empfängern die Besorgung des Auf- und Abladens und der Abfuhr überlassen, in welchem Falle sich die frais fixes ermäfsigten.

Für grande vitesse bestand nur eine Klasse, während bei petite vitesse zwei Tarife bestanden, einer für den inneren Verkehr und ein anderer ermäfsigter für den Ausfuhr- und Durchgangsverkehr, jedoch unter Ausschlufs jeder Klassifikation. Aufserdem bestand noch ein Tarif fur Geld und sonstige Gegenstände, welche mit Wertversicherung aufgegeben wurden.

Im Jahre 1853 kam man indes wieder auf die Wertklassifikation zurück, indem man für petite vitesse drei Klassen mit verschiedenen Sätzen einführte, die erste Klasse für die nicht benannten, die zweite und dritte Klasse für benannte Güter.

1860 wurde zuerst ein Versuch mit einer fallenden Skala gemacht. Man hatte festgestellt, dafs die Massengüter der dritten Klasse, insbesondere Kohlen, Roheisen, nicht über 15 lieues (75 km) gefahren wurden. Um dieselben weiter transportfähig zu machen, führte man unter Belassung des Einheitssatzes für die ersten 15 lieues eine fallende oder vielmehr steigende Skala für die weiteren Entfernungen ein, so dafs sich der Tarif folgendermafsen bildete:

1—15	lieues	30	Cts.	für	die	tonne-lieue	
16—31	»	5	»	»	»	»	»
die 32.	»	10	»	»	»	»	»
über 32	»	20	»	»	»	»	»

Dieser Tarif, der anfangs nur für Kohlen, Coaks, Briquetts, Roheisen und Steine galt, wurde 1861 für die ganze dritte Klasse eingeführt. Die ausgezeichneten Erfolge dieser Mafsregel veranlafsten dazu Staffeltarife im Jahre 1862 auch für die zweite und 1865 für die erste Klasse, sowie in den Tarifen für Fahrzeuge, Pferde und Vieh einzuführen. Im Jahre 1864 wurde den bestehenden drei Tarifklassen eine vierte hinzugefügt mit sehr ermäfsigten Sätzen, in welche die geringwertigsten Massengüter der dritten Klasse aufgenommen wurden. Auch wurde von der oben dargestellten steigenden Skala zu einer fallenden Skala übergegangen, indem man eine gleichmäfsige Ermäfsigung auf die Entfernungen über 15, bezw. in der vierten Klasse über 10 lieues gewährte.

Bereits im Jahre 1861 hatte man zu Gunsten der belgischen Häfen einen aufserordentlich billigen Tarif für den Durchgangsverkehr eingeführt, der für Waren aller Art und jedes Gewicht 20 Cts. für die tonne-lieue betrug. Hierdurch wurde z. B. der Frachtsatz für eine Tonne Gut von Antwerpen nach der preufsischen Grenze mit einem Schlag von 10,30 auf 6,30 Franken herabgesetzt. 1864 gelangte auch ein ermäfsigter Tarif für Kohlen zur Ausfuhr über die belgischen Häfen zur Einführung, der später, namentlich 1879 noch weiter herabgesetzt wurde.

Im Personenverkehr hatte man von 1835—1838 vier Klassen: berlines, diligences, chars-a-bancs und wagons, letztere ursprünglich offen, später auch bedeckt. 1839 fielen die berlines weg und aus den drei andern Klassen entwickelten sich die drei jetzt üblichen Personentarifklassen. 1854 wurden Exprefszüge mit nur I. oder I. und II. Klasse und um 25 Prozent erhöhten Taxen eingeführt. Im Anschlufs an die anfangs der 60er Jahre im Gütertarif erfolgte Anwendung der Staffeltarife wurden solche im Jahre 1866 auch im Personentarif zur Einführung gebracht, und durch Ministerialerlafs vom 20. März 1866 folgende Einheitssätze für Person und lieue festgesetzt:

	I.	II.	III.
von 1—10 lieues	30 Cts.	20,0 Cts.	15,0 Cts.
» 11—20 »	15 »	10,0 »	7,5 »
über 20 »	10 »	7,5 »	5,0 »

Es wurde indes bestimmt, dafs diese Sätze vorläufig nur fur Entfernungen über 15 lieues Anwendung finden sollten, für die ersten 15 lieues aber die folgenden Preise:

	I.	II.	III.
1—7 lieues	40 Cts.	30 Cts.	20 Cts.
8. lieue	20 »	10 »	5 »
9. »	20 »	5 »	10 »
10. »	10 »	5 »	10 »
11—15 lieues	10 »	5 »	5 »

Für die Exprefszüge wurden um 20 Prozent höhere Preise festgesetzt, aber auch bei einer Anzahl dieser Züge die III. Klasse zugelassen. Dagegen wurden eine grofse Zahl bisher gewährter Tarifermäfsigungen aufgehoben. Der finanzielle Erfolg dieser Tarifmafsregel blieb zweifelhaft, und teils deshalb, teils aus andern Gründen wurde sie im Jahre 1871 wieder beseitigt und ohne Rücksicht auf die Entfernung gleiche Einheitssätze eingeführt.

Vgl. auch Wagner im deutschen Ekonomist 1872 Nr. 1 und 3; ferner § 26 am Schlufs.

§ 114. *Die gegenwartigen Tarife der belgischen Staatsbahnen für Güter, Leichen, Fahrzeuge und Vieh.*

Der zur Zeit geltende Lokaltarif der belgischen Staatsbahnen vom 1. Januar 1886 ist ein nahezu unveränderter Abdruck des Lokaltarifs vom 1. Februar 1881 und wie folgt zusammengesetzt:

Tarif Nr. 1. Für Exprefsgut.
Tarif Nr. 2. Für Eilgut (kleine Pakete und Warenstücke).
Tarif Nr. 3. Für Frachtgut sowie Eisenbahnwagen und Möbelwagen.
Tarif Nr. 4. Für Gold und Silber in Barren oder gemünzt, Bankbillets und andere Wertpapiere.
Tarif Nr. 5. Für Equipagen und Leichen.
Tarif Nr. 6. Für Pferde, Vieh und Hunde.

Tarif Nr. 1 (Transports par exprès) Exprefsgut.

Der Tarif findet Anwendung auf Pakete, welche den Empfängern durch Eilboten zuzustellen sind, und enthält alle Nebenkosten, mit Ausnahme der Abholungsgebühren. Bei Paketen im Gewicht bis zu 5 kg wird unterschieden, ob dieselben frei gemacht sind oder nicht. In ersterem Falle ist die Frachtberechnung eine günstigere als im letzteren. Es wird berechnet:

a) für frei gemachte Pakete im Gewicht bis zu 5 kg auf alle Entfernungen eine Taxe von Fr. 0,80;

b) für nicht freie Pakete im Gewicht bis zu 5 kg, sowie für Sendungen im Gewicht von 6—10 kg, frei oder nicht:

für Entfernungen von	1—25 km	eine Taxe von Fr.	0,90
» » »	26—75 »	» » » »	1,00
» » »	76 km und mehr	» » » »	1,10

Den Frachtsätzen für Sendungen im Gewicht von mehr als 10 kg liegen die folgenden Einheitssätze zu Grunde:

		für 100 kg
Abfertigungsgebühr (frais fixes)		Fr. 1,00
Zustellgebühr		» 3,00
Transportgebühr:		
von 1— 5 km	(gleichmäfsig)	» 0,20
» 6— 75	» d. Satz für 5 km, erhöht für das km um	» 0,03
» 76—150	» » » » 75 » » » » » »	» 0,02
» 151—200	» » » » 150 » » » » » »	» 0,016
» 200 km ab	» » » 200 » » » » » »	» 0,012

Mindestens wird jedoch berechnet für die Sendung:

bei Entfernungen von	1—25 km	Fr. 1,10
» » »	26 km und mehr	» 1,20

Für Sendungen im Gewicht von mehr als 10 kg erfolgt die Frachtberechnung von 10 zu 10 kg aufwärts unter Abrundung der Frachtbeträge auf 5 cts. aufwärts, wenn der Bruchteil 2½ cts. beträgt. Bruchteile unter 2½ cts. kommen nicht zur Berechnung.

Briefe im Gewicht von 15 gr und weniger können ebenfalls nach vorliegendem Tarif befördert werden.

Tarif Nr. 2 für Eilgut (grande vitesse).

Der Tarif Nr. 2 findet Anwendung auf kleine Pakete und Warensendungen bis 200 kg, wenn der Absender nicht ausdrücklich die Anwendung der Tarife Nr. 1 oder 3 verlangt.

Kleine Pakete von 5 kg und weniger werden frei gemacht auf alle Entfernungen zu einer Taxe von 50 cts. für jedes Paket befördert. Nicht frei gemachte Sendungen von 5 kg und weniger und Sendungen von 6—10 kg, frei oder nicht, werden befördert:

auf Entfernungen von	1—25 km . . .	zum Satz von Fr. 0,50
» » »	26—75 » . . .	» » » » 0,60
» » »	76 km und mehr	» » » » 0,70

Den Frachtsätzen für Sendungen im Gewicht von mehr als 10 kg liegen die folgenden Einheitssätze zu Grunde:

	für 100 kg
Abfertigungsgebühr	Fr. 0,40
Zustellgebühr	» 0,30
Transportgebühr:	
von 1— 5 km (gleichmäfsig)	» 0,10
» 6— 75 » der Satz für 5 km, erhöht für das km um	» 0,02
» 76—150 » » » » 75 » » » » » »	» 0,016
» 151—200 » » » » 150 » » » » » »	» 0,012
» 201 km u. mehr » » » 200 » » » » » »	» 0,008

Mindestens wird jedoch berechnet für die Sendung:

bei Entfernungen von	1—25 km	Fr. 0,60
» » »	26—75 »	» 0,70
» » » mehr als	75 »	» 0,80

Gewichtsabrundung und Abrundung der Frachtbeträge erfolgt wie beim Tarif Nr. 1.

Tarif Nr. 3 Frachtgut (petite vitesse).

Der Tarif Nr. 3 für gewöhnliche Beförderung zerfällt in die Tarife fur Guter im allgemeinen, für auf eigenen Achsen laufende Eisenbahnwagen, sowie für Möbelwagen.

a) Tarif für Waren im allgemeinen.

Die samtlichen Guter sind in 4 Klassen eingeteilt. Die in der Tariftabelle für die 1. Klasse aufgeführten Frachtsätze kommen auf Teilladungen im allgemeinen zur Anwendung, wobei indessen die Fracht für mindestens 400 kg berechnet wird. Die Taxen enthalten die Nebengebühren nicht.

Die Frachtsätze der 2. und 3. Klasse finden auf Sendungen von mindestens 5000 kg Anwendung. Sendungen von weniger als 5000 kg werden als Teilladungen angesehen und als solche nach den Taxen der 1. Klasse abgefertigt, wenn es nicht vorteilhafter für den Versender ist, die Fracht für volle 5000 kg nach derjenigen Klasse zu zahlen, zu welcher das Gut gehört. Für leere und beladene Marktwagen wird die Fracht nach einem Mindestgewicht von 4000 kg für das Stück berechnet. Für Flachs und Hanf im Stroh wird die Fracht für mindestens 4000 kg für Sendung und Wagen berechnet.

Die Frachtsätze der 4. Klasse finden auf Sendungen von mindestens 10 000 kg Anwendung. Güter der 4. Klasse in Mengen von weniger als 10 000 kg werden wie Güter der 3. Klasse behandelt und als solche taxiert, wenn es nicht vorteilhafter für den Versender ist, die Fracht nach dem Satze der 4. Klasse für 10 000 kg zu zahlen. Indessen werden Grubenhölzer, auf Wagenlänge zugeschnitten, welche in Mengen von mindestens 5000 kg oder gegen Zahlung der Fracht für dieses Gewicht befördert werden und deren Transport auf Kohlen- oder Coakswagen nach Kohlenstationen erfolgt, zu den Sätzen der 4. Klasse befördert. Faschinen werden ebenfalls nach den Taxen der 4. Klasse abgefertigt, wobei die Fracht für mindestens 5000 kg für die Sendung berechnet wird.

Die Gewichtsabrundung erfolgt überall von 10 zu 10 kg aufwärts.

Mit Ausnahme der lose verladenen Güter (marchandises en vrac), welche mit anderen Gütern nicht zusammengeladen werden können (s. unten), werden sämtliche in Teilladungen zur Aufgabe kommenden Güter nach den Sätzen der 1. Klasse abgefertigt, wenn es nicht vorteilhafter ist, die Wagenladungstaxe derjenigen Klasse, zu welcher das Gut gehört, für eine volle Wagenladung zu berechnen. Lose verladene Güter, welche mit anderen Gütern nicht zusammengeladen werden können, werden nur zu den Taxen für volle Wagenladungen (5000 kg nach der 1., 2. oder 3. Klasse und 10000 kg nach der 4. Klasse), ohne Rücksicht auf das wirkliche Gewicht der Sendung, zur Beförderung angenommen.

(Im Tarif sind diese Artikel — etwa 170 — besonders aufgeführt.)

Güter in vollen Wagenladungen können von den Absendern und Empfängern selbst verladen und entladen werden; bei lose verladenen Gütern in vollen Wagenladungen mufs dies unter Aufsicht von Beamten der Eisenbahnverwaltung von den Absendern bezw. Empfängern auf eigene Kosten besorgt werden. Hat der Versender selbst verladen, so ist der Empfänger verpflichtet, die Entladung und die Zustellung auf eigene Kosten besorgen zu lassen. Teilladungen werden eisenbahnseitig verladen und entladen. *Gegen Verlust oder Beschädigung versicherte Güter* werden nur eisenbahnseitig verladen und entladen. Die Verladung und Entladung wird eisenbahnseitig gegen eine Vergütung von 10 cts. für 100 kg (für Be- und Entladung) besorgt Diese Taxe wird für das wirkliche Gewicht des Gutes von 100 zu 100 kg aufwärts berechnet und kommt unverkürzt znr Erhebung, auch wenn das *Abladen* seitens der Empfänger stattfindet.

Den in der Tariftabelle für die Klassen 1, 2, 3 und 4 befindlichen Frachtsätzen liegen die folgenden Einheitstaxen zu grunde:

	für 1000 kg
Abfertigungsgebühr (frais fixes)	Fr. 1,00
Transportgebühr:	

1. Klasse	für 1000 kg
von 1— 5 km (gleichmäfsig)	Fr. 0,50
» 6— 75 » für das Kilometer	» 0,10
» 76—150 » der Satz für 75 km, erhöht für das km um	» 0,08
» 151—200 » » » » 150 » » » » » »	» 0,06
über 200 » » » » 200 » » » » » »	» 0,04

2. Klasse	für 1000 kg
von 1— 5 km (gleichmäfsig)	Fr. 0,40
» 6— 75 » für das Kilometer	» 0,08
» 76—125 » der Satz für 75 km, erhöht für das km um	» 0,04
über 125 » » » » 125 » » » » » »	» 0,02

3. Klasse	für 1000 kg
von 1— 5 km (gleichmäfsig)	Fr. 0,30
» 6— 75 » für das Kilometer	» 0,06

3. Klasse für 1000 kg

von	76—100 km	der Satz für 75 km, erhöht für das km um	Fr. 0,03
»	101—125 »	» » » 100 » » » » » »	» 0,02
über	125 »	» » » 125 » » » » » »	» 0,01

4. Klasse für 1000 kg

von	1— 24 km	für das Kilometer	Fr. 0,06
»	25— 75 »	» » »	» 0,04
»	76—100 »	der Satz für 75 km, erhöht für das km um	» 0,02
»	101—350 »	» » » 100 » » » » » »	» 0,01
über	350 »	» » » 350 » » » » » »	» 0,02

Für Entfernungen von 1—24 km betragen die Abfertigungsgebühren bei der 4. Klasse nur 50 cts. für die Tonne.

b) Tarif für auf eigenen Achsen laufende Güter- und Personenwagen.

Die Taxen werden wie folgt festgestellt:

Für Entfernungen von 1—75 km Fr. 2,50 für die Achse an Abfertigungsgebühr (frais fixes) und 10 cts. für Achse und Kilometer Transportgebühr. Für Entfernungen von 76—100 km die Fracht für 75 km, erhöht um 5 cts. für Achse und Kilometer. Für Entfernungen über 100 km die Fracht für 100 km, erhöht um Fr. 0,025 für Achse und Kilometer.

Die Fracht für einen auf eigenen Achsen laufenden, mit einem anderen Wagen beladenen Wagen wird nach den voraufgeführten Taxen mit einem Zuschlag von 50 % berechnet. Der geringste zur Erhebung kommende Frachtbetrag ist derjenige für 5 km.

c) Tarif für Möbelwagen (Tapissières).

Der Transport von Möbeln findet entweder mittelst Umzugswagen statt, welche von den Versendern geliefert werden, oder mittelst Möbelwagen, welche die Eisenbahnverwaltung stellt. Bezüglich der von den Versendern gestellten Möbelwagen besteht die Vorschrift, daſs Wagen nebst Inhalt das Gewicht von 6000 kg nicht übersteigen dürfen. Die von den Versendern gestellten, zum Transport von Möbeln benutzten Wagen werden leer frei zurückbefördert. Das Gewicht des Inhalts der von der Eisenbahnverwaltung gestellten Möbelwagen darf 3000 kg nicht übersteigen.

Die Frachtberechnung findet folgendermaſsen statt:

a) Möbelwagen, welche von den Versendern gestellt werden, für den Wagen die Fracht für 6000 kg nach der 1. Klasse;

b) Möbelwagen, welche von der Eisenbahnverwaltung gestellt werden, für den Wagen die Fracht für 6000 kg nach der 1. Klasse und 17 % Zuschlag.

Tarif Nr. 4 Wertsendungen (Finances).

Für Gold und Silber in Barren oder gemünzt, Bankbillets und andere Wertpapiere wird für angefangene 1000 Fr. Wert die folgende Fracht erhoben:

von	1—25 km	Fr. 0,25	Mindestbetrag	Fr. 0,50
»	26—75 »	» 0,30	»	» 0,60
über	75 »	» 0,35	»	» 0,70

Auf- und Abladegebühr, Einschreibegebühr und Zustellgebühr sind in diesen Sätzen enthalten.

Ist die Fracht niedriger als diejenige nach Tarif Nr. 2 (für Eilgut) nach dem Gewicht berechnet, so wird letztere berechnet. In diesem Falle gelten für die bezüglichen Transporte auch die Bestimmungen des Tarifs Nr. 2.

Tarif Nr. 5 für Equipagen und Leichen.

a) Equipagen.

Bei der Frachtberechnung wird kein Unterschied zwischen zwei- oder vierrädrigen, zwei- oder viersitzigen Wagen gemacht.

Reisende, welche in ihren Equipagen befördert werden, haben den Preis eines Fahrbillets 1. Klasse zu zahlen. Nehmen dieselben in einem Wagen des Zuges Platz, so ist der Fahrpreis nach dem Tarif für Personenbeförderung zu entrichten.

Wenn von seiten des Absenders nicht anders bestimmt wird, findet die Beförderung von Equipagen in Eilfracht mit den ersten Personenzügen statt. In diesem Falle wird der Frachtberechnung für eine Equipage die Taxe der 1. Klasse des Tarifs Nr. 3 für 6000 kg zu Grunde gelegt.

Wenn auf Verlangen des Absenders die Equipagen als Frachtgut versandt werden, so wird die Fracht in folgender Weise nach dem Satz der 2. Klasse des Tarifs Nr. 3 berechnet:

Ein Wagen mit 2 oder 4 Sitzplätzen, nach einem Mindestgewicht von . . . . 2500 kg

Zwei Wagen mit 2 oder 4 Sitzplätzen, auf einen Wagen geladen nach einem Mindestgewicht von . . . . . 4000 »

Drei Wagen mit 2 oder 4 Sitzplätzen, nach einem Mindestgewicht von . . . . 5500 »

Vier Wagen mit 2 oder 4 Sitzplätzen, nach einem Mindestgewicht von . . . . 7000 kg

Findet die Beförderung von Luxusfahrzeugen in geschlossenen, eigens für derartige Transporte bestimmten Wagen statt, so werden — sowohl bei der Beförderung in Eilfracht als in gewöhnlicher Fracht — die normalen Frachtsätze um 25 % erhöht.

Die Gebühren für das Auf- und Abladen der in Eilfracht beförderten Equipagen und Luxuswagen sind in den Taxen enthalten.

b) Leichen.

Für die Beförderung eines Sarges wird die gleiche Fracht wie für eine Equipage in Eilfracht berechnet. Die Personen, welche den Transport begleiten und welche in Wagen des Zuges Platz nehmen, zahlen die Taxe des Tarifs für Personenbeförderung. Zwei Personen werden frei befördert, wenn dieselben in dem Wagen Platz nehmen, in welchem die Leiche befördert wird.

Tarif Nr. 6 für Pferde, Vieh und Hunde.

Die Beförderung von Tieren findet entweder in Eilfracht oder in gewöhnlicher Fracht statt.

Zur Beförderung in Eilfracht werden nur Pferde, Maulesel, Ponys und Füllen zugelassen und nur in folgenden Fällen:

a) wenn die Beförderungsstrecke eine Länge von 75 km und mehr hat,
b) auf jede Entfernung, wenn Abgangs- und Bestimmungsstation die äufsersten Punkte der von dem Zuge befahrenen Strecke sind.

Die Taxe für Eilfracht findet nur Anwendung auf die unteilbare Zahl von je 1—3 Pferden, Mauleseln, Füllen oder Ponys.

Bei der Beförderung in gewöhnlicher Fracht werden drei Abteilungen unterschieden, und zwar:

1. Abteilung: 1 Pferd oder 1 Maulesel; 1 oder 2 Füllen, Ponys, Ochsen, Kühe oder Esel, 1 bis 5 Schweine oder Kälber, 1 bis 10 Hämmel.

2. Abteilung: 2 Pferde oder 2 Maulesel; 3 oder 4 Füllen, Ponys, Ochsen, Kühe oder Esel, 6 bis 10 Schweine oder Kälber, 11 bis 20 Hämmel.

3. Abteilung: 3 Pferde oder 3 Maulesel; 5 oder 6 Füllen oder Ponys; ein Wagen Grofs- oder Kleinvieh.

Es ist den Versendern erlaubt, soviel Stücke Vieh in einen Wagen zu laden, als es ihnen beliebt, indessen bleibt die Eisenbahnverwaltung von jeder Verantwortlichkeit für Beschädigung, Unfälle unterwegs und Sterblichkeit der Tiere befreit.

Die Taxen der dritten Abteilung werden um 25 Prozent erhöht, wenn die Stückzahl der Tiere die nachstehende Zahl für den Wagen überschreitet:

Ochsen	Kühe	Esel	Färsen oder junge Ochsen	Schweine oder Kälber	Hämmel oder Ziegen	Spanferkel
Zahl	Zahl	Zahl	Zahl	Zahl	Zahl	Zahl
8	8	10	10	20	20	100

Pferde- und Viehtransporten mufs ein Begleiter beigegeben werden. Die freie Beförderung in den Stallwagen oder in den Viehwagen wird nur einem Begleiter für die Sendung oder für den Wagen gewährt. Nimmt der Begleiter in einem anderen Wagen Platz, so hat er den gewöhnlichen Fahrpreis nach dem Tarif für Personenbeförderung zu entrichten. Wenn für Pferde- und Viehtransporte wenigstens 10 Wagen erforderlich sind, und zwar nach derselben Bestimmungsstation, kann die Beförderung durch Extrazug zu den Sätzen für gewöhnliche Fracht (petite vitesse) erfolgen, vorausgesetzt, dafs ein darauf bezüglicher Antrag zwei Tage vorher bei der Verwaltung gestellt worden ist. Kleinvieh in gehörig verschlossenen Körben, Kisten oder Säcken kann zu den Taxen und Bedingungen des Tarifs Nr. 2 für Eilgut befördert werden. Dergleichen Transporte werden mit Personenzügen nicht befördert und den Empfängern durch die Eisenbahn nicht zugestellt. Dieselbe übernimmt auch für solche Sendungen keinerlei Verantwortlichkeit. Den Sätzen für Pferde und Vieh liegen die folgenden Einheitstaxen zu Grunde:

a) Eilfracht für 3 Stück Pferde.

Abfertigungsgebühr (frais fixes) . . . . 6,00 Fr.

Transportgebühr:

Von 1—5 km gleichmäfsig . . . . 2,00 »

Von 6—75 km für den Wagen mit 3 Pferden und für das Kilometer . . . . 0,40 »

Von 76—150 km der Satz für 75 km, erhöht für Wagen und Kilometer um . . . . 0,32 »

Von 151—200 km der Satz für 150 km, erhöht für Wagen und Kilometer um . . . . 0,24 Fr.
Über 200 km der Satz für 200 km, erhöht für Wagen und Kilometer um . . . . 0,16 »

b) Gewöhnliche Fracht für Pferde und Vieh.

		1. Abteilung Fr.	2. Abteilung Fr.	3. Abteilung Fr.
Abfertigungsgebühr (frais fixes)		3,00	4,50	6,00
Transportgebühr	von 1— 5 km gleichmäfsig	0,60	0,90	1,20
	» 5— 75 » für das Kilometer	0,12	0,18	0,24
	» 76—150 » der Satz für 75 km, erhöht für das Kilometer um.	0,09	0,135	0,18
	von 151—200 km der Satz für 150 km, erhöht für das Kilometer um	0,06	0,09	0,12
	über 200 km der Satz fur 200 km, erhoht für das Kilometer um.	0,04	0,06	0,08

Für Hunde, welche von den Reisenden mitgeführt werden, ist ohne Unterschied der Preis der 3. Klasse des Tarifs für die Personenbeförderung zu entrichten. Hunde in Körben werden ohne Verantwortlichkeit zu den Taxen und Bedingungen entweder des Tarifs Nr. 1 oder 2, oder des Gepäcktarifs zur Beförderung übernommen.

Bestimmungen über die Beförderung leerer Verpackungsgegenstände.

Für leere gebrauchte Verpackungsgegenstände, welche in gewöhnlicher Fracht befördert werden, wird die Fracht nach dem wirklichen Gewicht und nach der 1. Klasse des Tarifs Nr. 3 berechnet. Der Frachtberechnung wird ein Mindestgewicht von 100 kg zu Grunde gelegt.

Auf Verlangen des Absenders können dieselben auch zu den Taxen und Bedingungen der Tarife Nr. 1 oder 2 nach dem wirklichen Gewicht befördert werden. Neue Verpackungsgegenstände, welche leer zur Aufgabe gelangen, um durch die Eisenbahn gefüllt zurückbefördert zu werden, werden unter der Bedingung wie gebrauchte behandelt, dafs auf den Frachtbriefen der späteren Rücksendung Erwähnung geschieht und sie gefüllt mindestens ein Gewicht von 5000 kg haben.

Allgemeine Bestimmungen.

Güter, welche das Gewicht von 200 kg auf das Kubikmeter nicht erreichen.

Bei dergleichen Gütern wird das wirkliche Gewicht um 50 Prozent erhöht und zwar bis zum Höchstbetrag von 200 kg für das Kubikmeter oder bis zu einem Gewicht, welches der Hälfte der Tragkraft des benutzten Materials gleichkommt.

Ausgenommen von dieser Regel sind indessen:

1. Flachs und Hanf, ungebrecht, bei welchen ein Gewichtszuschlag nur bis zum Höchstbetrag von 4000 kg für den Wagen von 10 Tonnen Tragkraft erfolgt.
2. Eier, Wolle aller Art (mit Ausnahme von Kamm- oder Kratzwolle), Hammelfelle, Abfälle von Wolle und Baumwolle, Werg, Abfälle von Werg und Flachs in geprefsten Ballen und Bündeln und lebende Pflanzen, wofür die Fracht nach dem wirklichen Gewicht berechnet wird.

Unteilbare Massen, deren Gewicht 10000 kg übersteigt oder welche die Verwendung besonderen Materials erforderlich machen, ist die Eisenbahn zu befördern nicht verpflichtet. Die Frachtsätze und Beförderungsbedingungen, sowie die Abhol- und Zustellgebühren, wenn die Eisenbahnverwaltung sich hiermit befafst, werden durch besondere Ubereinkunft festgesetzt.

Gröfsenverhältnisse der Ladungen. Die gewöhnliche Länge des zur Beförderung von Gütern dienenden Materials beträgt 6 Meter. Die Frachtberechnung für Sendungen von mehr als 6 Meter Länge geschieht folgendermafsen:

Von 6—12 Meter:

a) Nach dem Gewicht der Sendung, wenn dasselbe 6000 kg oder mehr beträgt;

b) Nach dem Gewicht erhöht um 1500 kg, wenn dasselbe weniger als 6000 kg beträgt, mit einem Höchstbetrag von 6000 kg.

Von 12—18 Meter:

a) Nach dem Gewicht der Sendung, wenn dasselbe 10 500 kg oder mehr beträgt;

b) Nach dem Gewicht erhöht um 3000 kg, wenn dasselbe weniger als 10 500 kg beträgt, mit einem Höchstbetrag von 10 500 kg.

Von 18—24 Meter:

a) Nach dem Gewicht der Sendung, wenn dasselbe 15 000 kg oder mehr beträgt.
b) Nach dem Gewicht erhöht um 4500 kg, wenn dasselbe weniger als 15 000 kg beträgt, mit einem Höchstbetrag von 15 000 kg.

Die Ladung der Wagen darf in der Breite 2,70 m, in der Höhe 3,40 m über Schienenoberkante nicht überschreiten. Wenn die Breite am höchsten Punkte nur 1,50 m beträgt, kann die Höhe der Ladung bis auf 4,10 m über Schienenoberkante gebracht werden. Jede Ladung von mehr als 6 m und bis zu 14 m Länge darf in der Höhe 3,10 m über Schienenoberkante und in der Breite 2,40 m nicht überschreiten.

Zur Beförderung von Gütern, deren Länge mehr als 14 m beträgt, ist die Eisenbahn nicht verpflichtet. Für dergleichen Transporte ist stets die Einholung einer besonderen Genehmigung erforderlich.

Spezialtarife.

Spezialtarif Nr. 1 für die Beförderung von Steinkohlen, Coaks und Briquetts, sowie Steinen und Erden aus Kohlengruben in Wagenladungen von mindestens 10 000 kg von den Kohlenstationen zur Seeausfuhr nach den Hafen- bezw. Kanalstationen Anvers, Bruxelles, Louvain, Termonde, Gand, Bruges, Ostende und Nieuport (ville).

Grundtaxen:

Bis 84 km gleicher Satz von 2,20 Fr. für 1000 kg.

Von 85—187 km 0,026 Fr. für 1000 kg und 1 km.

Von 188—300 km der Satz für 187 km erhöht für Tonne und Kilometer um 0,01 Fr.

Von 301—400 km der Satz für 300 km erhöht für Tonne und Kilometer um 0,02 Fr.

Spezialtarif Nr. 2 für die Beförderung von Steinkohlen, Coaks und Briquetts, Kies, Sand, sowie Eisenerzen, Pflastersteinen, Steinschlag und Makadam in Gewichtsmengen von mindestens 100 000 kg von den verschiedenen in Betracht kommenden Stationen zur Seeausfuhr nach den Hafen- bezw. Kanalstationen Anvers, Bruxelles, Louvain, Termonde, Gand, Bruges, Ostende und Nieuport (ville).

Grundtaxen:

Bis 100 km gleicher Satz von 2 Fr. für 1000 kg.

Von 101 km ab der Satz für 100 km, erhöht um 0,02 Fr. für das Tonnenkilometer.

Spezialtarif Nr. 3 für die Beförderung von Pflastersteinen, Steinschrotten, feuerfesten Steinen, Pfeifenerde, plastischer Erde, Makadam, Eisenerz, Kies, Sand, phosphorsaurem Kalk, Kalk, Bruchsteinen und gebrannten Bausteinen in Wagenladungen von mindestens 10 000 kg von den in Betracht kommenden Stationen zur Seeausfuhr nach den oben bezeichneten Hafen- bezw. Kanalstationen.

Grundtaxen wie beim Spezialtarif 1.

Spezialtarif Nr. 4 für eine gröfsere Anzahl der verschiedensten Artikel. Derselbe enthält Frachtsätze

für Sendungen von 5 000 kg (1. Sektion)
» » » 10 000 » (2. »)

und findet ebenfalls nur Anwendung auf Sendungen, welche zur Seeausfuhr nach den oben bezeichneten Hafenstationen bestimmt sind.

Frachtsätze:

1. Sektion. Die Sätze liegen in der Mitte zwischen den Sätzen der 1. und 2. Klasse des Tarifs Nr. 3 (Frachtgut).
2. Sektion. Die Sätze sind diejenigen der 2. Klasse des Tarifs Nr. 3.

Spezialtarif Nr. 5 für die Beförderung einer gröfseren Anzahl der verschiedensten Artikel in Sendungen von mindestens 10 000 kg zur Seeausfuhr nach den unter Spezialtarif 1 genannten Hafenstationen. Die Sätze liegen in der Mitte zwischen den Sätzen der 2. und 3. Klasse des Tarifs Nr. 3 (Frachtgut).

Spezialtarif Nr. 6 für die Beförderung einer gröfseren Anzahl der verschiedensten Artikel in Sendungen von mindestens 10 000 kg. (Für Fensterglas, Glaswaren und Hohlglas ist das geringste zur Berechnung zu ziehende Gewicht auf 7000 kg die Sendung festgesetzt.) Ebenfalls zur Seeausfuhr nach den unter Spezialtarif 1 genannten Hafenstationen. Die Sätze sind diejenigen der 3. Klasse des Tarifs Nr. 3 (Frachtgut).

Spezialtarif Nr. 7 für eine gröfsere Anzahl von Artikeln in Sendungen von mindestens 10 000 kg zur Seeausfuhr nach den unter Spezialtarif 1 genannten Hafenstationen. Die Sätze sind diejenigen der 4. Klasse des Tarifs Nr. 3 (Frachtgut).

Spezialtarif Nr. 8 für die Einfuhr über die unter Spezialtarif 1 genannten Hafenstationen:

a) von Marmor in Blöcken, schwefelsaurem Natron } in Sendungen von 10 000 kg.

Die Sätze sind diejenigen der 4. Klasse des Tarifs Nr. 3 (Frachtgut);

b) von Eisenerz

1. in Sendungen von 10 000 kg

Grundtaxen:		für 1000 kg
Abfertigungsgebühr	. . . .	1,00 Fr.
Für die Entfernungen von 1—25 km nur	. . . . . .	0,50 »
Transportgebühr:		
Von 1—25 km für das Kilometer	. . . .	0,06 »
» 26—50 »	der Satz für 25 km, erhöht für das Kilometer um	0,04 »
» 51—75 »	» » » 50 » » » » » »	0,03 »
» 76 km u. mehr »	» » 75 » » » » » »	0,01 »

2. in Sendungen von 100 000 kg

die Sätze für Sendungen von 10 000 kg ermäfsigt um . . 0,75 »

3. in Sendungen von 200 000 kg

die Sätze für Sendungen von 10 000 kg ermäfsigt um . . 1,00 »

c) von Zinkerz, Bleierz u. s. w., Schwefelkies

1. in Sendungen von 10 000 kg

Grundtaxen:		
Abfertigungsgebühr	. . . .	1,00 Fr.
Für die Entfernungen von 1—25 km nur	. . . . . .	0,50 »
Transportgebühr:		
Von 1—25 km für das Kilometer	. . . .	0,06 »
» 26—50 »	der Satz für 25 km, erhöht für das Kilometer um	0,04 »
» 51—75 »	» » » 50 » » » » » »	0,03 »
Über 75 »	» » » 75 » » » » » »	0,01 »

2. in Sendungen von 100 000 kg

die Sätze für Sendungen von 10 000 kg ermäfsigt um . . 0,50 »

3. in Sendungen von 200 000 kg

die Sätze für Sendungen von 10 000 kg ermäfsigt um . . 0,75 »

Spezialtarif Nr. 9 für die Einfuhr einer gröfseren Anzahl von Artikeln über die unter Spezialtarif 1 genannten Hafenstationen. Der Tarif enthält Frachtsätze

für Sendungen von 5 000 kg (1. Abteilung)
» » » 10 000 » (2. »)

Die Sätze der 1. Abteilung liegen in der Mitte zwischen den Sätzen der 1. und 2. Klasse des Tarifs Nr. 3 (Frachtgut). Die Sätze der 2. Abteilung liegen in der Mitte zwischen den Sätzen der 2. und 3. Klasse des Tarifs Nr. 3 (Frachtgut).

Spezialtarif Nr. 10 für Kunstwerke, industrielle Erzeugnisse, Instrumente, Pflanzen und Erzeugnisse aller Art, Tiere, Pferde u. s. w., welche für Ausstellungen bestimmt sind.

Für den Hinweg werden die vollen Frachten berechnet, wohingegen der Rücktransport frachtfrei erfolgt.

Spezialtarif Nr. 11 für die Beförderung der nachbezeichneten Artikel in Ladungen von mindestens 10000 kg im Verkehr zwischen den Stationen Tubize, Hennuyères, Braine-le-Comte, Ecoussinues und Clabecq einerseits und einer gröfseren Anzahl von Stationen der belgischen Staatsbahn andererseits.

1. Abteilung: Masseln (massiaux), Luppen oder grob gewalzte Eisenbarren (loupes ou barres de fer grossièrement laminées).

2. Abteilung: Roheisen (fontes brutes), Abfall von Roheisen (mitraille de fonte) und Schlacken (secriés).

Die Frachtsätze der 1. Abteilung sind diejenigen der 4. Klasse des Tarifs Nr. 3 (Frachtgut).

Den Frachtsätzen der 2. Abteilung liegt ein Einheitssatz von 0,03 Fr. für die t und km und 1 Fr. Abfertigungsgebühr für die t zu Grunde.

Spezialtarif Nr. 12 für die Beförderung von Eisenerz in Sendungen von 10000 kg, 100000 kg und 200000 kg im Verkehr von den Stationen Charleroi, Châtelineau-Châtelet, Ligny (Sud), Louvain (Station), Marchienne-au-Pont, Rhisnes, St. Denis-Bovesse und Vedrin nach Bruxelles (Ouest), Clabecq und den Stationen des Beckens von Charleroi.

Frachtsätze:

a) Sendungen von 10000 kg

Abfertigungsgebühr 1,00 Fr. für die t, Transportgebühr 0,02 Fr. für das Tonnenkilometer	oder die Fracht der 4. Klasse des Tarifs Nr. 3 (Frachtgut), wenn dieselbe vorteilhafter;

b) Sendungen von 100000 kg.

Die Sätze der 4. Klasse des Tarifs Nr. 3 (Frachtgut), ermäfsigt um 1,25 Fr. mit einem Mindestsatz von 1,35 Fr.

c) Sendungen von 200000 kg.

Die Sätze der 4. Klasse des Tarifs Nr. 3 (Frachtgut), ermäfsigt um 1,50 Fr. mit einem Mindestsatze von 1,10 Fr.

Spezialtarif Nr. 13 für die Beförderung von Eisenerz und Schwefelkies in Sendungen von 10000 kg, 100000 kg und 200000 kg ab Athus, Athus (Frontière), Graide-Bièvre, Halanzy, Messancy, Signeulx und Sterpenich nach einer Anzahl belgischer Stationen.

a) Sendungen von 10 000 kg — für 1000 kg

Abfertigungsgebühr	1,00	Fr.
Für die Entfernungen von 1—25 km nur	0,50	»
Transportgebühr:		
Von 1—25 km für das km	0,06	»
» 26—50 » der Satz für 25 km erhöht für das km um	0,04	»
» 51—75 » » » » 50 » » » » » »	0,03	»
Über 75 » » » » 75 » » » » » »	0,01	»

b) Sendungen von 100 000 kg.

Die Sätze für Sendungen von 10 000 kg ermäſsigt um 0,50 Fr.

c) Sendungen von 200 000 kg.

Die Sätze für Sendungen von 10 000 kg ermäſsigt um 0,75 Fr.

Spezialtarif Nr. 14 für die Beförderung von Steinkohlen, Coaks und Briquetts in Sendungen von 10 000 kg, 100 000 kg und 200 000 kg von den belgischen Kohlenstationen nach Athus (Hauts-fourneaux), Signeulx (Frontière) und Halanzy.

Dieselben Grundtaxen wie beim Spezialtarif 13.

Spezialtarif Nr. 15 für die Beförderung von Kohlen in Mengen von wenigstens 240 000 kg von belgischen Kohlenstationen zur Verschiffung nach Mons (Bassin), Warquignies (Rivages de St. Ghislain), Jemappes (Rivages) und Namur (Meuse).

Ohne bestimmte Grundtaxen. Festsetzung der Frachtsätze erfolgt nach Übereinkunft (Prix à Forfait).

Spezialtarif Nr. 16 für die Beförderung von Steinkohlen, Coaks und Briquetts in Wagenladungen von 10 000 kg von den belgischen Kohlenstationen nach Gand, Gendbrugge und den Stationen der Bahnen im Hennegau und in Flandern.

Grundtaxen: — für 1000 kg

Abfertigungsgebühr	1,00	Fr.
Für die Entfernungen von 1—25 km nur	0,50	»
Transportgebühr:		
Von 1—25 km für das km	0,06	»
» 26—50 » der Satz für 25 km erhöht für das km um	0,04	»
» 51—75 » » » » 50 » » » » » »	0,03	»
Über 75 » » » » 75 » » » » » »	0,01	»

Die Spezialtarife Nr. 17 und Nr. 18 sind nur örtlicher Natur und nicht von allgemeiner Bedeutung.

Spezialtarif Nr. 19 für die Beförderungen von Gütern der 4. Klasse des Tarifs Nr. 3 (Frachtgut) im Verkehr zwischen einer Anzahl von Stationen der belgischen Staatsbahn auf Wagen, welche Eigentum der Kohlengruben sind.

Die Taxen sind diejenigen der 4. Klasse des Tarifs Nr. 3, ermäfsigt um 0,20 Fr. für die t.

Spezialtarif Nr. 20 für die Beförderung von Frachtgütern von einer Station an ein an dieselbe angeschlossenes Etablissement und umgekehrt oder von einem an eine Station angeschlossenen Etablissement an ein an dieselbe Station angeschlossenes anderes Etablissement.

A. Transporte auf Wagen, welche Eigentum der Verwaltung sind.

Für 1000 kg

1. Klasse	2. Klasse	3. Klasse	4. Klasse
0,62 Fr.	0,60 Fr.	0,58 Fr.	0,56 Fr.

(ausschl. Nebengebühren: 20 Ct. Einschreibegebühr, 10 Ct. Avisbrief).

B. Transporte auf Wagen, welche Eigentum des angeschlossenen Etablissements sind.

Für 1000 kg (alle 4 Klassen) 0,20 Fr. (einschl. Nebengebühren).

(Die Taxen, welche unter A für die 1., 2. und 3. Klasse angegeben sind, sowie die unter B angegebene Taxe finden nur auf Sendungen von mindestens 5000 kg für den Wagen Anwendung, während der Satz der 4. Klasse unter A nur auf Sendungen von wenigstens 10000 kg für den Wagen anwendbar ist.)

Nebengebühren.

Nebengebühren, welche in den Tarifen nicht enthalten sind	Tarif Nr. 1 Expressgüter	Tarif Nr. 2 Eilgüter	Tarif Nr. 3 Frachtgüter	Tarif Nr. 4 Geld u. s. w.	Tarif Nr. 5 Equipagen	Tarif Nr. 6 Pferde und Vieh
Einschreibegebühr	—	—	0,20	—	0,20	0,20
Abholgebühr für 100 kg und jeden Bruchteil von 100 kg	0,30	0,30	0,30	—	—	—
Abholgebühr für Geld etc. (Finances) für 1000 Frs. und jeden Bruchteil von 1000 Frs.	—	—	—	0,15	—	—
Zustellgebühr für 10 kg:						
a) im Brüsseler Bezirk	—	—	0,05	—	—	—
b) in den übrigen belgischen Plätzen	—	—	0,03	—	—	—
Auf- und Abladegebühr für 100 kg	—	—	0,10	—	—	—
Zählgebühr für 100 kg	—	—	0,01	—	—	—
Bestellung der Avisbriefe für »Bureau restant« adressierte Güter	—	—	0,10	—	—	—

Nach Vorstehendem ist der belgische Gütertarif ein Wertklassifikationstarif, jedoch unterscheidet er Stückgut und Wagenladungen. Als Stückgut gelten Mengen unter 5000 kg, welche nach Klasse 1 des Tarifs Nr. 3 tarifiert werden; es giebt also nur eine Stückgutklasse. Für die Wagenladungsklassen 2 und 3 wird die Aufgabe von 5000 kg, für die Wagenladungsklasse 4 von 10000 kg verlangt; Verladung in einen Wagen ist nicht vorgeschrieben. Bemerkenswert ist die grofse Zahl von ermäfsigten Spezialtarifen für die Einfuhr und Ausfuhr der belgischen Häfen, die übrigen Spezialtarife sind fast ausschliefslich zu gunsten der Kohlen- und Eisenindustrie, für welche auch ein Teil der Ein- und Ausfuhrtarife bestimmt ist. Die Tarife sind durchweg nach fallender Skala gebildet und zum Teil sehr niedrig.

§ 115. *Die gegenwärtigen Tarife der belgischen Staatsbahnen für die Beförderung von Personen und Reisegepäck.*

Der zur Zeit geltende Tarif für Personen und Gepäck ist vom 15. Oktober 1879 und enthält folgende wesentliche Bestimmungen:

I. Personenbeförderung.

Es werden für jede Entfernung und für alle Züge einfache und Rückfahrtbillets ausgegeben.

Die Gültigkeit der Rückfahrtbillets für Entfernungen von 75 km und weniger (Rückfahrt nicht inbegriffen) erlischt um Mitternacht des Tages der Ausgabe. Die Rückfahrtbillets für Entfernungen von mehr als 75 km (Rückfahrt nicht inbegriffen) gelten bis Mitternacht des auf die Aufgabe folgenden Tages und bis Mitternacht des zweitfolgenden Tages, wenn die Ausgabe an einem Sonnabend oder an einem Tage erfolgt, welcher einem gesetzlichen Feiertage vorhergeht; ist der einem gesetzlichen Feiertage folgende Tag ein Sonntag oder der zweitfolgende Tag nach einem Sonnabend ein gesetzlicher Feiertag, so gelten die am Feiertage oder Sonnabend ausgegebenen Billets bis um Mitternacht des 4. Tages. Hat der Antritt der Reise vor Mitternacht stattgefunden, so bleiben die Billets bis zur Beendigung der Fahrt gültig.

Grundtaxen für die Personenbeförderung.

Für gewöhnliche Züge.

	1. Klasse	2. Klasse	3. Klasse
für das km	0,0756 Fr.	0,0567 Fr.	0,0378 Fr.
Mindesttaxen	0,40 »	0,30 »	0,20 »

Bei Schnellzügen tritt eine Erhöhung von 25 Prozent der nach diesen Grundtaxen ermittelten Fahrpreise, sowie der Mindesttaxen ein.

Für Rückfahrtbillets, für gewöhnliche wie für Schnellzüge, wird eine Ermäfsigung des doppelten Fahrpreises für ein einfaches Billet von 20 Prozent gewährt.

Bei der Festsetzung der Fahrpreise sind die im Lokalgütertarif der belgischen Staatsbahn angegebenen Entfernungen mafsgebend.

Besondere Bestimmungen.

Kinder.

Kinder unter 3 Jahren sind frei, wenn sie auf dem Schofse ihrer Begleiter Platz haben. Kinder von 3 bis 8 Jahren werden zu den um 50 Prozent ermäfsigten Fahrpreisen befördert und haben auf einen besonderen Platz Anspruch. Zwei Kinder unter 8 Jahren, welche zusammen reisen, werden auf ein Rückfahrtbillet befördert. Kinder über 8 Jahren haben den vollen Fahrpreis zu entrichten. Beansprucht ein Reisender einen besonderen Platz für ein Kind von weniger als 3 Jahren, so ist dafür derselbe Fahrpreis wie für ein Kind von 3 bis 8 Jahren zu entrichten.

Militär.

In Corps oder einzelnen Abteilungen reisende Truppen (Armee und Gendarmerie) werden auf den belgischen Staatsbahnen zu den gewöhnlichen, um 50 Prozent ermäfsigten Fahrpreisen befördert. Offiziere, Unteroffiziere und Soldaten der Armee und des Gendarmeriecorps, welche einzeln im Dienst oder auf Urlaub reisen, geniefsen dieselbe Ermäfsigung.

Bürgergarden.

Die in Uniform und mit Waffen reisenden Bürgergarden werden Mitgliedern von Gesellschaften gleich geachtet und sind denselben Bedingungen unterworfen (s. später). Die Offiziere des Generalstabes der Bürgergarde, welche im Dienst reisen, werden den Offizieren der Armee gleich geachtet und geniefsen wie diese eine Ermäfsigung von 50 Prozent.

Abonnements.

Allgemeine Abonnements.

Abonnementskarten werden für das ganze Gebiet der belgischen Staatsbahnen oder nur für einen Teil desselben ausgegeben. Die

Preise für diese, fur alle Züge und für eine Dauer von 3, 6, 9 oder 12 Monaten gültigen Billets sind nach der Entfernung abgestuft und betragen z. B. Francs:

	für 3 Monate			fur 6 Monate			für 9 Monate			für 12 Monate		
	1.	2.	3.	1.	2.	3.	1.	2.	3.	1.	2.	3.
	Klasse			Klasse			Klasse			Klasse		
für 1—5 km . . .	43	33	22	78	59	39	104	78	52	130	98	65
» 10 » . . .	57	42	28	102	76	51	136	102	68	170	127	85
» 15 » . . .	67	50	33	120	90	60	160	120	80	200	150	100
» 20 » . . .	77	58	38	138	104	69	184	138	92	230	173	115
» 25 » . . .	87	65	43	156	117	78	208	156	104	260	195	130
» 30 » . . .	97	73	48	174	131	87	232	174	116	290	218	145
» 35 » . . .	103	78	52	186	140	93	248	186	124	310	233	155
» 50 » . . .	123	93	62	222	167	111	296	222	148	370	278	185
» 100 » . . .	157	118	78	282	212	141	376	282	188	470	353	235
für das ganze Gebiet	267	200	133	480	360	240	640	480	320	800	600	400

Abonnements für Beamte der belgischen Staatsbahnen.

Denjenigen Beamten, welchen gestattet ist, aufserhalb ihres Stationsortes ihr Domizil zu nehmen, werden Abonnementsbillets für die Fahrt zwischen ihrem Wohnort und ihrem Stationsort zur Hälfte des Preises der allgemeinen Abonnements geliefert.

Schülerabonnements.

Schülerabonnements werden zu besonders ermäfsigten Preisen für die Dauer von 3, 6 oder 12 Monaten ausgegeben. Für Kinder von Beamten des Ministeriums der öffentlichen Arbeiten werden Schülerabonnements zur Hälfte des Preises der gewöhnlichen Schülerabonnements gewährt.

Arbeiterabonnements.

Abonnementsbillets für Arbeiter werden für die Dauer einer Woche und zu besonders ermäfsigten Preisen zur Fahrt in der 3. Wagenklasse ausgegeben. Für Arbeiter der belgischen Staatsbahnen, welche aufserhalb des Ortes ihrer Beschäftigung ihren Wohnort haben, werden Abonnementsbillets zur Hälfte des Preises der gewöhnlichen Arbeiterabonnementsbillets ausgegeben.

Vergünstigungen für Mitglieder von Gesellschaften (sociétaires).

Mitglieder von Gesellschaften, welche in geschlossenen Abteilungen reisen, geniefsen eine Ermäfsigung von 50 Prozent gegenüber den Preisen der einfachen Billets. Diese Ermäfsigung wird auch Gesellschaften gewährt, welche nur eine einfache Reise ausführen und deren Rückkehr über andere Linien oder vermittelst anderer Transportmittel erfolgt. Die Gesellschaftsmitglieder müssen sowohl auf dem Hinweg als auf dem Rückweg in einer Zahl von wenigstens 20 reisen und auf eine Strecke von mindestens 30 km (Rückfahrt nicht inbegriffen), falls sie Anspruch auf die vorerwähnte Ermäfsigung machen wollen. Indessen können Gesellschaften von weniger als 20 Personen, welche weniger als 30 km zu durchfahren haben, die Ermäfsigung beanspruchen, wenn für 20 Personen und für eine Strecke von 30 km gezahlt wird. Die Beförderung von Gesellschaften zu ermäfsigten Preisen kann mit den Exprefszügen nicht stattfinden.

Gesellschaftsmitgliedern werden gleich geachtet:

1. Wallfahrer in Gesellschaften oder Brüderschaften,
2. Bürgergarden,
3. dramatische Künstler,
4. Cirkusmitglieder, Künstler u. s. w.

Schülerreisen.

Eine Ermäfsigung von 50 Prozent gegenüber den gewöhnlichen Preisen für einfache Billets wird Schülern gewährt, welche mit ihren Lehrern einen Ausflug machen, sofern deren Zahl mindestens 10 beträgt. Diese Ermäfsigung wird nur für gewöhnliche Züge gewährt. Beträgt die Zahl der Teilnehmer 200, so kann ein Extrazug gestellt werden. Der Preis dafür wird bestimmt durch Anwendung der einfachen Preise für gewöhnliche Züge — ermäfsigt um 50 Prozent — auf die Zahl der wirklich benutzten Plätze, unter Vorbehalt eines Mindestbetrags von 75 Franks für den Zug.

Besondere Ermäfsigungen geniefsen ferner:

1. Wähler für die gesetzgebenden Kammern und für die Provinz. Dieselben geniefsen für die Fahrt von der ihrem Wohnorte nächstgelegenen Station bis zum Wahlorte auf der belgischen Staatsbahn eine Ermäfsigung des Fahrpreises von 50 Prozent.

2. Gefangene, ihre Aufseher und die zu ihrem Transport dienenden Wagen werden zu den um 50 Prozent ermäfsigten Preisen befördert.

3. Auswanderer geniefsen eine Ermäfsigung von 50 Prozent gegenüber den Preisen für einfache Billets und haben Anspruch auf kostenfreie Beförderung von 100 kg Gepäck auf ein Billet für einen Erwachsenen und von 50 kg Gepäck für ein Kinderbillet. Auswandererbillets berechtigen nur zur Fahrt in 3. Wagenklasse und gelten nur für die von der Eisenbahnverwaltung bestimmten Züge. Kinder von drei Jahren und weniger werden frei befördert. Für Kinder von mehr als drei Jahren bis zu zwölf Jahren sind die halben Fahrpreise zu zahlen, also $^1/_4$ der Preise des normalen Tarifs.

4. Reisende, welche Vergnügungszüge benutzen, zahlen den um 50 Prozent ermäfsigten Preis für einfache Billets.

Extrazüge.

Bei Anträgen auf Einrichtung von Extrazügen mufs die Anzahl der Personenwagen jeder Klasse, woraus der Zug zusammengesetzt werden soll, angegeben werden. Ebenso mufs angegeben werden, welche Mengen Reisegepäck mitgeführt werden sollen. Uber die Natur und den Umfang der übrigen, durch den Extrazug zu bewirkenden Transporte (als Pferde, Equipagen u. s. w.) sind gleichfalls nähere Angaben zu machen.

Der Preis des Extrazugs wird bestimmt:

1. durch Anwendung der Preise des Tarifs für die Personenbeförderung (gewöhnliche einfache Billets) auf die Anzahl der Plätze jeder Klasse, woraus der Zug besteht, ohne Rücksicht auf die Zahl der wirklich benutzten Plätze;

2. durch Anwendung der normalen Tarife für Gepäck, Hunde, Pferde, Equipagen, Särge u. s. w. auf die bezüglichen Transporte.

Der Mindestsatz für einen Extrazug ohne Rückfahrt beträgt für die Entfernung von 30 km und weniger 160 Fr. und 5 Fr. 25 Cts. für das km für die Entfernungen über 30 km.

Wird der Extrazug zur Hin- und Rückfahrt benutzt, so tritt eine Ermäfsigung von 20 Prozent bei den Taxen und dem Mindestsatze für beide Fahrten ein.

II. Gepäckbeförderung.

Die Taxe für die Beförderung von Gepäck beträgt 6 Cts. für 100 kg und 1 km. Der Mindestsatz beträgt 50 Cts. Auf Verlangen des Reisenden sind die Gepäckstücke auch nach einer andern Station als der Bestimmungsstation des Reisenden zu befördern. Das Gepäck kann gegen Zahlung einer Gebühr von 10 Cts. für 100 Fr. versichert werden.

Den Reisenden ist gestattet, Gegenstände im Gesamtgewicht von 25 kg, deren Unterbringung in den Personenwagen ohne Belästigung der Mitreisenden erfolgen kann, frei mitzuführen.

ZEHNTER ABSCHNITT.

G. NIEDERLANDE.

§ 116. *Gesetzliche Bestimmungen über das Tarifwesen.*

In den Niederlanden wird das Eisenbahnwesen in erster Reihe geregelt durch das Gesetz vom 9. April 1875 über die Regelung des Betriebes und die Benutzung der Eisenbahnen, welches an Stelle des früheren Gesetzes vom 21. August 1859 getreten ist. Die das Tarifwesen betreffenden Bestimmungen sind in dem Kapitel III »Von den Tarifen und von der Beförderung mit der Eisenbahn« enthalten und lauten folgendermaſsen:

»Art. 28. Die Tarife für die Beförderung von Personen und Gütern bedürfen der Genehmigung unseres Ministers der inneren Angelegenheiten.

Sie werden, bevor sie in Kraft treten, öffentlich angekündigt unter Angabe des Erlasses, durch welchen sie genehmigt sind und werden für Jedermann gegen einen für jeden Tarif besonders zu bestimmenden Preis im Druck verkäuflich gestellt. Die in diesem und den folgenden Artikeln angeordneten Veröffentlichungen geschehen in der durch unseren Minister der inneren Angelegenheiten zu bestimmenden Art und Weise.

Art. 29. Eine Ermäſsigung der Tarife kann jederzeit durch uns befohlen werden. Sollte infolge der angeordneten Tarifermäſsigung der Reingewinn der Unternehmer vermindert werden, so erhalten sie aus der Reichskasse eine Entschädigung. Der Betrag der zu bewilligenden Entschädigung wird, wenn die Verminderung ersichtlich ist, mangels gütlicher Vereinbarung durch den Richter festgesetzt.

Diese Entschädigung wird in keinem Falle zu einem höheren Betrage zuerkannt, als erforderlich ist, um den Reingewinn des Jahres oder der Jahre, für welche sie gefordert ist, auf 8 vom Hundert des gesellschaftlichen Kapitals zu bringen.

Art. 30. Tarifänderungen werden mindestens einen Monat vor dem Termine, an welchem sie in Kraft treten, veröffentlicht. Bei der Erteilung der in Artikel 28 erwähnten Genehmigung kann eine kürzere Frist bestimmt werden.

Art. 31. Die Unternehmer sind verpflichtet, zu den in den veröffentlichten Tarifen angegebenen Frachtpreisen und zu den in den Reglements bestimmten Bedingungen die Reisenden und die aufgelieferten Güter, sofern sie nicht durch gesetzliche Bestimmungen hiervon ausgeschlossen sind, zu befördern, ohne besondere Personen, Vereinigungen, Gesellschaften, Unternehmungen oder Körperschaften zu bevorzugen.

Sie dürfen keine besonderen Verträge mit einem oder mehreren Versendern über die Beförderung von Transporten nach einem niedrigeren, als dem öffentlich angekündigten Tarife abschliefsen. Ausnahmen werden hiervon zugelassen

a) für die Beförderung grofser Gütermengen,
b) bei Abonnements für die Beförderung einer oder mehrerer Wagenladungen,
c) für wohlthätige Zwecke und fur Ausstellungen.

Von den gemäfs a. und b. bewilligten Ermäfsigungen haben die Unternehmer unserem Minister der inneren Angelegenheiten unmittelbar Kenntnis zu geben. Diese Ermäfsigungen haben auch für alle Güter derselben Gattung, welche auf derselben Bahnstrecke und unter denselben Bedingungen befördert werden, zu gelten. Sie werden unverzüglich von den Unternehmern veröffentlicht und bleiben in Kraft während der Frist, welche in dem Vertrage bestimmt und in der Veröffentlichung angegeben ist, oder mangels einer Zeitbestimmung, bis der Vorschrift im ersten Satz des Art. 30 genügt ist.

Art. 32. Die Unternehmer der Eisenbahnen sind verpflichtet, mit der Genehmigung unseres Ministers der inneren Angelegenheiten die direkte Beförderung von Personen und Gütern über die unter ihrer Verwaltung stehende Bahn zwischen allen von dem Minister hiezu bestimmten Stationen einzurichten und zwar in der Weise, dafs:

1. für die Beförderung von Personen und ihres Gepäckes zwischen diesen Stationen direkte Billets zu erhalten sind.

2. die Beförderung der Güter mit direkten Frachtbriefen und soweit angängig, mit direktem Übergange der Wagen erfolgen kann. Sofern nicht eine anderweite Regulierung und Genehmigung unseres Ministers der inneren Angelegenheiten stattfindet, sind in Gemeinden, in welchen zwei oder mehrere untereinander durch Geleise verbundene Stationen vorhanden sind, die Unternehmer verpflichtet, Reisende mit direkten und durchgehenden Billets nebst ihrem Gepäck zeitig vor dem Abgange des anschliefsenden Zuges anzubringen und die weitergehenden Güter innerhalb der durch allgemeine oder besondere Reglements zu bestimmenden Frist von der Station ihrer Bahn nach denen der anderen Verwaltungen überzuführen. Sie sind verpflichtet, Personen- und Güterwagen, Tender und Maschinen, durch welche Personen und Güter für den direkten durchgehenden Verkehr angebracht worden sind, auf ihren Stationen und den Verbindungsgeleisen zuzulassen. Die Fahr- und Frachtgelder für die Überführung von Personen und Gütern werden durch unseren Minister der inneren Angelegenheiten nach Anhörung der Unternehmer festgesetzt.

Solange und soweit keine Tarife für den durchgehenden Verkehr von Personen und Gütern veröffentlicht sind, werden die Fahr- und Frachtpreise berechnet durch Zusammenstofs der Sätze der Lokal- oder direkten Tarife an die Frachtsätze derjenigen Bahnstrecken, über welche die Beförderung stattfinden soll.

Hat die Verhandlung über die in diesem Artikel angeordnete Vereinbarung zwischen den Eisenbahnunternehmern nicht innerhalb der durch unseren Minister der inneren Angelegenheiten vorgeschriebenen Frist zu einem Abschlusse geführt, so tritt eine Regelung durch unseren Minister nach Anhörung der Parteien ein. Abänderungen der in diesem Artikel vorgeschriebenen Vereinbarungen können auch nach Genehmigung derselben durch unseren Minister der inneren Angelegenheiten nach Anhörung der Unternehmer, wenn es erforderlich erscheint, angeordnet werden.«

Ferner finden sich Bestimmungen über das Tarifwesen in dem »Allgemeinen Reglement für den Transport auf den Eisenbahnen«, welches gemäfs königl. Verordnung vom 9. Januar 1876 gleichzeitig mit dem Gesetz vom 9. April 1875 am 15. Oktober 1876 in Kraft getreten ist. Dasselbe beruht, wie das deutsche und österreichisch-ungarische Betriebsreglement, im wesentlichen auf den Bestimmungen des Betriebsreglements des Vereins deutscher Eisenbahnen und kann deshalb von der Aufführung der einzelnen Bestimmungen desselben über das Tarifwesen hier abgesehen werden.

Durch königl. Verordnung vom 2. August 1883 sind einige Änderungen in dem Reglement erfolgt.

Endlich ist durch königl. Verordnung vom 9. Juli 1876 über die Regelung der allgemeinen Aufsicht über den Eisenbahnbetrieb ein Aufsichtsrat (Raad van tœzigt) eingesetzt, welchem nach Art. 19 dieses Gesetzes auch die Aufsicht über das Tarifwesen der Bahnen zusteht.

§ 117. *Allgemeine Entwickelung des Tarifwesens.*

In den Niederlanden giebt es aufser einer Anzahl Privatbahnen auch ein grofses Staatsbahnnetz, welches an Kilometerlänge die Privatbahnen übertrifft. Der Betrieb desselben ist aber an zwei Privatgesellschaften verpachtet, so dafs die gesamten Eisenbahnen unter privater Verwaltung stehen. Demgemäfs ist auch die Entwickelung des Tarifwesens eine durchaus privatwirtschaftliche und trotz der weitgehenden in dem Gesetz vom 9. April 1875 der Regierung vorbehaltenen Rechte bezüglich des Tarifwesens, trotzdem dieselbe auch in den Pachtverträgen mit den Betriebsgesellschaften bezw. den Konzessionen der Privatbahnen sich noch weitere Rechte gesichert hat, sind doch zahlreiche Mifsstände in der Tarifgestaltung hervorgetreten. Die Beschwerden hierüber und über andere Mängel des Eisenbahnwesens führten dazu, dafs die zweite Kammer im Juni 1881 eine Eisenbahnenquête beschlofs und eine Kommission hierfür niedersetzte, welche im Oktober 1882 einen eingehenden Bericht erstattete. Nach demselben läfst die Tarifgestaltung der niederländischen Bahnen viel zu wünschen übrig. Die Aufsicht der Regierung beschränkt sich trotz der weitgehenden Befugnisse in der Regel darauf, dafs die Bahnen die ihnen durch Gesetz bezw. die Konzessionen und Verträge festgetzten Maximaltarife nicht überschreiten. Im übrigen sind die Bahnen in ihrer Tarifgestaltung sehr selbständig und machen von dieser Selbständigkeit den ausgedehntesten Gebrauch. Sie regeln ihre Tarife wesentlich nach dem Wettbewerb mit anderen Eisenbahnlinien und dem in den Niederlanden besonders in Betracht kommenden Wasserweg. Wie anderwärts hat dies auch in den Niederlanden einen sehr ungünstigen Einflufs auf die Gestaltung der Tarife gehabt, die im höchsten Mafse ungleichmäfsig und wechselnd sind. Besonders wird auch geklagt über die schädliche Wirkung, welche der Wettbewerb der einzelnen Bahnen gegenüber dem Auslande hervorbringt. Verkehrsbedingungen, deren Annahme von der einen niederländischen Bahnverwaltung den ausländischen Bahnen verweigert werde, würden ihnen aus Konkurrenzrücksichten von einer anderen niederländischen Bahn zugestanden und so auch die anderen Bahnen zum Nachgeben gezwungen. Die Regierung aber sei nach Lage der bestehenden Verhältnisse machtlos gegenüber einem derartigen die Interessen des Landes schwer schädigenden Verfahren der Eisenbahngesellschaften.

Zur Behebung dieser Übelstände hat die Kommission, da ein Übergang zum Staatsbahnsystem zur Zeit mit grofsen finanziellen Opfern verbunden sein würde, insbesondere vorgeschlagen, dafs die Regierung die Befugnis erhalten solle, die Tarife auch gegen den Willen der Bahngesellschaften festzusetzen.

Vgl. hierüber Archiv für Eisenbahnwesen Jahrg. 1883 S. 588—590.

§ 118. *Die jetzigen Gütertarife.*

Für sämtliche niederländische Eisenbahnen sind am 15. Oktober 1876 im Lokalverkehr in Bezug auf das Tarifsystem, die Tarifvorschriften und die Einheitssätze bezw. Maximalsätze übereinstimmende Tarife in Kraft getreten. Die Gütertarife zerfallen in:

1. Bestellgut. Hierzu gehören

a) alle Sendungen von nicht mehr als 300 kg, wenn nicht ausdrücklich die Beförderung zu den Sätzen des für Eil- und Frachtgut festgestellten Tarifs verlangt wird;

b) Sendungen über 300 kg, wenn die Beförderung als Bestellgut vom Versender verlangt wird;

c) Geldsendungen;

2. Eilgut,
3. Stückgut,
4. Wagenladungsklasse A für 5000 kg,
5. » B » » »
6. » C » 10000 »
7. Ausnahmetarif I,
8. » II.

Die Tarifsätze der Stückguterklasse kommen für alle Sendungen unter 5000 kg zur Anwendung, es sei denn, dafs die Frachtberechnung für 5000 kg nach der bezüglichen Wagenladungsklasse günstiger ist, in welchem Fall die letztere zur Anwendung kommt.

Zu den Sätzen der Wagenladungsklassen werden die in der Klassifikation aufgeführten Güter befördert, wenn bei A und B mindestens 5000, bei C mindestens 10000 kg auf einen Wagen aufgeliefert, bezw. die Fracht dafür bezahlt wird. Güter der Klasse C unter 10000, aber über 5000 kg werden nach Klasse B tarifiert, sofern nicht die Berechnung nach C für 10 000 kg günstiger ist, in welchem Falle diese zur Anwendung kommt. Werden mehrere Güter einer oder verschiedener Wagenladungsklassen, jedes in Mengen unter 5000 kg, mit einem Gesamtgewicht einer vollen Wagenladung auf einen Frachtbrief aufgegeben, so wird der Frachtsatz der höchsten Klasse, aus welcher Güter in der Ladung enthalten sind, für die ganze Ladung angewendet.

Der Ausnahmetarif I gilt für die sperrigen Güter, welche das doppelte der Eil- bezw. Stückgutfracht zu zahlen haben. Sollte jedoch bei Versendung als Frachtgut die Frachtberechnung für 5000 kg für den Wagen nach Klasse A günstiger für den Versender sein, so kommt diese zur Anwendung.

Zum Ausnahmetarif II gehören Getreide und Hülsenfrüchte aller Art, Mehl, Lein- und Ölkuchen, frische Gemüse und Früchte u. s. w.

Aufserdem bestehen bei den verschiedenen Bahnen noch eine Anzahl Spezialtarife namentlich für Ein- und Ausfuhr, deren Anwendung an gewisse von den allgemeinen Tarifgrundsätzen abweichende Bedingungen geknüpft ist.

Die Einheitssätze für die regelmäfsigen Tarife sind nach fallender Skala festgesetzt.

Ebenso bestehen auch einheitliche Tarife und Sätze für Fahrzeuge, Vieh und Leichen.

In den direkten Tarifen mit Deutschland haben die niederländischen Bahnen das deutsche Reformsystem angenommen.

§ 119. *Die gegenwärtigen Personentarife.*

Im Personentarif bestehen nach dem Tarif vom 15. Oktober 1876 3 Klassen auf den niederländischen Eisenbahnen mit folgenden Einheitssätzen für das Personenkilometer:

	einfaches		Rückfahrtbillet	
I. Klasse	5 cts.	(8 Pf.)	8 cts.	(13,6 Pf.)
II. »	4 »	(6,8 »)	6 »	(10,1 »)
III. »	2,5 »	(4,2 »)	4 »	(6,8 »)

Bei der niederländischen Staatseisenbahnbetriebsgesellschaft gelten diese Sätze jedoch nur für die ersten 50 km, für weitere Entfernungen vermindern sie sich nach einer fallenden Skala wie folgt:

	Einfaches Billet 1. Klasse	2. Klasse	3. Klasse	Rückfahrtbillet 1. Klasse	2. Klasse	3. Klasse
	cts.	cts.	cts.	cts.	cts.	cts.
bis 50 km	5	4	2,5	8	6	4
von 51—100 km	4	3,2	2	6	4,5	3
» 101—150 »	3,5	2,8	1 3/4	5	3 3/4	2 1/2
» 151—200 »	3 1/4	2,6	1 5/8	4 1/2	3 3/8	2 1/4
über 201 km	3	2,4	1 1/2	4	3	2

Abweichend von obigen Sätzen berechnet ferner die holländische Eisenbahngesellschaft für Rückfahrtbillets

1. Klasse	2. Klasse	3. Klasse
6 cts.	4,8 cts.	3 cts.

und die niederländische Rheineisenbahngesellschaft für ein Rückfahrtbillet 1. und 3. Klasse 160 Prozent, für ein Rückfahrtbillet 2. Klasse 150 Prozent des einfachen Billetpreises.

Rückfahrtbillets werden auf allen Stationen ausgegeben und gelten bis 150 km für den Tag der Ausgabe und den folgenden Tag, über 150 km für den Tag der Ausgabe und die 2 folgenden Tage. Kinder unter 3 Jahren werden frei befördert, von 3—10 Jahren zahlen sie die Hälfte. Aufserdem werden noch Ermäfsigungen gewährt für Abonnementsbillets, Militär, Schüler, Wallfahrer, Auswanderer, Arbeiter, für letztere 4 nur bei gröfseren Gesellschaften.

Für Gepäck wird berechnet:

	bei der Staatseisenbahngesellsch.	bei der holländischen Eisenbahngesellschaft
Expeditionsgebühr für je 10 kg	4 cts.	5 cts.
Streckenfracht für 10 kg u. 1 km	0,14 »	0,1 »

ELFTER ABSCHNITT.

H. ENGLAND.

§ 120. *Gesetzliche und konzessionsmäfsige Vorschriften betreffend das Tarifwesen.*

Ein Unterschied zwischen gesetzlichen und konzessionsmäfsigen Vorschriften besteht in England wenigstens formell nicht, da auch jede Eisenbahnkonzession durch ein besonderes Gesetz (private bill) erteilt wird.

Für jede englische Bahn mit geringen Ausnahmen sind konzessionsmafsig besondere Maximaltarifsätze sowohl für den Personen- als Güterverkehr festgestellt, welche nicht überschritten werden dürfen. Seit 1845 hat sich ferner das Parlament ausdrücklich in jeder Eisenbahnkonzession das Recht vorbehalten, die Maximalsätze zu revidieren. In einigen Konzessionen ist aufserdem dem board of trade, d. h. dem Handelsamt, welchem die Aufsicht über das Eisenbahnwesen zusteht, das Recht ausbedungen, bei Erreichung einer gewissen Dividende die Tarifmaxima zu revidieren, aber vorgeblich technische, wesentlich politische Schwierigkeiten haben die Handhabung dieses Rechts bis jetzt verhindert.

Vgl. Cohn, Die englische Eisenbahnpolitik der letzten 10 Jahre S. 45—49; Reitzenstein, Über einige Verwaltungseinrichtungen und das Tarifwesen auf den Eisenbahnen Englands S. 23—24.

Im Personenverkehr betrugen die Maximalsätze für die englische Meile in den älteren Konzessionen 3 d für die I., 2 d für die II. und 1¼—1 d für die III. Klasse, neuerdings sind sie vielfach auf 2, 1½ und 1 d ermäfsigt; sie haben auch einige praktische Bedeutung, insofern sie hier und da in der That die Annahme höherer Tarife verhindert haben. Für den Güterverkehr sind bisweilen nur die sogenannten Wegegelder, d. h. die Entgelte für die Benutzung des Bahnkörpers bei der schon früher erwähnten Auffassung der Eisenbahn als freier Strasse, meist aber auch die eigentlichen Beförderungskosten in den Maximalsätzen enthalten. Dagegen ist es den Eisenbahnen gestattet, für alle anderen Leistungen, welche bei Ausführung des Frachtvertrags vorkommen, insbesondere für die Stationskosten (An- und Abfuhr, Ent- und Beladung, Expedition der Güter etc.) einen angemessenen von den Eisenbahnen festzusetzenden Betrag aufserdem zu erheben, für welchen kein Höchstbetrag vorgeschrieben ist. Dies macht thatsächlich die gesetzlichen Maximalsätze im Güterverkehr wirkungslos, indem die Eisenbahnen einfach, was über dieselben erhoben ist, als terminal (Expeditionsgebühr) bezeichnen.

Die gesetzlichen Maximalsätze sind vielfach ungleich sogar auf den verschiedenen Strecken derselben Bahn, was sich aus der Konzessionserteilung für jede Linie durch ein besonderes Gesetz erklärt. In einzelnen Fällen mufs man auf mehr als 50 Konzessionen zurückgehen, um die Maximalsätze festzustellen, welche eine Bahnverwaltung erheben darf. Sie sind in der Regel sehr hoch, so dafs die wirklich angewendeten Tarifsätze, obschon auch nicht niedrig, doch in der Regel darunter bleiben, im Güterverkehr sogar meist einschliefslich der terminals. Nur auf kurze Entfernungen wird über die erhebliche Verteuerung der Frachten und teilweise Uberschreitung auch der Maximalsätze infolge Berechnung der terminals geklagt.

Vgl. Zeitung des Vereins deutscher Eisenbahnen 1882 S. 1045.

Die Klassifikation der Gütermaximalsätze ist keine feststehende, sondern verschieden in den verschiedenen Konzessionen, in der Regel sind die Güter in 4—5 Klassen eingeteilt, deren Maximalsätze von 5—1 d für die Tonnenmeile (verschieden nach den Klassen und verschieden in den einzelnen Konzessionen) festgesetzt sind und welche ausnahmsweise für den Kohlentransport unter 1 d herabgehen. Aufserdem umfafst die Klassifikation der Maximalsätze nur eine im Verhältnis zur Zahl der transportierten Güter geringe Anzahl und gewöhnlich heifst es, dafs alle nicht ausdrücklich aufgeführten Gegenstände in die höchste Klasse gehören.

Während nach der Klassifikation des Clearing-house 1881 thatsächlich 4088 verschiedene Güter befördert wurden, finden sich in den Klassifikationen der Gütermaxima oft nur 50—60 Güter aufgeführt, vgl. Cohn a. a. O. S. 101.

Aus diesem geringen Umfange und der Verschiedenheit der Klassifikationen der Maximaltarife ergiebt sich eine weitere Schwierigkeit (neben den terminals), die Überschreitung der Maximalsätze nachzuweisen. Es erklärt sich daraus zur Genuge, weshalb selten versucht wird, gegen die Überschreitung der Maximalsätze durch die Tarife der Eisenbahngesellschaften Beschwerden oder Prozesse zu erheben und dafs diese noch seltener Erfolg haben.

Innerhalb der Maximaltarife und ihrer Konzessionen hatten die Eisenbahnen ursprünglich volle Freiheit in der Tarifgestaltung, jedoch sind später einige gesetzliche Bestimmungen erlassen, um diese Freiheit zu beschränken bezw. die entstandenen Mifsbräuche abzustellen. Es sind dies wesentlich folgende:

1. In dem Gesetz vom 9. August 1844 (7. und 8. Vict. cap. 85) wurde bestimmt, dafs alle neu konzessionierten Bahnen täglich mindestens einen Zug auf ihrer ganzen Linie für Passagiere III. Klasse fahren sollen, mit einer Geschwindigkeit von mindestens 12 engl. Meilen in der Stunde für die ganze Strecke einschliefslich der Aufenthaltsfristen, mit Anhalten auf jeder Passagierstation und mit Wagen, welche Sitze haben und vor dem Wetter geschutzt sind, zu einem penny für die Personenmeile, 1/2 Zentner Freigepäck, Kinder unter

3 Jahren frei, von 3—12 Jahren die Hälfte. Solche Züge (parlamentary trains) sollen von der Passagiersteuer frei sein.

Vgl. Cohn, Englische Eisenbahnpolitik Bd. I S. 168 und 169.

2. Die Railway clausel consolidation act vom 8. Mai 1845 (8. Vict. cap. 20) bestimmte, dafs die Bahnen ihre Tarife innerhalb der Maximalsätze verändern dürfen, aber niemand bevorzugen sollen und dafs die konzessionsmäfsigen Maximaltarife öffentlich angeschlagen werden sollen. Indes schlagen die Eisenbahngesellschaften vielfach nur die tolls an, d. h. die Maxima der für die Benutzung der Bahn durch dritte mit eigenen Wagen und Maschinen festgesetzten Bahngelder, nicht aber die Frachtsätze (rates), welche sie selbst für den Transport der Güter und Personen erheben, indem sie sich dabei auf den Wortlaut der den Vorschriften für Landstrafsen und Kanäle entnommenen gesetzlichen Bestimmung stützen.

Vgl. Wehrmann, Reisestudien über Anlagen und Einrichtungen der englischen Eisenbahnen, insbesondere über die Organisation des Güterverkehrs und des Tarifwesens S. 78—81; Reitzenstein a. a. O. S. 24—27; Cohn, Englische Eisenbahnpolitik Bd. II S. 470.

3. In dem Gesetz vom 10. Juli 1854 (17. Vict. cap. 31) ist ferner verordnet, dafs jede Eisenbahn alle angemessenen Erleichterungen für die Beförderung des Verkehrs gewähren soll; keine Person, keine Gesellschaft und keine Verkehrsart soll in ungehöriger oder ungerechtfertigter Weise in Vor- oder Nachteil gesetzt werden. Der Verkehr soll überall von Eisenbahn zu Eisenbahn und von Eisenbahn zu Kanal ohne Erschwerung und Aufenthalt übergehen, und für denselben jedes angemessene Zugeständnis gemacht werden. Wegen jedes Verstofses gegen dies Gesetz können die Eisenbahnen von jedermann vor den ordentlichen Obergerichten des Landes belangt werden; letztere sind befugt, für Nichtbefolgung ihrer Entscheidungen Strafen von 200 £ für jeden Tag gegen die ungehorsamen Eisenbahnen festzusetzen.

4. Durch das Gesetz vom 21. Juli 1873 (36. und 37. Vict. cap. 48) wurde die Entscheidung über Beschwerden wegen unangemessener Behandlung des Verkehrs auf einen besonderen Gerichtshof von 3 Kommissaren, welche die Königin ernennt, darunter mindestens einen Juristen und einen Eisenbahnfachmann mit gleichen Befugnissen wie die ordentlichen Obergerichte übertragen. Vor diesen Kommissaren kann jedermann und auch das Handelsamt (board of trade), sowie mit dessen Genehmigung Städte, öffentliche Korporationen und Hafenämter klagen.

Aufserdem wurde durch das genannte Gesetz bestimmt:

Die Bildung direkter Verkehre soll den Eisenbahnen durch die Kommissare auf Antrag einer anderen Eisenbahn auferlegt werden können, sofern dadurch eine angemessene und verständige Erleichterung im öffentlichen Interesse erzielt wird und der gewählte Eisenbahnweg angemessen ist. Die Kommissare entscheiden auch über die Angemessenheit der Durchgangssätze bezw. der Anteile daran, d. h. sie können dieselben annehmen oder ablehnen, nicht aber selbst festsetzen; doch ist keine Eisenbahn genötigt, niedrigere Sätze anzunehmen, als sie fur den Verkehr desselben Artikels zwischen denselben Punkten auf einem andern Eisenbahnweg berechnet. Endlich sollen die Eisenbahnen alle Tarife jeglicher Art, auch diejenigen, welche infolge besonderer Vereinbarung angewendet werden, in Büchern verzeichnen und diese Bücher zu angemessenen Tageszeiten auf den Stationen und Werften, für welche die Sätze bestehen, zur unentgeltlichen Einsichtnahme für jedermann auslegen, bei einer Strafe von 5 £ täglich. In diesen Büchern mufs auf Antrag von Interessenten bezw. auf Verlangen der Kommissare auch verzeichnet werden, wieviel von jedem Tarifsatz für die eigentliche Beförderung und wieviel für andere Leistungen gerechnet ist; uber die Höhe der letztern Vergütungen, der terminals haben die Kommissare, sofern sie nicht durch Parlamentsakte festgesetzt sind, im Streitfall nach billigem Ermessen zu entscheiden.

Cohn, Englische Eisenbahnpolitik der letzten 10 Jahre S. 133—135.

Diese gesetzlichen Beschränkungen der Tarifgestaltung, an sich nicht sehr weitgehend und nicht hinreichend bestimmt, sind zum gröfsten Teil auf dem Papier geblieben, in der Praxis regeln die Eisenbahnen Verkehr und Tarife unter sich lediglich nach ihrem Interesse bezw. nach vollster Willkur und gröfstenteils unter Ausschlufs der Offentlichkeit. Sie wissen die gesetzlichen Bestimmungen klug zu umgehen oder durch ihren Einflufs im Parlament und geschickte Anwälte bei den Gerichten denselben eine Auslegung zu geben, welche sie unwirksam machen. Gedruckte Gütertarife sind in der Regel nicht vorhanden und in den oben erwähnten gesetzlich vorgeschriebenen Tarifbüchern sind nur die Tarifsätze für die einzelnen Klassen enthalten, nicht die Klassifikation der Güter. Diese mufs man wieder in einem andern Buch suchen und wird wegen dieser Schwierigkeiten verhältnismäfsig selten von den Verkehrsinteressenten Einsicht in diese Bücher genommen, vielmehr brieflich Auskunft über die Tarifsätze erbeten. Seit 1882 wird deshalb in die Konzessionen die Vorschrift aufgenommen, dafs die Eisenbahn verpflichtet sei, bei Strafe genaue Auskunft über Tarifsätze zu geben.

Cohn, Englische Eisenbahnpolitik der letzten 10 Jahre S. 50.

Nur die Tarife für den mit Personenzügen beförderten Verkehr, also für Personen, Gepäck, Fahrzeuge, Leichen, Pferde, Hunde, Kleinvieh und Pakete (parcels) werden in der Regel in den Fahrplanbüchern abgedruckt, aufserdem auf den Stationen ausgehängt.

Die Eisenbahnkommissare haben wenig zu thun; wegen der Weitläufigkeit und den aufserordentlichen Kosten des Verfahrens, sowie der Schwierigkeit des Nachweises einer ungesetzlichen Handlungsweise kommen verhältnismäfsig selten Klagen an sie. Aufserdem furchten die Geschäftsleute, wie es scheint nicht ohne Grund, dafs die Eisenbahnen aus Rache von den vielen Gelegenheiten Gebrauch machen, den Versendern Schwierigkeiten zu bereiten und ihnen die gewöhnlichen Erleichterungen entziehen, ja, es sind sogar Fälle festgestellt, wo die Beschwerdeführer durch Erhöhung der Frachten für ihre Transporte bestraft wurden.

Cohn a. a. O. S. 140—156.

Das board of trade macht von seinen Befugnissen wenig oder gar keinen Gebrauch, und so sind die grofsen Eisenbahn-Gesellschaften thatsächlich ganz unabhängig. Da ein ernstlicher Wettbewerb zwischen ihnen schon lange nicht mehr besteht, vielmehr durch Vereinbarungen überall beseitigt ist, der Wettbewerb der Kanäle aber gänzlich und der der See zum grofsen Teil tot gemacht ist, üben sie ein vollständiges Monopol aus und beherrschen den ganzen englischen Verkehr.

§ 121. *Der Clearing-house-Verein und die Gestaltung der Gütertarife.*

Der Clearing-house-Verein ist eine 1847 gestiftete Vereinigung der Eisenbahnen, zur gemeinsamen Abrechnung und Saldierung im Personen-, Güter- und Wagenverkehr, sowie zu sonstigen gemeinsamen Einrichtungen im Interesse des direkten und Durchgangsverkehrs, welcher durch Gesetz vom 25. Juni 1850 Korporationsrechte beigelegt sind.

Vgl. Reitzenstein a. a. O. S. 158—194; Cohn, Englische Eisenbahnpolitik Bd. I S. 261—263, Bd. II S. 73—77.

Jede Eisenbahngesellschaft kann nach einmonatlicher Anmeldung Mitglied werden; der Ausschlufs aus dem Verein kann durch Zweidrittel-Majorität der zum Verein gehörigen Eisenbahnen erfolgen. Ein Zwang, diesem Verein anzugehören, besteht nicht, doch sind fast alle englischen und schottischen Eisenbahnen Mitglieder. Vertreten wird er durch einen Ausschufs der daran beteiligten Bahnen, in welchem jede Eisenbahn einen Vertreter mit einer Stimme hat. Dieser Ausschufs entscheidet in vierteljährlichen Zusammenkünften auf Grund von vorausgegangenen Verhandlungen und Vorschlägen der Oberbeamten über die laufenden Geschäfte und sonstigen Anträge nach Stimmenmehrheit. Die gefafsten Beschlüsse treten mit dem ersten des folgenden Monats in Kraft, jedoch kann jede Eisenbahn innerhalb eines Monats widersprechen. Thut sie dies nicht, so ist sie zur Ausführung der Beschlüsse verpflichtet, kann aber wieder davon zurücktreten, nur mufs sie dies für einen nach der nächsten Vierteljahrszusammenkunft gelegenen Termin ankündigen. Die Führung der Geschäfte selbst erfolgt durch Bureaus unter Leitung eines Sekretärs und Schatzmeisters. Die Bureaus zerfallen in drei Abteilungen: 1) für allgemeine Angelegenheiten, 2) für Wagenkontrolle und Abrechnung, 3) die Verkehrsabteilung; letztere wieder in drei Unterabteilungen für Frachtgüter-, Parcel- und Personenverkehr. Aufserdem bestehen Kommissionen der beteiligten Eisenbahnen zu bestimmten Zwecken, zum Teil ständige, letztere insbesondere zur Entscheidung von Streitigkeiten zwischen den Bahnen wegen Beschädigungen des Betriebsmaterials und wegen Tragung der Entschädigungen aus dem Güter- und Personenverkehr. Diese Entscheidungen der Kommissionen sind endgültig. Seitens des Clearing-house-Vereins sind namentlich auch Bestimmungen über den Wagendurchgang, Wagenmiete und Beschädigungen, ferner eine gemeinsame Güterklassifikation für die direkten Verkehre vereinbart. Dieselbe wird mit den übrigen im Clearing-house-Verein getroffenen Festsetzungen alljährlich unter Berücksichtigung der im Vorjahre beschlossenen Änderungen und Zusätze neu herausgegeben in den regulations of the railway clearing-house. Diese bilden die Grundlage für alle direkten Verkehrsverhältnisse und betreffen alle einschlagenden Fragen mit Ausnahme der Höhe der Tarifsatze und der Regelung des Wettbewerbs, welcher innerhalb der engeren Verbände erfolgt. Letztere sind im wesentlichen hierauf beschränkt und deshalb von weit geringerer Bedeutung als die deutschen Eisenbahnverbände. Sie umfassen stets alle für den betreffenden Verkehr nebeneinander bestehenden Eisenbahnwege, gleichgültig, ob dieselben das Gebiet von einer oder mehreren Bahnen berühren, ebensowohl konkurrierende Schiffahrtsgesellschaften.

Reitzenstein a. a. O. S. 142—143.

Die Clearing-house-Klassifikation, welche nur für die direkten Verkehre, nicht aber für den Lokalverkehr der einzelnen Bahnen gilt, ist folgende:

1. Mineralienklasse. An- und Abfuhr, sowie Ent- und Beladung findet seitens der Versender und Empfänger statt, Beförderung erfolgt auf Gefahr des Eigentümers. Aufserdem wird diese Klasse nur angewendet bei Auflieferung von mindestens 4 tons oder bei Zahlung der Fracht für dieses Gewicht. Zu derselben gehören die Rohprodukte, insbesondere Erze, Roheisen, Steine u. s. w. Kohlen werden nach einem besonderen Ausnahmetarif befördert, was wesentlich damit zusammenhängt, dafs die Eisenbahnen häufig eigenen Kohlenhandel betreiben bezw. an dem der Versender beteiligt sind, und deshalb nicht als gewöhnliche Frachtfuhrer angesehen werden.

2. Spezialklasse. Hierfür gelten dieselben Bedingungen wie unter 1, jedoch ist das Mindestgewicht zwei tons. Zu dieser Klasse gehören besonders die groben Eisenwaren, und Eisenartikel (Schienen, Achsen, Röhren u. s. w.), ferner Getreide, Malz, Steine und Holz als Halbfabrikat u. s. w. Sendungen der Mineralienklasse unter 4000 kg werden zum Satz der Spezialklasse und die der letzteren unter 2000 kg zum Satz der niedrigsten Warenklasse (s. 3) befördert.

3. Fünf Warenklassen, welche alle übrigen Waren nach einer genauen Klassifikation umfassen. Eine Normalklasse für nicht genannte Artikel kennt man nicht, alle Artikel sind in der Klassifikation aufgeführt. Ein Mindestgewicht ist nicht vorgeschrieben, jedoch giebt es für geringe Mengen (smalls) ohne Unterschied der Artikel drei verschiedene Sätze: bis zu 14 kg, von 18—28 und über 28 kg, letzterer solange anzuwenden, als nicht der regelmäfsig berechnete Satz der betreffenden Klasse sich höher stellt. An- und Abfuhr insoweit eine solche bahnseitig auf den betreffenden Stationen besteht, ferner Ent- und Beladung, sowie volle Haftpflicht wird seitens der Eisenbahn bei den Gütern der Warenklassen übernommen. Eine Reihe von Gütern der Warenklassen werden zu einem billigeren Tarif gefahren, wenn dieselben auf Gefahr des Eigentümers aufgegeben werden, oder wenn der Versender sie für undamageable erklärt, d. h. Haftung für Bruch und Rost übernimmt.

4. Eilgüter, die sogenannten parcels d. h. Pakete. Dieselben werden stets mit Personenzügen befördert, sind aber durchaus nicht blofs kleine Pakete, sondern oft von erheblicher Schwere. Insbesondere

gilt dies von den sog. van parcels, die im Verkehre mit London mit einem bestimmten Personenzug täglich gehen und nur die Hälfte des tarifmäfsigen Satzes zahlen. Die Tarife für die parcels sind in der Regel nicht von Station zu Station berechnet, sondern nach Entfernungs- und Gewichtszonen abgestufte Meilensätze, welchen eine aus Entfernung und Gewicht zusammengesetzte fallende Skala zu Grunde liegt. Es bestehen für parcels direkte Sätze zwischen allen Eisenbahnen und ist An- und Abfuhr in denselben eingeschlossen.

Vgl. Reitzenstein a. a. O. S. 76—126.

Das Tarifsystem ist also eine ausgedehnte Wertklassifikation, die Grundsätze der Taraklassifikation sind fast gar nicht berücksichtigt, daher auch die Wagenausnutzung eine schlechte. Die daraus entspringenden Nachteile werden durch eine um so raschere Wagenbewegung zum Teil wieder ausgeglichen. Auch im übrigen ist die Tarifgestaltung eine ganz privatwirtschaftliche und, wie schon früher erwähnt, bis zu den äufsersten Folgen einer solchen entwickelt. Die Einheitssätze der verschiedenen Bahnen nicht nur, sondern selbst der verschiedenen Tarife derselben Bahn sind durchaus ungleich, insoweit überhaupt von Einheitssätzen die Rede sein kann. Dieselben sind vielfach nach einer fallenden Skala gebildet. Die normalen Tarife bilden fast die Ausnahme, die Regel dagegen die sehr zahlreichen Ausnahmetarife, welche namentlich im Verkehr der Hauptplätze für alle wichtigeren Artikel bestehen. In der Einstellung von Ausnahmesätzen, welche sowohl von der Klassifikation des clearing-house als von den sonstigen Bedingungen abweichen können, sind die Eisenbahnen unbeschränkt. Aufserdem aber werden für gröfsere Transporte bezw. bei Zusicherung grofserer Transportmengen sehr häufig besondere Vereinbarungen mit den einzelnen Verfrachtern über die Höhe der Sätze abgeschlossen. Fruher wurden auch sehr viel im Wege der Refaktien solche Begünstigungen gewährt, neuerdings haben die Eisenbahnen in ihrem Interesse, weil durch die heimlichen Refaktien die Frachten zu sehr gedrückt wurden, dies beschränkt. Thatsächlich ist man also in England dahin gekommen, dafs die normalen Tarife nur für die kleinen Verfrachter gelten, für die grofsen durch besondere Vereinbarungen und Refaktien der Frachtpreis von Fall zu Fall festgesetzt wird. Dazu kommen die zahlreichen Differentialtarife und Disparitäten teils durch den Wettbewerb anderer Eisenbahnen, der Kanäle und der See, teils durch das Interesse der einzelnen Eisenbahnen an bestimmten Häfen und Industriebezirken, an Ein- und Ausfuhr bestimmter Artikel hervorgerufen. So gab es 1881 allein auf der Great Northern 10 Millionen Frachtsätze.

Vgl. Cohn, Englische Eisenbahnpolitik der letzten 10 Jahre S. 50.

Was die Höhe der Gütertarife betrifft, so sind dieselben im Durchschnitt weit höher als die deutschen, wobei selbstverständlich auch hier und da, wo besondere, namentlich Wettbewerbsverhältnisse dies bedingen, niedrigere Tarife als die deutschen vorkommen.

Vgl. Wehrmann a. a. O. S. 49—70; Cohn, Engl. Eisenbahnpolitik Bd. II S. 481—500, der letzten 10 Jahre S. 52; B. Samuelson, a report on the railway goods tariffs of Germany, Belgium and Holland compared with those of this country. In dem letzterwähnten Bericht über eine auf Veranlassung des Ausschusses der Handelskammern des Vereinigten Königreichs erfolgte Enquête über die Eisenbahn- und insbesondere Tarifverhältnisse in Deutschland, Belgien und Holland findet sich eine ziffermäfsige Vergleichung der Tarife dieser Länder mit den englischen für die wichtigsten Artikel, welche fast durchweg zu Ungunsten der englischen Tarife ausfallen.

Dafs die englischen Privatbahnen mit diesem Zustand zufrieden sind, ist nicht wunderbar, das verkehrtreibende Publikum dagegen ist dies weniger, und zahlreiche Klagen werden von demselben erhoben, allerdings ohne bis jetzt eine Änderung herbeizuführen. Auch die mehrfachen parlamentarischen Untersuchungen schafften keine Abhilfe. Von diesen brachten namentlich die von 1865—1867 zur Untersuchung der Beschwerden über die Tarife, und die von 1881—1882 zur Untersuchung der Frachtsätze der Eisenbahn- und Kanalgesellschaften und der Personentarife, sowie der Wirksamkeit des Eisenbahntribunals (Railway-Commission) von 1873 massenhaftes Material herbei, hatten aber keine oder nur geringe praktische Ergebnisse.

Während für das Publikum die Bildung der Tarife und ein grofser Teil selbst der gültigen Tarifsätze Geheimnis ist und für die Offentlichkeit, Ubersichtlichkeit und erleichterte Anwendung der Tarife seitens der Verkehrsinteressenten wenig oder nichts geschieht, ist für die Eisenbahnen die Anwendung des Tarifs bei Expedition, Verrechnung und Verteilung der Frachten möglichst erleichtert. Hierfür kommen nach der oben mitgeteilten Klassifikation nur drei verschiedene Klassen in Betracht:

1. carted goods d. h. wo die Eisenbahn An- und Abfuhr und Expedition besorgt und dementsprechende Gebühren hierfür erhebt. Dies geschieht bei den fünf Warenklassen.

2. not carted goods die Spezialklasse.

3. Die Mineralienklasse und Kohlen.

Bei der zweiten und dritten Klasse findet Beförderung von Station zu Station statt, keine An- und Abfuhr. Für jede dieser drei Klassen sind die Expeditionsgebühren verschieden bemessen und hierauf gründet sich obige Unterscheidung. Die Verteilung der Frachten erfolgt nach Abzug der Expeditionsgebühren für Versand- und Empfangsbahn im direkten und Verbandsverkehr in der Regel nach der Entfernung, was natürlich die Abrechnung sehr erleichtert.

Wehrmann a. a. O. S. 39—43; Reitzenstein a. a. O. S. 175—179.

§ 122. *Die Personentarife.*

Im Personenverkehr hat man in England drei Klassen mit Ausnahme der Midland-Bahn und einiger anderen Eisenbahnen, welche seit 1875 mit gutem Erfolg sich auf eine Polster- und Holzklasse beschränkt haben.

Wahrscheinlich wird dies Vorgehen bald weitere Nachfolge finden und die ganze Entwickelung des englischen Personenverkehrs zu derselben Einrichtung führen; vgl. auch Zeitung des Vereins deutscher Eisenbahnen Jahrgang 1885 S. 297; 1886 S. 149.

Ursprünglich gab es nur 1. und 2. Klasse. Die Einführung der 3. Klasse ist nicht freiwillig erfolgt, sondern, wie schon oben erwähnt, durch Gesetz 1844 erzwungen worden. Jedoch beschränkten sich die Eisenbahnen anfangs auf den ihnen vorgeschriebenen einen Zug täglich, erst seit 1872 erfolgte unter dem Vorgang der Midland-Eisenbahn die Einführung der dritten Klasse in ausgedehnterem Mafse und auch bei Schnellzügen. Der Erfolg war ein vorzüglicher auch für die Eisenbahnen, wie nachfolgende Tabelle über die Entwickelung des englischen Personenverkehrs zeigt, welche aus der Zeitung des Vereins deutscher Eisenbahnen 1881 S. 1316 entnommen ist.

Jahr	Kilometer im Betriebe	Reisende auf das Kilometer	Einnahme für das Kilometer	Reisende			Einnahmen vom Personenverkehr			
				I. Klasse	II. Klasse	III. Klasse	I. Klasse	II. Klasse	III. Klasse	Saisonbillets
			M.	Proz.	Proz.	Proz.	Proz.	Proz.	Proz.	Proz.
1850	7 486	7 816	15 850	12,18	39,08	48,74	31,64	41,34	26,70	0,32
1860	11 649	11 711	16 750	12,31	31,53	56,16	27,63	35,89	34,09	2,39
1870	17 238	17 123	16 750	9,38	23,15	67,47	23,01	30,16	42,69	4,14
1880	20 075	26 932	20 262	5,93	10,71	83,36	15,98	15,04	62,68	6,30

Der Verkehr der 3. Klasse stieg hiernach von 1850—1870 von 48,47 Prozent der Reisenden und 26,70 Prozent der Einnahmen auf 67,47 Prozent der Reisenden und 42,69 Prozent der Einnahmen, von 1870—1880 aber auf 83,36 Prozent der Reisenden und 62,68 der Einnahmen. Dagegen haben der Verkehr und die Einnahme der oberen Klassen entschieden abgenommen, am meisten der der zweiten Klasse im letzten Jahrzehnt wegen der vollständigen Abschaffung derselben auf der Midland und anderen Bahnen. Die Gesamteinnahme für das Kilometer betrug 1850: 15850 M., 1870: 16750 M., 1880: 20262 M., hat also seit der erweiterten Einführung der III. Klasse erheblich zugenommen, dank der bedeutenden Verkehrsvermehrung, welche in den letzten zehn Jahren für das Kilometer stärker war als in den vorhergehenden 20 Jahren. Während 1870 in I. Klasse 27 Millionen, in II. Klasse 67 Millionen, und in III. Klasse 195 Millionen, zusammen 289 Millionen Personen befördert wurden, sind 1880 in I. Klasse 32 Millionen, in II. Klasse 58 Millionen, in III. Klasse 451 Millionen, zusammen 541 Millionen Personen gefahren!

Vgl. auch Cohn, Englische Eisenbahnpolitik der letzten 10 Jahre S. 103 ff. Bd. II S. 138—144.

Neuerdings hat man gleich gute Erfahrungen mit den billigen Arbeiterbillets (1 penny für die Reise) bei bestimmten Zügen gemacht, welche von und nach der Umgebung von London und anderen grofsen Städten gefahren werden, um den Arbeitern das Wohnen auf dem Lande zu ermöglichen.

Cohn, Englische Eisenbahnpolitik Bd. II S. 519—524.

Aufserdem bestehen Ermäfsigungen für Rückfahrt-, Rundreise- und Abonnementsbillets in sehr verschiedenem Umfang. Die direkten Verkehre sind sehr entwickelt, die Preise werden in der Regel durch Zusammenstofsen der Lokaltarife gebildet. Was die Höhe der Personentarife betrifft, so sind dieselben in England ebenso wie die der Gütertarife ganz aufserordentlich verschieden, nicht nur bei den verschiedenen Eisenbahnen, sondern auch innerhalb der verschiedenen Linien einer Eisenbahn, es besteht auch hier vielfach ein entwickeltes System von Differentialtarifen. Im allgemeinen sind auch die Personentarife erheblich höher als die deutschen Personentarife.

Bemerkenswert ist, dafs bei den meisten Bahnen zwischen den Preisen für Personen- und Schnellzüge kein Unterschied besteht.

Vgl. Cohn a. a. O. Bd. II S. 511—513; Reitzenstein a. a. O. S. 66 u. 69.

Freigepäck wird in der Regel gewährt und zwar für jeden Passagier I. Klasse 60, II. 50 und III. 30 kg. Doch wird es mit dem Gewicht nicht so genau genommen, weil das Gepäck in der Regel nicht verwogen, sondern jedes nicht auffallend schwere Stück frei abgefertigt wird. Für das Übergewicht ist der Tarif zonenweise nach fallender Skala mit hohen Sätzen gebildet.

Reitzenstein a. a. O. S. 74.

Verzeichnis der benutzten Schriften.

Annalen des Deutschen Reichs für Gesetzgebung, Verwaltung und Statistik, herausgegeben von Hirth, Leipzig.

Archiv für Eisenbahnwesen, herausgeg. im Ministerium der öffentlichen Arbeiten, Berlin.

Aucoc, Les tarifs des chemins de fer et l'autorité de l'Etat, Paris 1880.

Baum, Les systèmes de tarifs de chemin de fer en Allemagne et en Autriche-Hongrie, Lille 1878.

Beiträge zur Beurteilung der Frage der Differentialtarife für den Transport ausländischer Erzeugnisse auf den deutschen Eisenbahnen, herausgegeben von dem Verein der Privatbahnen im Deutschen Reiche, Berlin 1879.

Bergmann, G., Die Enquête über ein einheitliches Tarifsystem auf den deutschen Eisenbahnen, Strafsburg 1875.

Derselbe, Die Eisenbahntariffrage im Deutschen Reiche, Strafsburg 1880.

Berichte über die Ergebnisse des Betriebs der für Rechnung des preufsischen Staates verwalteten Eisenbahnen.

Bilinski v., Die Eisenbahntarife, Wien 1875.

Bulletin du ministère des travaux publics, Paris.

Centralblatt der Bauverwaltung, herausgegeben im Ministerium der öffentlichen Arbeiten, Berlin.

Centralblatt für Eisenbahnen und Dampfschiffahrt der österreichisch-ungarischen Monarchie, Wien.

Cohn, Untersuchungen über die englische Eisenbahnpolitik, 2 Bde., Leipzig 1874 und 1875; Die englische Eisenbahnpolitik der letzten 10 Jahre (1873—1883), Leipzig 1883.

Derselbe, Volkswirtschaftliche Aufsätze, Stuttgart 1882.

Das Gütertarifwesen der schweizerischen Eisenbahnen, Bericht des Vorortes Zürich des schweizerischen Handels- und Industrievereins, Zürich 1884.

Denkschrift, betreffend die bisherigen Erfolge der im Laufe des Jahres 1880 eingetretenen Erweiterung und Konsolidierung des Staatseisenbahnbesitzes, Berlin 1880.

Denkschrift die Erhöhung der Eisenbahngütertarife betr., auf Veranlassung des Herrn Reichskanzlers verfafst im Reichseisenbahnamt, Berlin 1874.

Der Gesetzentwurf betr. das Gütertarifwesen der deutschen Eisenbahnen, beurteilt von dem Verein der Privateisenbahnen im Deutschen Reiche, Berlin 1879.

Der einheitliche deutsche Eisenbahngütertarif, eine Fachstudie über das Tarifwesen der deutschen Eisenbahnen, Berlin 1879.

Deutscher Ekonomist, wöchentliche Zeitschrift für Handel, Gewerbe, Landwirtschaft und allgemeine volkswirtschaftliche Interessen, Berlin.

Deutscher Reichs- und Preufsischer Staatsanzeiger, Berlin.

Die gegenwärtige Lage der Eisenbahnfrage in Deutschland, Frankreich und der Schweiz und die Eisenbahntarifreformpläne des deutschen Reichskanzlers, von einem Fachmann, Strafsburg 1879.

Die Entwickelung des Gütertarifwesens der deutschen Eisenbahnen, herausgegeben von dem Verein der Privateisenbahnen im Deutschen Reiche, Berlin 1879.

Die Eisenbahntarifreformenquête von 1875, Bericht der Eisenbahntarifreform-Enquêtekommission und stenographische Berichte über die Vernehmung der Sachverständigen.

Die Gütertarife der Eisenbahnen von einem Fachmanne, Berlin 1879.

Eisenbahntarifenquête 1882—1883, veranstaltet vom österreichischen Handelsministerium, 2 Teile, Wien 1883.

Foville de, La transformation des moyens de transport et ses conséquences économiques et sociales, Paris 1880.

Garke, Comparative Berechnungen der Kosten der Personen- und Gütertransporte auf Eisenbahnen, Berlin 1859.

Gehe, Die Tarifwirtschaft der deutschen Eisenbahnen und die volkswirtschaftlichen Aufgaben der Eisenbahngesetzgebung, Berlin 1875.

Derselbe, Rückblicke und Vorblicke im Kampfe gegen Eisenbahnwillkür, Berlin 1875.

Geschichte des Mitteldeutschen Eisenbahnverbandes in den Jahren 1853 und 1854, Erfurt 1857.

Hertzka, Das Personenporto, Wien 1885.

Jahrbuch für Gesetzgebung, Verwaltung und Volkswirtschaft im Deutschen Reich, herausgegeben von G. Schmoller, Leipzig.

Jahresberichte über die Verwaltung der westlichen Staatsbahnen, bezw. österreichischen Staatseisenbahnen, Wien.

Jonas, Über die Stellung der Preise für die Leistungen der Eisenbahnen, Berlin 1874.

Journal des chemins de fer, Paris.

Koch, Deutschlands Eisenbahnen, Marburg und Leipzig 1860.

Krönig, Die Differentialtarife der Eisenbahnen, ihre Entwickelung, Bedeutung und Berechtigung, Berlin 1877.

Kreifs-Grünwehr, Ein Beitrag zur Eisenbahntarifreformfrage, Königsberg 1876.

Lange v. Burgenkron, Das Tarifwesen der österreichischen Privateisenbahnen, Wien 1882.

Lehr, Eisenbahntarifwesen und Eisenbahnmonopol, Berlin 1879.

Leyen v. d., Die nordamerikanischen Eisenbahnen in ihren wirtschaftlichen und politischen Beziehungen, Leipzig 1885.

Loisel, Annuaire spécial des chemins de fer belges, Bruxelles et Paris 1867, 1869, 1871.

Memorial der schweizerischen Reformtarifbahnen an den Vorort des schweizerischen Handels- und Industrievereins, betreffend die Gütertarife der Eisenbahnen, Zürich 1883.

Michaelis, Volkswirtschaftliche Schriften, Berlin 1873.
Mulvany, Deutschlands Eisenbahntariffrage, Düsseldorf 1874.
Nasse, Zur Frage der Tariferhöhung auf den preufsischen Eisenbahnen, Jena 1875.
Nördling v., Eisenbahnkonkurrenz und Eisenbahnfusionen in England, Wien 1875.
Derselbe, Die Selbstkosten des Eisenbahntransports und die Wasserstrafsenfrage in Frankreich, Preufsen und Österreich, Wien 1884.
Norddeutsche Allgemeine Zeitung, Berlin.
Obermayer, Über Tarifverbände und Eisenbahnkartelle, Wien 1879.
Österreichische Eisenbahnzeitung, Wien.
Perrot, Die Eisenbahnreform, Rostock.
Derselbe, Die Anwendung des Penny-Portosystems auf den Eisenbahntarif und das Paketporto, Rostock 1872.
Derselbe, Die Differentialtarife der Eisenbahnen, Rostock 1874.
Picard, Les chemins de fer français, 6 Bände, Paris 1884 und 1885.
Reitzenstein, Die Gütertarife der Eisenbahnen, insbesondere das Gewichts- und Wagenraumtarifsystem, Berlin 1874.
Derselbe, Über einige Verwaltungseinrichtungen und das Tarifwesen auf den Eisenbahnen Englands, Berlin 1876.
Revue générale des chemins de fer, Paris.
Richter, Das Transportunwesen auf den Eisenbahnen in Deutschland, Frankfurt a. M. 1872.
Röll, Österreichische Eisenbahngesetze, Wien 1885.
Roscher, System der Volkswirtschaft, 3 Bände, Stuttgart 1882.
Saárossy-Kapeller v., Die zehnjährige Thätigkeit der königl. ungarischen Staatseisenbahnen auf dem Gebiet der Volkswirtschaft, Budapest 1885.
Samuelson, report on the railway goods tariffs of Germany, Belgium and Holland compared with those of this country, Birmingham 1885.
Sax, Die Verkehrsmittel in Volks- und Staatswirtschaft, 2 Bände, Wien 1878.
Schäffle, Das gesellschaftliche System der menschlichen Wirtschaft, Tübingen 1873.
Scheffler, Transportkosten und Tarife der Eisenbahnen, Wiesbaden 1860.
Derselbe, Statistische Beiträge zur Eisenbahntariffrage, Braunschweig 1873.
Schönberg, Handbuch der politischen Ökonomie, 3 Bände, Tübingen 1885/86.
Schreiber, das Tarifwesen der Eisenbahnen, Wien 1884.
Scholtz, Die preufsischen Eisenbahnen in Rücksicht auf das Tarifwesen, Ratibor.
Schübler, Über Selbstkosten und Tarifbildung der deutschen Eisenbahnen, Stuttgart 1879.
Schüller, Die natürliche Höhe der Eisenbahntarife, Wien 1872.
Schwabe, Über die englischen Eisenbahnen, Berlin 1871.
Statistik der europäischen Eisenbahnen für das Jahr 1882 nebst deren Hauptergebnissen im Jahre 1883, Wien 1885.
Statistik der im Betriebe befindlichen Eisenbahnen Deutschlands, bearbeitet im Reichseisenbahnamt.
Statistische Nachrichten von den Eisenbahnen des Vereins deutscher Eisenbahnverwaltungen.
Statistische Nachrichten von den preufsischen Eisenbahnen, bearbeitet von dem technischen Eisenbahnbureau des Ministeriums.
Stein v., Handbuch der Verwaltungslehre, Stuttgart 1876.
Stenographische Berichte über die Verhandlungen des preufs. Abgeordnetenhauses.

Systematische Zusammenstellung der am Schlusse des Monats Juli 1859 gültigen Beschlüsse des Rheinisch-Thüringischen Eisenbahnverbandes, Kassel 1859.

Tariferhöhung oder Reichseisenbahnen? von einem Fachmann, Berlin 1876.

Verhandlungen und Beschlüsse der ständigen Tarifkommission der deutschen Eisenbahnen und des Ausschusses der Verkehrsinteressenten über Abänderungen des deutschen Gütertarifschemas, Berlin 1880.

Vierteljahrsschrift für Volkswirtschaft und Kulturgeschichte.

Wagner, Allgemeine oder theoretische Volkswirtschaftslehre, I. Teil Grundlegung, Leipzig und Heidelberg 1876.

Derselbe, Finanzwissenschaft I. Teil, Leipzig und Heidelberg 1877 und 1883.

Wehrmann, Reisestudien über Anlagen und Einrichtungen der englischen Eisenbahnen, Elberfeld 1877.

Weizmann, Die Eisenbahn als öffentliche Strafse, Berlin 1875.

Zeitung des Vereins deutscher Eisenbahnverwaltungen.

Druckfehler.

S. 55 zweite Zeile von oben mufs es heifsen statt »Expeditionsfrist einen Tag« »Expeditionsfrist zwei Tage«.

Pierer'sche Hofbuchdruckerei. Stephan Geibel & Co. in Altenburg.

FSC
www.fsc.org
MIX
Papier | Fördert gute Waldnutzung
FSC® C083411

Kolibri 360 GmbH
Ferdinand-Jühlke-Straße 7
99095 Erfurt, Deutschland
produktsicherheit@kolibri360.de